KB065338

9급 공무원 시험대비 최신판

박문각 공무원

고객만족
1위
박문각

2024

임준수 한국사

기본 이론서

임준수 편저

한 권으로 끝내는 한국사 압축 기본서

박문각

자신의 꿈을 위해 힘든 여정을 선택한 수험생들께

> "인류 문명은 도전과 응전의 역사다."
>
> – 아놀드 J. 토인비

우리 민족은 수많은 시련과 변화에 도전하고 응전하면서 발전해왔습니다.

자연이라는 시련을 이겨낸 선사 시대,

건국 이후 지속된 고대 왕국의 각축과 통일을 위한 움직임,

무수한 외침을 이겨낸 고려와 조선의 역사,

근대의 흐름에 뒤쳐졌던 우리 조상들의 처연한 도전과 좌절,

고통스럽고도 자랑스러운 독립 투쟁에서 현대 국가로의 놀라운 변화와 발전에 이르기까지

한국사는 도전과 응전의 역사였습니다.

한국사 학습을 시작하는 순간, 이 장대한 역사는 더 이상 여러분과 동떨어진 것이 아닙니다.

여러분의 꿈을 위해 넘어야 할 산이며, 여러분의 꿈을 실현시켜 줄 디딤돌로 삼아야 할 것입니다.

방대한 분량의 한국사를 공부하는 과정이 힘들겠지만 여러분은 도전하고 응전해서 이겨내야만

합니다.

언제 해도 해야 할 일이면 지금 한다.

누가 해도 해야 할 일이면 내가 한다.

어차피 해야 할 일이면 즐기면서 한다.

새로운 도전을 앞둔 여러분께 드리고 싶은 말입니다.

물론, 수험 기간은 즐거운 시간도, 즐길 수 있는 과정도 아닙니다.

그러나 공무원 합격이라는 목표를 이루기 위해서는 바로 지금, 여러분 스스로 한국사 시험을

준비해야만 합니다.

이 책과 제 강의는 여러분의 준비 과정에 효율성이라는 날개를 달아드릴 것입니다.

날개를 달고 합격이라는 목표를 향해 날아오르시기 바랍니다.

여러분의 도전을 진심으로 응원합니다.

편저자 임준수

이 책은 최근 달라진 2년간의 시험 특징을 정확히 반영하여 제작되었습니다.

<최근 2년간 국가직·지방직 한국사 시험의 특징>

❶ 쉬워졌다.(난이도 하향 평준화 추세)

쉬운 한국사 시험이란, 한국사 핵심 내용을 중심으로만 출제된다는 것을 뜻한다. 또한, 한국사 핵심 내용은 고등학교 교과서 수준을 의미한다. 최근 2년간 만점방지용 단순 암기 문제나 지엽적인 주제는 등장하지 않고 있다.

❷ 출제 시기 및 주제 분포는 기존의 시험 패턴과 동일하다.

즉, 편차는 있으나 모든 시기가 고루 출제되고, 정치사가 압도적으로 많이 출제되지만, 사회·경제·문화사도 일부 출제되며, 지역사·인물사·비교사 등도 출제된다.

❸ 변별력은 함정이 있는 사료 해석 문제나 세부 순서 나열 문제가 담당한다.

❹ 대부분 글로 이루어진 사료가 제시되지만, 일부 유물 사진이 등장한다.

❺ 기출문제의 주제·사료·오답 보기가 반복적으로 출제된다.

이를 반영한 본서의 특징은 다음과 같습니다.

아래의 특징을 잘 읽어보시고 책의 선택과 활용에 도움 받으시기를 바랍니다.

<이 책의 특징>

첫째, 각 시대마다 시대별 기출문제 풀이를 통한 학습 전략을 제시합니다.

둘째, 쉬워진 최근의 기조에 맞추어 기본 이론 학습에 집중하였고, 기본 이론과 사료를 반복적으로 학습할 수 있게 구성하였습니다(가독성이 높은 서술형 문장으로 학습 → 사료 학습 → 표로 비교 학습).

셋째, 시대별 주요 사건 연표 + 묶음 사건들간 순서표 + 전 시기 주요 사건 연표를 제공해 완벽하게 시기를 구분할 수 있도록 구성하였습니다.

넷째, 주요 사료와 지도 및 유물 자료를 제공하여 이해를 도왔고, 지역사·인물사 등의 주제까지 부록에 실어 만점을 대비할 수 있게 구성하였습니다(검정 고등 한국사 교과서 주요 사료와 지도 수록).

다섯째, 한국사 배경 지식이 없는 학생들도 원활히 공부할 수 있도록 0편을 통해 한국사 기본 이론을 제공하였습니다.

CONTENTS
차례

CONTENTS
차례

현대 : 대한민국의 등장과 발전

 기타: 역사학 입문, 북한사, 동아시아의 역사 왜곡

부록

PART **00**

한국사 학습에 앞서

이 단원은

1 일반적으로 고조선의 영역은 '요령(랴오닝) 지방~한반도 북부'또는 '만주~한반도 북부'로 규정한다.
　　이 때, 요령 지방은 어디를 일컫는 것이고, 요령과 만주는 같은 지역을 의미할까?

2 삼국은 '왕'이라는 칭호를 썼고, 고려는 '태조, 광종, 성종'등의 칭호를 쓰다가 원 간섭기 이후 '왕'이라는 칭호를 썼다. 또한, 조선은
　　'조, 종'이라는 칭호를 썼지만, 연산군과 광해군처럼 '군'이라는 칭호를 쓴 시기도 있었다.
　　이러한 칭호는 어떤 의미를 지니고 있으며, 칭호 변화가 의미하는 역사적 의의는 무엇일까?

3 고려 후기에는 자주적인 역사관을 강조하면서, 우리의 역사를 중국의 역사와 대등한 입장에서 서술하려는 움직임이 있었다. 이에
　　따라『해동고승전』,『동명왕편』,『삼국유사』,『제왕운기』등이 편찬되었다.
　　이 때, 고려 후기는 어느 시기를 일컫는 것이고, 당시 고려의 집권세력은 누구일까?

4 최초의 개항을 의미하는 '강화도 조약'은 '조일 수호 조규'라 불리기도 하고, '병자 수호 조약'이라 불리기도 한다.
　　① 조약이 체결된 장소 : 강화도 ⇨ 강화도 조약
　　② 조약을 체결한 대상 : 조선과 일본 ⇨ 조일 수호 조규(우리 시험상 조규와 조약은 동일한 의미로 사용되었다고 보아도 무방하다.)
　　③ 조약이 체결된 시기 : 병자년(1876년) ⇨ 병자 수호 조약

위와 같은 질문에 대한 답이 바로 한국사 학습을 위한 기본기이다.
선사 시대 학습에 들어가기에 앞서 이러한 기본기를 익히기 위하여 제0편을 구성하였다. 본편에서 익힌 기본기들은
한국사 학습 전반에 걸쳐서 활용될 것이며, 여러분과 저의 소통을 원활하게 해 주어 최상의 학습 효과를 이끌어 줄
수 있을 것이다.

01 주요 지명 익히기

1. 중국 동북 지역

참고 각국의 활동 영역(영토)

- 고조선: 요령 지방~한반도 북부 지방
- 고구려: 한반도 중북부~요동 지방과 만주 일대
- 백제: 한반도 중서부와 서남부
- 신라: 한반도 중동부와 동남부
- 통일 신라: 대동강~원산만 이남 지역
- 고려
  ① 태조: 청천강~영흥만 이남 지역
  ② 천리 장성: 압록강 하구~동해안 도련포
  ③ 공민왕: 쌍성총관부 수복 (초산~길주까지 확대)
- 조선(세종): 압록강과 두만강 이남 지역(현재의 국경과 동일)
- 대한민국(헌법상 영토): 한반도와 부속 도서

▽ 중국 동북 지방

(1) 만주(= 동북 3성)

중국 동북 지방의 랴오닝성(요령성), 지린성(길림성), 헤이룽장성(흑룡강성)을 일컫는 지명이다.

▷ 과거 고조선, 부여, 고구려, 발해의 활동 영역

(2) 요령 지방

랴오허강 일대이자 만주의 서부 지역을 일컫는 지명, 랴오허강 서쪽을 요서 지방이라 부르고 동쪽을 요동 지방이라 부른다(요동 지방 = 요동 반도).

▷ 고조선의 영역: 요령 지방~한반도 북부 지방(요령 지방도 만주에 속하므로, 만주~한반도 북부 지방이라는 표현도 옳은 표현임)

▽ 고조선 영역

▽ 공민왕의 영토 수복

2. 간도 지역

조선과 청나라 사이에 놓인 섬과 같은 땅이라는 의미로, 만주 지방 중 압록강과 두만강 북부 지방을 일컫는 지명이다.

🔽 간도

🔽 간도와 연해주

(1) 서간도(＝ 남만주)

백두산 서부의 압록강과 송화강 일대이다.

▷ 독립 운동 기지인 삼원보가 위치(경학사, 부민단, 신흥강습소, 신흥 무관 학교, 서로 군정서)

(2) 북간도(＝ 동간도 또는 동만주)

백두산 동부의 두만강 북부 지방으로, 보통 간도를 일컫는다.

▷ 독립 운동 기지인 용정촌과 명동촌, 봉오동 전투와 청산리 대첩이 일어난 격전지

(3) 연해주

두만강 위쪽 동해에 인접해 있는 러시아 지역으로, 대표적인 도시는 블라디보스토크* 이다. 2차 아편 전쟁을 러시아가 중재한 대가로 청으로부터 할양받았다(1860).

▷ 발해의 일부 영토, 조선 후기 청나라가 러시아와 싸울 때 조선에게 원군을 요청하여 두 차례에 걸쳐 나선 정벌을 한 곳, 해외 한인 집단거주지인 신한촌이 위치한 곳, 1914년 대한 광복군 정부(1919년 대한 민국 임시 정부 수립에 영향을 끼친 단체)가 활동, 1919년 대한인 국민회 조직 등

＊**블라디보스토크**
'동방을 지배하라'의 의미로, 러시아의 남하 정책의 결과 찾아낸 부동항(얼지 않는 항구)이다.

02 왕의 명칭 익히기

1. 고조선~삼국 시대

왕(王) 칭호 사용(신라 : 거서간 → 차차웅 → 이사금 → 마립간 → 왕)
⇨ 중국식 칭호인 왕(王)을 사용하는 것은 국제 사회의 공식적인 용어를 사용함으로써
국가 체계가 갖추어 졌음을 보여주었다.

2. 고려~조선

왕이 죽은 뒤에 붙이는 시호인 묘호를 사용하였다.

(1) 원칙

황제국에서는 묘호를 정할 때 묘호의 끝에 조(祖)나 종(宗)을 붙이고, 제후국에서는 왕
(王)을 사용하였다.

(2) 고려와 조선

대외적으로 왕국이었지만 대내적으로 황제국의 면모를 갖추고 있었으므로 중국과 마찬
가지로 조(祖)나 종(宗) 이라는 묘호를 사용하였다.

3. 고려의 묘호

(1) 전기~중기

조(祖)나 종(宗)을 사용하였다.
⇨ 황제국의 면모(스스로를 해동천자*라 일컬음)

(2) 후기(몽골 침입 이후의 원 간섭기)

왕(王) 칭호 사용, 특히 충○왕의 형식을 사용하였다.
⇨ 원 간섭기, 왕실의 칭호 격하

사료 Plus 📖

「풍입송」*에 나타난 고려의 황제국 인식

지금의 황제(해동 천자)는 부처가 돕고 하늘이 도와 널리 교화를 펴
시도다. 세상을 다스리는 은혜가 깊으니, 예나 지금이나 드문 일이네.
외국에서 친히 달려와서 모두 믿고 의지하니 ……. ─『고려사』

---

* **해동천자**
해동(海東)이란 발해만의 동쪽이라는
뜻으로, 우리나라를 이르던 말이고,
해동천자란 이러한 해동천하를 다스
리는 지배자인 고려 황제를 의미한다.
이는 중국과 대등한 인식을 지녔음을
보여준다.

* **「풍입송」**
연회가 끝날 무렵 왕과 신하가 함께
부르는 노래였다. 임금을 '천자'로 부
르며 '부처'와 같은 고귀한 존재로 칭
송하고 있다. 고려는 건국 당시부터
황제국을 칭하며 천수(태조), 광덕, 준
풍(광종) 등 독자적 연호는 물론 폐하,
짐(朕), 태자(太子), 황후(皇后) 등 황제
국의 용어를 사용하였다. 고려는 이처
럼 황제국을 자처하며 자국을 중심으
로 세계(천하)를 인식하였다.

4. 조선의 묘호

(1) 원칙

조공종덕(祖功宗德) ▷ 공이 있으면 조, 덕이 있으면 종

① 조(祖): 왕조를 개창하거나 큰 외세의 침입을 막아낸 왕에게 붙인다. 또는 후대 집권세력이 업적을 높이 평가한 경우도 있다.

> **예** 태조(건국), 세조(계유정난), 선조(임난 극복), 인조(인조반정), 영조, 정조, 순조

② 종(宗): 왕위를 정통으로 이어받은 왕에게 주로 붙인다.

(2) 예외

임금의 정부인 왕후의 소생은 아들의 경우 '~대군'이라 했고, 딸은 '~공주'라 했다. 그러나 임금의 첩실이었던 후궁의 소생은 아들의 경우 '~군'이라 했고, 딸은 '~옹주'라 했다.

> **예** 후궁의 소생으로 왕이 되었던 연산군과 광해군

03 시대 구분 익히기

1. 세기(世紀) 구분

예수 탄생을 기점으로 한 서구식 연도법을 따른다(0년은 없음, 예수 탄생은 기원후 1년).

(1) 기원전(B.C.*) 1세기

기원전 1년~기원전 100년까지(0년은 없음)

(2) 기원후(A.D.*) 1세기

기원후 1년~100년까지(0년은 없음)

> **예** 400년 고구려 광개토대왕이 신라를 쳐들어온 왜를 물리치고 신라를 구원하였다.
> ▷ 이 사건은 400년이므로 4세기의 일이다. 광개토대왕은 4세기 말~5세기 초까지 활동한 왕이다.

2. 시대 구분 ㅣ

(1) 선사 시대

역사적 기록이 이루어지기 이전 시대(구석기와 신석기)

(2) 역사 시대

문자에 의한 기록이 이루어진 청동기 이후

① 청동기: 최초의 국가인 고조선 등장

② 철기: 여러 국가 등장(사실상 도구로 시기를 구분한다면 현재도 철기임)

＊B.C.
영어로 '그리스도 이전'을 뜻하는 'Before Christ'의 약칭으로, 기원 전이라는 의미이다. 이는 그리스도의 탄생 이전과 이후를 서력 기원(紀元)의 기준으로 삼는 것이다.

＊A.D.
라틴어로 '그리스도의 해'를 뜻하는 'Anno Domini'의 약칭으로, 기원 후라는 의미이다.

3. 시대 구분 II

(1) 전근대

근대 개항 이전(1876년 강화도 조약 체결 이전)

(2) 근현대

근대 개항 이후(1876년 강화도 조약 체결 이후~현재)

4. 시대 구분 III

참고 시대 구분

한국사의 시대 구분은 학자들에 따라 다르지만, 일반적으로 고대-중세-근세-근대-현대의 5시기 구분을 따른다.

고대-중세-근세-근대-현대

① 고대(古代) : 최초의 국가인 고조선 등장~남북국 시대(~918)

　⇨ 고조선, 부여, 옥저, 동예, 삼한, 고구려, 백제, 신라, 가야, 발해, 후백제, 후고구려

② 중세(中世) : 고려(918~1392)

③ 근세(近世) : 조선 개항 이전(1392~1876)

④ 근대(近代) : 개항 이후~대한제국~일제 강점기(1876~1897~1910~1945)

⑤ 현대(現代) : 해방 이후(1945~현재)

5. 국가별 세부 시대 구분

(1) 신라

『삼국사기』와 『삼국유사』의 시대 구분을 따른다.

	B.C. 57	514년	654년	780년
『삼국사기』	상대(1~28대)		중대(29~36대)	하대(37~56대)
『삼국유사』	상고(1~22대)	중고(23~28대)	하고(29대~56대)	

① 『삼국사기』 기준 : 왕위 계승 혈통에 따라 구분하였다.

상대 (1대 박혁거세 ~28대 진덕여왕)	중대 (29대 무열왕 ~36대 혜공왕)	하대 (37대 선덕왕 ~56대 경순왕)
성골	진골-무열계 (무열왕 이후)	진골-내물계 (선덕왕 이후)
⇩	⇩	⇩
신라 (통일 전쟁 전)	통일 전후(무열왕·문무왕) + 왕권 안정기(신문왕 이후)	혼란기 (150년간 20명 왕 교체)

② 『삼국유사』 기준 : 불교식 왕명을 사용한 중고(23대 법흥왕~28대 진덕여왕)를 기준으로 구분하였다.

⑵ 고려

집권층의 변화와 이민족의 침입으로 시대를 구분한다.

① 집권층 변화 : 호족 → 문벌귀족 → 무신정권 → 권문세족 → 신흥무인세력 + 신진사대부

② 이민족의 침입 순서 : 거란(요) → 여진(여진 → 금) → 몽골(원) → 홍건적과 왜구

시대	전기		후기		
	초기	중기	무신집권기	원 간섭기	말기
왕	918~1019 (태조~현종)	1019~1170 (현종~의종)	1170~1270 (명종~원종)	1270~1351 (충렬왕~충정왕)	1351~1392 (공민왕~공양왕)
집권 세력	호족	문벌귀족	무신정권	권문세족	신흥무인세력 + 신진사대부
외침	거란(요)	여진(금)	몽골(원)		홍건적과 왜구

⑶ 조선

일반적으로 임진왜란과 병자호란을 기준으로 전기와 후기를 나눈다.

① 임진왜란(1592) 기준 : 왜란 이후 군사 제도 개편, 비변사의 기능 변화, 작물 전래

② 병자호란(1636) 기준 : 왜란과 호란 이후가 진정한 전후이다. 명−청 교체(1636)

시대	근세		근대	
	조선 전기	조선 후기	조선(개항 이후)	
	1392~1592(또는 1636)	1592~1876	1876~1910	
	조선 초기	조선 중기		대한제국
	15세기	16세기		1897~1910
집권세력	훈구	사림 (후반 이후)	사림(붕당), 세도가문	세도가문, 흥선 대원군
주요사건	건국, 무오사화	갑자사화, 을사사화	왜란, 호란	개항, 대한제국, 강점

(4) 근대

개항 이후~일제 강점기까지

① 개항 이후 : 같은 연도 안에서도 여러 다양한 사건들이 발생하므로, 시대 구분을 하는게 아니라, 주요 사건들 간의 선후 관계를 파악한다(연도 임기가 필요한 시내).

예 1894년 : 동학 농민 운동(1차 봉기) → 청일 전쟁 → 1차 갑오개혁 → 동학 농민 운동(2차 봉기) → 2차 갑오개혁(1894~1895)

1895년 : 시모노세키 조약 → 삼국 간섭 → 을미사변 / 을미개혁

1896년 : 아관파천 → 독립 협회 설립

1897년 : 대한제국 선포, 광무개혁

② 일제 강점기(독립 운동기) : 일제의 식민 통치 방식의 변화와 우리의 독립 운동 형태 변화를 바탕으로 사건들 간의 선후 관계를 파악한다.

1910 국권피탈	1919 3·1 운동	1931 만주사변 1929 경제대공황	1937 중일 전쟁	1945 8·15 광복
(1910년대)	(1920년대)	(1930년대~	~1940년대)	

무단 통치	문화 통치	병참기지화 정책	민족 말살 정책

(5) 현대

참고 대한민국 역대 대통령

• 제1, 2, 3대 : 이승만
• 제4대 : 윤보선
• 제5, 6, 7, 8, 9대 : 박정희
• 제10대 : 최규하
• 제11, 12대 : 전두환
• 제13대 : 노태우
• 제14대 : 김영삼
• 제15대 : 김대중
• 제16대 : 노무현
• 제17대 : 이명박
• 제18대 : 박근혜
• 제19대 : 문재인
• 제20대 : 윤석열

해방 이후, 정부 수립 과정 → 정부 수립 이후, 정권별로 사건을 구분한다.

① 이승만 정권 : 6·25 전쟁 전 → 6·25 전쟁 중 → 6·25 전쟁 후

② 장면 내각

③ 박정희 정부 : 5·16 군사 정변 이후(대통령 당선 이전) → 직선제로 당선되었던 시기(5~7대) → 1972년 유신체제 이후 간선제로 당선되었던 시기(8~9대)

④ 윤보선 정부

⑤ 전두환 정부 : 신 군부 출범 이후~5·18 민주화 운동(1980) → 8차 개헌(7년 단임제, 간선제)~6월 민주항쟁(1987)

⑥ 이후, 노태우 정부 → 김영삼 정부 → 김대중 정부 → 노무현 정부 → 이명박 정부 → 박근혜 정부 → 문재인 정부 순서로 정권별 정책을 구분한다.

MEMO

이 단원은

선사 시대는 우리 역사의 시작인 동시에 전 세계적인 공통성을 가진 역사적 사실이 나타나는 시기이다. 이 단원에서는 인류가 가지는 역사적 공통성을 이해하고 인류의 지혜와 지식이 증가하면서 나타나는 사회 변화의 모습에 주목해야 하겠다. 또한 공동체에서 국가로 사회가 복잡해지는 과정을 이해함으로써 대한민국만의 정체성이 나타나기 이전의 우리 역사에 대한 이해를 갖추어야 하겠다.

본 편의 역사(연표)

약 70만 년 전	우리나라의 구석기 문화 시작
약 50만 년 전	구석기 검은 모루 동굴 유적 형성
B.C. 8000년경	신석기 문화 시작(부산 동삼동)
B.C. 5000년경	서울 암사동 유적 형성
B.C. 2333년	고조선 건국(서거정의 『동국통감』에 기록)
B.C. 1000년경	청동기 문화 시작
B.C. 300년경	철기 문화 시작
B.C. 194년	위만이 준왕을 축출하고 고조선의 왕이 됨(위만 조선)
	준왕이 남쪽으로 내려와 한(韓) 왕이 됨
B.C. 108년	고조선 멸망(한의 침입), 한 사군 설치
B.C. 82년	한 사군 중 임둔군과 진번군을 몰아냄
313년	고구려 미천왕이 낙랑군을 몰아냄
314년	고구려 미천왕이 대방군을 몰아냄

우리 역사의 시작

2021년도 국가직

1 신석기 시대 유적과 유물을 바르게 연결한 것만을 모두 고르면?

> ㄱ. 양양 오산리 유적 – 덧무늬 토기
> ㄴ. 서울 암사동 유적 – 빗살무늬 토기
> ㄷ. 공주 석장리 유적 – 미송리식 토기
> ㄹ. 부산 동삼동 유적 – 아슐리안형 주먹도끼

① ㄱ, ㄴ   ② ㄱ, ㄹ
③ ㄴ, ㄷ   ④ ㄷ, ㄹ

정답 ①
학습전략 주요 선사 시대 유적지와 유물을 암기한다. 해당 유적지에서 어떠한 유물이 나왔는지까지 외워야 하는 것이 아니라, 제시된 유적지와 제시된 유물의 시기를 각각 파악할 필요가 있다. 즉, 양양 오산리 유적에서 덧무늬 토기가 출토된 사실을 공부하는 게 아니라, 양양 오산리 유적이 신석기 유적이고, 덧무늬 토기가 신석기 유물이라는 것을 학습해야 한다.
보기분석 ㄱ. 신석기 유적 – 신석기 유물
ㄴ. 신석기 유적 – 신석기 유물
ㄷ. 구석기 유적 – 청동기 유물
ㄹ. 신석기 유적 – 구석기 유물

2020년도 국가직

2 (가) 시기의 생활상에 대한 설명으로 옳은 것은?

> 1935년 두만강 가의 함경북도 종성군 동관진에서 한반도 최초로 (가) 시대 유물인 석기와 골각기 등이 발견되었다. 발견 당시 일본에서는 (가) 시대 유물이 출토되지 않은 상황이었다.

① 반달 돌칼을 이용하여 벼를 수확하였다.
② 넓적한 돌 갈판에 옥수수를 갈아서 먹었다.
③ 사냥이나 물고기 잡이 등을 통해 식량을 얻었다.
④ 영혼 숭배 사상이 있어 사람이 죽으면 흙 그릇 안에 매장하였다.

정답 ③
학습전략 주요 선사 시대 유적지를 암기하고, 기본적인 시대별 특징을 이해한다.
사료분석 함경북도 종성군 동관진은 한반도 최초로 구석기 유물이 발견된 지역이다. 따라서 (가)는 구석기이다.
보기분석 ③ 구석기에 대한 설명이다.
① 청동기에 대한 설명이다.
②, ④ 신석기에 대한 설명이다.

2023년도 국가직

3 다음 유물이 사용된 시대에 대한 설명으로 옳은 것은?

> 미송리식 토기, 팽이형 토기, 붉은 간 토기

① 비파형 동검이 사용되었다.
② 오수전 등의 화폐가 사용되었다.
③ 아슐리안형 주먹도끼가 사용되었다.
④ 철이 많이 생산되어 낙랑과 왜에 수출되었다.

정 답 ①

학습전략 출제 빈도가 낮은 심화이론인 '팽이형 토기'까지 학습할 필요는 없다. 제시된 세 가지 유물 가운데 하나만 알아도 풀 수 있다. 따라서 <u>미송리식 토기와 붉은 간 토기가 청동기 대표 토기라는 것을 학습</u>해야 한다.
사료분석 제시된 토기는 모두 청동기를 대표하는 토기이다.
보기분석 ① 청동기에 대한 설명이다.
②, ④ 초기 철기에 대한 설명이다.
③ 구석기에 대한 설명이다.

2022년도 국가직

4 다음 풍습이 있었던 나라에 대한 설명으로 옳은 것은?

> • 가족이 죽으면 시체를 가매장하였다가 나중에 그 뼈를 추려서 가족 공동 무덤인 커다란 목곽에 안치하였다.
> • 목곽 입구에는 죽은 자가 먹을 양식으로 쌀을 담은 항아리를 매달아 놓기도 하였다.
>
> ─ 『삼국지』 위서 동이전

① 민며느리제라는 혼인 풍습이 있었다.
② 제가가 별도로 사출도를 다스렸다.
③ 소도라는 신성 구역이 존재하였다.
④ 무천이라는 제천행사를 열었다.

정 답 ①

학습전략 초기 철기 국가에 대한 학습 전략을 정확히 이해하고 비교한다.
사료분석 초기 철기에 등장한 군장 국가인 옥저에 대한 설명이다.
보기분석 ① 옥저에 대한 설명이다.
② 부여에 대한 설명이다.
③ 삼한에 대한 설명이다.
④ 동예에 대한 설명이다.

선사 시대

01 우리 민족의 기원

1. 우리 민족의 기원

✽ 알타이어계
알타이 산맥(Altai山脈)을 중심으로 하여 동으로는 일본, 서로는 터키에 이르는 지방의 어군(語群). 한국어, 터키어, 몽골어, 만주어, 일본어 따위가 이에 속한다.

민족의 분류	인종상으로 대체적으로 황인종에 속하고, 언어학상으로는 알타이어족✽과 가까운 관계에 있다.
민족의 형성	• 대체로 중국 만주 지역과 한반도를 중심으로 한 동북아시아에 넓게 분포하였다. • 구석기 시대부터 우리나라에 사람이 살기 시작하였으며, 신석기에서 청동기 시대를 거치면서 민족의 기틀이 형성되었다.
민족의 특징	오래 전부터 하나의 민족 단위를 형성하고, 농경 생활을 바탕으로 독자적인 문화를 이룩하였다.

2. 우리 민족의 특징

(1) 특징

① 인종상 황인종이고, 언어상 알타이어를 쓰고 있었으며, 형질 인류학상으로는 북몽골족에 속하였다.

② 농경 민족으로 농경 생활을 통해 정착 생활하면서 독자적인 문화를 이룩하였다.

③ 동이족✽의 주류로서 동호·예·맥·한 등으로 불리기도 하였다.

④ 한국인의 조상은 한반도에서 청동기와 민무늬 토기를 사용하였던 주민들이 주류라 할 수 있다.

⑤ 동이문화권은 화하문화권·남방문화권·북방문화권과는 다른 특징을 지니고 있다.

✽ 동이족
중국인들이 주변 민족들을 지칭하면서 동북지역에 살고 있던 우리 조상들에게 붙인 명칭이다. 동이족의 초기 거주지는 중국의 산해관 이남 황하 하류지역이었으며, 점차 한반도 지역으로 생활 근거지를 이동한 것으로 보인다. 『설문해자(說文解字)』에 의하면 이(夷)는 큰 활과 관련되어 있다고 하고 있어 우리 민족이 활을 잘 다루는 민족임을 말하고 있다.

(2) 분포 지역

요령, 길림성의 만주, 한반도

(3) 형성

① 한반도 거주 시작 : 구석기 시대부터(약 70만 년 전)

② 민족의 형성 시기 : 신석기 시대에서 청동기 시대를 거치는 동안 민족의 기틀이 형성되었다.

02 구석기 시대

1. 시기

약 70만 년 전(전기, 중기, 후기로 구분)

2. 뗀석기의 사용

(1) 전기

큰 석기 한 개를 여러 가지 용도로 사용하였다(찍개, 주먹도끼).

(2) 중기

큰 몸돌에서 떼어낸 격지를 이용해 작은 석기 제작하였다(찌르개, 긁개).

(3) 후기

쐐기를 이용하여 형태가 같은 여러 개의 돌날격지를 제작하였다(슴베찌르개).

주먹도끼　　　가로날도끼　　　슴베찌르개　　　돌날

3. 생활

(1) 주거

동굴이나 막집*에서 거주하였다.

(2) 사회

① 이동과 무리 생활

② 평등사회(지도자는 존재함, 일반적으로 연장자)

③ 불 사용

(3) 예술

① 조각품 제작 : 뼈, 뿔, 석회암 이용

② 개 모양의 석상, 동물 조각품 : 공주 석장리 출토

③ 고래나 물고기를 새긴 조각 : 사냥과 동물의 번성을 기원(주술적)

참고 **선사 시대와 역사 시대**

문자 사용 여부에 따라 구분된다. 선사 시대는 문자를 사용하지 못했던 구석기 시대와 신석기 시대를 말하고, 역사 시대는 문자를 사용하기 시작한 청동기 시대 이후를 말한다. 우리나라는 철기 시대부터 문자를 사용한 것으로 추정된다.

＊**막집**

임시로 간단하게 만든 집이다. 충남 공주 석장리에서 발견된 집터는 8~10명 정도가 거주할 수 있는 크기였다.

구석기 유적지

⊙ **구석기 시대의 유적지**

＊흥수아이 무덤

1983년 청원군 두루봉 동굴에서 발견되었다. 조사 결과 5살가량으로 추정되며, 시신 위에서 국화 꽃가루가 발견된 것으로 보아 당시에 사후세계에 대한 관념이 생겼고, 장례의식을 치뤘던 것으로 추정된다.

＊골각기
동물의 뼈, 뿔, 치아, 패각 등 유기물을 소재로 만든 도구류의 총칭이다 (구석기~청동기 제작).

＊잔석기

중석기 시대에 사용된 세모꼴의 잔석기로, 주로 작살, 화살촉 등에 사용되었다.

4. 유적지

시기	유적지	특징
전기	충북 단양 도담리 금굴	우리나라 최고(最古) 유적지(70만년)
	경기 연천 전곡리	아슐리안 주먹도끼 아시아 최초 출토(1978)
	평남 상원 검은모루 동굴	동물 화석과 뗀석기 출토
	충남 공주 석장리	해방 이후 남한 최초로 발견된 유적(1964)
중기	함북 웅기 굴포리	해방 이후 북한 최초로 발견된 유적(1963)
	충북 제천 점말 동굴	사람의 얼굴을 새긴 코뿔소 뼈 출토(1973)
	평남 덕천 승리산	한반도 최초로 구석기 시대 사람 화석이 발견됨
후기	충북 단양 수양개	구석기 시대 석기 제작소로 추정됨
	청원 두루봉	흥수아이 무덤＊이 발견됨
	제주 빌레못 유적	일제 시대에 발견되었으나 일제가 부정함(1933)
	함북 종성군 동관진 유적	한반도 최초 구석기 및 골각기 출토(1933)

5. 유물

(1) **뗀석기**

사냥용	주먹도끼, 찍개, 찌르개 등
조리용	긁개, 밀개, 자르개 등

(2) **기타**

사람 뼈(흥수아이 무덤 등), 동물 뼈, 화석, 골각기＊ 등

6. 중석기 시대

빙기에서 간빙기로 넘어가면서 몸집이 작은 동물들이 등장하면서 이들을 사냥하기 위한 도구 발달하였다. 활과 잔석기＊를 이용하였다.

03 신석기 시대

1. 시기

약 8,000년 전

2. 생활

(1) 주거

움집 생활(바닥이 둥글고, 화덕이 중앙에 위치)

(2) 사회

① 혈연을 바탕으로 씨족을 기본 단위로 하는 폐쇄적인 독립사회(족외혼을 통한 부족 형성)

② 평등사회, 공동생산, 공동분배

(3) 산업

초기적 형태의 농경과 목축의 시작(신석기 혁명)

① 농경의 시작

　㉠ 농기구 : 돌괭이, 돌삽, 돌보습, 돌낫, 나무 농기구 이용

　㉡ 평양 남경, 황해도 봉산 지탑리 등에서 재배 흔적(좁쌀, 피 등) 발견

② 수렵 : 활, 창을 이용하여 사슴, 노루 사냥

(4) 수공업

① 직조 기술 터득(원시적 수공업 시작)

② 가락바퀴나 뼈바늘 출토(그물이나 의복 제작)

가락바퀴

간석기

간석기

(5) 예술

① 얼굴 모습상 : 흙으로 만듦

② 조개껍데기 가면

③ 동물 모양의 조각품 제작

④ 짐승 뼈, 이빨로 만든 장신구

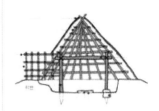
움집 구조

서울 암사동 움집 복원지역

신석기 시대의 유적지

조개껍데기 가면

치레걸이

3. 토기의 제작

(1) 종류

이른 민무늬 토기, 덧무늬 토기, 눌러찍기문 토기(압인문 토기), 빗살무늬 토기

(2) 용도

식량 저장(고정적 식량 생산이 가능한 농경사회임을 뒷받침)

(3) 토기 등장 순서

① 전기 : 이른 민무늬 토기, 덧무늬 토기

② 중기 : 빗살무늬 토기, 바닥이 뾰족한 첨저형 토기 제작

③ 후기 : 가지무늬 토기, 번개무늬 토기, 바닥이 평평한 평저형 토기 제작, 일부는 청동기 시대 초기의 토기와 겹침

🔻 이른 민무늬 토기　　　🔻 덧무늬 토기　　　🔻 빗살무늬 토기

4. 신앙

(1) 애니미즘

만물에 영혼이 존재한다(해, 구름, 비, 천둥, 우박, 농업, 생산과 밀접한 관계).

(2) 샤머니즘

무당과 주술을 숭배하고, 하늘과 연결이 가능하다.

(3) 토테미즘

특정한 동식물을 숭배한다.

(4) 조상 숭배

시조 숭배, 조상이 자기 씨족을 보호한다고 믿고, 사후세계를 인정한다(사용하던 그릇, 돌, 화살촉 등을 함께 묻음).

참고 샤먼

시베리아의 퉁구스어로 망애(忘我) 상태 중에 지식을 얻는 종교적 능력자를 의미하는 '사만(saman)'에서 유래한다. 그리고 샤먼을 중심으로 구성된 종교 형태를 샤머니즘(shamanism)이라고 한다.

깊이 Plus⁺ 원시신앙

애니미즘 (animism)	자연계의 모든 사물에는 생명이 있는 것으로 보고, 그것의 영혼을 인정하여 인간처럼 의식·욕구·느낌 등이 존재한다고 믿는 신앙을 말한다. 특히 농사에 큰 영향을 주는 해·구름·비와 같은 자연 현상과 산이나 하천 등 자연물에 정령이 있다고 믿었는데, 태양과 물에 대한 숭배가 으뜸이었다.
샤머니즘 (shamanism)	인간과 영혼 또는 하늘을 연결하는 존재인 무당과 그 주술(呪術)에 대한 신앙으로, 이는 제사장과도 연관되므로 고조선의 단군·삼한의 천군과 관련된다.
토테미즘 (totemism)	자기 부족의 기원을 특정 동식물과 연결시켜 숭배하는 것으로 단군 신화의 곰과 호랑이, 박혁거세의 말, 석탈해의 까치 등이 이에 해당된다.
영혼 불멸 사상	'사람이 죽어도 영혼은 없어지지 않는다.'라고 믿는 것으로, 계세 사상·순장·부장의 풍습이 이에 해당한다.
조상 숭배 사상	신석기 시대 사람들은 부족마다 자기들의 조상신을 모시고 숭배하였다.

한눈에 쏙

구석기와 신석기

	구석기 시대	신석기 시대
시기	기원전 70만 년 전 (석기를 다듬는 수법에 따라 전기-중기-후기로 구분)	기원전 8000년 경 (지금으로부터 약 1만 년 전)
유적지	• 연천 전곡리(주먹도끼 발견) • 공주 석장리(전기~후기) • 평남 상원 검은모루 동굴 • 청원 두루봉 동굴 • 단양 상시개 동굴	• 서울 암사동 유적지 • 평양 남경(탄화 좁쌀) • 황해도 봉산 지탑리(탄화된 볍씨가 발견되어 한반도에서 농경이 이루어졌음을 최초로 입증함)
도구	• 뗀석기 + 뼈도구 • 사냥도구: 주먹도끼, 찍개, 찌르개 • 조리도구: 밀개 긁개	• 간석기(돌보습, 돌괭이, 갈돌과 갈판) • 토기사용: 이른 민무늬 토기, 빗살무늬 토기, 덧띠토기
경제	사냥·채집·어로 생활	• 농경과 목축 시작(신석기 혁명) • 원시 수공업 시작(직조) ⇨ 가락바퀴, 뼈바늘 • 농경과 사냥 고기잡이 병행
사회	무리생활, 이동생활, 평등사회	평등사회, 씨족사회(부족사회)
주거	동굴, 막집, 나무 그늘	움집, 해안가나 강가에 위치
예술/신앙	조각품 제작 → 사냥감의 번성 기원	• 조개 껍데기 가면 • 영혼숭배 • 애니미즘, 토테미즘, 샤머니즘

국가의 형성

01 청동기 시대

1. 청동기 시대의 시작

(1) 한반도

B.C. 10세기경

🔽 농경무늬 청동기

(2) 만주 지역

B.C. 15~13세기경

2. 유물

요령~길림~한반도 전역에 분포, 중국과는 다른 청동기 문화가 나타난다.

(1) 석기

반달 돌칼, 바퀴날 도끼, 홈자귀

(2) 청동기

비파형 동검(동북 중국으로부터 한반도에서 출토), 거친무늬 거울

🔽 간돌검

🔽 반달 돌칼

🔽 비파형 동검

3. 생활

(1) 주거

① 방어와 농경에 유리한 구릉 지역에 취락이 형성되었다.

② 방어를 위한 목책, 환호(도랑), 토성 등을 갖춘 농경 촌락이 등장하였다.

③ 주로 움집에서 거주하였다.

🔽 창원 서상동(남산) 지역의 환호

　　㉠ 이전에 비해 규모가 컸다.

　　㉡ 장방형(직사각형) 바닥

　　㉢ 지상 가옥화

　　㉣ 화덕이 가장자리에 존재하였다.

🔽 청동기 시대의 움집 구조도

　　㉤ 주춧돌 이용

④ 주거용 외에 창고, 작업장, 집회장, 공공의식 장소 등의 집자리도 존재하였다.

(2) 사회

① 벼농사를 시작하였다. ⇨ 생산경제 더욱 발달하였다.

② 사유 재산 제도와 계급 사회가 형성되었다. ⇨ 군장과 군장 국가가 등장하였다.

③ 빈부격차와 계급분화가 촉진되었다.

④ 전문적 청동기 장인 출현하였다(청동기 : 주로 정치 지도자와 제사장이 사용함).

(3) 토기

미송리식 토기	• 의주 미송리에서 대량 출토 • 납작 항아리 양쪽에 손잡이가 있음 • 목이 넓게 올라가서 다시 안으로 좁아짐 • 표면에 집선 무늬가 있는 것이 특징 • 분포 지역 : 청천강 이북~길림, 요령 일대	
민무늬 토기	• 청동기 시대의 대표적 토기 종류 • 종류 : 밑바닥이 좁은 형, 판판한 원통형류 • 색깔은 적갈색	
붉은 간 토기	• 고운 황토를 이용하여 표면을 매끄럽게 간 토기 • 목이 길고 안으로 오므라지는 것이 특징 • 초기 철기의 검은 간 토기와 구분	

참고 팽이형 토기

한국 청동기 시대에 유행한 민무늬 토기의 한 형식으로, 입구 쪽이 큰 것에 비해 바닥이 작아 전체모양이 팽이 모양과 같다하여 붙여진 이름이다.

(4) 무덤

고인돌, 돌널무덤, 돌무지무덤

고인돌	• 청동기 지배층의 무덤 • 탁자식(북방식) : 굄돌을 세워 돌방을 만들고 그 위에 거대하고 편평한 덮개돌을 얹은 형태 • 바둑판식(남방식) : 땅 밑에 주검을 넣어 그 위에 받침돌을 두고 덮개돌을 올려놓은 형태	▽ **탁자식(북방식) 고인돌**
돌널무덤	돌로 널빤지 모양의 관을 만들어 시체를 넣는 형태	
돌무지무덤	• 시체 위에 돌로 쌓은 무덤으로 구덩이를 파거나 구덩이 없이 시체를 놓고 그 위에 돌을 쌓는 형태 • 고구려 돌무지무덤의 선구	▽ **돌널무덤**

참고 벼농사와 인구 부양력

인구 부양력이란 동일한 면적을 기준으로 그 지역에서 인구를 얼마나 부양할 수 있는가를 나타낸 것으로 같은 지역 내에서도 토양이나 기후의 상태, 농업의 형태 등에 따라 생산량이 달라질 수 있어 부양력이 달라질 수 있다. 대륙 동안 계절풍 지대에 위치한 국가들은 대부분 벼농사 지역으로 생산량이 높아 인구 부양력이 높다고 할 수 있다.

비교 Plus 신석기 시대에서 청동기 시대로의 변화

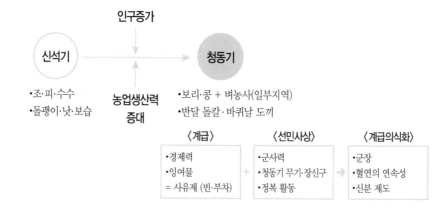

비교 Plus 신석기 및 청동기 시대의 집터 비교

신석기 시대의 집터 / 청동기 시대의 집터

	신석기 시대	청동기 시대
위치	강가나 바닷가	구릉 지대
바닥 형태	원형	장방형(직사각형)
움의 깊이	깊음(반지하)	얕음(지상가옥)
화덕 위치	가운데	가장자리
저장 구덩의 위치	화덕이나 출입문 옆	집 밖에 따로 설치

02 초기 철기 시대

1. 시기

B.C. 4세기경

🔽 철제 농기구

🔽 철제 무기

2. 생활

(1) 철기

① 철제 농기구 사용 : 농업 발달, 경제 기반 확대

② 철제 무기, 철제 도구 사용, 명도전 사용(중국 화폐)

(2) 청동기 제작기술의 발달

세형동검, 거푸집, 잔무늬 거울

(3) 무역

① 청동기, 철기, 붓 발견(한자 사용 추정) : 경남 의창 다호리 유적

② 중국과 교역 확대 : 명도전, 오수전, 반량전 출토

🔽붓

🔽 명도전

🔽 반량전

청동기 ⇨ 고조선의 영역과 일치		초기 철기 ⇨ 한반도의 독자적 청동기 문화
 비파형동검	⇨	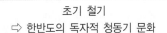 세형동검
 거친무늬 거울		 잔무늬 거울

참고 철기 시대의 청동 거푸집
(전남 영암 출토)

청동기 제작에 쓰이는 틀이다. 한 사회가 금속기를 주조하였음을 입증하는 중요한 고고학적 증거로서, 이를 통해 그 사회의 생산력 수준과 사회 발전 단계 등을 미루어 짐작할 수 있다.

참고 도구에 따른 시대구분법(삼시대법)

고고학에서의 시대구분은 19세기 덴마그 고립박물관의 톰센(Thomsen, C. J.)에 의해서 처음 이루어졌다. 그는 1836년에 간행된 덴마크 국립박물관 안내책자에서 무기와 도구를 만드는 데 사용된 도구에 따라 돌, 청동, 철의 순서로 계승되었다고 설명하였다. 그후, 그의 제자인 월사에(Worsaae)가 충서적인 발굴을 통해 이를 보완하면서 선사 시대를 석기 시대(Stone Age)·청동기 시대(Bronze Age)·철기 시대(Iron Age) 등으로 나누는 삼시대법(三時代法)이 완성되었다. 이러한 삼시대법은 곧 바로 전 세계 고고학계로 파급되었다.

(4) 토기

검은 간 토기	보통 긴 목을 지닌 단지의 형태로 표면에 흑연 등의 광물질을 바르고 문질러 구운 토기	
덧띠 토기	그릇의 표면에 띠 모양의 흙을 덧붙여 무늬를 낸 토기	

(5) 무덤

널무덤	지하에 구덩이를 파고 나무 널을 이용하여 직접 유해를 묻는 무덤 양식	
독무덤	시체를 두 개의 독(옹기)이나 항아리에 넣어서 땅을 파고 구덩이를 만들거나 독을 넣을 만큼 적당히 파서 묻는 무덤 양식	

(6) 특징적인 가옥 구조 등장

동예의 려(呂)자형 철(凸)자형 집터

(7) 족장의 권력 강화

① 계급 사회가 더욱 발달하였다.

② 군장의 지배력이 더욱 강화되었다(약소 부락 통합 정복, 공납 징수).

③ 활발한 정복 전쟁으로 다양한 국가가 등장하였다.

한눈에 쏙

청동기 시대와 초기 철기 시대

	청동기 시대	초기 철기 시대~철기 시대
시기	기원전 2000년 경~기원전 1500년 경	기원전 5세기 경
유물 및 유적	• 청동기: 비파형 동검, 거친무늬 거울 • 농경용 간석기: 반달 돌칼, 홈자귀 • 토기: 미송리식 토기, 민무늬 토기, 붉은 간 토기 • 무덤: 고인돌, 돌널무덤, 돌무지무덤	• 철제농기구, 철제무기, 철제 연모(간석기도 일부 사용) • 청동기: 세형동검, 거푸집, 잔무늬거울 ⇨ 독자적인 청동기 문화 형성 • 토기: 민무늬 토기, 검은 간 토기, 덧띠 토기 • 무덤: 널무덤, 독무덤
정치	정복 전쟁 → 군장 국가(고조선)	연맹 왕국
경제	• 농경 발달(벼농사 시작) • 가축 사육	• 명도전, 반량전, 오수전(중국과 교역) • 붓(한자 사용)
	• 조, 보리, 콩, 수수 등 밭농사 중심, 일부 저습지에서는 벼농사 지음 • 사냥과 고기잡이 비중이 감소, 가축 사육은 증가	
주거	• 위치: 앞쪽에는 시냇물이 흐르고, 뒤쪽에는 북서풍을 막아주는 나지막한 야산이 있는 곳에 우물을 중심으로 형성(배산임수) • 형태: 대체로 직사각형이며, 움집은 점차 지상가옥으로 변화 • 규모: 농경과 인구의 증가로 정착 생활의 규모가 확대 • 기능: 주거용 공간, 공동 작업장, 공공 의식 장소 등을 따로 설치	
사회	• 남녀 간의 역할 분화: 여성은 집안일, 남성은 바깥일에 종사(→ 가부장적 사회) • 사유 재산의 발생 → 빈부 격차 → 계급의 분화 • 군장(족장)의 출현: 권력과 경제력을 가진 지배층이 출현(→ 고인돌 제작) • 선민 사상의 대두: 스스로 하늘의 자손이라고 자처하며 주변의 약한 부족을 정복	
예술과 신앙	• 특징: 종교 및 정치적 요구와 밀착되어 발전 • 청동제 의기, 토우: 종교·주술적 의미 • 바위그림: 풍요를 기원하는 주술적 의미(울주 반구대, 고령 양전동 알터 암각화) • 제천 행사: 영고(부여), 동맹(고구려), 무천(동예), 계절제(삼한)	

🔽 울주 반구대 암각화

🔽 고령 양전동 알터 암각화

03 고조선의 성립과 발전

1. 단군 신화의 내용과 그 의미

사료 Plus

단군 신화

고기(古記)에 이런 말이 있다. 옛날에 환인의 서자 환웅이 자주 인간 세상에 뜻을 두었다. 아버지가 이를 알고 삼위 태백산을 내려다보니 인간 세계를 널리 이롭게 할 만했다. 이에 천부인 세 개를 주어 내려가 다스리게 했다. 환웅은 무리 3천 명을 거느리고 태백산 꼭대기에 있는 신단수 아래로 내려와서 이곳을 신시라 불렀다. 그가 바로 환웅천왕이다.

그는 風伯, 雨師, 雲師를 거느리고 곡식, 목숨, 질병, 형벌, 선악 등 인간의 360여 가지 일을 주관하여 세상을 다스렸다. 이때 곰 한 마리와 호랑이 한 마리가 같은 동굴에서 살았다. 둘은 환웅에게 늘 사람이 되기를 빌었다. 때마침 환웅이 영험한 쑥 한 묶음과 마늘 스무 개를 주면서 말했다. "너희들이 이것을 먹고 백날 동안 햇빛을 보지 아니하면 사람이 될 것이다." 곰과 호랑이는 이것을 받아먹었다. 곰은 금기를 지켜 21일 만에 여자가 되었으나 호랑이는 지키지 못해 사람이 되지 못했다. 여자가 된 곰은 결혼할 상대가 없었으므로 신단수 아래에서 아이 배기를 빌었다. 환웅이 잠시 변하여 결혼하여 아들을 낳아 그 이름을 단군왕검이라고 하였다. 단군왕검은 요임금이 왕위에 오른 뒤 50년 되는 경인년에 평양성에 도읍하고 조선이라 일컬었다. 다시 도읍을 백악산 아사달로 옮겼다. 그는 1,500년 동안 여기서 나라를 다스렸다. 주나라 무왕이 왕위에 오른 을묘년에 기자를 조선에 봉하였다. 단군은 장당경으로 갔다가 다시 돌아와 아사달에 숨어서 산신이 되었다. 나이가 1,908세였다고 한다. － 『**삼국유사**』

① 환인, 환웅 : 선민사상*을 가진 이주민 집단
② 인간 세계를 널리 이롭게 하다 : 홍익인간*
③ 풍백, 우사, 운사 : 농경과의 관련성
④ 곰과 호랑이 : 당시 고대 신앙인 토테미즘 사상 반영
⑤ 환웅과 웅녀의 결혼 : 선민사상을 가진 이주민 집단과 곰 토템을 가진 토착세력간의 결합
⑥ 단군왕검 : 단군(종교 지도자)과 왕검(정치 지도자)의 결합(제정일치 사회)

✱ 선민사상
종교적인 의미에서 신이 특정한 민족 혹은 사람들을 구원하기 위하여 선택했다는 사상이다.

✱ 홍익인간(弘益人間)
널리 인간세계를 이롭게 한다는 뜻으로 『삼국유사』의 단군 신화에 나오는 말이다. 우리나라 정치·경제·사회·문화의 최고 이념으로, 윤리 의식과 사상적 전통의 바탕을 이루고 있다.

깊이 Plus 단군 신화 수록 사서 및 고조선 역사를 기록한 사서

단군 신화 수록 사서

사료명	저자	시기
『삼국유사』	일연	고려 말 원간섭기(충렬왕)
『제왕운기』	이승휴	고려 말 원간섭기(충렬왕)
『세종실록지리지』	춘추관	조선 전기(단종)
『응제시주』	권람	조선 전기(세조)
『동국여지승람』	노사신	조선 전기(성종)
『동국통감』	서거정	조선 전기(성종)

고조선 역사 기록 사서

사료명	저자	시기
『제왕운기』	이승휴	고려 말 원간섭기(충렬왕)
『삼국사절요』	서거정	조선 전기(성종)
『동사강목』	안정복	조선 후기(영조)
『해동역사』	한치윤	조선 후기(정조)

2. 고조선의 세력 범위

(1) 위치

요령지방을 중심으로 성장하여 한반도 북부지방까지 세력 확대

(2) 고조선의 세력 범위를 확인할 수 있는 유물

① 고인돌

② 미송리식 토기

③ 비파형 동검

④ 거친무늬 거울

▽ 고조선의 세력 범위

(3) 대외 관계

부왕, 준왕 등이 등장해 왕위를 세습하고 관직을 설치하여 세력을 확대하는 연과 대립하였다.

3. 고조선의 역사

(1) 고조선의 중심지 이동

① 고조선이 발전하는 과정에서 중국의 연나라와 충돌하였다.

② 기원전 283년 경에 연의 장수 진개의 공격을 받아 2,000여 리를 빼앗겼다.

③ 연나라와 충돌하는 과정에서 연나라에 크게 패하여 고조선의 중심지가 요동에서 대동강 유역의 왕검성으로 이동하였다.

▽ 고조선의 중심지 이동

사료 Plus

고조선의 중심지 이동

연이 스스로를 높여 왕이 되어 동쪽으로 침략하려 하자, 고조선의 후도 스스로 왕을 칭하면서 연을 공격하였다. 그 뒤 자손들이 교만하고 사나워지므로 연은 장군 진개(秦開)를 보내 조선 서쪽을 공격하여 2천여 리의 땅을 빼앗았다.

－『삼국지』 위서 동이전

---

(2) 위만의 집권

① 진한 교체기(B.C. 2세기경)에 위만의 인솔로 연나라 출신 사람들이 입국하였다.

② 위만 세력의 성장

 ㉠ 준왕의 신임 획득 : 서쪽 변경 수비 책임자로 임명, 이주민을 통솔하면서 자신의 기반 세력을 확대하였다.

 ㉡ 수도 왕검성 진격 : 준왕 축출 후 왕위에 등극(B.C. 194)하였고 준왕은 한반도 남쪽으로 이동하여 한왕을 칭하였다.

참고 위만의 고조선 계승 근거

• 상투

• 조선옷

• 국명 '조선' 계승

• 토착민 출신 관리 등용

> **사료 Plus**
>
> **위만의 집권**
>
> 노관이 한을 배반하고 흉노로 도망간 뒤 연나라 사람인 위만도 망명하여 오랑캐 옷을 입고 머리를 묶고 동쪽으로 패수를 건너 준왕에게 항복하였다. 위만이 서쪽 변방에 거수하도록 해 수면 숭국 유이민을 거두어 조선의 변방이 되어 주겠다고 하니 준왕이 이를 믿고 박사에 임명하고 땅 100리를 주어 서쪽 변경을 지키게 하였다. 이후 위만은 B.C. 194년 무렵에 준왕을 쫓아내고 스스로 조선의 왕이 되었다. 하지만 위만은 국호나 정치 체제·수도 등을 옮기지 않은 채 기존 고조선의 정체성을 그대로 유지하여 고조선을 그대로 계승하였다.
>
> ─ 『위략』

(3) 고조선의 발전

① 위만의 집권으로 철기 문화를 본격적으로 수용하였다.

　⇨ 농업, 수공업(무기 제조), 상업, 무역이 발달하였다.

② 중앙 정치 조직 마련 : 강력한 국가로 성장하면서 정복 사업을 전개하였다(임둔, 진번 등을 복속).

② 중계무역에 참여하여 예·진·한 사이에 무역을 독점하였다.

　⇨ 경제적·정치적 강대국으로 성장하였다.

(4) 고조선의 멸망

① 한은 고조선의 중계무역(한과 진국 사이)에 불만이 있었고, 흉노와 고조선의 연결을 우려하였다.

② 한은 고조선에 항복을 권하면서 섭하(涉何)를 사신으로 파견하였으나 살해되었다.

③ 1차 전투 고조선 승리 → 그 후 1년간 대항 → 지배층의 내분으로 B.C. 108년 왕검성 함락

(5) 한군현(한4군)의 설치

① 고조선 일부 지방에 낙랑, 진번, 임둔, 현도 등 네 군현이 설치되었다.

② 고조선의 법률인 8조법이 한군현 설치 이후, 60여 조로 늘어났다.

③ 토착민의 저항으로 쇠퇴하다가, 고구려의 공격으로 완전히 소멸하였다(B.C. 313).

💙 한4군의 위치

한눈에 쏙

고조선의 역사

건국	발전
• 단군왕검 건국(B.C. 2333) • 건국이념 : 홍익인간 • 근거 : 『삼국유사』, 『제왕운기』, 『응제시주』, 『동국여지승람』, 『세종실록지리지』	• 요령 지방(랴오닝 성 일대)을 중심으로 성장 → 한반도로 발전 • 부왕 → 준왕(왕위 세습) • 상·대부·장군 : 관직 설치 • 요서 지방을 경계로 연나라와 대립
위만의 집권(B.C. 194)	**멸망(B.C. 108)**
• 준왕을 몰아내고 왕위 오름 • 철기 본격적 수용 • 중계무역(예·진과 한나라) → 한과 대립	• 한 무제의 침략으로 멸망 ⇨ 한4군 설치(낙랑, 진번, 임둔, 현도) • 8조법 → 60여 개조(풍속 각박) • 한4군은 고구려의 공격으로 소멸

시기	사건
B.C. 700~600년 경	고조선이 역사 무대에 등장, 중국 제나라와 교역
B.C. 200년 경	연나라가 고조선을 공격하여 일시적으로 위축 (B.C. 283년 진개의 공격으로 2,000여 리를 빼앗김)
B.C. 195년 경	위만이 고조선으로 망명
B.C. 194년 경	• 위만이 준왕을 몰아내고 고조선의 왕으로 등극 • 준왕은 남쪽으로 물러나 한왕을 칭함
B.C. 193년 경	임둔, 진번 등을 복속
B.C. 110년 경	고조선의 조선상 역계경이 진국으로 망명
B.C. 108년 경	한 무제가 고조선 침략하여 고조선 멸망
B.C. 107년 경	한4군의 설치
A.D. 313년	고구려에 의해 낙랑군 축출, 한4군이 한반도에서 완전히 사라짐

사료 Plus

고조선의 8조법

1. 사람을 죽인 자는 즉시 사형에 처한다.

2. 사람을 상해한 자는 곡물로서 배상한다.

3. 남의 물건을 훔친 자는 노비로 삼되, 자속하려는 자는 돈 50만 전을 내야 한다.　　　－『**한서지리지**』＊

※ 부인들이 정신하여 음란하지 않았다고 하는데, 이것으로 보아 간음을 금지하는 또 하나의 조항이 있었을 것으로 짐작된다.

＊『한서지리지』
후한의 반고가 편찬한 전한 왕조 1대의 역사를 기록한 한서(漢書) 중의 한 편인 지리지에는 각지의 지리적 사정, 풍속 등을 역사적으로 서술한 부분이 있다. 여기에 고조선의 8조법에 대한 내용 중 3조가 전한다.

🔻 초기 국가의 위치

04 여러 나라의 등장

1. 초기 국가의 공통적 특징

① 왕호를 사용하기 시작하였지만 왕권은 미약하였다.

② 왕과 유력한 부족장(대가)들이 함께 통치하였다.

③ 나름의 독특한 정치조직을 갖추고 있었다.

④ 중앙집권적 국가라 보기 어려우며, 왕과 대가의 연맹체적 성격이 강하다.

⑤ 하늘에 제사를 지내는 제천행사를 하였다.

2. 부여

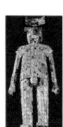

🔻 옥갑

(1) 위치

송화강 유역

(2) 정치

① B.C. 2~1세기 무렵 국가 형태 갖추었다.

② 관리 제도 : 마가, 우가, 저가, 구가, 대사자, 사자 등

③ 사출도* 행정구역 설정하여 독자성을 인정해주었고, 중앙과 합하여 5부족이 형성되었다.

④ 제가들이 왕을 선출하였으나 흉년 때에는 왕에게 책임을 추궁할 정도로 왕권이 미약하였다.

⑤ 강력한 국왕은 궁궐, 성책, 감옥, 창고시설 등을 마련하였다.

(3) 산업

① 농경과 목축 : 반농반목

② 특산물 : 말, 주옥, 모피

(4) 법률(4조목 금법)

① 살인자는 사형에 처하고, 가족은 노비로 삼는다. ⇨ 살인죄

② 절도자는 12배를 배상하도록 하였다(1책 12법*). ⇨ 절도죄

③ 간음한 자와 투기한 여자는 사형에 처한다. ⇨ 간통죄, 질투죄

(5) 풍속

① 제천행사 : 영고(12월, 가무를 즐기고 죄수를 석방함)

② 순장* : 왕이 죽으면 옥갑을 사용하였으며, 왕 사망시 후장(껴묻거리)과 더불어 노비를 생매장하였다.

③ 우제점법 : 제천의식을 행하고 길흉을 판단하였다.

④ 형사취수법 : 형 사망시 형수와 결혼하였다(가부장 사회).

✱ 사출도

부여는 수도를 중심으로 지방을 동·서·남·북 4개 구역으로 나누었는데, 그 지방 관할 구획이 사출도이다. 이 곳은 가축의 이름을 딴 마가(馬加)·우가(牛加)·저가(猪加)·구가(狗加) 등의 부족장이 다스렸다(윷놀이가 사출도에서 유래).

✱ 1책 12법

1책 12법은 부여의 법률로 남의 물건을 훔쳤을 때는 물건 값의 12배를 배상하도록 한 것이다. 고구려에도 유사한 법이 있다.

✱ 순장

한 집단의 지배층 계급에 속하는 사람이 죽었을 때 그 사람의 뒤를 따라 강제로 혹은 자진하여 산 사람을 함께 묻던 일 또는 그런 장례법이다.

참고 부여의 수렵 사회 전통

'영고'라는 제천 행사가 있었는데, 전쟁이 일어났을 때에는 제천 의식을 행하고, 소를 죽여 그 굽으로 길흉을 점치기도 하였다(우제점법). 영고는 추수 후 음력 12월에 치르는 제천의식이었다. 이것은 수렵 사회의 전통을 보여 주는 것이다.

---

(6) 멸망

① 3세기 말 선비족의 침입으로 국력이 쇠약해졌다.

② 고구려에 멸망하였다(494).

3. 고구려

(1) 시조

부여에서 남하한 주몽(동명성왕)

(2) 위치

졸본 부여(압록강 지류 동가강 유역)

(3) 환경

① 산악 지대라 토지가 척박하여 양식이 부족하였다.

② 평야지역 진출과 소국 정복 정책을 추진하였다(약탈경제).

(4) 정치

왕 아래 대가, 고추가를 두었으며 대가들은 각기 사자, 조의, 선인 등을 관리로 두어 독립 세력을 유지하였다.

(5) 발전

① 통구(압록강 중류 지방)로 이동 : 5부족 연맹체로 발전하기 시작하여 정복 전쟁을 추진하였다.

② 한군현을 공략하여 요동 지방으로 진출하였다.

　　㉠ 토착세력이 임둔과 진번을 몰아냈다(B.C. 82).

　　㉡ 현도군 축출(B.C. 75)

　　㉢ 낙랑군 축출(미천왕)

③ 옥저와 동예를 속국으로 삼아 세금을 약탈하였다.

(6) 풍속

① 제천행사 : 동맹(10월)

② 중대 범죄자 : 제가회의에서 논의 후 사형에 처하고, 가족은 노비로 삼는다.

③ 조상신 숭배 : 유화 부인, 시조신(주몽)을 숭배하고 제사를 지낸다.

④ 형사취수제, 우제점법 등 여러 풍속이 부여와 유사하다(고국천왕 사후, 왕비인 우씨와 왕의 동생인 산상왕과의 결합은 취수혼의 실례를 보여줌).

⑤ 혼인 제도 : 서옥제(데릴사위 제도)*

참고 **국동대혈**

고구려의 도읍 동쪽에 있던 큰 동굴로, 고구려 사람들은 하늘에 제사지낼 때 이곳에서 신을 맞았다고 한다. 『삼국지』 동이전에는 "10월에 하늘에 제사 지내는 나라 안의 큰 모임을 동맹이라고 부른다. … 그 나라 동쪽에 큰 동굴이 있어 수혈이라고 부른다. 10월의 나라 안 큰 모임 때 수신을 맞이해 제사지낸다."라는 기록이 있다.

＊ 서옥제
고구려에서 혼인하던 풍습으로 데릴사위제 가운데 하나이다.

4. 옥저와 동예

(1) 옥저

① 위치 : 함경도 함흥 지방

② 선진문화 수입의 부신 : 고구려의 압박으로 공불을 납부하는 속국의 위치에 있었다.

③ 통치자 : 왕이 없고, 읍군·삼로가 각 읍락을 통치하여서 통일 세력을 형성하지 못하였다.

④ 경제 : 어물, 소금, 해산물, 곡물을 생산하였으며 고구려에 공납으로 바쳤다.

⑤ 풍속

   ㉠ 장례 : 골장제(세골장, 가족공동묘), 쌀 항아리 매달기

   ㉡ 혼인 : 민며느리제*

⑥ 멸망 : 고구려 태조왕에 의해 멸망하였다(56년경으로 추정함).

(2) 동예

① 위치 : 강원도 북부 지방(원산, 안변 지방)

② 통치자 : 왕이 없었으며, 후·읍군이 각 읍락을 통치하였다.

③ 경제 : 토지가 비옥하고 해산물이 풍부하며, 명주·삼베 등의 방직 기술이 발달하였다.

④ 풍속

   ㉠ 제천행사 : 무천(10월)

   ㉡ 혼인 : 족외혼

   ㉢ 풍습 : 씨족사회의 유풍을 간직한 책화*

⑤ 주거 : 철(凸)자형과 여(呂)자형의 집터

⑥ 특산물* : 단궁, 과하마, 반어피

⑥ 멸망 : 연맹 왕국을 형성하지 못한 채 멸망하였다(정확한 멸망 기록은 없으나, 고구려에 흡수되었을 것으로 추정함).

＊ 민며느리제
옥저의 혼인풍습으로, 결혼을 약속한 어린 여자를 남자집에서 길러 아내로 삼는다.

＊ 책화
동예에서 마을 사이의 경계를 침입하였을 때에, 노예·소·말 따위로 배상하던 벌칙이다.

＊ 동예의 특산물
• 단궁 : 단단한 활
• 과하마 : 과일나무 아래를 지날 수 있는 작은 말
• 반어피 : 바다표범 가죽

🔹 철(凸)자형 집터

🔹 려(呂)자형 집터

5. 삼한

(1) 유래

① 위만에 의해 쫓겨난 준왕이 한반도 남부에 자리 잡으면서 진(辰)이 성장하였다.

② 새로운 문화가 보급되고, 토착 문화와 융합되면서 사회발전이 가속화되었다(마한, 진한, 변한 등장).

(2) 각 국의 특징

① 마한

  ㉠ 대전, 익산(목지국)을 중심으로 경기, 충청, 전라도 지방에 54개국이 존재하였다.

  ㉡ 목지국이 삼한의 전에 영도 세력으로 마한왕, 진왕으로 호칭되었다.

② 진한

  ㉠ 대구, 경주를 중심으로 경상도 지방에 12개국이 존재하였다.

  ㉡ 중심 국가는 경주를 중심으로 한 사로국이다.

③ 변한

  ㉠ 김해, 마산을 중심으로 경상도 지방에 12개국이 존재하였다.

  ㉡ 중심 국가는 김해를 중심으로 한 구야국이다.

마한의 주구묘

마한의 토실

(3) 제정 분리

① 왕 : 마한의 목지국 지배자가 마한왕 또는 진왕으로 추대되어 삼한 연맹체를 주도하였다.

② 정치적 군장 : 세력이 큰 군장은 신지·견지, 작은 군장은 읍차·부례 등으로 불렸다.

③ 제사장 : 천군이라 불렸고, 소도에서 농경과 종교 의례를 주관하였다.

④ 소도 : 천군이 주관하는 곳으로, 군장의 세력이 미치지 못하는 신성지역이자 별읍(別邑)이었다. 죄인이라도 도망을 하여 이곳에 숨으면 잡아가지 못하였던 사실을 통해 삼한이 제정 분리 사회임을 추론할 수 있다.

⑤ 제천 행사 : 수릿날(5월), 계절제(10월)

(4) 산업

① 철제 농기구 사용으로 농경이 더욱 발달하였다.

② 벼농사를 위한 수리시설 및 각종 저수지를 축조하였다(의림지, 벽골제 등).

③ 변한은 낙랑과 일본에 철을 수출하였으며, 철은 화폐 덩이쇠로 사용되기도 하였다.

(5) 철기 문화의 발달

사회변동이 가속화되었고, 중앙집권국가 성립 기반이 마련되었다.

① 백제국 성장 : 마한 통합

② 사로국 성장 : 진한 통합

③ 가야국 성장 : 낙동강 유역 통합

삼한의 솟대

변한의 덩이쇠

Korean History

한눈에 쏙

초기 철기 여러 나라의 성장

	부여	고구려	옥저	동예	삼한
위치	만주, 송화강 유역	졸본(압록강 유역)	함흥평야	강원도 북부의 해안	한반도 남단 (마한, 진한, 변한)
정치	• 5부족 연맹체 • 4출도	• 5족 연맹체 • 제가회의	• 군장 국가(읍군, 삼로) • 고구려의 압박으로 성장 지연		78개 소국연맹체, 대족장(신지, 견지), 소족장(부례, 읍차)
경제	• 반농반목 • 말, 주옥, 모피	약탈경제(부경)	• 소금과 해산물 • 농경 발달	• 방직 기술 • 농경 발달 • 명주, 삼베, 단궁, 과하마, 반어피	• 벼농사 중시 (저수지 축조) • 철 생산(변한)
문화	• 순장 • 가부장적 • 1책 12법	• 서옥제 • 국동대혈(시조신 제사) • 상무적 기질	민며느리제, 골장제, 가족공동, 무덤	족외혼, 책화	• 두레 • 제정 분리(소도)
	우제점법 · 형사취수제				
제천 행사	영고(12월)	동맹(10월)		무천(10월)	• 수릿날(5월) • 계절제(10월)
발전	• 중앙 부족과 4출도 → 연맹 왕국 • 흉년이나 수해책 임을 왕에게 물음	• 군장격의 대가 존재 • 대가는 사자, 조의, 선인을 거느림	• 고구려의 약탈 대상 • 연맹 왕국 × • 옥저 고구려에게 정복됨 • 동예 : 멸망 기록 없음(고구려에 흡수 추정)		

44 제1편 우리 역사의 시작

사료 Plus

삼국지 동이전에 나타난 우리민족의 초기 철기 모습

1. 부여는 남쪽은 고구려와, 동쪽은 읍루와, 서쪽은 선비와 접해 있고, 북쪽에는 약수가 있다. 그 나라 사람들은 토착생활을 하며, 궁실과 창고 및 감옥을 가지고 있다. 산릉과 넓은 연못이 많아 동이 지역에서는 가장 넓고 평탄한 곳이다. 토질은 오곡이 자라기에 적당하지만, 오과는 생산되지 않는다. 그 나라 사람들은 체격이 크고 성질은 굳세고 용감하며, 근엄하고 후덕하여 다른 나라를 쳐들어가거나 노략질하지 않는다. 나라에는 군왕이 있고, 모두 가축의 이름으로 관명을 정하여 마가, 우가, 구가, 저가, 대사, 대사자, 사자가 있다. 제가들은 별도로 사출도를 주관하는데, 큰 곳은 수천 가이며 작은 곳은 수백 가였다. …… 화합을 할 때에는 술잔을 주고 술잔을 닦는 예가 있다. 출입 시에는 읍양하는 예가 있다. 정월에 지내는 제천행사는 국중대회로 날마다 마시고 먹고 노래하고 춤추는데, 그 이름을 영고라 하였다. 형벌은 엄하고 각박하여 사람을 죽인 사람은 사형에 처하고 그 집안사람은 직몰하여 노비로 삼는다. 도둑질하면 12배를 변상케 하였다. …… 옛 부여의 풍속에는 가뭄이나 장마가 계속되어 오곡이 영글지 않으면 그 허물을 왕에게 돌려 마땅히 왕을 바꾸어야 한다고 하거나 죽여야 한다고 하였다.

2. 고구려는 큰 산과 깊은 골짜기가 많고 넓은 들은 없어 산골짜기에 의지하여 살면서 산골의 물을 식수로 한다. 좋은 전지가 없으므로 부지런히 농사를 지어도 식량이 충분하지 못하다. …… 그 나라 사람들의 성질은 흉악하고 급하며, 노략질하기를 좋아한다. 그 나라에는 왕이 있고, 벼슬로는 상가·대로·패자·고추가·주부·우태·승·사자·조의·선인이 있으며, 신분의 높고 낮음에 따라 각각 등급을 두었다. …… 본디 다섯 (부)족이 있으니, 연노부·절노부·순노부·관노부·계루부가 그것이다. 본래는 연노부에서 왕이 나왔으나 점점 미약해져서 지금은 계루부에서 왕위를 차지하고 있다. 10월에 지내는 제천행사는 국중대회를 여는데 그 이름을 동맹이라 한다. …… 풍속은 혼인할 때 구두로 미리 정하고, 여자의 집에서 몸채 뒤편에 작은 별채를 짓는데, 그 집을 서옥이라 부른다. 해가 저물 무렵에 신랑이 신부의 집 문 밖에 도착하여 자기의 이름을 밝히고 무릎 꿇고 절하면서, 아무쪼록 신부와 더불어 잘 수 있도록 해 달라고 청한다. 이렇게 두세 번 거듭하면 신부의 부모는 그제야 작은 집에 가서 자도록 허락하고 돈과 폐백은 곁에 쌓아 둔다. 아들을 낳아서 장성하면 남편은 아내를 데리고 집으로 돌아간다.

3. 옥저는 고구려 개마대산의 동쪽에 있는데, 큰 바다에 접해 산다. 그 지형은 동북 간은 좁고, 서남 간은 길어서 천 리 정도나 된다. 군왕은 없으며 각 읍락에는 각각 대를 잇는 우두머리가 있다. …… 그들은 장사를 지낼 적에는 큰 나무 곽(槨)을 만드는데, 길이가 10여 장(丈)이나 되며, 한쪽 머리를 열어놓아 문을 만든다. 사람이 죽으면 시체는 모두 임시 매장을 하되 겨우 형체가 덮일 만큼 묻었다가 가죽과 살이 다 썩은 다음에 뼈만 추려서 곽 속에 안치한다. …… 나라의 혼인 풍속은 여자가 10살이 되기 전에 혼인을 약속하고, 신랑 집에서는 (그 여자를) 맞이하여 장성하도록 길러 아내로 삼는다. (여자가) 성인이 되면 다시 친정으로 돌아가게 한다. 여자의 친정에서는 돈을 요구하는데, (신랑의 집에서) 돈을 지급한 후 다시 신랑 집으로 돌아온다.

4. 동예는 고구려·옥저와 접하였고, 동쪽으로는 대해(大海)와 닿았으니, 오늘날 조선의 동쪽이 모두 그 지역이다. …… 대군장이 없고, 한 대 이래로 후·읍군·삼로의 관직이 있어 하호를 통치하였다. 그 나라의 풍속은 산천(山川)을 중요시하여 산과 내마다 각기 구분이 있어 함부로 들어가지 않는다. 부락을 함부로 침범하면 벌로 노비와 소·말을 부과하는데 이를 책화라 한다.

5. 한은 대방의 남쪽에 있는데 동쪽과 서쪽은 바다로 한계를 삼고, 남쪽은 왜와 접경하니, 면적이 사방 4천 리쯤 된다. 한에는 세 종족이 있으니, 하나는 마한, 둘째는 진한, 셋째는 변한인데 진한은 옛 진국이다. 해마다 5월이면 씨뿌리기를 마치고 귀신에게 제사를 지내며, 10월에 농사일을 마치고 나서도 이렇게 한다. …… 귀신을 믿기 때문에 국읍에 각기 한 사람씩을 세워서 천신의 제사를 주관하게 하는데, 이를 천군이라 부른다. 또 여러 나라에는 각각 별읍이 있으니, 이를 소도라 한다. …… 변한에서는 철이 생산되는데 한·예·왜인들이 모두 와서 사간다. 시장에서의 매매는 철로 이루어져서 마치 중국에서 돈을 쓰는 것과 같으며, (낙랑과 대방의) 두 군에도 공급하였다.

PART 02

고대 사회 :
삼국과 가야, 그리고
남북국 시대

이 단원은

본격적인 우리나라의 역사의 시작이라고 할 수 있는 삼국 시대에서는 고구려, 백제, 신라의 항쟁 및 발전 과정을 파악하는 것이 중요하다. 각 나라의 고유한 특징에 따라 그들이 어떻게 자신들의 사회를 발전시켜왔는지를 이해하는 동시에, 같은 시대에 나타난 삼국의 발전 및 쇠퇴 과정도 알아두어야 한다. 또한 흔히 우리가 통일 신라 시대로 인식하고 있는 신라 중대 때의 사회 모습에서도 기존에 국한된 정치적인 관점에서 벗어나 경제적인 관점으로도 해석하는 것이 중요하며, 발해를 우리의 역사로 바르게 이해함으로써 우리 역사의 인식 범위를 확대해야 한다. 마지막으로 신라 하대는 오랜 시간을 유지한 한 왕조가 무너지는 시기이기 때문에 분명 폐단이 나타나지만 그때 있었던 호족의 등장, 새로운 사상들(풍수지리, 선종 등), 농민 반란과 같은 측면이 다음 고려 왕조뿐 아니라 우리 역사 전개에 어떠한 영향을 미치는지 파악하여 해당 시기를 발전적인 시각으로 이해하는 것이 바람직하겠다.

본 편의 역사(연표)

B.C. 57	신라 건국
B.C. 37	고구려 건국
B.C. 18	백제 건국
A.D. 3.	고구려 국내성 천도
28.	가락국 시조 수로왕 즉위
56.	고구려 태조왕, 동옥저 통합
194.	고구려, 진대법 실시
261.	신라 미추이사금 즉위(김씨 왕 시조)
313.	고구려, 낙랑군 멸망시킴
371.	백제 근초고왕, 평양성 공격
	고구려 고국원왕 전사
372,	고구려 불교 전래, 태학 설립
373.	고구려, 율령 반포
375.	백제, 『서기』(고흥) 편찬
384.	백제, 불교 전래
391.	고구려, 광개토대왕 즉위
400	고구려 광개토대왕, 신라 구원
427.	고구려 장수왕, 평양 천도
433.	나·제 동맹
475.	백제, 웅진(공주) 천도
494.	고구려 문자명왕, 부여 완전 흡수
520.	신라 법흥왕, 율령반포
525.	백제, 무령왕릉 축조
527.	신라 법흥왕, 불교 공인
532.	신라 법흥왕, 금관가야 통합
538.	백제 성왕, 사비(부여) 천도
553.	신라, 한강하류장악, 나·제 동맹 결렬
554.	백제 성왕, 신라에 대패
555.	신라 진흥왕, 북한산순수비 건립
590.	고구려 온달, 아차성에서 죽음
610.	고구려 담징, 일본 호류사 금당벽화
612.	구구려, 을지문덕의 살수대첩
645.	고구려, 안시성싸움 승리
660.	백제 멸망
668.	고구려 멸망
676.	신라, 삼국 통일 완성
682.	통일 신라 신문왕, 국학 설립
698.	대조영, 발해 건국
727.	혜초, 『왕오천축국전』 지음
751.	불국사와 석굴암 창건
828.	장보고, 완도에 청해진 설치
841.	장보고의 반란 진압
889.	원종과 애노의 난
890.	통일 신라, 지방 각지에서 봉기

고대 사회

2023년도 국가직

1 밑줄 친 '왕'에 대한 설명으로 옳은 것은?

> 16년 겨울 10월, 왕이 질양(質陽)으로 사냥을 갔다가 길에 앉아 우는 자를 보았다. 왕이 말하기를 "아! 내가 백성의 부모가 되어 백성들이 이 지경에 이르게 하였으니 나의 죄로다." … (중략) … 그리고 관리들에게 명하여 매년 봄 3월부터 가을 7월까지 관청의 곡식을 내어 백성들의 식구 수에 따라 차등 있게 빌려주었다가, 10월에 이르러 상환하게 하는 것을 법규로 정하였다.
>
> ― 『삼국사기』

① 낙랑군을 축출하였다.
② 진대법을 시행하였다.
③ 백제의 침입으로 전사하였다.
④ 영락이라는 독자적인 연호를 사용하였다.

정답 ②
학습전략 주요 왕들의 업적을 이해한다. 또한, 2022년도 국가직 시험에서 오답 지문으로 제시되었던 '진대법 시행'이 2023년도 국가직 시험에서 정답 지문으로 등장하였다. 따라서 기출 문제의 오답 지문이 다음번 시험의 정답 지문이 될 수 있다는 생각으로 최근 기출 문제의 오답 지문까지 꼼꼼히 파악해야 한다.
사료분석 봄에 곡식을 빌려주었다가 가을에 돌려받는 춘대추납 원칙의 빈민 구제 제도인 진대법을 실시한 왕은 고구려 고국천왕이다.
보기분석 ① 고구려 미천왕에 대한 설명이다.
② 고구려 고국천왕에 대한 설명이다.
③ 고구려 고국원왕에 대한 설명이다.
④ 고구려 광개토대왕에 대한 설명이다.

2023년도 국가직

2 다음 사건을 시기순으로 바르게 나열한 것은?

> (가) 신라의 우산국 복속　　(나) 고구려의 서안평 점령
> (다) 백제의 대야성 점령　　(라) 신라의 금관가야 병합

① (가) → (나) → (다) → (라)
② (가) → (라) → (나) → (다)
③ (나) → (가) → (라) → (다)
④ (나) → (다) → (가) → (라)

정답 ③
학습전략 주요 사건들의 선후 관계를 파악하고, 빈출 지문에 대해서는 세기를 암기한다.
보기분석 (나) 고구려의 서안평 점령(311, 고구려 미천왕)
(가) 신라의 우산국 복속(512, 신라 지증왕)
(라) 신라의 금관가야 병합(532, 신라 법흥왕)
(다) 백제의 대야성 점령(642, 백제 의자왕)

3 다음 (가), (나) 승려에 대한 설명으로 옳은 것은?

> (가) 중국 유학에서 돌아와 부석사를 비롯한 여러 사원을 건립하였으며, 문무왕이 경주에 성곽을 쌓으려 할 때 만류한 일화로 유명하다.
> (나) 진골 귀족 출신으로 대국통을 역임하였으며, 선덕여왕에게 황룡사 9층탑의 건립을 건의하였다.

① (가)는 모든 것이 한마음에서 나온다는 일심사상을 제시하였다.
② (가)는 『화엄일승법계도』를 만들었다.
③ (나)는 『왕오천축국전』이라는 여행기를 남겼다.
④ (나)는 이론과 실천을 같이 강조하는 교관겸수를 제시하였다.

정 답 ②

학습전략 고대의 문제는 주요 왕들의 업적이나 주요 위인들의 활동에 대한 문제가 주를 이룬다. 주요 왕, 주요 장군, 주요 승려, 주요 유학자 등 인물사를 정리할 필요가 있다. 이 때도 지엽적인 내용은 차치하고, 생애의 핵심 활동을 중심으로만 파악한다.

사료분석 (가)는 신라의 승려인 의상, (나)는 신라의 승려인 자장이다.

보기분석 ② 신라의 승려 의상에 대한 설명이다.
① 신라의 승려 원효에 대한 설명이다.
③ 신라의 승려 혜초에 대한 설명이다.
④ 고려의 승려 의천에 대한 설명이다.

4 우리나라 유네스코 세계유산에 대한 설명으로 옳지 않은 것은?

① 미륵사지에는 목탑 양식의 석탑이 있다.
② 정림사지에는 백제의 5층 석탑이 남아 있다.
③ 능산리 고분군에는 계단식 돌무지무덤이 있다.
④ 무령왕릉에는 무덤 주인공을 알려주는 지석이 있었다.

정 답 ③

학습전략 주요 유적·유물의 특징과 위치 및 조성 시기를 파악한다. 최근의 추세는 지엽적인 문화재에 대한 내용이 출제되지 않고 있다. 따라서 고등학교 국정교과서 수준의 문화재에 대한 한줄 특징 파악이 필요하다. 아울러 만들어진 시기와 위치를 통해 특성을 유추할 수도 있어야 한다(능산리 고분은 부여 → 부여는 백제의 마지막 수도 → 삼국의 무덤 형태 중 가장 늦게 나타난 발전된 형태의 굴식 돌방무덤이 존재).

보기분석 ③ 계단식 돌무지무덤은 고구려 무덤 형태의 영향을 받아서 만들어진 무덤으로, 초기 백제의 수도인 한성에서 발견된다(석촌동 고분군의 계단식 돌무지무덤). 부여 능산리 고분군에는 후기의 무덤 형태인 굴식 돌방무덤이 나타난다.
① 백제 미륵사지 석탑에 대한 옳은 설명이다.
② 백제 정림사지 5층 석탑에 대한 옳은 설명이다.
④ 백제 무령왕릉에 대한 옳은 설명이다.

고대의 정치

01 삼국의 건국 신화와 그 특징

1. 고구려의 건국 신화

사료 Plus

> 천제의 아들 해모수*와 하백의 딸 유화가 결혼을 하여 낳은 아들이 주몽이다. 유화가 자기 아버지에게 버림받았을 때 동부여의 왕 금와가 유화를 보고 자신의 궁으로 데리고 왔다. 유화가 궁에 있을 때 알을 낳았는데 금와는 좋지 않은 징조라며 그것을 돼지우리에 버리고, 직접 깨려고 했지만 모두 실패했다. 금와는 포기하고 다시 알을 유화에게 돌려주었는데 거기서 주몽이 태어났다. 주몽은 어렸을 때부터 금와의 사랑을 받고 자랐는데 커서 다른 왕자는 주몽만 편애한다고 주몽을 죽이려고 했다. 유화는 그 얘기를 듣고 주몽을 도망치게 했다. 주몽은 마리, 협보, 오이와 함께 도망을 치다가 강에서 다른 왕자들에게 죽을 위기에 처했는데 "나는 천제의 아들이고, 하백의 외손자다"라고 하니 자라들이 올라와 주몽이 강을 건너게 해주었다고 한다. 그리고 주몽은 소서노와 결혼을 하여 고구려를 세우게 된다.

① 주몽을 해모수와 유화의 아들로 표현함으로써 해모수로 상징되는 철기 문화를 가진 이주민 집단과 유화로 상징되는 기존 거주 집단과의 결합을 의미한다.

② 주몽의 탄생을 알에서 태어났다고 보는 점에서 지배자의 신성성을 강조하고 있음을 알 수 있으며, 해모수와 하백 등을 강조하면서 어느 정도의 선민의식을 드러내고 있다.

③ 단순한 천손의식이나 선민의식에서 벗어나 주몽 자체가 개인적인 능력이 탁월한 인물로 표현함으로써 지배자로서의 우월한 능력을 과시하고 있다.

④ 고구려의 건국 신화는 영웅전승적 성격이 강한데 이는 고구려가 주변의 성읍 국가를 병합·흡수하면서 발전해 나가는 과정으로 이해할 수 있으며, 또한 고구려 건국 초기에 정복국가적인 성격이 강했음을 알 수 있다.

⑤ 주몽이 예씨 부인 외에도 부여의 왕녀와 결혼한 점, 도망을 간 후 소서노와 결혼한 점 등을 보아 일부다처제혼을 보여주고 있으며 특히 소서노와의 결혼은 주몽으로 대표되는 계루부 집단이 소서노로 대표되는 연노부 집단과의 결합을 의미한다.

＊해모수
동명왕개국설화에 나오는 인물로, 흘승골성(訖升骨城 : 大遼의 醫州地方)에 도읍을 정한 뒤 천제(天帝)의 아들이라 자칭, 해부루(解夫婁)를 가섭원(迦葉原)으로 쫓고 왕이 되어 국호를 북부여라고 하였다. 하백(河伯)의 딸 유화(柳花)와 정을 통해 주몽(朱蒙 : 고구려 시조인 東明王)을 낳았다고 한다. 해(解)는 해(태양)와 통하여 태양 숭배 종족의 유풍에서 유래하였다고 한다. 그러나 고구려 건국 신화를 전하는 가장 오래된 자료인 광개토대왕비나 『위서(魏書)』에는 해모수가 등장하지 않는다.

2. 백제의 건국 신화

사료 Plus

고구려 동명왕(주몽)은 부여에 있던 예씨 부인과 결혼하였다. 고구려에 있을 때는 소서노와 결혼을 하여 비류와 온조를 낳았다. 그리고 자신들이 왕위를 물려받을 줄 알았는데 부여에 있던 예씨 부인의 아들인 유리가 고구려에 와버렸다. 그러자 비류와 온조는 자기들이 왕위를 물려받을 수 없다고 생각하고 왕의 허락을 받아 남쪽으로 내려왔다. 그 때 많은 신하들과 백성들이 따라왔다. 신하들이 지금의 서울 부분에 나라를 세우자고 했다. 온조는 그 말을 듣고 나라를 세우려고 했지만 비류는 자신은 바다 쪽이 좋다며 미추홀(지금의 인천)*에 나라를 세웠다. 이때 온조의 나라는 '십제'였다. 후에 다시 두 형제들이 만났다. 그런데 비류는 온조의 나라 백성들이 잘 사는 것을 보고 후회했다. 왜냐하면 자신의 나라는 습하고 짜서 곡식들이 자라지 않아 백성들이 못살고 있었기 때문이다. 비류는 후회를 하고 자살을 하고 온조는 비류의 땅까지 차지하여 나라 이름을 '백제'로 고쳤다.

① 백제의 건국세력이 부여, 고구려 계통의 이주민임을 확인할 수 있다.
② 비류 집단과 온조 집단의 대립과정에서 온조 계통의 이주민이 승리하면서 마한에 자리 잡았음을 알 수 있다.

＊ 미추홀

『삼국사기』에 의하면 주몽의 두 아들 비류와 온조가 남쪽으로 내려가 온조는 하남(河南)의 땅을 택하고 비류는 미추홀에 가서 살았다고 한다. 이 미추홀은 지금의 인천으로, 『삼국사기』 기록에 이곳이 바닷가이고 땅이 습하여 물이 짜서 살 수가 없었다고 하고 있는 데서도 그 위치를 짐작할 수 있다.

3. 신라의 건국 신화

사료 Plus

진한 부분에 여섯 마을의 촌장이 있었는데 그들을 돌봐 줄 지도자가 필요했다. 그래서 하늘에게 빌었다. 이에 그들이 높은 소에 올라 남쪽을 바라보니, 양산 아래 나정 우물가에 번갯불 같은 이상한 기운이 땅에 닿도록 비치고 있었다. 흰 말 한 마리가 땅에 꿇어앉아 절하는 형상을 하고 있었으므로 그곳을 찾아가 조사해 보았다. 거기에는 알이 하나 있었는데 알이 깨며 아기가 나왔다. 그러자 여섯 마을 촌장들은 아기가 깨고 나온 알의 모양이 박처럼 생겼다고 해서 '박'씨로 지었고 이름을 혁거세라고 지었다. 아이가 크자 잘생긴 외모에 용맹함까지 있어 그를 왕으로 세웠다. 그리고 계룡의 옆구리에서 태어난 아기도 있었는데 이 아기의 이름을 알영이라 지었다. 박혁거세와 알영은 결혼을 하여 신라를 다스렸다.

① 신라에 혁거세가 등장하기 전 경주 지역에 고조선 계통의 이주민들이 6개의 촌락을 이루며 살고 있었는데 이들은 자신들을 위협하는 외부의 적대세력에 대해 공동으로 방어해야 했다. 그리하여 6개 촌락을 아우르는 상징적인 통치자가 필요하게 되었다.
② 혁거세는 2세기 무렵 한반도 남쪽으로 선진문물을 가지고 내려온 이주민 집단의 한 사람으로, 기존 6개의 촌락을 하나로 아우르면서 지배층으로 등장하였다.
③ 신라인들의 인식 속에서도 신라는 성인이 세운 나라이며 그 성인은 천강(天降)한 천자이며, 신라는 신국이라고 믿는 등의 선민의식이 나타나고 있다.

참고 신라 김알지 신화

신라 탈해왕 때 대보 호공(瓠公)이 밤에 월성 서리를 가다가, 크고 밝은 빛이 시림(始林) 속에서 비치는 것을 보았다. 자줏빛 구름이 하늘로부터 뻗쳐 있고 나뭇가지에는 황금궤가 걸려 있었다. 그 금궤 속에서 빛이 나오고 있었다. 나무 밑에서는 흰 닭이 울고 있었다. 그 말을 들은 왕이 숲으로 가서 금궤를 열었더니 한 사내아이가 누워 있다가 일어났다. 그 아이를 안고 대궐로 돌아오니 새와 짐승들이 서로 따르면서 기뻐하여 뛰놀고 춤을 추었다. 소아를 의미하는 알지(閼智)로 아이의 이름을 짓고, 금궤에서 나왔다 하여 김(金) 씨를 성으로 삼았다. 탈해왕은 길일을 가려 그를 태자로 책봉했지만 그는 파사왕에게 양위하였다. 후에 김 알지의 7대손 미추가 왕위에 올랐다. 신라의 김씨는 이 알지에서 시작된 것이다.

4. 가야의 건국 신화

참고 구지가

거북아, 거북아 [구하구하(龜何龜何)]
머리를 내어놓아라 [수기현야(首其現也)]
내어놓지 않으면 [약불현야(若不現也)]
구워 먹으리라 [번작이끽야(燔灼而喫也)]

사료 Plus

> 하늘에서 황금알 여섯 개가 내려왔는데, 국가가 되기 전 가야 지역의 촌장들이 모여 "거북아, 거북아 네 머리를 내 놓아라. 안 그러면 구워먹겠다"라고 하니 여섯 개의 알이 깨어났고, 그중 맨 먼저 수로왕이 나와서 가락국(금관가야)의 왕이 되고, 이어서 다른 다섯 개의 알에서 나온 사람은 각각 5가야의 왕이 되었다고 한다. 그런데 이들 가야 왕들 가운데 수로왕이 첫째였다고 하는 것으로 보아, 초기에는 김해지역을 중심으로 한 금관가야가 연맹의 주도국이었음을 짐작할 수 있다. 수로왕은 인도에서 온 공주와 결혼을 하고 150살이 넘도록 살았다. …… 시조는 이진아시왕이고, 그로부터 도설지왕까지 대략 16대 520년이다. 최치원이 지은 「석이정전」에는 "가야산신 정견모주가 천신 이비가지에게 감응되어 뇌질주일과 뇌질청예 두 사람을 낳았다. 뇌질주일은 곧 대가야의 시조인 이진아시왕의 별칭이고, 뇌질청예는 금관국의 시조인 수로왕의 별칭이다."라고 하였다. ─ 『**신증동국여지승람**』

① 6개의 알은 가야의 여러 소국을 의미한다.
② 수로왕의 부인인 인도 공주 허황혹을 통해 당시 금관가야의 활발한 대외관계를 예상할 수 있다.
③ 금관가야 수로왕의 별칭은 뇌질청예이고, 대가야 이진아시왕의 별칭은 뇌질주일이다.

5. 삼국 건국 신화의 특징

(1) 대부분 천강신화 혹은 난생설화

① 지배자를 하늘에서 절대 권력을 부여한 존재라고 미화하여 그들의 정치적 지배력을 정당화하였다.

② 건국시조를 이전의 기존 거주 집단이 아닌 하늘에서 내려온 신성한 존재로 보았다.

(2) 지배자 집단의 선진문물 전파

① 새롭게 들어온 지배자 집단은 그 지역에 살던 집단이나 부족에게 새로운 문명의 이기나 생활방식을 전달하였다.

② 새로운 문명을 소유한 집단에서 선진문물을 전달하는 지도자가 등장하였다.

(3) 융합을 통한 정치적 세력 구축

① 새로운 이주 집단은 기존 거주 집단과의 융합을 시도하면서 새로운 정치적 세력을 구축하였다.

② 하늘로 상징되는 이주민 집단과 땅으로 상징되는 기존 거주 집단과의 결합을 의미한다.

(4) 서로 유사한 건국 신화

중국, 만주, 평양 일대에 거주하던 집단이 한강, 경주, 김해 등지로 들어가 기존 토착세력과의 일정한 결합의 과정을 취하는 구조를 보인다.

02 고대 국가의 특징과 삼국의 성립

1. 고대 국가의 특징

① 이전의 지방분권적 성격에 벗어나 중앙집권적인 성격을 띤다.

② 이전 초기국가에서의 대가들이나 군장들이 중앙의 귀족으로 편입되었다.

③ 이전 초기국가에서 왕위가 선출이었던 것과는 달리 왕위의 부자상속이 이루어졌다.

④ 불교를 수용하고 율령을 반포하였다.

⑤ 중앙집권의 강화에 따른 영토의 확장이 이루어졌다.

참고 삼국의 왕위 세습

	형제상속	부자상속
고구려	태조왕	고국천왕
백제	고이왕	근초고왕
신라	내물왕	눌지왕

한눈에 쏙

국가 형태에 따른 특징

	군장 국가(성읍 국가)	연맹 왕국(연맹 국가)	고대 국가(중앙집권국가)
형태			
특징	군장(족장) 지배	• 왕권 미약(선출제) • 지방분권적 체제	• 왕권 강화(왕위 세습) • 제도 정비(율령 반포) • 사상 통일(불교 공인) • 영역국가의 성립(영토 전쟁)
대표 국가	옥저, 동예	고조선, 부여, 초기 고구려, 삼한, 가야	고구려, 백제, 신라, 통일 신라, 발해

🔽 각국의 성립 과정

참고 **서안평**

평안북도 의주에서 압록강 맞은편 지역에 있었던 고구려의 지명으로 요동과 한반도를 연결하는 요충지이다. 동천왕이 공격하였다가 오히려 위나라 장수 관구검의 침입을 받기도 하였다. 이후, 미천왕이 점령하였다.

2. 성립 과정

(1) 고구려

① 2대 유리왕 때 졸본 지역에서 국내성으로 천도하였다(기원전후).

② 태조왕(1세기 후반~2세기 초) : 왕권 강화, 중앙집권체제 진전

   ㉠ 옥저, 동예를 비롯한 주변 지역의 활발한 통합 및 정복 활동을 하였다.

   ㉡ 낙랑군을 압박하고, 현도와 요동지역을 공격하였다.

   ㉢ 5부 체제(계루부, 순노부, 절노부, 관노부, 소노부) → 계루부 고씨의 독점적인 왕위 세습 → 이후, 관례상 연나부 명림씨 출신의 왕비를 맞이함

   ㉣ 형제 왕위 상속제를 확립하였다.

③ 고국천왕(2세기 후반) : 왕권 강화, 중앙집권체제 진전

   ㉠ 부족적 전통 5부에서 행정적 5부(동, 서, 남, 북, 중)로 변화하면서 왕권을 강화하였다.

   ㉡ 부자 왕위 상속제를 확립하였고, 절노부 명림씨를 왕비족으로 추대하였다.

   ㉢ 을파소의 건의로 진대법 실시하였다(목적 : 귀족 권한 제한과 재정확충).

④ 동천왕(3세기 중반)

   ㉠ 국경을 접한 공손씨의 견제를 위해 중국의 위나라와 친교하였다.

   ㉡ 위가 공손씨를 복속시킨 이후 오나라와 함께 위나라를 견제하였다.

   ㉢ 서안평을 공격하였으나 위나라 장수 관구검에게 역습을 당해 환도성이 함락당했다.

   ㉣ 이듬해 왕기의 공격으로 동해안까지 피신하였다.

⑤ 미천왕(4세기 초반)

   ㉠ 당시 중국은 5호 16국의 혼란기로 고구려는 대외팽창을 도모하였다.

   ㉡ 서안평 점령, 대동강 유역의 낙랑군 완전히 축출하며 남쪽으로 진출하였다.

   ㉢ 최후까지 남아있던 한사군의 낙랑군을 축출(313)하면서 고조선의 옛 땅을 회복하였다.

⑥ 고국원왕(4세기 중반)

   ㉠ 전연의 모용황이 침입하여 궁궐이 함락되고 미천왕릉이 도굴되었다.

   ㉡ 백제 근초고왕의 공격으로 평양성이 함락되고 고국원왕이 전사하였다.

(2) 백제

① 건국 기반

- ㉠ 북방 유이민과 한강 유역의 토착민이 결합되었다.
- ㉡ 지배층인 유이민 집단은 우수한 철기문화를 소유하였고, 한강 유역으로 세력을 확장하려던 한군현을 막아내며 성장하였다.

② 고이왕(3세기) : 영토 확장과 통치조직 정비

- ㉠ 한성을 중심으로 한군현과 항쟁을 통해 한강 유역을 통합하였다.
- ㉡ 형제 왕위 상속제를 확립하였다.
- ㉢ 율령을 반포하고, 6좌평제를 두어 업무 분담하였다.
- ㉣ 16관등제를 확립하고, 관복제도를 도입하였다.

(3) 신라

① 경주 지역의 토착세력과 유이민 집단이 결합하는 과정에서 등장하였다.

② 세습왕권이 확립되지 못하고 결속력이 약했는데 동해안 지역에서 석탈해 집단이 등장한 이후 박, 석, 김씨 교립하였다.

③ 왕 외의 주요 집단은 독자적인 자기 세력이 구축되었다.

④ 내물왕(4세기) : 중앙집권의 기틀을 마련하였다.

- ㉠ 3성 교립제가 끝나고 세습왕권 확립되었다(김씨의 왕위 독점).
- ㉡ 마립간이라는 왕호를 사용하였다.
- ㉢ 진한의 여러 나라를 정복하면서 중앙집권국가로 발전하였다.
- ㉣ 6촌을 6부의 행정 구역으로 개편하였다(영일 냉수리 신라비에 이미 4부가 보이고 있음).
- ㉤ 고구려를 통해서 전진과 통교하고 사신을 파견하였다.
- ㉥ 고구려 광개토대왕의 도움으로 왜구 침입 격퇴하였다(4세기).
  - ⇨ 고구려 군대가 신라 영토 내에 주둔하였고, 고구려에 의한 간접 지배를 당하였다.

깊이 Plus 신라의 왕호 변화가 가지는 의미

1. 거서간(1대 혁거세) : 거수, 우두머리, 군장 ⇨ 군장 국가 단계
2. 차차웅(2대 남해왕) : 무당, 제사장 ⇨ 제정일치 추정
3. 이사금(3대 유리왕) : 연장자 ⇨ 연맹체 내 유력 집단장의 대표
4. 마립간(17대 내물왕) : 정치적 대군장 ⇨ 김씨 왕위 세습 확립
5. 왕(22대 지증왕) : 중국식 칭호 ⇨ 부자상속제 확립, 6부 개편을 통한 중앙집권화
6. 불교식왕명 ⇨ 왕권 전제화

참고 백제의 건국세력이 부여나 고구려 계통의 유이민임을 알 수 있는 증거

1. 백제의 건국 신화
2. 서울 석촌동의 돌무지무덤 고분군
3. 백제 왕실의 성씨가 부여씨
4. 백제가 성왕 때 국호를 일시적으로 남부여라고 칭함

참고 영일 냉수리 신라비

경상북도 영일군 신광면 냉수리에서 발견된 신라 비이다(국보 제264호). 건립 연대는 443년 또는 503년으로 추정되며 절거리라는 인물의 재산소유와 사후의 재산상속 문제를 결정한 사실을 기록한 공문서적 성격을 지니고 있다.

한눈에 쏙

삼국의 기틀 마련

고구려	• 유리왕 : 국내성 천도(A.D. 3)
	• 태조왕(1~2C) : 옥저 정복, 현도군 공격, 계루부 고씨 독점적 왕위 세습(왕위 형제 상속)
	• 고국천왕(2C)
	  − 왕위 부자 상속
	  − 5부 변화(부족적 성격 → 행정 구역) ⇨ 5부 중앙 귀족화
	  − 진대법 실시(최초의 빈민 구제책, 춘대추납 원칙, 을파소의 건의)

백제	• 고구려 이주 세력 + 한강 유역 토착 세력 ⇨ 철기를 바탕으로 낙랑군을 막아내면서 성장 • 고이왕(3C) : 6좌평, 16관등제 확립, 백관의 공복 제도 도입, 왕위 형제 상속
신라	• 진한의 사로국에서 출발 → 6부의 독자성 유지 + 박·석·김씨가 교대로 이사금에 선출됨 • 내물왕(4C 후반) : 진한 대부분 장악, 김씨의 왕위 독점(형제 상속), 마립간 칭호(대군장), 광개토대 왕의 지원으로 왜구 격퇴(400) ⇨ 이후, 고구려의 간섭

(4) 가야

① 전기 가야연맹의 등장

  ㉠ 낙동강 하류의 변한 일대에서 철기문화를 기반으로 등장하였다.

  ㉡ 2세기 이후 여러 정치집단이 형성되었고, 3세기경 금관가야를 중심으로 연맹 왕국으로 발전하였다.

  ㉢ 낙동강 유역을 중심으로 발전하였으나 백제와 신라에 밀려 쇠퇴하였다.

  ㉣ 백제·왜와 동맹을 맺고 신라를 공격(400)하였으나 고구려의 광개토대왕이 신라를 지원하였다.

    ⇨ 전기 가야연맹이 해체되고 후기 가야연맹이 나타났다.

    ⇨ 가야의 중심지가 금관가야(김해)에서 대가야(고령)로 이동하였다.

② 후기 가야연맹의 등장

  ㉠ 김해, 창원을 중심으로 한 남동부 세력이 약화되고 고령, 합천, 거창 등을 중심으로 성장하였다.

  ㉡ 6세기 초 백제·신라와 대등하게 항쟁하였다.

  ㉢ 신라와 결혼 동맹을 맺기도 하였고, 남조와 교류도 하였다.

③ 가야의 멸망

  ㉠ 신라와 백제의 성장과 항쟁 과정에서 발전을 이루지 못하고 정치적으로 불안한 상태가 지속되었다.

  ㉡ 532년 신라 법흥왕 때 금관가야, 562년 신라 진흥왕 때 대가야 멸망하였다.

④ 가야의 경제와 문화

  ㉠ 경제

    ⓐ 농경문화가 발달하였고, 철을 통한 해상무역을 하였다.

    ⓑ 낙랑, 왜의 규슈를 연결하는 중개무역이 발달하였다.

    ⓒ 토기 제작 기술이 발달하면서 일본의 스에키 토기에 영향을 주었다.

  ㉡ 문화 : 편두*, 복상발치*, 문신, 순장

🔽 가야의 중심지 변화

참고 지산동 고분군

가야 최대의 고분군으로 생각되는 지산동 고분군이 위치한 고령은 5세기 후반 이후 낙동강 서안을 거점으로 한 후기 가야제국의 맹주인 대가야가 위치하였던 곳으로, 지산동 고분군에서 출토된 유물들을 통하여 대가야의 면모를 살필 수 있다(지산동 고분군은 대부분 돌덧널무덤).

＊편두

가야 시대 예안리 유적에서 발굴된 두개골을 복원한 모습으로, 아이 때 돌에 눌려 이마가 뒤로 쑥 들어가 있다.

＊복상발치(服喪拔齒)
산 자의 치아를 뽑아서 죽은 자의 입에 넣는 행위로, 가야의 장례 절차로 보인다.

03 삼국의 발전과 통치 체제의 마련

1. 4세기 삼국의 정치체제

(1) 백제의 전성기

① 근초고왕(4세기 중반)

　㉠ 왕권의 안정도모

　　ⓐ 부자 왕위 상속제를 확립하였다.

　　ⓑ 진씨의 왕비족화(진씨 세력과 연계)

　㉡ 영토를 크게 확장

　　ⓐ 고구려를 공격하여 황해도 일대를 장악하였다(고구려의 고국원왕 전사).

　　ⓑ 마한의 전 지역을 확보하였다.

　　ⓒ 백제 장군 목차근자가 가야를 공격하여 가야에 대한 지배권 행사하였다.

　㉢ 대외 진출 : 규슈, 요서, 산둥 지방으로 진출하였다.

　　ⓐ 요서 지방에 요서군을 설치하여 대중국 무역기지로 활용되었다.

　　ⓑ 산둥과 북규슈까지 진출하여 활발한 대외활동을 펼쳤다.

　㉣ 박사 고흥에 의한 『서기』 편찬하였다.

② 백제 침류왕 : 동진을 통해 건너온 마라난타에 의해 불교가 공인되었다(4세기 후반).

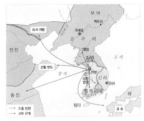
▼ 4세기 백제의 전성기

사료 Plus 📚

근초고왕의 정복사업

진대(晉代)에 구려(句麗 : 고구려)가 이미 요동을 차지하니 백제 역시 요서, 진평의 두 군을 차지하였다.

－ 통전

---

(2) 고구려의 총체적 위기와 이에 대한 극복의 노력

① 중국 전연과 백제 근초고왕의 침입으로 국가적 위기에 봉착하였다.

　⇨ 백제와의 결투에서 고국원왕이 전사하였다.

② 소수림왕(4세기 후반) : 고구려의 국력 회복을 위해 노력하였다.

　㉠ 진과의 수교를 통해 중국의 선진 문화를 수용하였다.

　㉡ 신라 내물왕과 전진의 수교를 중재하였다.

　㉢ 불교를 수용하였고, 율령 반포와 태학 설립 등을 하였다.

사료 Plus 📚

고구려의 불교 수용

왕이 즉위한 지 2년 되던 해 여름 6월에 전진의 왕 부견이 사신과 중 순도를 파견하여 불상과 경문을 보내왔다. 이에 왕은 답례하고 토산물을 선물로 보내었다. 즉위 5년 봄 2월에 처음으로 초문사를 세우고 그곳에 순도를 두었다.　　　　　　　　　　　　　　　－『삼국사기』, 고구려 본기

깊이 Plus ⊕ 칠지도(七支刀)

[전면] 태화 4년 5월 16일 병오일의 한낮에 백 번이나 단련한 철로 된 칠지도를 만들었다. (이 칼은) 모든 병해를 물리칠 수 있고 후왕(侯王)에게 주기에 알맞다. □□□□가 만든 것이다.

[후면] 선세(先世) 이래 아직까지 이런 칼이 없었는데 백제 왕세자가 뜻하지 않게 성음(聖音)이 생긴 까닭에 왜왕을 위하여 정교하게 만들었으니 후세에 전하여 보이도록 할 것이다.

— 역주한국고대금석문(譯註韓國古代金石文)

일본 나라 현 이소노가미 신궁(石上神宮)에 봉안되어 있는 칠지도는 『일본서기』에 백제가 왜에 하사했다는 기록이 있다. 칼의 몸 좌우로 각각 가지칼이 3개씩 뻗어 모두 7개의 칼날을 이루고 있기 때문에 '칠지도'라고 한다. 제작연대는 7567년(A.D. 369, 근초고왕 24)으로 추정되고, 백제왕의 칠지도 하사 동기는 왜왕에 대한 일본 열도 내에서의 일종의 대표권을 승인하는, 양국 간의 종속 관계를 설정하는 것이 된다. 백제는 이와 같은 관계를 바탕으로 왜군을 끌어들여 삼국 간 경쟁에 이용하기도 하였다. 일본은 광개토대왕릉비와 함께 칠지도를 임나일본부설의 증거로 제시하고 있으나, 백제왕의 신하로 간주되는 왜왕에게 하사했다는 '백제 하사설'이 유력한 견해이다.

2. 5세기 삼국의 정치체제

(1) 고구려의 영토 확장

① 광개토대왕(4세기 후반~5세기 초반)

㉠ 중국의 혼란기(5호 16국 시대)를 이용하여 북쪽으로 영토를 확장함

ⓐ 선비족인 후연을 공격하여 요동을 차지하였다.

ⓑ 여진족인 숙신과 거란이 세운 비려를 공격하였다.

㉡ 영락(永樂)이라는 독자적 연호를 사용하였다.

㉢ 백제를 공격하여 한강 이북을 차지하였다.

㉣ 신라를 도와 왜구를 격퇴함

ⓐ 신라는 고구려의 속국이 되었다.

ⓑ 해당 사실은 경주 호우총의 호우명 그릇을 통해 확인 가능하다.

♥ 호우명 그릇

♥ 광개토대왕릉비

사료 Plus 📖

광개토대왕의 신라 원정

400년 왕이 보병과 기병 도합 5만 명을 보내어 신라를 구원하게 하였다. [중략] 신라성에 이르니, 그 곳에 왜군이 가득하였다. 고구려 군이 막 도착하니 왜적이 퇴각하였다. (고구려 군이) 그 뒤를 급히 추격하여 임나가라의 종발성에 이르니 성이 곧 항복하였다. [중략] 이에 신라 매금이 (스스로 와서) 조공하였다.

— 광개토대왕릉비 中

② 장수왕(5세기)

　　㉠ 평양성 천도

　　　　ⓐ 옛 고구려의 부족세력이 약화되었다.

　　　　ⓑ 대동강 유역의 평야지대를 확보하였다.

　　　　ⓒ 고조선 후기의 발전된 문화를 계승하였다.

　　㉡ 남진정책 실시

　　　　ⓐ 백제 개로왕은 고구려 침략에 대비하여 북위에 사신을 보내어 군사를 요청했지만 실패했다.

　　　　ⓑ 백제의 수도인 한성을 함락하고 개로왕을 살해하였다.

　　㉢ 한강 점령 : 한강의 전 지역을 차지하고, 죽령 일대에서 남양만까지 영토 확대

　　㉣ 지방 최초의 사립학교인 경당을 설치하였다.

　　㉤ 중원고구려비를 통해 남진정책을 추진한 사실을 알 수 있고, 고구려가 스스로를 천하의 중심에 놓고 신라를 종속된 나라로 인식하였음을 유추할 수 있다.

③ 문자명왕(5세기 후반) : 부여를 복속(494)하여 고구려 최대 영토를 확보하였다.

▼ 5세기 고구려의 전성기

사료 Plus

중원고구려비

5월에 고구려대왕이 상왕공과 함께 동쪽 오랑캐 신라의 매금(寐錦)을 만나 영원토록 우호를 맺기 위해 이곳에 왔으나, 신라 매금이 오지 않아 실행하지 못하였다. 이에 고구려대왕은 태자 공과 전부 대사자 다우환노에게 명하여 이곳에 머물러 신라 매금을 만나게 하였다. …… 12월 23일 신라 매금이 고구려 당주인 발위사자 금노에게 신라 국내의 사람들을 내지(內地)로 옮기게 하였다. ― **중원고구려비**

참고 중원고구려비의에 대한 해석 변화

중원 고구려비로 알려진 국보 제205호 '충주 고구려비'에서 '영락칠년(永樂七年)'이라는 글자를 판독했다는 연구 결과가 나왔다. '영락'은 광개토왕의 연호이므로, 이 판독이 옳다면 이 비가 또 다른 광개토대왕비일 가능성이 높아진다.

깊이 Plus 아차산성

『삼국사기(三國史記)』에 따르면 475년 백제의 개로왕(재위 455~475)이 백제의 수도 한성을 포위한 3만여 명의 고구려군과 싸우다가 전세가 불리하자 아들 문주를 남쪽으로 피신시킨 뒤 자신은 이 산성 밑에서 고구려군에게 잡혀 살해되었다. 이로써 백제는 한성에서 웅진(熊津)으로 천도하게 되었다. 또 고구려 평원왕(平原王 : 재위 559~590)의 사위 온달(溫達) 장군이 죽령(竹嶺) 이북의 잃어버린 땅을 회복하려고 신라군과 싸우다가 아차산성 아래에서 죽었다는 기록으로 보아 백제 초기의 전략적 요충지였다. 이 산성은 고구려가 잠시 차지했다가 신라 수중에 들어가 신라와 고구려의 한강유역 쟁탈전 때 싸움터가 된 삼국 시대의 중요한 요새였다.

(2) 백제와 신라의 정세

① 고구려 장수왕의 남진정책에 대응하기 위해 나 · 제 동맹을 체결하였다.

② 백제는 고구려의 침입을 받아 위례성이 함락되었다.
    ⇨ 문주왕 때 웅진으로 천도

깊이 Plus   신라와 백제의 동맹

1. 1차 나 · 제 동맹(433) : 신라 눌지왕과 백제 비유왕
2. 2차 나 · 제 동맹(493) : 신라 소지왕과 백제 동성왕
3. 3차 나 · 제 동맹(551) : 신라 진흥왕과 백제 성왕

3. 6세기 당시의 삼국의 정치체제

(1) 고구려의 불안한 정세

① 대내적 위기 : 양원왕(제24대)의 즉위를 둘러싼 귀족들의 분쟁의 여파가 계속되어 나타났다.

② 대외적 위기
    ㉠ 백제와 신라의 연합군이 고구려의 한강 유역을 공략하였다.
    ㉡ 중국에서의 북제의 압박과 몽골고원에서 새롭게 등장한 돌궐의 공세가 심화되었다.

> **참고** 안원왕(제23대)
>
> 동위(東魏) · 북제(北齊) 등에 조공하여 친선을 도모하고, 547년 백암성 · 신성 등을 중수하였으며, 550년 북제로부터 고구려 왕에 봉해졌다. 551년 돌궐의 침입을 격퇴하였으나, 신라 · 백제에게 한강 유역을 잃었다.

(2) 백제의 중흥

① 동성왕(5세기 후반~6세기 초반)
    ㉠ 외척세력과 웅진의 토착세력을 배제하고 왕권을 강화하였다.
    ㉡ 소지 마립간과 결혼 동맹을 통해 나 · 제 동맹을 공고히 하였다.
    ㉢ 중국 남제에 사신을 파견하고 탐라를 복속하였다.
    ㉣ 귀족들과의 권력투쟁 과정에서 피살당하였다.

② 무령왕(6세기 초반)
    ㉠ 지방의 거점에 22담로* 설치, 왕자와 왕족을 파견하여 지방 통제와 중앙집권을 강화하였다.
    ㉡ 중국 남조의 양나라와 교류하였다(무령왕릉을 통해서 확인 가능함).
    ㉢ 오경박사인 단양이, 고안무 등을 보내 왜에 유교를 가르쳤다.

③ 성왕(6세기 중반)
    ㉠ 사비로 천도, 국호를 남부여로 개칭하였다.
    ㉡ 행정조직의 정비 : 중앙 22개 실무 관청, 수도(5부), 지방(5방)
    ㉢ 문물 정비 : 불교 장려, 중국과의 문물 교류, 왜에 불교 전파
    ㉣ 신라와 함께 고구려를 공격하여 한강 유역 차지
        ⓐ 고구려를 공동으로 공격하여 신라가 한강 이북, 백제가 한강 이남 차지하였다.
        ⓑ 신라가 백제를 배신하고 백제가 차지한 한강 유역까지 점령하였다.
        ⓒ 이에 성왕이 신라를 공격 → 관산성에서 크게 패하고 성왕은 전사하였다.
        ⓓ 나 · 제 동맹 와해, 백제와 고구려가 친선관계를 맺었다.

> **＊22담로**
>
> 담로는 지방 거점으로서의 성을 의미하는 동시에, 그것을 중심으로 하는 일정한 지방 행정 구역 의미하는 말이다. 백제 무령왕은 22담로를 설치하고 왕족출신의 자제를 지방관으로 파견하였다.

(3) 신라의 중흥

① 눌지왕(5세기 전반)

  ㉠ 백제의 비유왕과 나제 동맹을 맺어 고구려를 견제하고자 하였다.

  ㉡ 왕위 계승을 형제 상속에서 부자 상속으로 바꾸었다.

  ㉢ 고구려 묵호자에 의해 불교가 전래되었으나 강력한 토착신앙으로 인해 공인받지 못하였다.

② 소지왕(5세기 후반)

  ㉠ 백제의 동성왕과 결혼 동맹을 맺어 고구려의 남하에 대항하였다(493).

  ㉡ 동경에 시장을 열어 교역하였다.

③ 지증왕(6세기 초반)

  ㉠ 국호를 사로국에서 신라로 바꾸고, 왕호를 마립간에서 왕으로 바꿨다.

  ㉡ 전국적 지방 제도인 주군 제도를 실시하고 관리를 파견하였다.

  ㉢ 우산국을 정벌하였다.

  ㉣ 순장을 금지하였다.

  ㉤ 우경을 실시하고, 동시전(시장 관리감독)을 설치하였다.

④ 법흥왕(6세기 전반)

  ㉠ 제도적 정비

    ⓐ 율령을 반포하고, 17관등제를 정비하였다.

    ⓑ 공복을 제정하고, 병부 설치 및 골품제를 정비하였다.

    ⓒ 귀족의 대표인 상대등을 설치하였다.

  ㉡ **영토 확장** : 금관가야를 정복하였다.

  ㉢ 이차돈의 순교로 불교를 공인하였다.

  ㉣ **독자적인 연호 사용** : 건원(建元)

🔽 **이차돈 순교비**

참고 **울진 봉평 신라비**

524년(법흥왕 11)에 세워진 신라의 비석으로 비의 성격에 대해서는 국왕이 순행한 것으로 보고 순행비(巡行碑)로 보려는 견해가 있는가 하면, 율령에 관련되는 내용이 주류를 이룬 것으로 보아 율령비(律令碑)로 보려는 견해 등 한결같지가 않다.

🔻 6세기 신라의 전성기

⑤ 진흥왕(6세기 중반)

   ㉠ 화랑도를 국가적인 조직으로 인정하였다.

   ㉡ 연호 사용 : 개국, 대창, 홍제

   ㉢ 품주 설치 : 신라 최고의 행정기관

   ㉣ 불교 교단을 정비하고 황룡사를 건립하여 사상적인 통합을 시도하였다(황룡사 9층 목탑 : 646년 선덕여왕 때, 자장의 건의로 건설).

   ㉤ 영토 확장

      ⓐ 나·제 동맹을 통해 한강 유역과 함경도 지역 차지

         • 신주 : 한강유역에 설치한 지방 행정 구역

         • 비열홀주 : 함경도 원산만까지 진출 후 설치한 지방 행정 구역

      ⓑ 단양을 점령하고 백제로부터 당항성을 탈취하면서 나·제 동맹이 결렬되었다(553).

      ⓒ 아라가야, 비화가야, 대가야를 정복하면서 가야를 전부 차지하였다(562).

   ㉥ 단양 적성비와 4개의 진흥왕 순수비

      ⓐ 단양 적성비 : 신라가 남한강 상류 유역으로 진출한 증거(적성 지역 차지 이후 세운 비성)

      ⓑ 북한산 순수비 : 한강 하류 지역을 차지한 증거(조선 후기 김정희가 고증)

      ⓒ 황초령비, 마운령비 : 동해안을 따라 함흥평야 까지 진출한 증거

      ⓓ 창녕비 : 가야 지역을 차지한 증거

🔻 단양적성비　　🔻 마운령비　　🔻 북한산 순수비　　🔻 창녕비　　🔻 황초령비

한눈에 쏙

삼국의 발전과정 비교

중앙집권국가의 기틀 마련 (왕위 세습)		불교 수용 (공인)		전성기	
1~2세기	고구려 • 태조왕 : 형제상속 • 고국천왕 : 부자상속	4세기	고구려 소수림왕	4세기	백제 근초고왕
3세기	백제 • 고이왕 : 형제상속 • 근초고왕(4세기) : 부자상속	4세기	백제 침류왕	5세기	고구려 광개토대왕, 장수왕
4세기	신라 • 내물마립간 : 형제상속 • 눌지마립간 : 부자상속	5세기	신라 눌지왕(전래)	6세기	신라 진흥왕
		6세기	신라 법흥왕(공인)		

	고구려	백제	신라
고대 국가 성립기	태조왕(1C 후반)	고이왕(3C)	내물마립간(4C)
고대 국가 완성기	소수림왕(4C 후반)	근초고왕(4C)	법흥왕(6C)
한강 유역 차지	장수왕(5C)	고이왕(3C)	진흥왕(6C)
전성기	장수왕(5C)	근초고왕(4C)	진흥왕(6C)
최대 영토	문자왕(5C)	근초고왕(4C)	진흥왕(6C)
율령 반포	소수림왕(4C)	고이왕(3C)	법흥왕(6C)
부자 상속	고국천왕(2C)	근초고왕(4C)	눌지왕(5C)
불교 공인	소수림왕(372)	침류왕(384)	법흥왕(6C)

고구려	백제	신라
• 시기 : 소수림왕(372) • 전래 : 북조의 전진(순도)	• 시기 : 침류왕(384) • 전래 : 남조의 동진(마라난타)	• 수용 : 눌지왕(고구려 묵호자) • 공인 : 법흥왕(527, 이차돈의 순교)

삼국의 발전과 전성기(전성기: 한강 유역 장악)

	백제	고구려	신라
3~4세기 (백제 전성기)	**〈전성기〉** **근초고왕** • 왕위 형제 상속 • 영토 확장 　① 마한 정복(병합) 　② 평양성 공격 → 고국원왕 　　전사 • 동진과 외교 관계 수립 • 요서, 산둥, 규슈 진출 •『서기』편찬(박사 고흥) • 왜왕에게 칠지도 하사 **침류왕**: 불교 공인	**동천왕**(3세기): 서안평 공격 → 위나라 관구검의 침입(위기) **미천왕** • 낙랑군(313)과 대방군 축출 • 서안평 점령 **고국원왕** • 전연의 침입 ⇨ 국내성 함락 • 백제 근초고왕에게 전사 **소수림왕**: 율령 반포, 불교 공인, 태학 설치	**내물마립간**(4C 후반) • 김씨의 왕위 독점(형제 상속) • 진한 대부분 장악 • 마립간 칭호(대군장) • 광개토대왕 원정 → 왜구 격퇴 　(400) 　⇨ 고구려군 신라 주둔, 간섭
4~5세기 (고구려 전성기)	**비유왕**: 1차 나·제 동맹 　　　　　(+ 눌지왕) **개로왕** • 북위에 국서 보냄(472) • 위례성 함락, 전사 **문주왕** • 고구려 남하 정책으로 웅진으로 　천도(475) 　⇨ 왕권 약화, 귀족이 정치주도 **동성왕** • 2차 나·제 동맹(신라 소지왕과 　혼인 동맹) • 탐라국 복속	**광개토대왕**: 영토확장 • 동쪽: 동부여 복속 • 서쪽: 후연 격파(만주 진출) • 남쪽: 한강 이북 진출(백제 　아신왕을 공격) • 북쪽: 숙신, 거란 정벌 • 왜구격퇴(400, 신라 내물왕) 　⇨ 이후, 신라는 고구려 간섭 **〈전성기〉** **장수왕** • 남진: 평양천도 → 한성점령 　(중원고구려비 세움) → 나·제 　동맹(비유왕-눌지왕) • 지방 교육 기관인 경당 설치	**눌지마립간** • 1차 나·제 동맹(+ 비유왕) • 왕위 부자 상속 • 불교 전래(고구려 묵호자) **자비마립간** **소지마립간** • 행정 구역 정비(6촌 → 6부) • 2차 나·제 동맹(백제 동성왕 　때 혼인 동맹) • 시장 개설(경시) • 우역 설치(교통 기관)
5~6세기 (신라 전성기)	**무령왕** • 지방에 22담로 설치(왕족파견) • 중국 남조의 양나라와 교류 　(무령왕릉) **성왕** • 국호: 남부여 • 사비 천도(538, 웅진 귀족 약화 　목적) • 중앙 22부 정비 • 지방정비: 5부, 5방 • 불교 일본 전파: 노리사치계 • 한강 유역 일시 회복했으나 신 　라에 상실 → 관산성 전투에서 　전사	**문자명왕**: 부여복속 → 최대영토 **영양왕** • 아차산성 공격(590, 온달) • 수 문제 침입 격퇴(598) ※ 6~7세기: 수·당과 전쟁 　　⇨ 한반도의 방파제 역할	**지증왕** • 신라 국호, 왕 칭호 사용 • 우산국 복속 • 우경 본격, 동시전 설치 • 수도 및 주·군제도 정비 **법흥왕**(연호: 건원) • 율령 반포, 공복 제정(자비청황) • 불교 공인: 이차돈의 순교 • 병부설치, 금관가야 정복 • 중국 양나라와 수교 • 울진봉평비: 율령 반포 내용, 　신라 동해 북부 지방 진출 **〈전성기〉** **진흥왕**(연호: 개국, 홍제) • 화랑도 개편, 품주 설치 • 한강 유역 장악, 대가야 정복 　⇨ 단양적성비 + 4개의 순수비 •『국사』편찬(거칠부)

4. 삼국의 정치체제

(1) 고구려

① 가장 먼저 관등조직을 정립하여 대대로(귀족에 의해 선출) 아래 10여 관등이 있다.

② 대가의 세력이 왕권 아래 들어가는 과정에서 관직이 분화·정비되었다.

③ 관등의 구분

  ㉠ 형 계열 : 연장자 내지 가부장적 족장을 의미, 종래의 족장세력이 왕권 아래 편입되었다.

  ㉡ 사자 계열 : 행정관리 출신으로 조부를 거두어들이던 사람들을 의미한다.

④ 수상인 대대로는 왕이 선발하지 못하고 5부의 대표자의 선거로 선출하였고, 3년에 1회 교체되었다.

⑤ 고구려의 귀족회의 : 제가회의

⑥ 지방 행정 제도

  ㉠ 전국을 내·동·서·남·북부로 구분하고, 욕살이 통치하였다.

  ㉡ 각 부의 여러 성에는 처려근지, 도사라 불리는 성주에 의해 통치되었다.
     ⇨ 이후 중국식의 군으로 바뀌었다.

  ㉢ 욕살, 처려근지 등은 중앙에서 파견되어 행정과 군사를 겸직하였다.

(2) 백제

① 왕족인 부여씨를 포함한 대성8족이 지배세력의 중심이었다.

② 좌평~달솔의 솔 계열, 장덕~대덕까지의 덕 계열, 문독 이하의 무명 계열로 구분된 16관등제로 운영하였다.

③ 좌평은 6인을 두어 행정 업무를 분담하였다.

④ 수도를 사비로 옮겼을 때 궁내부서와 중앙관서 22부(내관 12부, 외관 10부)로 정비하였다.

⑤ 백제의 귀족회의 : 정사암 회의

  ㉠ 정사암 : 정치를 논의하고 재상을 뽑던 장소(암자)이다.

  ㉡ 재상은 투표로 선출하였고, 모든 관서의 장은 3년마다 선출하였다.

⑥ 지방 행정 제도

  ㉠ 전국을 동, 서, 남, 북, 중의 5방으로 구분하고, 방성을 두어 통치하였다.

  ㉡ 방성에는 달솔로 임명된 방령이 방을 통치하고 군사권을 가졌다.

  ㉢ 방 아래 군을 두고 군에는 덕솔로 임명된 군장(도사) 3인이 통치하였다.

  ㉣ 웅진 천도 이후 지방 중심지에 22담로를 설치하여 왕족을 파견하였다.

깊이 Plus 백제의 6좌평

1. 내신 좌평 : 왕명 출납(수상)
2. 내두 좌평 : 재정·회계 사무
3. 내법 좌평 : 제사·의례·교육 사무
4. 위사 좌평 : 왕궁 수비
5. 조정 좌평 : 형벌·치안 사무
6. 병관 좌평 : 군사·국방 사무

참고 국가별 키워드 암기
- 형, 사자, 욕살, 처려근지
  ⇨ 고구려
- 달솔, 덕솔, 방령, 담로
  ⇨ 백제

참고 **삼국의 관등제**
• 고구려 : 10여 관등(수시로 변경됨)
• 백제 : 16관등제(고이왕 때 정비)
• 신라 : 17관등제(법흥왕 때 정비)

(3) 신라

① 독립성이 강한 여러 소국이 모여 사로국을 이뤘던 관계로 다원적 체제가 일원화되는 과정에서 관등제가 성립하였다(법흥왕 때, 17관등제 정비).

② 기존의 사로국을 이루던 왕족과 사로국이 확대되는 과정에서 포섭한 군상들의 세력에 따라 관등체제에 포섭시키는 과정에서 새로운 신분 제도인 골품 제도가 나타나게 되었다.

③ 법흥왕 때 상대등을 새롭게 신설하면서 귀족의 대표로서 인정하였다.

    ㉠ 상대등 설치 초기에는 국왕의 전제권을 제약하는 귀족연합의 대변자의 역할이 었다.

    ㉡ 신라 중대에는 집사부 시중의 권한이 강화되면서 세력이 약화되었다.

    ㉢ 신라 하대에는 왕권이 약화되고 귀족의 권한이 강화되면서 왕위다툼이 치열하게 전개되었다.

④ 신라의 귀족회의 : 화백회의(만장일치제)

⑤ 지방 행정 제도의 특징

    ㉠ 전국을 5주로 나누고 군주에게 다스리게 하였다.

    ㉡ 주 아래 군, 태수, 현령은 중앙에서 파견하였다.

    ㉢ 말단 행정 구역인 촌에는 지방관을 파견하지 않고 촌주에 의해 자치가 이루어졌다.

    ㉣ 촌주는 지방관 보좌, 행정·군사 실무 담당, 현령의 통제를 받았다.

사료 Plus

삼국의 귀족회의 기구

• 고구려에서는 범죄자가 있으면 제가들이 모여서 논의하여 사형에 처하고 처자는 노비로 삼는다.
　　　　　　　　　　　　　　　　　　　　　　　　　　－『삼국지』, 위지 동이전

• 백제는 나라에서 재상을 뽑을 때 후보자의 이름을 써서 상자에 넣어 정사암이라는 바위 위에 두었다. 얼마 뒤에 열어 보아서 이름 위에 표시가 되어 있는 자를 재상으로 선출하였다.　　　　　－『삼국유사』

• 신라는 화백이라는 회의를 개최하여 국사를 논의한다. 이때 한 사람이라도 반대하면 논의가 통과되지 못한다.
　　　　　　　　　　　　　　　　　　　　　　　　　　　　　　　－『신당서』

5. 삼국의 군사 조직

(1) 특징

군사 조직과 행정 조직이 같다.

(2) 방식

지방의 지방관이 군대 지휘관을 겸임하면서 주민을 통치하였다.

(3) 조직

① 고구려

㉠ 국민 개병제를 성 단위로 편성하였다.

㉡ 족장과 성주들은 자신의 군사를 소유하였다.
⇨ 경당*에서 미혼 남성들이 무술 연마하였다.

② 백제

㉠ 각 부에 500명의 군사 배치하였다.

㉡ 방령이 700~1,200명의 군사 통솔하였다.

③ 신라

㉠ 군주가 정(지방군)을 통솔하였다.

㉡ 서당(중앙군)은 모병으로 구성하였다.

* 경당

고구려인은 학문을 좋아하였다. 궁리(窮里)의 시가(厮家)에 이르기까지 또한 서로 학문을 힘써 권하며 큰 길가(衢側)에 모두 장엄한 집[嚴屋]을 짓고 경당이라고 이름하였다. 미혼의 자제가 무리지어 거처하며 경전을 읽고 활쏘기를 익혔다.

⇨ 경당의 학생은 미혼이었다고 하였는데, 그 연령은 대체로 청소년이었다고 생각된다. 이 점에서 고구려의 경당은 신라의 화랑도와 마찬가지로 청소년 집단에서 기원하였다고 이해된다.

한눈에 쏙

삼국의 정치체제

구분		고구려	백제	신라
관등		10여 관등 • ~형 계열 : 족장 • ~사자 계열 : 조세 수취	16관등 • ~솔 계열, ~덕 계열 • 중국 영향 세련(고이왕)	• 경위제(중앙) : 17관등 • 외위제(지방) : 11관등
중앙 관제		좌보·우보 → 국상 → 대대로 → 막리지	6좌평(고이왕) → 22부 추가(성왕왕)	병부(법흥왕), 위화부(진평왕), 집사부(진덕여왕)
귀족회의		제가회의	정사암 회의	화백회의(만장일치제)
수상		대대로	상좌평	상대등
지방 행정 조직	수도	5부	5부	6부
	지방	5부(지방관 : 욕살)	5방(지방관 : 방령)	5주(군주)-군-촌(촌주)
	특수	3경 : 평양성, 국내성, 한성(황해도 재령)	22담로(무령왕, 왕족 파견)	3소경 : 국원소경(충주), 북소경 (강릉), 아시촌소경(함안)
청년단체		선비	수사	화랑도
군사		지방 행정 조직을 군사 조직으로 운영(지방관이 군대 지휘)		
		중앙무관직 : 대모달·말객	–	• 서당 : 모병한 직업군인 • 6정 : 지방군

04 대외항쟁과 신라의 삼국 통일

1. 6세기 후반~7세기의 국제 정세

(1) 남·북 세력

① 고구려 : 통일된 중국 세력 및 신라와 대립

② 백제 : 나제 동맹이 결렬된 이후 신라와 대립

③ 돌궐 : 당시 통일된 중국 세력과 대립

④ 일본 : 일찍부터 백제와 친교를 맺은 상태

(2) 동·서 세력

① 신라 : 고구려, 백제의 연합 세력에 의해 압박을 받았다.

② 수·당 : 고구려 세력과 대립하고 있었으며, 한반도를 차지할 야욕이 있었다.

2. 고구려의 수·당 전쟁

(1) 고구려와 수나라의 대립

① 수나라가 중국 대륙을 통일한 이후 고구려를 압박하였다.

② 고구려가 전략상 유리한 지역을 차지하기 위해서 요서지방 차지하였다.

③ 수나라의 공세

ㄱ 수 문제 때 고구려를 공격했으나 저지당하였다.

ㄴ 수 양제가 대규모의 군사를 동원(113만 명)하여 고구려를 침공하였다.

⇨ 육로와 해로로 나누어 공격해왔으나 모두 저지당하였다.

ㄷ 육해군의 패배 및 식량 부족 때문에 30만 명의 별동대를 동원하여 평양성을 공격하였다.

ㄹ 당시 평양성을 수비하던 을지문덕의 유도작전으로 살수에서 적군이 전멸하였다.

ㅁ 이후에도 수나라가 몇 차례 고구려를 침공하나 실패하였다.

ㅂ 무리한 전쟁 및 토목공사로 국력의 소모가 심하여 결국 멸망하게 된다.

🔻 고구려와 수나라의 전쟁

사료 Plus 🏛

우중문에게 보내는 을지문덕의 시(오언시)

신묘한 계책은 천문을 꿰뚫어 볼 만하고
오묘한 전술은 이치를 모조리 알도다.
전쟁에 이겨서 공이 이미 높으니
만족을 알거든 그만 돌아가시구려.

---

(2) 고구려와 당나라의 대립

① 전쟁 이전의 고구려와 당나라의 상황

㉠ 건국 초기에는 고구려와 당나라 사이에 화친을 꾀하였다(전쟁 중 포로 교환).

㉡ 당 태종이 즉위한 이후 고구려에 대한 당나라의 압박이 심해지자 고구려는 이를 막고자 부여성~비사성에 이르는 천리장성을 쌓았다(연개소문이 감독).

㉢ 당시 고구려는 연개소문이 정변을 일으켜 영류왕과 대신들을 살해하고 보장왕을 왕위에 세웠다.

⇨ 연개소문은 후에 대막리지가 되어 권력을 장악하였다.

㉣ 최고 권력자가 된 연개소문은 당과 신라에 대해 강경한 대외정책 실시하였다.

② 고구려와 당나라의 전쟁

㉠ 연개소문의 정변을 구실로 당이 침입하였다.

⇨ 요동성과 백암성을 함락시키면서 침공하였다.

㉡ 안시성에서 성주(양만춘으로 추정)를 비롯한 모두가 굳세게 막아 당군을 물리쳤다.

㉢ 이후에도 당나라가 몇 번 침입하였으나 모두 물리쳤다.

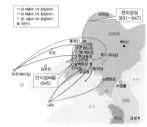
▽ 고구려와 당나라의 전쟁

 고구려의 승리가 갖는 의의

수나라와 당나라의 침입으로 백제와 신라가 이들 나라의 영향을 받지 않도록 함으로써 민족의 방파제 역할을 충실히 수행하였다.

한눈에 쏙

남·북 세력 vs 동·서 세력	• 돌궐-고구려-백제-왜(남북 세력) vs 수·당-신라(동서 세력) • 수 문제의 중국 통일(589) • 고구려는 수의 등장으로 위협을 느끼고 요서 지방 공격(598, 영양왕)
고구려 vs 수나라	• 수 문제의 고구려 공격(589) → 태풍으로 인해 성과 없음 • 수 양제의 고구려 침입(113만 대군) → 살수대첩(612, 을지문덕)
고구려 vs 당나라	• 당 건국(618) • 고구려의 천리장성 축조 : 부여성~비사성(책임자 : 연개소문) • 연개소문(대막리지) 쿠데타(642) → 영류왕 사망(보장왕 추대) • 당 태종 침입 → 안시성 전투(645) : 양만춘, 연개소문
의의	고구려는 한반도의 방파제 역할

3. 신라의 삼국 통일

(1) 통일 전후의 신라

① 진평왕(579~632)
- ㉠ 중국 문물과 제도를 반영하여 위화부(인사), 소부(공부), 예부(의례)를 설치하였다.
- ㉡ 원광이 「걸사표」(수나라의 고구려 정벌을 요청)와 세속오계(화랑의 규율)를 지었다.

② 선덕여왕(632~647)
- ㉠ 백제 의자왕의 공격으로 대야성이 함락되었다.
- ㉡ 비담의 난이 일어났다(647, 김유신의 활약으로 진덕여왕 때 진압됨).
- ㉢ 첨성대, 황룡사 9층 목탑, 분황사 등이 만들어졌다.

③ 진덕여왕(647~650)
- ㉠ 품주를 개편하여 집사부(국왕직속 최고 관부)를 만들고, 창부(재정 담당)를 설치하였다.
- ㉡ 김춘추로 하여금 나당동맹을 체결하게 하였다(648).

④ 무열왕(654~661) : 백제를 멸망시켰다(660).

⑤ 문무왕(661~681) : 고구려를 멸망시키고(668), 나당전쟁에 승리하였다(676).

(2) 백제의 멸망

① 백제 무왕(600~641)이 즉위한 이후, 신라에게 **빼앗긴** 영토를 되찾기 위해 노력하였고, 익산에 미륵사를 창건하였다.

② 백제 의자왕이 즉위한 이후, 신라에 대한 공격을 강화하여 신라의 대야성을 비롯한 40여 개의 성을 **빼앗고** 고구려와 함께 대야성을 공격하였다(642).

③ 신라가 백제의 공격으로 위기에 처하자 고구려에 구원을 요청하였으나 실패하였다.

④ 백제는 고구려와 화친을 맺고 당항성을 점령하였다(643).

⑤ 신라와 당이 연합한 이후 나당 연합군이 조직되었고, 김유신의 신라군과 소정방의 당군이 백제를 공격하여 황산벌에서 계백의 결사대를 물리치고 사비성을 함락시켰다(660).

(2) 고구려의 멸망

① 고구려는 수, 당과의 계속된 전쟁으로 국력을 많이 소모하였다.

② 연개소문 사후 그의 아들들 사이에서 권력 다툼이 일어나고, 지도층이 분열하게 되었다.

③ 이 기회를 틈타 나·당 연합군이 평양성을 함락시켰다.

(3) 백제와 고구려의 부흥 운동

① 백제의 부흥 운동
- ㉠ 왕족 복신과 승려 도침은 주류성, 흑치상지는 임존성에서 각각 군사를 일으켰다.
- ㉡ 일본에 있던 왕자 부여풍이 일본군과 함께 건너 왔으나 실패하였다.

② 고구려의 부흥 운동
- ㉠ 한성(검모잠), 금마저(안승), 오골성(고연무)을 근거지로 삼았다.
- ㉡ 당의 회유와 이주정책으로 실패하고 말았다.
- ㉢ 나·당 전쟁 이후, 보장왕이 요동 지역에서 고구려 부흥을 꾀했다.

참고 구토지설(토끼전) 유래

이 설화가 처음 등장하는 출전은 『삼국사기』 김유신 열전으로, 대야성이 백제군에 함락되어 사위인 김품석과 딸 고타소가 죽어 원수를 갚으려는 김춘추가 동맹을 맺기 위해 고구려로 갔다가 진흥왕 때 신라가 탈취한 죽령 이북 지역의 반환에 대한 요구를 거절하면서 그대로 고구려에 억류되었을 때, 보장왕의 총애를 받는 '선도해'라는 자가 들려준 이야기다.

참고 흑치상지 묘지명

백제 멸망 후 백제 부흥 운동을 이끌었으나, 결국 당에 항복하고 당나라 장수가 된 흑치상지의 생애와 활동을 기록한 묘지명이다(중국 허난성 뤄양시 망산 출토).

(4) 나·당 전쟁

① 당나라의 한반도 지배 야욕

    ⊙ 통일 전쟁의 과정에서 백제에는 웅진도독부, 고구려에는 안동도호부를 설치하고, 백제를 멸망시킨 후 신라 땅에 계림도독부를 설치하였다.

    ⊙ 대동강 이남의 땅을 신라에 준다는 약속을 어기고 한반도를 지배하려는 야욕을 보였다.

② 전개

    ⊙ 고구려의 부흥 운동 지원 : 금마저(전북 익산)에 보덕국을 세우고, 고구려 왕족 안승을 왕으로 추대하여 당과의 싸움을 지원하였다.

    ⊙ 사비성 함락 : 웅진도독부를 없애고, 백제의 옛 땅을 지배하였다.

    ⊙ 매소성, 기벌포 전투에서 당군에게 크게 승리하였다.

③ 당이 대동강 이남의 땅에서 물러나고 안동도호부를 평양에서 요동으로 이동하였다.

    ⊙ 당 고종이 보장왕을 '요동주도독 조선왕'으로 임명하고 고구려 유민을 회유했다.

    ⊙ 보장왕은 고구려 유민과 말갈족을 규합하여 군사를 일으키려하였다.

    ⊙ 그러나 사전에 발각되어 중국의 서쪽 끝 양주 지역으로 유배를 가게 되었다.

    ⊙ 684년 금마저의 보덕국인이 무력봉기 하였으나 신라에 의해 해체되고 보덕국은 소멸하였다.

🛡 당의 침략 야욕

🔽 나·당 전쟁

사료 Plus 🏛

나·당 전쟁
- 당의 군사가 와서 매소천성(매소성)을 공격하니, 원술이 이를 듣고 죽음으로써 지난번의 치욕을 씻고자 하였다. 드디어 힘껏 싸워서 공을 세워 상을 받았다.
- 겨울 11월에 사찬 시득이 수군을 거느리고 소부리주의 기벌포에서 설인귀와 싸웠다.   — 『**삼국사기**』

한눈에 쏙

7세기의 삼국

백제	고구려	신라
무왕(600~641) • 미륵사(익산) 창건 • 익산 천도 시도 **의자왕(641~660)** • 신라 대야성 등 40여 성 점령 → 김춘추의 사위인 김품석 사망(642) • 사비성 함락 : 멸망(660)	**영양왕(590~618)** • 수 양제 침입 → 살수대첩(612, 을지문덕) • 『신집』 5권 집필(이문진) • 담징, 혜자 → 일본에 문화 전파 **영류왕(618~642)** • 천리장성 축조 시작(연개소문) • 여·제 동맹 → 신라 공격(643) → 나·당 동맹(648) **보장왕(642~668)** • 천리장성 완성 : 연개소문 주도 • 당태종 침입 → 안시성 전투(645) • 고구려 멸망(668, 신라 문무왕)	**진평왕(579~632)** • 위화부·조부·예부 설치 • 원광 : 「걸사표」, 세속오계 **선덕여왕(632~647)** • 첨성대, 황룡사 9층 목탑, 분황사 • 비담의 난 → 김유신 진압 • 대야성 함락(백제 의자왕) **진덕여왕(647~650)** • 집사부, 창부(재정) 설치 • 나·당 연합군 결성(김춘추) **무열왕** : 백제 멸망(660) **문무왕** : 고구려 멸망(668), 나·당 전쟁 승리(676)

신라의 삼국 통일 과정

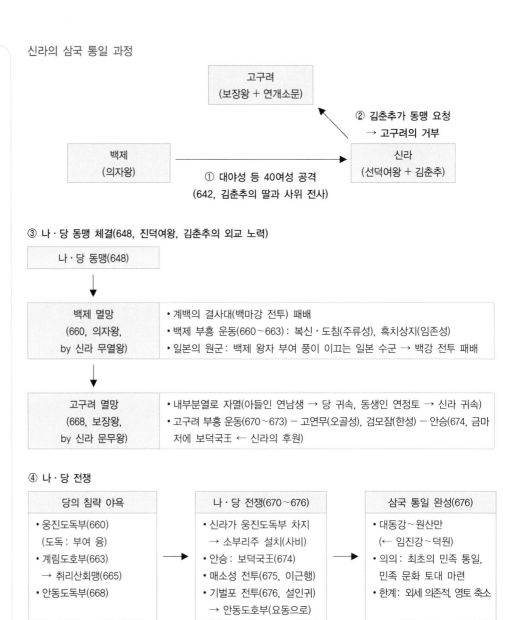

② 김춘추가 동맹 요청
→ 고구려의 거부

고구려
(보장왕 + 연개소문)

백제
(의자왕)
→
① 대야성 등 40여성 공격
(642, 김춘추의 딸과 사위 전사)

신라
(선덕여왕 + 김춘추)

③ 나·당 동맹 체결(648, 진덕여왕, 김춘추의 외교 노력)

나·당 동맹(648)

백제 멸망
(660, 의자왕,
by 신라 무열왕)

• 계백의 결사대(백마강 전투) 패배
• 백제 부흥 운동(660~663) : 복신·도침(주류성), 흑치상지(임존성)
• 일본의 원군 : 백제 왕자 부여 풍이 이끄는 일본 수군 → 백강 전투 패배

고구려 멸망
(668, 보장왕,
by 신라 문무왕)

• 내부분열로 자멸(아들인 연남생 → 당 귀속, 동생인 연정토 → 신라 귀속)
• 고구려 부흥 운동(670~673) − 고연무(오골성), 검모잠(한성) − 안승(674, 금마
저에 보덕국王 ← 신라의 후원)

④ 나·당 전쟁

당의 침략 야욕

• 웅진도독부(660)
  (도독 : 부여 융)
• 계림도호부(663)
  → 취리산회맹(665)
• 안동도독부(668)

→

나·당 전쟁(670~676)

• 신라가 웅진도독부 차지
  → 소부리주 설치(사비)
• 안승 : 보덕국王(674)
• 매소성 전투(675, 이근행)
• 기벌포 전투(676, 설인귀)
  → 안동도호부(요동으로)

→

삼국 통일 완성(676)

• 대동강~원산만
  (← 임진강~덕원)
• 의의 : 최초의 민족 통일,
  민족 문화 토대 마련
• 한계 : 외세 의존적, 영토 축소

삼국의 시기별 외교관계

3세기	4세기-백제
(지도)	(지도)
위·촉·오 시대	• 5호16국 시대 ⇨ 백제 전성기 • 전진-고구려-신라 ⇔ 동진-백제-왜
동천왕 ① 오와 통교 ② 서안평 공격 ⇨ 위나라 장수 관구검의 침입	근초고왕 ① 마한 병합 ② 고구려 공격 ⇨ 고국원왕 전사(평양성 전투) ③ 요서·산둥·규슈 점령(왜국 칠지도)
5세기-고구려	6세기-신라
(지도)	(지도)
• 남북조 시대 • 고구려가 남북조 및 몽골과 연결하고 남하정책을 추진하자 신라와 백제는 나·제 동맹 체결	• 남북국 시대 • 신라가 한강 유역, 낙동강 하류, 함경도(원산만)에 진출하여 영토를 확장하고 순수비를 세움
• 광개토대왕(391~413) 　① 만주(숙신)·요동(후연) 대부분 차지 　② 신라에 침입한 왜구 격퇴 　　　⇨ 광개토대왕 비문, 호우명 그릇 • 장수왕(413~491) 　① 남북조 이용, 남하정책(⇨ 평양 천도) 　② 한강 점령: 개로왕 전사(아차성 전투) 　　　중원고구려비 건립	• 진흥왕(540~576) 　① 화랑도 국가 조직화 　② 한강 진출: 성왕 전사(관산성 전투) 　③ 낙동강 진출: 대가야 멸망 ⇨ 창령비 　④ 함경도(원산만) 진출: 마운령비, 황초령비

7세기-삼국 통일기	
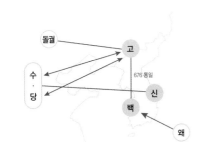	수당 시대 • 여·수 전쟁 • 고구려의 요서 선제 공격 　→ 수 문제, 양제의 침입(113만 대군) → 살수대첩(612) • 여·당 전쟁 • 천리장성 축조와 대당 강경책(연개소문) → 당 태종의 침입(30만) → 안시성 전투(645) • 나·당 전쟁 • 매소성 전투, 기벌포 해전

05 신라 중대의 체제 정비

1. 신라의 시대 구분

	B.C. 57	514년	654년	780년
『삼국사기』	상대(1~28대)		중대(29~36대)	하대(37~56대)
『삼국유사』	상고(1~22대)	중고(23~28대)	하고(29대~56대)	

참고 성골과 진골이 구별된 이유에 대한 견해

왕실 혈족집단의 분지화 과정에서 성립되었다는 견해가 있다. 진지왕은 진흥왕의 둘째 아들로 형인 동륜태자(銅輪太子)의 아들 백정(伯淨)을 제치고 즉위했으나 폐위되고 백정이 진평왕으로 즉위하였다. 이때 진평왕이 진흥왕의 장자인 동륜을 직계로 내세우며 다른 왕족과 구별하기 위해 성골이 성립되었다고 하는 견해가 있다. 그리고 성골은 부계(父系)와 모계(母系)가 모두 순수한 왕족이고 진골은 한쪽이 왕족이 아닌 것으로 구별되었다는 견해가 있다.

(1) 『삼국사기』 기준

왕위 계승 혈통에 따라 구분한다.

상대 (1대 박혁거세 ~28대 진덕여왕)	중대 (29대 무열왕 ~36대 혜공왕)	하대 (37대 선덕왕 ~56대 경순왕)
성골	진골-무열계 (무열왕 이후)	진골-내물계 (선덕왕 이후)
⇩	⇩	⇩
신라 (통일 전쟁 전)	통일 전후(무열왕·문무왕) + 왕권 안정기(신문왕 이후)	혼란기 (150년간 20명 왕 교체)

(2) 『삼국유사』 기준

불교식 왕명을 사용한 중고(23대 법흥왕~28대 진덕여왕)를 기준으로 구분한다.

2. 통일 후 신라

(1) 변화

① 영역 확대, 인구 증가 ⇨ 생산력 증가

② 대외관계 안정 ⇨ 비약적 발전 계기

③ 강력한 군사력 확보로 정치 안정

④ 민족 융합 도모

⑤ 민족 문화 융성

(2) 왕권의 전제화

① 무열왕이 진골 왕위를 세습하면서 왕권이 강화되었다.

② 왕명 수행 및 기밀사무를 담당하는 집사부 시중의 권한이 강화되었다.

③ 진골귀족의 세력이 약화되면서 이들의 대표인 상대등의 세력도 약화되었다.

　　⇨ 반면 6두품은 왕의 정치적 조언자이자 행정 실무를 담당하면서 그 영향력이 커졌다.

④ 김씨 왕족이 왕권을 옹호하면서 박씨, 가야와 고구려의 귀족은 점차 정권에서 소외되었다.

3. 대표적인 신라 중대 왕들의 업적

(1) 무열왕

① 최초의 진골 출신 왕으로, 이후 신라 중대에는 무열왕 직계자손이 왕위를 독점하였다.

② 귀족인 상대등 비담의 반란을 진압하고, 상대등 알천과의 경쟁을 물리쳤다.

③ 왕의 동생들에게 특권적 지위를 부여하던 갈문왕 제도를 폐지하였다.

④ 불교식 왕명을 버리고 중국식 시호를 사용하였다.

⑤ 백제를 멸망시켰다(660).

(2) 문무왕

① 고구려를 멸망시켰다(668).

② 나·당 전쟁에 승리하여 삼국 통일을 이룩하였다(676).

③ "죽은 후 나라를 지키는 용이 되어 불법을 받들고 나라를 지킬 것"을 유언하고 죽자 이에 따라 화장한 뒤 동해에 안장하였으며(해중릉인 대왕암), 신문왕이 부왕의 뜻을 받들어 절을 완공하고 감은사라 하였다.

(3) 신문왕

① 장인 김흠돌의 반란을 진압하면서 귀족 세력을 숙청하고 정치 세력을 재편성하였다.

② 중앙

  ㉠ 화백회의의 기능을 약화시켰다.

  ㉡ 통일 전의 5부 체제를 중국의 6전 제도와 비슷하게 개편하였다.

  ㉢ 중앙정치기구를 완비하면서 14부를 편성하고, 17관등제를 마련하였다.

③ 지방

  ㉠ 9주 5소경 체제를 마련하였다.

  ㉡ 외사정이라는 감독관을 파견하여 감찰을 강화하였다.

  ㉢ 상수리 제도*를 실시하여 지방 세력을 중앙으로 편입하였다.

④ 군사 : 9서당(중앙군), 10정(지방군) 정비

⑤ 경제 : 관료전을 지급하고 녹읍을 폐지함으로써 귀족의 토지에 대한 인신적 지배를 억제하였다.

⑥ 만파식적 설화

＊ 상수리 제도
통일 신라 시대 지방 세력의 자제를 중앙에 머물게 하는 제도로, 왕권 강화를 위해 실시하였다. 삼국을 통일한 신라는 왕권을 강화하기 위해 많은 정책을 실시하였다. 그중 상수리 제도는 각 주의 지방 세력의 자제들 중 한 명을 뽑아 중앙에 볼모로 와 있게 함으로써 지방 세력을 견제하고 왕권을 강화하고자 한 것이다. 고려의 기인, 조선의 경저리 제도와 유사한 제도이다.

사료 Plus 📖

만파식적 설화

신문왕 때 제작된 만파식적은 전설상의 피리로 왕실의 번영과 평화를 상징하는 것이었다. "신문왕 때에 동해에 작은 산이 떠서 감은사(感恩寺)를 향해 오니 왕이 납시어 살펴보았다. 산 위에 대나무가 있는데 낮에는 둘이 되고 밤에는 하나가 되었다. 이튿날 합하여 하나가 되니 풍우가 일었다. 왕이 그 산에 들어가니 용이 나와 검은 옥대를 바치면서 '이 대로 적을 만들어 불면 천하가 화평할 것이다. 바다용이 된 선왕(先王)과 천신(天神)이 된 김유신이 합심하여 이 보물을 나에게 갖다 바치게 하는 것이다.'라고 하였다. 피리를 만들어 천존고(天尊 庫)에 두었는데 이것을 불면 적병이 물러가고 병이 나으며 가뭄에 비가 오고 비올 때 개며 바람이 가라앉고 물결도 평정해졌다. 만파식적이라 하고 국보로 삼았다고 한다." — 『삼국유사』

(4) 효소왕

수도 금성에 시장인 남시와 서시를 설치하였다(동시는 지증왕 때 설치됨).

(5) 성덕왕

① 백성들에게 정전을 지급하였다(722).
　　⇨ 국가 재정을 확충하고, 왕권을 강화하기 위한 의도였다(왕토 사상을 재확인).
② 성덕대왕 신종(에밀레종)
　　⇨ 손자인 혜공왕 때 완성되었다.

(6) 경덕왕

① 녹읍이 부활되었다(757).
② 불국사가 건립되었다(김대성의 건의).
③ 전국의 지명을 중국식으로 교체하였고, 중시의 명칭이 시중으로 바뀌었다.

(7) 혜공왕(중대 마지막 왕, 왕권 약화)

① 96각간의 난(대공의 난)
② 김지정의 난으로 혜공왕이 피살되었다.
　　⇨ 진압 이후 왕위 계승이 무열왕계에서 내물왕계로 바뀌었다.

4. 신라 중대의 체제 정비

(1) 중앙 정치 제도

① 진골귀족의 대표인 상대등의 세력이 약화되고(화백회의도 약화), 국왕의 측근인 집사부의 기능이 강화되었다.
　　㉠ 집사부 중심의 관료기구의 기능이 강화되고, 14개의 정치 부서를 두어 행정업무를 분담하였다.
　　㉡ 무열왕 때 관리·감찰을 위해 사정부를 두고, 신문왕 때 국립대학인 국학을 설립하였다.
② 정치적 조언자로서 6두품이 부각되었다(설총, 강수 등).

(2) 지방 행정 제도(9주 5소경)

① 9주
　　㉠ 주 아래 군, 현에 지방관을 파견하였다.
　　㉡ 말단행정구역인 촌은 토착세력인 촌주가 관리하였다.
② 5소경
　　㉠ 수도가 동남쪽에 치우친 한계를 극복하기 위한 특별행정구역이다.
　　㉡ 지방 세력의 성장을 감시하려는 목적이 있었다.
　　㉢ 금관경(김해), 남원경(남원), 서원경(청주), 중원경(충주), 북원경(원주)

🔻 9주 5소경

(3) 군사 제도

① 중앙군(9서당*) : 신라인 외에도 고구려인, 백제인, 말갈인 포함되었다.

  ㉠ 민족 융합정책의 일환이었다.

  ㉡ 각 부대는 옷소매의 색깔을 달리하여 구분하였다.

② 지방군(10정) : 각 주에 1개의 정을 두고, 군사접경지역인 한주에만 2개의 정을 두었다.

(4) 토지 제도

왕권강화를 바탕으로 귀족들의 특권을 제한하였다.

(통일 초)	(신문왕)	(경덕왕)
녹읍 ⇨	관료전 ⇨	녹읍 부활
• 수조권 • 노동력 징발 ⇨ 귀족 지위 강함	• 녹읍 폐지 • 수조권만 지급 ⇨ 귀족세력 제한	왕권 약화

(성덕왕)

정전 지급

• 세금 확충
• 전제왕권 안정

＊9서당

통일 이전인 진평왕 때 녹금서당(綠衿誓幢, 신라인) · 자금서당(紫衿誓幢, 신라인)등 2개의 서당이 조직되었는데, 통일 이후 문무왕 때 백금서당(白衿誓幢, 백제인) · 비금서당(緋衿誓幢, 신라인)이 설치되고, 신문왕 때 황금서당(黃衿誓幢, 고구려인) · 흑금서당(黑衿誓幢, 말갈인, 실상은 동예인) · 벽금서당(碧衿誓幢, 보덕국인) · 적금서당(赤衿誓幢, 보덕국인)과 청금서당(靑衿誓幢, 백제인)이 추가되어 9서당으로 완성되었다.

PART 02

---

06 발해의 발전과 멸망

1. 발해의 등장

(1) 건국(698)

① 고구려 멸망 이후 요동을 중심으로 고구려의 부흥 운동을 전개하였다.

② 이에 당은 보장왕을 요동의 도독으로 임명하는 등 분열 정책을 실시하였다.

③ 거란족인 이진충의 반란을 틈타 고구려의 유민이었던 대조영이 길림성 돈화현 동모산으로 가서 당에 반기를 들었으며, 이곳에서 국가의 기틀을 마련하고 진국을 수립하였다.

(2) 발해 사회의 특징

① 발해를 건국한 주체는 당에 끌려간 고구려의 지배층이지만 이 중에는 말갈족 추장까지 포함되어 있으며 이들은 중앙과 지방의 주요 관직을 차지하고 수도와 큰 고을에 거주했다.

② 말단 행정 구역에는 피지배층인 다수의 말갈족이 거주하고 있었으며 이들은 말갈 수령이 다스렸다.

(3) 발해의 고구려 계승 의식

① 대조영은 고구려 유민으로 국적이 고구려이고, 발해인은 스스로 자신들의 나라를 고려국이라 하였다.

② 발해 무왕이 일본에 보낸 외교문서에서 스스로 고구려 국왕이라고 칭했다.

③ 일본에 파견된 발해 사신 86명 중 26명이 고구려 왕성인 고씨였다.

④ 대조영이 건국의 터전으로 삼은 곳이 고구려 지배 부족인 계루부의 근거지였다.

⑤ 고구려와 문화적 유사성을 보인다(기와, 온돌, 무덤양식에서 나타나는 모줄임구조 등).

사료 Plus

고구려를 계승한 발해

• 대조영은 본래 고구려 별종이다. 고구려가 멸망하자 대조영은 가족을 이끌고 영주로 옮겨와 살았다. 만력 통천 때(696년)에 거란 이진충이 반란을 일으켰다. 대조영은 말갈족장 걸사비우와 함께 각각 무리를 이끌고 동쪽으로 망명하였다. …… 마침내 무리를 이끌고 동으로 가서 계루부 옛 땅을 차지하고 동모산에 성을 쌓고 살았다. 대조영이 굳세고 용맹스러우며 용병을 잘하자 말갈 및 고구려 잔당이 점점 모여들었다.

－『구당서』

• 부여씨(백제)가 망하고 고씨(고구려)가 망한 다음 김씨(신라)가 남방을 차지하고, 대씨(발해)가 북방을 차지하고는 발해라고 하였으니, 이것을 남북국이라 한다. …… 저 대씨는 어떤 사람인가? 바로 고구려 사람이다.

－『발해고』

• 일본 천황은 삼가 고려국왕에게 문안한다. …… 지금 보내온 글을 보니 …… 천손이라는 참란한 칭호를 써 놓았다. …… 이제 대씨는 무사하다 하여 함부로 구생(장인－사위) 관계를 칭하였으니, 이는 예를 잃은 것이다.

－『속일본기』

---

2. 발해의 발전과 멸망

(1) 무왕

① 독자적 연호 사용(인안), 일본에 사신을 파견하였다.

② 발해의 세력이 커지면서 신라는 북방경계를 강화하고 흑수부 말갈도 당과 연결되려 하자 발해도 돌궐, 일본과 연합하여 당과 신라를 견제하였다.

③ 발해가 장문휴를 보내 당의 산둥 지방의 등주를 공격하고 요서 지역에서 당군과 격돌하면서 당과 관계가 악화되었다(732).

④ 당 역시 발해를 공격하면서 신라에도 당을 공격하도록 하였으나 신라는 큰 추위를 만나 발해를 공격하지 못하였다(이를 계기로 나·당 전쟁으로 멀어졌던 신라와 당의 관계가 회복됨).

(2) 문왕

① 당의 3성 6부제를 받아들여 중앙 및 지방 제도를 정비하였다.

② 유교경전 교육 강화하였고, 중앙교육기관인 주자감을 설치하였다.

③ 무왕 때 멀어진 당과의 관계를 개선하고 당과 친교를 맺었으며, 신라와의 상설 교통로인 신라도를 개설하였다.

④ 5경과 연결된 5도가 존재했다(신라도, 영주도*, 일본도, 조공도, 거란도).

⑤ 중경에서 상경으로 다시 동경으로 수도를 천도했다.

(3) 선왕

① 발해의 최전성기 이룩 : 중국 대륙과 신라를 공격하여 발해의 최대 판도를 이룩하였다(해동성국이라 칭함).

② 지방 제도 정비 : 5경 15부 62주의 지방 제도가 완비되었다.

③ 왕의 계보가 대조영직계에서 그의 동생인 대야발 직계로 바뀌게 되었다.

깊이Plus 발해가 황제국임을 나타내는 근거

1. 인안(仁安), 대흥(大興) 등의 독자적인 연호가 사용되었다.

2. 1980년 발굴된 3대 문왕의 넷째 딸인 정효 공주(757~792) 묘에서 '황상(皇上)'이라는 표현, 즉 '황상께서 조회를 열지 않고 크게 슬퍼하시면서~'라고 새겨진 묘지명이 나왔다.

3. 간왕의 부인인 순목황후의 묘지에 황제국임을 나타내는 '황후(皇后)'라는 표현을 사용하였다.

4. 허왕부(許王府)가 존재하였다.

5. 군주의 경칭 및 제도와 격식이 중원의 제국과 견주어 대등한 3성 6부 체제를 따랐다.

(4) 발해의 멸망

① 10세기 초 야율아보기(耶律阿保機)가 거란족을 통일하면서 발해를 공격하였다.

② 당시 귀족 간의 권력투쟁이 극심하여 거란의 침입을 막는 것이 어려웠던 발해는 15대 대인선(애왕) 때 멸망하였다(926).

③ 거란은 발해 지역에 동란국을 세웠으나 발해 유민들은 압록강 일대를 중심으로 부흥운동을 전개하였다(후발해, 정안국, 흥요국, 대발해국).

④ 왕족인 대씨와 귀족을 포함한 5만 명이 고려로 망명하여 고려 지배층의 일부를 구성하였다.

한눈에 쏙

발해의 역사

1. 건국(698) : 고왕(대조영), 고구려 계승 의식, 고구려계(지배층) + 말갈계(피지배층)
2. 무왕(719~737) : 당·신라와 대립(장문휴의 산동반도 공격)
3. 문왕(737~793) : 당·신라와의 관계 개선(당 문물 수용, 중앙 3성 6부제 수용, 신라도)
4. 선왕(818~830) : 최고 전성기 ⇨ 해동성국, 지방 정비(5경 15부 62주)
5. 10세기 귀족 간의 다툼 → 국력 약화 → 거란에 의해 멸망(926)

---

* 영주도

발해의 대외 교통로인 5도의 하나로, 당나라 수도인 장안으로 가는 길이다.

참고 문왕의 묘지

중국 지린 성 허룽 시 룽터우 산 고분군에서 발해국 3대 문왕(737~793) 부인과 9대 간왕(817~818) 부인 묘지(墓誌)가 출토되었다. 그런데 간왕 부인 묘지에 "발해국 순목황후는 간왕의 황후 태(泰)씨이다"라는 표현이 있어 주목된다. 이는 발해가 황제국임을 나타내는 자료이다. 중국은 현대 이 자료의 전문을 공개하지 않고 있다.

4. 발해의 중앙 정치 제도 및 지방 행정 제도

(1) 중앙 정치 제도

① 당의 3성 6부제를 모방하였지만 명칭 및 운영이 다르다.

　㉠ 정당성의 장관인 대내상이 국정을 총괄하였다.

　㉡ 정당성 아래 좌사정과 우사정을 두었다.

　㉢ 좌사정 밑에 충·인·의 3부를, 우사정 밑에 예·지·신 3부를 각각 두어 이원적인 통치 체제를 유지하였다.

② 이외에도 중앙의 최고 교육기관인 주자감, 관리의 비위를 감찰하는 중정대, 서적을 관리하는 문적원을 설치하였다.

③ 주로 궁중의 업무를 담당하는 전문 관청인 7시*를 두었다.

＊7시
- 사빈시(외국사신 접대)
- 전중시
- 종속시
- 태상시
- 대농시
- 사장시
- 사선시

참고 발해의 중앙 정치 제도

당의 제도를 수용하였으나 그 명칭 및 운영에 있어서는 발해 나름의 독자성을 유지하였다.

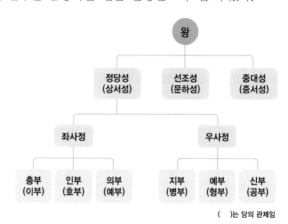

▽ 발해 중앙 정치 제도

(2) 지방 행정 제도

① 5경 15부 62주

② 5경 : 전략상 요충지에 설치

③ 15부 : 지방 행정의 중심지에 설치

④ 그 아래 주와 현을 두고 지방관을 파견하였다.

⑤ 말단행정구역에는 말갈인의 촌주가 통치하도록 하였다.

(3) 군사 제도

① 중앙군 : 10위

② 지방군 : 지방행정조직에 따라 편성되었고, 지방관이 지휘하였다.

③ 국경의 요충지에는 따로 독립된 부대를 두어 방어하였다.

깊이 Plus 발해의 독자적 연호와 발해의 지배층

무왕	인안
문왕	대흥, 보덕
성왕	중흥, 정력
정왕	영덕
희왕	주작
간왕	태시
선왕	건흥
대이진(왕)	함화

고구려계	대(大)씨	63
	고(高)씨	39
	이(李)씨	16
	왕(王)씨	12
	장(張)씨	8
	양(楊)씨	8
	마(馬)씨	2
	하(賀)씨	4
	배(裵)씨	2
	조(趙)씨	2

말갈계	오(烏)씨	2
	모(慕)씨	8
	사(史)씨	3
	이(已)씨	2
	최(崔)씨	2
	여(茹)씨	2
	안(安)씨	2
	다(多)씨	2
	석(釋)씨	2
기타		44

🔽 발해의 독자적 연호   🔽 발해의 지배층

한눈에 쏙

고대 국가의 통치 체제

		고구려	백제	신라	통일 신라	발해
중앙 관제와 관등		10여 관등	6좌평 16관등	17관등 병부 등 10부	17관등 집사부 등 14부	3성 6부
합의체		제가회의	정사암회의	화백회의	화백회의	정당성
수상		대대로	상좌평	상대등	시중(중시)	대내상
행정	중앙	5부	5부	6부		5경
	지방	5부	5방	5주	9주	15부
	특수	3경	22담로	2소경	5소경	62주
지방장관		욕살	방령	군주	총관 ⇨ 도독	도독
군사		• 당(중앙), 성(지방) • 대모달, 말객 (약 500명)	• 부, 방에 군 배치 • 방령 (700~1000명)	• 사자대, 위병, 서당(중앙) • 6정(지방) • 지방관 (＝군사지휘관)	• 9서당(중앙) • 10정(지방)	• 10위(중앙) • 대장군, 장군

07 신라 하대의 사회 모습과 새로운 사상들

1. 신라 하대의 사회 모습

(1) **중앙에서의 혼란**

① 150년간 왕이 20명이나 바뀔 정도로 혼란한 시기였다.

② 무열왕 계통의 왕위 계승 단절되었다.

(2) **지방에서의 혼란**

중앙 정부의 통제력이 약해지면서 지방에서의 반란이 심화되었다.

① 왕위다툼의 과정에서 패한 세력들의 반란

㉠ 김헌창의 난(822) : 무열계 김씨인 아버지 김주원이 내물계 김씨인 원성왕에 밀려 왕위에 오르지 못한 것에 대한 원한으로 반란을 일으켰으나 실패하였다.

㉡ 김범문의 난(825) : 김헌창의 아들로 난을 일으켰으나 실패하였고, 이에 따라 무열계는 왕위 계승에서 밀려났다.

> **사료 Plus**
>
> **김헌창의 난**
>
> 헌덕왕 14년 3월 웅천주 도독 김헌창은 그 아버지 주원이 왕이 되지 못한 이유를 내세워 반란을 일으켰다. 나라 이름을 장안, 연호를 경운 원년이라 하였다. 무진, 완산, 청, 사벌 등 네 주 도독과 북경경, 서원경, 금관경의 지방관들과 여러 군현 수령들을 위협하여 자기편으로 삼았다. ─ 『삼국사기』

② 진성여왕 때 이후 : 중앙에서의 통제력이 약화되면서 지방 세력이 성장하였다.

㉠ 귀족은 녹읍을 토대로 하여 대토지 소유를 확대하기 시작하였다.

㉡ 농민은 토지를 상실하여 궁핍한 생활을 하다 노비나 초적으로 전락하였으며 이에 따른 반란도 발생하였다.

㉢ 지방에서 조세가 제대로 걷히지 않자 농민들에게 이중, 삼중으로 조세를 수취하여 농민의 조세 부담이 가중되었다.

㉣ 최초의 농민 봉기인 원종과 애노의 난*을 비롯하여 적고적의 난*과 같은 농민 봉기가 많이 나타나게 되었다.

③ 지방을 직접 다스리는 독자적인 세력인 호족이 등장하였다.

신라 말 등장한 지방 호족

왼쪽 여백:

신라 말 왕위계승 다툼 및 농민 봉기

＊ 원종과 애노의 난
889년(진성여왕 3) 신라의 사벌주(상주)에서 원종·애노가 일으킨 농민 봉기이다.

＊ 적고적의 난
원종과 애노의 난 이후 일어난 반란군 가운데 붉은 바지를 입은 무리가 있었는데, 이들을 당시 적고적(赤袴賊)이라 불렀다. 896년(진성여왕 10) 이들은 동쪽으로 진격하여 신라의 수도인 경주까지 진격할 정도로 기세를 보였다.

사료 Plus

신라 하대의 혼란

• 지금 군읍(郡邑)은 모두 도적의 소굴이 되었고, 산천은 모두 전쟁터가 되었으니, 어찌 하늘의 재앙이 우리 해동에만 흘러드는 것입니까!　　　　－『동문선』

• 진성여왕 3년, 나라 안의 여러 주군(州郡)에서 공부(貢賦)를 바치지 않으니 창고가 비어 버리고 나라의 쓰임이 궁핍해졌다. 왕이 사신을 보내어 독촉하자, 이로 말미암아 곳곳에서 도적이 벌떼처럼 일어났다. 이 때 원종과 애노 등이 사벌주를 근거로 반란을 일으켰다.　　　　－『삼국사기』

• 당나라 19대 황제(소종 : 880~904)가 중흥을 이룰 때, 전쟁과 흉년 이 두 가지가 서쪽(당)에서 멈춰 동쪽(신라)로 왔다. 어디고 이보다 더 나쁜 것이 없었고, 굶어 죽고 싸우다 죽은 시체가 들판에 즐비하였다.　　　　－ 해인사 묘길상탑비

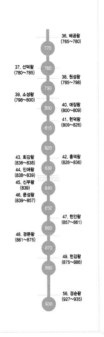

2. 신라 말 등장한 지방세력(호족)

(1) 호족의 의미

① 신라의 중앙정치의 혼란에 따라 독자적인 세력을 구축한 지방세력

② 스스로를 성주, 장군이라고 칭하였다.

③ 지방을 직접 다스리면서 관리를 두고 세금을 징수하였으며, 선종 승려나 6두품 지식인을 맞이하여 통치력을 키웠다.

(2) 호족의 출신 성분

① 신라의 중앙정계에서 왕위다툼 과정에서 지방으로 물러난 세력(김주원, 김순식 등)

사료 Plus

몰락진골 출신의 호족

왕순식은 명주 사람으로 본주 장군이 되어 …… 아들 장명을 왕건에게 보내 600명을 거느리고 곁에서 지키게 하였다. 순식은 뒤에 친족과 여러 무리를 거느리고 협력할 뜻을 보였다. 태조께서 순식에게 왕씨 성과 대광 벼슬을 내려주셨다. …… 태조께서 후백제 신검을 토벌할 때 순식은 명주에서 병사들을 거느리고 와서 참전하였다.

② 신라의 군진이나 군사적 요지를 바탕으로 성장한 세력(견훤)

③ 해상에서의 세력을 기반으로 등장한 세력(장보고, 왕건 등)

④ 신라의 말단행정구역인 촌에서 독자적인 세력을 구축한 촌주세력(대부분의 호족)

▽ 장보고

깊이 Plus 해상왕 장보고

① 전남 완도에 청해진을 설치하여 해상 교통을 장악하고 당나라와 일본과의 무역을 독점하였다.

② 당나라와 일본에 사절단을 파견하여 무역활동을 전개하였다(견당매물사, 회역사).

③ 중국 산둥반도 적산에 법화원이라는 시찰을 건립하였다(법화원은 신라원을 통칭하기도 함).

④ 왕위 계승 다툼에서 밀려난 신무왕을 지원하여 왕위를 즉위시켰다(839).

⑤ 딸을 왕비로 맞지 않는 것을 원망하여 청해진을 근거로 반란을 일으켰다가 실패하였다. 이후 문성왕 13년 (851) 2월에 청해진을 파하고 그곳 백성들을 벽골군으로 옮겼다.

3. 신라 말에 등장한 새로운 사상

(1) 선종의 유행

① 기존 불교 종파와는 다른 새로운 불교의 종파로서 경전보다는 참선을 통한 수행을 강조하였다.

② 선종의 사상적 특징 때문에 호족들의 후원을 받았으며, 실제 선종 승려 중 호족과 관련된 이가 많았다.

③ 9산 선문을 형성하였다.

④ 선종의 성장과 함께 부도(승탑)이 유행하였다.

▽ 교종 5교와 9산 선문

비교 Plus 교종과 선종

	교종(5교)	선종(9산)
중심	경전과 학문 연구	참선을 통한 개인 수양
후원세력	왕실, 귀족	호족, 백성
유행 시기	삼국 통일 이후 안정기	신라 말 혼란기

▽ 쌍봉사 철감선사 승탑

(2) 유교사상

① 골품제에서 벗어나 새로운 중앙집권적 정치사상으로서 유행하였다.

② 6두품 지식인들에 의해 발전하였다(반신라적 태도).

(3) 풍수지리 사상

① 도선에 의해 널리 보급된 사상으로 땅이나 물의 모양에 따라 국가 및 개인의 운명이 바뀔 수 있다고 믿는 사상이다.

② 왕건의 고려 건국을 미리 예언하고, 묘지나 집터를 잡는 데 있어서 영향력을 행사하였다.

01 삼국의 경제 정책

1. 고대 사회의 경제 정책 기본 방향

① 왕토 사상에 기반하였다.

② 자영농 육성을 통해 안정적인 조세를 수취하려 하였다.

깊이 Plus 토지 제도의 기본 개념

• 왕토 사상 : '천하의 토지는 왕의 토지가 아닌 것이 없고, 천하의 신하는 왕의 신하가 아닌 것이 없다.'라는 『시경(詩經)』에 나온 이념이다. 그러나 이는 어디까지나 관념적인 표방일 뿐, 실제로 모든 토지와 국민이 국왕에게 예속된 것은 아니었다. 농민들은 자기 토지를 소유하고 경작하며, 국가에 조세를 부담하였다.

• 인두세 : 성별·신분·소득 등에 관계없이 성인이 된 사람에게 부과된 일률동액의 조세로 납세자의 급부능력을 무시한 점에서 효과가 단순하며 역사상 일찍부터 채용되었다.

• 수조권(收租權) : 조세를 수취할 수 있는 권리를 말한다.

• 소유권(所有權) : 물건을 전면적으로 지배할 수 있는 권리로, 매매·상속·개간이 가능하다.

• 식읍(食邑)과 녹읍(祿邑) : 삼국은 전공을 세웠다든지 하는 특별한 경우에 식읍을 지급했다. 이 둘은 지급받은 자가 해당 지역의 농경지로부터의 조세를 징수할 수 있었을 뿐만 아니라 해당 지역의 주민들을 노역에 동원할 수도 있었다. 말하자면 토지에 대한 지배권뿐만 아니라 사람에 대한 지배권까지 보장받았던 것이다.

• 관료전(官僚田) : 신라 중대에 관리들에게 지급한 전지로 조세를 거둘수 있는 수조권만 받았고, 관직에서 물러나면 반납하는 것이 원칙이었다.

2. 삼국의 경제 정책

(1) 정복지 수취 원칙

① 해당 지배자가 토산물과 공물을 징수하였다.

② 전쟁 포로는 귀족, 병사에게 분배되었다.

③ 군공자에게 토지와 농민을 급여(식읍)로 지급하였다.

(2) 피정복민 처우

① 초기에는 노비처럼 지배하였다.

② 도망을 방지하기 위해 처우가 점차 개선되었다.

③ 일반 백성에 비해 신분적 차별이 잔재하였다.

(3) 수취 제도

① 노동력에 따라 호등을 규정하여 곡물과 포를 징수하였다.

② 지역 특산물을 징수하였다.

③ 노동력을 동원하여 왕궁, 성, 저수지 공사를 시행하였다.

⑷ **농민 시책과 구휼 정책**

① 철제 농기구를 보급하였다.

② 우경을 장려하고, 황무지 개간을 권장하였다.

③ 빈민 구호 마련 : 고구려 고국천왕 때 을파소의 선의로 진대법을 실시하였다.

⑸ **수공업**

① 장인 노비가 국가용 무기, 장신구 등을 제작하였다.

② 수공업 담당 관청을 설치하여 무기, 비단 등을 제작하였다.

⑹ **상업**

① 신라 : 5세기 경주에 시장을 개설하였다(소지왕).

② 6세기 시장 감독 관청인 동시전을 설치하였다(지증왕).

⑺ **무역**

① 고구려 : 남북조, 유목민족과 무역

② 백제 : 남중국, 왜와 무역 활발

③ 신라 초기는 고구려·백제와 무역, 한강 유역 확보 이후는 당과 직접 교통(당항성*)

3. 계층별 경제 생활의 차이

⑴ **귀족의 경제 생활**

① 경제적 기반

㉠ 본래 자기 소유의 토지와 노비

㉡ 국가에서 지급한 녹읍, 식읍, 노비

㉢ 전쟁 참가 시 하사 받은 토지, 노비

② 농민 지배

㉠ 토지, 농기구, 소, 생산 조건 등이 농민보다 유리하였다.

㉡ 농민을 동원하여 농토를 경작하고, 수확물을 착취하였다.

㉢ 고리대를 이용하여 농토를 수탈한 결과 농민의 노비화가 가속되었다.

③ 고구려 벽화를 통해 알 수 있는 귀족의 호화생활

㉠ 기와집, 창고, 마구간, 우물, 주방 등이 있었다.

㉡ 풍족하고 화려한 생활을 영위하였다.

㉢ 중국산 비단, 보석과 금은으로 치장하였다.

④ 왕권 강화 이후, 귀족의 수취를 억제하고자 하였다.

✱ 당항성
지금의 경기도 화성시 서신면 상안리 구봉산에 위치한 산성이다. 둘레는 1,200미터이며, 산정식과 포곡식이 결합된 형태이다. 신라가 진흥왕 대에 한강 유역을 장악한 후 축조하였으며, 삼국 시대에 중국으로 진출하기 위한 교통의 요지로 인식되었다.

(2) 농민의 경제 생활

① 생활 모습

  ㉠ 본래의 자기 농토를 경작하였다(대부분 척박한 토지).

  ㉡ 부유한 집의 토지를 임대 경작하였다.

  ㉢ 퇴비 제조 기술이 미약하여 휴경지가 상당수 존재하였다.

  ㉣ 농기구 : 초기는 돌과 나무를 사용했고, 5세기 이후 철제 농기구를 사용하였다.

② 국가의 농민 동원

  ㉠ 과도한 수취 : 곡물, 삼베, 과실 등

  ㉡ 노동 동원 : 성, 저수지 공사, 뽕밭, 삼밭 조성 등

  ㉢ 고리대 이용 : 농토 수탈, 농민 노비화 가속

  ㉣ 농민을 전쟁에 동원하였다.

③ 농민의 자활 대책

  ㉠ 스스로 농사 기술을 개발하였다.

  ㉡ 계곡 옆이나 산비탈 개간이 활발히 일어났다.

④ 농민 몰락

  ㉠ 잦은 재해와 고리대로 인해 노비로 전락하는 사례가 늘어났다.

  ㉡ 과도한 수취로 인해 유랑민이 되거나 도적화 되는 농민이 늘어났다.

02 남북국의 경제 정책

1. 통일 신라

(1) 토지 제도 변화

① 관료전 지급(신문왕) : 귀족들의 세력을 누르고 왕권을 강화하기 위한 수단이다.

② 정전 지급(성덕왕)

  ㉠ 배경 : 자연재해가 빈번하게 일어나고, 발해와의 긴장이 강화되었다.

  ㉡ 국가에서 세금을 징수하는 토지로 매매·상속·개간이 가능하였다(소유권은 농민이, 수조권은 국가가 가짐).

  ㉢ 결과 : 국가가 역역(力役)을 파악하기 수월해졌다.

③ 귀족들의 반발로 녹읍이 부활하였다(경덕왕).

사료 Plus

신라 하대 귀족들의 경제력 확대

재상가에는 녹(祿)이 끊이지 않았다. 노동이 3,000명이고 비슷한 수의 갑옷과 무기, 소, 말, 돼지가 있었다. 바다 가운데 섬에서 길러 필요할 때 활로 쏘아서 잡아먹었다. 곡식을 꾸어서 갚지 못하면 노비로 삼았다.

─『신당서』

깊이 Plus 신라 중대의 토지 제도

1. 신문왕 7년(687) : 문무관료전을 지급하되 차등을 두었다.
2. 신문왕 9년(689) : 내외관의 녹읍을 혁파하고 매년 조를 내리되 차등이 있게 하여 영원한 법식으로 삼았다.
3. 성덕왕 21년(722) : 처음으로 백성에게 정전을 지급하였다.
4. 경덕왕 16년(757) : 3월에 내외관의 월봉을 없애고 다시 녹읍을 나눠 주었다.

시기		토지	수조권	노동력 징발권
상대		녹, 읍	귀족	귀족
중대	신문왕	관료전 지급 ⇨ 녹읍 폐지	귀족	국가
	성덕왕	정전	국가	국가
	경덕왕	녹읍 부활	귀족	귀족

(2) 민정문서

① 일본 도다이사 쇼소인에서 발견되었다.

② 서원경(오늘날 청주) 지역의 토지 종류, 우마, 노동력까지 자세하게 기록하였다.

③ 촌주가 3년마다 작성한 것으로 추정된다.

④ 내용

▽ 민정문서

참고 민정문서 발견 경위
1933년 10월, 일본 나라현 도다이지(東大寺, 동대사)에 위치한 일본 황실의 수장고 쇼소인에 보관되어 있던 불경 『화엄경론질(華嚴經論帙)』을 수리하던 중에 경질 내부에서 발견되었다. 불경을 감싸고 있던 종이가 민정문서였던 것이다.

촌명	호구		토지				
	호	인구	종목	관모전답	내시령답	연수유전답	마전
사해점촌	10	남 64 여 78	답	4결	4결	94결 2부 4속	
			전			62결 10부△속	1결 9부
살하지촌	15	남 47 여 78	답	3결66부7속		59결 98부 2속	
			전			119결 5부 8속	△
□촌	8	남 37 여 32	답	3결		68결 67부	
			전			58결 7부 1속	1결 △부
서원경 □촌	10	남 46 여 60	답	3결 20부		25결 99부	
			전	1결		76결 19부	1결 8부
계	43	442	답	14결 86부	4결	답 248결 66부 6속	(3결 17부)
			전			전 315결 41부 9속	

[촌주위답(村主位畓) 19결 20부 포함]

- ㉠ 호수(인정의 다수에 따라 9등급으로 구분)와 인구(성별, 나이에 따른 구분까지 모두 기록) 외에도 우마 수, 뽕나무 수, 잣나무 수 등도 기록하였다.
- ㉡ 조세와 요역 부과의 자료로 활용되었다.
- ㉢ 민정문서를 통해 알 수 있는 토지의 종류
  - ⓐ 연수유전답 : 농민의 토지인 정전으로 추정, 농민은 이 대가로 관모전답과 내시령답을 공동 경작하였다.
  - ⓑ 관모전답 : 국유지
  - ⓒ 내시령답 : 관리에게 할당된 토지
  - ⓓ 마전 : 마를 심기 위한 토지
  - ⓔ 연수유전답 내 촌주 직역의 대가인 촌주위답이 포함되었다(수조권 지급).
- ㉣ 호구 : 인정(人丁)의 많고 적음에 따라 상상(上上)에서 하하(下下)까지 9등급
- ㉤ 인구 : 연령·성별에 따라 6등급(평민, 노비, 어린이, 노인 포함)
- ㉥ 노비의 비중은 높지 않았으며, 다른 촌락으로의 이주가 가능하였다.
- ㉦ 민정문서는 촌 단위의 기록으로 빈부의 차는 가늠할 수가 없다(대략 10호정도가 하나의 촌을 이룸).

(3) 대외 무역

- ① 당나라
  - ㉠ 주로 당에서 비단, 책, 공예품 등을 수입하고 금은 세공품이나 인삼 등을 수출하였다.
  - ㉡ 신라인들의 당 진출
    - ⓐ 신라방 : 신라인들의 집단 거주지
    - ⓑ 신라소 : 당에 있는 신라인들의 감독관청
    - ⓒ 신라원 : 당에 있던 신라인들의 절(장보고가 설치한 법화원이 대표적)
  - ㉢ 도당유학생(숙위학생)
    - ⓐ 당의 교육기관인 국자감에서 공부하여 당의 과거인 빈공과*에 합격한 학생들이다.
    - ⓑ 대부분 6두품 출신이 많으며, 골품제의 모순을 앞장서서 지적하였다.

깊이 Plus 신라의 대표적 학자

- 김대문 : 중대의 인물로 신라 문화를 주체적으로 인식(『화랑세기』, 『고승전』, 『한산기』)
- 김운경 : 821년, 신라의 숙위학생 중 처음으로 당나라 빈공과에 합격, 이별시를 남김
- 강수 : 최고의 외교 전문가
- 설총 : 원효의 아들로 유교경전에 능통함(『화왕계』)
- 최치원 : 18세에 빈공과 장원급제, 「토황소격문」*, 진성여왕에게 시무책 10여조 제시, 시문집인 『계원필경』*

※ 신라 '3최'
최치원, 최승우, 최언위는 모두 6두품 출신 도당 유학생으로 당에서 빈공과에 합격하였다. 귀국 후 최치원은 진성여왕에게 개혁안을 올렸으나 받아들여지지 않자, 결국 현실 정치를 등지고 은거하였다. 최승우는 귀국 후 곧바로 후백제의 신하가 되었고, 최언위는 신라가 멸망한 후 고려에 가서 벼슬하였다.

＊빈공과
중국에서 외국인을 상대로 실시한 과거로, 당나라 때 처음 실시했으며 원나라 때 제과(制科)로 변경되었다. 당나라는 다른 나라 사람에게도 관직을 개방할 정도로 국제적인 성격의 띠었고, 빈공과에 발해와 신라 사람들이 시험을 치러 문화적 우월 경쟁하였다.

＊「토황소격문」
중국에서 황소의 난이 일어나자, 881년(헌강왕 7) 최치원은 그 토벌총사령관인 고변의 휘하에 종군하였는데, 황소가 이 격문을 보다가 저도 모르게 침상에서 내려앉았다는 일화가 전할 만큼 뛰어난 명문이었다 한다.

＊『계원필경』
통일 신라의 학자·문장가인 최치원이 지은 1만여 수의 시문 중 정화만 모아 엮은 것

② 일본

    ㉠ 신라 불교가 일본에 큰 영향을 미쳤다.

    ㉡ 신라는 일본에 칼을 수출하였다.

    ㉢ 통일 신라와 당나라 문화가 일본의 하구호 문화 형성에 영향을 미쳤다.

③ 아라비아

    ㉠ 교역로 : 울산항

    ㉡ 수입품 : 보석, 모직물, 향신료 등, 귀족들의 사치를 조장하여 흥덕왕 때 사치금
지령을 내리기도 하였다.

2. 발해

① 주변 국가와 교류 : 신라도(신라)*, 영주도(당), 거란도(거란), 일본도(일본)

② 발해에서도 도당유학생이 있어 신라의 도당유학생과 등제석차를 두고 다툼이 일기도
하였다.

③ 덩저우에 발해인 거주지인 발해관을 설치하였다.

④ 특산물 : 솔빈부의 말

> **＊신라도**
> 발해의 수도인 상경 용천부에서 출발하여 동경과 남경을 거쳐 동해안을 따라 신라에 이르는 교통로이다. 8세기 초에 개통된 것으로 추정하나 자주 이용된 것은 8세기 후반~9세기 초이다.

▼ 발해의 교역로

사료 Plus

발해와 신라의 관계

• 무왕 14년(732), 왕은 장문휴를 보내 당의 덩저우를 공격하게 했다. 이에 당 현종은 태복 원외랑 김사란을 신라에 보내 군사를 출동하여 발해의 남경을 공격하게 했다.   — 『**신당서**』

• 원성왕 6년(790) 3월에 일길찬 백어를 북국(발해)에 사신으로 보냈다. / 헌덕왕 4년(814) 9월에 급찬 숭정을 북국(발해)에 사신으로 보냈다.   — 『**삼국사기**』

고대의 사회

PART 02

01 신분제 사회의 성립

1. 사회 계층과 신분 제도

(1) 신분 제도 형성

① 정복 사업 전개로 지배와 피지배층이 형성되었다.

② 위계 서열을 마련하였다.

(2) 부족 연맹체 시대 신분 제도

① 호민 : 경제적 부유층

② 하호 : 농업 종사 평민

③ 노비 : 주인에게 예속되는 천민

(3) 귀족, 평민, 천민의 성립

① 가(加), 대가(大加)가 호민을 통해 읍락을 지배하였다(부여, 고구려).

② 자신의 관리와 군사를 소유하였다.

③ 중앙집권국가 형성 시기에 귀족으로 편제되었다.

(4) 신분제의 운영

① 귀족 : 등급에 따라 승진, 특권, 제한에 차별을 두었다.

② 경제적 혜택에 차등을 두었다.

③ 신라의 골품 제도는 폐쇄적 신분 제도의 전형을 보여준다.

2. 귀족, 평민, 천민 계층의 특징

(1) 왕실, 귀족

① 중앙 귀족 : 왕족, 옛 부족장 출신

② 정치 권력과 사회경제적 특권을 향유하였다.

③ 지배층만을 대상으로 하는 신분제를 운영하였다.

(2) 평민

① 대부분 농민 : 자유민

② 정치적 사회적 제약 : 농업 종사 평민

③ 조세 납부와 노동력 징발로 생활이 곤궁했다.

(3) **천민**

① 노비

㉠ 왕실, 귀족, 관청에 예속되었다.

㉡ 가족 구성이 어려웠고, 주인집에 거주하며 주인 땅을 경작하였다.

㉢ 전쟁 포로, 형벌, 부채 노비

② 마을 단위의 집단 예속인이었다.

한눈에 쏙

고대의 사회 구조(신분제)

초기 국가

상호	······ 지배층을 지칭
호민	······ 지배층으로 전쟁에 참가
하호	······ 생산을 담당하였으나 전쟁을 수행하지는 못하고 노비가 아니다.
노비	······ 전쟁·부채(진대법)·형벌노비

삼국 시대

귀족	① 3계층의 신분 구조
평민	② 중인층이 없고 신분의 상하 이동이 불가능하다(단, 강등은 가능).
노비	③ 친족의 신분이 우선한 골품 중심 사회로 개인의 능력보다 친족등위로 개인의 위치가 결정된다.

02 삼국의 사회 모습

1. 고구려인의 생활 모습

(1) 사회기풍

씩씩하고, 상무 정신이 강하다.

(2) 형법

① 반역자는 화형·참형에 처하고, 가족은 노비로 삼았다.

② 살인자나 패전자는 사형에 처했다.

③ 도축자는 노비로 삼았다.

④ 질투죄는 사형에 처하였다(관나부인이 왕비를 모함하여 죽이려다가 도리어 자기가 질투죄로 사형을 받음).

(3) 귀족

① 5부 체제(계루부, 순노부, 절노부, 관노부, 소노부)

  ㉠ 태조왕 이후, 계루부 고씨의 독점적인 왕위 세습이 이루어졌다.

  ㉡ 계루부 고씨의 왕위 독점 이후, 연나부 명림씨 출신의 왕비를 맞이하는 관례가 존재하였다.

② 지위를 세습했고, 관직과 국정 운영을 담당했다.

③ 전쟁시 출정하였다.

(4) 백성

① 자영 농민 : 조세와 병역의 의무가 있었고, 토목 공사에 동원되었다.

② 생활 불안정 : 부채가 증가하여 노비로 전락하는 경우가 많았다.

(5) 천민(노비)

① 피정복민이나 평민 출신이 노비가 되었다.

② 남의 말이나 소를 죽인 자는 그 자식이 노비가 되었다.

(6) 혼인 풍습

① 남녀간 자유 교제가 가능하였다.

② 결혼 예물 : 남자 집에서 돼지고기와 술만을 보냈다.

③ 형사취수제와 서옥제의 전통이 있었다(고국천왕 사후, 왕비인 우씨와 왕의 동생인 산상왕과의 결합은 취수혼의 실례를 보여줌).

사료 Plus

형사취수제

고국천왕이 죽자, 왕후 우씨는 죽음을 비밀로 했다. 그녀는 밤에 죽은 왕의 첫째 아우 발기의 집에 찾아갔다. 발기가 사실을 모르고 말했다. "부인이 밤에 다니는 것을 어떻게 예라고 할 수 있겠습니까?" 왕비는 부끄러워하고 곧 왕의 둘째 동생 연우의 집에 갔다. 연우는 왕비를 위해 잔치를 베풀었다. 연우가 고기를 베다가 손가락을 다쳤다. 왕후가 치마끈을 풀어 다친 손가락을 싸주고 돌아가려할 때 "밤이 깊어 두려우니 그대가 왕궁까지 전송해 주시오." 연우가 그 말을 따르니 왕후는 손을 잡고 궁으로 들어갔다. 다음날 왕후가 선왕의 명령이라 사칭하고 연우를 왕(산상왕)으로 세웠다. 왕은 우씨 때문에 왕위에 올랐으므로 다시 장가들지 않고 우씨를 왕후로 삼았다.

참고 고구려의 질투죄 처벌

중천왕의 소비(小妃)인 관나부인이 얼굴이 아름답고 두발(頭髮)이 길어 왕의 총애를 받게 되자 왕후 연씨(椽氏)는 왕에게 "지금 위(魏)나라에서 천금을 주고 장발을 구한다 하니 장발미인을 위나라에 보내면 다시는 우리나라를 침범하지 않을 것입니다"라고 말하여 관나부인을 왕의 곁에서 멀리 떠나보내려 하였다. 이것을 들은 관나부인은 왕이 사냥에서 돌아올 때 가죽 주머니를 들고 나와 맞으며 "왕후가 나를 여기에 넣어 바다에 버리려고 하니 집에 돌아가게 하여 주십시오"라고 말하여 왕후를 모함하였다. 왕은 그것이 거짓임을 알고 노하여 관나부인을 가죽 주머니에 넣어 서해(西海)에 던지게 하였다.

－『삼국사기』 고구려 본기

(7) 빈민 구제 제도

고국천왕 때, 을파소의 건의로 진대법을 실시하였다.

① 목적 : 양민의 노비화를 막아 세금을 안정적으로 거두고, 귀족의 권력을 억누르기 위해 실시하였다.

② 내용 : 춘대추납*을 원칙으로 한다.

＊춘대추납
흉년기나, 춘궁기인 봄(春)에 국가가 가난한 백성들에게 양곡을 대여해 주고, 수확기 즉, 가을철(秋)인 10월 즈음에 낮은 이자를 쳐 갚게 하는 형태이다.

📖 사료 Plus

진대법

고국천왕 16년(194년) 10월, 왕이 질양이라는 곳에서 사냥을 하다가 어떤 사람이 길가에 앉아 울고 있는 것을 보았다. 왕이 왜 우느냐고 묻자 그 사람은, "저는 가난하여 품팔이로 어머니를 봉양하고 있습니다. 그런데 올해는 흉년으로 농사가 안 되어 품팔이조차 할 수 없습니다." 하고 대답하였다. 이에 왕이 "아, 내가 백성의 부모가 되어 백성들에게 이처럼 어려움을 겪게 했으니, 이 모든 것이 나의 죄로구나."

2. 백제인의 생활 모습

(1) 사회기풍

① 언어, 풍속, 의복 : 고구려와 비슷하였다.

② 키가 크고 깔끔한 의복을 착용하였다(중국 기록).

③ 상무정신이 충만하여 승마, 궁술 등을 선호하였다.

(2) 형법

① 반역자는 화형·참형에 처하고, 가족은 노비로 삼았다.

② 살인자와 패전자는 사형에 처했다.

③ 절도자는 귀양 보내거나 2배를 배상케 했다(1책 2법).

④ 뇌물, 횡령은 3배를 배상케 하고, 종신 금고형에 처했다.

(3) 지배층

참고 국가별 왕족의 성씨

• 고구려 : 고씨
• 백제 : 부여씨
• 신라 : 박·석·김씨 → 김씨
• 발해 : 대씨
• 고려 : 왕씨
• 조선 : 이씨

① 왕족인 부여씨, 8성 귀족

② 중국 고전이나 역사책 읽기를 즐겼고, 한문 구사에 능통하였다.

③ 관청 실무에 능하였다.

④ 투호, 바둑, 장기를 즐겼다.

📖 사료 Plus

백제 지배층

왕의 성은 부여씨이다. …… 나라 안에는 여덟 씨족의 대성이 있으니, 사씨·연씨·해씨 등이다. 그 나라의 왕은 해마다 매 계절의 중간달에 하늘과 오제의 신에게 제사를 지낸다.

3. 신라인의 생활 모습

(1) 화백 씨족사회의 전통 계승

① 화백회의 : 만장일치 회의 제도

② 국왕 선출과 폐위에 관여하여 국왕을 견제하는 역할을 맡았다.

③ 장점 : 부정 방지, 단결 강화, 귀족 세력과 왕권 사이 권력 조절

(2) 골품 제도

① 신라가 중앙집권국가로 발전하고 김씨 왕족이 왕위를 세습하는 과정에서 각 지역의 대·소족장을 편입하면서 등장한 신분 제도이다.

② 처음에는 성골~진골의 골품과 1~6두품의 두품 신분으로 구성되었으나 3두품 이하는 통일 전후로 소멸하였다.

③ 4~5두품은 작은 촌의 족장, 6두품은 대족장 세력이다.

④ 혈연에 의한 사회적 제약이 가해지던 제도로서 개인의 사회활동 및 정치활동의 범위, 가옥의 크기나 복색, 수레의 수 등 일상생활까지 규제하였다.

⑤ 신분상승의 한계가 있어 이에 다다른 사람의 경우 중위제를 실시하여 상한선 이상의 신분상승은 철저히 통제하였다.

 ㉠ 6두품은 아찬, 5두품은 대나마, 4두품은 대사까지 승진할 수 있다.

 ㉡ 중위제 : 신분 상한선을 넘어서 승진하는 경우는 없으며, 상한선에 다다른 이가 공을 세우면 중위를 주었다(4중 아찬, 9중 대나마 등).

  ⓐ 의미 : '중위'란 중층적 위계를 줄인 말로, 6두품 이하의 신분층이 같은 두품 내에서 여러 단계로 승진할 수 있도록 한 특진 제도이다(6두품의 승진 상한은 아찬이지만, 아찬을 여러 단계로 나누어 4중 아찬까지 오를 수 있음).

  ⓑ 목적 : 삼국 통일을 전후한 시기에 골품제에 대한 불만을 무마하기 위해 실시하였다(승진의 한계 보완).

  ⓒ 한계 : 제한된 관등의 상한선을 넘을 수 있는 것은 아니었다(골품제 모순 극복 실패).

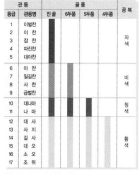

♥ 신라의 골품 제도

(3) 화랑도

① 기원

　　㉠ 씨족사회 청소년 집단(원화 제도에서 발전)

　　㉡ 한국 고유의 사상과 도교, 불교, 유교가 합해진 이념에 따른 일종의 심신 수련 단체로 국가 차원에서 조직하거나 지원하였다.

② 구성 및 기능

　　㉠ 구성 : 대부분 왕과 귀족의 자제(계급에 제한 없음), 조직의 지도자는 국선 · 화주 · 풍월주 등으로 불리나 '화랑'(花郎)이 보편적인 칭호였다.

　　㉡ 기능 : 계급간 갈등을 완화하였다.

③ 교육

　　㉠ 일상생활 규범, 전통에 대한 지식 등을 습득할 수 있다.

　　㉡ 각종 제전, 훈련, 수렵 전쟁 기술을 습득할 수 있다.

④ 효과 : 협동 단결, 정신 함양, 강인한 체력을 연마하였다.

⑤ 정비 : 진흥왕 때 국가조직으로 확대되었다.

⑥ 세속오계✱

　　㉠ 원광법사의 지도 이념이 발전된 것이다.

　　㉡ 내용 : 사군이충(事君以忠), 사친이효(事親以孝), 교우이신(交友以信), 임전무퇴(臨戰無退), 살생유택(殺生有擇)

　　㉢ 유교 사상(충 · 효 · 신), 호국적 성격(임전무퇴), 불교 사상(살생유택)을 담고 있다.

✱세속오계
· 사군이충(事君以忠) : 충성으로써 임금을 섬긴다.
· 사친이효(事親以孝) : 효도로써 어버이를 섬긴다.
· 교우이신(交友以信) : 믿음으로써 벗을 사귄다.
· 임전무퇴(臨戰無退) : 싸움에 임해서는 물러남이 없다.
· 살생유택(殺生有擇) : 산 것을 죽임에는 가림이 있다.

사료 Plus

화랑도

진흥왕 37년, 봄에 비로소 원화를 받들었다. 처음에 임금과 신하들이 인재를 알아볼 방법이 없어 걱정하다가, 무리들이 함께 모여 놀게 하고 그 행동거지를 살핀 후 천거하고자 하였다. 그리하여 어여쁜 여자 두 사람을 뽑으니 남모와 준정이었다. 무리 3백여 명을 모았는데 두 여자가 미모를 다투어 서로 질투하였다. …… 그 뒤 다시 미모의 남자를 골라 단장하고 꾸며서 화랑이라 이름하고 받들게 되었다.

고대의 문화

01 벽화

벽화를 통해 당시의 의복이나 생활 모습을 유추할 수 있다.

1. 고구려 벽화

① 고구려의 가옥 구조와 귀족들의 생활 모습을 확인할 수 있다.

② 원근법이 아닌 신분의 고하에 따라 사람의 크기를 달리하였는데 신분이 높은 사람은 크게, 신분이 낮은 사람은 작게 그렸다.

▽ 무용총

▽ 무용총의 무용도

▽ 무용총의 수렵도

▽ 덕흥리 고분 벽화

▽ 수산리 고분 벽화

▽ 안악 3호분 부인 초상

▽ 안악 3호분 묘주 초상

2. 양직공도

① 중국 양나라를 찾은 사신들의 복색 및 그 나라의 특징을 적은 것으로 백제 사신의 모습을 나타내고 있다(무령왕 시기).

② 백제는 양나라와의 교류를 통해 선진문물을 수용하고자했다.

▽ 양직공도 백제 사신도

02 삼국의 불교 문화

1. 불교의 수용

(1) 불교 수용 배경

① 국가운영을 위한 통일된 사상이 필요했다.

② 왕즉불 사상*과 윤회설을 통해 지배층의 권력을 정당화하고 왕권을 강화하고자 했다.

(2) 고구려

소수림왕 때 중국 전진의 순도를 통해서 공인되었다(372).

(3) 백제

침류왕 때 중국 동진의 마라난타를 통해서 수용하였다(384).

(4) 신라

눌지왕 때 고구려를 거쳐 온 묵호자에 의해 불교가 전파되었으나(457) 널리 확대되지 못하다가 법흥왕 때 이차돈의 순교로 공인되었다(527).

2. 삼국에 수용된 불교의 성격

(1) 왕실 불교

왕실과 귀족들이 적극적으로 수용하였다.

(2) 국가적 성격

고대 국가의 정신적 통일에 이바지하였으며, 국가의 평화와 안녕을 위한 수단으로 활용되었다.

(3) 구복적 성격

우리나라의 토착신앙과 결합하여 현세의 고통과 재앙에서 벗어나 복을 비는 수단으로 변하였다.

3. 삼국 불교의 특징

(1) 고구려

① 격의불교(格義佛敎) : 초기에는 도교의 무(無) 개념으로 불교의 공(空)을 이해하려는 격의불교로 수용했다.

② 삼론종(三論宗) : 6세기 이후 공에 대해 깊이 이해하려는 삼론종이 크게 발달하였다.

*왕즉불 사상

국왕을 부처와 동일시하는 왕즉불 사상은 중국 북조의 북위(北魏)에서 특히 성행하였다. 북위 불교를 받아들인 고구려는 고대 국가로의 성장을 일찍이 이루었고, 백제는 남조 불교의 영향을 받았기 때문에 불교의 국가적 성격이 두드러지게 나타나지 않았다. 고구려를 통하여 왕즉불 사상을 받아들였을 신라 불교에서는 국가적 성격이 가장 두드러지게 나타났다.

참고 공(空) 사상

공(空) 사상은 인간을 포함한 일체만물에 고정불변하는 실체가 없다는 불교의 근본교리이다. 현상계에 나타나는 모든 사물들은 다른 것과의 관계 속에서 생멸하는 존재이며, 고정불변하는 자성(自性)이 없다. 사물은 단지 원인과 결과로 얽힌 상호의존적 관계에 있기 때문에 무아(無我)이며, 무아이기 때문에 공인 것이다.

(2) 백제

① 성왕 때 겸익이 인도에 가서 구법을 하고 돌아왔다(최초의 구법승).

② 귀족불교가 발달하였다.

③ 무왕은 전륜성왕 개념을 도입하였다.

④ 일본에 전파 : 성왕 때 노리사치계가 일본에 불교를 전하고 일본 불교의 기초를 만들어 주었다.

(3) 신라

① 왕권 중심 : 왕권에 밀착되어 성행하였으며, 법흥왕~진덕여왕 때까지는 불교식 왕명을 사용하였다.

② 호국불교(護國佛敎) : 불교의 국가적 성격이 강하였다.

③ 진흥왕은 전륜성왕을 자처했고, 왕자의 이름을 금륜, 동륜이라 하였다.

④ 화랑을 미륵불의 화신으로 보았다.

4. 대표적인 불교 유물

(1) 고구려의 연가 7년명 금동 여래 입상

① 남한에서 출토된 유일한 고구려불상이다.

② 금동으로 만든 석가의 서 있는 모습으로, 연가 7년이라는 명문을 통해 연대를 539년이나 599년으로 추정한다.

③ 연꽃 대좌 위에 올라가 있으며, 배 모양의 광배[舟形光背]에 빛이 소용돌이치듯 나가는 것을 묘사했다.

④ 신체에 비해 얼굴이 크고 어깨가 좁고, 고개를 약간 숙이고 있으며 좌우대칭이 지나치다.

연가 7년명 금동 여래 입상

(2) 백제의 서산 마애삼존불과 사택지적비

① 서산 마애삼존불은 '백제의 미소'라 불린다.

② 가운데에는 온화한 표정을 한 주존불, 양쪽에는 보살이 있으며 그중 하나는 반가사유상을 하고 있다.

③ 중국의 마애불 형식이 안착한 것으로 보인다.

④ 사택지적비 : 백제귀족 사택지적이 불교에 귀의하겠다는 내용을 세련된 구양순체로 새겨놓았다.

서산 마애삼존불

사료 Plus

사택지적비

갑인년 정월 9일, 나지성에 사는 사택지적은 몸이 날이 가듯 쉽게 가고 달이 가듯 돌아오기 어려움을 슬프게 여겨 금을 뚫어 진당(珍堂)을 세우고 옥을 깎아 보탑(寶塔)을 세우니, 높고 높은 모습은 신비로운 광채를 뿜어내어 구름이 피어나는 듯하고 …….
　　　　　　　　　　　　　　　　　　　　　　　　　　　　　　　　　　　 − **사택지적비**

🔽 금동 미륵보살 반가 사유상

🔽 미륵사지 석탑

🔽 정림사지 5층 석탑

⑶ **신라의 금동 미륵보살 반가 사유상**

① 국보 제83호로 일본 광륭사(廣隆寺)의 목조반가사유상과 거의 유사하다.

② 단순하면서도 균형 잡힌 신체 표현과 자연스러우면서도 입체적으로 처리된 옷 주름, 분명하게 조각된 눈·코·입의 표현은 완벽한 주조 기술을 보여준다.

5. 대표적인 불탑

⑴ **백제**

① 익산 미륵사지 석탑(무왕) : 목탑 양식의 석탑, 금제 사리 봉영기를 통해 무왕 때 창건된 사실을 알 수 있다.

② 부여 정림사지 5층 석탑 : 목탑 양식의 석탑, 당나라 장수 소정방이 백제 평정을 새겨 넣었기 때문에 평제탑이라고도 불린다.

⑵ **신라**

① 분황사 모전 석탑 : 돌을 벽돌모양으로 다듬어 쌓아 만든 모전 석탑이다.

② 황룡사 9층 목탑 : 선덕여왕 때 승려 자장의 건의로 만들어졌다.

③ 첨성대 : 선덕여왕 때 만들어진 천체 관측기구이다.

🔽 분황사 모전 석탑

🔽 성덕대왕 신종(혜공왕)

🔽 첨성대(선덕여왕)

03 삼국의 유교 문화

1. 한자와 유학

⑴ **한자의 보급**

우리나라는 철기 시대부터 한자를 도입하여 사용해 왔지만, 이두나 향찰을 만들어 한문의 토착화를 위한 독자적 노력도 기울였다.

① 이두 : 원효의 아들인 설총이 집대성한 문자이다.

② 향찰 : 한자의 뜻과 소리를 빌려 우리말을 적는 방식이다(『삼국유사』와 『균여전』에 실린 향가는 향찰로 쓰여짐).

⑵ **유학의 역할**

귀족 사회의 질서를 유지하는 사회도덕으로서 기능하였다. 특히, 유학의 충효(忠孝) 등은 전통적 공동체 윤리와 조화를 이루며 발전하였다.

2. 교육기관의 설립과 유교 교육

(1) 고구려

중앙에는 태학(소수림왕, 귀족 대상, 관학, 유교 교육), 지방에는 경당(장수왕, 평민 대상, 사학, 유교 교육과 무예)을 세웠다.

(2) 백제

박사 제도(5경박사, 의박사, 역박사 등)를 두어 유교 경전과 기술학을 가르쳤다.

(3) 신라

임신서기석을 통해 진평왕 때 신라 청년들의 유교 경전 학습 내용을 확인할 수 있으며, 화랑도가 교육적 기능(경학과 무술교육)을 담당하였다.

(4) 통일 신라

국학(신문왕)에서 유학을 가르쳤다(경덕왕 때, 태학감이라 부름, 예부 소속).

(5) 발해

주자감을 통해 유교 교육을 실시하였다.

3. 역사서의 편찬

국가	편찬시기	책명
고구려	소수림왕	『유기』100권
	영양왕	이문진이 『신집』 5권 편찬
백제	근초고왕	고흥이 『서기』 편찬
신라	진흥왕	거칠부가 『국사』 편찬

4. 국가별 유학

(1) 고구려

광개토대왕릉비, 중원고구려비, 모두루 묘지문, 을지문덕의 오언시 등을 통해 고구려의 한학 발달을 엿볼 수 있다.

(2) 백제

개로왕이 북위에 보낸 국서, 사택지적비*, 무령왕릉 지석 등을 통해 백제의 한학 발달을 엿볼 수 있다.

참고 현전하는 가장 오래된(最古) 역사서

고려 중기 김부식이 지은 『삼국사기』 가 현재 전하는 가장 오래된 역사서 이다. 따라서 삼국 시대에 편찬되었 던 역사서는 편찬되었다는 기록만 존 재할 뿐 현재 전하지 않는다.

＊사택지적비

백제 의자왕 때 활약했던 '사택지적' 이라는 인물이 늙어 가는 것을 탄식 하며 불교에 귀의하고 불당을 건립 하였다는 내용의 비석이다(654년). 이 비석에는 불교 관련 내용 이외에도 도 교 사상(인생무상)의 내용도 포함되 어 있고, 세련된 구양순체를 사용한 것으로 보아 백제의 한학 발달까지 엿볼 수 있다.

(3) 신라

① 단양적성비, 진흥왕 순수비, 울진 봉평 신라비를 통해 한학 발달을 엿볼 수 있다(특히, 진흥왕 순수비에는 『논어』를 인용한 내용이 들어있음).

② 원광법사가 지은 화랑의 규율인 세속오계를 통해 충, 효, 신을 강조하고 있나.

깊이 Plus 세속오계

신라 시대 화랑이 지켜야 했던 다섯 가지 계율이다. 원광법사가 사량부의 화랑 기산과 추항이 가르침을 청하자 내려준 계율이다. 사군이충, 사친이효, 교우이신, 임전무퇴, 살생유택이 그 내용이다. 유교·불교·도교 등 세 가지 사상이 전래되기 전부터 신라에 존재하던 풍류·화랑도 등의 고유사상을 기반으로 하여 공동체 의식과 철저한 의리 정신, 숭고한 희생 정신, 그리고 선량한 인간의 정신을 담은 세속오계가 나온 것이다. 그 당시 신라인들이 가지고 있던 시대정신이 당대의 석학인 원광의 탁월한 식견을 통하여 구체적으로 정리·표현된 것이라 할 수 있다.

(4) 통일 신라

원성왕 때 독서삼품과를 설치하여 인재를 등용하였다(877). 독서삼품과는 최초의 관리 채용 제도로 학문과 유학을 보급하는 데 기여하였으나, 골품 제도 때문에 그 기능을 제대로 발휘하지는 못하였다.

사료 Plus

독서삼품과

"『춘추좌씨전』 주1이나 혹은 『예기』, 『문선』을 읽고 그 뜻에 능통하면서 아울러 『논어』와 『효경』에 밝은 자를 상품(上品)으로, 『곡례』 주2와 『논어』, 『효경』을 읽은 자를 중품(中品)으로, 『곡례』와 『효경』을 읽은 자를 하품(下品)으로 선정하여 관리로 삼았다. 또 5경(五經) 주3과 3사(三史) 주4, 제자백가(諸子百家) 주5의 저서에 널리 통달한 사람이라면 등급을 뛰어넘어 뽑아 등용하도록 하였다."

(5) 발해

참고 발해인의 빈공과 응시가 지닌 의미

발해인들이 당 빈공과에 응시했다는 사실은 발해역사가 중국사의 일부라는 중국의 동북공정에 대한 반박자료로서의 가치가 있다. 발해인들이 '외국인' 자격으로 시험을 보았다는 사실 자체가 당과는 다른 뿌리라는 근거이기 때문이다.

유학 교육을 목적으로 주자감을 설치하여 귀족 자제에게 유교 경전을 가르쳤고, 외교 문서에 주로 한문을 사용하였다. 또한, 당에 건너가 공부한 도당 유학생이 많았고, 오소도 등 10여 명이 빈공과에 급제한 것으로 보아 발해의 유학 발달을 엿볼 수 있다.

깊이 Plus 발해와 신라의 쟁장사건

발해의 오소도가 대현석 재위연간(871~893)에 당나라로 건너가, 빈공과(賓貢科)에 진사로 합격하였다. 그때 함께 응시하였던 신라의 이동(李同)보다 석차가 위에 있는 영광을 얻었다. 이를 가리켜 최치원(崔致遠)은 "한 나라(신라)의 수치로 영원히 남을 것."이라고 한 바 있다. 그러나 그의 아들 광찬(光贊)이 906년 당나라의 빈공과에 합격하였으나, 석차가 신라의 최언위(崔彦撝)보다 밑이었다. 마침 오소도가 당나라에 사신으로 가서 이 사실을 알고 전에 자신이 이동보다 위였음을 상기시키면서, 그의 아들 광찬 역시 윗 석차에 놓이도록 요청하였다. 그러나 당나라 조정은 최언위의 재주와 학식이 광찬보다 빼어남을 들어 허락하지 않았다. 이 쟁장사건은 신라와 발해 사이의 대립양상이 당나라를 매개로 한 문화적 우열의 경쟁으로 기울고 있음을 나타내주고 있다.

04 삼국의 도교 문화

1. 도교 전래

산천 숭배 사상, 신선 사상과 결합, 고구려와 백제의 귀족을 중심으로 유행하였다.

2. 삼국의 도교

(1) 고구려

① 강서고분의 사신도를 통해 도교 사상의 영향을 확인할 수 있다.

② 연개소문이 귀족과 연계된 불교 세력을 억누르기 위해 도교를 장려하였다.

사신도

> **사료 Plus**
>
> **연개소문의 도교 장려**
> 연개소문이 왕에게 아뢰었다. "중국에는 3교(유교, 불교, 도교)가 나란히 있다고 들었습니다. 하지만 우리나라에는 도교가 아직까지 없습니다. ……" 왕이 표를 보내 청하니 …… 당에서는 도사 숙달 등 8명과 "도덕경"을 주었다. 이에 불교 사찰을 그들의 숙소로 삼았다.

산수무늬 벽돌

(2) 백제

① 산수무늬 벽돌

② 무령왕릉의 지석(웅진)

③ 백제 금동 대향로(사비 출토)

④ 무령왕릉 지석(토지신에게 땅을 매입했다는 기록)과 석수

(3) 신라

화랑을 국선, 풍월, 풍류 등으로 칭하고 화랑의 역사를 선사(仙史)라고 표현한다.

백제 금동 대향로

> **사료 Plus**
>
> **최치원의 난랑비 서문**
> "나라에 현묘한 도가 있으니, 그것을 풍류(風流)라 한다. 그 가르침의 근원을 설한 것은 『선사(樁史)』에 상세히 나타나 있거니와 실로 이는 3교를 다 포함하고 있어서 군생에 접화하고 있다. 즉, 집에 들어와서는 효(孝)를 다하고 나가서는 나라에 충(忠)하니 노사구(공자)의 가르침과 같다. 무위지사(無爲之事)에 처하며 불언지교(不言之敎)를 행하니 주주사(노자)의 종지이다. 모든 악을 짓지 아니하며 착한 일을 모두 봉행하니 축건태자(부처)의 교화이다.
> ― 난랑비서(鸞郎碑序)

05 삼국의 고분

깊이Plus⁺ 고대의 무덤 양식

1. 계단식 돌무지부넘 : 시신 위나 시신을 넣은 돌널 위에 흙을 덮지 않고 돌을 계단식으로 쌓아올린 무덤양식. 도굴이 힘든 구조이기 때문에 많은 부장품이 남아 있다.

2. 굴식 돌방무덤 : 판 모양의 돌을 이용하여 널(관)을 넣는 방을 만들고, 방의 한쪽에는 외부로 통하는 출입구를 만든 뒤에 흙을 덮어씌운 무덤이다. 벽화를 그릴 수 있어 많이 남아 있으나, 도굴이 쉽다.

3. 벽돌무덤 : 벽돌로 널방을 만들고 거기에 주검을 넣은 무덤이다. 중국 한(漢)나라부터 송(宋)나라에 이르기까지 많이 건축되었다. 우리나라의 대표적인 벽돌무덤인 백제 무령왕릉과 발해 정효 공주 무덤은 각각 중국의 양나라와 당나라의 영향을 받았다.

4. 돌무지덧널무덤 : 땅 위 또는 땅에 구덩이를 파고 나무 덧널을 넣은 뒤, 그 위를 돌로 덮고 다시 흙을 씌워 만든 무덤으로, 신라에서만 사용했던 대표적인 무덤 형식이다.

1. 고구려

(1) 초기

① 계단식 돌무지무덤

② 장군총 등(벽화 없음)

(2) 후기

① 굴식 돌방무덤

② 다양한 벽화로 당시 생활 모습과 문화 파악이 가능하다.

③ 모줄임 양식 구조

④ 강서고분의 사신도, 무용총의 수렵도, 각저총의 씨름도 등(대부분 벽화 존재)

⑤ 장천1호분, 덕화리1·2호분, 각저총 등의 천문도(조선 태조 때, 천상열차분야지도 제작) : 고구려 벽화의 천문도를 참고하여 돌에 새긴 별자리 지도

▽ 굴식 돌방무덤(덕흥리 고분)

▽ 모줄임 양식 천장

계단식 돌무지 무덤
⇨ 장군총

고구려와 백제의
문화적 유사성

계단식 돌무지 무덤
⇨ 석촌동 고분군

2. 백제

(1) 한성 시기

① 계단식 돌무지무덤

② 고구려의 영향을 받았다.

③ 석촌동 고분

(2) 웅진 시기

① 굴식 돌방무덤(송산리 고분)

② 벽돌무덤(무령왕릉)

    ㉠ 남조의 양나라 영향을 받았다.

    ㉡ 웅진에 위치

    ㉢ 묘지석에서 무령왕을 사마왕이라 칭한다.

    ㉣ 벽화는 발견되지 않았다.

(3) 사비 시기

① 굴식 돌방무덤

② 부여 능산리 고분

🔽 벽돌무덤 구조

🔽 무령왕릉 석수

3. 신라

(1) 초기

① 돌무지덧널무덤

② 벽화가 나타나지 않는다.

③ 천마총(천마도는 마구장비 장식화)

(2) 후기

① 굴식 돌방무덤

② 마립간 시기 이후의 거대고분이 발견되었다.

③ 김유신 묘 : 둘레돌에 12지신상을 새겼다.

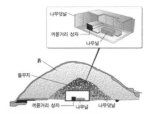
🔽 돌무지덧널무덤 구조

🔽 김유신 묘

🔽 천마도

4. 가야

(1) 전기

널무덤과 돌덧널무덤양식이 주를 이룬다.

(2) 후기

고령의 지산동고분에서 굴식 돌방무덤양식의 대형분이 나타난다.

06 삼국 문화의 일본 전래 및 서역과의 교류

1. 삼국 문화의 일본 전래

(1) 고구려

① 담징 : 종이와 먹의 제조법을 전달하고, 호류사에 금당벽화를 남겼다.

② 혜자 : 쇼토쿠 태자의 스승

③ 혜관 : 불교 전파

(2) 백제

① 아직기 : 한자 전달

② 왕인 :『천자문』과『논어』로 일본 유학 발전에 기여하였다.

③ 노리사치계 : 백제 성왕의 명령으로 일본에 불교를 전달하였다.

④ 백제는 불당 배치 방식을 일본에 전달하였으며, 문화적으로 일본에 가장 많은 영향을 미쳤다.

(3) 신라

① 조선술, 제방 쌓는 기술을 전달하였다.

② 한인의 연못 : 신라의 기술로 축조한 저수지이다.

(4) 가야

① 질 좋은 철을 수출하였다.

② 가야 토기가 전달되어 일본의 스에키 토기가 등장하였다.

(5) 삼국이 일본에 끼친 영향

① 삼국의 문화가 전달되면서 일본의 야마토 정권 수립에 영향을 미쳤다.

② 일본의 아스카 문화 형성에 기여하였다.

③ 통일 신라와 당나라가 일본의 하쿠호 문화 형성에 기여하였다.

④ 심상(~742) : 일본에 건너가 화엄교리를 강의하고 일본 승려 양변에게 법을 전하여 일본의 화엄종을 일으키는데 많은 영향을 주었다.

🔻 삼국 문화의 일본 전파

🔻 금동 미륵 보살 반가 사유상(삼국)

🔻 일본 광륭사 목조 미륵 보살

🔻 고구려 수산리 고분 벽화

🔻 일본 다카마쓰 고분 벽화

2. 서역과의 교류

(1) 고구려

① 중국과 일본을 비롯하여, 지리적으로 인접한 몽골과 돌궐 등 중앙아시아의 유목 민족들과도 폭넓게 교류하였다.

② 아프라시압 궁전 벽화(우즈베키스탄 사마르칸트) : 깃털이 꽂힌 조우관을 쓴 두 사람 (하단 우측)을 고구려 사신으로 추정한다.

③ 각저총 씨름도 : 매부리코의 모습과 머리모양을 통해 서역인으로 추정한다.

우즈베키스탄의 아프라시압 궁전 벽화에 기록된 고구려 사신(복원도)

(2) 백제

주로 중국, 일본과 활발히 교류하였다.

(3) 신라

① 중국과 일본을 비롯하여 중앙아시아 및 이슬람 세계와도 활발히 교류하였다.

② 유리공예품(경주 황남대총 출토) : 로마의 유리 제품과 형태가 비슷하여 비단길을 통해 서역으로부터 전해진 것으로 추정한다.

③ 황금보검(미추왕릉지구 계림로 14호분 출토) : 카자흐스탄 지역에서 출토된 보검과 형태가 비슷하여 서역과의 교역이 있었다고 추정한다.

고구려 각저총 벽화(씨름도)

(4) 통일 신라

① 당과 교류하면서 세계와의 교역 및 교류에 동참할 수 있었고, 아라비아 사람들이 신라까지 와서 교역을 하였다.

② 경주 괘릉(원성왕릉)의 무인석 : 곱슬곱슬한 머리카락과 매부리코 형상을 통해 서역인으로 추정한다.

경주 황남대총의 유리공예품과 미추왕릉지구 계림로 황금보검

(5) 발해

① 지리적 특성으로 인하여 북방 초원이나 중국 대륙을 통해 서역과 활발히 교류하였다.

② 동경 용원부 삼존불 : 불상의 목에 새겨진 십자가를 통해 네스토리우스파 크리스트교 (경교)가 전해졌음을 추정한다.

아랍인 형상을 한 경주 괘릉(원성왕릉) 무인석

발해 동경 용원부 삼존불(십지가 목걸이)

07 통일 신라의 문화

1. 불교

(1) 성격

① 이전에 비해 종교적, 신앙적 성격이 강해졌다.

② 정토신앙(淨土信仰)*이 유행하면서 내세적인 불교의 특징이 뚜렷하게 나타났다.

③ 신라 통일기에는 불교의 교리에 대한 이해가 심화되었다.

④ 신라 중기에는 교종(敎宗)파가 형성되었으며, 신라 말기에는 불교계에 새로운 경향이 나타나서 선종(禪宗)이 크게 유행하였다.

⑤ 조화와 균형미를 잘 나타내는 불상과 석탑이 많이 제작되었다.

(2) 문화재

① 무구정광대다라니경

　㉠ 1966년 보수공사 중 신라 3층 석탑(석가탑) 기단에서 발견하였다.

　㉡ 751년 이전에 간행된 세계 최고(最古)의 목판 인쇄물이다.

② 금동불입상

　㉠ 2013년 복원을 위한 신라 3층 석탑(석가탑) 해체작업 중 발견하였다.

　㉡ 석탑이 조성된 742년에 넣은 진단구로 추정된다.

▽ 불국사

▽ 석굴암 본존불

▽ 석가탑

▽ 다보탑

▽ 감은사지 3층 석탑

▽ 진전사지 3층 석탑

＊정토신앙
극락세계에 상주하는 아미타불을 신앙하여 선근공덕을 닦고 일심으로 아미타불을 염불하면 극락세계에 왕생할 수 있다는 신앙이다.

참고 다보탑
법화경에 의하면 "석가모니가 영취산(靈鷲山)에서 법화경을 설파할 때 다보여래의 진신사리를 모셔둔 탑이 땅 밑에서 솟아나오고, 그 탑 속에서 소리를 내어 석가모니의 설법을 참된 진리라고 찬탄하고 증명하였다"라고 한다. 참고로 석가모니가 자신 다음에 부처가 될것이라 수기(예언)을 내린 부처도 다보불이다. 이를 근원으로 세워진 탑이 다보여래상주증명탑, 줄여서 다보탑이다(다보탑이라는 이름을 가진 탑은 세계 각지에 여러 곳이 있지만, 한국에서 다보탑이라고 하면 주로 불국사에 석가탑과 나란히 있는 다보탑을 말함).

(3) 불교의 대중화

① 7세기 전반 지배층 중심의 불교를 비판하고 일반민에 대한 불교 대중화 운동이 전개되었다.

② 원효가 정토종(아미타 신앙)을 전파하여 불교를 대중화 하였다.

　㉠ 배경 : 당시 신라 사회에서는 교리학습과 경전연구를 강조하는 교종이 유행하여 글을 모르는 일반 백성들이 신봉하기 힘들었다.

　㉡ 정토종(아미타 신앙) : 누구나 '나무아미타불'만 외우면 극락에 간다는 가르침으로, 원효가 대중에 전파하였다.

　㉢ 정토종(아미타 신앙)의 경전은 무량수경이고, 불상은 아미타불이다.

③ 의상이 아미타 신앙과 관음 신앙을 전파하여 불교를 대중화 하였다.

　㉠ 아미타 신앙 : 아미타불을 믿음으로써 내세에 극락에 갈 수 있다는 신앙 형태이다.

　㉡ 관음 신앙 : 관세음보살을 믿음으로써 현세의 고난에서 벗어날 수 있는 영험을 얻고자 하는 신앙 형태이다.

④ 한국 법상종의 시조인 진표가 불교를 대중화 하였다.

　㉠ 점을 쳐서 참회하는 계율적 반성인 점찰법회가 행해져 유행하였다.

　㉡ 진표가 금산사에 법상종의 근본도량을 개창하였다.

　㉢ 미래불인 미륵불을 기원하는 미륵불 사상을 전파하였다.

2. 통일 신라의 대표적인 승려

(1) 원효(617~686)

① 일심 사상

　㉠ 해골물 일화*를 겪고난 뒤, 모든 중생이 가지고 있는 마음 속 깨달음인 일심(一心)을 자각하였다.

　㉡ 모든 것은 사람의 마음에 기초하고 있고, 마음이 모든 존재의 근거라고 파악하는 사상이다.

② 화쟁 사상

　㉠ 불교 이론을 종합하여 종파의 융합을 시도하였다.

　㉡ 인간 평등의 기본 원칙을 제시하여 불교의 대중화와 실천을 중시하였다.

③ 불교의 대중화

　㉠ '나무아미타불(南無阿彌陀佛)*'이라는 염불을 중시하는 정토종을 전파하였다.

　㉡ 무애가를 지어 퍼트렸다(죽고 사는 문제에 집착하지 않도록 함).

④ 법성종 창시 : 당에 유학하지 않고 독자적으로 경전을 해석하였다.

✳ 원효대사의 해골물

원효가 661년(문무왕 1년) 34살이 되었을 때, 자신보다 8살 어린 의상대사와 함께 당나라의 선진 불교를 배우기 위해 유학을 떠났다. 어느 날 밤, 한 무덤 옆에서 잠을 자고 있던 중 목이 말라 물을 찾았는데, 마침 옆에 물이 담긴 바가지가 있어 달게 마셨다. 그리고 날이 밝아지자 자신이 마신 물이 해골바가지에 고인 물임을 확인하고 큰 깨달음을 얻게 되어 당나라로 떠나지 않게 되었다.

✳ 나무아미타불 관세음보살

'우리를 극락 세계로 이끌어주실 아미타 부처님과 현세의 고난 극복을 도와주실 관음보살님에게 귀의한다'라는 뜻이다.

⑤ 대표 저서

　㉠ 『대승기신론소』

　　ⓐ 불교 철학의 기준을 확립하였다.

　　ⓑ 중관파, 유식파를 모두 비판하고, 세계는 오직 한마음(一心)으로 화통한다고 보았다.

　　ⓒ 모든 중생이 일심(一心)을 가지고 있다고 이해하였다.

　　ⓓ 중국에 전해져 중국 화엄학 성립에 영향을 미쳤다.

　㉡ 『십문화쟁론』: 각 경전을 하나의 원리로 회통시켜 융합을 시도하였다.

　㉢ 『금강삼매경론』: 『금강삼매경』에 대한 원효의 주석서이다.

⑥ 무열왕의 딸인 요석공주와 결혼하여 설총을 낳았다.

(2) 의상(625~702)

① 화엄종 창시

　㉠ 당에 유학하여 법장과 함께 지엄의 문하에서 수업하고 귀국하여 신라 화엄종을 창시하였다.

　㉡ 일본에 화엄종을 전파하였다(교토에 일본 화엄종의 본찰인 선묘사가 존재).

② 부석사와 낙산사 창건

　㉠ 부석사(영주): 화엄종의 본찰로, 금당은 무량수전이고, 금당의 주불은 아미타불이다.

　㉡ 낙산사(양양): 의상이 수행한 암자인 의상대가 있고, 우리나라 3대 관음 성지로 꼽힌다.

③ 『화엄일승법계도』

　㉠ 일즉다 다즉일(一卽多 多卽一)의 원융사상(조화사상)

　㉡ '현상 세계의 모든 대립물은 차별이 없다(圓融無碍)'고 주장하였다.

　㉢ 의상의 사상은 중앙집권적 전제왕권을 뒷받침하였다.

　㉣ 고려 초 균여로 이어지는 의상의 법맥은 신라 화엄종의 주류를 형성하였다.

④ 아미타 신앙과 관음 신앙을 전파하여 불교를 대중화 하였다.

참고 선묘 설화(부석사 창건 설화)

신라 문무왕 원년(661) 의상은 당나라에 유학하러 갔다가 양주 아문에 묵게 되었는데, 한 신도의 딸인 선묘가 결혼할 것을 요청하자 의상은 선묘를 감화시켜 깨달음을 얻게 하였다. 이후, 선묘는 의상이 귀국할 때 용이 되어 줄곧 의상을 호위하였는데, 부석사 자리에 있던 도적을 몰아내고 주춧돌로 변해 절을 세울 수 있게 도왔다.

비교 Plus 원효와 의상 비교

구분	원효	의상
신분	6두품	진골
당나라 유학	×	○
사상	일심 사상, 화쟁 사상	• 화엄 사상 • 일즉다 다즉일의 원융사상
영향	• 불교의 대중화(아미타신앙) • 고려 시대 불교 통합운동(의천)	• 불교의 대중화(아미타신앙, 관음신앙) • 전제왕권강화 • 일본에 화엄종 전파
개창	법성종(분황사)	화엄종(부석사)
저서	『대승기신론소』, 『금강삼매경론』, 『십문화쟁론』	『화엄일승법계도』
관련 인물/사찰	요석공주, 설총	선묘낭자 – 부석사, 낙산사

(3) 원측(613~696)

① 당에서 심층 심리학인 유식(唯識) 불교를 연구하였다.

② 당의 서명사(서명학파)에서 자신의 학설을 강의하였다.

(4) 혜초(704~787)

① 당에서 인도·서역 지방까지 순례하여 『왕오천축국전』을 저술하였다(바닷길로 갔다가 사막길로 돌아옴).

② 20세기 초 프랑스 학자 펠리오가 중국 북서 지방 간쑤성(甘肅省)의 둔황(敦煌) 천불동 석불에서 발견하였으며, 여기서 '천축국'은 '인도'를 뜻한다.

3. 유교

(1) 유교의 등장

새로운 정치이념의 기능을 하면서 부각되었다. 원효의 아들인 설총은 한국 유학의 시초이다. 최치원을 비롯한 도당 유학생 출신의 유학자가 배출되었다. 골품체제를 비판하고 중앙집권적인 유교 정치의 실현을 주장하였다. 6두품들은 유학을 공부하고 진골사회에서 신라의 모순을 실감하였다.

(2) 신라 하대 유·불의 결합

① 지방 호족들은 선종에 귀의하는 동시에 유학에 대한 지식을 지녔다.

② 당대 지식인들은 유학자이면서도 선종을 이해하고 포용하였다.

4. 사상의 복합화

신라 하대 선승들은 불교·유교·노장·풍수에도 조예가 깊었다. 성주산파 무염과 대통 및 희양산파 긍양은 제자백가에 능통하였다. 도선은 풍수설에 능통하여 참위서인 『도선비기』를 저술, 송악 지방의 왕씨와 연결하여 고려 건국을 예언하였다.

▼ 도선

5. 풍수지리 사상

(1) 전래

도교의 영향을 받아 나타났고, 신라 말기에 도선과 같은 선종 승려들에 의해 전래되었다.

(2) 특징

① 산세와 수세를 살펴 도읍, 주택, 묘지 등을 선정하는 인문지리적 학설로서, 국토의 효율적인 이용과 관련되어 있다.

② 뒤에 예언적인 도참사상과 결부되었다.

③ 경주 중심의 지리 개념에서 벗어나 지방의 중요성을 자각하는 계기를 마련하였다.

④ 지방 사회에서 독자적인 세력을 구축하려는 호족의 취향에 잘 어울렸다.

⑤ 6두품의 반신라적 움직임과 결부하여 고려 왕조 개창의 사상적 바탕이 되었다.

▼ 배산임수도

08 발해의 문화

고구려의 전통을 잇고 당의 문화를 수용하여 독자적으로 발전하였고, 묵직하고 느긋한 느낌을 준다.

1. 불교의 성격

(1) 고구려의 불교 계승

불상, 석등, 연화무늬 와당 등의 유물을 통해서 이를 알 수 있다.

(2) 왕실, 귀족 중심 불교

발해의 절터는 모두 40군데 정도로 확인되며, 주로 상경 등 5경에 집중되었다.

2. 무덤

발해의 고분 양식은 돌방무덤[石室墳], 널무덤[土壙墓], 벽돌무덤[塼築墳]으로 구분된다.

(1) 무덤 양식

① 돌방무덤 : 고구려 양식, 주로 5경 지역과 압록강 유역에 분포

② 널무덤 : 말갈계 양식, 주로 외곽 지역에 존재하였다.

③ 벽돌무덤 : 당 문화의 영향을 받은 귀족의 무덤, 발해 중기 이후 출현하였다.

(2) 대표적인 무덤

① 정혜 공주 묘

    ㉠ 굴식돌방무덤

    ㉡ 무덤 안에는 4면에 현무암을 쌓아 반지하식 널방[玄室]을 만들었고, 천장은 고구려 무덤에서 흔히 볼 수 있는 모줄임천장[抹角藻井] 구조이다.

    ㉢ 출토된 유물 : 묘지(墓誌), 목관(木棺) 조각들, 암수 돌사자조각 각 1점, 구리못 4점 등

② 정효 공주 묘

    ㉠ 벽돌무덤

    ㉡ 벽돌로 쌓은 당나라 방식과 돌로 공간을 줄여 나가면서 천장을 쌓는 고구려 방식이 결합되었다.

    ㉢ 무덤 위에 탑을 쌓았는데 이는 발해의 독창적인 방식이다.

    ㉣ 상경성 부근의 삼릉 2호분

        ⓐ 지하식으로 남향이고 천장은 모줄임 구조이다.

        ⓑ 널방과 널길[羨道]의 벽 및 천장에는 인물과 꽃 그림이 있다.

    ㉤ 출토된 유물 : 12인의 신하를 그린 벽화와 묘지, 도용(陶俑) 조각, 글씨가 새겨진 벽돌 등

▼ 발해 연화무늬 와당

▼ 발해 석등

▼ 이불병좌상

3. 당 문화 수용

(1) 정치 제도

당의 정치 제도인 3성 6부를 독자적으로 수용하여 제도를 정비했다.

(2) 문화재

① 주작대로 : 당의 장안성을 모방하여 발해 수도인 상경성에 주작대로를 만들었다.

② 정효 공주의 무덤양식 : 당의 영향을 받은 벽돌무덤이다.

③ 발해 영광탑

　㉠ 벽돌탑(전탑) : 당나라의 영향을 받았다.

　㉡ 무덤 위에 탑을 쌓은 형태 : 발해만의 양식을 보여준다.

🔻 발해 영광탑

PART 03

중세 사회 :
고려의 등장과 발전

이 단원은

후삼국의 혼란기를 통일한 고려는 이전 사회에 비해서 더 발전적이고 개방적인 모습을 많이 나타내었다. 또한 고려는 중국의 주변 국가들이 성장하는 과정에서 이들과의 항쟁 및 교류를 통해 발전해왔다. 이 단원에서는 이전 사회와 다르게 나타나는 고려 시대의 특징과 주변 국가들과 고려의 관계를 파악하는 것이 중요하다. 또한 전 시대보다 경제적·사회적으로 어떻게 발전하였는지를 인식하고, 이러한 내용들이 조선 시대와 어떻게 연결되는지를 동시에 이해할 필요가 있다.

본 편의 역사(연표)

900.	견훤, 완산주에 후백제 건국
901.	궁예, 후고구려 건국
905.	궁예, 철원 천도
918.	왕건, 고려 건국(궁예 축출)
919.	고려, 철원에서 송악으로 천도
926.	발해, 거란에 멸망
927.	견훤, 경주를 침략해 경애왕 죽임
	공산에서 왕건에 대승리
930.	왕건, 고창전투에서 견훤에 대역전
935.	경순왕, 고려에 항복
936.	고려의 후삼국 통일(후백제 멸망)
945.	왕규의 난
956.	광종, 노비안검법 실시
958.	과거제 실시
982.	성종, 최승로 「시무 28조」 올림
992.	국자감 설립
993.	거란의 1차 침입(소손녕)
	서희의 외교담판(강동6주 획득)
1010.	거란의 2차 침입→현종 나주로 피난
1018.	거란의 3차 침입(소배압)
1019.	강감찬의 귀주대첩
1044.	천리장성 완성
1055.	최충 문헌공도 세움
1107.	윤관의 여진 정벌
1108.	윤관, 동북 9성 축조
1126.	이자겸의 난
1135.	묘청의 서경 천도 운동
1145.	김부식 『삼국사기』 편찬
1170.	무신정변
1176.	망이 망소이의 난
1198.	만적의 난
1231.	몽고의 1차 침입
1232.	강화도로 천도, 몽고 2차 침입
1235.	몽고의 3차 침입
1251.	『팔만대장경』 완성
1258.	쌍성총관부 설치
1270.	개경 환도, 삼별초 진도에서 항전
1273.	삼별초, 탐라에서 진압
1285.	일연, 『삼국유사』 편찬
1351.	공민왕 즉위
1356.	기철 등 부원세력 제거
1359.	홍건적 침입(~1361)
1363.	문익점, 원에서 목화씨 전래
1376.	최영, 왜구 격퇴
1377.	이성계, 왜구 격퇴
	『직지심체요절』 인쇄
1380.	최무선, 진포대첩(화포)
1388.	최영, 요동정벌 주장
	이성계(4불가론), 위화도 회군
1389.	박위, 쓰시마 정벌
1391.	과전법 공포
1392.	고려 멸망, 조선 건국

2023년도 국가직

1 (가)에 대한 설명으로 옳은 것은?

> 신돈이 ___(가)___ 을/를 설치하자고 요청하자, … (중략) … 이제 도감이 설치되었다. … (중략) … 명령이 나가자 권세가 중에 전민을 빼앗은 자들이 그 주인에게 많이 돌려주었으며, 전국에서 기뻐하였다.
>
> ─『고려사』

① 시전의 물가를 감독하는 임무를 담당하였다.

② 국가재정의 출납과 회계 업무를 총괄하였다.

③ 불법적으로 점유된 토지와 노비를 조사하였다.

④ 부족한 녹봉을 보충하고자 관료에게 녹과전을 지급하였다.

정답 ③

학습전략 원종 때 처음 설치된 전민변정도감은 충렬왕, 공민왕, 우왕 때 반복해서 재설치되었다. 그러나 최근 시험 출제 경향은 한국사 핵심 이론을 측정하는 것이므로, 수 차례 설치되었던 시기 중 가장 의미있는 공민왕 때의 개혁을 중심으로 학습하면 된다. 즉, '전민변정도감 = 공민왕 때 신돈이 주도하여 불법적으로 점유된 토지와 노비를 정상적으로 되돌린 개혁'으로 이해한다.

사료분석 신돈은 고려 공민왕 때 등용된 승려로, 전민변정도감 설치를 주도하였다. 따라서 (가)는 전민변정도감이다.

보기분석 ① 고려의 경시서나 신라의 동시전에 대한 설명이다.

② 고려의 삼사에 대한 설명이다.

③ 고려의 전민변정도감에 대한 설명이다.

④ 녹과전 지급을 담당하였던 고려의 급전도감에 대한 설명이다.

2023년도 국가직

2 다음과 같이 말한 인물에 대한 설명으로 옳은 것은?

> 우리나라가 곧 고구려의 옛 땅이다. 그리고 압록강의 안팎 또한 우리의 지역인데 지금 여진이 그 사이에 몰래 점거하여 저항하고 교활하게 대처하고 있어서 … (중략) … 만일 여진을 내쫓고 우리 옛 땅을 되찾아서 성보(城堡)를 쌓고 도로를 통하도록 하면 우리가 어찌 사신을 보내지 않겠는가?
>
> ─『고려사』

① 목종을 폐위하였다.

② 귀주에서 거란군을 물리쳤다.

③ 여진을 몰아내고 동북 9성을 쌓았다.

④ 소손녕과 담판하여 강동 6주를 획득하였다.

정답 ④

학습전략 핵심 인물과 핵심 사건을 비교하여 학습한다. 즉, 거란에 대한 사료가 나오면 1~3차 침입을 구분하여 문제를 풀어야 한다. 또한, 이 문제는 2022년도 지방직 문제에 출제된 보기가 거의 그대로 출제되었다. 따라서 기출 문제의 오답 보기는 다음 시험의 정답 보기로 나올 가능성이 높다는 것을 명심하고, 모든 사료와 보기 내용을 학습해야 한다.

사료분석 거란의 1차 침입을 물리치고 강동6주를 획득한 서희의 외교 담판과 관련된 사료이다.

보기분석 ① 강조에 대한 설명이다(강조의 정변).

② 강감찬에 대한 설명이다(귀주대첩).

③ 윤관에 대한 설명이다(별무반의 활약).

④ 서희에 대한 설명이다(서희의 외교 담판).

3 (가) 인물에 대한 설명으로 옳은 것은?

> 군대를 이끌고 통주성 남쪽으로 나가 진을 친 ＿(가)＿ 은/는 거란군에게 여러 번 승리를 거두었다. 하지만 자만하게 된 그는 결국 패해 거란군의 포로가 되었다. 거란의 임금이 그의 결박을 풀어 주며 "내 신하가 되겠느냐?"라고 물으니, ＿(가)＿ 은/는 "나는 고려 사람인데 어찌 너의 신하가 되겠느냐?"라고 대답하였다. 재차 물었으나 같은 대답이었으며, 칼로 살을 도려내며 물어도 대답은 같았다. 거란은 마침내 그를 처형하였다.

① 묘청의 난을 진압하였다.
② 별무반의 편성을 건의하였다.
③ 목종을 폐위하고 현종을 옹립하였다.
④ 거란과 협상하여 강동 6주 지역을 고려 영토로 확보하였다.

정 답 ③

학습전략 기출문제를 풀이할 때는 다섯 가지 내용을 확인해야 한다. 제시된 사료 + 네 개의 보기를 모두 이해하는 것이 바람직한 기출 분석이다.

사료분석 고려 시대 거란과 대결 후, 회유되지 않은 채 처형된 인물 (가)는 강조이다. 그는 강조의 정변이라 불리는 사건을 통해 목종을 폐위하고 현종을 옹립하였다.
⇨ 이 문제는 거란과 관련된 인물 중 패하여 처형된 인물을 찾는 문제이다.

보기분석 ③ 강조에 대한 설명이다(강조의 정변, 거란과 관련 있음).
① 김부식에 대한 설명이다(거란과 관련 없음).
② 윤관에 대한 설명이다(거란과 관련 없음, 여진과 관련 있음).
④ 서희에 대한 설명이다(거란의 1차 침입을 격퇴, 처형되지 않음).

4 (가) 시기의 사실로 옳지 않은 것은?

```
┌─────────────────┐
│   무신정권 몰락   │
└─────────────────┘
         ↓
┌─────────────────┐
│      (가)       │
└─────────────────┘
         ↓
┌─────────────────┐
│   공민왕 즉위     │
└─────────────────┘
```

① 만권당이 만들어졌다.
② 정동행성이 설치되었다.
③ 쌍성총관부가 수복되었다.
④ 『제왕운기』가 저술되었다.

정 답 ③

학습전략 공민왕 이전까지의 사건이 (가)에 들어갈 수 있으므로, 공민왕의 업적은 (가)에 들어갈 수 없다. 따라서 이 문제는 오답으로 제시된 사건의 연도 암기를 통해 푸는 문제가 아니라, 공민왕의 업적을 통해 정답을 찾는 문제이다.

사료분석 무신정변으로 시작된 무신정권은 임유무의 죽음으로 몰락하였다(1170~1270). 이후, 고려는 원의 간섭을 받게 되었고, 1330년 공민왕이 즉위하여 개혁을 단행하였다. (가)는 공민왕이 자주적 개혁을 추진하기 이전까지의 원 간섭기이다.

보기분석 ③ 공민왕의 자주적 개혁이므로 공민왕 즉위 다음에 일어나는 일이다.
① 원 간섭기의 사실이다(충숙왕, 1314 → 공민왕 즉위 전 소멸).
② 원 간섭기의 사실이다(충렬왕, 1280, → 공민왕이 폐지함).
④ 원 간섭기의 사실이다(충렬왕, 1287).

중세의 정치

01 후삼국의 통일 과정과 태조 왕건의 정책

1. 후삼국의 성립

(1) 후백제의 건국(900)

① 상주 출신의 군관이었던 견훤이 건국하였다.

② 황해도 일대의 해상세력 및 도적들과 연합하여 자립하였다.

③ 금성(나주) → 무진주(광주) → 완산주(전주)로 세력을 확장하였다.

④ 충청도와 전라도를 점령하여 세력을 확장하고, 거란, 일본, 남중국의 오월과 외교 관계를 수립하였다.

⑤ 신라에 적대적이었기에 신라를 침공하여 경애왕을 자살하게 하고 경순왕을 즉위시켰다(927).

⑥ 농민에게 가혹하게 조세를 수취하였으며, 호족을 포섭하는 데는 실패하였다.

(2) 후고구려의 건국(901)

① 신라 왕족 출신인 궁예가 건국하였다.

② 중부 지역의 호족을 흡수하고, 특히 송악 출신의 왕건 부자를 자기 세력으로 포섭하였다.

③ 처음에는 양길의 부하였으나 자립한 이후 경기도와 강원도 일대에서 세력을 형성하였다.

④ 철원으로 천도하였다(905).

⑤ 마진에서 태봉으로 국호를 변경하였다.

⑥ 독자적인 연호를 사용하였다(마진일 때 '무태', 태봉일 때 '수덕만세, 정개').

⑦ 골품제를 폐지하고, 광평성 등 9관등제를 설치하였다.

⑧ 계속된 전쟁과 과중한 조세 징수, 관료 장군 실패, 미륵신앙 신봉 등의 이유로 궁예는 민심을 잃게 되었다.

참고 **궁예의 탄생 일화**

궁예는 신라 왕족으로, 5월 5일에 태어났는데, 그때 지붕 위에 흰 빛이 있어 긴 무지개처럼 위로 하늘에까지 뻗쳤다. 일관이 아뢰기를, "이 아이는 중오일(重午日)에 태어났고 나면서 이가 나 있고, 햇빛이 이상하니 장차 국가에 이롭지 못할 것이옵니다."라고 하였다. 왕이 궁중의 사람을 시켜 그 집에 가서 죽이게 하였다. 그 사람이 포대기에서 그 애를 꺼내 처마 아래로 던졌는데, 유모인 여자 종이 몰래 받다가 실수하여 손가락으로 눈을 찔러 한쪽 눈이 멀었다.

2. 후삼국의 통일 과정

(1) 후고구려의 변화

① 왕건의 등장 : 송악 출신으로 해상무역을 통하여 성장한 호족들과 연합하여 세력을 강화하였다.

② 왕건의 활약 : 궁예가 황해도, 충청도, 강원도 지역을 장악하는 과정에서 그의 신하가 되었으며 후삼국의 대치상황 중에 후백제의 배후인 금성(오늘날의 나주)을 공략하였다.

▽ 10~12세기 초 동아시아 상황

(2) 궁예(태봉)의 실정

① 스스로 미륵불을 자처하면서 주변 사람들을 의심하고, 실정을 거듭하면서 민심을 잃어가기 시작하였다.

② 궁예에게 불만이 많던 신하들이 중심이 되어 왕건을 왕으로 추대하였다.

③ 국호는 고려, 연호는 천수라 하였다(918).

(3) 후백제의 일시적인 약진

① 신라를 공격하고 경애왕을 자살하게 하였다.

② 신라와 화친관계를 맺고 있었던 고려는 후백제를 공격하였으나, 고려가 후백제에 대패하였다(927년 공산 전투*).

(4) 후백제의 내분

① 견훤이 막내아들을 신임하였기 때문에 장남이었던 신검은 왕위계승 다툼이 일어나는 데 대해 불만을 품고 있었다.

② 신검이 왕위를 계승하지 못하게 되자 막냇동생을 죽이고, 아버지 견훤을 금산사에 유폐하고 왕이 되었다.

(5) 발해와 신라의 투항

① 발해가 거란에 의해 멸망하자(926), 발해의 왕족이나 귀족이 고려에 투항하였다.

② 신라의 마지막 왕이었던 경순왕이 고려에 투항하였다(935).

(6) 고려의 삼국 통일

① 고창 전투* 승리(930) 후, 군사적 우위를 점하였다.

② 금산사에 유폐되어 있던 견훤이 탈출하여 고려에 투항하였다(935).

③ 고려는 일리천 전투*에서 승리한 후, 신검의 후백제군을 격파하여 후삼국을 통일하였다(936).

▼ 고려의 삼국 통일

* **공산 전투(927)**

대구 팔공산에서 벌어진 고려와 후백제의 싸움. 이 싸움에서 패배한 고려는 장군 김락과 신숭겸 등이 죽고, 많은 군사가 전사했으며 왕건도 간신히 몸을 피할 수 있었다. 이 때, 왕건을 살리고 목숨을 잃은 8명의 공신을 기리는 의미에서 팔공산이라는 지명이 유래했다는 이야기가 전한다.

* **고창 전투(930)**

후삼국 시대 고창군(지금의 경상북도 안동시 와룡면)에서 경순왕 4년(930년)에 고려와 후백제 사이에 벌어졌던 전투로, 고려는 고창전투에서 후백제의 시랑 김악을 사로잡았고, 죽인 사람의 수가 8,000명이었다. 이 전투에서 고려가 대승을 거둠으로써 후삼국을 통일할 수 있는 유리한 고지를 점령하였다.

* **일리천 전투(936)**

936년(태조 19)에 지금의 경상북도 구미 지방에서 고려와 후백제 사이에 있었던 대규모 전투로, 고려와 후백제의 최후 운명을 건 일대 격전이었다. 이 전투에서 후백제가 참패하고 멸망하면서 왕건이 후삼국을 통일하는 계기가 되었다.

한눈에 쏙

후삼국 통일 과정

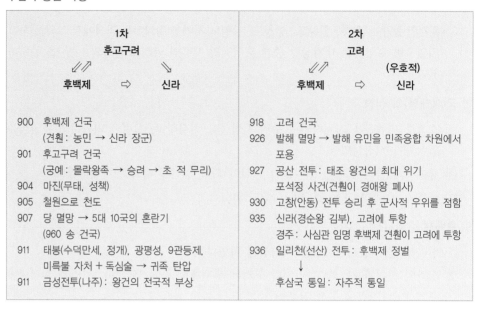

1차 후고구려	2차 고려
후백제 ⇨ 신라	후백제 ⇨ (우호적) 신라

900 후백제 건국
(견훤: 농민 → 신라 장군)
901 후고구려 건국
(궁예: 몰락왕족 → 승려 → 초 적 무리)
904 마진(무태, 성책)
905 철원으로 천도
907 당 멸망 → 5대 10국의 혼란기
(960 송 건국)
911 태봉(수덕만세, 정개), 광평성, 9관등제,
미륵불 자처 + 독심술 → 귀족 탄압
911 금성전투(나주): 왕건의 전국적 부상

918 고려 건국
926 발해 멸망 → 발해 유민을 민족융합 차원에서
포용
927 공산 전투 : 태조 왕건의 최대 위기
포석정 사건(견훤이 경애왕 폐사)
930 고창(안동) 전투 승리 후 군사적 우위를 점함
935 신라(경순왕 김부), 고려에 투항
경주 : 사심관 임명 후백제 견훤이 고려에 투항
936 일리천(선산) 전투 : 후백제 정벌
↓
후삼국 통일 : 자주적 통일

3. 고려 태조 왕건의 정책

(1) 민생 안정책

① 가혹한 세금을 줄이고, 민심을 중시하였다(취민유도*).

　㉠ 세금제도를 합리적으로 개선하여 1/10로 세율을 낮추었다.

　㉡ 호족 공신들의 횡포를 금지하는 조서 반포 및 물자 징발·강제 동원·전쟁을 자제
　　하였다.

　㉢ 빈민 구제 기구인 흑창, 개경과 서경에 학교를 설치하고, 학보라는 장학기금을
　　운영하였다.

　㉣ 법왕사, 왕수사, 흥국사, 개태사 등의 사찰을 건립하고, 승록사를 설치하여 승적을
　　관리하였다.

② 군대 규율을 엄격하게 하여 민폐를 끼치지 않도록 하였다.

＊ 취민유도(取民有度)
고려 태조 때 민심안정과 수취체제 개선을 위해 취한 조세 정책으로, 백성으로부터 조세를 거둘 때에는 일정한 법도가 있어야 한다는 뜻이다.

(2) 호족 융합책

① 회유책

㉠ 호족에게 관직과 선물을 후하게 하여(중폐비사) 확고한 자기 세력을 다지고자 하였다.

㉡ 혼인정책 : 호족과 혼인관계를 맺어 혈연적으로 연결 관계를 맺었다.

㉢ 사성정책 : 호족들에게 자신과 같은 성인 '왕'씨를 하사하거나 성을 주어 우대하였다.

㉣ 옛 백제, 신라의 유민을 우대하고 그 유민을 적극적으로 포섭하였다.

② 견제책

㉠ 사심관 제도 : 기존 지배집단을 이용하여 해당 지역의 호족 세력을 무마하고 통제하기 위해 실시하였다.

㉡ 기인 제도 : 호족의 자제를 서울에 올라와 숙위하도록 하였다.

태조의 왕비 출신지

사료 Plus

사심관 제도와 기인 제도

• 태조 18년에 신라왕 김부가 항복하였다. 신라국을 없애고 김부를 경주 사심관으로 삼아 부호장 이하 관직자들의 일을 살피도록 하였다. 여러 공신에게도 이를 본받아 각각 출신고을의 사심관으로 삼았다. 사심관은 이에서 비롯되었다. ― 『고려사』

• 국초에 향리 자제를 뽑아 서울에서 인질로 삼고 그 고을 일을 자문하게 하였다. 이를 기인이라 하였다. ― 『고려사』

---

(3) 북진 정책

① 고구려 계승의지를 분명히 하였다.

② 고구려의 후예를 자처했던 발해를 멸망시킨 거란을 적대시하였다.

③ 옛 고구려의 수도였던 평양을 서경이라 하며 중요하게 여겼다.

④ 영토를 북으로 확대하여 청천강 유역까지 영토를 확장하였다.

태조 왕건 청동상

(4) 기타

① 유교, 도교, 풍수지리설 등 다양한 종교가 공존하는 정책을 펼쳤다.

② 중국의 문물을 주체적으로 수용할 것을 강조하였다.

③ 『정계』, 『계백료서』(관리들이 지켜야 할 규범), 훈요 10조(후대 왕들에게 남기는 교훈)를 남겼다.

④ '하늘이 내렸다'는 의미인 '천수(天授)'라는 독자적 연호를 사용하였다.

사료 Plus

훈요 10조

1. 우리나라가 대업을 이룬 것은 부처가 지켜주었기 때문이다. 뒷날 간신이 정치를 하면 승려들이 청탁을 하여 사원 쟁달이 일어날 것이다. 이를 금지하라.

2. 모든 사원은 도선이 산수의 순역을 가려 개창한 것이다. 신라 말 사원을 함부로 지어 나라가 망하였다. 마땅히 경계해야 할 것이다.

3. 맏아들에게 왕위를 물려주라. 만약 맏아들이 불초하면 둘째 아들에게 물려주라. 둘째도 불초하면 형제 가운데 신하들이 추대하여 대통을 계승하게 하라.

4. 중국 제도와 풍속을 배워야 하지만 반드시 똑같게 할 필요가 없다. 거란은 짐승 같은 나라이다. 본받지 말라.

5. 서경은 우리나라 지맥의 근본이며 만대에 전할 땅이다.

6. 연등은 부처를 모시는 것이고 팔관은 하늘, 산, 강을 섬기는 것이다 두 행사를 줄이지 말라.

7. 신하와 백성의 마음을 얻도록 해라. 간언을 따르라. 때를 맞춰 부리고 세금을 가볍게 하라.

8. 차령산맥 이남 사람은 통합 당한 원한을 품고 난을 일으킬 염려가 있다. 벼슬을 주지 말라.

9. 관료의 녹봉을 함부로 가감하지 말라. 공이 없는 친척이나 친구를 등용하지 말라.

10. 언제나 마음을 가다듬어 널리 경사를 읽어 옛 일을 거울삼아 오늘날을 경계하도록 하라.

---

02 광종의 개혁 정치

1. 광종의 왕권강화책 배경

(1) 왕권 불안정

태조 사후에 왕권이 불안정하게 되었다(혜종 때 왕규의 난, 정종 때 왕권 약화).

(2) 호족 득세

호족들이 득세하여 왕권이 약화되었다.

2. 정책

(1) 왕권강화 추진

① 당 태종의 『정관정요』*를 참고하였다.

② 4색 공복제 : 자·단·비·녹의 공복을 제정하여 관료체제 질서를 확립하였다.

③ 수도인 개경을 황도로, 서경을 서도라고 격상하고 독자적인 연호를 사용하였다(광덕, 준풍).

④ 공신과 호족세력을 제거하여 왕권 강화를 도모하였다.

---

*『정관정요』
당 태종이 '정관치지'라는 태평성대를 구현한 방법에 대한 문답으로, 제왕학의 교과서라 불린다.

참고 용두사지 철당간에 새겨진 '준풍'
절에 행사가 있을 때, 입구에 당이라는 깃발을 달아두는데, 이 깃발을 달아두는 장대를 당간이라 한다. 용주사지 철당간은 고려 준풍 3년에 세워졌다는 글이 철당간 밑 셋째 칸에 새겨져 건립연대가 고려 광종 13년(서기 962년)인 것이 확인됐다.

(2) 과거 제도 실시

① 후주인(後周人) 쌍기의 건의로 실시하였다.

② 신분이 아닌 실력에 따라 관직에 채용하였다.

③ 유학적 식견을 두루 갖추고, 국왕에 충성하는 이를 등용하여 왕권을 강화하였다.

(3) 민생 안정책

① 주현공부법 : 국가 수입 증대를 위해 주, 현 단위에 조세, 공물, 부역을 부과하였다.

② 노비안검법 실시

　㉠ 호족에 의해서 불법적으로 노비가 된 이를 양인으로 해방하였다.

　㉡ 노비는 호족 및 귀족의 경제적·군사적 기반으로서 호족은 이들을 통해 자신들의 사적 토지를 경작하거나 사병으로 활용하여 왕권을 위협하였다.

　㉢ 노비를 양인으로 해방시킴으로서 국가 입장에서는 과세 대상자가 증가하였고, 호족 세력을 견제할 수 있었다.

　㉣ 하지만 노비안검법을 악용하여 풍속이 문란하고 신분제가 해이해지는 문제도 발생하였다. 이에 성종 때, 노비환천법이 실시되기도 하였다.

③ 제위보 설치 : 빈민구제기금을 조성하였다.

사료 Plus

최승로가 광종 때 시행된 노비안검법을 비판하는 글

천예(賤隸)들이 때나 만난 듯이 윗사람을 능욕하고 저마다 거짓말을 꾸며 본 주인을 모함하는 자가 이루 헤아릴 수 없었습니다. 바라건대, 전하께서는 옛일을 심각한 교훈으로 삼아 천인이 윗사람을 능멸하지 못하게 하고, 종과 주인 사이의 명분을 공정하게 처리하십시오. 전대에 판결한 것을 캐고 따져서 분쟁이 열리지 않도록 해야 하겠습니다.

---

(4) 불교 숭상 및 교단 관리

① 국가 자문 승려인 국사와 왕의 자문 승려인 왕사제를 도입하였다.

② 승과 제도를 만들어 승병을 관리하였다.

③ 균여를 통해 화엄종 중심의 교종 통합을 시도하였다.

④ 혜거국사를 통해 법안종*을 수입하여 법안종 중심의 선종 통합을 시도하였다.

⑤ 중국에서 들여온 천태종을 바탕으로 교종과 선종의 통합을 시도하였으나 실패하였다.

＊법안종
당나라 때 크게 발전한 선종의 한 종파로, 광종 때 혜거국사에 의해 고려로 들어왔다.

03 성종 때의 통치

1. 제도 정비

(1) 중앙 정치 제도 정비

2성 6부 체제를 마련하였다.

(2) 지방 제도 정비

① 12목 설치 : 향직 개편을 통해 지방 호족의 지위가 격하되었다.

② 분사 제도* 실시 : 서경(西京)을 중시하여 분사(分司) 제도를 실시하였다.

＊분사(分司) 제도
서경을 제2의 수도(작은 개경)로 삼고 왕은 1년에 100일 이상을 이곳에서 머물렀다. 이는 고려의 북진정책을 살펴볼 수 있는 제도이다.

사료 Plus

12목 설치 필요에 대한 글

왕이 백성을 다스리는 데 집집마다 찾아가 매일같이 돌보는 것은 아니므로 수령을 나누어 보내 백성들의 이해를 살피게 하는 것입니다. 그러므로 우리 성조(聖祖)께서도 통합한 뒤에 외관을 두고자 하였으나, 대개 초창기였으므로 일이 번거로워 겨를이 없었습니다. 지금 가만히 보건대 향호가 매양 공무를 빙자하고 백성을 침포(侵暴)하니 그들이 견뎌 내지 못합니다. 청컨대, 외관을 두소서. 비록 일시에 다 보내지 못한다 하더라도 먼저 여러 주현을 아울러 한 사람의 관원을 두고, 그 관원에 각기 2~3원을 설치하여 애민하는 일을 맡기소서.

---

(3) 군사 제도

① 중앙군 : 2군 6위를 설치하였다.

② 지방군 : 당의 부병제를 모방한 병농일치의 의무병제로 양인인 백정들로 조직되었다.

(4) 빈민 구제 제도

① 태조 때 실시된 흑창을 확대·개편하여 의창 제도를 마련하였다.

② 물가조절기관인 상평창을 설치하였다.

2. 유교 정치

(1) 최승로의 시무 28조

① 성종 원년, 경관 5품 이상의 관리들이 시무책을 올리라는 왕명에 따라 최승로가 28조의 상소문을 올렸다.

② 시무 28조와 함께 올린 5조 정적평은 성종 이전의 왕의 업적을 평가한 내용들로 구성되었다.

③ 주요 내용

㉠ 불교와 유교의 공존을 인정하면서도 유교 중심의 정치를 지향하였다.

㉡ 무분별한 중국 문물 수용 제한과 같은 자주적인 모습과 궁중의 제반비용 감소를 모색했음을 알 수 있다.

㉢ 지나친 왕권 강화보다는 왕권과 신권이 조화를 이루는 중앙집권적 귀족정치를 지향하였다.

사료 Plus

시무 28조의 주요 내용

	유교정치 이념의 확립	
제20조	불교를 행하는 것은 몸을 닦는 근본이며, 유교를 행하는 것은 나라를 다스리는 근원이니, 몸을 닦는 것은 내생(來生)을 위한 것이며, 나라를 다스리는 것은 곧 오늘의 일입니다. 오늘은 지극히 가깝고 내생은 지극히 먼 것이니, 가까운 거슬 버리고 먼 것을 구하는 일이 또한 그릇된 일이 아니겠습니까.	제왕이 불법 승신 억제와 유교 정치의 실현
	불교의 폐단 비판	
제2조	불사(佛事)를 많이 베풀어 백성의 고혈(膏血; 기름과 피)을 짜내는 일이 많고, 죄를 지은 자가 중이 가장하고, 구걸하는 무리들이 중들과 서로 섞어 지내는 일이 많습니다. 원컨대 군왕의 체통을 지켜 이로울 것이 없는 일은 하지 마소서.	공덕재 등 불사의 제한
제4조	왕께서 미음과 술과 두붓국으로 길 가는 사람에게 보시(布施; 법이나 재물을 베풂)하나, 적은 은혜는 두루 베풀어지지 못합니다. 상벌을 밝혀 악을 징계하고 선을 권장한다면 복을 오게 할 수 있을 것입니다. 작은 일은 임금의 체통이 아니오니 폐지하소서.	행려에의 시여(施輿) 폐지와 권선징악
제6조	불보(佛寶)의 돈과 곡식은 여러 절의 중이 각기 주군(州郡)에서 사람을 시켜 관장하며, 해마다 장리(長利; 비싼 이자)를 주어 백성을 괴롭게 하니 이를 모두 금지하소서.	불보 전곡(錢穀)의 장리(長利) 금지
제8조	굴신의 승려 여철에 대한 환대를 비판하며 승려의 궁중 출입 금지 주장	승려의 궁중 출입 금지
제10조	승려들이 객관(客館)이나 역사에서 유숙하는 것을 금지하여 그 폐단을 제거하소서.	승려의 객관, 역사 유숙 금지
제13조	우리나라에서는 봄에는 연등(燃燈)을 설치하고, 겨울에는 팔관(八關)을 베풀어 사람을 많이 동원하고 노역이 심히 번다하오니 원컨대 이를 감하여 백성이 힘을 펴게 하소서.	연등회·팔관회 축소와 노역의 축소
제16조	중들이 다투어 절을 짓는데, 수령들이 백성을 동원하여 일을 시키니 백성이 매우 고통스럽게 여기고 있습니다. 엄히 금하소서.	무분별한 사찰 건립 금지
제18조	신라 말기에 불경과 불상을 만드는 데 모두 금·은을 사용하여 사치가 지나쳤으므로 마침내 멸망하게 되었습니다. 근래에도 그 풍습이 없어지지 않았으니 엄중히 금하여 그 폐단을 고치게 하소서.	불상에 금·은 사용 금지
	중앙집권체제의 지향	
제7조	태조께서 나라를 통일한 후에 군현에 수령을 두고자 하였으나 대개 초장기에 일이 번다하여 미처 이 일을 시행할 겨를이 없었습니다. 청컨대 외관(外官; 지방관)을 두소서.	지방관의 파견
제17조	근래에 사람들이 지위의 높고 낮음을 가리지 않고 재력만 있으면 다투어 큰 집을 지으니 그 폐단이 많습니다. 제도에 맞지 않는 것은 모두 헐어 버리도록 명하여 뒷날에 경계가 되게 하소서.	지방 호족세력의 억제

왕권의 전제화 규제(왕도 정치)와 귀족 중심의 정치 지향		
제3조	우리 왕조의 시위하는 군졸은 태조 때에는 그 수효가 많지 않았으나, 뒤에 광종이 풍채 좋은 자를 뽑아 시위케 하여 그 수가 많아졌습니다. 태조 때의 법을 따라 날쌔고 용맹스런 자만 남겨두고 그 나머지는 모두 돌려보내어 원망이 없도록 하소서.	왕실시위 군졸의 축소
제14조	임금께서는 스스로 교만하지 말고 아랫사람을 공손히 대하고, 죄지은 자는 모두 법에 따라 벌의 경중을 결정하소서.	신하에 대한 예우와 법치의 실현
제19조	공신의 등급에 따라 그 자손을 등용하여 업신여김을 받고 원망하는 일이 없도록 하소서.	삼한공신과 자손 등용
민생의 안정		
제12조	공물과 요역을 공평하게 하소서.	섬 사람들의 공물과 요역 경감
제15조	궁궐의 노비와 가마의 수를 줄이소서.	왕실 내(內) 노비와 가마의 수 감소
제21조	우리 왕조는 종묘사직의 제사는 아직 법대로 하지 않으면서 산악(山岳)과 성수(星宿)에 대한 초제는 번거롭게 합니다. 그 제사의 비용은 모두 백성으로부터 나오는 것입니다. 민심을 얻으면 그 복이 기원하는 복보다 많을 것이니, 제사를 지내서는 안 됩니다.	산악성수에 대한 초제의 금지
유교적 신분 질서의 확립		
제9조	관료들로 하여금 조회할 때에는 모두 중국 및 신라의 제도에 의하여 공복을 입도록 하여 지위의 높고 낮음을 분별하도록 하소서.	복식 제도의 정비
제22조	광종이 노비를 안검하니 …… 천한 노예들이 주인을 모함하는 일이 이루 헤아릴 수 없이 많았습니다. 그런즉, 선대의 일에 구애되지 말고, 노비와 주인의 송사를 판결할 때는 분명하게 하여 후회가 없도록 힘써야 합니다.	노비의 신분 규제
중국 문물의 주체적 수용		
제5조	태조께서는 수년에 한 번씩 사신을 보내어 사대의 예를 닦았을 뿐인데, 지금은 사신뿐 아니라, 무역으로 인하여 사신의 왕래가 빈번하니, 지금부터는 사신 편에 무역을 겸하게 하되, 그 밖의 때에 어긋나는 매매는 일체 금지하도록 하소서.	중국에 대한 사신 감축과 사무역 금지
제11조	중국의 제도를 따르지 않을 수 없지만 사방의 풍습이 각기 그 토성에 따르게 되니 다 고치기는 어려울 것 같습니다. 그 예악(禮樂), 시서(詩書)의 가르침과 군신부자의 도리는 마땅히 중국을 본받아 비루함을 고쳐야 되겠지만, 그 밖의 거마, 의복의 제도는 우리의 풍속대로 하여 사치함과 검소함을 알맞게 할 것이며 구태여 중국과 같이 할 필요가 없습니다.	무분별한 중국 문물의 수용 제한
국방력 강화 강조		
제1조	요지(要地)를 가려 국경을 정하고, 그 지방에서 활 잘 쏘고, 말 잘 타는 사람을 뽑아 국방을 맡도록 하소서.	국경의 확정과 방어책

(2) 유교 진흥책

① 과거 제도를 정비하고, 제술업 급제자수를 증가시켰으며, 문신월과법*을 시행하였다.

② 중앙에 국자감을 설치하고, 지방에 경학박사를 파견했다.

③ 도서관인 수서원과 비서성을 설치하였다.

* 문신월과법
문신들에게 매달 시부를 지어 바치게
한 법이다.

한눈에 쏙

고려의 성립과 발전

태조 (918~943)	건국	• 태조(왕건)의 고려 건국(918) • 국호 : 고려(고구려 계승 의미) • 연호 : 천수 도읍 : 철원 → 송악(개성)
	대외 정책	• 신라에는 화친 정책, 백제에는 견제책 → 신라와 백제 정복(936) → 민족의 재통일 • 북진 정책 추진 : 청천강~영흥만 국경선 확정
	대내 정책	• 민생 안정책 : 세금 감면, 노비 해방, 흑창 설치, 다양한 종교를 인정 • 호족 통합 정책 : 호족과의 정략결혼, 사성 정책 • 호족 견제책 : 사심관 제도, 기인 제도 • 왕권 안정책 : 『정계』, 『계백료서』, 훈요 10조
광종 (949~975)	왕권강화책	• 노비안검법(국가 재정 기반 강화) 실시 • 과거 제도(신·구세력 교체 도모) 실시 • 공복 제도, 칭제 건원 실시
성종 (981~997)		• 중앙집권체제 정비 : 2성 6부 체제 확립, 12목 설치(지방관 파견), 향리 제도 마련(호족 흡수) • 국자감, 과거 제도 정비, 경학박사, 의학박사 파견 • 유교 정치 이념 채택 : 최승로의 시무 28조 • 의창과 상평창 설치

04 고려의 통치 체제 정비

1. 중앙 정치 제체의 변화

(1) 초기

태봉의 관제를 주축으로 하면서 신라의 관제를 수용하였다.

① 태봉의 관제 : 광평성 이하 7부 5성 2단

② 신라의 관제 : 정1품~종9품까지 17등급으로 나뉜 품계

(2) 성종 이후

당과 송의 관제를 모방하면서도 고려의 독자적 정치 제도가 나타난다.

① 당 제도 모방 : 3성 6부제

② 송 제도 모방 : 중추원과 삼사

③ 고려의 독자적 제도 : 도병마사와 식목도감, 문관과 무관 모두에게 문산계 지급

2. 중앙 정치 체제

(1) 2성

① 중서문하성 : 문하시중을 수상으로 하며 국정을 총괄하였다. 재신과 낭사로 구성된다.

  ㉠ 재신 : 2품 이상의 고관으로 백관을 통솔하며 이들 중 일부는 상서성의 관직을 겸임

  ㉡ 낭사 : 3품 이하의 관리로 정책 건의, 간쟁, 봉박

② 상서성 : 백관을 거느리고 정책을 집행하였다.

(2) 6부

상서성 소속으로 실제 행정 분담하였다.

① 이부 : 문관의 인사, 공훈 포상

② 병부 : 무관의 인사, 국방, 우역(郵驛)

③ 호부 : 공물, 부역, 호구 조사, 전곡(錢穀)

④ 형부 : 법률, 소송, 노비

⑤ 예부 : 의례, 외교, 교육, 과거

⑥ 공부 : 토목 공사, 건축, 도량형

(3) 중추원(중추부)

① 왕명 출납과 군사 기밀, 왕실 호위(판원사)

② 추밀과 승선으로 구성되었다.

  ㉠ 추밀 : 2품 이상의 고관으로 구성되어 국정을 총괄하고 군사 기밀 담당

  ㉡ 승선 : 3품 관리로 왕명 출납

참고 문산계와 무산계

• 문산계 : 문·무·현직자뿐만 아니라 퇴직자와 휴직자 등 관계에 들어간 모든 사람을 대상으로 지급하였다.

• 무산계 : 문산계 수여 대상이 아닌 향리를 비롯한 탐라왕족, 여진 추장, 승려, 노병(老兵), 뛰어난 공인(工匠), 악인(樂人) 등에게 부여하였다.

(4) **어사대**

① 관리의 비리를 감찰하였다.

② 중서문하성의 낭사와 함께 대간이라고 불리었다.

(5) **대간(대성, 성대)**

① 어사대 관원과 중서문하성의 낭사로 이루어져 있다.

② 간쟁, 봉박, 서경권을 갖는다.

③ 왕과 고위 관리들의 활동을 지원·제약하면서 정국 운영의 견제와 균형을 도모하였다.

(6) **삼사**

단순히 화폐와 곡식의 출납에 대한 회계를 담당하였다.

(7) **도병마사**

① 초기에는 변경의 국방문제를 논의하기 위해 설치한 임시 회의 기구였다.

② 중서문하성의 고관과 중추원의 고관으로 구성되었다.

③ 후기에는 도평의사사로 이름이 바뀌면서 국정 전반에 관련된 회의 기구로 기능이 확대되었다.

④ 조선 건국 이후, 태종이 왕권을 강화하는 과정에서 폐지되었다.

비교 Plus 도병마사와 도평의사사

	도병마사	도평의사사
구성	중서문하성 재신(5) + 중추원(7)	70~80명의 재추로 확대, 삼사 포함
기능	국방, 군사 담당	국정 전반 담당
성격	귀족적, 임시적	관료적, 상설적

(8) **식목도감**

① 국내 정치법을 제정하고, 각종 시행 규정을 다루던 회의 기구였다.

② 재신과 추밀이 모여 국가의 중대사를 결정하였다.

(9) **한림원**

외교 문서 및 왕명과 교서 작성을 주관하였다.

(10) **춘추관**

실록과 국사편찬을 담당하였다.

3. 지방 행정 제도

(1) 정비 과정

① 성종 때 12목을 설치하여 지방관을 파견하였다.

② 성종 때 호장, 부호장과 같은 향리직제를 마련하여 중앙 관제에 편입되지 못한 중소 호족 출신들이 향리로 편제되었다.

③ 현종 때 4도호부, 8목 설치 후 5도 양계로 완성하였다.

(2) 지방 행정 조직

▽ 고려의 지방 행정 제도

① 5도(현종 때 완성)

ㄱ 행정기관이 없는 일반 행정 구역으로 안찰사가 도내를 순찰하며 관리하였다.

ㄴ 계수관제 실시 : 중앙집권이 강력하지 못한 상황에서 5도와 그 아래 일반 군현을 연결하는 중간기구로 경·도호부·목을 계수관으로 삼아 인근 군현을 관리케 하였다.

ㄷ 도 아래 주, 군, 현을 두었고 말단행정구역인 현은 수령이 파견된 주현과 그렇지 않은 속현으로 구분하였다(주현〈속현).

ㄹ 실무 행정을 담당한 향리 세력이 강하였다.

② 양계(현종 때 완성)

ㄱ 군사 행정 구역으로 병마사를 파견하였다.

ㄴ 국방의 요충지에 진, 교통의 요지에 역을 설치하였다.

③ 3경

ㄱ 처음으로 마련된 성종 때는 국토의 균형적 발전을 추구하는 풍수지리적 관점에서 개경, 서경, 동경(경주)이었다가 숙종 때 동경 대신 남경(서울)으로 바뀌었다.

ㄴ 성종 때 서경에 분소를 설치하는 분사제도를 운영하였다(묘청의 서경 천도 운동 실패로 폐지됨).

④ 4도호부, 8목

ㄱ 4도호부 : 군사적 전략의 요지에 설치하였다.

ㄴ 8목 : 일반행정의 중심지 역할을 담당하였다.

⑤ 향(鄕), 소(所), 부곡(部曲)

ㄱ 일반 군현에 비해 많은 차별을 받으면서 동시에 일반 행정 구역보다 많은 조세를 부담하였다.

ㄴ 대개 향, 부곡민들은 농업에, 소의 사람들은 수공업에 종사하였다.

ㄷ 몽골 침략기, 처인 부곡민들이 몽골에 저항했고, 무신 정권기 공주 명학소에서 망이·망소이가 난을 일으켰다.

4. 군사 제도

(1) 중앙군(2군 6위)

① 2군 : 응양군과 용호군으로 구성(국왕친위군)

② 6위 : 상장군과 대장군이 통솔(수도 경비)

③ 구성 : 부대 편성은 1000명으로 구성된 령(領)을 기본단위로 한다.

④ 군반씨족 : 의무병이 아닌 직업군인으로 군적에 올라 군인전을 받았으며 신분과 그
역은 자손에게 세습되었다.

⑤ 원칙상 직업군인으로 충당하였으나 이후 요역에 종사하고 군인전을 주지 않는 차별이
나타나면서 탈영이 증가하여 일반 농민으로 충당하였다.

(2) 지방군

① 주현군 : 향토방위와 치안을 담당하였고, 지방관 예하에 소속

② 주진군 : 양계에 주둔하며 국방을 담당하였고, 좌군·우군·초군으로 구성된 상비
군이다.

(3) 기타 군대

① 광군 : 정종 때 거란 침입 대비, 호족 군대와 연합, 주현군의 모체이다.

② 별무반

　㉠ 시작 : 숙종 때 윤관 주장으로 편성되었다.

　㉡ 구성 : 신기군(기마부대), 신보군(보병부대), 항마군(승병부대)

　㉢ 활약 : 여진 토벌에 효과를 발휘하였다. ⇨ 동북 9성 축조

③ 삼별초

　㉠ 시작 : 최우 정권 때, 도둑 방비 목적으로 편성되었다(최씨 무신 정권 뒷받침).

　㉡ 구성 : 좌별초, 우별초, 신의군(몽골 포로 출신)

　㉢ 활약 : 몽골에 항쟁하였다(강화도 → 진도 → 제주도).

④ 연호군 : 고려 말 왜구에 대비하여 조직되었고, 양천혼성부대＊이다.

＊ **양천혼성부대**
양인과 천인이 모두 포함된 부대로,
왜구에 대비하기 위해 편성된 고려의
연호군과 임진왜란 중에 편성된 조선
의 속오군이 이러한 구성을 보인다.

한눈에 쏙

고려의 군사 조직

중앙	2군	응양군	국왕의 친위대
		용호군	
	6위	좌우위	개경·변방의 방위(실질적 전투력을 갖춘 국방의 주축)
		신호위	
		흥위위	
		금오위	치안 유지
		천우위	의장대(儀仗隊)
		감문위	궁정 수비
지방	주현군 (5도)	보승군	전투와 치안 유지
		정용군	
		일품군	공병 부대(향리가 지휘하는 노역 부대)
	주진군 (양계)	초군	성(城)·진(鎭)의 상비군(둔전병* 운영)
		좌군	
		우군	
특수군	광군		(정종 때) 거란 방어
	별무반		(숙종 때 윤관 : 신기군, 신보군, 항마군) 여진 정벌
	삼별초		(최우 : 좌별초, 우별초, 신의군) 항몽 투쟁
	연호군		농민과 노비의 혼성 부대

＊ 둔전병
둔전병은 둔전을 경작하여 군량을 공급하고 유사시에는 부대에 편제되어 전투에 동원되는 병사를 의미한다. 우리나라에서는 고려의 군사 지역인 양계에서 운영되었다.

5. 교육 및 과거 제도

(1) 교육 제도

수도인 개경에는 국자감, 지방에는 향교를 설립하였다(성종).

(2) 과거 제도

▼ 고려의 과거 제도

문과	제술과	정책이나 문장능력 평가
	명경과	경서에 대한 이해 정도를 평가
승과		고려의 숭불정책에 따라 실시한 시험, 승직자 선발
잡과		의학, 천문, 법률 등 기술관 선발

① 무신에 대한 차별 대우로 인해 무과는 실시하지 않는 대신 무예나 신체조건이 뛰어난 이들을 따로 선발하여 무반을 충원하였다.

② 고위 관료(5품 이상의 관리)의 자제들은 음서 제도를 통해 과거를 통하지 않고 관직으로 진출할 수 있었다.

③ 명경과보다 제술과를 더 중시했다.

④ 응시절차
  ㉠ 1단계 : 향시(상공－개성, 향공－지방, 빈공－외국인)
  ㉡ 2단계 : 국자감시
  ㉢ 3단계 : 예부시

⑤ 지공거와 과거 합격자 사이에 좌주 － 문생 관계가 형성되었다.
  ㉠ 과거 합격자는 지공거의 도움으로 관직에 쉽게 진출할 수 있었다.
  ㉡ 과거 합격자는 지공거를 부모님처럼 봉양하였다.

⑥ 첨설직 : 고려 말 홍건적과 왜구의 침입 과정에서 군공을 세운 자들에게 지급하는 직책으로 당시는 품계만 있는 유향품관(한량)이 널리 존재하였다.

한눈에 쏙

통치 체제의 정비

중앙 정치 조직	• 2성 6부제 : 중서문하성, 상서성 이하 6부 • 송나라의 제도 모방 : 중추원, 삼사 • 고려의 독자적 기구 : 도병마사, 식목도감 • 감찰기구 : 어사대, 대간(간쟁, 봉박, 서경, 감찰)	
지방 행정 조직	5도	• 주·군·현 : 안찰사 파견 • 속현 : 실질적인 행정은 향리 담당 • 특수 행정 구역 : 향·소·부곡·소·역·원
	양계	진 설치, 병마사 파견
	3경	개경, 서경, 동경
군사 조직	중앙군	• 2군 : 국왕의 친위 부대 • 6위 : 수도 경비, 국경 방어
	지방군	• 주진군 : 양계 수비 • 주현군 : 5도 수비
관리 등용 제도	과거 제도	• 제술과 : 문학적 소양 논술 • 명경과 : 유교 경전에 대한 이해 • 잡과 : 기술관 선발
	음서 제도	5품 이상 고위 관리 자손

05 거란과 여진의 침입

1. 10세기 당시의 국제 관계

고려, 거란, 송의 다원적 국제 질서가 수립되었다.

(1) 고려의 자세

대외적으로 제후국으로서 '왕(王)'을 칭하였으나, 대내적으로는 천자로서 '제(帝)'를 칭하는 외왕내제(外王內帝)의 자세를 가지고 있었다.

(2) 거란

당시 고려는 발해를 멸망시킨 원수의 국가라 하여 거란에 적대시하였다.
⇨ 정종 때 호족의 군대를 중심으로 광군사를 조직하여 대비하였다.

(3) 송

고려는 문화적 목적으로 송과, 송은 군사적 목적으로 고려와 친교를 맺었다.

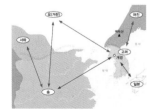
▽ 고려 전기 동아시아 정세

2. 거란

(1) 고려와 거란과의 관계

① 거란은 송을 공격하기 위해 배후의 고려와는 친선을 희망하였으나 고려는 거란을 배척하고 북진 정책과 친송 정책을 고수하였다.

② 발해 유민은 압록강 중류 지역에 정안국을 세워 송과 친교를 맺고 거란을 자극하였다.

(2) 거란의 침입

① 1차 침입(993, 성종 12년)

   ㄱ 원인 : 송과의 외교 단절을 목적으로 침입하였다.

   ㄴ 경과 : 소손녕이 대군을 이끌고 고려를 침입하여, 서희가 소손녕과 협상하였다.

   ㄷ 결과 : 송과 국교를 단절하기로 약속하고, 강동 6주를 확보하여 국경선이 압록강 입구까지 확장되었다.

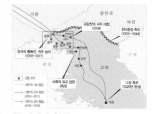

○ 거란의 침입

사료 Plus 📖

서희의 외교 담판

소손녕이 서희에게 말하기를 "그대 나라가 신라 땅에서 일어났고, 고구려 땅은 우리의 소유인데 고려가 침식하였고, 우리와 국경을 접하였음에도 바다 건너 송을 섬기니 오늘의 출병이 있던 것이다."라고 하자 서희는 "아니다. 우리나라가 곧 고구려의 땅이다. 그러므로 국호를 고려라고 한 것이며, 평양에 도읍을 한 것이다. 만일 국경으로 논한다면 그대 나라의 동경은 다 우리 경내에 있거늘 어찌 침식이라고 하는가? 또한 우리가 송을 섬기는 것은 여진이 우리 영토 내에 침입하여 그대들과 교역하기 어려움이 있기 때문이니, 그대들이 여진을 몰아내고 우리의 옛 영토로 만들어 성을 쌓고 도로를 통하게 한다면 어찌 우리가 관계를 맺지 않겠는가?"라고 하였다.

---

② 2차 침입(1010)

   ㄱ 원인 : 고려가 거란과의 관계에서 소극적 자세를 견지하였으며, 강조가 정변*을 일으켰다.

   ㄴ 경과 : 요(거란)의 성종이 40만 대군을 이끌고 침입하였으며, 강조가 패배하고 수도 개경이 함락되는 등의 위기가 있었다.

   ㄷ 결과 : 양규 등이 거란의 후방에서 승리하고, 현종이 친조한다는 조건으로 강화를 맺었다.

③ 3차 침입(1018)

   ㄱ 원인 : 국왕 친조 불이행, 강동 6주의 반환 요구

   ㄴ 경과 : 소배압의 10만 대군이 개경 부근까지 침입하였다.

   ㄷ 격퇴 : 강감찬의 귀주 대첩(1019)

＊ **강조의 정변**

목종의 모후인 천추 태후와 김치양이 모의하여 왕위를 빼앗으려 하자 강조가 군사를 일으켜 김치양 일파를 제거하고 목종을 폐위한 사건이다.

(3) 전란의 영향

① 세력 균형 유지 : 고려-송-거란은 국제 평화를 유지하였다.

② 방위 시설 마련

    ㉠ 개경 주변에 나성*을 축조하여 수도를 방비하였나(강감찬 건의, 왕가도 감독).

    ㉡ 압록강 입구~도련포에 이르는 지역에 천리장성을 축조하였다(정종 때 완성).

(4) 문화 사업

① 초조대장경 조판 : 불(佛)력으로 외적을 격퇴하였고, 몽골의 침입 때 소실되었다.

② 『7대실록』 편찬(태조~목종) : 현재는 전하지 않는다.

> **＊ 나성(羅城)**
> 성 밖에 겹으로 둘러쌓은 성으로 주로 수도 방어를 위해 축조되었다.

한눈에 쏙

거란의 침입과 그 대응

침입시기	침입원인	결과
성종 12년 (993)	고려와 송의 외교단절 요구	• 서희, 외교담판으로 소손녕이 물러나도록 함 • 강동 6주 지역 확보
현종 1~2년 (1010~1011)	강조의 정변	• 강조가 패배, 현종은 나주로 피신 • 양규가 분전하여 거란이 물러남
현종 9년 (1018)	강동 6주 반환	• 강감찬, 귀주에서 거란을 격파(귀주 대첩) • 거란 격퇴 이후 개경 주변에 나성 축조 • 천리장성 축조(압록강~도련포) • 거란과 고려 간의 평화관계 나타남

3. 여진

(1) 여진과 고려의 관계

① 12세기 전 : 여진이 고려를 부모의 나라로 섬기며 조공을 바쳤다.

② 12세기 후 : 여진의 여러 부족이 통일되면서 세력을 확장하는 과정에서 고려와 충돌 하였다.

(2) 여진의 침입에 대한 고려의 대응

① 별무반 편성 : 기병 중심의 여진에 대항하기 위해서 윤관이 별무반을 편성하였다.
  ⇨ 신보군(보병), 신기군(기병), 항마군(승병)

② 동북 9성 축조 : 윤관*이 여진을 정벌하여 동북 9성 축조하고 그 지역을 차지하였다.
  ⇨ 관리의 어려움과 여진의 계속되는 요구를 이기지 못해 반환하였다.

③ 사대외교 : 여진이 세력을 확대하여 금을 건국하자 고려에 사대를 요구하였다.
  ㉠ 당시 실권자였던 이자겸은 여진의 요구를 수용하였다.
  ㉡ 고려의 기본적인 국가통치 이념이었던 북진 정책이 좌절되었다.
  ㉢ 이후 묘청이 반발하였고, 금국 정벌을 주장하면서 서경 천도 운동을 벌였다.

> **사료 Plus 🏛**
>
> **금나라와의 관계**
> 인종 4년, 대부분 신하들은 사대를 할 수 없다고 주장하였다. 그러나 이자겸과 척준경이 말하였다. 옛날의 금은 속국으로 거란과 우리를 섬겼다. 하지만 지금은 갑자기 강성해져서 거란과 송을 멸망시키고 정치적 기반을 굳건히 함과 동시에 군사력을 강화하였다. 또 우리와 영토가 맞닿아 있으므로 정세가 사대하지 않을 수 없게 되었다. 작은 나라가 큰 나라를 섬기는 것은 선왕의 법도이다. 마땅히 먼저 사신을 보내어 예를 닦는 것이 좋다 하니 인종이 이 건의를 받아들였다.
> — 『**고려사절요**』

* 윤관
고려 문종~예종 때에 주로 활동한 문신으로 숙종과 예종의 측근으로 중용되었다. 여진 정벌의 화려한 성과로 정벌 직후 큰 영광을 누렸으나, 상황이 악화되고 결국 9성 지역을 여진에게 돌려주게 되면서 문책을 당하였다.

한눈에 쏙 ❤

거란과 여진의 침입

		원인	결과
거란	1차 침입	고려의 친송 정책(소손녕)	서희의 외교 담판, 강동 6주 획득
	2차 침입	강조의 정변을 구실	양규의 반격
	3차 침입	현종의 친조 불이행	강감찬의 귀주대첩, 천리장성 축조
여진	1차 침입	고려 침입(12C) → 완옌부의 추장이 정주까지 남하 → 고려와 충돌	윤관 : 별무반 조직(기병 위주) → 동북 9성 축조 → 여진 정벌 → 9성을 돌려줌
	2차 침입	여진의 국력 강화 : 금(1115) → 우리에게 군신 관계 요구	이자겸이 정권 유지를 위해 군신 관계 수락 → 자주성의 시련

06 문벌귀족 사회의 성립과 동요

1. 문벌귀족 사회

이전 신라와 달리 한 가문에 국한된 것이 아니라 여러 가문이 자신들의 가문에서 높은 지위를 가진 고위관리를 배출하였다. 그 가문에서 자신의 대에서만 한정되는 것이 아니라 여러 대에 걸쳐 높은 지위를 가진 이를 배출하여 문벌귀족 사회가 성립되었다.

2. 문벌귀족의 세력 기반

(1) 정치적 기반

① 일반적으로 관직에 진출한 이들은 과거제를 통해 관직에 진출하였다.

② 5품 이상 고위 관리들의 자제들은 음서제*를 통해 관직에 진출하였다.

③ 당시의 음서제는 관직 진출의 제한이 없었기 때문에 이러한 방법을 통해서 관직에 진출하여 해당 집안에서 고위 관료를 계속해서 배출하는 경우가 많았다.

(2) 경제적 기반

① 일반적으로 관직에 진출한 이들은 전시과 제도에 따라 토지를 지급받았다.

ㄱ 토지 자체의 소유권을 준 것이 아니라 해당 토지에서 세금을 거둘 수 있는 권리만 부여하였다(수조권).

ㄴ 전시과는 여러 차례 개정을 거쳐 변화하였으며, 최종적으로 현직 관리에게만 토지를 주었으며, 관직에서 물러나면 반납해야 했다.

② 5품 이상 고위 관리들의 자제들은 전시과 외에 추가적으로 공음전을 받았다.

ㄱ 공음전은 고위 관직자들에게만 수여했다.

ㄴ 공음전을 받은 이가 관직에서 물러나도 국가에 반납하지 않았으며, 토지의 세습이 가능하였다.

3. 문벌귀족의 부패 원인

(1) 과거와 음서 제도를 통한 문벌귀족의 관직 독점

① 정치권력과 경제력을 확대하려는 지배층 내부에서 분열이 시작되었다.

② 그 결과 개경의 문벌귀족과 지방 출신의 신진관료들 사이에 대립이 심각해졌다.

(2) 문벌귀족의 막대한 사전 소유

① 관직에 따른 전시과와 5품 이상의 고위 관리에게 지급되는 공음전을 통해 토지를 확대하였다.

② 특별한 공로를 인정받은 경우 국왕에게 받은 사전과 권력을 이용한 불법적 토지겸병도 급증하였다.

(3) 혼인을 통한 가문의 세력 유지

① 일반적으로 높은 문벌의 가문끼리 혼인을 하는 제한적인 통혼권을 가지고 있었다.

② 이들은 왕족과의 혼인을 최고로 여기어 이에 대한 경쟁이 치열하였다.

*음서제(= 문음제)
고려와 조선 시대, 나라에 공을 세운 신하나 지위가 높은 관리의 자손을 과거를 치르지 아니하고 관리로 채용하던 제도이다.

4. 이자겸의 난(1126)

(1) 과정

① 이자겸은 경원 이씨*의 문벌귀족으로 당시 정치적 실권을 장악하였다.

② 이자겸은 당시 왕이었던 예종과 인종에게 자신의 딸을 시집보내어 막강한 권력을 가지게 되었다.

＊ 경원 이씨
인천을 본관으로 하며, 인천 이씨 또는 인주 이씨라고도 한다.

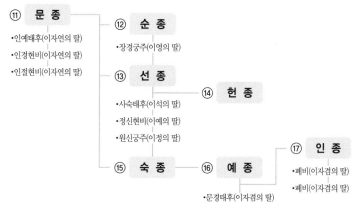

⬇ **왕실과 경원 이씨의 혼인 관계도**

③ 이에 불만을 가진 왕이 한안인을 비롯한 측근 세력을 통해 이자겸을 쫓아내려고 시도하였다.

④ 이를 먼저 알고 이자겸이 자신의 측근인 척준경과 더불어 개경의 황궁을 불태우는 등 반격하여 이자겸을 제거하려는 시도는 실패하였다.

⑤ 이후 이자겸과 인종 간의 반목이 더욱 심화되자 이자겸은 자신이 '십팔자위왕(十八子爲王)＊'이라는 당시의 도참사상에 근거하여 왕이 되고자 하였다.

⑥ 인종은 이자겸의 측근이었던 척준경을 설득하여 이자겸을 배신하게 하고, 그 결과 척준경이 이자겸을 잡아들이면서 이자겸은 영광으로 귀양을 갔고 이후 척준경도 조정에서 쫓겨났다.

＊ 십팔자위왕(十八子爲王)
고려 시대에 떠돌던 도참설에 기반한 소문으로 이자겸의 난때 정치적으로 처음 언급되었다. 그 내용은 十八子(십팔자) 이름을 가진 사람은 왕이 된다는 뜻으로, 十八子(십팔자)를 합치면 李(이)라는 한자가 되니 결국 이씨 가문에서 왕이 나온다는 이야기였다. 이 낭설은 이후, 이성계에 의해 현실이 된다.

(2) 결과

① 경원 이씨 가문 몰락하고 민심이 어지러워졌다.

② 묘청을 중심으로 한 천도 운동이 전개되었다.

▼ 묘청의 서경 천도 운동

＊정지상
서경 출생으로, 문학뿐 아니라 역학과 불교 경전에도 뛰어났고, 그림·글씨에 능했으며 도가사상에도 조예가 깊었다. 묘청, 백수한 등과 함께 서경 천도와 칭제건원을 주장하였으며, 후일 묘청이 서경에서 일으킨 반란(묘청의 난)의 주요 관련자라는 죄목으로 김부식에 의해 처형당했다.

5. 묘청의 서경 천도 운동(1135)

(1) 배경
① 문벌귀족의 정치적 독점에 대한 다른 귀족들의 불만을 품었다.
② 이자겸이 금의 사대 요구를 수용하여 외교 문제가 발생하였다.
③ 풍수지리 사상이 유행하였다.

(2) 서경 천도 운동의 추진
① 묘청, 백수한, 정지상＊ 등의 서경 세력이 개경은 지덕이 쇠하였고 서경은 지덕이 왕성하므로 서경으로 천도하는 것이 바람직하다고 주장하였다.
② 서경에 대화궁(大化宮)을 짓고, 이자겸 때 나타났던 금에 대한 사대를 중지하고 금을 정벌할 것을 주장하였다.
③ 이러한 묘청의 주장은 당시 이자겸의 난으로 실추된 왕권을 강화하려던 인종의 의도와도 일치하여 수용되었다.

(3) 개경파 문벌귀족의 반대
① 김부식 등의 문벌귀족은 서경파의 천도론을 미신행위로 공박하여 반대하였다.
② 이에 인종 역시 서경으로의 갑작스러운 천도에 부담을 느껴 서경으로 천도하는 것에 반대하였다.

비교 Plus 서경파와 개경파

	서경파	개경파
중심인물	묘청, 정지상 등 신진관료	김부식, 김인존 등 기성 문벌귀족
사상	불교, 풍수지리설, 자주적 전통 사상(국풍파)	사대 유교사상(한학파)
대외정책 주장 내용	• 자주국가 확립, 진취적 북진주의 • 칭제 건원, 금국 정벌, 서경 천도 주장 • 자주적 혁신 정치	• 사대 요구의 수용 • 보수적, 금과의 타협, 서경 천도 반대
역사의식	고구려 계승 의식	신라 계승 의식
특징	• 묘청의 서경 천도 운동 • 신채호의 『조선사연구초』: 자주적 사건	• 현실적, 실리적 외교 • 김부식의 상소문

(4) 묘청의 반란
① 묘청이 서경에서 국호를 대위, 연호를 천개라 하고 반란을 일으켰다.
② 결국 김부식이 이끄는 관군에 의해 1년 만에 진압 당하였다.

(5) 의의
① 전통적 자주사상의 사대적 유교 사상에 대한 반발 운동
② 족벌과 지역 간의 대립
③ 고구려 계승 이념에 대한 대립

(6) 평가

① 신채호는 묘청의 서경 천도 운동을 독립적, 진취적, 자주적 의식을 가진 이들의 정치 개혁 요구로 인정하였다.

② 반면에 김부식 등의 개경 귀족들의 입장은 사대적이고 보수적이라 파악하였다.

③ 그런 점에서 묘청의 서경 천도 운동을 우리나라 1천년의 역사 중에서 가장 중요한 대사건으로 보았으며, 묘청의 서경 천도 운동의 좌절은 이후 우리나라 역사에서 진취적, 독립적, 자주적 의식을 찾아볼 수 없게 된 결과를 낳았다고 보았다.

사료 Plus

신채호의 평가

서경 전역을 역대의 사가들이 다만 왕사가 반적을 친 전역으로 알았을 뿐이었으나, 이는 근시안의 관찰이다. 실상은 이 전역이 낭·불 양가 대 유가의 싸움이며, 국풍파 대 한학파의 싸움이며, 독립당 대 사대당의 싸움이며, 진취사상 대 보수사상의 싸움이니, 묘청은 곧 전자의 대표요, 김부식은 후자의 대표였던 것이다. 이 전역에서 묘청 등이 패하고 김부식이 승리하였으므로 조선의 역사가 사대적·보수적·속박적 사상, 즉 유교사상에 정복되고 말았거니와, 만일 이와 반대로 김부식이 패하고 묘청 등이 승리하였더라면 조선사가 독립적·진취적 방면으로 진전하였을 것이니, 이 전역을 어찌 '일천년래제일대사건'이라 하지 아니하랴.

— 신채호, 『조선사연구초』

---

07 무신정변

1. 배경

(1) 귀족 사회 내부의 모순 심화

이자겸의 난, 묘청의 서경 천도 운동으로 귀족 사회 내부의 모순이 심화되었다.

(2) 무신 차별 심화

① 같은 귀족이면서 무신은 문신에 비해서 많은 차별을 받았다(거란과 여진의 침입 때의 활약으로 어느 정도 세력이 성장하였으나, 문신에 비해서는 미약).

② 당시 군역에 종사하는 대가로 지급하였던 군인전까지도 문신귀족의 겸병의 대상이었다.

③ 군역 외에도 각종 잡역에 동원되어 군인 및 무신에 대한 불만이 커져갔다.

2. 무신정권의 형성

(1) 무신정권의 발생

① 의종이 문신들과 보현원에 놀러갔을 때를 틈타 정중부, 이의방, 이고 등이 반란을 일으켰다.

② 무신들이 문신들을 살해하고 의종을 폐한 이후 왕의 동생인 명종을 왕위에 옹립하였다.

③ 무신들은 자신들이 요직을 차지하고 정권을 장악하면서 통치하였다.

  ⇨ 정치적 능력 및 식견이 부족하였던 데다가 이들 역시 문신들과 같이 자신들의 사리사욕을 채우기 위해 정권을 이용하였다.

(2) 무신정권의 형성기

① 무신정권 장악 : 관직, 토지, 노비를 독점하고 무단정치를 실시하였다.

② 중방(重房) 정치 : 문신 중심의 정치는 그 기능을 상실하였다.

③ 무신정권에 대한 반발 : 김보당, 조위총 등이 거병하였으나 실패로 끝났으며, 귀법사 승려 200여 명도 반란을 일으켰다.

④ 무신들 간 내분 발생 : 집권한 무신들 사이에서도 내분이 발생하여 정권이 교체되었다 (정중부 → 경대승 → 이의민 → 최충헌).

참고 **김보당의 난과 조위총의 난**
• 김보당의 난 : 무신정변이 일어난 지 3년 후인 1173년(명종 3) 8월에 동북면병마사 김보당이 일으킨 난이다. 그는 정중부·이의방 등을 토벌하고, 무신정변 이전 임금인 의종을 다시 세우고자 하여 동계에서 군사를 일으켰으나 이의방에 의해 토벌되었다.
• 조위총의 난 : 1174년(명종 4년) 평양에서 무신정권에 반대한 서경 유수 조위총이 일으킨 난이다. 2년 만에 진압되었으나 그들을 토벌하던 이의방 또한 큰 타격을 입어, 결국 난이 진압된 후 정중부에게 죽임을 당했다.

(3) 무신정권의 확립기

최충헌을 시작으로 4대에 걸쳐 62년간의 최씨 무신정권이 성립되었다. 독재 정권 유지에 방해가 되는 무신 세력을 제거하고, 자신들의 부족한 정치적 식견을 보완해줄 문신을 등용하였다. 또한, 문신들의 보호를 받던 교종 승려들의 반발이 심화되어 교종 대신 선종 승려들과의 연결을 도모하였다.

① 최충헌

  ㉠ 봉사 10조 발표 : 조세 제도 개편, 토지 겸병 금지, 승려의 고리대금 금지

  ㉡ 진주지역을 식읍(食邑)으로 삼는 등 농장과 노비의 소유를 확대하고, 사병을 양성하였다.

  ㉢ 전제정치 강화 : 사병 성격의 도방 강화, 왕의 폐립 자행, 최고 기관인 교정도감 설치

  ㉣ 능문능리 형태의 문신들을 우대·등용하였다.

  ㉤ 흥녕부 설치 : 최충헌이 진강후(侯)로 책봉되면서 설치된 부(府)로 최씨 무신 정권의 핵심 권력 기구가 되었다.

② 최우

  ㉠ 정방 설치 : 인사권 장악

  ㉡ 문신숙위기구인 서방을 설치하였다(이인로, 최자, 이규보 등용).

  ㉢ 마별초와 삼별초 조직 : 공적 임무를 띤 최씨의 사병 부대이다.

  ㉣ 몽골과 항전 : 강화로 천도하였다.

⑷ **무신정권의 붕괴**

① 최의를 마지막으로 최씨 무신정권은 종결되었다.

② 김준, 임연 등이 정권을 장악하였으나 무신정권이 점차 약화되고 고려 왕실이 몽골과 결합하면서 무신집권을 무너뜨리려 하였다.

③ 몽골의 비호를 받은 원종이 강화도에서 개경으로 환도하면서 무신집권이 종식되었다.

3. 무신정권 권력기구

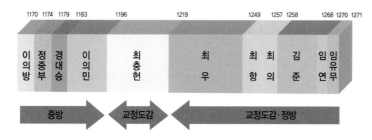

정치기구	기능
중방	원래 무신들의 회의기구였으나, 무신정권 초기의 지배기구로서 기능을 담당
도방	경대승이 만든 사병기구로 호위 담당
교정도감	최충헌에 의해서 만들어진 최고의 정치기구로 각종 정책 집행
정방	최우가 만든 인사 행정 독점 기구
서방	최우가 만든 문신 숙위(등용) 기구
삼별초	• 원래는 치안을 유지하기 위해 만들어진 야별초 • 규모가 커지자 좌별초와 우별초로 나뉘고, 몽골에서 도망쳐 온 이들인 신의군이 합쳐짐 • 최씨 무신 정권의 사병 성격을 지님

참고 서방(書房)

무신 집권기 때 최우가 설치한 문신 우대 기구이다. 최우는 문신의 자문을 받기 위해 서방을 설치하고 이규보, 이인로 등 문인들을 기거하게 하였다. 이규보는 동명왕편이 수록된 『동국이상국집』을 편찬하였고, 이인로는 시화집인 『파한집』 등을 지었다.

4. 무신정권에 나타난 농민과 천민의 반란

(1) 배경

① 지나친 농장 확대와 부역 동원 및 무신정권자의 가혹한 수탈이 일어났다.

② 천민 출신 무신집권자의 등장에 따른 신분 상승에 내한 기내감이 고조되었다.

참고 이의민

이의민은 소금 장수인 아버지 선과 여종인 어머니 사이에서 태어났다. 1170년(의종 24) 무신정변 때 공을 세우고 중랑장이 되었다가 곧 장군으로 승진했다. 1173년 의종의 복위를 명분으로 한 정변을 일으켰을 때, 이때 최고집정자인 이의방의 명령을 받아 의종을 죽이고 대장군에 오른 인물이다.

사료 Plus

향, 소, 부곡 주민들의 어려운 삶

• 의종을 폐위시킨 후 정중부, 이의방, 이고는 의종이 개인적으로 축적한 재산을 나누어 가졌다. 정중부는 원래 성격이 탐욕스럽고 재산 모으기를 싫어하지 않아 시중이 된 이후에는 널리 농장을 확장하였고, 그의 집안의 노예와 문객들은 그의 권세를 믿고 제멋대로 모든 사람들을 고통스럽게 하였다.

• 최충헌은 자기 집을 지을 때 민가 100여 채를 허물고 되도록 크고 화려하게 만들려고 하였다. 집 둘레가 몇 리나 되었으며 그 규모는 대궐과 비슷하였다. 또 별당을 짓고 십자각이라고 하였는데 부역 동원이 심해 국내에 불평이 많았다.

사료 Plus

무신집권기 농민의 처지

알몸을 갈옷으로 가리고 하루에도 얼마나 땅을 갈았던가.
벼 이삭 파릇파릇 돋아나면 고생스럽게 호미로 김을 매지.
풍년 들어 천종 곡식을 거둔다 해도 한갓 관청 것밖에 되지 않는다오.
어쩌지 못하고 모조리 빼앗겨 하나도 차지하지 못한다오.
어쩔 수 없이 풀뿌리 캐내다가 굶주림에 지쳐 쓰러진다오.

― 이규보, 「농민시」

(2) 농민과 천민의 반란

하층민의 봉기

성격	시기	봉기(시기)	내용
반(反)무신	명종	김보당의 난(1173)	동북면 병마사인 김보당이 주도하여 의종 복위를 꾀한 문신의 난(최초의 반 무신난)
		조위총의 난(1174)	서경 유수 조위총이 평양 지역에서 일으킨 난
		귀법사 승려의 난(1174)	무신의 토지겸병에 반발한 교종계통 승려의 난
신분 해방 운동	명종	망이·망소이의 난(1176)	공주 명학소의 망이 망소이가 주도한 난(명학소는 이후 충순현으로 승격)
		전주 관노의 난(1182)	경대승 집권기 관노의 난(전주를 점령)
		김사미·효심의 난(1193)	경상도 운문(청도)에서 김사미, 초전(울산)에서 효심이 신분 해방과 신라 부흥을 주장하며 일으킨 최대 규모의 민란(이의민과 내통 ⇨ 최충헌 등장 배경이 됨)
	신종	만적의 난(1198)	개경에서 최충헌의 사노인 만적이 신분해방을 주장하며 난을 모의(사전 발각되어 실패)
		진주 노비의 난(1200)	진주 공사 노비의 반란
삼국 부흥 운동	신종	이비·패좌의 난(1202)	신라 부흥 운동(동경)
	고종	최광수의 난(1217)	고구려 부흥 운동(서경)
		이연년의 난(1237)	백제 부흥 운동(담양)

사료 Plus 🏛

김보당의 난
명종 3년(1173) 8월 경진(庚辰)에 동북면병마사(東北面兵馬使) 간의대부(諫議大夫) 김보당(金甫當)이 동계(東界)에서 군사를 일으켜 정중부(鄭仲夫)·이의방(李義方)을 치고, 전왕(前王)을 복위(復位)시키고자 했다. 동북면지병마사(東北面知兵馬事) 한언국(韓彦國)이 군사를 일으켜 여기에 호응하였다. 김보당은 장순석(張純錫) 등을 거제(巨濟)로 보내 전왕(前王)을 받들고 계림(鷄林)에 나와 살도록 하였다. (9월) 계묘일에 안북도호부(安北都護府)에서 김보당 등을 잡아 개경으로 보내 왔다. 이의방이 그들을 저자거리[市]에서 죽였으며 모든 문관을 다 살육하였다.

사료 Plus 🏛

조위총의 난
• (명종 4년 9월) 기유일 서경 유수(西京留守) 조위총(趙位寵)이 군사를 일으켜 정중부와 이의방을 토벌하려 모의한 후, 동북 양계(兩界)의 여러 성들에 격문을 보내어 사람을 모았다. 겨울 10월 기미일에 중서시랑평장사 윤인첨(尹鱗瞻)을 시켜 삼군(三軍)을 거느리고 조위총을 치게 하였다. 병인일에 윤인첨이 절령(岊領)에서 싸우다가 패전하고 돌아왔다. 경술일 다시 윤인첨을 원수로 임명하여 삼군(三軍)을 거느리고 서경을 치게 하였다.
• (명종 6년 6월) …… (중략) …… 윤인첨(尹鱗瞻)이 서경을 격파하고 조위총을 붙잡아 죽인 다음 사람을 조정에 보내 승전을 보고하였다.

사료 Plus 🏛

망이·망소이의 난
(명종 7년(1177) 3월) 신해일에 망이 등이 홍경원(弘慶院)에 불을 지르고 절에 있던 승려 10여 명을 죽인 다음 주지승을 위협하여 다음과 같은 글을 가지고 상경토록 하였다. 대략 다음과 같다.
"우리 고향을 현으로 승격시키고 수령까지 배치하여 백성들을 보살피게 하더니, 다시 군사를 되돌려 토벌하러 와서 우리 어머니와 처를 잡아 가두니 그건 무슨 까닭인가? 차라리 싸우다가 죽을지언정 끝까지 항복하지 않을 것이며 반드시 개경까지 가고야 말겠다"

사료 Plus 🏛

김사미·효심의 난
(명종 23년 7월) 이때에 남적(南賊)이 봉기했는데 그 중 심한 것이 운문(雲門)에 웅거한 김사미(金沙彌, ?~1194)와 초전(草田)에 자리 잡은 효심(孝心)으로, 이들은 망명한 무리를 불러 모아 주현(州縣)을 노략질하였다. 왕이 이 소식을 듣고 걱정하였다. 병자일에 대장군 전존걸(全存傑, ?~1193)에게 장군 이지순(李至純, ?~1196)·이공정(李公靖)·김척후(金陟侯)·김경부(金慶夫)·노식(盧植) 등을 이끌고 가서 남적을 토벌토록 하였다.

사료 Plus 🏛

만적의 난
정중부의 난 이래로 고관이 천민과 노비에서 많이 나왔다. 장수와 재상이 어찌 씨가 따로 있으랴. 때가 오면 누구나 할 수 있다. 우리가 성 안에서 봉기하여 최충헌 등을 죽이고, 이어서 각각 주인을 쳐서 죽인 후 천적을 불살라서 우리나라에 천인이 없게 하자. 그러면 공경장상(公卿將相)을 우리가 할 수 있다.

08 몽골의 침입

1. 13세기 당시의 국제 정세

금의 분열, 거란족 반란으로 동진국이 건국되었고, 칭기즈칸이 몽골 지방을 통일하였다.

(1) 거란의 침입과 몽골과의 만남

① 몽골군에 쫓긴 거란이 고려의 박달제(제천) 지역에 침입하였다.

② 강동의 역 : 고려 장수 김취려가 몽골과 동진국과 협조하여 거란을 물리쳤다.

③ 이후, 몽골이 고려에 무리한 조공을 요구하였다.

(2) 몽골의 침입

① 원인 : 몽골 사신 저고여가 귀국 중 피살되었다.

② 1차 침입 : 몽장 살리타가 이끄는 몽골군은 의주를 점령하고 개경을 포위하였다(화의 성립).

③ 2차 침입 : 몽골의 무리한 조공 요구, 고려 강화 천도, 항몽 태세 준비, 몽골의 살리타 침입 때 승장 김윤후*가 살리타를 사살하면서 승리로 끝났다.

④ 3~6차 침입 : 40년간 전국적으로 피해가 극심하였다.

▼ 몽골의 침입과 대몽 항쟁

★ 김윤후

일찍이 중이 되어 백현원에 머무르던 그는 1232년(고종 19) 처인성 전투에 나서 적장 살리타를 살상하고 몽골군을 격퇴하였다. 1253년(고종 40) 충주성 전투에서는 "만일 힘을 다하면 귀천 없이 모두 관작을 제수할 것이다."라 하면서 관노의 부적을 불사르니, 모두 죽음을 무릅쓰고 나가 싸워 적을 물리쳤다.

한눈에 쏙

대몽항쟁의 전개과정

	연대	원인	고려 장군	몽골 장군	상황	결과
제1차	1231년 (고종 18)	• 저고여 피살 • 정복정책	박서, 김경손	살리타	귀주, 서경, 개경까지 침입	서경 주변에 다루가치 설치
제2차	1232년 (고종 19)	• 강화 천도 • 반몽 정책	김윤후	살리타	처인성 전투	초조대장경 소실
제3차	1235년	항복 요구 거부	최우	당올대	경주까지 침입	교장(부인사대장경), 황룡사 9층탑 소실
제4차	1247년	항복 요구 거부				
제5차	1252년	항복 요구 거부	김윤후	야굴	충주성 전투	김윤후에게 타격
제6차	1254년	항복 요구 거부		차라대	6년간 전투	20만 포로, 강화 성립 (28년간)
제7차	1257년	항복 요구 거부		차라대		

(3) 고려의 항전

① 지배층은 재조대장경(팔만대장경)을 조판하여 불력을 빌어 국난을 극복하고자 하였다.

② 일반 민중, 천민, 노비 등이 힘을 모아 몽골의 침입에 적극적으로 저항하였다.

③ 항전 과정에서 국토가 황폐해지고, 백성들은 생활고에 시달리게 되었다.

④ 초조대장경, 속장경, 황룡사 9층탑 등의 문화재가 소실되었다.

⑤ 『향약구급방』 저술(1236, 고종 23)

  ㉠ 향약 : 우리약재 180여종을 소개하였다.

  ㉡ 구급방 : 대몽항쟁기, 질병에 대한 처방을 목적으로 저술하였다.

  ㉢ 현전하는 우리나라 최고(最古)의 의학서적이다.

⑥ 최씨 무신정권의 마지막 권력자인 최의가 김준에게 살해당하면서 최씨 정권이 몰락하였다(이후 개경으로 환도, 원종).

(4) 삼별초의 항전

① 원인 : 무신정권 몰락, 몽골에 항복, 개경 환도

② 경과

  ㉠ 몽골에 대한 고려의 항복에 반대하고 무신정권의 몰락으로 자신들의 세력을 잃을 것을 두려워하였던 최씨 무신정권의 사병집단인 삼별초는 몽골에 대한 결사항전을 주장하였다.

  ㉡ 배중손*을 중심으로 개경 정부에 반기를 들고 몽골에 항전하였다.

  ㉢ 장기전을 도모하기 위해 중심지를 진도로 이동 → 고려와 몽골 연합군의 토벌이 시작되면서 배중손이 전사하고 진도가 함락 당하자 김통정*의 지휘 하에 제주도로 이동 → 1273년에 진압(원종)

사료 Plus

삼별초의 자주적 인식

이전 문서에서는 몽골의 연호를 사용했는데, 이번 문서에서는 연호를 사용하지 않았다. …… 이전 문서에서는 몽골의 덕에 귀의하여 군신 관계를 맺었다고 하였는데, 이번 문서에서는 강화로 도읍을 옮긴 지 40년에 가깝지만, 오랑캐의 풍습을 미워하여 진도로 도읍을 옮겼다고 한다. — **고려첩장(高麗牒狀)**

* 배중손
고려 조정의 환도 이후, 삼별초의 반몽 세력을 규합하여 전라도 서남해안의 진도를 새로운 거점으로 정하고 고려의 정통정부를 자임하면서 반몽골 항전을 지속하였다. 그의 사망 기록은 남아있지 않다.

* 김통정
진도의 삼별초가 여몽연합군에 의해 공략 당하자 남은 무리를 이끌고 탐라로 들어가 성곽을 쌓고 항거하였다. 그러나 여몽연합군에게 패배해 1273년(원종 14) 윤6월 무렵에 사망했다.

09 원 간섭기에 나타난 고려 사회의 특징과 공민왕의 개혁

1. 몽골의 내정 간섭

(1) 용어의 격하

① 왕의 이름 앞에 忠을 붙여 몽골에 대한 충성을 강요하였다(조, 종 → 충○왕).

② 각종 왕실의 용어를 한 단계 낮춰 부르도록 하였다(폐하 → 전하/태자 → 세자/짐 → 고).

③ 관제 용어의 격하

내정 간섭 이전	내정 간섭 이후
2성(중서문하성, 상서성)	첨의부
6부	4사
도병마사	도평의사사(도당)
중추원	밀직사
어사대	감찰사

(2) 내정 간섭 기구

① 정동행성

㉠ 원래 일본을 정벌할 목적으로 설치한 기구이다.

㉡ 장관인 승상은 고려국왕이 겸직하였다.

㉢ 두 차례의 일본 침입 후 본래의 목적을 달성하지 못하면서 고려에 대한 내정간섭 기구로 변하였다.

② 순마소(감찰기관)*, 다루가치(공물징수)* 등

(3) 영토의 강탈

① 동녕부 : 서경에 설치, 1290년에 고려의 요청으로 반환하였다.

② 탐라총관부 : 제주도에 설치, 1301년에 고려의 요청으로 반환하였다.

③ 쌍성총관부 : 철령 이북 지역에 설치, 공민왕 때 무력으로 탈환하였다.

(4) 원 간섭기의 사회 변화

① 고려의 왕과 몽골의 공주를 혼인시켜 고려가 몽골의 부마국으로 전락하였다.

② 몽골의 풍습을 강요하면서 몽골풍이 유행하였다.

③ 이전의 무신정권이 무너지면서 원나라의 세력을 등에 업은 권문세족이 새로운 지배층으로 등장하였다.

④ 경제적 수탈 : 공녀(처녀, 과부), 금, 은, 베, 인삼, 약재, 매(응방 설치)

* 순마소
원나라가 내정에 간섭하기 위하여 고려에 두었던 감찰 기관으로, 야간 경비 이외에 형옥의 일까지 맡아보았다.

* 다루가치
원나라가 고려의 점령 지역에 두었던 벼슬로, 점령 지역의 백성들을 직접 다스리거나 내정에 관여하였다.

한눈에 쏙

원의 내정 간섭

지배층	• 권문세족 : 정계 요직 장악, 대농장 소유 • 도병마사 ⇨ 도평의사사 : 권문세족의 최고 권력 기구
군사	• 쌍성총관부, 동녕부, 탐라총관부 설치 • 관제 격하, 원의 공주와 결혼, 왕실의 호칭과 격 개편 • 내정 간섭 : 정동행성 설치(내정 간섭 기구), 만호부 설치, 다루가치(감찰관) 파견
경제	공녀와 특산물의 징발과 응방 설치로 농민들의 고통 가중
문화	• 몽골풍(고려의 상류층에서 몽골 문화 유행)✱ • 고려양(원에서 고려의 풍속 유행)✱

⬇ 소줏고리

✱ **몽골풍**
몽골(원나라)의 간섭을 받는 동안, 고려에 퍼진 몽골의 풍습을 몽골풍이라고 한다. 마마(왕과 왕비), 무수리(궁녀) 같은 말이나, 벼슬아치, 장사치 같은 단어의 '~치'도 몽골에서 왔다. 또한, 소주를 만들 때 사용한 소줏고리나, 족두리 등 부녀자들이 쓰던 관이 전래되어 유행하였다.

✱ **고려양**
몽골(원나라)의 간섭을 받는 동안 몽골로 끌려가는 고려 여인들이 늘어나면서 몽골에 고려의 풍속이 전해졌다. 이것을 '고려풍' 또는 '고려양'이라고 한다(상추쌈, 떡, 고려의 복장, 고려의 자기 등이 유행).

2. 권문세족의 출신과 그 특징

(1) 출신

① 원 간섭기에 권력을 얻은 가문과 대대로 높은 지위를 누려온 가문

② 기존 문벌귀족 중 무신정변의 과정에서 살아남은 사람들

③ 일부 무신 세력들

④ 고려가 원나라의 지배를 받게 되면서 원과의 친분을 통해 관직에 진출한 부원세력 (통역관, 응방, 공녀, 군공 출신 등)

(2) 특징

① 주로 몽골과 친분이 있던 군인, 역관, 환관 출신들이 많았으며 원의 세력에 기대어 자신의 권력을 유지하였다.

② 농장의 설치와 경영

㉠ 원래 자신들의 토지에 농민들에게 빼앗은 토지까지 더하여 매우 많은 토지를 사적으로 경영하면서 부를 점차 확대하였다.

㉡ 농장의 확대로 일반 농민이 노비로 전락하며 조세 수입이 감소하게 되자 국가 재정이 궁핍해졌다.

사료 Plus

농장
요즈음 권세를 가진 자 백성의 논밭을 빼앗아 산과 강을 경계로 공문서를 만드니 밭 하나에 주인은 몇이나 되어 그 땅에서 세금을 계속해서 거두어간다. (중략) 이 권세를 가진 자들은 하루에도 만금을 먹으니 별 같이 널린 솥에 진수성찬을 끓여대고, 말몰이꾼조차 술에 잠겨 비단이불에 먹을 걸 토하며 말은 배불러 황금우리에서 소리친다.

③ 불교 옹호

㉠ 정치적으로 영향력이 있는 승려를 배출 : 조견 등

㉡ 불교의 부패 등 사회적 폐단을 야기하였다.

3. 공민왕 이전의 개혁 정치

(1) 충렬왕

① 전민변정도감*을 설치하였다.

　⇨ 원종 때 최초 설치 → 충렬왕 때 재설치 → 공민왕 때 실질적인 역할을 함

② 동녕부와 탐라총관부를 돌려받았다.

③ 국자감을 성균관으로 개편하고, 7품 아래 관리를 가르치는 경사도수도감과 양현고 보충을 위해 섬학전을 설치하였다.

(2) 충선왕

① 왕명출납기구인 사림원을 설치하고, 정방을 폐지하였다.

　㉠ 사림원은 국왕의 고문 및 왕명출납을 담당하였다.

　㉡ 사림원 관리들은 신진세력으로 충선왕의 개혁정치를 뒷받침하였다.

② 전농사에서 농무사를 파견하여 농업의 활성화를 도모하고, 의령창에서 각염법을 실시하여 소금과 철의 전매를 실시하였다.

③ 원나라에 만권당 설치하여 유교를 연구하였다.

④ 즉위 7년 만에 충렬왕에게 왕위를 물려주고 심양왕의 봉작을 받았다.

　⇨ 충렬왕(1274~1298) → 충선왕(1298) → 충렬왕(1298~1308) → 충선왕(1308~1313)

(3) 충숙왕

찰리변위도감*을 설치하여 권문세족의 민전을 본 주인에게 돌려주도록 하였다.

(4) 충혜왕

충혜왕이 개혁정치를 시도하자, 기철 등 황후 세력이 반발하여 충혜왕 정권을 위협하였고, 결국 퇴위되어 원나라에 압송되었다.

(5) 충목왕

① 정치도감을 설치하여 부원세력을 척결하였다.

② 농장의 폐단과 수취제 문란의 시정을 위한 개혁안을 제시하였다.

③ 일반 관리와 국역 담당자들을 위해 원종 때 실시되었으나 실효를 거두지 못한 녹과전 제도를 부활시켰다.

④ 경천사지 10층 석탑을 건립하였다.

(6) 충정왕

강화도로 추방되었다가 15세의 나이에 독살 당하였다.

＊ 전민변정도감(田民辨正都監)
고려 후기 권세가에게 점탈된 토지나 농민을 되찾아 바로잡기 위하여 설치된 임시 개혁기관으로 원종 이후, 7차에 걸쳐 개혁을 시도하였다.

＊ 찰리변위도감(拶理辨違都監)
1318년(충숙왕 5) 호세가들이 불법으로 점유한 토지와 노비를 그 본주인에게 환원시키기 위하여 설치된 기구다.

4. 공민왕의 개혁 정치

(1) 배경

① 원나라의 세력이 약화되고 새로운 중국의 왕조인 명이 부상하였다.

② 권문세족의 횡포에 대한 왕권 강화의 필요성을 절감하였다.

③ 공민왕 이전의 여러 왕들이 정치와 경제 개혁을 시도하였으나 실패로 끝났다.

(2) 내용

① 반원정책

   ㉠ 정동행성을 폐지하고, 원 간섭 이전의 상태로 관제를 복구하였다.

   ㉡ **영토 수복**: 이전에 몽골에 의해 부당하게 강탈당했던 쌍성총관부 지역을 탈환하였다.

   ㉢ 몽골의 복장, 풍습, 변발 등의 몽골풍을 금지하였다.

   ㉣ 친원파 세력을 몰아내고 숙청하였다.

   ㉤ 원의 수시력을 대신하여 명의 대통령을 취하였다.

② 왕권강화책

   ㉠ 이전에 친원적 성격을 띠고 있던 권문세족을 몰아내고, 신진사대부를 정계에 등용하기 시작하였다.

   ㉡ 충렬왕 때 설치된 성균관을 통해 유학교육을 강화시키는 등 관료 체계의 정비를 추진하였다.

   ㉢ 귀족연합 정치의 중심기 구였던 정방을 폐지하였다.

   ㉣ 당시 승려였던 신돈을 등용하여 개혁정치를 실시하였다.

      ⓐ 전민변정도감을 설치하여 권문세족이 불법적으로 차지한 농장을 일반 양인에게 돌려주었다.

      ⓑ 불법적으로 농장에 소속되어 있던 노비를 해방시켰다.

🔻 공민왕의 영토 수복

참고 천산대렵도

공민왕이 그린 것으로 전해지는 산후 화로 원대 북화의 영향을 받았다.

사료 Plus

공민왕의 개혁

• 감찰대부 이연종이 왕이 머리를 땋고 호복을 입었다는 말을 듣고 대궐에 나아가 간하기를 "머리를 땋고 호복을 입는 것은 선왕의 제도가 아니오니 원컨대 전하께서도 그런 것을 본뜨지 마소서"하였더니 왕이 기뻐하여 곧 땋은 머리를 풀고 이연종에게 옷과 요를 주었다.　　　　　　　　　　　　　　　　　　　　　　　　　－『**고려사**』, 공민왕 원년

• 동북면병마사 유인우가 쌍성을 함락하였다. 총관조소생과 천호 탁도경은 도주하고 화, 등, 장, 정, 예, 고, 문, 의 등 각 주와 선덕, 명인, 요덕, 정변 등 여러 진을 수복하였다. 고종 무오년에 원나라에 빼앗겼던 함주 이북의 지방을 수복한 것이다.　　　　　　　　　　　　　　　　　　　　－『**고려사**』, 공민왕 5년

• 신돈이 전민변정도감을 둘 것을 청원하고 스스로 판사가 되어 각 처에 알리고 포고문을 붙였다. 근래에 기강이 크게 무너져서 탐오함이 풍속으로 되어 종묘, 학교, 창고, 사사, 녹전, 군수의 토지와 나라 사람들의 대대로 가져온 전민을 부유하고 세력 있는 집들이 강탈하기를 거의 다하였다. 그들은 앞서 주인에게 돌리라고 판결한 것도 그대로 가지고 있으며 양인을 노예로 삼고 있다. 각 지방 향리, 역관, 관의, 노비, 백성으로 역을 도피한 자들이 모두 도망가니 이들을 숨겨 크게 농장을 만든다. 이로 인해 백성을 병들게 하고 나라를 여위게 하니 하늘이 감응하여 홍수와 가뭄을 내리고 질병이 가시지 않는 형편이다. 이제 도감을 두어 이를 가려 정비하고 서울은 15일, 여러 지방은 40일을 기한하여 잘못을 알고 고치는 자는 묻지 않을 것이며 기한을 지나 발각되는 자는 규찰하여 다스릴 것이다. 그러나 망령되어 고소하는 자는 도리어 죄를 줄 것이다. 명령이 나오자 권세 있는 호부가 다수가 빼앗은 전민을 그 주인에게 돌리므로 안팎이 기뻐하였다.　　　　　　　　　　　　　　　　　－『**고려사 열전**』, 신돈

(3) 결과

권문세족의 반발과 개혁을 추진하며 새롭게 등장한 신진사대부의 미약한 세력, 홍건적과 왜구의 침입, 공민왕의 실정과 신돈의 제거 등으로 인해 개혁은 실패로 끝났다.

(4) 의의

공민왕 12년 흥왕사의 변*으로 공민왕의 측근 세력은 모두 제거되었다. 이는 공민왕 초의 반원개혁정책을 통한 자주성 회복과 함께 측근 정치가 극복되었다는 점에서 의의를 가진다.

＊흥왕사의 변
고려 공민왕 12년(1363)에, 권문세족들과 결탁한 김용이 흥왕사의 행궁에 머무르고 있던 공민왕을 시해하려 한 사건이다. 이 과정에서 공민왕의 여러 측근들이 희생되었고, 최영 등이 반란을 진압하였다. 이 사건을 계기로 고려와 원나라의 관계는 더욱 냉각되었다.

한눈에 쏙

공민왕의 주요 개혁 내용

반원 자주 정책	왕권 강화 정책(권문세족 억압 정책)
• 원이 설치했던 내정간섭기관인 정동행성 이문소 폐지 • 몽골풍의 폐지 • 유인우로 하여금 쌍성총관부를 철폐하고 철령 이북의 땅 수복 • 2성 6부제 복구 • 기철 등 친원 세력의 숙청 • 인당으로 하여금 요동 지방 공략	• 신돈을 국사로 임명하여 전민변정도감(1366)의 판사로 삼아 토지·노비 제도를 개혁 • 무신정권 이후 이부와 병부의 인사권을 장악하여 왕권을 견제하고, 신진의 등장을 억제하던 정방을 폐지하고 문관의 인사권을 이부로 환원 • 성균관과 과거 제도를 정비하여 유학 교육을 강화하고 신진사대부 인재 배출

10 고려의 멸망과 조선의 성립

1. 홍건적과 왜구의 침입

(1) 홍건적의 침입과 격퇴

① 홍건적 : 원이 세력이 약해진 틈을 타고 등장한 한족의 농민 반란군이다.

② 한때 개경까지 침략하여 공민왕이 일시적으로 피란하기도 하였다.

③ 정세운, 이방실, 이성계 등이 격퇴하였다.

(2) 왜구의 침입과 격퇴

① 왜구 : 일본의 쓰시마 섬을 근거로 활동한 해적이다.

② 14세기 중반 이후부터 고려의 서남해안을 공격하였으며, 우왕 때 피해가 가장 컸다.

③ 해안 지역에 침입하여 노략질을 하면서 조세의 해상운송을 어렵게 함에 따라 국가 재정에 큰 피해를 주었다.

④ 최무선(진포 대첩, 화포 사용), 최영(홍산 대첩), 이성계(황산 대첩) 등이 격퇴하였다.

⑤ 왜구와 홍건적의 침입을 물리치면서 최영, 이성계 등과 같은 신흥무인 세력이 부상하였다.

▽ 홍건적과 왜구의 격퇴

참고 최무선과 최해산, 그리고 장영실

최무선은 우리 역사상 최초로 화약 무기 제조 관청인 화통도감을 설치해 화포를 제작하여 왜구를 격퇴한 발명가이자 장수이다. 그의 아들인 최해산도 아버지의 유명에 따라 화약 수련법과 화포법을 공부하여 조선 초에 활약하였다. 특히, 세종 때에는 장영실과 함께 화차, 신기전 등의 화약 무기를 만들어 내기도 했다.

한눈에 쏙

왜구의 격퇴

전투	시기	인물	특징
홍산 대첩	우왕 2년(1376)	최영	홍산(부여)
진포 대첩	우왕 6년(1380)	최무선, 나제	• 진포(충남 서천) • 화통도감 – 화약무기 사용
황산 대첩	우왕 6년(1380)	이성계	황산(남원의 운봉) – 남해안 일대의 왜구를 전멸시켜 이성계의 전국적 부상
관음포 해전	우왕 9년(1383)	정지	관음포(경남 남해)
쓰시마 정벌	창왕 1년(1389)	박위	정지의 건의
쓰시마 정벌	세종 2년(1419)	이종무	병선 227척, 병사 1만 7천 명을 이끌고 쓰시마 섬을 토벌하여 왜구의 근절을 약속받고 돌아왔다.

2. 이성계의 권력 장악 과정

(1) 위화도 회군과 군사적 실권 장악

① 명나라가 원을 멸망시켜가는 과정에서 고려에 대해 철령 이북의 영토를 요구하면서 명과 고려의 관계가 악화되었다.

② 고려는 명의 이 요구를 거절하면서 최영의 주도 아래 요동 정벌을 추진하였으나, 이성계가 사불가론을 내세우며 반대하였다.

③ 과정 : 이성계의 의견을 묵살하고 최영의 주도 아래 요동 정벌 계획을 실행 → 이성계와 조민수가 군사를 이끌고 원정을 단행 → 압록강 하류의 위화도에서 군대를 돌려 개경을 공격

④ 개경을 공격한 이성계는 최영을 사로잡아 죽이고 자신이 군사적 실권을 장악한 뒤 우왕을 폐위시키고 창왕을 즉위시켰다.

참고 철령위 문제

철령 이북 지역은 원에 빼앗긴 적이 있지만 공민왕 이후 고려가 수복한 지역이었다. 그런데 1388년 명나라가 요동에서 철령까지 철령위를 설치하겠다고 통보하자, 고려 정부는 철령위 설치의 중계지점인 요동을 정벌하기로 하고 최영을 8도도통사, 이성계를 우군도통사, 조민수를 좌군도통사로 삼아 요동 정벌에 나섰다.

깊이 Plus 사불가론(四不可論)

1. 작은 나라로서 큰 나라에 거역함은 옳지 못하다.
2. 여름철에 군사를 동원하는 것은 옳지 못하다.
3. 출병한 사이에 왜적이 침입할 수 있다.
4. 장마철이므로 활의 아교가 풀어지고, 역병이 돌 수 있다.

▽ 위화도 회군

(2) 정치적 실권 장악

① 이성계는 당시 권문세족의 부패를 지적하면서 개혁을 주장한 신진사대부와 결탁하였다.

② 이성계가 정권을 장악함에 따라 고려의 정치 개혁 방향에 따른 입장 차이로 신진사대부 세력이 나뉘게 되었다.

　　㉠ 온건파 신진사대부

　　　ⓐ 고려의 체제를 유지한 상태에서 점진적인 개혁을 추구하였다.

　　　ⓑ 정몽주, 이색 등

　　㉡ 급진파 신진사대부

　　　ⓐ 고려의 체제를 바꾸고 새로운 왕조의 개창을 주장하였다.

　　　ⓑ 정도전, 권근 등

③ 이성계는 정치적 실권을 장악해가는 과정에서 급진파 신진사대부와 결탁하였다.

　　⇨ 반대세력인 권문세족과 온건파 신진사대부를 제거하면서 정치적 실권을 장악하였다.

(3) 경제적 실권의 장악과 조선의 건국

① 당시 권문세족의 횡포로 지나치게 확대된 농장에 대한 개혁을 추진하였다.

② 과전법의 실시(1391, 공양왕)

  ㉠ 토지 개량에 착수하여 종래의 토지대장을 불태워 토지개혁의 토대를 마련하였다.

  ㉡ 새로운 토지 제도인 과전법을 실시하여 권문세족이 가진 농장을 없애고, 자신의 측근 및 관료들에게 과전을 지급하였다.

  ㉢ 과전법의 실시로 이성계의 측근 세력 및 새롭게 관리가 된 신진 관료층의 경제적 토대가 마련되었다.

③ 모든 실권을 장악한 이성계는 이듬해 고려의 마지막 왕이었던 공양왕을 축출하고 왕이 되면서 새로운 왕조인 조선을 개창하였다.

사료 Plus

전제 개혁

창왕 원년 8월 대사헌 조준 등이 상소하였다 …… 저희들 생각으로는 경기 땅은 마땅히 왕실을 보위하는 사대부들의 토지로 삼아 생활할 수 있도록 해야 합니다 나머지는 모두 개혁해 공상과 제사 비용으로 충당하고 녹봉과 군수의 비용을 넉넉히 해야 합니다. 토지를 몰아 차지하지 못하게 하고 토지로 말미암아 싸우고 송사하는 길을 없애 버림으로써 영원토록 계속될 법전을 제정해야 합니다. —『고려사』

사료 Plus

과전법 실시

경기는 사방의 근본이 되는 땅이다. 마땅히 여기에다 과전을 설치하여 사대부를 우대한다. 서울에 살면서 왕실을 호위하는 자는 현직과 전직을 막론하고 등급에 따라 토지를 받는다. 땅을 받은 자가 죽은 뒤 아내에게 자식이 있고 절개를 지키면 절반을 물려받는다. —『고려사』

비교 Plus 온건파 신진사대부와 급진파 신진사대부

구분	온건파	급진파
중심인물	정몽주, 이색, 길재	정도전, 조준, 남은, 하륜
주장	고려왕조 내에서의 점진적 개혁 (조선 개창에 반대)	고려왕조 자체의 개혁 (역성혁명 ⇨ 조선 개창 주도)
정치·경제면	정치·경제적 우세	정치·경제적 열세
군사면	군사력 갖지 못함	신흥무인세력과 연결
역사 계승 의식	기자 중시	단군 강조
종교면	불교 폐단을 주로 비판	불교 교리 자체를 비판
계승	사학파 ⇨ 사림파(16세기)	관학파 ⇨ 훈구파(15세기)

참고 선양(禪讓)

혈통상 아무런 관계가 없는 사람에게 왕위를 물려주는 행위를 말한다. 중국의 고사에서 요 임금이 순 임금에게, 순 임금이 우 임금에게 왕위를 물려준 고사에서 유래했다. 고사에 따르면, 나라와 백성을 위해서 자신의 혈족이 아닌 훨씬 유능한 인물에게 왕위를 물려준다고 되어있지만 실상은 '찬탈'이었다. 고려 공양왕이 이성계에게 선양함으로써 조선이 개창되었다.

중세의 경제

01 고려의 경제 정책

1. 수조권에 따른 분류

🔽 수조지에 따른 분류

(1) 공전(公田)

국가가 수조권을 가지는 토지이다.

공해전	중앙과 지방관청의 경비를 충당하기 위해 지급한 토지
내장전	왕실경비를 충당하기 위해 지급한 토지(세습 인정)
둔전	군수를 충당하기 위해 변경이나 군사상 요지에 둔 토지
학전	관학의 유지비로 배당되는 토지

(2) 사전(私田)

개인이 수조권을 가지는 토지이다.

과전	전시과와 같이 문무 관리의 등급에 따라 지급한 토지로 관직에서 물러나면 반납
공음전	5품 이상의 고위 관리들에게 지급하였고, 세습 가능
한인전	6품 이하의 관리의 자제 중 관직이 없는 자에게 지급하던 토지
군인전	군역의 대가로 지급한 토지로 군역을 물려받으면 자손에게 세습 가능 (직업군인인 중앙군을 대상으로 지급)
구분전	하급 관리 및 군인의 유가족에게 지급하던 토지
외역전	향리에게 분급하던 토지로 향리직을 계승하면서 세습 가능
사원전	사원에 지급하던 토지로 면세, 면역의 특권을 가짐

(3) 영업전(永業田)

① 세습이 가능한 토지이다.

② 종류 : 공음전, 공신전, 외역전, 군인전, 내장전 등

깊이 Plus⁺ 고려 시대의 민전

1. 일반 농민이 조상 대대로 세습한 토지로 매매, 상속, 증여, 양도가 가능한 사유지이다.
2. 귀족이나 일반 농민의 상속, 매매, 개간 등을 통해 형성되었다.
3. 민전은 소유권이 보장되었으며 민전의 소유자는 국가에 일정량의 세금을 납부하였다.
4. 민전은 수조권상 공전, 소유권상 사전이다.

2. 토지 제도의 정비

(1) 토지 제도의 원칙

국가에 봉사 대가로 토지에 대한 조세를 거두는 권리인 수조권을 지급하였다.

(2) 토지 제도의 변천

① 역분전 : 태조 때 공신에게 지급한 토지이다.

② 전시과 제도의 성립 : 단순히 전지(田地)만 지급하는 것이 아닌 시지(柴地)도 함께 지급하였으며, 토지에 대한 수조권만 지급하였다.

③ 전시과 제도가 변화하면서 지급규모는 점차 감소하였다.

(3) 전시과 종류

① 시정전시과(경종)

　㉠ 지급 대상 : 경종 때 재정된 4색 공복제에 의해 전·현직 관리 모두에게 토지 지급하였다.

　㉡ 특징 : 역분전을 모태로 한 국가적 규모의 토지 제도로서 전지와 시지를 지급하였다.

　㉢ 한계 : 관품 외에도 인품을 반영하는 등 이전 역분전의 성격을 벗어나지 못하였다.

② 개정전시과(목종)

　㉠ 지급 대상 : 관품만을 고려하여 전직 관리와 현직 관리를 18등급으로 나누어 지급하였다.

　㉡ 특징 : 무반보다 문반, 전직 관리보다 현직 관리를 우대하였으며, 군인에게 군인전을 지급하였다.

③ 경정전시과(문종)

　㉠ 지급 대상 : 현직 관리에게만 토지를 지급하여 전시과 체제를 완비하였다.

　㉡ 특징 : 무반의 지위가 이전에 비해 상승하였으며, 공음전, 한인전, 별사전* 등이 지급되기 시작하였다.

＊ 별사전
고려와 조선에서 승직자(승려)·지리업자·무당·점쟁이 등에게 특별히 내려준 전지이다.

사료 Plus

전시과의 토지 지급 액수

(단위 : 결(結))

시기 \ 등급			1	2	3	4	5	6	7	8	9	10	11	12	13	14	15	16	17	18
경종 (976)	시정	전지	110	105	100	95	90	85	80	75	70	65	60	55	50	45	42	39	36	33
		시지	110	105	100	95	90	85	80	75	70	65	60	55	50	45	40	35	30	25
목종 (998)	개정	전지	100	95	90	85	80	75	70	65	60	55	50	45	40	35	30	27	23	20
		시지	70	65	60	55	50	45	40	35	33	30	25	22	20	15	10			
문종 (1076)	경정	전지	100	90	85	80	75	70	65	60	55	50	45	40	35	30	25	22	20	17
		시지	50	45	40	35	30	27	24	21	18	15	12	10	8	5				

한눈에 쏙

전시과 제도의 정비

	시정전시과	개정전시과	경정전시과
지급 대상	전·현직 관리	전·현직 관리	현직 관리
지급 기준	관직(4색 공복) + 인품	관리의 등급(18등급)	관리의 등급
특징	• 광종의 개혁 정치 이후 4색의 공복 제정 • 인품을 고려하여 객관성이 떨어짐	성종의 체제 정비 이후 • 전·현직 차별 • 무신 차별	• 현직 관리 중심 • 무신 차별 완화

④ 녹과전 제도의 시행

㉠ 무신정변으로 전시과 제도가 붕괴되면서 관리들의 생계를 위하여 녹과전을 지급하였다.

㉡ 경기 8현에 한정되어 실시하였으며, 일시적인 미봉책에 불과한 제도로 토지 독점의 폐단을 막지 못하였다.

⑤ 양전사업과 과전법의 완성

㉠ 사전 소유자의 수조권을 사실상 불인정하였다.

㉡ 외방의 사전 혁파, 경기 내에서 다시 토지를 지급하였다.

⇨ 9월에 급전도감을 만들어 급전 대상자를 선정하였다.

(4) 과전법

① 신진사대부의 경제적 기반 마련을 목적으로, 경기도 지역에 한하여 지급하였다.

② 급전도감에서 과전 지급문서인 전적 발급하였다(1390).

③ 과정

㉠ 1390년 9월 : 기존의 공사 전적을 완전히 소각하였다.

㉡ 1390년 11월 : 지방 관원, 향리, 진척, 원주에 지급할 전지와 조세의 수를 파악하였다.

㉢ 1391년 5월 : 과전 지급의 기본 법규 반포하였다.

참고 수신전과 휼양전

조선 시대에는 관리가 사망할 경우, 그 가족의 생계를 국가가 보장해주었다. 죽은 관료의 아내에게는 수신전이라는 토지가 지급되었고, 죽은 관료의 자식들에게는 휼양전이 지급되었던 것이다. 그러나 세습이 가능한 이러한 수신전과 휼양전으로 인해 관리에게 지급할 토지는 점점 부족해지게 되었다.

사료 Plus

과전법 시행

공양왕 3년 5월, 도평의사사가 글을 올려 과전을 지급하는 법을 정할 것을 요청하니 왕이 따랐다. 경기는 사방의 근본이니 마땅히 과전을 설치하여 사대부를 우대한다. 무릇 경성에 거주하여 왕실을 시위하는 자는 직위의 고하에 따라 과전을 받는다(18등급으로 나누어 150~10결까지 지급). 토지를 받은 자가 죽은 후, 그의 아내가 자식이 있고 수신(개가하지 않고 수절하는 것)하는 자는 남편의 과전을 모두 물려받고 자식이 없이 수신하는 자의 경우는 반을 물려받는다. 부모가 모두 사망하고 그 자손이 유약한 자는 휼양전으로 아버지의 과전을 전부 물려받고, 20세가 되면 본인의 과에 따라 받는다.

한눈에 쏙

고려 시대 토지 제도

토지 제도		실시시기	특징
역분전		태조	• 후삼국을 통일한 이후 실시한 토지 제도 • 관제를 고려하지 않고 행실의 선악과 공로의 대소에 따라 토지를 지급하여 논공행상적 성격이 강함
전시과	시정전시과	경종	• 경종 때 제정된 4색 공복제에 의해 전·현직 관리에게 토지 지급 • 역분전을 모태로 한 국가적 규모의 토지 제도로서 전지와 시지를 지급 • 아직까지 관품 외에도 인품을 반영하는 등 이전의 역분전의 성격을 벗어나지 못함
	개정전시과	목종	• 관품만을 고려하여 전·현직 관리를 18등급으로 나누어 지급 • 무반에 비해 문반, 전직 관리에 비해 현직 관리를 우대, 군인전 지급
	경정전시과	문종	• 현직 관리에게만 토지를 지급하여 전시과 체제 완비 • 무반의 지위가 이전에 비해 상승하였으며, 공음전·한인전·별사전 등이 시작됨
녹과전		원종	• 무신정변으로 전시과 제도가 붕괴되면서 관리들의 생계를 위하여 녹과전 지급 • 경기 8현에 한정되어 실시하였으며, 일시적인 미봉책에 불과한 제도로 권문세족이 토지를 독점하는 폐단을 막지 못함
과전법		공양왕	• 급전도감을 설치하여 기존의 공사전적을 완전히 소각하고 모든 토지를 국가로 환수 • 권문세족이 가지고 있던 물적 기반인 농장을 붕괴시키고, 새롭게 등장한 신진사대부의 경제적 토대를 마련 • 경기에 한해 전지만 지급, 농민의 경작권을 보장

PART 03

3. 고려의 수취 체제

(1) 배경

① 신라 말의 수취체제를 정비하고 중앙집권을 위해 재정 운영을 필요로 하였다. 호부에서는 토지대장인 양안과 호구장부인 호적을 작성하여 인구 및 토지를 파악하고 관리하였다.

② 파악된 내용을 바탕으로 조세, 공물, 부역을 징수하였으며 실제 조세 수취와 집행은 각 관청에서 주관하였다.

(2) 수취 체제

① 조세(전세)

　㉠ 토지를 논과 밭으로 나누고, 토지의 비옥도에 따라 상, 중, 하의 3등급으로 나누어 세금을 부과하였다(전품제*, 일반적으로 1/10세).

　㉡ 징수한 조세는 각 군현의 농민을 동원하여 조창까지 옮긴 다음 조운을 통해 개경의 좌·우창으로 운반하여 보관하였다.

　㉢ 서작인은 공전의 경우 수확량의 1/4을, 사전·공음전·공신전의 경우 수확량의 1/2을 지대로 바쳤다.

② 공물

　㉠ 집집마다 토산물을 거두던 것으로 필요한 공물을 주현에 부과하면 주현은 속현과 향, 소, 부곡에 이를 할당하고 각 고을에서는 향리들이 집집마다 공물을 징수하였다.

　㉡ 매년 징수하는 상공과 수시로 거두는 별공이 있었으며, 징수한 공납은 각 관청에 납부하여 개경으로 운반하였다.

　㉢ 공물은 많은 폐단을 낳아 조세(전세)보다 부담이 컸다.

③ 역

　㉠ 국가에서 백성의 노동력을 무상으로 동원하는 제도로 16~60세까지의 남자를 정남이라 하여 의무를 지게 하였다.

　㉡ 분류

　　ⓐ 요역 : 성곽, 관아, 제방의 축조, 도로 보수 등의 토목공사와 공물 수취 등의 노동력을 동원하였다.

　　ⓑ 군역 : 일정 기간 군에 복무하는 양인 개병제와 농병일치제로 운영하였다.

　㉢ 관직자, 직역 담당 군인, 향리, 승려, 노인 등은 요역에서 면제되었다.

④ 잡세

　㉠ 어염세 : 어민에게 부과하였다.

　㉡ 상세 : 개경의 시전상인에게 부과하였다.

　㉢ 모미 : 운반과정에서 발생하는 손실 보충 목적으로 부과하였다.

　㉣ 수경가 : 중앙으로 세금을 운반하는 운임이다.

*전품제
전지의 실수확을 기준으로 책정하였던 토지의 등급 제도로, 고려에서는 토지를 논과 밭으로 나누고, 각각 3등급으로 나누어 등급에 따라 과세기준에 차이를 두었다. 이후, 조선 세종 때부터는 토지의 비옥도에 따라 나누는 전분 6등법과 풍흉의 정도에 따라 차등을 두는 연분 9등법이 실시되었다.

02 고려의 경제 활동

1. 농민

민전이나 타인의 땅을 임대하여 경작하거나 품팔이를 하였다.

(1) 농토 확장

① 황무지를 개간하면 일정 기간 동안 조세가 면제되었다.

② 농업기술 습득

  ㉠ 우경·깊이갈이*의 일반화

  ㉡ 시비법* 발달로 휴경지 감소

  ㉢ 2년 3작의 윤작법*으로 조·보리·콩 재배(밭농사)

  ㉣ 일부 남부지역에서 이앙법(모내기법) 실시

③ **진전 개간** : 주인이 방치해서 황폐해진 토지인 진전을 개간할 때 주인이 있으면 소작료를 감면해주고, 주인이 없으면 개간한 사람의 소유권을 인정해주었다.

④ 12세기 이후 저습지와 간척지를 개간하였다(**예** 강화도).

(2) 『농상집요』

이암이 원으로부터 전래한 농법서로 누에(양잠), 면화, 저마(모시) 등의 생산을 장려하였고, 이후, 『농사직설』 등의 농서 저술에 영향을 미쳤다.

2. 수공업자

(1) 관청 수공업

① 중앙과 지방에 수공업 관청을 설치하고, 수공업자는 공장안에 등록되어 물품을 제조하였다.

② 농민은 부역에 동원되어 보조원으로 종사하였다.

③ 칼, 창, 활 등 무기나 금·은 세공품, 견직물, 마구류를 제조하였다.

(2) 소(특수 행정 구역) 수공업

① 금, 은, 철, 구리, 실, 각종 옷감, 종이, 먹, 차, 생강을 생산하였다.

② 국가에 공물을 납부하였다.

(3) 사원 수공업

① 기술이 있는 승려와 노비를 활용하였다.

② 베, 모시, 기와, 술, 소금을 생산하였다.

✻ 깊이갈이
경작지를 20cm 이상의 깊이로 가는 농법으로, 심경(深耕)이라고도 한다. 이 방법을 통해 생산성을 높이고, 제초하는 노력을 줄이며, 생산물의 품질을 향상시킬 수 있었다.

✻ 시비법
토양이나 작물에 비료성분을 공급하여 농작물의 생육을 촉진시킴으로써 휴경지를 줄이는 농작법이다.

✻ 윤작법
같은 땅에 여러 가지 농작물을 해마다 바꾸어 심는 농법으로 '돌려짓기'라고도 한다. 일반적으로 콩, 조, 보리의 세 가지 작물을 2년에 걸쳐 같은 땅에서 재배하였다(고려 때, 보급 → 조선 전기에 일반화).

⑷ **민간 수공업**

　① 가내수공업이 중심이었다(비단, 삼베, 무명 등을 생산).

　② 자급용 상품용 생산하였다.

⑸ **고려 수공업의 진전**

　① 유통경제 발달 : 수공업의 수요 증가

　② 민간 수공업 확산 : 놋그릇, 도자기 생산

　③ 대나무 제품, 명주 삼베, 모시, 종이 생산 촉진

3. 상업

⑴ **도시 상업**

　① 주요 도시 : 개경, 서경, 동경

　② 개경에 시전을 설치하였고, 귀족이 이용하였다.

　③ 서적, 약, 주, 다점이 형성되었다.

　④ 경시서 : 물가조절기관, 상점 관할, 매점매석 단속

⑵ **지방 상업**

　① 시장 형성 : 농민, 수공업자, 관리가 이용하였다.

　② 쌀, 베 교환 장소였다.

　③ 행상 : 마을 왕래, 일용품 판매

⑶ **사원**

　사원에서 생산한 곡물과 승려나 노비가 만든 수공업품을 민간에 판매하였다.

참고 **고려의 차 문화와 다점(茶店)**

고려인들에게 '차 한 잔'은 아주 일상적인 것이었다. 따라서 고려에는 오늘날의 찻집과 같은 형태의 다점이 있었다. 사람들은 다점에서 돈이나 베를 주고 차를 사먹었다. 다점 외에 왕, 승려, 귀족, 부호 등 상류층을 위한 다정(茶亭)도 따로 존재한 것으로 보인다.

4. 화폐 발행

(1) 배경

① 귀족과 사원 경제의 발달, 대외 무역의 발달 및 외국화폐의 영향으로 화폐 사용이 논의되었다.

② 정부에서는 화폐발행의 이익금을 재정에 보태고, 경제 활동을 장악할 의도로 화폐 주조하였다.

③ 송나라에 유학을 다녀온 왕자 출신 승려 의천의 건의로 주전도감*이 설치되었다(1097, 숙종 2).

사료 Plus 🏛

의천의 화폐사용 건의

돈이라고 하는 것은 몸은 하나이지만 기능은 네 가지입니다. 첫째로 하늘과 땅처럼 만물을 완전하게 덮고 받쳐 줍니다. 둘째로 돈은 샘처럼 끝없이 흘러 한이 없습니다. 셋째로 돈을 민간에 퍼뜨리면 위와 아래에 골고루 돌아다녀 영원히 막힘이 없게 됩니다. 넷째로 돈은 이익을 가난한 사람과 부자에게 나누어 주는데, 그 날카로움이 칼날과 같아 매일 써도 해지지 않습니다.　　　　　　　　　　　　　－ 의천, 『대각국사문집』

(2) 화폐의 사용

① 자급자족적 경제 구조 하에서 대부분 물물교환을 통해 생필품을 얻었다.

② 조세·공부·녹봉이 모두 현물로 납부·지급 되고 있는 등 현물 경제에 치중하고 있었기 때문에 화폐의 사용이 촉진되지 못하였다.

③ 귀족들 역시 화폐를 널리 사용하지 않아 크게 유통되지 않았다.

④ 대도시에 주점, 다점 등의 관영상점을 두고 화폐 사용을 유도했으나 이러한 노력에도 불구하고 화폐는 널리 유통되지 못했다.

사료 Plus 🏛

숙종의 화폐 주조

왕이 명령하였다. "백성들을 부유하게 하고 나라에 이익을 가져오게 하는 데 돈보다 중요한 것은 없다. 서북 두 나라에서는 돈을 쓴 지가 이미 오래인데 우리나라에서만 아직 실행되지 않았다. 그러므로 이제 비로소 금속을 녹여 돈을 만드는 법령을 제정한다. 부어서 만든 돈 15,000꾸러미를 재추와 문무 양반 및 군인들에게 나누어 주어 통용의 기초로 삼는다."　　　　　　　　　－『고려사』, 숙종 7년

✻ 주전도감

고려 시대 최초의 조폐 기관으로, 송나라를 다녀온 승려 의천의 강력한 건의로 1097년 개성에 설치되었다. 이곳에서 1102년 12월에 해동통보 15,000관(貫)을 최초로 주조했고, 이어 삼한중보, 동국통보, 동국중보, 해동중보 등을 만들었다.

PART 03

(3) 화폐의 종류

종류	주조연대	비고
건원중보	성종(996)	고려 최초의 화폐
활구	숙종(1101)	은으로 만든 토지로 1개당 포 100필
해동중보	숙종(1102)	–
삼한통보	숙종(1102)	–
쇄은	충렬왕(1278)	–
보초	원 간섭기	원의 지폐로 지배층 사이에서 유통됨
저화	공양왕(1390)	최초의 지폐

☑ 건원중보 (성종)   ☑ 활구 (숙종)   ☑ 삼한중보 (숙종)   ☑ 삼한통보 (숙종)   ☑ 해동통보 (숙종)   ☑ 해동중보 (숙종)

참고 저화(楮貨)

닥나무 껍질로 만든 지폐로서 원래 고려 말 공양왕 3년(1391년)에 제조되었으나 이성계 일파의 저지로 소각되었다가, 조선 태종 때 좌의정 하륜의 제의로 다시 발행되는 우여곡절을 겪었다.

한눈에 쏙

고려의 경제 활동

귀족의 경제생활	과전(생산량의 1/10), 공음전이나 공신전(생산량의 1/2), 녹봉 제도, 고리대, 신공 ⇨ 풍족한 생활
농민의 경제생활	• 민전 경작, 소작 • 농업 기술 발달 : 우경 일반화, 시비법 발달 ⇨ 휴경지의 감소 • 2년 3작의 윤작법 보급(밭농사) • 이앙법(모내기법) 보급 ⇨ 고려 말 남부 일부 지방 • 황무지 개간 ⇨ 경작지 확대 • 『농상집요』: 원 농법 소개, 과수, 원예, 양잠
수공업	관청 수공업(상행위 감독), 소 중심의 수공업(전기), 공장안(기술자 관리 장부) ⇨ 사원 수공업, 민간 수공업(후기)
상업	• 시전, 경시(상행위 감독) • 후기로 갈수록 상업 발달, 소금 전매제 실시
무역	• 공무역 중심(전기) ⇨ 사무역 활발(원 간섭기 이후) • 벽란도 : 활발한 교역 활동 • 송 : 수입(귀족의 사치품), 수출(인삼, 종이, 먹), 아라비아 상인과 무역(COREA 서방세계 전래)

• 화폐 주조 : 성종(건원중보), 숙종(삼한통보) ⇨ 자급자족의 경제 구조로 유통 부진
• 고리대의 성행으로 몰락 농민 증가, 공적 기금 마련이 목적인 보가 고리대로 변질

5. 무역 활동

⑴ 공무역 성행

① 호족 중심의 사무역을 통제하고 중앙집권을 이룩하였다.

② 국내 상업의 안정적인 발전으로 대외무역이 활발하였다.

⑵ 벽란도

국제 무역항으로 번성하였다.

⑶ 대송 무역

① 북송 시대 : 벽란도＊－옹진반도－산둥반도

② 남송 시대 : 벽란도－흑산도－밍저우

⑷ 교역품

	수입	수출	기타
송	비단, 약재, 서적	종이, 인삼, 나전칠기, 화문석	
요	은	식량, 문방구, 구리, 철	
금	은, 모피, 말	철제 농기구, 식량	
일본	수은, 유황	식량, 인삼, 서적	11세기 후반부터 왕래
대식국	향료, 수은, 산호		Corea를 서방에 알림

🔻 고려 시대의 대외 무역

＊**벽란도**

고려 시대 예성강 하류에 위치한 항구이다. 예성강은 수도인 개경과 연결되었기 때문에 벽란도는 고려의 중요한 항구였다. 송나라와 일본을 비롯해 멀리 동남아시아, 심지어 아라비아 상인들도 이곳을 출입했다. 특히 아라비아 상인들은 원나라와 무역을 하며 고려의 벽란도에도 자주 출입했는데, 이들에 의해 서양에도 고려(코리아)라는 국호가 전해진 것으로 추측된다.

중세의 사회

01 고려의 사회 구조

1. 사회 구성층

(1) 신분 구분

양천제	고려의 법제적 신분제, 양인과 천인 구분	
구분	양인	• 자유민, 납세와 군역 의무, 관직 진출 가능 • 정호 : 직역을 맡은 계층(귀족과 중류층) • 백정 : 직역을 맡지 않은 계층(대부분 일반 농민)
	천인	비자유민, 대부분 노비

지배층
문벌
향리, 서리, 직업군인
백정, 공장, 상인, 특수 행정 구역 주민
대부분 노비
피지배층

양인
천민

▽ 고려의 신분 구조

(2) 귀족(문무 양반, 문벌)

① 왕족, 문무 고위 관료 등으로 구성되었다.

② 지배층의 핵심으로 고위 관직을 차지하면서 고려 사회를 주도하였다.

③ 주로 개경에 거주하면서 관직을 바탕으로 넓은 토지를 소유하면서 부를 축적하였다.

비교 Plus 고려의 지배 세력의 비교

	고려 전기	무신 집권기	고려 후기	
	문벌귀족	무신정권	권문세족	신진사대부
정계 진출	음서, 과거	–	음서	과거
경제 기반	공음전, 과전, 민전	전시과 붕괴 ⇨ 농장	농장 소유	지방 중소지주
외교적 성향	친송	반원	친원	친명
특징	• 중첩된 결혼 • 문벌 중시 • 귀족 중심 정치 • 관직 독점 • 보수적	• 대몽항쟁(강화 천도) • 신분 해방 운동 발생	• 중첩된 결혼 • 귀족 연합 정치 • 도평의사사 장악 • 보수적, 사대적	• 왕도·민본 정치 • 왕권 강화 지지 • 진취적 사회 개혁 주장
사상적 경향	훈고학, 불교적(교종)	선종	훈고학, 불교적 (선종, 교종), 라마교	성리학 수용, 불교 비판
유형 (출신 배경)	호족, 개국공신, 6두품	–	전기부터 이어온 구 귀족, 무신 집권기에 성장한 세력, 친원 세력	향리, 하급 관리 또는 일부 자영농

⑶ **중류층**

① 지배층과 피지배층 사이의 말단 행정직에 종사하며, 궁중이나 관청에서 행정 실무를 담당하고, 그에 상응하는 토지를 국가로부터 지급받았다(직역 세습 가능).

② 지방의 향리

  ㉠ 호장, 부호장 등의 상층 향리와 하위층의 향리가 구별되었다.

  ㉡ 개인의 노력에 따라 상위 품계로의 상승할 수 있으며, 과거를 통한 서리직으로의 진출도 가능하였다.

③ 서리 : 중앙 관청의 말단에서 행정실무를 담당

④ 남반 : 궁중의 실무(잡일)를 담당하는 내료직(內僚職)

⑤ 군반 : 직업군인으로 하급 장교 역할을 담당

⑥ 역리 : 지방의 역(驛)을 관리

⑷ **양민**

① 주로 주, 부, 군, 현에 거주하며 농업이나 상업에 종사하는 농민을 의미한다.

② 농민

  ㉠ 양민으로는 농업에 종사하는 농민이 대부분이었으며, 국가에 특정한 업무를 보지 않는다고 하여 백정(白丁)이라고 하였다.

  ㉡ 국가에 조세, 공납, 역의 조세를 부담하였다.

  ㉢ 법제적으로는 과거 응시와 군인전을 지급받는 군인으로 선발이 가능하였다.

  ㉣ 토지를 소유한 자작농과 그렇지 못한 소작농으로 구분하였다.

③ 상인이나 수공업자 : 농민보다 천시되었으며, 국가에 공역의 의무를 지녔다.

④ 특수 행정 구역(향, 소, 부곡) 거주민

  ㉠ 법제적으로 거주 이전의 자유가 없다.

  ㉡ 양인이나 양인에 비해 심한 규제를 받았고, 국가로부터 과중한 세금을 부여받았다.

  ㉢ 일반 군현민에 비해 관직 진출 및 교육 분야에서 심한 차별을 받았다.

고려의 소 분포

(5) 천민

① 재산으로 간주되어 국가로부터 엄격한 관리를 받았다.

② 매매, 상속, 증여의 대상이 되어 주인에게 예속되었다.

③ 노비, 화척(禾尺, 도살업), 재인(才人, 광대) 등

④ 귀족들은 노비를 늘리기 위하여 부모 중 한쪽이 노비이면 자식도 노비가 되도록 하였다(일천즉천법).

⑤ 노비간의 소생은 어머니쪽 소유주에게 귀속되었다(천자수모법).

⑥ 호적에 등재되지 않아 조세 부담층에서 제외되었다.
   ⇨ 고려 후기 과중한 세금과 역의 부과를 못이긴 양민의 노비화가 일어나기도 함

⑦ 성씨사용의 보급에도 불구하고 노비들은 일반적으로 성씨를 쓰지 않았다(사노비는 원칙적으로 성씨사용 금지).

⑧ 노비의 분류

고려의 노비

공노비	공역노비	관청에 잡역에 종사하면서 급료로 생활
	외거노비	관청에서 나와 살면서 농경에 종사하고 관청에 일정액 납부
사노비	솔거노비	주인집에 같이 살면서 그 일의 잡일을 돌보면서 생활
	외거노비	주인과 따로 살면서 농업에 종사, 주인에게 신공을 바치고 생활

사료 Plus

고려 시대 노비의 처지

평량은 평장사 김영관의 사노비로 경기도 양주에 살면서 농사에 힘써 부유하게 되었다. 권세가 있는 자들에게 뇌물을 바쳐 천인에서 벗어나 양민이 되어 산원동정(散員同正)의 벼슬을 얻었다. 그 처는 소감(少監) 왕원지의 노비였는데, 원지가 사고로 죽자 이제 그 주인이 없어졌으므로 양민으로 행세할 수 있음을 다행으로 여겼다.

－『고려사』

한눈에 쏙

고려 지배 세력의 변화과정

호족	(특권세습) ⇨	문벌 귀족	(무신정변) ⇨	무신 정권	(몽골침입) ⇨	권문 세족	(왜구와 홍건적 침입/사회개혁 요구) ⇨	신흥무인 세력	신진 사대부

2. 신분 상승 가능성

엄격한 신분제였지만 제한적으로 신분 상승 가능성이 있었다. 고려 사회가 신라 골품제 사회보다 개방적이었음을 알 수 있다.

신분 상승 가능성	방법
향리 → 중앙 관리	과거에 합격
군인 → 무관	전공 등
백정 → 정호	잡과에 합격, 군인으로 선발
외거 노비 → 백정	재산을 모아 주인에 바침
향·부곡·소 → 일반 군현	신분 해방 운동, 대몽 항전

참고 노비의 신분 상승

평량은 원래 평장사 김영관의 노비로 견주에 살면서 농사에 힘써 부유해졌다. 권세가에게 뇌물을 주어 천인의 신분을 면하고 양인이 되었으며, 산원동정 벼슬까지 얻었다. 그의 처는 원지의 집 여종이었는데, …… (평량은 그 처남과 함께) 원지 부부와 그 자식들을 살해하였다. 평량은 (처도) 주인이 없어져 영원히 양인이 될 수 있다고 좋아하면서, 아들 예규에게 대정 벼슬을 얻어 주었다.

02 고려의 사회 모습

1. 사회 시설

사회 시설		주요 활동
빈민 구제 기관	흑창	양곡 대여
	의창	흑창을 개조, 봄에 빌려주고 가을에 갚게 함
보	학보	서경에 학비 마련을 위해 설치한 기금
	경보	불경의 간행과 번역을 위해 마련한 기금
	팔관보	팔관회의 경비를 위해 마련한 기금
	제위보	빈민 구제를 위해 기금을 만들고 그 이자로 빈민을 구제
의료 구호 시설	동서 대비원	병자를 치료, 빈민 구휼 기관(동·서 대비원: 개경, 대비원: 서경)
	혜민국	무료 시약
	구제도감	빈민 구호 시설
물가 조절 기관	상평창	평시에 쌀을 비축해두었다가 흉년에 매매함
	경시서	물가 조절, 상점 관할, 매점매석 단속

2. 법률과 풍습

(1) **법률**

① 관습법 중심 사회

    ㉠ 당률을 모방해 71조를 제정하였으나 대개는 관습법이 주로 적용되었으며 대가족 중심의 자체 질서를 인정하였다.

    ㉡ 중요 사항만 중앙에서 처리하였다.

    ㉢ 반역죄, 불효죄는 엄벌에 처했고, 유교 윤리를 중시하였다.

② 형벌: 태(笞), 장(杖), 도(徒), 유(流), 사(死) 형이 이루어졌고, 궁형(宮刑)은 행해지지 않았다.

③ 동(銅)을 납부하여 처벌을 면제받는 제도가 있었다.

(2) 풍습

① 상장제례 : 유교적 규범에 따라 시행되었다.

② 장례, 제례, 구복 의식 : 토착 신앙과 융합된 불교 의식, 도교 신앙

③ 향도

  ㉠ 일상 의례와 공동 노동 등을 통하여 공동체 의식을 다졌던 불교의 신앙조직이다.

  ㉡ 용화향도 : 기록상 최초의 향도이며, 신라에서 진평왕 609년 경에 결성된 김유신의 화랑도 조직이다.

  ㉢ 매향 활동을 하면서 불상이나 석탑을 만들거나 절을 지을 때처럼 대규모 인력이 동원되는 경우에 주도적인 역할을 담당하였다.

  ㉣ 초기의 신앙적인 성격은 고려 후기에 이르러 이익 추구를 위해 조직되는 모습으로 변모하여 마을 노역, 혼례와 상장례, 민속신앙과 관련된 마을 제사 등의 공동체 생활을 주도하는 농민 조직으로 발전하였다.

  ㉤ 만불향도 : 가혹한 현실에 시달리는 백성들이 스스로 새로운 공동체 질서를 모색하였다.

  ㉥ 조선 초기에는 향도를 단위로 역을 징발하기도 하였으며, 16세기 이후부터는 향도가 향약의 하부로 편입되고 그 기능도 두레로 넘어가게 되었다.

④ 향소 : 고려 말과 조선 시대에 설치된 사족 중심의 향촌 운영 기구로 수령을 보좌하는 역할을 하였다.

⑤ 불교 행사

	연등회	팔관회
실시	2월 15일	• 개경 : 11월 15일 • 서경 : 10월 15일
성격	• 전국적 시행 • 가무(歌舞)를 즐김 • 국가태평과 불덕을 기원	• 토착 신앙과 불교 행사의 융합 • 도교적 성격 • 국왕이 참가하여 음악, 연극 관람

사료 Plus

개태사 창건

부처님의 붙들어 주심에 보답하고 산신령님의 도와주심을 갚으려고 특별히 관청에 명하여 사찰을 창건하였습니다. 이에 천호(天護)로써 산의 이름을 삼고 개태(開泰)로써 절의 이름을 삼았습니다.

－『신증동국여지승람』

참고 사천 흥사리 매향비(경남 사천)

1387년에 매향(향나무를 묻는 활동)을 한 후 세운 비석으로, 내세의 행운과 국태민안(國泰民安)을 기원하는 내용이 적혀 있다.

참고 팔관회

고려의 공식적인 의례에서도 불교, 도교, 유교, 제천 의식 같은 다양한 종교와 사상을 아우르는 의식을 치렀으니, 대표적인 것이 팔관회이다. 팔관회는 신라 시대부터 전해 오던 토착 행사에 산신, 용신 같은 민간 신앙과 도교적 요소까지 가미되어 국가적 행사로 거행되었다. 이 행사는 국왕과 외국 사신들이 만나는 공식적 외교 행사이자, 고려와 송, 여진, 일본 상인들이 교역하는 경제적 교류의 장이기도 하였다.

3. 혼인과 여성의 사회적 지위

(1) 혼인

① 일부일처제로서 여자는 18세, 남자는 20세 정도에 올렸다.

② 왕실에서는 근친혼이 성행하였다(사회문제가 발생하여 금지령 반포).

사료 Plus

박유의 축첩건의

재상 박유가 아뢰기를 "청컨대 여러 신하, 관료로 하여금 여러 처를 두게 하되, 품위에 따라 그 수를 점차 줄이도록 하여 보통사람에 이르러서는 1처 1첩을 둘 수 있도록 하며, 여러 처에서 낳은 아들도 역시 본처가 낳은 아들처럼 벼슬을 할 수 있게 하기를 원합니다."라고 하였다. 연등회 날 저녁 박유가 왕의 행차를 호위하여 따라갔는데, 어떤 노파가 그를 손가락질하면서 "첩을 두고자 요청한 자가 저 늙은이다."라고 하였다. 듣는 사람들이 서로 전하여 서로 가리키니 무서워하는 자들이 있었기 때문에 그 건의를 정지하고, 결국 시행하지 못하였다.

(2) 여성의 사회적 지위

① 여성이 호주가 될 수 있었으며, 과부의 재가도 자유로웠다.

② 남녀차별이 없었으며, 아들이 없는 집에서는 양자 없이 딸이 제사를 지냈다.

③ 여성이 승려로 출가하는 것까지는 허용되지 않았다.

④ 상복 제도 : 친가와 외가 간에 차이가 없었으며, 사위와 외손자에게도 음서의 혜택이 주어졌다.

⑤ 사위도 처가 호적에 등록되었다.

사료 Plus

고려 시대 가족 제도의 특징

지금은 남자가 장가들면 여자 집에 거주하여, 남자가 필요로 하는 것은 모두 처가에서 해결하고 있습니다. 그리하여 장인과 장모의 은혜가 부모의 은혜와 똑같습니다. 아아, 장인께서 저를 두루 보살펴 주셨는데 돌아가셨으니, 저는 장차 누구를 의지해야 합니까. — 『**동국이상국집**』

참고 밀양 박씨 호적

아들, 딸 구별없이 나이순으로 기록하였으며, 장녀 소사의 남편이 처갓집 호적에 올라 있다.

한눈에 쏙

백성들의 생활 모습

농민 공동 조직		• 향도 : 농사 및 마을의 대소사 공동 해결, 나라에 공물과 역 제공 • 불교 신자들의 자발적 결사체 ⇨ 모든 계층이 참여하는 농민 공동체
사회 시책	농민 보호책	• 농번기에 요역 동원 피함. • 흉년 때에는 감세, 면세, 고리대 방지
	권농 정책	• 황무지 등 개간 장려 • 왕이 토지의 신과 5곡의 신에게 제사, 직전
사회 제도	농민 보호 기구	• 의창 : 고리대로부터 농민 보호, 춘대추납 • 상평창 : 물가 조절 기관
	의료 기구	제위보, 동·서 대비원, 혜민국
법률과 풍속		• 지방관이 사소한 범죄를 전통 관습법에 따라 판단 • 중요한 사건에는 당률을 참고해 만든 형법과 보조 법률 적용 • 반역죄와 불효죄는 중죄로 다스림(형벌 : 태·장·도·유·사)
세시풍속	유교	정치 규율, 정부 의례 기준
	불교	사회 규율, 민간의 중요 행사 기준, 연등회, 팔관회
		• 혼인 : 일부일처제 • 초기 : 근친혼, 동성혼 성행 ⇨ 후기 : 유교 윤리의 보급으로 점차 사라짐 • 여성의 지위 : 사회 진출에 제한, 가정 내 남성과 동등한 지위(호적 등재, 유산의 균분 상속)

중세의 문화

01 고려의 불교 문화

1. 왕실에서의 불교 장려

① 고려 태조 때부터 불교를 장려하면서 불교 행사인 연등회, 팔관회를 중시하였다.

② 광종은 승려들 중 국사와 왕사를 선발하여, 사원에 토지와 노비를 주고 면세·면역의 특권을 주었다.

③ 승록사를 두어 승계에 대한 임명을 관장하게 하였으나 인사행정에는 관여하지 못하게 하였다.

④ 별무반에 승군인 항마군이 조직되어 국방의 일익을 담당하기도 하였다.

2. 불교 통합 운동

(1) 고려 초기

균여의 화엄종이 유행하였다.

(2) 의천의 천태종과 교단 통합 운동

① 천태종 창설 : 이전의 교종 5교를 화엄종 중심에서 정리하고, 해동 천태종을 창설(국청사* 중심)하였다.

② 교관겸수(教觀兼修) : 이론의 연마뿐 아니라 실천을 강조하는 교관겸수를 제창하였다.

③ 교선통합 : 천태종을 통해 교종의 입장에서 선종을 통합하려 하였다.

④ 의천의 사후에 교단이 다시 분열되고 귀족 중심의 불교가 지속되었다.

사료 Plus

의천의 교관겸수(教觀兼修)

내가 몸을 잊고 도를 묻는 데 뜻을 두어 다행히 과거의 인연으로 선지식을 두루 참배하다가 진수(晉水) 대법사 밑에서 교관(敎觀)을 대강 배웠다. 법사는 일찍이 제자들을 훈시하여, "관을 배우지 않고 경만 배우면 비록 오주(五周)의 인과(因果)를 들었더라도 삼중(三重)의 성덕(性德)에는 통하지 못하며 경을 배우지 않고 관만 배우면 비록 삼중의 성덕을 깨쳤으나 오주의 인과를 분별하지 못한다. 그러므로 관도 배우지 않을 수 없고 경도 배우지 않을 수 없다."라고 하였다. 내가 교관에 마음을 쓰는 까닭은 다 이 말에 깊이 감복하였기 때문이다.

---

* 국청사

고려 개경 개성부 황성 근처에 위치했던 사찰로 인예태후(문종 비)가 창건한 절이다. 사찰명은 중국에서 천태종을 일으킨 천태산 국청사를 가져온 것이다. 실제로 해동천태종을 개창한 의천은 흥왕사, 현화사 등 절의 주지를 맡다가 국청사에서 대대적으로 천태종 설파에 노력을 쏟았다.

참고 대각국사

'대각'은 의천의 시호로, '큰 깨달음을 얻은 스승'이라는 의미이다. 또한 '국사'는 나라의 스승이 될 만한 승려에게 주는 칭호였다.

참고 불일 보조국사

'보조'는 지눌의 시호로, '부처의 가르침을 널리 비춘다'라는 의미이다. 또한 '국사'는 나라의 스승이 될 만한 승려에게 주는 칭호였다.

(3) 지눌의 조계종과 교선 통합의 완성

① 조계종 창설 : 최충헌 때 수선사를 열면서부터 흥성하였다.

② 수행방법으로 돈오점수(頓悟漸修)와 정혜쌍수(定慧雙修)를 강조하였다.

　㉠ 돈오점수 : 수행을 통해 어느 순간 단번에 깨달음을 얻으면 더욱 꾸준한 수행을 통해 온전한 경지에 이르러야 한다는 주장이다.

　㉡ 정혜쌍수 : 선과 교학이 서로 다르지 않으니 이를 나란히 수행하되, 선을 중심으로 교학을 포용하자는 논리이다.

③ 선교통합 : 조계종을 통해 선종의 입장에서 교종을 통합하려 하였다.

사료 Plus

지눌의 정혜쌍수(定慧雙修)

하루는 같이 공부하는 사람 10여 인과 약속하였다. 마땅히 명예와 이익을 버리고 산림에 은둔하여 같은 모임을 맺자. 항상 선을 익히고 지혜를 고르는 데 힘쓰고, 예불하고 경전을 읽으며 힘들여 일하는 것에 이르기까지 각자 맡은 바 임무에 따라 경영한다. 인연에 따라 서움을 수양하고 평생을 호방하게 고귀한 이들의 드높은 행동을 좇아 따른다면 어찌 통쾌하지 않겠는가.

비교 Plus 의천과 지눌

구분	의천(대각국사)	지눌(보조국사)
시기	문벌귀족기	무신집권기
후원세력	문벌귀족	무신정권
개창	천태종	조계종
수행방법	교관겸수	정혜쌍수, 돈오점수
교선통합노력	• 원효의 화쟁 사상을 토대로 함 • 교종을 중심으로 선종 통합 • 교단통합 노력	• 선종을 중심으로 교종 통합 • 선교일치의 교리적 통합 노력
기타	• 문종의 넷째로 송나라에서 유학 • 교장도감을 두고 주석서 편찬 • 숙종에게 화폐주조 건의	수선사 결사 운동

3. 신앙 결사 운동

(1) 지눌의 수선사 결사 운동

불교의 타락을 비판하고 독경, 수행, 노동을 강조하는 신앙 결사 운동을 벌였다.

사료 Plus 📖

지눌의 정혜결사문

지금 불교계를 보면, 아침, 저녁으로 행하는 일들이 비록 부처의 법에 의지하였다고 하나, 자신을 내세우고 이익을 구하는데 열중하며, 세속의 일에 골몰한다. 도덕을 닦지 않고 옷과 밥만 허비하니, 비록 출가하였다고 하나 무슨 덕이 있겠는가?

---

(2) 요세의 백련사 결사 운동

자신의 행동을 진정으로 참회하는 법화 신앙*과 정토왕생을 중시하는 정토 신앙에 중점을 두었다.

＊법화 신앙

『법화경』을 수지 독송하는 신앙으로 참회를 통한 구원을 추구한다.

사료 Plus 📖

요세의 백련 결사

『묘종경』을 강설하다가, "이 마음이 부처가 된다. 이 마음이 곧 부처이다."라는 대목에 이르러서 마음에 크게 계합하였다. 이후로 요세는 「묘종」을 설법하기 좋아하여 언변과 지혜가 막힘이 없었고 대중에게 참회 수행을 권하였다. 참회를 닦기를 간절하고 지극하고 용맹스럽게 하여 매일 53부처님에게 열두번씩 예경하고 비록 모진 추위와 무더운 더위라도 한 번도 게을리 한 일이 없으니 승려들이 서참회라 불렀다. …… 왕공대인과 지방 수령, 높고 낮은 사부 대중 가운데 결사에 들어온 자들이 300여 명이나 되었고, 가르침을 전도하여 좋은 인연을 맺은 자들이 헤아릴 수 없이 많았다. — 『동문선』

비교 Plus ➕ 지눌과 요세

구분	지눌	요세
종파	조계종	천태종
핵심 사찰	수선사(현재 명칭 : 송광사)	만덕사((현재 명칭 : 백련사)
내용	• 선 수행과 경전 연구 병행 • 노동을 중시	• 법화 신앙(참회) • 정토 신앙
지지 세력	개혁적 승려, 민중	지방민

4. 혜심의 유·불 일치설

(1) 배경

지눌의 신앙 결사 운동 이후 혜심이 유교와 불교의 타협을 시도하였다.

(2) 내용

혜심은 유교와 불교가 다르지 않다고 주장하며, 훗날 성리학 수용의 사상적 토대를 마련하였다.

5. 보우의 개혁 운동

(1) 불교 폐단 시정 노력

공민왕의 왕사로 불교계의 폐단을 시정하려 하였으나 추진력이 약했다.

(2) 임제종* 전래

공민왕 때 원으로부터 들여와 선종의 주류로 발전하는 토대를 마련하였다.

(3) 9산 선문 통합 노력

*임제종
중국 불교 선종(禪宗) 5개(家)의 한 파이다. 한국의 선종은 대개가 이 임제종풍이었는데, 고려 시대 보우 스님 이후부터는 확실하게 임제종의 법통을 이어받았다.

6. 대장경 조판

(1) 목적

국난 극복을 염원하였다(거란과 몽골을 격퇴).

(2) 특징

이름	제작시기	제작의도	특징
초조대장경	현종	거란 침입 격퇴 의지	• 경(經), 율(律), 논(論) 삼장의 불교 경전을 모아 간행 • 대구 부인사에 보관 중 몽골 침입 때 소실
속장경	현종	초조대장경 보완 목적	• 의천의 주도로 제작 • 송과 요나라 대장경의 주석서를 모아 편찬 • 몽골 침입 때 소실
팔만대장경 (재조대장경)	고종	몽골 침입 격퇴 의지	• 대장도감을 설치하여 제작 • 경(經), 율(律), 논(論) 삼장의 불교 경전을 모아 간행 • 현재 합천 해인사에 보관

깊이 Plus 호국불교의 전통

고대	화랑의 세속오계, 황룡사 9층 목탑 건립, 문무왕 해중릉 조성과 감은사 설립
중세(고려)	대장경 조판
근세(조선)	임진왜란 때 서산대사·사명당 등 승병 활동

7. 고려 시대의 불상과 사찰

(1) 불상

① 이전에 비해 다양한 재료를 사용하여 불상을 제작하였다.

② 각 지방의 개성이 잘 드러나지만, 통일 신라 때에 비해 조형미나 세련미는 떨어지는 편이다.

③ 부석사 소조 아미타 여래 좌상 : 통일 신라 양식 계승

충주 철불좌상

관촉사 석조 미륵 보살 입상

북한산 구기리 석가 여래 좌상

부석사 소조 아미타 여래 좌상

(2) 사찰

① 봉정사 극락전(안동) : 주심포 양식으로, 현존하는 최고(最古)의 목조 건축물이다.

② 부석사 무량수전(영주)

　ㄱ 주심포 양식과 배흘림기둥

　ㄴ 의상이 부석사 창건(선묘설화)

　ㄷ 부석사 소조 아미타 여래 좌상 : 통일 신라 양식 계승

③ 수덕사 대웅전(예산) : 주심포 양식

④ 성불사 응진전(사리원) : 다포 양식(원의 영향)

봉정사 극락전

부석사 무량수전

성불사 응진전

깊이 Plus 고려 건축 양식의 변화

고려 초기 건축을 비롯한 모든 문화는 신라를 계승했다. 중기에 들어와서는 남송(南宋)과의 교류로 중국 화남지방에 있던 새로운 양식의 건축이 고려에 도입되어 주심포(柱心包) 양식을 정착시켰고, 그 말기에는 원나라와의 교류로 화북지방에 있던 또 하나의 새로운 건축양식이 도입되어 다포(多包) 양식으로 정착되었다. 봉정사 극락전은 재래 건축의 일부에 새 양식이 부가된 과도적인 양식을 나타낸 건물이며, 부석사무량수전에서 비로소 우리의 주심포 양식이 확립되었다.

참고 주심포 양식과 다포 양식

주심포 양식

다포 양식

(3) **석탑**

① 신라 계통에서 벗어난 여러 가지 형식이 등장하였다.

② 신라 석탑에 비해 안정감과 조형미가 부족하다.

③ 지역에 따라서 고대 삼국의 전통을 계승한 석탑이 조성되기도 하였다(예 부여 무량사 5층 석탑 : 백제 탑 양식).

④ 대표적인 석탑

　㉠ 전기 : 개풍의 현화사 7층 석탑(고려의 독특한 양식), 안동 봉업사지 5층 석탑(원래는 9층으로 추정), 월정사 8각 9층 석탑(고려 전기 대표적 다각 다층탑, 송나라의 영향)

　㉡ 후기 : 경천사지 10층 석탑(원의 양식)

🔽 현화사 7층 석탑　　🔽 봉업사지 5층 석탑　　🔽 월정사 8각 9층 석탑　　🔽 경천사지 10층 석탑

깊이 Plus **경천사지 10층 석탑의 복원 과정**

1348년	경기 개성 부소산 사찰에 건립
1907년	일본 궁내 대신이 해체하여 일본으로 밀반출
1907~1908년	베델 등이 국내외 언론에 석탑 약탈 기사 보도 후 반환 운동 전개
1918년	반환되어 경복궁 회랑에 보관
1959년	경복궁 내 전통 공예관 앞에 복원
2005년	국립 중앙 박물관으로 이전 후 실내 전시

(4) **승탑**

① 신라 양식을 계승한 팔각 원당형 승탑 : 고달사지 원종대사 혜진탑, 흥법사지 진공대사탑

② 특수형 승탑(평면 방형) : 법천사 지광국사 현묘탑

(5) **불화**

① 극락왕생을 기원하고 병고를 덜어주는 아미타불과 지장보살 및 관음보살도가 많이 그려졌다.

② 혜허가 그린 「양류관음도」(버드나무를 든 관음보살상)가 일본 가가미 신사에 소장되어 있다.

🔽 고달사지 원광대사 혜진탑

🔽 법천사 지광국사 현묘탑

🔽 양류관음도

02 고려의 유교 문화

1. 유학의 흐름

(1) 초기

정치이념으로서 채택되어 자주적 성격을 띤다.

(2) 중기

사장(詞章) 중심의 유학이 유행하면서 귀족적·보수적 성향을 나타낸다.

① 사학 12도 융성 : 대부분 문벌 귀족만 입학할 수 있다.

② 『삼국사기』의 사관 : 유교의 사대적·보수적 사관

③ 이자겸의 대외 정책 : 금의 군신 관계 요구를 수용하였다.

(3) 후기

① 권문세족에 의해 밀려나는 듯했으나, 신진사대부들이 성리학을 수용하였다.

② 충렬왕 시기 안향이 원으로부터 수용하였다.

③ 충선왕 시기 원에 만권당을 설치하고 성리학을 연구하고자 노력하였다.

2. 고려의 교육 기관

(1) 관학

① 국자감(중앙) : 유학부와 기술학부로 나눠 경사 6학을 설치하였다.

　㉠ 관품에 따라 입학 자격이 달랐다.

국자감	경사 6학	입학 자격	수업 연한	교육 내용
유학부	국자학	3품 이상의 자제	9년	경서·문예·시정에 관한 내용으로 시·서·역경, 춘추·예기·효경·논어 및 산수
	태학	5품 이상의 자제	9년	
	사문학	7품 이상의 자제	9년	
기술학부	율·서·산학	8품 이하 및 서민 자제	6년	잡학(기술교육)

　㉡ 율·서·산학만 교육하고, 그 외는 해당 관청에서 교육을 실시하였다.

② 향교(지방) : 지방관리 및 서민 자제의 교육을 담당하였다.

(2) 사학

① 최충의 문헌공도*를 비롯한 사학 12도가 유행하였다.

② 대부분 사학을 만든 사람은 과거 시험을 관리하던 지공거 출신이 많아 과거에서 좋은 성적을 거두는 일이 많았다.

③ 사학의 융성으로 인해 관학이 위축되고, 문벌귀족 사회가 발전하게 되었다.

> **사료 Plus**
>
> **사학 12도**
> 무릇 과거에 나아가려는 자는 모두 9재에 적을 두니, 이를 문헌공도라 불렀다. 또 유신(문신)으로 도(徒)를 세운 자가 11명이 있으니, 문헌공 최충을 도와 아울러 세칭 12도라 하였지만 최충의 도가 가장 성하였다.
> ― 『**고려사**』

최충의 문헌공도

최충은 1005년(목종 8) 과거에 장원 급제하고 1033년(덕종 2)에 재상급의 지위에 오르며 1047년(문종 원년)에 문하시중까지 역임한 고려 전기의 대표적 명신이었다. 그러나 그를 더욱 유명하게 만든 것은 그가 치사한 직후에 설립한 사학인 세칭(世稱) 시중 최공도(侍中崔公徒)였다. 이후, 그의 시호를 따라 문헌공도라 불렸다. 최충의 교육 사업은 학계에 큰 반응을 불러 일으켜 결국 다른 유신들도 서로 사학을 열었는데 이들을 일러 사학 12도라 부른다. 이들은 한결같이 고관 출신이었으며 대부분 과거의 고시관인 지공거(知貢擧)를 지내는 등 당대를 대표하는 대학자들이었다. 이 결과 대부분의 귀족 자제들은 관학보다는 사학으로 몰리게 되는 결과를 낳았다.

(3) 관학 진흥책

① 성종 : 유교 교육기관인 국자감이 설치되고, 도서관인 수서원과 비서성이 설치되었다.

② 숙종 : 서적 간행을 활성화하기 위해 국자감 아래 서적포를 설치하였다.

③ 예종

    ㉠ 전문 강좌인 7재*를 두어 전문성을 높이고자 하였다.

    ㉡ 장학기관으로 양현고, 도서관 겸 학문연구소로 청연각, 보문각 등을 설치하였다.

④ 인종

    ㉠ 개경에 경학 6사의 제도를 정비하였다.

    ㉡ 7재를 정비하고, 유학을 공부하는 6학 외에 무관 육성과 관련된 무학재를 포함하였다.

    ㉢ 향교를 중심으로 지방 교육을 강화하였다.

★ 7재

전공과목에 따라서 여택(麗澤; 주역전공), 대빙(待聘; 상서전공), 경덕(經德; 모시전공), 구인(求仁; 주례전공), 복응(服膺; 대례전공), 양정(養正; 춘추전공), 강예(講藝; 무학전공) 등 7개의 재로 되어 있었는데, 크게 유학과 무학으로 구분하기도 하였다.

3. 고려의 역사서

시기	역사서	특징
고려 초기	『구삼국사』(전해지지 않고 있음)	고구려 계승 의식 반영
	『7대실록』(전해지지 않고 있음)	• 태조~목종 때까지의 역사 기술 • 현종 때 편찬되어 덕종 때 완성
고려 중기	『삼국사기』	• 유교적 합리주의 사관, 신라 계승 의식 반영 • 사마천의 『사기』를 본 딴 기전체 서술 형식(본기 28권, 지 9권, 표 3권, 열전 10권) • 현존하는 최고(最古)의 역사서
고려 후기	• 몽골의 침입 이후 민족적 자주 의식이 강조되면서 전통 문화에 대한 이해 시도 • 유교적 합리주의 사관을 비판, 우리 고유의 신화와 전설에 주목함 • 민족적 자주 의식과 전통 문화에 대한 올바른 이해를 강조함	
	무신집권기 / 『해동고승전』(각훈)	삼국 시대의 승려 30명의 전기 수록
	『동명왕편』(이규보)	고구려 건국의 시조인 동명왕을 칭송하는 영웅 서사시
	『동국이상국집』(이규보)	고구려 계승 의식("천하로 하여금 우리나라가 본래 성인이 살던 곳임을 알게 하려 한다.")
	원간섭기 / 『삼국유사』(일연)	• 불교사 중심으로 삼국의 역사를 기록 • 단군 신화 등 신화, 전설 기록
	『제왕운기』(이승휴)	• 우리나라의 역사를 단군 시대부터 기록 • 발해를 우리나라의 역사에 포함 • 중국사와 우리나라의 역사를 대등하게 평가
고려 말	• 성리학적 유교사관에 의한 역사 서술 : 정통과 명분 중시 • 대표적인 역사서 : 이제현의 『사략』	

사료 Plus

『삼국사기』 편찬 서문

지금의 학사·대부(大夫)가 오경(五經)·제자(諸子)의 책이나 진(秦)·한(漢) 역대의 역사에 대해서는 혹 너리 통하여 자세히 말하는 사람이 있으나, 우리나라의 사실에 이르러서는 도리어 아득하여 그 시말을 알지 못하니 매우 한탄스러운 일이다. 더구나 신라·고구려·백제가 삼국을 세우고 서로 정립하여 예로써 중국과 통한 바 있어 『한서(漢書)』, 『당서(唐書)』에 모두 열전으로 기록된 바 있다. 그러나 중국 국내의 것은 자세하나 국외의 것은 간략하게 써넣었으므로 실리지 않은 것이 적지 않다.

비교 Plus ⊕ 『삼국사기』와 『삼국유사』

구분	『삼국사기』(12세기)	『삼국유사』(13세기)
저자	김부식	일연
시기	1145년(인종, 묘청의 난 직후)	1278년(충렬왕, 원 간섭기)
서술 방식	기전체	기사본말체
사상 기반	유학	불교
사관	보수적, 사대주의적	자주적, 민족적, 주체적
역사 계승	신라 계승 의식	고조선 계승 의식
내용	정치사 중심의 관찬서	야사·설화 중심의 사찬서
특징	• 논찬을 따로 두어 주관적 서술을 제한하고 삼국을 '우리'로 서술하는 등의 객관적이고 합리적인 표명 • 고조선 등의 존재를 알면서도 이를 삭제하고 삼국 시대만의 단대사 편찬 • 부족 설화·불교 설화 같이 전통적 생활 체험이 담긴 기층공동체의 체험을 유교적 사관에 맞게 고치거나 탈락시킴	• 불교 사상사 관계 자료는 물론 많은 민간 전승과 신화 설화 수집 • 중국 측 사료를 더 신뢰한 결과 민족 시조를 제시했으면서도 체계화에 대한 노력은 미흡 • 기층민의 생활상에서 드러나는 반귀족적 사회의식도 일정한 정도 반영

참고 기전체로 서술된 역사서

• 사마천의 『사기』
• 고려 중기 김부식의 『삼국사기』
• 조선 초 김종서·정인지 등이 서술한 『고려사』

03 고려의 도교와 풍수지리 사상

1. 도교

(I) 특징

민간 신앙의 형태로 전승되어졌다.

(2) 영향

① 태조의 연호였던 천수(天授)에서 나타난 천명사상

② 팔관회와 초제 등 도교 행사를 중시하였다.

2. 풍수지리 사상

(I) 특징

신라 말에 크게 관심의 대상이 되었던 풍수지리 사상은 미래의 길흉화복을 예언하는 도참 사상이 더해져 고려 시대에 크게 유행하였다.

(2) 영향

① 태조 왕건이 서경을 중시한 이래로 광종, 성종에 이르기까지 분사 제도가 시행되었다.

② 풍수지리적 관점에서 3경(京)을 설치하였다.

    ㉠ 국토의 고른 지배를 위해 개경, 서경 동경 설치하였다(성종).

    ㉡ 문종 이후 중요도가 떨어진 동경을 대신해 남경을 설치하였다.

    ㉢ 서경 길지설

        ⓐ 북진정책 이론적 근거

        ⓑ 유교 정치 이념 보수화에 반발하여 개경파와 서경파의 세력 다툼이 발생하였다 (인종대 묘청의 서경 천도 운동의 배경).

    ㉣ 남경 길지설

        ⓐ 고려 중기에 발생하여 궁궐을 짓거나 국왕의 거처를 정하는데 영향을 미쳤다.

        ⓑ 한양을 중시하여 이후에 이씨 왕조 등장설이 대두하였다.

사료 Plus

훈요 10조에 반영된 풍수지리 사상

• 모든 사원은 도선이 산수를 가려서 정한 것이다. 도선이 정한 이외에 함부로 절을 짓지 말라.

• 짐은 삼한 산천의 숨은 도움에 힘입어 대업을 달성하였다. 서경은 수덕(水德)이 순조로워 대업을 만대에 전할 땅이므로 마땅히 1년에 100일 이상 머물도록 하라.

04 고려의 과학 기술 및 문화의 발달

1. 과학 기술의 발달

(1) 발달 배경
① 고대 사회의 전통적 과학 기술을 계승하였다.
② 중국과 이슬람의 과학 기술을 수용하였다.

(2) 기술 교육 실시
① 국자감에서 율·서·산학을 실시하였다.
② 잡과를 실시하여 중간 계층이 응시하였다.

2. 천문학과 의학

(1) 천문학
① 사천대, 서운관 : 천문을 관측하고 역법 계산을 담당하였다.
② 역법 사용 : 당의 선명력, 원의 수시력, 명의 대통력

(2) 의학
① 지방에 의학박사를 파견하였다.
② 태의감을 통해 의학 교육을 실시하고 의생을 양성하였다.
③ 과거에 의과를 설치하였다.
④ 개경에 약국을 개설하였다(동서 대비원, 혜민국).
⑤ 현존 최고(最古)의 의학 서적인 『향약구급방』을 간행하였다.
  ㉠ 질병의 처방과 치료에 고려산 약재 사용을 강조하는 등 우리 실정에 맞춘 의서이다.
  ㉡ 조선 초기 『향약집성방』의 편찬에 많은 기여를 하였다.

3. 농업 기술, 무기제조술 등

(1) 『농상집요』 전래
고려 후기 이암은 원의 『농상집요』를 가져왔는데, 지방관인 강시가 이를 간행하여 널리 보급하였다.

(2) 목화 전래(1364, 공민왕 13)✱
문익점·정천익 등의 노력으로 목면(木棉)이 빠르게 보급되었다.

(3) 화통도감 설치(1377, 우왕 3)
원으로부터 받아들인 화약 제조 기술을 토대로 각종 화약 무기를 제조하였다.

✱ 목화 전래
조선 시대에 삼베 대신 무명이 통화의 단위가 되었는데 그 무명을 만드는 원료가 목화이다. 목화씨가 처음으로 우리나라에 전래된 것은 고려 공민왕 12년(1363)에 유신 문익점에 의해서였다. 그 후 그의 장인 정천익에 의해서 실험 재배가 이루어지고 직조기술을 습득하여 전국에 퍼지게 되었다. 목화가 전래됨에 따라 우리나라의 의류는 대혁명을 일으키게 되었는데 그것은 종래 명주·모시·삼베로만 옷을 지어 입어 서민들은 항상 추위에 떨고 지내다가 목화 재배의 성공으로 솜이 발명되어 추위를 견디게 되었기 때문이다.

4. 공예

고려 시대 미술 분야에서 가장 발달하였다.

(1) 고려자기

신라 토기의 전통 + 송의 자기 기술

① 10세기 : 전반기에 자체적으로 자기 생산

② 11세기 : 독특한 미의 고려자기 등장(순수 청자)

③ 12세기 중엽 : 상감청자 개발

④ 13세기 중엽 : 상감청자의 전성기

⑤ 13세기 후반 : 청자퇴보, 북방 가마기술이 도입 되어 분청사기로 계승

(2) 금속 공예

은입사 기술(청동기 바탕에 은으로 장식 무늬를 넣는 기술)이 발달하였다.

청자상감운학문매병 　　 청동진사 연화무늬 　　 청동 은입사 정병
　　　　　　　　　　　표주박 모양 주전자

(3) 범종

신라 양식을 계승하였다.

5. 금속 활자 인쇄술

(1) 상정고금예문

① 세계 최초의 금속 활자본이다(1234).

② 최우 집권기, 최윤의가 왕명에 의하여 고금의 예문을 모아 엮은 책으로 현전하지 않는다.

③ 간행사실을 이규보가 기록으로 남겼다.

(2) 직지심체요절

① 현존 세계 최고(最古)의 금속 활자본이다(1377, 우왕 3년).

② 청주 흥덕사에서 간행하였다.

③ 파리 국립 박물관 지하서고에 보관되어 있다(박병선 박사가 존재사실을 알림).

④ 유네스코 세계 기록 문화유산으로 지정되어 있다.

직지심체요절

6. 문학

(1) 전기

① 통일 신라 시대부터 내려오던 향가와 한문학이 주류를 이루었다.

② 균여의 「보현십원가」 11수 : 중생을 교화하려는 의도에서 불경을 향가로 풀이하였다.

(2) 문벌 귀족 집권기

귀족 사회의 사치와 향락이 심해지면서 당·송 문학을 숭상하는 풍조가 널리 퍼졌다.

(3) 무신 집권기

① 초기에는 정권을 잃은 문신들이 현실 도피적인 경향의 수필, 설화 문학 등을 펴냈다.

　　㉠ 이인로의 『파한집』 : 고려 후기의 설화 문학집이다.

　　㉡ 임춘의 「국순전」 : 술을 의인화하여 현실을 풍자하였다.

② 최씨 무신 정권기 서방에 의해 등용된 문신들이 등장하였다.

　　㉠ 이규보의 『동국이상국집』 : 자주적 색채, 「동명왕편」·「국선생전」 등을 수록하였다.

　　㉡ 최자의 『보한집』 : 여항의 이야기와 불교·부녀자들의 이야기를 수록하였다.

(4) 후기

① 경기체가 : 새롭게 등장한 신진사대부들이 향가 형식을 계승한 경기체가를 창작하였다(「한림별곡」, 「관동별곡」 등).

② 속요 : 서민의 생활과 감정을 자유분방한 형식으로 드러낸 작자미상의 작품이다(「청산별곡」, 「쌍화점」*, 「가시리」).

③ 패관문학 : 민간에 구전되는 이야기를 일부 고쳐 한문으로 기록하였다(이제현의 「역옹패설」).

④ 가전체 문학 : 사물을 의인화하여 일대기형식으로 구성되어 있다(「국선생전」, 「죽부인전」).

⑤ 한시 : 한문학의 형식에 구애받지 않고 자유로운 형식으로 서술한 이규보의 「동명왕편」과 고려인의 문화적 자신감을 나타낸 진화의 한시가 있다.

＊ 쌍화점(1274~1308, 충렬왕)
만두집에 만두 사러 갔더니만 회회(몽골인) 아비 내 손목을 쥐었어요. 이 소문이 가게 밖에 나며 들며 하면 다로러거디러 조그마한 새끼 광대 네 말이라 하리라.

사료 Plus

고려의 문학과 음악

진화의 시	오관산(五冠山)
송나라는 이미 기울고 북방 오랑캐는 아직 잠자는구나. 앉아서 문명의 아침을 기다려라. 하늘의 동쪽에 태양이 떠오른다.	나무 끝에 조그만 닭을 조각하여 젓가락으로 집어다가 벽 위에 두네. 이 닭이 '꼬끼오'하고 때를 알리면 어머님 얼굴이 비로소 저물녘에 이르시리.

참고 오관산의 내력과 이제현이 쓴
   한해시(풀어서 쓴 시)

『고려사』에 따르면, 문충은 오관산 아래에 살면서, 어머니 봉양을 위하여 30리나 되는 개성까지 매일 벼슬살이를 갈 정도로 어머니에 대한 효성이 극진하였다고 한다. 그러면서 자기 어머니가 늙은 것을 개탄하여 이 노래를 지었다고 한다. 이제현의 해시를 옮기면 다음과 같다.
"나무토막으로 조그마한 당닭을 새겨/젓가락으로 집어다가 벽에 앉히고/이 닭이 꼬끼오 하고 때를 알리면/그제사 어머님 얼굴 늙으시옵소서(木頭雕作小唐鷄 筯子拈來壁上栖 此鳥膠膠報時節 慈顔始似日平西)."

7. 음악

(1) 아악

제례를 행할 때는 송에서 수입된 대성악을 연주하였다.

(2) 향악

① 예로부터 전승된 우리나라 음악의 총칭으로, 통일 신라 당시 신라 사회에 소개된 당나라의 음악인 당악(唐樂)의 대칭어로 사용되었다.

② 동동, 대동강, 오관산 등의 향악(鄕樂)이 유행하였다.

③ 오관산(五冠山) : 문충이 지은 고려가요로 원가는 전하지 않고, 노래의 내력이『고려사』악지 속악조에 전한다(『고려사』에는 이제현의 칠언절구인 한해시(漢解詩)도 함께 전함).

PART **04**

근세 사회 : 조선의 성립과 발전

이 단원은

고려의 멸망 후 새롭게 등장한 조선은 이전 사회에 비해 더 개방적이고, 신분보다는 능력이 중시된 사회의 모습을 나타내고 있다. 이 장에서는 조선에서 새롭게 등장한 정치, 지방 행정 제도 및 조세 제도에 대해 파악한 후 해당 사실을 고려 시대 및 조선 시대 후기와 어떻게 연결시킬 것인지에 대해 고찰하겠다. 또한 이전에 비해 많은 기록과 자료가 나타나는 만큼 해당 시기의 특징과 관련된 자료를 꼼꼼히 탐독하는 것이 중요하다.

본 편의 역사(연표)

1388.	위화도 회군
1391.	과전법 공포
1392.	고려 멸망, 조선 건국
1394.	한양천도
	정도전 『조선경국전』 편찬
1398.	제1차 왕자의 난
1400.	제2차 왕자의 난(방원에게 양위)
1401.	신문고 설치
1405.	6조 직계제 실시
1413.	조선 8도 지방 행정 조직 완성
1419.	이종무, 쓰시마 섬 정벌
1432.	『삼강행실도』 편찬
1433.	4군 설치
1437.	6진 설치
1444.	공법 제도 확립

1446.	훈민정음 반포
1453.	계유정난
1456.	사육신 처형
1466.	직전법 실시
1467.	이시애의 난
1469.	『경국대전』 완성
1504.	연산군, 한글의 사용을 금함.
1506.	중종 반정
1519.	기묘사화
1543.	주세붕, 백운동 서원 설치
1559.	명종, 임꺽정의 난(~1562)
1583.	이이, 십만양병설 건의
1589.	붕당 정치 시작
1592.	임진왜란 발발

Part 04 근세 사회

기출문제를 통해 살펴본 이 편의 학습 전략

정답 ④

학습전략 조선 시대도 삼국이나 고려와 마찬가지로 정치사가 중심이 되고, 주요 왕들의 업적을 비교하는 문제가 출제된다. 따라서 정치사 중심, 왕 중심 학습이라는 점은 조선 시대도 다르지 않다. 조선 시대의 주요 왕은 전기(태조, 태종, 세종, 성종), 양난 전후(선조, 광해군, 인조), 후기(영조, 정조, 고종)이다. 이와 함께 훈구와 사림의 대립, 붕당정치의 전개, 탕평책과 세도정치 등의 정치적 변화까지 함께 파악해야 한다.

사료분석 (가)는 성종, (나)는 영조, (다)는 정조, (라)는 고종(흥선 대원군 집권기에 편찬)이다.

보기분석 ④ 철종 때의 사실이다.
① 성종 때의 사실이다.
② 영조 때의 사실이다.
③ 정조 때의 사실이다.

2022년도 국가직

1 (가)~(라) 국왕 대에 있었던 사실로 옳지 않은 것은?

> 조선 시대 국가를 운영하는 핵심 법전인 『경국대전』은 세조 대에 그 편찬이 시작되어 　(가)　 대에 완성되었다. 이후 여러 차례의 전쟁으로 혼란에 빠진 국가 체제를 수습하고 새로운 정치·사회적 변화에 대응하기 위해 법전 정비가 필요하게 되었다. 이에 따라 　(나)　 대에 『속대전』을 편찬하였으며, 　(다)　 대에 『대전통편』을, 그리고 　(라)　 대에는 『대전회통』을 편찬하였다.

① (가) - 홍문관을 두어 집현전을 계승하였다.
② (나) - 서원을 붕당의 근거지로 인식하여 대폭 정리하였다.
③ (다) - 사도세자의 무덤을 옮기고 화성을 축조하였다.
④ (라) - 삼정의 문란을 바로잡기 위해 삼정이정청을 설치했다.

정답 ①

학습전략 조선 시대의 왕위 계보 정도는 암기해 두어야 한다. 그리고 주요 사건이 어느 왕 때의 일인지를 학습한다. 연도 암기를 통해서만 순서를 파악할 수 있는 문제는 최근 9급 시험에서 출제되지 않았다. 따라서 조선 시대 왕위 계보와 주요 사건의 시점을 왕 중심으로 학습할 필요가 있다.

사료분석 삼포왜란은 1510년(중종) 부산포·제포(내이포)·염포 등 삼포에서 거주하고 있던 왜인들이 대마도의 지원을 받아 일으킨 난이다. 임진왜란은 1592년(선조)에 발발하였다.

보기분석 ① 명종 때의 일이다(1545).
② 성종 때의 일이다(1485).
③ 세종 때의 일이다(1433).
④ 세종 때의 일이다(1434).

2023년도 국가직

2 (나) 시기에 일어난 사실로 옳은 것은?

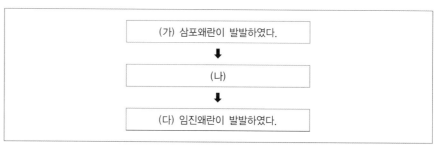

| (가) 삼포왜란이 발발하였다. |
| ↓ |
| (나) |
| ↓ |
| (다) 임진왜란이 발발하였다. |

① 을사사화가 일어났다.
② 『경국대전』이 반포되었다.
③ 『향약집성방』이 편찬되었다.
④ 금속활자인 갑인자가 주조되었다.

3 밑줄 친 '이들'에 해당하는 것은?

> <u>이들</u>의 과거 응시와 벼슬을 제한한 것은 우리나라의 옛 법이 아니다. 그런데 『경국대전』을 편찬한 뒤부터 <u>이들</u>을 금고(禁錮)하였으니, 아직 백 년이 채 되지 않았다. 또한 다른 나라에 이러한 법이 있다는 말은 듣지 못했다. 경대부(卿大夫)의 자식인데 오직 어머니가 첩이라는 이유만으로 대대로 <u>이들</u>의 벼슬길을 막아, 비록 훌륭한 재주와 쓸만한 자질이 있어도 이를 발휘할 수 없게 하였으니, 참으로 안타깝다.

① 향리　　　　　　　　　② 노비
③ 서얼　　　　　　　　　④ 백정

정 답 ③

학습전략 고려와 조선의 사회 구조와 신분별 특성을 명확히 파악해야 한다. 각 시기별 신분 구분 및 고려와 조선을 비교하여 이해한다.

사료분석 경대부의 자식인데 오직 어머니가 첩인 이들은 서얼이다. 이들은 과거 시험 중 문과 응시가 제한되었고, 청요직에 오르지 못하였다. 조선 후기에는 서얼 허통이 이루어져 정조 때에는 서얼 출신 규장각 검서관이 등장하기도 하였다.

4 밑줄 친 '저'에 대한 설명으로 옳은 것은?

> 올해 초가을에 비로소 <u>저</u>는 책을 완성하여 그 이름을 『성학집요』라고 하였습니다. 이 책에는 임금이 공부해야 할 내용과 방법, 정치하는 방법, 덕을 쌓아 실천하는 방법과 백성을 새롭게 하는 방법이 실려 있습니다. 또한 작은 것을 미루어 큰 것을 알게 하고 이것을 미루어 저것을 밝혔으니, 천하의 이치가 여기에서 벗어나지 않을 것입니다. 따라서 이것은 <u>저</u>의 글이 아니라 성현의 글이옵니다.

① 예안향약을 만들었다.
② 『동호문답』을 저술하였다.
③ 백운동서원을 건립하였다.
④ 왕자의 난 때 죽임을 당했다.

정 답 ②

학습전략 주요 인물들의 저서는 숙어식으로 암기해 두어야 한다. 단, 주관식이 아닌 객관식 문제 풀이이므로 힌트가 되는 한두 글자를 암기하면 충분하다. 예를 들어 율곡 이이의 『성학집요』는 사회 개혁을 추구한 젊은 학자인 율곡 이이는 기존의 여러 이론들을 모아서 연구했다('집대성 했다. → 성학'집'요). 퇴계 이황의 『성학십도』는 당대 최고의 학자였던 퇴계 이황은 군주의 도리를 그림으로 풀어서 설명했다('그림(도)'으로 설명했다. → 성학십'도').

사료분석 『성학집요』는 율곡 이이의 저서이다.

보기분석 ② 율곡 이이에 대한 설명이다.
① 퇴계 이황에 대한 설명이다(이이가 만든 향약은 해주향약).
③ 주세붕에 대한 설명이다(이이를 모신 서원은 자운서원).
④ 정도전 등 조선 초 급진파 신진사대부에 대한 설명이다.

근세의 정치

01 조선 초기 왕들의 업적

1. 조선의 건국(1392)

(1) **과정**

① 위화도 회군 이후 군사적 실권을 장악하여 개혁의 계기를 마련하였다.

② 신진사대부의 변화

　㉠ 온건파 사대부 : 고려 왕조 내에서의 개혁을 추구하였다(이색, 정몽주 등).

　㉡ 급진파 사대부 : 역성혁명을 통해 고려의 체제를 개혁하려 하였다(정도전, 조준 등).

③ 이성계는 급진파 사대부와 결탁하여 정권을 장악하였다.

④ 이성계 일파는 폐가입진*을 구실로 창왕을 몰아내고 공양왕을 즉위시켰다.

⑤ 권문세족이 가진 경제적 기반을 장악하기 위해 1391년에 과전법을 실시하였다.

(2) **결과**

정몽주 등 온건파 사대부를 제거하면서 도평의사사를 장악하고 1392년에 조선을 건국하였다.

* **폐가입진(廢假立眞)**
가짜를 몰아내고 진짜를 들인다는 의미로, 이성계가 창왕을 보위에서 내쫓아 몰아내고 공양왕을 보위에 추대하여 옹립한 사건이다. 그는 우왕과 창왕 두 왕을 모두 신돈의 핏줄이자 가짜 왕씨 군주라 주장하여 끝내 사형에 처하였다. 그러나 이 사건에서 우왕과 창왕이 신돈의 아들, 손자 즉, 이른바 비왕설(非王說)은 단지 이성계 일파가 정치적 명분을 합리화하기 위하여 사실상 날조된 모략일 가능성이 높다는 것으로 간주되고 있다.

한눈에 쏙

조선 건국 과정(순서)

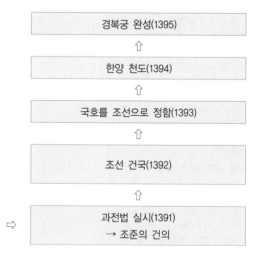

명의 철령위 설치 통보(1387)
⇩
요동 정벌 주장(최영) vs 4불가론(이성계)
⇩
요동 정벌 단행
⇩
위화도회군(1388)
→ 우왕 폐위, 최영 제거
⇩
폐가입진
→ 창왕 폐위, 공양왕 옹립
⇨
과전법 실시(1391)
→ 조준의 건의
⇧
조선 건국(1392)
⇧
국호를 조선으로 정함(1393)
⇧
한양 천도(1394)
⇧
경복궁 완성(1395)

2. 태조의 정치(1392~1398)

(1) 국가의 기틀 마련

① 국호를 조선으로 정하고(1393), 한양에 도읍을 정하였다(1394).

② 3대 국가 정책으로 숭유억불, 중농억상, 사대교린 정책을 실시하였다.

③ 정도전, 조준 등을 통한 왕조의 기틀을 마련하고 성리학적 통치이념을 확립하였다.

  ㉠ 정도전은 불교를 철저하게 배척하였다.

  ㉡ 정도전은 주례(周禮)를 국가 통치 이념으로 강조하였다.

④ 관리 선발에 있어 문·무·의·역·음양·이과·문음의 7과로 정리하여 신권정치의 기반을 마련하였다.

⑤ 지방 행정 제도를 정비하고, 향·소·부곡 및 속현을 폐지하였으며 토착 향리의 세력 기반을 약화시켰다.

(2) 억불정책

도첩제(승려 허가제)를 실시하여 양인의 승려화를 저지하고자 했다.

(3) 사대교린 정책

① 명에 대한 사대 정책을 취하였다.

  ㉠ 태조 때는 명과의 외교 관계가 매끄럽지 못해, 정도전이 요동정벌을 추진하기도 하였다.

  ㉡ 정도전은 제1차 왕자의 난(1398) 때 이방원에게 살해되었다.

  ㉢ 태종 이후, 명과의 관계가 안정되어 사대 정책이 추진되었다.

② 일본과 여진에 대해서는 교린정책을 실시하였다(강경책과 회유책 실시).

> **사료 Plus 🏛**
>
> • 임금의 자질에는 어리석은 자질도 있고 현명한 자질도 있으며 강력한 자질도 있고 유약한 자질도 있어서 한결같지 않다. 총재(재상)는 임금의 아름다운 점은 순종하고 나쁜 점은 바로 잡으며, 옳은 일은 받들고 옳지 않은 것은 막아서, 임금으로 하여금 가장 올바른 경지에 들게 해야 한다. ─『**조선경국전**』
>
> • 윤회설이 판명되면 인과설을 판명하지 않아도 자명해진다. …… 과연 불씨의 설과 같다면 사람의 화복과 질병이 음양오행과는 관계없이 모두 인과의 응보에서 나오는 것이 되는데, 어찌하여 우리 유가의 음양오행을 버리고 불씨의 인과응보설을 가지고서 사람의 화복을 정하고 사람의 질병을 진료하는 사람이 한 사람도 없느냐, 불씨의 설이 황당하고 오류에 가득 차 족히 믿을 수 없다. ─『**불씨잡변**』

참고 조선(朝鮮)의 뜻

『동국여지승람』에서는 '해가 일찍 뜨는 동방의 나라(居東表日出之地故名朝鮮)'라는 의미로 해석하고 있다. 『사기』의 주석인 『색은(索隱)』에서는 조선의 땅에 산수(汕水)가 있기 때문에 '선'이라는 음을 취했다고 하였다. 두우(杜佑)의 『통전 通典』에서는 조선에 습수(濕水)·열수(洌水)·선수(汕水)가 있어 세 강이 열수에서 합쳐지는데, 이 대목에서 취했다고 기록되어 있다. 그러나 그 어원이 무엇인지는 아직 단정하기 어렵다.

PART **04**

깊이 Plus 정도전의 저서

책명	내용
『경제문감』	정치조직 및 행정안 제시, 인본적 통치이념 마련
『경제육전』	조준과 함께 위화도 회군 이후의 조례를 수집 편찬
『고려국사』	왕조개창의 정당화와 성리학적 통치 규범 확립
『불씨잡변』	불교 배척 및 도교 비판(『불씨잡변』은 동양 역사상 가장 수준 높은 불교 비판서)
『심기리편』	
『조선경국전』	왕조의 기틀과 인본적 통치이념 마련, 재상정치의 기반

3. 정종의 정치(1398~1400)

(1) 왕자의 난

1차 왕자의 난을 계기로 즉위하였다(1398).

(2) 정책

① 개경으로 천도하였다.

② 군제 개혁을 통해 도평의사사를 폐지하고 의정부를 수립하였다.

③ 노비변정도감을 설치하였다.

4. 태종의 정치(1400~1418)

(1) 왕권 강화와 국왕 중심 통치 체제 마련

① 두 차례 왕자의 난*을 통해 공신 세력을 몰아내고 왕위에 오르면서 국왕 중심의 통치를 실현하였다.

② 외척과 종친의 정치 참여를 견제하고, 의금부와 승정원을 설치하였다.

③ 6조 직계제를 실시하여 국왕 중심의 통치 질서를 마련하였다.

④ 사병을 없애고 친위군을 늘려 왕이 군사권을 장악하였다.

⑤ 언론기관인 사간원을 독립시켜 대신을 견제하게 하였다.

✽ 왕자의 난
• 1차 왕자의 난 : 태조가 후비 강씨 소생의 방석을 세자로 책봉하자 이에 불만을 품은 방원이 강씨 소생의 두 왕자인 방번과 방석을 죽이고 정도전을 제거한 사건
• 2차 왕자의 난 : 방간이 박포와 함께 군사를 동원하여 방원에게 도전했다가 실패한 사건

(2) 국가 재정 확보

호패법을 실시하고, 절에서 억울하게 노비가 된 이들을 조사하여 해방시켰다.

(3) 사회 안정책

① 의정부 주관하에 신문고(당시 등문고)를 설치하였다.

② 서얼차대법 및 재가금지법을 실시하였다.

③ 불교 종파를 정리하였다.

(4) 자신감의 표출

① 주자소를 설치하여 조선 최초의 금속활자인 계미자를 제작하였다(1403).

② 『속육전』과 『원육전』 및 사서로 『동국사략』을 편찬하고, 지도인 혼일강리역대국도지도*를 제작하였다.

킵이 Plus 6조 직계제와 의정부 서사제

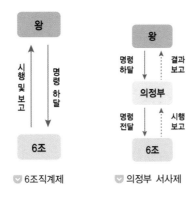

▽ 6조직계제   ▽ 의정부 서사제

★ 혼일강리역대국도지도

현전하는 동양 최고(最古)의 세계 지도로 아시아, 아프리카, 유럽을 포함하는 구대륙지도이다. 중국의 옛 세계 지도에서 우리나라와 일본을 소략하게 그리고 있는 점을 보완하여 우리나라를 강조해서 나타내고 있다.

5. 세종의 정치(1418~1450)

(1) 왕도 정치 이념 구현

① 의정부 서사제를 실시하여 왕의 권한을 대부분 의정부에 넘기고 인사와 군사에 대한 일은 왕이 직접 처리하였다.

② 공법(貢法) 제정시 조정의 신하와 지방의 촌민에 이르기까지 18만 명의 의견을 물었다.

③ 집현전을 설치하여 집현전 학사를 일반 관리보다 우대하고 학문 연구와 아울러 경연에 참여하도록 하였다.

④ 『삼강행실도』*를 간행하였고, 사대부들에게 주자가례 시행을 장려하였다.

⑤ 불교 종파를 선·교 양종으로 병합하고 사원이 가지고 있던 토지와 노비를 정비하였다.

(2) 민본주의 정책

① 농본주의 정책을 시행하였다.
  ㉠ 장영실을 통해 측우기, 자격루, 혼천의, 앙부일구 등을 제작하였다.
  ㉡ 우리 실정에 맞는 농서인 『농사직설』을 간행하였다.

② 민생 안정책으로 의창제를 실시하고 재인(才人)이나 화척(禾尺)을 양인으로 상승시켰다.

③ 태형 및 노비 사형을 금지하고, 사형수에 대해 복심제를 도입하였다.

④ 전세제도를 개혁하여 합리적인 조세수취 방법인 전분 6등, 연분 9등법을 실시하였다.

★『삼강행실도』

그림으로 삼강을 보여주고 훈민정음으로 설명을 했다.

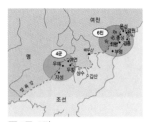

▼ 4군 6진

▼ 훈민정음

참고 『칠정산』 내외편

한양이 북경보다 현대시간으로 14분 이상 긴 것을 밝혀냈다.

(3) 대외 관계 안정

① 대명 관계 : 금·은 및 공녀 진상을 폐지하였다.

② 대일 관계

　㉠ 이종무를 통해 쓰시마 섬을 징벌하였다.

　㉡ 3포를 개항하여 무역을 허락하였다.

　㉢ 계해약조를 맺고 무역 규모를 제한하였다.

③ 여진을 정벌하여 4군 6진의 개척하는 한편 무역소를 통해 무역활동을 허가해주었다 (4군 : 최윤덕, 6진 : 김종서).

(4) 민족 문화의 자주성 표출

① 훈민정음을 창제하였다.

　㉠ 갑인자를 주조하여(1434년 갑인년) 훈민정음을 인쇄했다.

　㉡ 「용비어천가」, 「동군정운」, 「석보상절」 등을 간행하였다.

② 원의 수시력과 명의 대통력을 참고하여 『칠정산 내편』을, 아라비아의 회회력을 참조하여 『칠정산 외편』을 제작하였다.

③ 국산약재를 소개한 『향약집성방』과 동양최대규모의 의학백과사전인 『의방유취』를 편찬하였다.

④ 『향약집성방』 중의 본초지부를 편찬하기 위한 준비용으로 일반 대중이 향약 채취에 활용하게 하기 위하여 『향약채취월령』을 간행하였다.

⑤ 우리 실정에 맞는 농서인 『농사직설』을 간행하였다.

(5) 문화적 융성

① 박연을 통해 아악, 당악, 향악을 정리하였다.

② 소리의 높낮이를 알 수 있는 『정간보』를 창안하였다.

③ 전국지도로서 팔도도가 처음으로 제작되었다.

6. 문종(1450~1452)과 단종(1452~1455)의 정치

(1) 문종

세종의 뒤를 이어 왕위에 올랐으나 2년 4개월 만에 병사하였다.

(2) 단종

단종은 어린 나이에 왕위에 올라 김종서, 황보인 등에게 정치적 실권을 넘겼다. 이에 왕권 약화를 우려한 수양대군이 계유정난을 일으켜 왕위를 찬탈하였다.

7. 세조의 정치(1455~1468)

(1) 왕권 강화책

① 의정부 서사제를 폐지하고 6조 직계제를 실시하였다.

② 단종 때 이시애의 난과 세조 집권 당시에 이징옥의 난을 진압하면서 강력한 중앙집권을 추구하였다.

③ 공신과 언관의 활동을 견제하기 위해 집현전을 폐지하고 경연도 실시하지 않았으며, 종친 세력을 등용하였다.

(2) 국가 체제 정비

① 국가체제 정비를 위해 『경국대전』을 편찬하였다.

② 과전법 체제의 문제를 해결하고자 현직 관리에게만 토지를 주는 직전법을 실시하였다.

③ 국방 강화책으로 중앙의 5위제를 확보하고 지방 거점의 방어를 위한 진관 체제를 실시하였다.

④ 불교를 숭상하여 원각사를 건립하고, 원각사에 10층 석탑을 축조, 간경도감을 설치하여 불경을 언해 및 간행하였다(『월인석보』).

🔽 원각사지 10층 석탑

8. 성종의 정치(1469~1494)

(1) 성리학적 통치 체제 완성

① 집현전을 계승한 홍문관을 설치하였다.

② 경연을 실시하여 왕과 신하가 정책을 토론하고 심의하였다.

③ 김종직 등 사림을 등용하여 사림이 정계에 진출하였다.

④ 『경국대전』이 완성되고 조선 사회의 기틀이 마련되었다.

⑤ 직전법 대신 관수관급제(경작자에게 국가가 세금을 징수하여 관리에게 지급)를 실시하였다.

⑥ 승려의 지위를 인정하던 도첩제를 폐지하고, 학문 연구를 위해 독서당을 설치하였다.

(2) 각종 편찬 사업

① 법전인 『경국대전』과 예서인 『국조오례의』를 편찬하였다.

② 고조선부터 고려 말까지를 다룬 통사인 『동국통감』과 지리서인 『동국여지승람』을 편찬하였다.

③ 조선의 궁중음악을 집대성한 『악학궤범』과 역대 시와 산문의 정수를 모은 『동문선』*을 간행하였다.

★『동문선』
성종의 명을 받아 서거정 등이 참여하여 편찬한 우리나라 역대 시문선집이다. 가급적 많은 작품을 수록하려 하였고, 최치원, 김부식, 이인로, 이규보, 이제현, 이곡, 이색, 이첨, 정도전, 권근 등 다양한 작가의 글을 싣고 있다. 또한, 29명의 승려와 약간의 무명씨를 포함하여 500여 명 가까이 실려 있는데, 그 가운데 한 작품만 실린 작가가 220여 명에 이른다. 시(詩)는 전체의 약 4분의 1정도이고 나머지는 문(文)이다.

한눈에 쏙

조선 초기 주요 왕들의 정책

태종	• 사병 혁파 • 양전 사업 실시 • 사원 경제 개혁 • 공신 세력을 견제하며 신분제, 호적제, 군사 제도 개혁 • 의정부 권한 축소	• 정치 권력의 분산 • 6조 직계제 실시 • 신문고 설치 • 호패법 시행 • 주자소와 사섬서 설치 • 혼일강리역대국도지도
세종	• 모범적 유교 정치와 유교적 민본 사상의 실현 • 왕권과 신권의 조화에 노력 • 과학 기술과 편찬 사업 • 집현전 활성화 • 민족 문화의 전성기(훈민정음 창제) • 조세 개혁 : 연분 9등, 전분 6등법제, 금부삼복법 • 노비의 지위 향상 • 국토 확장에 노력(오늘날과 같은 국경선 확장) : 4군 6진(압록강~두만강) • 서사 제도(재상권 중시) 실시	• 황희, 맹사성 등 청렴한 재산 중용 • 유학자를 우대하여 유교 정치 실현 • 왕조와 민생의 안정 • 사법 제도 개선 • 불교 정리(선교 양종) • 천인 중에서도 인재 발탁(장영실)
세조	• 신권 비대에 대한 왕권 재확립 • 조정의 권신과 지방 세력을 억제하여 중앙집권 정책과 부국 강병책 추진 • 의정부의 정책 결정권인 서사제 폐지 • 6조 직계제로 환원	• 불교 숭상 • 직전법 실시 • 호적 사업 • 호패법 강화 • 5위, 진관 체제, 보법 실시
성종	• 중앙집권체제 확립 • 『경국대전』 반포 • 홍문관 설치	• 억불책으로 도첩제 폐지 • 관수관급제 실시 • 사림이 정치 세력으로 등장

02 조선의 통치 제제 정비

1. 중앙 정치 제도

▽ 조선의 통치 체제

기구		기능
의정부		국가 중요 정책의 심의, 결정
6조	이	문관 인사, 공훈 포상
	호	재정, 국가 예산, 조세, 토지
	예	교육, 과거, 의례, 제사, 외교
	병	국방, 군사, 무과, 무관 인사
	형	법률, 형벌, 노비
	공	토목 공사, 수공업
승정원		국왕의 비서 기관
의금부		국왕 직속 사법기관
3사	사헌부	관리 감찰 기구
	사간원	간쟁 기능
	홍문관	국왕에 대한 자문 및 조언
춘추관		역사 편찬 기구
성균관		조선 시대 최고 학부
한성부		서울의 행정 담당

(1) 의정부와 6조

① 의정부와 6조의 고관들은 국가의 주요 정책을 결정하고, 경연에서의 정책을 협의하였다.

② 각 관서 사이의 업무를 조정하고 행정의 전문성 및 효율성을 제고하였다.

③ 의정부의 구성: 영의정, 좌의정, 우의정, 좌·우찬성, 좌·우참찬

④ 6조의 구성: 판서, 참판, 참의, 정장, 좌랑
   ⇨ 실무는 정랑과 좌랑이 담당하였다(정랑 + 좌랑 = 전랑).

(2) 3사

① 사헌부, 사간원, 홍문관을 3사라 하고 사간원과 사헌부를 대간이라고 한다.

② 정사를 비판하고 관리의 비리를 감찰하는 언론 기능을 수행하였다.

③ '맑고 중요한 자리'라 하여 청요직이라 불렀다.

④ 이 기구를 통하여 군주의 독재와 관료의 횡포를 견제하고 신민의 여론을 반영하는 왕도정치를 구현하고자 하였다.

⑤ 이 기구의 기능 강화는 권력의 독점과 부정을 방지하기 위한 것으로, 이는 조선 시대 정치의 특징적인 모습이다.

참고 3사, 언관, 대간

• 3사(三事)
  ① 조선의 3사: 정사를 비판하고 관리의 비리를 감찰하는 언관
  ② 고려의 3사: 곡식의 출납을 담당하는 회계 사무를 관장
• 언관(言官)
  ① 조선의 언관: 삼사(사헌부, 사간원, 홍문관으로 구성)
  ② 고려의 언관: 대간(중서문하성의 낭사와 어사대로 구성)
• 대간(臺諫): 고려~조선 시대 감찰 임무를 맡은 대관(臺官)과 국왕에 대한 간쟁(諫爭) 임무를 맡은 간관(諫官)을 일컫는다.
  ① 조선의 대간: 감찰 임무를 맡은 사헌부와 간쟁 임무를 맡은 사간원
  ② 고려의 대간: 감찰 임무를 맡은 어사대와 간쟁 임무를 맡은 중서문하성의 낭사

(3) 학술기관

① 홍문관 : 왕실에서 보관하는 도서 관리, 왕실 자문에 응대, 경전에 나오는 선인의 치적 연구, 경연 겸직

② 예문관 : 왕의 교서 제찬, 사초 기록

③ 성균관 : 조선 최고의 교육기관으로 학문 연구와 교육 담당

④ 승문관(원) : 외교 문서 작성 및 관리

⑤ 교서관 : 경서의 인쇄, 안전 담당

⑥ 춘추관 : 국사의 편찬과 보관

(4) 사법기관

① 형조 : 일반인이 죄를 범한 경우 법률·사송 사무 관장

② 사헌부 : 관리들에 대한 감찰 및 풍기 단속 기관

③ 한성부 : 수도의 치안과 행정 담당

④ 의금부 : 왕명에 의해 움직이는 특별 사법 기관

⑤ 기타 사법기관

    ㉠ 포도청 : 상민의 범죄를 다스리던 기관

    ㉡ 장예원 : 노비의 소송을 담당하고, 노비장적의 보관과 관리를 담당하는 형조의 예하기구

    ㉢ 전옥서 : 감옥에 구금된 죄수와 관련된 업무 담당

2. 지방 행정 제도

(1) 특징

① 지방관 임명 시 출신지에 파견하지 않는 상피제와 임기를 정해두는 임기제를 실시하였다.

② 인구와 토지에 따라 지방 제도를 정비하였다.

③ 모든 군현에 관리를 파견하고, 향리의 권한을 약화시켰다.

④ 향·소·부곡을 없애고, 면·리제를 정착시켰다.

⑤ 유향소를 통해 향촌 자치를 허용하면서 경저리와 영저리를 두어 지방 세력을 견제하였다.

비교 Plus 지방 견제를 위한 제도

• 신라 : 상수리 제도
• 고려 : 기인 제도, 사심관 제도
• 조선 : 경저리·영저리 제도, 유향소와 경재소 운영

▽ 조선의 8도

(2) 지방 제도의 정비

① 관찰사

ㄱ 8도를 감찰하고, 도의 행정·군사·감찰·사법권을 행사하였으며, 수령을 지휘·감독 하였다.

ㄴ 병마절도사, 수군절도사를 겸직하여 감영에 머물며 별도의 직할지는 없었다.

ㄷ 임기는 360일이며, 상피제*를 적용하였다.

② 수령

ㄱ 왕에 의해 임명되고 지방의 행정, 사법, 군사권을 장악하였다.

ㄴ 수령 7사와 같은 지방행정업무를 담당하였는데, 이는 성리학을 바탕으로 한 농본정책의 수행이었다.

ㄷ 임기는 1,800일이며 상피제를 적용하였다.

깊이 Plus 수령 7사 - 수령의 임무를 기록한 내용

1. 농업을 발전시킬 것
2. 유교 경전 등의 교육을 진흥할 것
3. 법을 잘 지켜 백성에게 올바름을 보일 것
4. 간사하고 교활한 무리를 제거할 것
5. 때 맞춰 군사 훈련을 실시하고 군기를 엄정히 할 것
6. 백성을 편히 하고 호구를 늘릴 것
7. 부역을 공평하고 균등하게 부과할 것

＊ 상피제
고려와 조선의 관직 임명 원칙으로, 연고가 있는 지역에서 관직을 갖지 못하도록 하거나 일정 범위 내의 친족이 같은 관서에 근무하지 못하도록 한 제도이다. 조선 시대에는 관찰사와 수령이 상피제의 적용을 받았다.

③ 향리

　　㉠ 지방의 실무 행정을 담당하며, 신분 상승에 제약이 있었다.

　　㉡ 무보수직, 세습직으로 후에 아전으로 전락하였다.

비교 Plus 고려와 조선의 향리의 공통점과 차이점

	고려	조선
공통점	① 세습(신분, 향직), ② 지방의 행정실무 담당, ③ 중간 계층	
차이점	• 권한이 강함 • 보수가 있음(외역전 : 세습 가능) • 군사지휘권의 행사(일품군) • 농민을 사적으로 지배할 수 있음 • 과거를 통해 중앙관리로 진출 • 자기의 권한과 책임하에 행정 실무를 담당 (속현, 촌, 향, 소, 부곡)	• 권한이 약함 • 보수가 없음 • 군사지휘권이 없음 • 향리와 토호의 사적인 농민 지배를 금지 • 과거 응시의 제한 • 수령을 보좌하고 그 지시에 따라 실무를 담당 (6방에 소속)

④ 유향소

　　㉠ 지방 자치 기구로 풍속 교정, 향리 규찰, 수령 감시 및 보좌하였다.

　　㉡ 지방의 연장자나 덕망자를 좌수, 별장(감)으로 임명하고 수시로 향회를 소집하였다.

　　㉢ 세조 때 없어졌다가 성종 때 향청으로 부활하였다.

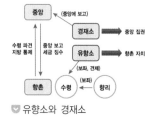
⚇ 유향소와 경재소

사료 Plus

조선 시대 향촌사회 지배층인 사족들은 그들의 향촌자치기구인 유향소를 조직하고, 이것을 운영해 가기 위한 규약으로서 향약을 작성했으며, 그들의 명부라 할 수 있는 향안을 작성하고, 여기에 이름을 올린 사족들의 회의체인 향회를 통해 상호간의 결속을 다지고, 수령을 견제하고, 향리와 농민들을 통제해 나갔다.

⑤ 경재소

　　㉠ 그 지역 출신의 중앙 고관이 지역의 제사를 주관하면서 정부와 향촌 간의 연결을 도모하였다.

　　㉡ 정부와 향촌의 연결, 유향소와 정부 간의 연락을 담당하였다.

　　　⇨ 정부가 유향소를 통제할 수 있다.

　　㉢ 향청과 함께 수령의 견제를 담당, 공부와 연료의 조달을 맡으면서 방납의 폐단이 발생하기도 하였다.

　　㉣ 경저리, 경주인이 관장하였다.

⑥ 영재소

　　㉠ 지방 관청 및 감영과 연락하기 위한 기관이다.

　　㉡ 영저리, 영주인이 관장하였다.

비교 Plus 고려와 조선의 지방 행정 제도의 차이점

	고려	조선
제도	5도·양계-주·현-촌	8도-부·목·군·현-면
지방관 파견	속군·속현이 많음	모든 군·현에 파견
행정 구역의 개편	그 지방출신 호족의 신분적 서열	인구·토지의 비례를 기준
수령	권한 약화	권한 강화
수령 견제책	임기제·상피제의 적용 ×	임기제·상피제 철저히 적용
향리	세력 강화(외역전 지급, 수취권 장악)	세력 축소(무보수, 징세권 없음)
지방 세족	사심관 제도	경재소, 유향소
천민 집단	향·소·부곡이 존재(무신집권 이후 감소)	폐지(태종 때 군현으로 승격, 국가재정 확보 목적)
지방 통치	호족의 자치 인정	중앙집권 강화

한눈에 쏙

조선 전기의 통치 제제

중앙 정치 체제	의정부와 6조	
	3사	• 사간원: 국왕에 대한 비판 담당 • 사헌부: 관리의 비행 감찰 • 홍문관: 정책의 시비 판단 ⇨ 권력의 독점과 부정을 방지함
	• 승정원: 국왕의 비서 기관 • 의금부: 죄인의 처벌 • 춘추관: 역사서 저술 • 한성부: 수도의 행정과 치안 담당 • 성균관: 최고 교육 기관	
지방 행정 조직	• 8도(관찰사 파견), 실질적인 지방 행정(수령이 담당) • 유향소(향촌 자치 기구)와 경재소(유향소와 정부 사이의 연락 기능 담당)	

3. 교육 기관

	이름	특징
초등 교육	서당	• 사설 초등 교육 기관 • 16세기 사림의 등장과 함께 사회적 의미 증대 • 18세기 이후 서당계를 통해 평민층의 교육 기회 확대에 기여
중등 교육	4부 학당	중앙 중등 교육 기관(중학, 동학, 남학, 서학)
중등 교육	향교	• 지방 중등 교육 기관 • 공자를 모시는 문묘가 존재 • 부·목·군·현에 하나씩 설립(고을 크기에 따라 정원의 차이) • 중앙에서 교수와 훈도 파견 • 평민 자제 입학 가능
고등 교육	성균관	• 최고 국립 교육 기관 • 소과 합격자, 고관 자제가 입학 • 대성전(선현봉사), 명륜당(강학)

4. 과거 제도

고려 시대와 달리 문과, 무과, 잡과를 실시하였다(승과는 실시되지 않고 무과를 실시함). 초시에서는 지역의 인구에 비례하여 인원을 선발하였다(지역 안배와 능력주의의 조화).

비교 Plus 고려와 조선의 과거 제도

	고려	조선
특징	주로 음서, 명경과 < 제술과	주로 과거, 생원과 > 진사과
종류	• 제술과, 명경과, 승과, 잡과 실시 • 무과 없음	• 문과, 무과, 잡과 실시 • 승과 폐지(중종)
응시자격	양인 이상	양인 농민 이상
음서(문음)	5품 이상 자제, 고위 관직 진출	2품 이상 자제, 고위 관직 진출이 어려움

(1) 문과

① 소과(생진과)

㉠ 응시 자격 : 양인 이상(재가녀와 실행녀의 아들과 서얼은 제외)

㉡ 종류 : 사서오경을 치르는 생원과와 문예 시험을 보는 진사과로 구분된다.

㉢ 합격자 특전 : 대과 응시 자격과 성균관 입학자격 부여, 하급 관리 임용

② 대과(문과)

㉠ 응시 자격 : 성균관의 유생, 생원, 진사, 관리가 된 이들

㉡ 응시 절차 : 초시와 복시를 거쳐 33명만 선발하고, 이 가운데 국왕 앞에서 전시를 실시한다.

참고 조선의 승과

초기에는 고려에 이어 승과가 시행되었으나, 억불숭유정책(抑佛崇儒政策)이 강화됨에 따라 성종·연산군 치하에서 승과는 일시 중단되었고, 중종 때에 폐지되었다. 이후, 명종 때 일시적으로 복구되기도 하였다. 임진왜란 중 활약한 서산대사 휴정(休靜)이나 사명당 유정(惟政)은 복구된 승과에 합격한 사람들이었다.

▼ 조선의 과거 제도

(2) 무과

① 소과·대과 구분없이 초시·복시·전시의 대과만 실시하였다.

② 무과는 무예(창·활·격구)뿐만 아니라 유교경전과 병서 등도 시험 과목으로 하였다.

③ 무과 교육기관은 따로 존재하지 않았다.

(3) 잡과

① 고려 시대와 마찬가지로 기술관을 뽑는 잡과를 실시하였다.

　㉠ 역과 : 한어, 여진어, 왜어 등의 통역관 시험으로 사역원에서 시험을 보았다.

　㉡ 율과 : 형조의 관리인 율관 시험으로 형조에서 시험을 보았다.

　㉢ 의과 : 의관의 시험으로 전의감에서 시험을 보았다.

　㉣ 음양과 : 천문, 지리 등의 과목을 치르며 관상감의 관리 선발, 관상감에서 시험을 보았다.

② 잡과 합격자는 원칙적으로 3품까지 승진이 가능하였다.

③ 잡과는 해당 관청에서 교육을 실시하였다.

(4) 음서 제도(문음)

① 조선 시대에도 고려의 음서 제도와 비슷한 문음이 있었다.

② 종2품 이상으로 한정되었으며(고려 : 5품 이상), 관직 승진에 제한이 있어 고려 시대만큼 널리 유행하지는 않았다.

참고 기타 관리 선발 관련 용어

• 선거(選擧) : 고시 제도와 천거 제도를 합쳐 일컬음
• 취재 : 하급관리나 하급 기술관원 시험
• 관광 : 과거를 보러가는 것
• 경과 : 국가에 경사가 있을 때 시행하는 시험
• 홍패 : 문과 복시 합격자 33명에게 주는 합격증

PART 04

한눈에 쏙

조선 전기의 관리 등용 제도

• 과거 제도(문과, 무과, 잡과), 취재, 문음 제도(특별 채용 시험)
• 부정부패를 막기 위한 제도 : 상피제와 서경

5. 병역 및 군사 제도

(1) 원칙

① **양인개병제(태종)**: 양인은 누구나 군역에 종사해야 하지만 반상제의 적용으로 인해 양반은 면역의 특권을 받았다.

② **병농일치제**: 병사와 농민이 일치해야 한다.

  ⇨ 16~60세 농민 남성은 정남으로 누구나 군역의 대상이었다.

③ **보법(세조)**

  ㉠ 모든 농민 장정은 정병 또는 보인에 편입된다.

   ⓐ **정군(正軍)**: 직접 군사 활동을 한다.

   ⓑ **보인(봉족)**: 정군의 군사 활동에 필요한 비용을 댄다.

  ㉡ 토지 5결을 1정으로 간주한다.

  ㉢ 농민에게 과중한 부담을 줌으로써 농민의 유망을 촉진했고, 지방세력가와 대토지 소유자들의 격심한 반발을 초래하였다.

(2) 군사 조직

① **중앙군(5위제✻)**

  ㉠ 궁궐 수비, 수도 방비를 담당하였다.

  ㉡ 정병과 특수병, 갑사로 구성되었다.

  ㉢ 복무연한에 따라 품계와 녹봉을 받았다.

② **지방군**

  ㉠ 각 도에 병마절도사와 수군절도사를 파견하고, 각 읍마다 읍성을 쌓았다.

  ㉡ 각 도의 관찰사가 병마절도사 및 수군절도사를 겸임하였다.

③ **잡색군**: 일종의 예비군으로 평소에는 생업에 종사하다가 유사시에 병력으로 활용되었다.

 비교Plus 조선 전기의 군제 변화

15세기	16세기	17세기
5위		5군영
• 농병일치제(번상병제)	대립제, 방군수포제 →	• 급료병
• 직업군 + 의무병제	(양성화) → 군적수포제	• 지방군
• 보법		• 번상병제

✻5위제
조선 전기의 중앙 군사 제도로, 조선 초기의 여러 과정을 거쳐 1457년(세조 3년)에 만들어졌다. 각 명칭은 의흥위(중위), 용양위(좌위), 호분위(우위), 충좌위(전위), 충무위(후위)라 한다. 5위는 한양 수비뿐만 아니라 각 지방의 병력도 나누어 맡았다. 이 부대는 중앙군이었기 때문에 전문적 기술을 지닌 직업 군인으로서 시험을 통해 선발되었다. 5위제는 조선 중기 이후 점차 유명무실해지다가, 임진왜란을 계기로 거의 붕괴되었다. 조선 후기에 이르러 중앙군제는 5군영제로 변경되었다.

(3) 조선 시대 방어 체제의 변화

① 영진 체제(세조이전)

ⓐ 각 도마다 관찰사와 병마도절제사가 있는 영과 첨절제사가 있는 진으로 구성되었다.

ⓑ 전국 단위의 방어체제로 과도한 국방비와 군부 세력의 비대 문제가 나타났다.

② 진관 체제

ⓐ 각 도에 1~2개의 병영을 두어 병사가 관할 지역을 관리하였다.

ⓑ 병영 아래 거진을 두고 그 거진의 수령이 지역의 군대를 통제하는 독립적인 방위체제였다('주진－거진－제진'으로 구성).

③ 제승방략 체제

ⓐ 유사시 필요한 방어처에 병력을 집중시켰다.

ⓑ 중앙에서 파견하는 장수가 지휘하였다.

④ 을묘왜변 이후, 진관체제로의 복귀가 주장되었고, 임진왜란 중에 진관체제가 복구되었다.

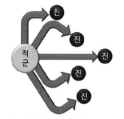

참고 진관 체제

독립 방어 체제이다.

사료 Plus

제승방략 체제의 문제점

을묘왜변 이후 김수문이 전라도에서 처음으로 도내의 여러 읍을 순변사 · 방어사 · 조방장 · 도원수와 본도 병사 · 수사에게 소속시키니 여러 도에서 이를 본받았다. …… 이리하여 한번 위급한 일이 있으면 반드시 멀고 가까운 곳의 군사를 모두 동원하여 빈 들판에 모아놓고 1,000리 밖에서 오는 장수를 기다리게 하였다. 그러므로 장수는 아직 때맞추어 이르지 않았는데, 적은 이미 가까이 오게 되니 군심이 동요하여 반드시 궤멸하는 도리밖에 없다.
－ **유성룡의 상계**

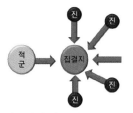

참고 제승방략 체제

합동 방어 체제이다.

⑤ 속오군 체제

ⓐ 명나라의 척계광이 지은 『기효신서』의 속오법과 삼수기법에 따라 조직되었다.

ⓑ 양반부터 노비까지 속오법에 따라 편제되었으나 양반이 병역을 회피하면서 노비만 편제되었다(천예군화).

ⓒ 평소에는 생업에 종사하다가 유사시에 전투에 동원되었다.

한눈에 쏙

조선 전기의 군사 제도

- 양인개병제, 농병일치
- 방어전략 : 진관 체제 → 제승방략 제체 → (임난 중) 진관 복구
- 잡색군, 봉수제와 역참제(국방과 중앙집권적 행정 용이)

▼ 조선의 조운로

6. 조선 시대의 교통 및 통신 제도

(1) 조운 제도

① 지방에서 거둬들인 세금을 수로와 해로를 통해 운반하였다.

② 영산강, 한강 등에 강창을 설치하여 서울의 경창까지 수송하였다.

③ 함경도, 평안도 지방은 세금을 운반하지 않고 현지에서 국방비 및 사신 접대비로 활용하였다.

④ 함경도, 평안도, 제주도는 세금을 운반하지 않는 잉류지역이었다.

(2) 역원 제도

① 도로의 주요 지점 30리마다 역을 설치하였다.

② 교통의 요지나 한적한 곳에 숙박이 가능한 원(院)을 설치하였다.

(3) 봉수 제도

위급할 때 횃불이나 연기로 연락하는 통신제도로 7천 반역 중 하나일 정도로 힘든 일이었다.

03 훈구와 사림의 대립

1. 훈구와 사림

(1) 훈구(勳舊) 세력

① 출신 : 고려 말에 조선의 건국을 주도한 급진파 사대부

② 세조 집권 공신 : 실권 장악, 중앙집권체제 강조

③ 왕실과 혼인하여 세력을 키웠으며, 관학파 학풍을 계승하여 문물 제도 정비에 기여하였다.

④ 막대한 토지 소유를 바탕으로 대지주로 성장하였다.

⑤ 15세기 이래 늘어난 농업 생산량과 상공업을 독점하려는 움직임을 보였다.

⑥ 서해 간척사업과 토지 매입을 통해 농장을 확대하였다.

⑦ 대외 무역 및 방납을 통해 경제적 이익을 취하였다.

참고 정난공신(靖難功臣)

1453년(단종 1)에 세조가 반대 세력인 황보인·김종서 등 원로대신과 종친인 안평대군을 제거하는 데 공을 세운 사람에게 내린 칭호 또는 그 칭호를 받은 사람을 일컫는 말이다. 이들이 훈구 세력을 이루었다.

(2) 사림(士林) 세력

① 성종 때 김종직 등용을 시작으로 정계에 진출하였다.

② 중소 지주적 배경을 바탕으로 영남과 기호 지방 중심으로 성장하면서 향촌자치를 강조하였다.

③ 도덕과 의리를 숭상하고 왕도정치를 강조하였다.

  ㉠ 훈구파의 향촌 사회 장악에 반발하였다.

   ⇨ 훈구 세력이 농장을 확대하면서 사림의 이익을 침해하여 서로 대립하게 되었다.

  ㉡ 성리학적 향촌 질서 확립을 열망하였다.

▼ 사림 계보

2. 사림의 정치적 성장

(1) 사림의 등용

① 배경 : 성종이 훈구 세력의 비대 방지와 정권 독점 견제하기 위해 사림을 등용하였다.

② 정계 진출 이후 훈구 세력과 대립하였다.

(2) 훈구파와의 대립

① 훈구파의 농장 확대는 사림의 정치적 기반을 침해하였다.

② 사림은 현실과 훈구파의 정치 독점을 비판하면서 훈구 세력을 견제하였다.

비교 Plus 훈구와 사림의 비교

	훈구 세력	사림 세력
기원	급진파 신진사대부(정도전, 조준, 권근)	온건파 신진사대부(정몽주, 이색, 길재)
학문 성향	관학파 (성균관·집현전 출신으로 사장을 중시)	사학파 (서원 출신으로 경학을 중시)
학파의 줄기	공신세력	길재의 제자들
정치사상	전제 왕권을 위한 법치주의 중시	유교적 이상 정치인 도학정치 중시
경향	중앙에서 현실 정치에 참여	지방에서 제자 양성과 학문 연구
활동 분야	의정부와 6조에서 활동	삼사 등 언론 기관에서 활동
목표	국왕 중심의 법치주의 국가	유교적 이상 정치인 도학 정치의 실현
실천 방향	부국강병과 법치주의	도덕과 명분, 의리 중시 도학정치 주장
경제 기반	공신전 독점, 대농장 소유	중소 지주
역사계승	단군 중시	기자 중시
타사상수용여부	타 사상 수용에 관대	타 사상 배척(성리학 제일주의)
기여	15C 문물·제도 정비, 과학기술 발달	16C 성리학 이론 심화·발전

3. 사화의 발생과 그 결과

(1) 사화의 의미와 배경

① 의미 : 조선 전기에 사림 세력이 반대파인 훈구 세력에 의해 화를 입은 사건이다.

② 배경 : 주로 언관으로 활동하던 사림 세력이 훈구 세력의 정치 독점을 비판하였다.

(2) 무오사화(연산군, 1498)

① 김종직*이 지은 사초*인 「조의제문」을 구실로 발생하였다.

② 사초와 관련되어 사화(史禍)라고도 한다.

③ 김일손 등 신진 관료들이 사형, 유배, 파직되었으며 극히 일부의 사림만 생존하였다.

※ 김종직
조선 전기의 성리학자이자 문신으로 영남학파의 종조이며, 그가 생전에 지은 「조의제문」이 그가 죽은 후인 1498년(연산군 4) 무오사화가 일어나는 원인이 되었다. 그는 부관참시를 당하였으며, 많은 제자가 죽음을 당하였다.

※ 사초(史草)
조선 시대에 사관(史官)이 기록하여 둔 사기(史記)의 초고(草稿)로, 실록(實錄)의 원고가 되었다.

사료 Plus 🏛

김종직의 「조의제문」

꿈속에 신선이 나타나서 "나는 초나라 회왕 손심인데 서초패왕에게 살해되어 빈강에 버려졌다."고 말하고 사라졌다. 잠에서 깨어나 생각해보니 회왕은 중국 초나라 사람이고, 나는 동이 사람으로 거리가 만리(萬里)나 떨어져 있는데 꿈에 나타난 징조는 무엇일까? 역사를 살펴보면 시신을 강물에 버렸다는 기록이 없으니 아마 항우가 사람을 시켜서 회왕을 죽이고 시체를 강물에 버린 것인지 알 수 없는 일이다. 이제야 글을 지어 의제를 조문한다.

⑶ **갑자사화(연산군, 1504)**

① 훈구세력 중 연산군 측의 척신과 일반 훈신 간의 반목이 심화되었다.

② 연산군의 생모인 폐비 윤씨가 사약을 받아 죽게 된 폐비 윤씨 사사 사건(賜死事件)이 원인이 이었다(1482).

③ 사건에 관련된 사림 및 대신의 숙청이 나타났으며, 이 사건 이후 연산군이 왕위에서 축출되었다(중종반정).

⑷ **중종반정 이후, 조광조의 개혁 정치**

① 자신의 세력을 정계에 끌어들이기 위해 현량과*를 실시할 것을 주장하였다.

② 사림의 향촌 자치 질서 수립을 위해 향약을 실시하고자 하였다.

③ 도교 사원인 소격서의 혁파를 주장하였다.

④ 훈구 세력에 대한 견제를 목적으로 위훈삭제 사건*을 일으켰다.

⑤ 공납 제도의 폐단을 시정하기 위해 노력하였다.

⑥ 『소학』 보급을 통해 유교 윤리를 확산시키려 하였다.

깊이 Plus ➕ **조광조의 생애와 유시(遺詩)**

조광조의 생애
1482년 한양에서 출생함
1510년 소과에 장원으로 합격함
1518년 사헌부 대사헌에 임명됨
1519년 기묘사화로 인해 사사됨

절명시(絕命詩)
임금 사랑하기를 어버이 사랑하듯이 하고
나라를 내 집안 근심하듯이 했노라.
밝은 해가 이 땅을 비치고 있으니
내 붉은 충정을 밝혀 비추리라.

---

* **현량과**
조선 중종 때 조광조의 건의에 따라 시행된 관리등용 제도로, 학문과 덕행이 뛰어난 인재를 추천받아 선발한 천거 제도이다.

* **위훈삭제 사건**
1519년(중종 14) 중종반정 때 공을 세운 정국공신 중 자격이 없다고 평가된 사람들의 공신호를 박탈하고 토지와 노비를 환수한 사건으로, 조광조가 주도하였다. 이는 기묘사화의 원인으로 작용한다.

(5) 기묘사화(중종, 1519)

① 중종이 즉위하면서 사림에 대한 등용이 재개되었다.

② 조광조를 중심으로 한 정치 개혁이 나타났다.

③ 위훈삭제 사건을 계기로 중종반정에 참여한 훈신들이 사림에 대한 반격을 시작하였다.
　⇨ 이 과정에서 많은 사림들이 정계에서 물러나거나 축출되었다.

(6) 을사사화(명종, 1545)

① 중종의 두 이복왕자(훗날의 인종과 명종)를 둘러싼 외척 간의 대립이 심화되었다.

② 윤임을 중심으로 한 인종의 지지 세력인 대윤과 윤원형을 중심으로 한 명종의 지지 세력인 소윤이 대립하였다.

③ 처음에는 대윤이 정권을 장악하나 인종이 1년 만에 죽게 되면서 명종이 즉위하게 되고 그 결과 소윤이 정권을 장악하게 되었다.

④ 외척 간의 싸움에 연루된 사림 세력 역시 피해를 보았다.

한눈에 쏙

조선 시대의 사화

시기	명칭	원인	결과
연산군	무오사화	김종직의 사초인 「조의제문」	• 김종직, 김일손과 관련된 사림이 대거 피해 • 사초와 관련된 사화이기에 史禍라고도 함
	갑자사화	연산군의 생모인 폐비 윤씨의 복위 문제	• 사건과 관련된 사림 및 대신의 숙청 및 재산 몰수 • 연산군은 이후 중종반정으로 퇴출

중종반정(1506)과 조광조의 개혁 정치
• 자신의 세력을 정계에 끌어들이기 위해 ⇨ 현량과 실시
• 성리학 제일주의 ⇨ 소격서 혁파
• 사림의 향촌 자치 질서 수립을 위해 ⇨ 향약과 소학 보급
• 훈구 세력 견제 ⇨ 위훈삭제 사건(중종반정 공신 책정 시정 요구)

중종	기묘사화	조광조를 중심으로 한 사림의 개혁정치 시도	• 위훈 삭제 사건을 계기로 훈구세력이 조광조 숙청 계획 • 조광조를 비롯한 사림들이 귀양, 숙청
명종	을사사화	왕실 외척 간의 세력 다툼	• 외척 중 문정왕후를 중심으로 소윤이 실권 장악 • 이후 외척이 사라지면서 사림이 정계 주도

참고 임꺽정의 난(1559, 명종 14)

15, 16세기 조선에서는 자연재해와 농민의 과중한 부담, 권세가의 대토지 소유에 따른 농민의 몰락 등으로 인해 농민이 삶의 터전을 버리고 도적이 되는 일이 빈번하게 일어났다. 예종 대에 전라도 일대에서 크게 활약한 장영기 일당을 비롯해 연산군 대에는 경기 지역에서 활약한 홍길동 등 크고 작은 도적의 무리가 전국에서 들끓었다. 특히 연산군 대를 지나 어린 명종이 즉위할 즈음에 이르러서는 윤원형 등 외척 세력을 중심으로 한 권신들의 횡포가 극에 달했다. 설상가상으로 흉년과 전염병이 거듭되었고, 왜구의 노략질도 끊이지 않았다. 그러던 중 조선 전기를 대표하는 도적인 임꺽정이 등장하여 정부에 반대하는 난을 일으켰다.

PART 04

4. 사림의 정치적 성장

네 차례의 사화에도 불구하고 사림들은 정권을 잃지 않고 유지하여 결국 훈구 세력을 몰아내고 정권을 장악하였다.

(1) 향약의 보급

① 향약 : 향촌 교화를 위해 만든 향촌 자치 규약

② 초기에는 중국의 여씨향약이 번역되면서 전국에 보급되었으나, 점차 우리나라의 실정에 맞는 군현이나 마을 단위로 실행하여 사림들이 지방에서 영향력을 확대해 나갔다.

  ㉠ 여씨향약 : 조광조

  ㉡ 예안향약* : 이황

  ㉢ 해주향약 : 이이

③ 역할 : 예전에 운영되던 계의 방식이 향약 속에 흡수되면서 농민들의 생활을 안정시켰다.
  ⇨ 전통적 미풍양속을 계승하면서 삼강오륜을 중심으로 한 유교윤리를 가미하였다.

④ 영향 : 향약의 보급은 향촌사회에서 양반사족의 지위를 강화시키는 기능을 하였다. 반면, 국가의 농민지배력이 약화되었다.

⑤ 부작용 : 지방 유력자가 주민을 수탈·위협하는 배경을 제공하는 문제가 발생했다.

* 예안향약
1556년(명종 11) 이황이 경북 안동 예안지방에서 시행하기 위해 중국의 여씨향약을 본떠 만든 향약이다. 향촌사회의 교화를 위해 만든 이 향약은 여씨향약의 4대 덕목 가운데 과실상규(過失相規)만을 중요시하여 총28조항 모두 처벌대상자만을 규정하고 있다.

사료 Plus 🏛

이이의 해주향약

• 동네에 상사(喪事)가 있으면 조직에 가입한 사람들이 각자 쌀1되, 빈 가마니 1장씩을 낸다.

• 30세 이하의 문반도 무반도 아닌 자들은 소학, 효경, 동자습 등의 서적을 반드시 읽어야 한다.

• 소송이 있을 때는 계장, 유사가 잘잘못을 가리되 시비를 가리기가 곤란하면 사족들이 회의하여 결정한다.

• 죄 없는 사람이 누명을 쓰고 벌을 받게 되면 사람들이 연명으로 관청에 보고하여 억울한 죄명을 벗도록 노력한다.   －『율곡전서』

깊이 Plus ➕ 향약의 4대 덕목

• 덕업상권(德業相勸) : 착한 일은 서로 권한다.

• 과실상규(過失相規) : 잘못된 일은 서로 규제한다.

• 예속상교(禮俗相敎) : 서로 예절을 지킨다.

• 환난상휼(患難相恤) : 어려운 일은 서로 돕는다.

(2) 서원의 설립

① **서원** : 덕망 높은 유학자를 기리는 목적으로 세워진 지방의 사립 교육기관이다.

② **목적** : 교육과 선현봉사(교육적 성격인 서당의 기능에 선현을 봉사하는 사당의 기능이 더해짐)

③ **백운동서원** : 주세붕이 세운 최초의 서원이다.
   ⇨ 후에 이황의 건의로 소수서원이라는 현판을 명종이 수여하였다(사액서원).

④ **사액서원의 특권** : 국가에서 토지, 서적, 노비를 지급받고 세금이 면제되었다.

⑤ 학문과 교육 발전에 계기가 되었지만, 사림들이 자기 당파의 결속을 강화하여 붕당이 만들어지는 토대가 되었다.

⑥ 서원에 근거를 둔 사림의 공론이 산림*을 통해 정치에 수렴되기도 하였다.

비교 Plus 향약과 서원

	향약	서원
최초	중국의 여씨향약이 번역되면서 전국에 보급	중종 38년(1543), 풍기 군수 주세붕이 안향을 제사지내기 위해 설립
목적	전통적 미풍양속을 계승하면서 삼강오륜을 중심으로 한 유교윤리를 보급	선현 봉사(사당), 후진 교육(서당)
보급	• 여씨향약(조광조) • 예안향약(이황) • 해주향약(이이)	이황의 건의로 소수 서원으로 사액, 이후 전국적으로 설립
영향	향약의 보급으로 향촌사회에서 양반사족의 지위를 강화	학문과 교육의 지방적 확대와 사림의 성장에 기여
폐단	• 국가의 농민지배력 약화 • 지방 유력자가 주민을 수탈·위협하는 배경을 제공	국가 재정 소비(사림은 서원에 들어감으로써 국가의 각종 부담에서 면제)

* **산림(山林)**
조선 후기에 관직에 진출하지 않고 자신의 근거지에서 유학자들을 조종했던 거두를 부르는 말이다. 이들은 세간에 알려진 자신들의 명성과 자신들이 양성한 제자들을 통해 조정의 정책에 큰 영향을 주었던 사람들이다. 이들은 사림의 집권으로 등장했고, 성리학의 교조화와 함께 타락했으며 영조의 탕평책 때 그 존재를 부정당하였다.

조선 전기의 대외관계

04 조선 전기의 대외 관계

1. 명과의 관계

(1) 초기

① 요동 지방과 여진과의 관계 문제로 불편한 사이였으며, 정도전을 통해 요동 수복 계획을 세우기도 하였다.

② 명이 조선으로 넘어온 여진인의 생환을 요구하면서 갈등이 발생하였다.

③ 표전(表箋)문제 발생 : 왕실 외교 문서에 명나라를 모욕하는 내용이 있다고 문제 삼아 관계가 불편해진 사건이다.

④ 종계변무(宗系辨誣) 문제 발생 : 이성계가 이인임의 아들이라는 중국측 기록을 수정 요청하다가 생긴 문제이다.

(2) 태종 이후

외교 관계가 호전되었으며 문화 교류도 활발하게 이루어졌다.

(3) 사대외교의 실시

① 사절 파견 목적 : 정치적 관계 개선과 문화의 수입, 물품 교역, 왕권의 안정, 국제적 지위 확보, 자주적 실리 외교

② 내용 : 정기 사신과 부정기 사절을 파견한다.

2. 여진과의 관계

여진족을 변방에서 축출하고 영토 확장과 화전양면 정책을 추진하였다.

(1) 강경책

① 태조 : 두만강 지역 개척

② 세종 : 최윤덕·이천·김종서 활약, 4군 6진 설치(압록강~두만강 이남 지역 확보)

③ 성종 : 신숙주, 허종이 압록강과 두만강 이북 지역의 여진족 토벌

④ 선조 : 여진족 토벌(이순신의 녹둔도 전투*)

(2) 회유책

① 여진족의 귀순을 장려하기 위하여 관직을 주거나, 토지나 주택을 지급하였다.

② 경원, 경성 지역에 무역소를 설치하였다.

③ 북평관을 설치하여(동대문 근처) 국경무역과 조공무역을 허락하였다.

④ 사민정책을 실시하여 남방의 민호를 북방으로 이주하였고, 토관 제도*를 활용하여 민심을 수습하였다.

*녹둔도 전투
1587년(선조 20)과 그 이듬해 조선과 여진족 사이에 벌였던 두 차례 전투이다. 첫 전투에서 피해를 입었던 조선군은 이듬해 보복전을 벌여 여진부락 200여 호를 불태우고 적 380명을 죽였으며, 말 9필, 소 20두를 획득하는 큰 전과를 올렸다. 특히 아군의 희생자가 단 한 사람도 없었다는 점은 특기할 만한 사실이다. 당시 백의종군한 이순신은 큰 전공을 세워 백의종군에서 사면을 받기도 하였다. 이 정벌에 참여해 전과를 올렸던 장수 및 병사들은 그 뒤 임진왜란이라는 커다란 국난을 극복하는데 기여하였다.

*토관 제도
지역의 토착민을 지방관으로 임명하는 제도로, 세종 때 개척한 4군 6진을 대상으로 실시되었다. 이는 연고가 있는 지역에 지방관을 파견하지 않는 상피제를 적용하지 않은 것이다.

3. 일본과의 관계

(1) 강경책

① 수군 강화, 병선 건조(建造), 화약 무기 개량

② 쓰시마 정벌(세종) : 상왕이었던 태종이 이종무를 통해 정벌하였다.

(2) 회유책

① 제한무역을 허락하였다(일본 조정이 왜구를 억누르는 조건으로 허락).

② 3포 개항(부산포, 제포, 염포)

③ 계해약조 : 세견선 50척, 세사미두 200석으로 제한하였다.

④ 관직을 수여하기도 하였다.

4. 동남아시아 각국과의 관계

조선 건국 직후 류큐(오키나와), 시암(태국), 자와(인도네시아) 사신을 교역하였고, 토산물을 헌상하였다. 이 과정에서 조선의 발달한 선진 문화를 동남아시아에 전파하였다.

▽ 3포 개항

근세의 경제

참고 과전법과 전시과의 공통점

- 18등급으로 구분한다.
- 과전법과 경정이전의 전시과(시정 전시과, 개정전시과)는 전·현직 관료를 대상으로 지급한다.
- 사후 반납 원칙(세습 토지 존재)

01 조선 전기의 경제 정책

1. 토지 제도

(1) 과전법

① 고려 마지막 왕인 공양왕 때 실시(1391)되어 조선으로 이어졌다.

② 전직, 현직을 막론하고 양반 관료들을 18과로 구분하였다.

③ 최고 150결에서 최하 10결까지의 과전을 지급하였다.

④ 경기 지방에 한정하여 분급하였다.

⑤ 세습이 되지 않으며 1대에 한정하였다.

⑥ 수신전(과부 부양)과 휼양전(고아 부양)은 예외적으로 수조권 세습이 가능하였다.

사료 Plus

과전법의 세습 규정 예외 조항

경기는 사방의 근본이니 마땅히 과전을 설치하여 사대부를 우대한다. 무릇 경성에 거주하여 왕실을 시위(侍衛)하는 자는 직위의 고하에 따라 과전을 받는다. 토지를 받은 자가 죽은 후, 그의 아내가 자식이 있고 수신하는 자는 남편의 과전을 모두 물려받고, 자식이 없이 수신하는 자의 경우는 반을 물려받는다. 부모가 모두 사망하고 그 자손이 유약한 자는 휼양전으로 아버지의 과전을 전부 물려받고, 20세가 되면 본인의 과에 따라 받는다.

― 『고려사』

---

(2) 직전법

① 세조 때 실시되었다.

② 토지의 지급 대상을 현직 관리로 한정하였다.

③ 이전에 사원에 지급한 토지를 경기로 환원하였다.

(3) 관수관급제

① 전주의 직접 수조를 막고 국가에서 세금을 징수하였다.

② 수조권 질서가 붕괴되면서 양반 관료들은 녹봉만 받았다.

③ 양반들의 사적 소유지가 증가하였다.

④ 관수관급제 시행 이후, 국가의 토지 지배력이 강화되었다.

⑷ 과전법 체제의 붕괴

① 계속되는 흉년과 왜구 및 여진의 침략으로 재정이 악화되었다.

② 수조권 폐지로 인하여 지주제가 널리 성행하면서 농장이 확대되었다.

③ 과전법 질서가 붕괴되면서 농민은 토지를 잃고 소작농이나 유민으로 전락하였다.

④ 지주와 소작인이 수확량을 반으로 나누는 병작반수 제도가 실시되었다.

한눈에 쏙

토지 제도의 변화

	과전법	직전법	관수관급제	직전법 폐지
시행 시기	공양왕(1391, 고려 말)	세조(15C)	성종(15C)	명종(16C)
지급 대상	전·현직 관리	현직 관리	현직 관리	현직 관리
배경	권문세족의 농장 확대에 따른 재정 궁핍	경기의 과전 부족	과전에 대한 과도한 수취	직전법 체제 붕괴
목적	사대부 관료의 경제적 기반 확보	국가의 농민과 토지에 대한 지배력 강화	국가의 농민과 토지에 대한 지배력 강화	관리의 생계 수단 마련
원칙	경기에서만 지급, 병작반수 금지	현직에만 지급	수조권의 국가 귀속	녹봉만 지급
영향	농민의 경작권 보장	훈구파의 농장 확대	농장 확대 가속	농장의 보편화

참고 조선 전기의 토지 제도 변화

과전법 → 직전법 → 관수관급제의 실시는 결과적으로 전주 전객제의 약화, 지주 전호제의 확대로 국가의 토지에 대한 지배권은 오히려 약화되고, 양반 관료의 토지에 대한 사적 지배력이 강화되었다.

PART 04

2. 수취 체제

(1) 조세

① 경작자는 국가나 수조권자에게 생산량의 1/10을 납부하고 과전의 수조권자는 전주로부터 받은 조의 1/15을 국가에 세로 바쳤다.

② 공법(貢法)의 제정(세종)

　㉠ 배경 : 답험손실법* 실시 후, 임의적인 답험으로 인한 폐단 발생

　㉡ 전분 6등법 : 토지의 비척도에 따라 6등급으로 토지를 구분하여 토지대장에 수록하였다.

　　ⓐ 1결 = 400두 생산기준

　　ⓑ 토지 면적은 비옥도에 따라 서로 다르다.

　㉢ 연분 9등법 : 그 해의 풍흉에 따라 9등급으로 나누어 차등 있게 조세를 부과하였다.

　　ⓐ 1결당 20두~4두로 차등(上上年~下下年)

　　ⓑ 연분의 등급이 같은 토지는 1결당 동일한 조세를 부담하였다.

> **사료 Plus**
>
> **공법(貢法)의 시행**
>
> 모든 토지는 6등급으로 나누며 20년마다 한 번씩 토지를 다시 측량한 뒤에 대장을 만들어 호조, 해당 도, 해당 고을에 각각 보관한다. 1등전을 재는 한 자의 길이는 주척 4자 7치 7푼 5리에 해당하고, …… 6등전을 재는 한 자의 길이는 주척 9자 5치 5푼에 해당한다. ㅡ 『경국대전』

(2) 공납(특산물)

① 왕실이나 관청의 수요를 충당하기 위하여 농민들이 부담하는 토산물이다.

② 토산물을 수납하는 과정에서 절차가 까다롭고 여러 가지 문제가 많아 농민들이 큰 부담을 느꼈다.

③ 현물 납부에 어려움이 많았기 때문에 상납하기 곤란한 물건은 쌀이나 베를 사서 지급하는 방납이 나타났다(방납의 폐단).

　㉠ 상납하기 어려운 물건을 대신 사서 바치는 제도였으나 이 과정에서 백성들에게 시가보다 비싼 대가를 지불하게 하여 폭리를 일삼았다.

　㉡ 농민들이 납부하는 공납을 일부러 막아 방납인을 통해 사도록 하여 이득을 취하였다.

---

* 답험손실법

관리나 토지주인이 직접 농작의 상황을 조사하여 보고하면 작황에 따라 일정한 세금을 감면하던 세율 규정법이다.

참고 양전과 양안

- 양전(量田) : 고려·조선 시대 토지의 실제경작 상황을 파악하기 위해 실시한 토지측량 제도로, 조선 시대에는 법제적으로 20년마다 한 번씩 전국적으로 토지 측량을 실시하였고, 이를 토대로 양안을 작성하여 호조와 해당 도 및 군현에 각각 1부씩을 보관하도록 규정되어 있었다.
- 양안(量案) : 조세를 부과하기 위해 토지를 측량하여 만든 토지대장으로, 임진왜란으로 소실되어 재작성에 어려움을 겪었으며, 조선 후기 대동세 징수의 근거 자료가 되었다.

(3) 역(노동력)

① 군대에 종사하는 군역과 국가의 토목이나 건설에 동원되는 역역(요역)으로 구분되었다.

② 군역의 변화

　㉠ 16세기를 전후하여 국가의 토목이나 건설에는 일반 군인이 동원되면서 군역의 요역화가 나타났다.

　㉡ 군역이 요역화되면서 일반 농민의 부담이 가중되어 군역에 대한 기피가 심해지게 되었다.

　㉢ 군역에 대한 기피가 심해지면서 군역 대신 면포를 납부하는 방군수포제가 성행하였다.

　㉣ 방군수포제가 성행하면서 국가에서는 방군수포제를 제도화하였다(군적수포제).

　　ⓐ 군역 대상의 장정들에게 군포 2필을 받아 그 수입으로 군대를 양성하였다.

　　ⓑ 농민의 납포군화로 농민의 부담이 가중되었다.

　　ⓒ 군적수포제의 실시로 양반은 군포 부담 대상에서 제외되어 군포의 부담은 반상구분의 기준이 되었다.

한눈에 쏙

조선 전기의 수취 제도

	특징
전세	• 토질에 따라 6등급 • 풍흉에 따라 9등급
공납	• 해당 지역의 특산물과 현물을 납부 • 방납의 폐단이 발생
역	• 군역은 양인 정남이 담당(16~60세 남성) • 방군수포제의 유행에 따라 군적수포제 법제화(1년에 군포 2필 납부)

참고 농자천하지대본(農者天下之大本)
천하지대본(天下之大本)은 세상의 중요한 바탕, 나라가 안정적으로 유지될 수 있도록 하는 힘이라는 뜻이다. 농업이 국가 유지의 근간이 되는 사회에서 한해 농사가 잘 이루어지기를 기원하며 내거는 기치로 많이 쓰인다. 곡물을 심고 거두는 일이 제대로 되어야 백성의 삶이 풍요롭고, 국민의 생이 안정되어야 국가가 잘 다스려지므로 그만큼 농사에 힘써야 한다는 것을 강조한 말이다.

♥『농사직설』

3. 조선 전기의 농본주의 정책

(1) 목적

국가 재정 확충 및 민생 안정을 위해 농본주의 정책을 실시하였다(농경지 확대 → 농업 생산량 증가 → 농민의 조세 부담 경감 → 농민들의 생활 안정).

(2) 정부의 지원

정부는 개간을 장려하고 각종 수리시설을 보수·확충하는 등 안정적으로 농사를 지을 수 있는 기반을 마련해주었다.

(3) 농서 간행

① 『농사직설』(세종) : 정초 등, 우리 농민의 실제 경험을 바탕으로 한 관찬서
② 『금양잡록』(성종) : 강희맹, 경기도 시흥지역의 농법을 소개한 사찬서
③ 『사시찬요』(세조) : 강희맹, 사계절 농법과 행사를 기록
④ 『양화소록』(세조) : 강희안, 화초재배 방법을 소개

(4) 결과

양전 사업 실시 결과 이전에 비해 토지가 증가하였다(15세기 말에는 150만여결).

02 조선 전기의 경제 활동

1. 농업 기술의 발달

(1) 농법

① 밭농사는 조, 보리, 콩의 2년 3작이 널리 시행되고 벼농사는 고려 말 이래 남부지방 일부에서 벼와 보리의 이모작과 이앙법(모내기법)이 실시되었다(밭농사 비중이 더 높음).

② 벼농사는 주로 직파법으로 재배되었고 가을에 농작물을 재배한 뒤 빈 농지를 갈아 엎어 다음해의 농사를 준비하는 가을갈이 농사법이 보급되었다.

③ 밑거름과 뒷거름을 주는 각종 시비법이 발달하면서 휴경이 사라지고 매년 농사를 짓는 상경이 가능하게 되었다.

④ 지방의 사림들이 중국의 강남농법을 받아들여 수전농업을 더욱 발전시켰다(신품종 도입).

⑤ 농업과 관련된 기술 및 농기구의 개발로 농업 생산력이 증가하였다.

(2) 목화 재배

① 고려 후기에 문익점이 전래한 목화가 조선 전기에 거의 전국적으로 확대되어 무명을 많이 생산하게 되었다.

   ⇨ 백성들이 무명옷을 입게 되었으며 무명이 화폐처럼 사용되었다.

② 삼, 모시의 재배가 성행하였으며 누에치기가 전국적으로 확산되었다.

2. 상업

① 자급자족적 농업 중심의 사회 구조와 국가의 철저한 억상정책에 따라 자유로운 활동이 억제되어 상공업이 부진하였다.

② 16세기 이후 국가의 상공업에 대한 통제가 해이해지면서 상공업과 무역이 자유롭게 전개되었다.

③ 서울에서의 상공업 : 서울의 종로를 중심으로 시전이 발달하였다.

   ㉠ 시전은 육의전(비단, 무명, 명주, 모시, 종이, 어물)을 중심으로 번성하였다.

   ㉡ 시전 상인들은 특정 상품에 대해서 독점판매권(특히 육의전)을 가지는 대신 관청에 필요 물품을 공급하였다.

④ 지방과 서울 근교에는 사상에 의한 장시가 등장하였다.

   ㉠ 15세기 후엽부터 대두하면서 농업 생산의 발달 및 지주제의 확대로 발전하였다.

   ㉡ 정부에서는 수시로 장시 금지령을 내려 농민의 이탈을 방지하려 하였다.

   ㉢ 점차 5일장이 일반화되면서 보부상에 의한 물품 유통이 나타나기도 하였다.

   ㉣ 16세기 중엽부터 전국적으로 확대되기 시작하였다.

참고 **목화의 전래**

최근 백제 시대의 유적지인 부여 능산리 절터의 출토 유물에서 목면으로 된 직물이 발견되어 삼국시대에도 면직이 이루어졌음이 확인되었다. 14세기 후반 문익점이 목화씨를 가지고 들어오면서 면직이 시작되었다는 기존의 인식은 잘못된 것으로 여겨지고 있다. 일부 학자들은 『삼국사기(三國史記)』나 『양서(梁書)』, 『한원(翰苑)』 등의 기록을 근거로 품종은 다르지만 삼국시대 이전부터 모, 마, 면 등을 직조해 왔다고 주장하기도 한다. 이러한 연구들로 문익점이 목화씨를 가져오면서 면직물 생산이 처음 시작되었다는 기존의 통설은 비판되고 있지만, 문익점과 정천익의 목면 재배와 보급이 면직물 생산을 널리 보급하는 데 기여하여 백성들의 옷감이 삼베에서 무명으로 바뀌게 되었다는 사실은 부정되지 않는다.

3. 수공업

(1) 관영 수공업

① 국가 통제 하에서 관영 수공업 체제를 유지하였다.

② 공상(工匠) : 관청에 소속되어 공상안(工匠案)에 등록되어 일성 기간 국가에 필요한 물품을 제조하였다.

③ 고도의 장인기술을 요하는 수공업에 대해서는 필요시마다 고용하는 종7품 이하 체아직(遞兒職)을 두어 관리하였다.

(2) 관장(官匠)

① 관청에 등록된 장인으로 국역으로 의류, 활자, 무기, 문방구, 그릇 등을 제조하였다.

② 근무 기간 동안은 식비가 지급되었으며, 생산 초과량은 자체적으로 판매할 수 있었으나 이에 대한 납세의 의무가 있었다.

③ 16세기부터 부역제가 해이해지고 민영 수공업이 발달하면서 쇠퇴하기 시작하였다.

4. 광업

(1) 광업 정책

① 부역노동으로 운영하는 관영 광업 이외에는 개인 경영을 일체 허용하지 않았다.

② 광업은 국가 재정과 직접 관련되어 있어 호조에서 총체적으로 관리하여 수령에게 채굴량을 할당하면 수령은 부역을 징발하여 채굴하였다.

③ 이 과정에서 수령은 이익을 더 취하기 위해서 추가로 농민들을 부역에 동원하여 채굴을 하게 되어 농민들의 토지 이탈이 일어났다.

(2) 광업 금지

이후 명의 지나친 금·은 조공 요구와 위와 같은 이유들로 광산이 폐광되거나 사채를 철저히 금지하였다.

참고 장인과 장인정신

장인(匠人)은 물건을 만드는 작업 수준이 높은 경지에 이르러 예술가 수준에 도달한 기술자를 가리킨다. 장인정신은 장인이 심혈을 기울여 물건을 만드는 것처럼 한 가지 기술을 연마하여 그 일에 매우 정통하거나 자기가 하는 일에 전념하는 철저한 직업 정신을 의미한다. 즉, 무언가를 만들어낼 때 어떠한 편법이나 술수를 사용하지 않고 자신이 할 수 있는 모든 기술과 노력을 다하여 끝까지 완벽하게 해내려는 정신을 가리킨다.

근세의 사회

01 조선 전기의 사회 구조

1. 신분 제도

(1) 15세기

법제적으로는 양천제, 실제적으로는 4신분제의 형태로 나타난다.

① 양천제와 반상제

양천제(법제적)	반상제(실제적)	직업
양인	양반	문반/무반
	중인	향리, 서얼, 기술관
	상민	농민, 상인, 수공업자
천민	천민	노비, 백정, 무당, 광대, 창기

② 실제적인 신분별 역할과 자격

	군역	국역	생업	과거
양반	×	×	×	응시 가능
학생	×	×	○	
농민	○	○	○	
수공업자/상인	×	○	○	응시 불가
노비	×	×	○	

(2) 16세기 이후

① 농업 생산력 증가로 지주제가 확대됨에 따라 양천제에 기초한 국역체제가 붕괴되었다.

② 지주 전호제*의 계급관계가 확고하게 나타나면서 양반 지주와 상민인 전호 간의 계급 관계가 확고해져 신분 제도는 반상제*로 굳어졌다.

🔽 15세기 신분 제도

✻ 지주 전호제
토지 소유주인 지주와 이를 임대받아 경작하는 전호(田戶, 소작인)가 있는 형식의 토지 소유 형태이다. 이러한 제도는 16세기 이후 토지 소유권이 강화됨에 따라 지속적으로 확대되어 갔다.

✻ 반상제
실제적 구분으로 관직을 가진 사람을 의미하던 양반은 세월이 흐를수록 하나의 신분으로 정착되었다. 양반 관료들을 보좌하던 중인도 신분층으로 정착되었다. 법제상으로는 같은 양인이지만, 지배층인 양반과 피지배층인 상민 간의 차별을 두는 반상 제도가 일반화되었다. 이로써 양반, 중인, 상민, 천민의 신분 제도가 정착되었다.

2. 구분

(1) 양반

원래 문반과 무반의 통칭하여 현직관료를 나타내는 말이었으나 차츰 신분을 명칭하게 되었다.

① 특권
- ㉠ 대부분 고급 관직을 양반의 신분에서 독점하도록 정하였다.
- ㉡ 양천제의 원칙에 따라서 양반도 양인이기 때문에 군역을 부담해야 하지만 여러 가지 방법으로 면제되었다.

② 양반의 세습적 성격을 반영하는 제도
- ㉠ 대가제 : 정3품 이상에게 별도로 부가된 품계를 아들·사위·동생·조카 등에게 줄 수 있게 한 제도이다(국가 경사 때 실시).
- ㉡ 한품서용제 : 관리채용시 신분에 따라 품계를 제한하였다.

③ 거주 : 향촌 사회의 양반들이 주로 거주한 지역은 성 밖의 촌락이었다. 이들은 이곳에서 집성촌을 이루고 살았다.

(2) 중인

실무를 담당하는 하부 지배층이다.

① 의미
- ㉠ 넓은 의미 : 중간 신분 계층으로 서얼, 향리*, 서리*, 토관(土官; 지방의 관리로 임명된 변경 지역의 토착 세력) 등
- ㉡ 좁은 의미 : 기술관으로 의관, 역관 등

② 구분
- ㉠ 중인 : 중앙과 지방의 행정 실무를 담당한 서리와 향리, 기술관으로 직역을 세습할 수 있다.
- ㉡ 서얼(중서) : 서자와 얼자로 중인과 같은 신분적 처우를 받았으므로 중서라고 불렸다.

③ 제약 : 서얼은 첩과 그 자손에 대한 차별을 정한 서얼 금고법에 의해 문과에 응시하는 것이 금지되었다.

④ 극복 노력 : 조선 후기 중인들의 자각운동과 신분 상승 운동이 일어나기도 하였다.
- ㉠ 서얼허통절목 시행(정조) : 서얼이 규장각 검서관*에 등용되기도 하였다(박제가, 이덕무).
- ㉡ 중인들의 대규모 소청 운동(철종) : 실패하였다.
- ㉢ 조선 후기 중인과 서얼이 통합되어 중서층을 형성하였다.

*향리
고려와 조선 시대에 한 고을의 직역을 대대로 세습하던 지방 관리이다. 수령을 보좌하고 지방의 주요 업무를 담당하였다.

*서리
조선 시대 중앙 관아에 속하여 문서의 기록과 관리를 맡아보던 하급 관리이다.

*규장각 검서관
정조는 즉위 초 국왕을 중심으로 한 탕평 정치와 학술 진흥을 위한 중심 기구로 규장각을 설치하였다. 검서관은 규장각 안에서 실무를 담당하는 관원이었는데, 오늘날의 도서관 사서와 유사한 직책이었다고 할 수 있다. 검서관의 정원은 4명이었고 특별히 서얼 출신들을 채용하였다. 당시 서얼은 신분적 한계로 말미암아 관직 진출이 어려웠는데, 정조는 문예가 뛰어난 서얼을 채용함으로써 서얼이 학문적으로 명망을 떨칠 수 있는 기회를 만들어 주었다. 초대 검서관은 이덕무, 유득공, 박제가, 서이수였다.

(3) 상민

① 평민(양민)으로서 농업, 상업, 수공업 등의 생산 활동에 종사하였다.

② 농업 생산량의 증가와 함께 이전보다 지위가 상승하였다.

③ 전세, 역, 공납의 의무가 있었다.

④ 국가에서는 이들에 대해 효과적인 조세 수취 및 징병이나 요역 동원을 위해 호패법을 실시하였다.

　　㉠ 호패 : 천민을 포함한 16세 이상 남자에게 지급하였다(태종 때 실시).

　　㉡ 호패법에 의해 거주 이전의 제한을 받았다.

(4) 천인

① 노비, 백정, 광대, 무당, 창기 등이다.

② 『경국대전』상의 천인

　　㉠ 소속되어 있는 형태에 따라 공노비와 사노비로 구분된다.

　　㉡ 일종의 재산으로 취급, 매매, 상속, 증여의 대상이었다.

　　㉢ 관아의 허가를 얻으면 주인이 노비를 죽일 수도 있었다.

　　㉣ 노비 신분은 세습되었으며, 종모법에 따라 모계를 따르도록 규정하였으나, 일반적으로 고려 시대의 방식인 일천즉천이 시행되었다.

　　⇨ 원칙상 천인은 노비를 이르지만, 백정·광대·무당·창기 등도 점차 천인화 되었다.

③ 특징

　　㉠ 국역이 면제되었고, 천역을 담당하였다.

　　㉡ 재산 소유가 가능하였다.

　　㉢ 공노비는 유외잡직으로 불리는 하급 기술직에 나아갈 수 있는 기회가 주어졌다.

　　㉣ 평민이나 노비도 노비를 소유할 수 있었다.

(5) 신량역천

① 법제적 신분은 양인이다.

② 실제적으로는 천한 일에 종사하는 사람들로 천민과 다름없는 지위를 가진다.

③ 수군, 조례, 나장, 일수, 봉수군, 역졸, 조졸 등이 신량역천*에 해당한다.

＊신량역천(身良役賤)
수군, 조례(관청의 잡역 담당), 나장(형사 업무 담당), 일수(지방 고을 잡역), 봉수군(봉수 업무), 역졸(역에 근무), 조졸(조운 업무)로 힘든 일에 종사하였다. 칠반천역이라고도 한다.

「신행」(김홍도)

02 조선 전기의 사회 모습

1. 가족 제도

(1) 전기

아들이 없을 경우, 외손자가 제사를 지내는 일이 많았다.

(2) 성리학의 가족 윤리가 보급되기 전(17세기 전)

남자가 여자 집에 장가들어 살거나, 자녀 균분 상속제에 따라 자녀들이 돌아가며 부모를 섬겼다.

(3) 『주자가례』에 따른 성리학의 가부장적 윤리가 보급(17세기 후)

① 장자 중심 재산 상속, 남존 여비, 재가 금지, 서얼차대, 동성불혼, 친영제도, 부계 친족 중심의 문중이 형성되었다.

② 후기에는 같은 성씨에서 양자를 들여 제사를 지내게 하였다.

③ 가부장적 가족은 조선 사회의 기본 단위였다.

④ 집안에 가묘라는 사당을 설치하고 위패를 모셔놓고 제사를 지냈다.

> **사료 Plus**
>
> **조선 전·후기 혼인·제사·상속 제도의 차이**
> • 우리나라의 풍속은 (남자가) 처가에서 생활하니 처부모를 볼 때, 오히려 자기 부모처럼 하고, 처의 부모도 또한 그 사위를 자기 아들처럼 대한다.   ─『성종실록』, 조선 전기
> • 우리 집은 다른 집과 다르니 출가한 딸에게는 제사를 맡기지 말라. 재산도 또한 선대부터 하던 대로 3분의 1만 주도록 하라.   ─『부안 김씨 분재기』, 1669년(조선 후기)

2. 사회 정책

(1) 목적

농민에게 최소한의 생활을 보장해 주어 농토에서 농민의 유망을 방지하기 위해서 사회 정책을 시행하였다.

(2) 사회 제도

① 환곡 제도 : 국가에서 운영

㉠ 의창(15세기) : 춘대추납을 원칙으로 하였다.

㉡ 16세기 이후 상평창에서 담당하였다.

㉢ 조선 후기 다양한 폐단 발생 : 삼정의 문란 중 가장 큰 폐해를 낳았다.

② 사창제 : 민간에서 운영

㉠ 향촌 사회 안정을 목표로 양반 지주층에 의해 운영되었다.

㉡ 세종과 문종 때 시도했으나 실패하고, 성종 때 폐지되었다.

㉢ 조선 후기 환곡의 문란을 시정하기 위해 흥선 대원군 때 다시 시행하였다.

사료 Plus

빈민 구제 기구의 변천

고구려	고려	조선
진대법(고국천왕)	• 흑창(태조) • 의창(성종)	• 국가 : 환곡(15세기 의창 ⇨ 16세기 상평창) • 민간 : 사창제

(3) 사회 시설

① 동서 대비원, 혜민국 : 수도안의 서민 환자 구제와 약 제조를 담당하였다.

② 제생원 : 지방민의 구호와 진료를 담당하였다.

③ 동서 활인서 : 유랑자 수용과 구휼을 담당하였다.

(4) 농민 이탈 방지책

① 호패법 : 16세 이상의 양인 남자에게 지급하여 유민을 방지하고, 군역과 요역 부과에 활용하였다.

② 오가작통법 : 다섯 가구를 하나의 통으로 묶어 상호 연대책임을 지게 하였다.

3. 법률 제도

(1) 형법

① 주로 대명률을 적용하였다.

② 반역죄와 강상죄*가 가장 무거운 범죄였다.

③ 반역죄와 강상죄의 경우 연좌제가 시행되어 가족이 함께 처벌받기도 했고, 심한 경우 고을 호칭이 강등되기까지 하였다.

④ 오형(五刑)*을 기본으로 삼았다(태·장·도·유·사형).

(2) 민법

① 재판권을 가지고 있는 관찰사와 수령 등 지방관이 처리하였다.

② 건국 초, 노비소송이 주를 이루었으나 차츰 산소에 관한 송사인 산송(山訟)이 주류를 이루었다.

③ 상속은 가족 윤리를 기본으로 하는 종법을 따랐다.

(3) 사법기관

① 중앙 : 의금부와 3법사(사헌부·형조·한성부)가 담당하였다.

② 지방 : 관찰사와 수령이 각 관할 구역 내의 사법권을 가졌다.

③ 포도청 : 지방민의 치안·형사·민사를 담당하였다.

✱ 강상죄

강상(綱常)의 윤리를 범한 죄이다. 강상은 삼강오상(三綱五常)의 인륜으로, 삼강은 군신·부자·부부의 도를 나타내는 군위신강(君爲臣綱)·부위자강(父爲子綱)·부위부강(夫爲婦綱)을 말하고, 오상은 오륜(五倫)으로 부자·군신·부부·형제·붕우간의 윤리로서 부자유친(父子有親)·군신유의(君臣有義)·부부유별(夫婦有別)·장유유서(長幼有序)·붕우유신(朋友有信) 등을 말한다. 이밖에도 국상(國喪) 때 기방(妓房)에 출입하거나 노비가 그 주인을 구타하거나 살해하는 경우 등이 포함된다.

✱ 오형(五刑)

조선시대는 형벌을 《대명률》에 의거해서 크게 5가지로 나누어 사형(죽임)·유형(유배)·도형(중노동)·장형(중범죄 매질)·태형(경범죄 매질)으로 구분하였다.

Chapter 04 근세의 문화

01 15세기 자주적 민족 문화의 발전

1. 훈민정음의 창제

(1) 창제 배경

① 일상 생활에 부합되는 민족 문자의 필요성을 인식하였다.

② 누구나 쉽게 문자를 배워서 쓰게 하려는 애민의식이 반영되었다.

(2) 편찬 작업

① 세종과 일부 유학자들이 참여한 가운데 집현전 학자를 중심으로 한글을 창제하여 반포하였다.

② 당시 양반 관료들은 한글에 대해서 반대하였다.
   ⇨ 주로 여성, 농민들이 사용하였다.

(3) 보급

① 세종은 한글 창제 이후 정음청을 설치하였다.

② 「용비어천가」*, 「석보상절」*, 「월인천강지곡」*, 「동국정운」* 등을 한글로 편찬하였다.

③ 불경이나 농서, 윤리서, 국가 기밀을 다루는 병서를 한글로 기록하였다.

2. 서적 편찬

(1) 건국 초기

① 성리학적 사관에 의거한 역사 편찬이 이루어졌다.

② 조선 왕조 개창의 정당성 및 성리학적 통치규범이 확립되었다.
   ⇨ 정도전의 『고려국사』, 권근의 『동국사략』

(2) 15세기 중엽

자주적 입장에서 고려 역사를 재정리하였다.

① 『고려사』
   ㉠ 시기 : 1449년(세종 31)에 편찬하기 시작해 1451년(문종 원년) 완성되었다.
   ㉡ 저자 : 정인지, 김종서 등
   ㉢ 서술 목적 : 조선 건국 합리화와 무신 정권기~우왕·창왕기의 폐정을 통한 교훈을 준다.
   ㉣ 서술 형식 : 기전체, 사료 선택의 엄정성과 객관적인 서술태도를 유지하였다.

② 『고려사절요』
   ㉠ 시기 : 1452년(문종 2)
   ㉡ 저자 : 김종서 등
   ㉢ 서술 목적 : 군주에게 교훈을 주기 위한 목적으로 서술하였다.
   ㉣ 서술 형식 : 편년체, 신진사대부들의 주장이 반영되었고, 『고려사』에 누락된 내용을 보완하였다.

★「용비어천가」
세종 때 선조인 목조에서 태종에 이르는 여섯 대의 행적을 노래한 서사시로, 훈민정음으로 쓰여진 최초의 책이다.

★「석보상절」
세종의 명으로 수양대군(뒤의 세조)이 석가모니의 일대기와 주요 설법을 한글로 번역하여 편찬한 최초의 책이다. '석보'는 석가모니의 전기를 의미하고, '상절'은 종요로운 내용은 자세히[詳] 쓰고, 그렇지 않은 내용은 줄여서[節] 쓴다는 뜻이다.

★「월인천강지곡」,
세종이 세조가 지은 『석보상절』을 보고 훈민정음으로 지은 악장체의 찬불가이다.

★「동국정운」
신숙주·최항·박팽년 등이 세종의 명으로 편찬하여 간행한 우리나라 최초의 운서(韻書, 한자음을 정리한 책)이다. '동국정운'이란 우리나라의 바른 음이라는 뜻이다.

③ 『동국통감』

    ⊙ 시기 : 1458년(세조 4)에 편찬하기 시작해 1485년(성종 16) 완성되었다.

    ⓒ 저자 : 서거정 등

    ⓒ 서술 목적 : 김부식의 『삼국사기』와 권근의 『동국사략』으로 대표되는 고대사에 탈락된 내용을 보완하려는 목적으로 서술하였다.

    ⓔ 서술 형식 : 편년체, 고조선~고려 말의 통사를 기록, 균적론(敵均論)＊, 자주적, 문무차별, 이단배격

④ 『동국병감』 : 문종 때 편찬한 이민족과의 전쟁, 전란사를 기록한 책이다.

사료 Plus 🏛

『동국통감』 서문

삼가 삼국 이하의 여러 역사를 뽑고 중국사를 채집하였으며, 편년체를 취하여 사실을 기록하였습니다. 또한 범례는 모두 『자치통감』에 의거하고 『자치통감강목』의 첨삭한 취지에 따라 중요한 것을 보존하는 데 힘썼습니다. 삼국이 병립하였을 때는 삼국기(三國紀), 신라가 통일하였을 때는 신라기, 고려 때는 고려기, 삼한 이전은 외기(外紀)라 하였습니다. 1400년 동안 국가의 흥망과 임금의 잘잘못을 비롯하여 정치의 성쇠를 모두 거짓 없이 기록하였습니다.

                                                       — 서거정

＊ 균적론(均敵論)

삼국이 대등하다는 인식이다. 『동국통감』에서는 이러한 균적론을 내세워 삼국 중 어느 한 나라를 정통으로 간주하지 않았다. 이는 『동국사략』에서 신라를 정통으로 내세운 것과 대비된다.

(3) 『조선왕조실록』

① 왕의 사후 춘추관을 중심으로 실록청을 설치하였다.

② 실록 편찬 자료인 사초는 국왕도 보지 못하게 하여 기록의 신뢰도를 높였다.

③ 공정성을 기하기 위해 왕이 살아있는 동안에는 그 왕의 실록을 편찬하지 않았다.

④ 초초, 중초, 정초의 세 단계 수정 작업을 거쳐 완성되었다.

⑤ 『태조실록』 이후, 조선 말까지 계속 편찬(『철종실록』)하여 사고에 보관하였다.

    ⊙ 임란 전, 4대 사고(춘추관 실록각, 충주, 전주, 성주)에 보관하였다.

    ⓒ 임란 중, 전주 사고를 제외하고 모두 소실되었다.

    ⓒ 임란 후, 5대 사고(춘추관, 태백산, 오대산, 정족산, 적상산)에 보관하였다.

⑥ 유네스코 세계 기록 문화유산으로 지정되었다.

(4) 『승정원일기』

① 왕명을 출납하던 승정원에서 있었던 일을 기록한 책으로, 유네스코 세계 기록 문화 유산으로 지정되었다.

② 세계 최대의 연대 기록물 : 총 3,243책, 글자 수 2억 4천 250만 자

③ 인조 때부터의 기록이 남아 있다.

④ 업무 관련 내용이 일지 형식으로 작성되었다.

⑤ 국왕과 신료들이 열람할 수 있었다.

참고 현존하는 『조선왕조실록』

현재 남한에는 태백산본과 오대산본이, 북한에는 적상산본이 남아있다. 이 중 태백산본은 만일을 대비해 1985년부터 부산 국가기록원 역사기록관에 보관하고 있다. 일본에 있다 일부만 남은 오대산본은 2006년에 영구대출 형식으로 한국에 반환되었다.

▽ 팔도도

(5) 지도와 지리서

① 제작 배경 : 중앙집권과 국방 강화를 위해 제작하였다.

② 지도

    ㉠ 혼일강리역대국도지도(태종) : 김사형, 이무, 이회 등이 만든 동양 최고(最古)의 세계지도이다.

    ㉡ 팔도도(태종) : 이회가 제작한 것으로 추정되는 조선 시대 최초의 지도이다(현전 X).

③ 지리서

    ㉠ 『팔도지리지』, 『동국여지승람』 : 국토에 대한 인문 지리학적 지식을 정리하였다.

    ㉡ 『읍지』 : 향토의 문화적 유산에 대한 사림의 관심이 반영되었다.

(6) 법전, 윤리서, 의례서

① 법전 : 『조선경국전』(태조), 『경국대전』(세조 때 편찬 시작 → 성종 때 완성, 조선 왕조의 기본 법전, 통치 규범의 성문화)

② 윤리서 : 『삼강행실도』(세종), 『효행록』(고려 후기, 조선 초 세종)

③ 의례서 : 『국조오례의』(성종)

(7) 기타 서적

* 칠정산

1444년(세종 26)에 이순지와 김담이 우리나라 역대의 역법을 정리한 위에서 원나라와 명나라의 역법을 참고하여 만든 것으로 내편과 외편으로 이루어졌다. 외편은 서역의 회회력법을 연구하여 해설한 책인데 비해, 내편은 원나라의 수시력(授時曆)을 이해하기 쉽게 해설한 책으로서, 서울을 기준으로 한 해와 달, 행성들의 운행이 나타나 있다. 칠정이란 해와 달, 수성, 화성, 목성, 토성, 금성을 가리킨다.

농서	• 우리 풍토에 맞는 농사 기술과 품종 개발을 위하여 편찬 • 『농사직설』, 『금양잡록』, 『사시찬요』
병서	• 우리나라의 지형, 지세에 맞는 전술 개발과 역대 전쟁사 정리 • 『진도』, 『병장도설』, 『동국병감』
의서	• 우리 풍토에 알맞은 약재와 치료 방법 개발·정리 • 『향약집성방』(세종, 우리 실정에 맞는 의서), 『의방유취』(세종, 동양 최대 규모의 의학 백과 사전)
수학 교재	『상명산법』, 『산학계몽』
역서(曆書)	• 한양 기준 역법, 중국과 아라비아 역법 참고 • 『칠정산』 내외편(세종)*

3. 문학

격식을 존중하고 질서와 조화를 내세우는 경향에서 점차 개인적인 심정과 감정을 나타
내는 시조와 가사가 많아졌다.

(1) 악장

「용비어천가」, 「월인천강지곡」 등 조선 건국의 당위성을 주장하였다.

(2) 한문학

성종 때, 서거정이 『동문선』을 통해 삼국 시대부터 조선 시대까지 시와 산문 중 우수한
작품을 골라 편찬하였다.

(3) 기타

그 밖에도 시조(남이, 원천석), 가사, 설화문학(김시습의 『금오신화』, 서거정의 『필원
잡기』 등)이 발달하였다.

사료 Plus

『동문선』

우리나라(조선) 여러 임금이 대를 이어 백년이나 인재를 길렀다. 그동안 나온 인물들이 모든 정성을 다하여
문장을 지었다. 이 문(文)이 살아있는 듯 용솟음치니 옛날 어떤 문(文)에 못지않다. 이것이 바로 우리의 문(文)
이다. 송원의 문(文)이 아니고 한당의 문(文)도 아니다. 바로 우리나라의 문(文)이다.

---

4. 회화

(1) 특징

화원화, 문인화로 분류되며 독자적인 화풍을 개발하여 일본 무로마치 시대에 영향을
미쳤다.

(2) 대표 작품

안견의 「몽유도원도」, 강희안의 「고사관수도」

▽ 「몽유도원도」

▽ 「고사관수도」

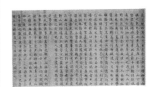

▽ 몽유도원도 서문(안평대군)

▼ 분청사기

5. 공예

(1) 분청사기

① 제작 : 청자에 백토의 분을 칠하고 백색의 분과 안료로 무늬를 만들어 장식하였다.

② 제작 시기 : 주로 14세기 후반부터 16세기 중엽까지 제작되었다.

③ 특징 : 거친 질감과 소박하고 천진스러운 무늬가 조화를 이루어 우리의 멋을 잘 나타내고 있다.

④ 유래 : 1930년대에 고유섭은 청자에 분을 발라 장식한 자기라는 뜻으로 '분장회청사기'라는 이름을 붙였다.

(2) 기타

목공예와 돗자리 공예, 화각 및 자개 공예가 유행하였다.

6. 음악

(1) 『여민락』

① 세종의 명으로 박연은 악기 개량, 악보 정리, 아악 체계화 등의 업적을 이루었다.

② 백성과 더불어 즐거움을 함께한다는 뜻의 여민락은 세종 때 제작된 아악으로 용비어천가의 일부를 가사로 부르던 곡조이다.

(2) 『정간보』

소리의 장단과 높낮이를 표현할 수 있는 악보로 세종 때 창안되었다.

(3) 『악학궤범』

① 성종 때 조선의 궁중 음악을 집대성하여 편찬하였다.

② 이를 통해 음악의 원리와 역사를 체계화하였다.

③ 「정읍사」, 「처용가」 등이 한글로 수록되었다.

(4) 기타

조선 시대의 가사, 시조, 가곡 등은 당나라에서 들어온 당악(唐樂)과 전통 음악인 향악(鄕樂)으로 연주하였다.

7. 과학 기술의 발달

부국강병과 민생 안정을 위한 국왕의 장려 및 관학파들의 기술학 중시 성향이 반영되었다. 조선 초, 성리학은 불교를 밀어낸 신진 학문으로서 실천적이었고 실용적인 기술을 중시하였다. 그래서 전통 기술을 계승하고, 서역 및 중국의 과학기술을 수용하였다.

✴ 갑인자
1434년(세종 16) 갑인년에 주자소에서 만든 금속활자이다. 우리 글자를 만들고 처음 만들어진 활자본인 갑인자로 『동국정운』, 『석보상절』, 『자치통감』 등이 간행되었다.

(1) 인쇄 문화

① 계미자(태종), 갑인자(세종)✴ 등의 금속 활자를 주조하였고, 제지술이 향상되었다.

② 교서관 : 조선 초기 140여 명의 인쇄공이 소속된 최대 인쇄소

(2) 천체, 시간, 기상, 토지의 정확한 측정을 위한 각종 기구 발명

　① 측우기 : 세계 최초의 강우량 측정기

　② 인지의와 규형 : 토지 측량 기구, 양전 사업과 지도 제작에 이용되었다.

　③ 앙부일구, 자격루 등

　④ 간의대(簡儀臺) : 세종대 해와 달 그리고 별을 관측하기 위해 운영한 천문대이다.

　💙 측우기　　　💙 혼천의　　　💙 앙부일구　　　💙 자격루

(3) 무기 개발

　① 신기전 : 1448년(세종 30) 제작된 로켓추진 화살로, 고려 말기 최무선이 화약국에서 제조한 로켓형 화기(火器)인 주화(走火)를 개량한 것이다.

　② 화차 : 문종대 고안된 것으로, 신기전 100개를 설치하고 심지에 불을 붙이는 일종의 로켓포이다.

8. 건축

(1) 특징

　① 궁궐 건축 및 관아, 성문, 학교 등의 건축이 중심이었다.

　② 고려 시대의 건축 계승 : 개성의 남대문, 평양의 보통문

　③ 독자적인 건축 방식 : 숭례문(유교와 풍수지리적인 요소가 반영)

💙 숭례문

(2) 대표 석탑

　원각사지 10층 석탑

　💙 원각사지 10층 석탑　💙 서원의 구조

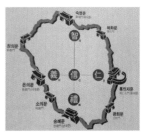

💙 인의예지(仁義禮智)와 사대문의 명칭

02 16세기 조선의 문화

1. 학문의 발전

(1) 성리학

① 16세기 성리학은 관념적 이기론을 중심으로 발달하였다.

② 이 안에서 성리학은 크게 주리론(이언적)과 주기론(서경덕)이라는 두 가지 계통으로 나뉘게 되었다.

③ 이황과 이이에 의해 주기론과 주리론이 완성되었다.

비교 Plus 이황과 이이

구분	이황의 주리론(主理論)	이이의 주기론(主氣論)
학파	영남학파	기호학파
성향	관념적 도덕세계 중시	관념적 도덕세계와 경험적 현실세계 중시
사상	이기이원론 → 주리철학 확립	일원론적 이기이원론
역할	도덕규범 확립, 신분질서 유지	현실개혁 주장
향약	예안향약	해주향약
서원	도산 서원	자운 서원
저서	『성학십도』, 『주자서절요』	『성학집요』, 『격몽요결』
영향	일본 성리학과 위정척사 운동	실학과 개화사상
기타	기대승과 사단칠정 논쟁, 백운동 서원의 사액서원 건의	오죽헌, 십만양병설, 대동수미법

『성학십도』

천원과 오천원

(2) 사학

① 사림에 의한 사관이 발달하여 우리 역사를 소중화(小中華)의 역사로 파악하고 기자 조선에 주목하였다.

② 유교 문화와 대립되는 고유문화를 이단시하였다.

③ 박상의 『동국사략』, 이이의 『기자실기』

(3) 예학과 보학

① 예학

㉠ 상장제례에 관한 학문으로, 사림들이 신분 질서의 안정을 위해 중시하였다.

㉡ 지나친 형식주의에 사로잡혀 정쟁의 구실로 이용되는 폐단이 나타났다.

② 보학

㉠ 종족의 종적인 내력을 밝힌 족보에 관한 연구이다.

㉡ 양반 문벌 제도의 강화에 이바지하였다.

향음주례

종묘제례

2. 문학

(1) 특징

① 사림 문학이 주류를 이루면서 표현의 형식보다는 흥취와 정신을 강조하게 되었다.

② 형식과 주제가 다양하다.

(2) 종류

① 한시 : 현실에 대한 비판 의식은 부족하나 격조 높은 작품이 많았다.

② 시조 : 황진이, 윤선도(「오우가」, 「어부사시가」) 등(인간 본연의 감정을 표현)

③ 가사 : 송순(「면앙정가」), 정철(「관동별곡」, 「사미인곡」, 「속미인곡」), 박인로 등

④ 풍자문학 : 어숙권의 『패관잡기』(문벌제도와 적서차별 비판)

⑤ 여류 문인의 등장 : 허난설헌, 신사임당 등

3. 회화

(1) 특징

다양한 화풍이 발달하였으며, 산수화나 사군자를 그리는 것이 유행이었다.

(2) 대표적인 화가

이상좌(노비 출신), 이정, 신사임당, 이암, 황집중, 어몽룡 등

▽ 「수박과 들쥐」(신사임당)

▽ 「송하보월도」(이상좌)

▽ 「묵죽도」(이정)

4. 공예

▽ 백자

청자보다 깨끗하고 담백하며 순백의 고상함을 잘 나타낸 백자가 유행하였다.

5. 건축

(1) 특징

가람배치(伽藍配置)와 주택 양식이 결합하면서 자연과의 조화를 추구하였다.

(2) 서원

① 강당을 중심으로 사당과 동재 및 서재를 배치하였다.

② 대성전 : 공자를 비롯한 성현의 위패를 봉안하고 제향하는 곳

③ 명륜당 : 유교 경전 등을 강의하는 곳

▽ 서원의 구조

▽ 도산서원(이황을 배향)

PART 05

근대 태동기 :
조선 후기의 변화

이 단원은

조선 사회는 임진왜란을 전후하여 이전과는 크게 달라진 모습을 나타내게 된다. 이 장에서는 임진왜란 이후 나타난 조선 사회의 모습에는 어떤 것이 있는지 알아볼 것이다. 그리고 이러한 변화의 모습에서 나타난 각 요소들이 근대화 시기와 어떻게 연결되는지 모색해 봄으로써 우리나라의 발전과정에서 나타난 근대적 요소와 자본주의적인 변화를 찾아봄으로써 이 시기의 역사를 발전적인 측면에서 이해하는 것이 중요할 것이다.

본 편의 역사(연표)

1592.	임진왜란 발발
1597.	정유재란
1609.	일본과 국교 재개, 통신사 파견
1610.	허준, 『동의보감』완성
	대동법 실시(경기도)
1623.	인조반정
1627.	이괄의 난, 정묘호란
1628.	벨테브레 제주도 표류
1636.	병자호란
1645.	소현세자, 서양 서적과 천주상을 가지고 귀국
1653.	하멜 제주도 표류
1678.	상평통보 주조
1708.	대동법 실시(전국적)
1712.	숙종, 백두산 정계비 건립
1725.	영조, 탕평책 실시

1742.	탕평비 세움
1750.	균역법 실시
1763.	고구마 전래
1776.	정조, 규장각 설치
1791.	신해통공
1796.	수원 화성 완성
1801.	순조, 천주교 탄압, 공노비 해방
1805.	안동 김씨 세도 정치(~1863)
1811.	홍경래의 난
1818.	정약용, 『목민심서』완성
1848.	이양선 출몰
1860.	최제우, 동학 창시
1861.	김정호, 대동여지도 간행
1862.	임술 농민 봉기

기출문제를 통해 살펴본 **이 편의 학습 전략**

2023년도 국가직

1 다음과 같이 상소한 인물이 속한 붕당에 대한 설명으로 옳은 것만을 모두 고르면?

> 상소하여 아뢰기를, "신이 좌참찬 송준길이 올린 차자를 보았는데, 상복(喪服) 절차에 대하여 논한 것이 신과는 큰 차이가 있었습니다. 장자를 위하여 3년을 입는 까닭은 위로 '정체(正體)'가 되기 때문이고 또 전중(傳重: 조상의 제사나 가문의 법통을 전함)하기 때문입니다. … (중략) … 무엇보다 중요한 것은 할아버지와 아버지의 뒤를 이은 '정체'이지, 꼭 첫째이기 때문에 참최 3년복을 입는 것은 아닙니다."라고 하였다.
> ― 『현종실록』

> ㄱ. 기사환국으로 정권을 장악하였다.
> ㄴ. 인조반정을 주도하여 집권세력이 되었다.
> ㄷ. 정조시기에 탕평정치의 한 축을 이루었다.
> ㄹ. 이이와 성혼의 문인을 중심으로 형성되었다.

① ㄱ, ㄴ   ② ㄱ, ㄷ   ③ ㄴ, ㄹ   ④ ㄷ, ㄹ

정답 ②
학습전략 조선 시대도 삼국이나 고려와 마찬가지로 정치사가 중심이 된다. 왕 중심의 학습도 필요하고, 훈구와 사림의 대립, 붕당 정치의 전개, 탕평책과 세도정치 등의 정치적 변화까지 함께 파악해야 한다. 특히, 이러한 정치적 변화는 출제 빈도가 높고, 오답률 또한 높으므로 세부 내용까지 정확히 이해할 필요가 있다.
사료분석 다음과 같은 상소를 올린 인물은 예송논쟁 당시 3년복을 주장했던 남인 소속이다. 남인은 기해예송 때 3년복을 주장하였고, 갑인예송 때 1년복(기년복)을 주장하였다. 반면, 서인은 기해예송 때 1년복(기년복)을, 갑인예송 때 9개월간 상복을 입어야 한다고 주장하였다.
보기분석 ㄱ 남인에 대한 설명이다.
ㄴ, ㄹ 서인에 대한 설명이다.
ㄷ 남인과 노론까지 포함되었다.

2023년도 국가직

2 (가)에 대한 설명으로 옳지 않은 것은?

> 임진왜란 이후에 우의정 유성룡도 역시 미곡을 거두는 것이 편리하다고 주장하였으나, 일이 성취되지 못하였다. 1608년에 이르러 좌의정 이원익의 건의로 [(가)]을/를 비로소 시행하여, 민결(民結)에서 미곡을 거두어 서울로 옮기게 하였다.
> ― 『만기요람』

① 장시의 확대에 기여하였다.
② 지주에게 결작을 부과하였다.
③ 공납의 폐단을 막기 위해 실시하였다.
④ 공인에게 비용을 지급하고 필요 물품을 조달하였다.

정답 ②
학습전략 비교준거를 파악하는 것이 중요하다. 즉, 대동법에 대한 옳지 않은 설명은 대동법 자체의 내용을 잘못 서술하여 제시할 수도 있지만, 대비되는 조선 후기 개혁인 균역법이나 영정법의 내용을 제시할 가능성이 높다. 따라서 대동법의 비교준거가 되는 조선 후기의 세제 개혁인 균역법과 영정법을 비교하면서 학습한다.
사료분석 미곡을 거두는 것이 편리하다고 주장하는 제도는 대동법이다. 본래 토산물(특산물)을 징수하던 공납을 쌀, 옷감(무명이나 삼베), 동전으로 거두게 하였다. 또한, 호(戶) 단위로 징수하던 것을 토지를 기준으로 징수하였다. 방납의 폐단을 막기 위해 실시했던 대동법 이후 공인이 등장하여 장시의 확대에 기여하였다.
보기분석 ② 결작은 영조 때 실시된 균역법으로 인해 줄어든 세금을 보충하기 위하여 시행된 제도이다(토지 1결당 미곡 2두씩 징수).

2022년도 국가직

3 다음 주장을 한 실학자가 쓴 책은?

> 토지를 겸병하는 자라고 해서 어찌 진정으로 빈민을 못살게 굴고 나라의 정치를 해치려고 했겠습니까? 근본을 다스리고자 하는 자라면 역시 부호를 심하게 책망할 것이 아니라 관련 법제가 세워지지 않은 것을 걱정해야 할 것입니다. … (중략) … 진실로 토지의 소유를 제한하는 법령을 세워, "어느 해 어느 달 이후로는 제한된 면적을 초과해 소유한 자는 더는 토지를 점하지 못한다. 이 법령이 시행되기 이전부터 소유한 것에 대해서는 아무리 광대한 면적이라 해도 불문에 부친다. 자손에게 분급해 주는 것은 허락한다. 만약에 사실대로 고하지 않고 숨기거나 법령을 공포한 이후에 제한을 넘어 더 점한 자는 백성이 적발하면 백성에게 주고, 관(官)에서 적발하면 몰수한다."라고 하면, 수십 년이 못 가서 전국의 토지 소유는 균등하게 될 것입니다.

① 『반계수록』 ② 『성호사설』
③ 『열하일기』 ④ 『목민심서』

2023년도 국가직

4 조선 시대 지도와 천문도에 대한 설명으로 옳지 않은 것은?

① 대동여지도는 거리를 알 수 있도록 10리마다 눈금을 표시하였다.
② 혼일강리역대국도지도는 중국에서 들여온 곤여만국전도를 참고하였다.
③ 천상열차분야지도는 하늘을 여러 구역으로 나누고 별자리를 표시한 그림이다.
④ 동국지도는 정상기가 실제 거리 100리를 1척으로 줄인 백리척을 적용하여 제작하였다.

정답 ③
학습전략 토지 소유의 상한을 정하자는 박지원의 한전론은 고등학교 국정교과서상에 수록된 이론이 아니다. 따라서 기본 이론 학습만으로는 정답을 한번에 파악하기 쉽지 않다. 그러나 유형원의 균전론, 이익의 한전론, 정약용의 여전론은 모두 한국사 기본 이론이다. 따라서 이 기본 이론을 파악하고 있다면 오답 보기를 모두 소거해 낼 수 있다. 따라서 박지원의 한전론을 모르더라도 기본 이론을 통해 답을 찾을 수 있다. 기본 이론에 충실하되, 소거법을 활용할 경우가 존재한다.
사료분석 제시된 토지제도 개혁안은 토지소유의 상한을 정하여 점진적으로 토지를 균등 소유하게 만들자는 '한전론'이다. 이는 실학자 박지원의 견해이다.
보기분석 ③ 한전론을 주장한 박지원의 저서이다.
① 균전론을 주장한 유형원의 저서이다.
② 한전론을 주장한 이익의 저서이다.
④ 여전론을 주장한 정약용의 저서이다.

정답 ②
학습전략 주요 지도와 천문도, 저서 등의 시기를 정확히 파악한다. 고려와 조선의 구분은 당연하고, 고려 중기와 후기, 조선 전기와 후기를 구분하여 학습한다.
보기분석 ② 혼일강리역대국도지도는 조선 전기 태종 때 제작되었고, 마테오리치의 곤여만국전도는 조선 후기에 명으로부터 전래된 최초의 세계지도이다.
① 조선 후기 김정호의 대동여지도에 대한 옳은 설명이다.
③ 조선 초, 태조 때 제작된 천상열차분야지도에 대한이다.
④ 조선 후기 정상기의 동국지도에 대한 옳은 설명이다.

Chapter 01 조선 후기의 정치적 변화

참고 임진왜란 일지

- 임진왜란 발발(1592)
  : 부산진·동래성 전투
- ↓
- 충주 탄금대 전투(신립)
- ↓
- 옥포해전·사천해전
  ·한산도대첩(이순신)
- ↓
- 진주대첩(김시민)
- ↓
- 평양 탈환(조명연합군)
- ↓
- 행주대첩(권율)
- ↓
- 진주성 함락(논개)
- ↓
- 휴전협상 중 훈련도감 설치,
  속오군 편성
- ↓
- 정유재란(1597)
- ↓
- 명량해전(이순신)
- ↓
- 도요토미 사망
- ↓
- 노량해전(이순신 전사)
- ↓
- 일본군 철수

01 격동하는 조선 사회

1. 임진왜란(1592)

(1) 이전의 국제 정세

① 조선 : 양반 사회의 분열과 군역제도의 문란으로 국방력이 약화되었다.

② 중국 : 명나라가 쇠퇴하고, 변방의 여진족이 성장하였다.

③ 일본 : 도요토미 히데요시가 전국 시대의 혼란을 통일하였다.
  ⇨ 무사 세력의 성장에 따른 국내 불평 세력의 불만을 외부로 돌리고, 대륙 진출의 발판을 마련할 목적으로 조선을 침공하였다.

(2) 발생

① 부산성(정발)과 동래성(송상현)이 함락되고 왜군이 파죽지세로 북상하였다.
  ⇨ 충주 탄금대에서 신립이 방어를 시도하나 실패로 끝났다.

② 선조가 의주까지 피난 → 분조(조정을 둘로 나눔) : 광해군이 의병을 격려하였다.
  ⇨ 일본군이 평양과 함경도까지 북상하였다.

> **사료 Plus**
>
> **임진왜란의 참상**
> 어느 명나라 병사가 마산으로 가는 길에 어린아이가 죽은 어머니에게로 기어가서 가슴을 헤치고 그 젖을 빨고 있는 것을 보고 너무 가여워서 데려다가 군중에서 길렀다. 그는 나에게 말하기를 "왜적은 아직 물러가지 않고 백성들은 이처럼 처참한 형편이니 장차 어떻게 하겠습니까?"하고 탄식하기를 ······ — **유성룡의 『징비록』**

(3) 수군의 활약

① 이순신이 이끄는 수군이 옥포, 사천, 당포, 당항포, 한산도 등지의 해전에서 승리를 거두었다.

🔽 **임진왜란 해전도**

  ㉠ 옥포 해전 : 거제도 앞바다에서 왜선 30여 척을 격파하였다(조선 수군의 첫 승리).

  ㉡ 사천 해전 : 거북선을 최초로 사용한 해전이다.

  ㉢ 한산도 대첩 : 학익진으로 적선 100여 척을 격파한 임진왜란 3대첩 중 하나이다.

② 결과 : 제해권을 장악하고 왜군의 보급로를 차단하였으며, 전라도의 곡창지대를 사수하였다.

(4) 의병의 활약과 조·명 연합군

① 자기 지역의 지리에 맞는 전술과 전략으로 적에게 피해를 입혔다.

② 곽재우, 조헌, 고경명, 정문부, 휴정(서산대사), 유정(사명대사) 등이 활약하였다.

③ 이후 명의 참전으로 왜군에 대한 반격이 시작되고 진주대첩, 행주대첩 등에서 승리를 거두었다.

⮟ 관군과 의병의 활약

   ⊙ 진주대첩(1592. 10) : 1차 진주 싸움에서 김시민은 3,800명의 군대로 2만 명의 왜군을 물리쳤다.

   ⓒ 조·명 연합군의 평양성 탈환(1593. 2. 9, 4차 평양성 전투) : 4차에 걸친 공격으로 평양성을 탈환하였다. 그러나 이여송이 이끈 명군 단독으로 전투에 참여하여 승리한 횟수는 많지 않았다.

   ⓒ 행주대첩(1593. 2. 12) : 권율이 행주산성에서 관민과 합심하여 왜군을 격퇴하였다.

   ⓔ 한양 수복(1593. 4)

   ⓜ 2차 진주성 전투(1593. 6) : 김천일이 지휘를 담당하였고, 의기 논개가 적장을 안고 남강에 투신하였다는 전설이 전하고 있다. 비록 진주성이 함락되었으나 그로 인한 왜군의 손실도 막대하여 더 이상 전진하지 못하고 철수하였다.

(5) 휴전

① 3년간에 걸친 휴전 회담 결렬 : 조선은 삼수병을 양성하고 속오군을 개편하는 등 전열을 정비하였다.

② 정유재란(1597) : 왜군이 일시 휴전을 건의했으나 화의가 실패하면서 왜군이 다시 침략하였다.

(6) 종전

① 조선군과 명군의 협조, 도요토미 히데요시의 사망으로 왜군이 철수하고, 이순신의 노량해전을 마지막으로 임진왜란이 종결되었다.

② 명량해전(1597. 9) : 원균의 수군이 칠천량 해전에서 대패한 후, 백의종군 상태였던 이순신이 삼도 수군통제사로 임명되어 명량에서 대승을 거두었다.

③ 노량해전(1597. 11) : 노량 앞바다에서 패주하는 왜선에 최후의 일격을 가하였으나 이 전투에서 이순신은 장렬히 전사하였다.

참고 『징비록』(유성룡)

이 책은 1592년에서 1598년까지 임진왜란 7년간의 기사로, 전쟁이 끝난 뒤 유성룡이 저술한 것이다. '징비(懲毖)'란 "내가 징계해서 후환을 경계한다."는 구절에서 따온 말이다.

참고 동묘

『삼국지』의 영웅 관우(關羽)를 모시는 묘우(廟宇)로 정식 명칭은 동관왕묘 (東關王廟)이다. 임진왜란 이후, 조선에 설립되었다.

참고 귀무덤(耳塚)

임진왜란 때 일본군이 전리품을 확인하기 위해 목 대신 베어갔던 '귀'와 '코'를 묻은 무덤으로 조선인 2만여 명의 귀와 코가 묻혀있다.

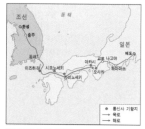

▽ 통신사의 행로

▽ 통신사 행렬도

(7) **결과**

① 조선

㉠ 국토가 황폐화되고, 인구가 급격히 감소했다.

㉡ 피난 빛 선란의 과정에서 신분제의 동요가 나타났다.

ⓐ 노비문서 소각

ⓑ 양반 지도층에 대한 불신

ⓒ 왜란 중 공명첩 발행과 납속책 실시로 인한 신분상승

㉢ 여러 문화재가 소실되었다.

ⓐ 경복궁, 창덕궁, 창경궁

ⓑ 불국사, 범어사, 화엄사, 통도사

ⓒ 전주 사고를 제외한 사고(史庫)

㉣ 비변사의 기능이 강화되었다.

② 일본

㉠ 도요토미 히데요시가 정권을 잃고 도쿠가와 이에야스가 정권을 장악하였다(에도 막부).

㉡ 조선으로부터 선진 문물이 유입되면서 문화가 발전되었다.

| 이삼평 | 도자기 기술자로 일본에 끌려가 일본의 아리타도기를 만들었다. |
| 강항 | 이황의 제자로, 일본에 끌려가 일본에 성리학을 전파하였다. |

③ 중국

㉠ 명나라가 쇠퇴하게 되는 계기가 되었다.

㉡ 여진족에게 중국의 지배권이 넘어가면서 여진족이 청나라를 세웠다.

(8) **조선 통신사의 파견**

① 도쿠가와 이에야스가 정권을 장악하면서 일본이 통교를 요청하였다.

② 승려 유정을 파견하여 조선인 포로를 반환받은 이후 국교를 재개하였다.

③ 이후 일본의 요청에 의해 통신사를 파견하였고, 이들은 일본 에도까지 가서 활발한 외교 활동을 벌였다(비정기 사절단).

㉠ 통신사는 일본 문화 발전에 커다란 영향을 주었다.

㉡ 통신사 조엄에 의해 고구마 종자가 들어와 구황작물로 널리 재배되었다(1764).

㉢ 19세기 초까지 200년간 파견하다가 일본 국내의 반대 여론에 의해 중단되었다 (일본 내 국학 운동의 영향).

④ 기유약조(1609) : 동래에 왜관을 설치하고 이곳에서만 교역하도록 허용하였다.

한눈에 쏙

임진왜란 전후의 조선과 일본의 관계

비변사	시기		사건	내용
여진 / 왜구 ⇩ 비변사 설치	세종	1419년	쓰시마 섬 토벌	이종무의 활약
		1426년	3포 개항	부산포, 염포(울산), 제포(진해)
		1443년	계해약조	세견선 50척, 세사미두 200석으로 제한된 조공무역 허락
	중종	1510년	3포 왜란	3포 폐지, 비변사 설치(임시 기구)
		1512년	임신조약	제포만 개항, 세견선과 세사미두 반감
		1544년	사량진 왜변	왜인의 왕래 금지
상설화	명종	1547년	정미조약	임신조약을 구체화하여 세견선 25척과 그 인원까지 제한, 규정 위반 벌칙 강화
		1555년	을묘왜변	국교 단절, 비변사의 상설 기구화
기구 확대 및 기능 강화 (군사, 행정, 재정, 인사)	선조	1592년	임진왜란	이순신과 의병장의 활약, 비변사의 기능 강화
		1597년	정유재란	–
		1607년	통신사 파견	• 1404년 태종 때 최초 파견되었다가 중단됨 • 선조 40년(1607)부터 순조 11년(1811)까지 12회의 통신사를 파견함
	광해군	1609년	기유약조	국교 재개로 정상화, 부산포만 개항, 세견선 20척, 세사미두 100석 cf. 조선 통신사 파견(1607)

PART 05

2. 전후 복구 사업과 중립외교

(1) 광해군의 전후 복구 노력

① 국가 재정 수입 확보를 위한 여러 시도 : 납속책 확대, 공명첩 발급, 토지 대장 및 호적 재정비, 양전사업 실시
② 성곽과 무기를 수리하고 군사 훈련을 실시하였다.
③ 허준의 『동의보감』 편찬
    ㉠ 선조의 명으로 편찬이 시작되어 광해군 때 완성되었다.
    ㉡ 한국과 중국의 서적 500여 권을 참조하여 편찬된 의학 서적으로 동양 의학의 정수 라고 평가받는다.
    ㉢ 질병으로 인한 인명 손실의 경험이 반영되었다.

비교 Plus 전시 의서 편찬

	『향약구급방』	『동의보감』
편찬	편자 미상(고려 고종)	허준(광해군)
배경	몽골 침입	임진왜란
특징	• 우리나라 최고(最古)의 의서 • 향약 : 우리나라 자생 약재로 처방 • 구급방 : 전시 응급처방	• 유네스코 세계 기록 문화유산 지정 • 한·중 서적 500여 권 참고하여 편찬 • 동양 의학의 정수

(2) 광해군의 중립외교

① 명의 쇠퇴와 여진족의 강성 등으로 인해 임진왜란 이후 복구의 어려움이 있었다.
② 여진족이 세력을 키워 후금을 세우고 명나라에 대한 공세를 강화하자 명이 조선에 출병을 요구하였다.
③ 이에 광해군은 강홍립을 출병하게 하고, 정세에 따라 슬기롭게 대처하도록 하였다.
    ⇨ 명의 요청대로 출병은 하였으나, 그 이후는 후금에 대항해서 싸우기보다는 항복 하여 명과 후금 양쪽의 균형적인 입장을 견지하는 것이 가능했다.

사료 Plus

광해군의 중립외교
명의 요청으로 12,000명의 군사를 출병한 조선의 원병은 명의 제독 유정의 군대와 합류하여 적을 치기로 하였으나, 부차(富車)에서 패배를 당하여 9,000여 명이 죽음을 당하였다. 이에 강홍립 장군은 적에게 조선의 출병이 명의 요청으로 부득이하였다는 것을 밝히고 남은 군사를 이끌고 후금에 투항하였다. 이러한 투항은 출병 전에 "형세를 보아 향배(向背)를 정하라"는 광해군의 명령에 의한 것이었다.

참고 광해군과 이시언의 대화

이시언이 아뢰기를, "오랑캐의 실정을 듣자니 누르하치가 홀적(忽賊)을 크게 이긴 뒤로부터 형세가 나날이 강성해져 우리의 서북 지역에 좋지 않을 듯합니다."라고 하였다. …… 왕이 "명이 만일 토벌을 나간다면 누르하치를 정벌할 수 있겠는가?"라고 물으니, 이시언이 다음과 같이 아뢰었다. "신이 일찍이 여진이 행군하는 것을 보았는데, 호령이 엄숙하고 기개가 날카로웠습니다. 지금 만일 명이 그들의 소굴로 깊이 들어간다면 주객의 형세가 아주 다를 것이니, 신은 크게 염려됩니다."

3. 인조반정

(1) 원인

광해군의 중립외교 정책에 대한 반발하여 영창대군을 살해하고 인목대비 유폐에 대해 서인이 반발하였다.

(2) 결과

서인의 주도하에 인조반정이 나타나 광해군이 쫓겨나고 인조가 왕위에 올랐다.

사료 Plus

인조반정

광해는 …… 기미년에 중국이 오랑캐를 정벌할 때 장수에게 사태를 관망하여 향배(向背)를 결정하라고 은밀히 지시하여 끝내 우리 군사 모두를 오랑캐에게 투항하게 하여 추악한 명성이 온 천하에 전파되게 되었다. …… 이러한 죄악을 저지른 자가 어떻게 나라의 임금으로서 백성의 부모가 될 수 있으며, 조종의 보위에 있으면서 종묘·사직의 신령을 받들 수 있겠는가, 이에 그를 폐위시키노라. — 『인조실록』

---

4. 정묘호란

(1) 원인

① 명나라의 모문룡이 압록강 유역의 가도(椵島)에 주둔하면서 후금의 배후에 위치하였다.

② 이괄의 난*이 발생하여 국내의 정세가 불안해졌고, 이괄의 난 실패 후 잔당들은 후금으로 망명하였다.

③ 광해군이 쫓겨난 후 북인은 정권을 잃었으며, 서인 주도로 친명배금의 외교정책을 추진하였다.

④ 명나라 신종에게 재조지은을 갚기 위해 만동묘를 설치하였다.

비교 Plus 광해군과 인조의 외교정책

	광해군	인조
성향	실리 추구	성리학적 의리와 명분 중시
외교정책	중립외교 정책	친명배금 정책
후원세력	북인	서인
결과	• 전쟁의 화를 면함 • 성리학적 명분을 저버렸다는 이유로 인조반정에 의해 쫓겨남	• 정묘호란과 병자호란을 겪음 • 삼전도의 굴욕

* 이괄의 난
1624년(인조 2) 정월 인조반정 때 공이 컸음에도 불구하고 2등 공신으로 책봉되고 더구나 평안병사 겸 부원수로 임명되어 외지에 부임하게 된 데 앙심을 품은 이괄이 주동하여 일으킨 반란이다.

▼ 정묘호란과 병자호란

(2) 경과

① 후금군 : 의주, 정주, 선천, 곽산, 황주로 진격하였다.

② 의병 항쟁 : 용골산성(정봉수), 의주(이립)

(3) 결과

① 후금은 명에 대한 침략이 제1목표였기 때문에 조선에 화의를 제의하였다.

② 조선은 후금·명 전쟁에 중립을 지킬 것을 약속하면서 전쟁을 종결하였다.

5. 병자호란

(1) 원인

① 후금은 청으로 국명을 고치고 황제국으로 격상하였다.

② 청의 군신 관계 요구 및 조공 강요에 조선의 조정에서는 주화파와 주전파로 양론 분열이 일어났다(청의 요구 거절).

(2) 경과

① 임경업 장군이 백마산성에서 청군에 대항하였다(백마산성 항쟁).

② 김준룡 장군이 남한산성 일대에서 청군에 대항하였다(광교산 전투).

③ 청 태종이 직접 군사를 이끌고 와 서울을 점령하고 강화도를 함락하였으며 남한산성을 포위하였다.

④ 최명길의 주장으로 삼전도에서 굴욕적인 항복을 하였다.

사료 Plus

주화파와 주전파

• 자기의 힘을 헤아리지 않고 경망하게 큰 소리를 쳐서 오랑캐들의 노여움을 도발하여, 마침내는 백성이 도탄에 빠지고 종묘와 사직에 제사 지내지 못하게 한다면 그 허물이 이보다 클 수 있겠습니까.

　　　　　　　　　　　　　　　　　　　　　　ー『지천집』, 최명길의 주화론

• 화의로 백성과 나라를 망치기가 오늘날과 같이 심한 적이 없습니다. 명(明)은 우리나라에 있어서 곧 부모요, 오랑캐(靑)는 우리나라에 있어서 곧 부모의 원수입니다. 신하된 자로서 부모의 원수와 형제가 되어서 부모를 저버리겠습니까.

　　　　　　　　　　　　　　　　　　　　　　ー『인조실록』, 윤집의 주전론

참고 소현세자와 봉림대군

소현세자와 봉림대군은 병자호란 이후 청에 볼모로 잡혀갔다가 귀국하였다. 청의 발전된 문화를 받아들여야 한다는 생각을 가지고 있었던 소현세자는 귀국 후 왕위에 오르지 못하고 병사하였다. 한편, 봉림대군은 귀국 후 왕이 되어 청을 정벌하겠다는 북벌 운동을 추진하였으나 실현되진 못하였다.

(3) 결과

① 청과 군신 관계를 체결하고 명과는 단교하였다.

② 두 왕자(소현세자, 봉림대군)가 인질로 끌려가고, 척화대신 삼학사(三學士)인 홍익한, 윤집, 오달제가 순절하였다.

6. 북벌 운동

(1) 원인

① 두 차례의 호란 이후 청에 대한 적개심과 복수심이 생겼으며, 합법적인 방법으로 왕위에 오르지 못한 효종의 타개책이 필요했다.

② 두 차례 호란을 효과적으로 막아내지 못한 서인정권의 자구책이었다.

(2) 효종의 북벌 운동

① 송시열, 이완 등을 중심으로 북벌 운동을 주도하였다.

② 어영청을 중심으로 하였고, 북한산성과 남한산성을 축조하였다.

③ 군대 양성 → 청의 원병 요청에 응하여 조선의 조총부대 파견 → 승리(나선 정벌)

(3) 숙종의 북벌 운동

① 윤휴가 주장하였으며, 삼번의 난과 같은 청의 혼란한 정세를 이용하여 북벌을 시도하였다.

② 북벌의 어려움을 깨닫고, 청을 현실적인 강국으로 인정하면서 점차 북학론이 일어났다.

(4) 결과

① 북벌을 계획하였으나, 청의 국력 강화로 인해 현실로 옮기지 못하고 실패하였다.

② 강대국으로 성장한 청을 원수의 나라로 여기기보다는 현실적 강국으로 인정하면서 청의 발달된 문물을 수용해야 한다는 입장이 대두되었다(북학론 성행).

나선 정벌

7. 청과의 국경 문제 발생

(1) 배경

청(靑)이 성장한 뒤, 그들의 기원인 만주 지방을 성역화하면서, 두만강을 건너 활동하던 우리나라 사람들과의 문제가 발생했고 이로 인해 청과 국경 분쟁이 일어났다.

(2) 백두산 정계비 건립(숙종, 1712)

① 내용 : 西爲鴨綠 東爲土門 故於分水嶺上 勒石爲記(양국 간의 국경은 서로는 압록강, 동으로는 토문강을 경계로 한다.)

② 분쟁 : 19세기에 토문강의 위치에 대한 해석문제가 발생하여 간도 귀속문제가 발생하였다(조선은 송화강 지류로, 청은 두만강으로 해석).

(3) 간도 협약(1909)

을사조약 이후, 우리나라가 외교권을 박탈당한 상황에서 일본이 안봉선 철도부설권을 얻는 대가로 간도를 청의 영토로 넘겨주었다.

간도

한눈에 쏙

양 난의 극복과 대청관계

왜군의 침략	• 16세기 사림 집권(원칙 강조) → 국방력 약화 → 비변사 설치 • 1592년 임진왜란 발발 • 조선 참패, 선조의 의주 피난, 명에 원군 요청
수군과 의병의 승리	• 수군(이순신) : 한산도 대첩에서 왜구 격파 • 의병 : 향토지리에 밝은 이점 활용 ⇨ 왜군에 큰 타격
전란 극복	• 조·명 연합군 • 훈련도감 설치, 속오법 실시
정유재란(1597)	• 인구 격감, 농촌 황폐화, 문화재 소실 • 토지 대장과 호적 소실, 국가 재정 궁핍 ⇨ 공명첩 발급, 신분제 동요 • 조선의 문화재 약탈 ⇨ 일본의 성리학과 문화 발달의 토대 마련
광해군의 중립외교	북인의 실리 추구 정책, 명과 후금 사이의 중립외교
정묘호란	• 인조반정, 서인정권 성립, 호란 초래 • 서인이 광해군의 중립외교 정책 비판 → 친명 배금 정책 추진 → 후금 자극 → 후금과 조선은 화의 성립 → 후금 군대 철수
병자호란	후금이 조선에 군신관계 요구 → 주화론과 주전론의 대립 → 주전론 우세로 청의 침입 → 청과의 군신관계 수용 → 북벌론 제기
북벌 운동	• 치욕을 씻고 명에 대한 의리를 지키자는 북벌로 제기(서인들의 권력 유지) • 효종 : 어영청을 중심부대로 육성 → 북벌론 쇠퇴 → 북학론 제기

02 비변사의 등장과 군제 개편

1. 비변사의 등장

(1) 비변사

① 본래는 16세기 초에 왜구와 여진족의 내침에 대비하여 설치한 임시 기구로서 비변사 재상을 중심으로 한 수시 군무 협의기구이다.

② 국방 문제를 협의하기 위해 16세기 중엽 을묘왜변 전후에 상설 기구가 되었다.

③ 임진왜란 때 문무 고위 관리의 합의기관으로 확대되어 국방, 외교, 내정 문제를 관장하였다.

(2) 비변사 강화

① 임진왜란 후 피해를 수습하고 호란의 발생으로 더욱 강화되었다.

② 회의 참석 : 정승, 판서, 군영대장, 유수, 대제학, 국가 주요 기관의 장

③ 정사 의논사항 : 정치, 국방, 내정, 외교, 사소한 사항

(3) 비변사 강화의 결과

① 19세기 세도정치의 중심 기구 역할을 하였다.

② 의정부와 6조의 실권은 유명무실해지고, 왕권은 약화되었다.

(4) 3사의 언론 기능 강화

① 각 붕당의 이해관계를 대변하는 데 국한하였다.

② 공론보다 상대 세력을 비판하는 기능으로 변질되었다.

(5) 이조 전랑과 병조 전랑의 권한 증대

① 중하급 관원의 인사권을 행사하였다.

② 자기 후임자에 대한 추천권이 있었다.

한눈에 쏙

비변사의 변천 과정

삼포왜란 (중종, 1510)		을묘왜변 (명종, 1555)		임난 이후 (선조)		세도정치기		흥선 대원군 시기
• 국방문제 논의 • 임시 기구	⇨	상설기구화	⇨	• 국정 전반 논의 • 국정 최고 기구	⇨	세도가문의 권력기반	⇨	비변사 혁파 • 정치 : 의정부 • 군사 : 삼군부

비변사 설치기 (16세기)	삼포왜란을 계기로 중종 때 임시기구로 설치했다가 을묘왜변을 계기로 상설 기구화
군국기무 총령기 (16세기 말~17세기 말)	임진왜란 때 전쟁수행을 위한 최고기구로 기능 확대 이후 인조반정 이후 최고의 정치 기구화
외교재정 장악기 (17세기 말~18세기)	숙종 때 외교와 심지어 재정과 지방행정까지 총괄
내정 전환기 (19세기)	외척 세력이 비변사의 중요관직을 독차지하고 전횡

2. 군사 제도의 변화

(1) 훈련도감(임진왜란 때 설치)

① 유성룡이 설치를 건의하였고 설치 이후, 중앙 군영의 핵심을 담당하였다.

② 삼수병(포, 살, 사수) : 급료를 받고 복무하는 상비군의 성격을 띠었다.

③ 국민에게 삼수미세를 징수하였다(1결당 2.2두).

④ 의의 : 의무병인 농병일치제가 무너지고 용병제로 전환되었다.

사료 Plus

유성룡의 훈련도감 설치 건의

외방 곳곳에서 도적들이 일어났다. …… 나는 청하기를 "당속미 1천 석을 군량으로 하되, 한 사람당 하루에 2승씩 급료를 준다면 사방에서 군인으로 응하는 자가 모여들 것입니다."라고 하였다. …… 얼마 안 되어 수천 명을 얻어 조총 쏘는 법과 창·칼 쓰는 기술을 가르치고 초관과 파총을 세워 그들을 거느리게 하였다. 또 당번을 정하여 궁중을 숙직하게 하고, 국왕의 행차가 있을 때에 이들로써 호위하게 하니 민심이 점차 안정되었다.

─『서애집』

---

(2) 5군영 체제의 완성

① 어영청(御營廳) : 이괄의 난을 계기로 설치되었으며, 효종 때는 북벌운동의 본영이었다.

② 총융청(摠戎廳) : 경기 일대를 방위하고, 북한산성을 수비하였다.

③ 수어청(守禦廳) : 정묘호란 후 남한산성을 수비하였다.

④ 금위영(禁衛營) : 수도 방위를 목적으로 17세기 말(숙종)에 설치되었다(기병이 포함).

⑤ 붕당정치기에 훈련도감 등 5군영은 서인 정권의 권력 기반이 되었다.

(3) 지방 군제의 변화

① 조선 초에 진관 체제를 개편하였다.

② 16세기 후반에 제승방략 체제로 전환하였으나, 왜란 때 실효를 거두지 못하였다.

③ 왜란 중 진관 체제로 복귀, 속오군 체제를 실시하였다.

(4) 속오군(지방군)

① 양반에서 노비로 구성된 양천 혼성군이었다.

② 명나라 척계광의 『기효신서』에 나타나는 속오법*에 따라 훈련하였다.

③ 농한기에 훈련에 참가하며, 평상시는 향촌을 방위하였다.

④ 처음에는 전쟁 중이라 양반, 노비 가릴 것 없이 편성하였으나 전쟁 후 정비 과정에서 양반은 빠져 상민과 천민의 혼성군이었다가 그 후 결국 천민들의 군대로 전락하여 『속대전』에 천예군*으로 기록되었다.

* 속오법
조선 시대 훈련도감에 속한 속오군의 편제 방법을 담은 법이다.

* 천예군
속오군은 소집기간 동안 훈련경비를 군인 스스로 조달하도록 하였기 때문에, 각 지방에서는 민폐를 줄인다는 명목 하에 소집훈련은 전폐되다시피 하였다. 또한 영조 중엽부터는 속오군의 구성에 점차 양인은 제외되고 천인으로 채워져 일컬어진 말이다.

사료 Plus 🏛

조선 후기의 군제

병조판서 이사명이 말하기를 태종, 세종대에 이르러 …… 기보병, 갑사 등 군인들을 오위에 나누어 딸리게 하여 돌아가며 근무하게 하였는데 200년 동안 나라가 무사하자 이들 번상하는 군인들은 역군이 아니면 수포군이 되었습니다. 그리하여 임진년 싸움터에 나갈 군인들이 없어서 부득이 속오법을 들여오고 훈련도감 군인들을 모아 숙위에 채웠습니다.

― 『**숙종실록**』

03 붕당 정치의 흐름과 탕평책의 실시

1. 붕당* 정치의 흐름

(1) 특징

① '군자끼리 모인 군자당이 소인의 집단을 누르고 정치를 주도하여야 한다'는 논리가 제시되었다.

② 공론을 앞세운 정치 운영을 추구하였다.

③ 상호 비판과 견제를 기본 원리로 하였다.

④ 학문적 경향과 정치적 이념에 따라 분화되었다.

(2) 성립

명종 때 정권을 장악한 사림과 정치에 참여하지 않고 새롭게 정치에 참여한 이들이 척신세력의 처결을 두고 대립하였다.

① 명종 때 정권을 장악한 사림 : 척신정치 개혁에 소극적이었다.

② 새롭게 정치에 등장한 사림 : 척신정치 척결에 적극적이며, 왕도정치 실현을 주장하였다.

(3) 동인과 서인으로의 분열

① 배경 : 기존 사림인 심의겸과 신진 사림인 김효원이 이조전랑직을 두고 대립하였다.

② 분열

　㉠ 동인 : 김효원의 지지 세력

　㉡ 서인 : 심의겸의 지지 세력

③ 영향 : 이들을 중심으로 각각 세력을 형성하여 붕당의 체제가 형성되었다.

* 붕당(朋黨)
• 의미 : 정치적 성향이나 학파적 성향이 같은 당파 집단
• 원리 : 상호 비판과 견제를 바탕으로 공론 정치 추구
• 변질 : 다른 당을 인정하지 않는 일당전제화 추세

PART 05

사료 Plus

이조전랑

무릇 내외의 관원을 선발하는 것은 3공에게 있지 않고 오로지 이조에 속하였다. 또한 이조의 권한이 무거워질 것을 염려하여 3사 관원의 선발은 판서에게 돌리지 않고 낭관에게 오로지 맡겼다. 따라서 이조의 정랑과 좌랑이 또한 3사의 언론권을 주관하게 되었다.

―『택리지』

사료 Plus

동인과 서인

김효원이 알성 과거에 장원으로 합격하여 이조 전랑의 물망에 올랐으나, 그가 윤원형의 문객이었다 하여 심의겸이 반대하였다. 그 후에 심의겸의 동생 심충겸이 장원 급제하여 전랑으로 천거되었으나, 외척이라 하여 김효원이 반대하였다. 이 때 이들을 지지하는 세력이 서로 상대방을 배척하여 붕당이 형성되었다. 심의겸을 지지하는 기성 사림을 중심으로 서인이 형성되었고, 김효원을 지지하는 신진 사림을 중심으로 동인이 형성되었다. 효원의 집이 동쪽 건천동에 있었고, 의겸의 집이 서쪽 정동에 있었기 때문이었다.

비교 Plus 동인과 서인

	동인(김효원)	서인(심의겸)
출신 배경	신진 사림	기성 사림
척신 정치	강경, 적극적	온건, 소극적
정치 성향	• 수기(修己) 강조 • 지배자의 도덕적 자기 절제를 통한 부패 방지	• 지배자의 백성 통치에 중점 • 제도의 개혁을 통한 부국안민 강조
학파	이황, 조식, 서경덕	이이, 성혼

(4) 남인과 북인으로의 분열

① 배경 : 정여립 모반 사건과 기축옥사*로 인해 동인에 유리하던 정세가 서인 중심으로 바뀌었다. 그 이후 선조 24년에 세자책봉 문제(정철의 건저의 문제*)를 둘러싸고 서인을 논죄하는 과정에서 동인이 분열되었다.

② 분열
ㄱ 남인 : 온건파(이황의 학통 계승)
ㄴ 북인 : 강경파(조식·서경덕의 학통 계승)

(5) 북인의 분열

① 배경 : 임진왜란을 계기로 북인이 의병항쟁을 주도하면서 광해군 때 정국을 주도하다가 이후 세자 책봉 문제로 대립하였다.

② 분열
ㄱ 대북 : 광해군을 지지, 의리와 명분만을 중시하는 주자 성리학을 비판하였다.
ㄴ 소북 : 영창대군을 지지하였다.
ㄷ 계축옥사 이후 대북파가 정권을 장악하였다.

정여립 모반 사건과 기축옥사(1589)
전주 출신 정여립이 모반을 준비하다 발각되어 진안 죽도에서 자살한 사건이다. 이 사건 이후 서인에 의하여 동인들이 처벌되었는데, 이 때 처형된 자가 1천여 명에 육박하였다. 이를 기축옥사라 한다.

정철의 건저의(建儲議) 문제
서인 정철이 건의한 건저의(세자 책봉) 문제로 선조의 미움을 사서 이에 대한 처벌을 둘러싸고 동인 내부에서 온건한 입장의 남인과 강경한 입장의 북인으로 나뉘게 되었다.

참고 **계축옥사(癸丑獄事)**
1613년(광해군 5) 대북파(大北派)가 영창대군(永昌大君) 및 반대파 세력을 제거하기 위하여 일으킨 옥사로 칠서지옥(七庶之獄)이라고도 한다. 그리고 이 옥사를 빌미로 1618년 인목대비마저 폐위되어 서궁에 유폐되었다. 이후 대북파는 정권을 완전히 장악하였다.

(6) 서인과 남인의 공존

① 배경

    ㉠ 광해군이 형인 임해군과 영창대군을 살해하고 인목대비를 유폐하는 정치적 폐륜을 저질렀으며, 광해군의 실리외교에 대한 반발이 있었다.

    ㉡ 이에 기회를 엿보던 서인이 광해군을 몰아내고 인조를 옹립하였다(인조반정).

    ㉢ 이 사건을 계기로 북인이 정치에서 쫓겨나게 되었으며 서인과 남인 중심의 정국이 형성되었다.

② 상호 비판적 공존 체제

    ㉠ 서인과 남인은 각각 학파적 결속을 확고히 한 집단으로, 서로를 학문적 입장에서 인정하는 가운데 상호 비판적 공존체제를 이룩하였다.

    ㉡ 서인은 정치적 권력을 기반으로 병권을 중시하고, 후금과의 항쟁 과정에서 국방력 향상에 주력하면서 어영청, 총융청, 수어청 등의 새로운 군영을 설치하였다.

    ㉢ 서원을 통해 자신의 학파를 모아서 자기 학파의 관점에서 중앙 정치에 의견을 반영하였다.

    ㉣ 각 학파에 학식과 덕망을 갖춘 이를 산림이라고 하여 재야에서 여론을 주재하도록 하였다.

    ㉤ 당시 남인과 서인의 공조체제는 서인이 우위를 차지한 가운데 남인이 연합하는 구도였다.

비교 Plus 서인과 남인의 정책

	서인	남인
사상	주자 성리학적 입장	원시 유학적 입장
정치	• 대신이 주도하는 정치 지향 • 부국강병에 큰 관심	왕권 강화와 정책 비판 기능에 중점
경제	• 상업과 기술 발전에 호의적 • 지주제의 긍정	• 상업과 기술 발전에 소극적 • 수취 체제의 완화 • 자영농민 육성에 치중
사회	• 노비 속량, 서얼 허통에 대체로 적극적 • 신분제 개혁을 표방(제도 개혁)	• 봉건적 신분 체제 유지 • 신분제 유지 도모

참고 폐모살제(廢母殺弟)

광해군이 선조의 계비인 인목대비를 폐하고 선조의 적자인 영창대군을 죽인 사건이다. 이는 인조반정의 원인으로 작용한다.

PART 05

2. 붕당 정치의 변질

서로 자신의 당의 입장만 강조하는 과정에서 붕당 간의 경쟁이 심화되었다.

(1) 예송논쟁(현종)

① 당시 사회 질서의 기본 규범인 예의 문제를 두고 대립하였다(조대비의 상복문제).

② 효종의 왕으로서의 적통성 및 장례절차와 관련된 문제로 남인과 서인이 대립하였다.

③ 서인은 효종이 적장자가 아님을 들어 왕과 사대부의 동일한 예법 적용을 주장하였고, 남인은 왕과 사대부의 예법이 다르다는 입장을 주장하였다.

	1차 기해예송(1659)	2차 갑인예송(1674)
발발 배경	효종의 사망시 인조의 계비인 자의대비 복제 문제	효종 비의 사망시 자의대비 복제 문제
서인의 주장 (김장생)	• 효종이 적장자가 아님을 들어 왕과 사대부에게 동일한 예가 적용되어야 한다는 입장 • 『주자가례』, 왕사동례(천하동례)	
	1년 주장(채택)	9개월 주장
남인의 주장 (정구)	• 왕에게는 일반 사대부와 다른 예가 적용되어야 한다는 입장 • 『국조오례의』, 왕사부동례	
	3년 주장	1년 주장(채택)

참고 기년설(朞年說)

조선 후기 현종 연간 예송논쟁 전개 과정에서 대왕대비인 자의대비가 효종과 효종비의 국상(國喪) 때 1년 상복을 입어야 한다며 제기된 주장이다. 두 차례 예송논쟁 모두 기년설(1년설)이 채택되었다.

깊이 Plus+ 예송논쟁

장례 복상 문제를 놓고 서인과 남인이 치열하게 대립한 이 논쟁은 단순한 왕실의 장례 절차 문제가 아니었다. 예(禮)란 그 자체가 사회규범이자 행동의 절차였다 예송논쟁은 이러한 예의 틀에 각 정파의 정치적 이해관계가 실림으로써 일어난 정치 국면이다 인조 이래 정치권력을 독점한 서인과 그에 대항해 정권 교체를 추구해 온 남인 사이의 정치 투쟁이 예송이란 외투를 입고 나타난 것이다.

예론이라는 형식을 빌려 나타날 수밖에 없었던 이유는 국정 운영에 대한 철학과 노선이 달랐기 때문이었다. 서인의 신권 강화론과 남인의 왕권 강화론의 대립이었다. 서인 측이 도학의 경지를 이상적 정치로 상정하는 것은 도학의 권위자인 사대부가 정치를 담당해야 한다는 것이다 두 차례의 예송에서 일관되게 국왕의 특수 지위보다 주자가례의 규정을 상위에 두고자 한 것은 국왕의 국정에 대한 전권 행사를 사실상 부정하는 의미가 들어 있다.

남인 측의 왕권 강화론에는 권력의 주변에만 머물렀던 소수 세력의 처지가 담겨 있다. 평소 구상해온 정책을 펴보기 위해서는 집권을 해야 하는데 그러기 위해서는 왕권과 결합할 수밖에 없었다. 두 차례 예송에서 국왕의 권위를 일관되게 주장한 것도 그런 이유에서였다.

(2) **환국의 발생(숙종)**

① 숙종 때 특정 붕당에 대한 권력 집중을 막기 위해 한 붕당의 세력을 완전히 무너뜨리고 다른 정당의 세력을 지지하는 정치 형태이다.

② 세 차례의 환국으로 서인과 남인은 서로의 존재를 부정하고, 상대 붕당의 의견을 존중하지 않는 가운데 대립하였다.

(3) **경신환국**

① 배경

㉠ 경신대출척이라고도 하며 남인인 영의정 허적이 어용 장물을 사용하여 왕의 불신을 사자 서인들이 이를 역모 사건이라고 고발하면서 남인이 대거 축출되고 서인이 대거 등용되었다.

㉡ 이 과정에서 서인은 남인에 대한 강경한 처분을 주장한 송시열 등의 노론과 남인에 대하여 온건한 처벌을 주장한 윤증 등의 소론으로 분열되었다.

② 분열

㉠ 노론 : 이이의 전통 학설을 계승, 주기설 우세에 영향을 미쳤다.

㉡ 소론 : 이이에 대하여는 비판적이고, 성혼의 사상을 바탕으로 성립되었다.

③ 결과 : 경신환국 이후, 붕당 정치는 변질되고, 일당 전제화의 추세가 대두되었다.

(4) **기사환국**

① 배경 : 숙종 15년에 남인계 희빈 장씨가 왕자를 출산하여 세자로 책봉되는 과정에서 대립하였다.

② 결과 : 서인이 몰락하고 남인이 재집권하였는데 이때 남인들이 극단적인 보복을 가하였다.

(5) **갑술환국**

① 배경 : 숙종 20년, 폐비되었던 민씨(인현왕후)가 복위되는 과정에서 이를 저지하려던 남인이 실권을 상실하고 서인들이 권력을 차지하였는데 이때 서인들의 보복으로 남인들은 재기 불능 상태가 되었다.

② 결과 : 이후 정권은 서인 내에서 노론과 소론의 대립 양상으로만 국한되었다.

(6) **환국의 결과**

① 세 차례의 환국 과정에서 왕실의 외척이나 종실 등 왕과 직결된 집단의 정치적 비중이 커졌다.

② 3사와 이조전랑은 환국이 거듭되는 동안 공론을 무시한 채 자기 당의 입장만을 주장하면서 정치적 비중이 줄어들게 되고, 고위 관리에게 정치적 권력이 집중되면서 비변사의 기능이 강화되었다.

③ 환국의 과정에서 다수의 양반이 몰락하면서 양반층이 자기 도태를 거듭하였다.

참고 무고의 옥(숙종 27년)

1701년에 희빈 장씨가 무당을 시켜 인현왕후를 모해한 사실로 벌어진 옥사로 이 사건은 소론이 실각하는 계기가 되었다.

참고 신임사화
(辛壬士禍, 1721~1722)

노론이 숙종 말년부터 경종을 제거할 음모를 꾸며왔다는 소론 강경파 목호룡(睦虎龍)의 고변사건(告變事件)을 계기로 일어났다. 그 결과 김창집(金昌集) · 이이명(李頤命) · 이건명(李健命) · 조태채(趙泰采) 등 노론 4대신을 비롯한 노론의 대다수 인물이 화를 입었다.

한눈에 쏙

붕당 정치 계보도

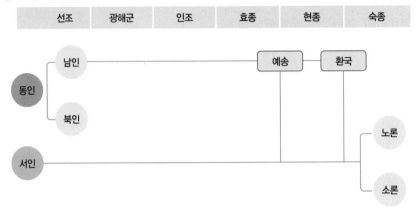

3. 탕평책의 실시

(1) 원인

붕당 간의 정치적 대립이 심화됨에 따라 정치 기강이 문란해지고, 왕권이 약화되었다.

(2) 탕평론의 대두

① 붕당 간의 대립을 조정하기 위해 숙종 때 처음 대두되었다.

② 정치적 균형관계를 재정립할 목적으로 인사 관리를 통해 세력 균형을 유지하려는 탕평론을 제시하였다.

③ 상황에 따라 한 당파를 일거에 내몰고 상대 당파에 정권을 모두 위임하는 편당적인 형태의 인사 관리로 환국의 빌미를 제공하였다.

④ 이러한 정치의 결과, 왕위계승 문제와 왕세제의 대리청정 문제 등 노론과 소론의 대립이 격화되었다.

(3) 영조의 탕평책

① 배경

㉠ 즉위 이후, 탕평교서를 발표하여 정국을 바로잡고자 하였으나 노론과 소론을 번갈아 등용하여 정국이 혼란스러웠다.

㉡ 소론과 남인의 강경파는 영조의 정통성을 부정하고 노론 정치에 반발하면서 이인좌의 난*을 일으켰다.

ⓐ 주요 원인 중의 하나는 경종의 사인에 대한 의혹이다.

ⓑ 반란 진압 후 붕당 간의 관계를 다시 조정하여 왕이 주장하는 논리에 따라 탕평파를 육성하고 이에 따른 정국을 운영하고자 하였다.

참고 **탕평채**

탕평책 때문에 생겨난 음식으로, 여러 붕당의 인재를 고루 등용한다는 상징적 의미가 있다.

＊이인좌의 난(1728, 무신난)
영조 4년(1728) 소론 강경파와 남인 일부가 경종의 죽음에 영조와 노론이 관계되었다고 하면서 영조의 탕평책에 반대하여 일으킨 반란이다. 이들은 중소 상인 등을 규합하여 청주성을 함락하기도 하였으나 안성과 죽산에 진출하다가 진압되었다.

② 완론(緩論) 탕평책

  ㉠ 영조의 뜻에 따르고 대립을 조장하지 않을 온건하고 타협적인 인물을 등용하였다.

  ㉡ 각 붕당의 주장이 옳은지 그른지를 가리지 않는 온건적인 탕평책을 추진하였다.

  ㉢ 소론과 남인의 온건파를 등용하여 노론의 강경파를 몰아냈다.

  ㉣ 붕당 기반을 약화시키기 위한 정책 시행

    ⓐ 서원을 축소시켰다.

    ⓑ 삼사 관원들에게 당론과 관련된 상소를 금지시켰다.

    ⓒ 이조전랑의 후임자 추천 관행을 없앰으로써 한 붕당의 요직 독점 현상을 완화하였다.

    ⓓ 산림의 존재를 부정하였다.

사료 Plus

상언과 격쟁의 대두

• 왕이 행차하는 길에 백성이 수령에 대한 불만을 왕의 수레 앞에서 호소하며, 수령을 달라고까지 하였다. 이와 같은 민의 풍습은 이전에는 들어보지 못한 것이다. 왕이 이들을 고양군에 가두라고 한 다음 특별히 어사를 보내 옳고 그름을 따지지 말고 모두 석방하라고 하였다.　　　　　　　　　　　　　　 — 『영조실록』

• 아! 저 무고한 백성이 가슴 깊이 간직한 억울한 일을 마치 어린아이가 부모에게 호소하듯 달려와서 간청하니 진실로 그들에게 잘못이 있는 것이 아니라 그들로 하여금 그렇게 하도록 만든 이가 잘못이다.
　　　　　　　　　　　　　　　　　　　　　　　　　　　　　　　　　　　　　 — 『홍재전서』

참고 탕평비

영조는 『논어』 위정편 14장에 있는 구절을 활용하여 "신의가 있고 아첨하지 않는 것은 군자의 마음이요. 아첨하고 신의가 없는 것은 소인의 사사로운 마음이다.(周而弗比 乃君子之公心 比而弗周 寔小人之私意.)"라고 재구성한 내용을 친서하여 비에 새겨 성균관에 세웠다.

한눈에 쏙

영조(1724~1776)의 정책

• 균역법 실시: 군역 폐단 완화(감필론) ⇨ 부족분 보충을 위해 노비종모법 실시
• 군영 정비: 도성 분담 방위(훈련도감, 금위영, 어영청)
• 형벌 제도 개선: 가혹한 형벌 금지, 사형수에 대한 삼심제
• 신문고 제도 부활, 노비공감법 실시
• 상언과 격쟁의 증가: 민권의식이 향상된 것을 보여주며, 여론 수렴 방식이 다양화 됨
• 편찬 사업: 『속대전』, 『속오례의』, 『무원록』, 『동국문헌비고』 등

PART 05

(4) 정조의 탕평책

① 배경

ㄱ 사도세자의 죽음과 이를 둘러싼 시파와 벽파의 다툼이 나타나자 정조는 자신이 왕이 되는 것을 반대한 벽파를 물리치고 시파를 고르게 등용하였다.

ㄴ 이 과정에서 영조 때 세력을 키운 척신과 환관 등을 제거하고, 소론과 남인 계열을 중용하여 각 붕당의 입장을 떠나 의리와 명분에 합치되고 능력 있는 사람을 중용하여 왕권을 강화하였다.

② 준론(峻論) 탕평책

ㄱ 영조의 탕평책을 계승하였으나 곧은 입장을 가진 인물을 등용하는 탕평책을 실시하였다.

ㄴ 각 붕당의 주장이 옳은지 그른지를 명백히 가리는 적극적인 탕평책을 추진하였다.

ㄷ 규장각* 설치 : 국왕 직속의 학술 정책 연구기관으로 문예 부흥과 개혁정치의 중심이 되었다.

ㄹ 장용영 설치(1791) : 왕권 강화를 위한 군사적 기반의 친위부대로서 서울과 수원에 설치되었다.

사료 Plus

『무예도보통지』 저술

이 책이 완성되었다. …… 곤봉 등 6가지 기예는 척계광의 기효신서에 나왔는데 …… 장헌세자가 정사를 대리하던 중 기묘년에 명하여 죽장창 등 12가지 기예를 더 넣어 도해로 엮어 새로 신보를 만들었고, 상(上)이 즉위하자 명하여 기창 등 4가지 기예를 더 넣고 또 격구, 마상재를 덧붙여 모두 24가지 기예가 되었는데, 검서관 이덕무, 박제가에게 명하여 …… 주해를 붙이게 했다.

한눈에 쏙

정조(1776~1800)의 정책

- 초계문신제 실시 : 신진 인물 재교육 제도
- 화성 신도시 건설 : 화성 행차 시 여론 수집·반영
- 수령이 향약 관장 : 사림 견제, 백성에 대한 국가 통치력 강화책
- 상공업 진흥 : 신해통공(육의전 이외의 금난전권 폐지), 공장안 폐지(장인세를 거두고 자유로운 활동 보장)
- 서얼, 노비의 차별 완화 : 서얼 출신인 박제가, 이덕무 등을 규장각 검서관에 임명
- 편찬 사업 : 『대전통편』, 『동문휘고』, 『탁지지』, 『추관지』, 『무예도보통지』

참고 만천명월주인옹자서 (萬川明月主人翁自序)

"하나의 달빛이 땅 위의 모든 강물에 비치니 강물은 세상 사람들이요, 달은 태극이며 그 태극은 바로 나다."

* 규장각

'문장을 담당하는 하늘의 별인 규수가 빛나는 집'이라는 의미이다. 왕실 도서관에서 출발을 했지만, 정조는 이곳을 차츰 학술 및 정책 연구기관으로 변화시키며, 역대의 도서들을 수집하고 연구하는 학문 연구의 중심 기관이자 자신의 개혁정책을 뒷받침하는 핵심 정치 기관으로 거듭나게 하였다.

시흥환어행렬도

수원 화성

비교 Plus 영조와 정조의 정책

	영조	정조
탕평책	• 탕평파 육성, 탕평비 설립, 탕평채 • 완론 탕평책 • 군제·결제 개혁 단행	• 시파 기용 ⇨ 왕권 확립 • 준론 탕평책
왕권 강화	• 이인좌의 난 진압 • 서원 정리 • 청계천 준설 사업	• 장용영 설치 • 규장각 설치 • 수원 화성 축조 • 초계문신제
위민정치	• 신문고 제도 부활 • 균역법 시행	• 육의전을 제외한 금난전권 폐지(신해통공) • 공장안 폐지
편찬 사업	• 『속대전』: 경국대전의 속전으로 법전을 재정리한 법령집 • 『속오례의』: 훈구파의 『국조오례의』를 보완한 의례집 • 『속병장도설』: 그림으로 무예법을 재정리한 병서 • 『동국문헌비고』: 제도·문물을 총정리한 문헌백과사전 • 『택리지』: 인문지리서이며 우리나라 각 지방의 자연환경과 인물, 풍속, 물산(物産), 인심의 특색 등을 세밀하게 서술하고 어느 지역이 살기 좋은 곳인지를 논하였다. • 『여지도서』: 『신증동국여지승람』을 참고 • 『해동지도』: 숙종대 안용복 사건 이후, 울릉도와 독도를 표기 • 『무원록』: 관리의 지침이 되는 법의학서	• 『홍재전서』: 정조의 문집 100권 • 『대전통편』: 『속대전』의 규정을 보완한 법전 • 『무예도보통지』: 무예를 그림으로 설명 • 『증보문헌비고』: 『동국문헌비고』를 수정 및 보완한 백과전서 • 『제언절목』: 저수지 관련 법규를 제정 • 『탁지지』: 호조의 사례를 정리한 경제 서적 • 『추관지』: 형조의 소관 사무와 형사처벌의 사례를 모아 편집 • 『동문휘고』: 조선의 외교문서집 • 『규장전운』: 음운을 정리 • 『전운옥편』: 운서의 색인과 한글로 주석을 붙인 자전(字典) 옥편으로, 오늘날 옥편의 규범서

PART 05

한눈에 쏙

붕당 정치의 흐름(붕당의 형성~세도정치)

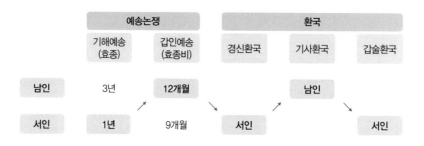

탕평책			세도정치
숙종	**영조**	**정조**	· 왕실의 외척이 정권 장악
· 명분만 탕평책	· 탕평파 육성	· 능력위주 인사	· 순조, 헌종, 철종 3대
· 실제로 환국을	· 탕평비(성균관)	· 서얼까지 등용	600여년간 지속
불러옴	· 탕평채	· 시파까지 등용	· 삼정의 문란 발생
	· 완론탕평	· 준론탕평	

04 세도 정치와 삼정의 문란

1. 세도 정치의 전개

(1) 세도 정치

① 일당전제를 거부하고 특정 가문이 권력을 독점하는 비정상적인 정치 형태이다.

② 정치의 사회적 기반이 결여되고 붕당 정치의 파탄을 초래했다.

(2) 정치 권력의 변동

① 정조 시기 : 한정된 유력 가문이 권력을 장악하였으나 왕권을 위협하는 수준은 아니었다.

② 순조 시기 : 정순왕후의 수렴청정

   ⊙ 노론 벽파 부활, 규장각 출신의 인재 숙청, 장용영 혁파

     ⇨ 정조 때 이뤄진 개혁정치 모두 무산되었다.

   ○ 정순왕후가 죽자 반남 박씨와 풍양 조씨 가문의 협력 아래 김조순이 정국을 주도하였다.

   ⓒ 순조가 성인이 된 후 국정 장악을 시도하였으나, 협조 세력이 미약하여 실패로 끝났다.

   ⓔ 순조가 효명세자에게 대리청정을 명하여 세도가 견제, 권력집단 결집을 추구하였으나 이른 나이에 효명세자가 사망하면서 그 뜻이 좌절되었다.

     ⇨ 김조순이 권력을 재정립하였다.

   ⓜ 이 시기 삼정의 문란이 심해져 평안도 지역에서 홍경래의 난이 일어났다(1811).

③ 헌종 시기 : 풍양 조씨 가문이 득세하였다.

④ 철종 시기

   ⊙ 다시 안동 김씨 가문이 권력을 장악하였다.

   ○ 세도 가문의 집권속에서 매관매직과 삼정의 문란이 심해졌다.

   ⓒ 전국적인 농민 봉기인 임술 농민 봉기가 일어났다(1862).

(3) 권력 구조

① 탕평파와 반(反)탕평파의 대립 구도가 소멸되고 중앙 정치를 주도하는 가문이 소수에 한정되자 붕당은 그 기능을 상실하였다.

② 소수 가문에 권력과 이권이 독점되면서 권력 구조에도 변화가 나타났다.

   ⊙ 정2품 이상 고위직 : 정치적 기능을 발휘하였다.

   ○ 정2품 이하 관리 : 언론 활동을 상실하고 행정실무 담당으로 전락하였다.

   ⓒ 의정부와 6조 : 유명무실해졌다.

     ⇨ 비변사로 권력 집중되었고, 유력 가문이 독점하였다.

> **참고** 세도 정치 주도 세력
> - 시초 : 홍국영
> - 순조 : 안동 김씨(김조순)
> - 헌종 : 풍양 조씨(조만영)
> - 철종 : 안동 김씨(김문근)

(4) 세도 정치의 폐단

① 정치적 위기에 대한 감지와 그 상황을 해결하려는 의지가 부족하였다(사회 모순 해결 회피, 새로운 세력 배척).

② 19세기 말 서울의 도시적 번영에 만족하고 재야 세력인 남인, 소론, 지방 선비들은 권력에서 배제시키면서 사회 통합에 실패하였다.

③ 지방 사회의 상인과 부농을 통치 집단에 포섭하지 못하고 수탈의 대상으로 삼았으며, 지방 수령을 상품화하는 등 매관매직이 성행하였다.

④ 향촌에서는 지방의 사족을 배제한 채 수령이 절대적인 권한을 가지고 조세를 징수하였다.

⑤ 부정이 만연하였으며, 기근과 질병이 빈번하고 인구가 급속히 감소하여 농민의 조세 부담이 가중되었다(삼정의 문란).
⇨ 농촌 사회 불만이 고조되었다.

> **사료 Plus** 📖
>
> **세도 정치의 부패**
> 여름날에 술을 마시며 떵떵거리는 수십 집안이
> 대를 이어가며 국록을 먹는다.
> 서로들 돌아가며 싸우고 죽이면서 약한 이를 고기 삼아
> 힘센 놈이 먹어치우네
> 세력을 휘두르는 대여섯 집안 재상 자리 대감 자리 모두 다 차지하고
> 관찰사 절제사도 완전히 차지하네 …….
>
> ─ 『여유당전서』, 정약용

참고 『여유당전서』

『목민심서』, 『경세유표』, 『흠흠신서』 등 조선 후기 실학자인 다산 정약용의 1표 2서에서 시문에 이르기까지 방대한 저술을 총망라한 문집으로 정인보·안재홍이 참가하여 1934~38년에 간행하였다.

한눈에 쏙

세도 정치

전개	• 왕 대신 유력한 가문들이 권력을 갖는 체제 • 비변사로의 권력 집중 ⇨ 의정부, 6조의 유명무실화 • 서인의 일당전제화 → 외척 비중 확대 → 왕위 계승을 둘러싼 대립 과격화
폐단	• 세도 세력: 개혁 능력과 의지 미흡 • 사회 통합 실패: 상대 세력 부정, 재야 세력을 권력에서 배제 • 관리들의 부정: 매관매직 성행, 삼정의 문란, 상인·부농들을 수탈 　⇨ 홍경래의 난, 진주 농민 봉기를 비롯한 임술 농민 봉기 등 발생

2. 삼정의 문란

(1) 배경

① 세도 정치에 따른 정치 기강의 해이해진 틈을 타 통치 체제가 문란해졌다.

② 매관매직이 성행하였으며 이를 한 사람들이 자신들의 손해를 보충하기 위해 농민들을 착취하였다.

③ 그 과정에서 조세 제도 및 빈민 구휼 제도를 악용하여 농민들에 대한 가렴주구가 심해졌다.

(2) 내용

① 전정의 문란

　　㉠ 농토에 부과하는 세금에 대한 내용으로 법적 세금액은 1결당 20말 정도 부과하는 것이 정상이었다.

　　㉡ 그러나 토지세에 각종 부가세와 다양한 명목의 세금을 부과하였다.

② 군정의 문란

　　㉠ 조선 전기 납포군이 법제화된 군적수포가 나타나면서 정남 1인당 2필의 군포를 부과하였다.

　　㉡ 영조 때 이후 균역법이 실시되면서 정남 1인당 1필로 감필하였다.

　　㉢ 그러나 이 과정에서 여러 문제가 나타나면서 황구첨정, 백골징포, 인징, 족징 등으로 제도의 문란이 나타났다.

사료 Plus

군정의 문란

노전촌의 젊은 아낙네 하늘을 우러르며 원망하고 울부짖는구나
군대 나간 남편이 돌아오지 못한 일은 오히려 있으련만
옛날부터 성기를 자른 사나이 있단 말은 듣지 못했노라
시아버지 3년 상을 마친 지도 오래고
갓난아이는 태어난 지 삼칠일도 지나지 않았는데
남편과 죽은 시아버지, 갓난아이 삼대의 이름이 군적에 실리다니

ー「애절양(哀絕陽)」, 정약용

---

③ 환곡의 문란

　　㉠ 본래 춘궁기 때 곡식을 빌려주었다가 가을에 1/10의 이자를 받고 갚도록 한 빈민 구제제도이다.

　　㉡ 이 이자가 정부의 주요 재정원이 되면서 재정을 확보하기 위한 수단으로 활용되었다.

　　㉢ 이러한 과정에서 곡식을 빌려주는 데 각종 편법을 써서 농민들에게 부담을 가중시켰다.

　　㉣ 삼정의 문란 중 가장 피해가 컸다.

✽ 비총제(比摠制)
거두어야 할 세금의 액수를 정한 후
지방 정부에 할당하는 방식의 세금 징
수 방식. 농민들의 부담 능력이나 지
역의 실태를 파악하지 않은 채 일방적
으로 세금 총액이 정해지고 세금 징수
권한이 지방 관리들에게 전적으로 위
임되면서 비총제는 가혹한 농민 수탈
로 이어졌다.

④ 삼정 관련 세금의 액수를 미리 정해 이를 맞추기 위한 조치가 취해져 백성들의 부담이 더욱 커졌다(비총제✽, 군총제, 환총제).

사료 Plus

환곡의 문란
빌려 주고 빌리는 건 양쪽 다 원해야지
억지로 강제하면 불편이 오네.
온 땅을 통틀어도 고개만 저울 뿐
빌리겠단 사람은 하나도 없네.
봄철에 벌레 먹은 쌀 한 말 받고서
가을에 온전한 쌀 두 말 바치고,
게다가 벌레 먹은 쌀값 돈으로 내라하니
온전한 쌀을 팔아 바칠 수밖에.
남은 이윤은 교활한 관리들만 살찌워
한갓 내시조차 밭이 천 두락이라.

(3) 정부의 해결 노력

① 안핵사, 선무사 등을 파견하여 민심을 회유하려고 하였다.
② 삼정이정청을 설치하여 삼정의 문란을 해결하고자 하였으나 크게 실효를 거두지 못하였다.

한눈에 쏙

삼정의 문란

전정의 문란	• 진결: 황폐한 땅에 징세 • 은결: 토지대장에 기록되지 않은 땅에 징세 • 백지: 공지에 징세 • 도결: 정액 이상의 세를 징수(수령이 직접 조세 수취)
군정의 문란	• 족징: 도망자의 체납분을 친족에게 징수 • 인징: 도망자의 체납분을 이웃에게 징수 • 황구첨정: 어린이를 장정으로 취급하여 징수 • 백골징포: 죽은 자에게 군포를 부과 • 마감채: 일시불로 군포를 징수하여 면제하는 면역군포
환곡의 문란	• 늑대: 필요 이상의 미곡을 강제로 대여 • 반작: 허위장부를 만들어 대여량을 줄이고 회수량을 줄이는 것 • 가분: 재고가 없는데 있는 것처럼 꾸미는 것 • 탄정: 흉년에 강제로 징수하여 감한 부분을 사취 • 분석: 미곡에 겨를 섞어 늘려서 대여 • 반백: 쌀에다 톱밥이나 겨를 섞어 1가마를 2가마로 늘리는 것 • 증고: 환곡을 농민에게 지정된 가격보다 비싸게 팔거나 징수하여 나라에 바칠 때는 지정된 가경으로 바치고 차액을 착복

05 새로운 사상의 등장

1. 민간 신상과 예언 사상의 유행

(1) 배경

① 사회·경제적 변화가 심해지고, 성리학이 사회 운영 원리로서 그 기능을 상실하였다.

② 삼정의 문란과 겹쳐 빈번한 재난 및 질병이 발생하였다.

③ 다른 나라의 조선에 대한 침범이 많아지면서 이양선이 자주 출몰하였다.

(2) 대두

① 사회가 변화하면서 유교적 명분론이 그 정당성을 상실해가자 비기, 도참 등을 이용한 예언 사상이 유행하였다.

② 조선의 멸망 및 왕조의 교체를 예언하면서 정씨가 왕이 된다는 『정감록』이 유행하였다.

③ 현세에 대한 불안감을 극복하고 내세로 평안을 바라는 마음에서 미륵신앙이 널리 유행하였다.

④ 이러한 민간 신앙 및 예언 사상은 조선 말 사회 불안에 대한 민중들의 대처라고 할 수 있으며, 피지배층의 정신적 피난처 역할을 하였다.

(3) 소극적 형태의 저항

① 정부의 탐관오리를 비난하는 방서, 괘서 사건이 빈발하였다.

② 직접적인 봉기의 형태를 띠기보다는 악행을 알리거나 여론을 조성하는 등의 행위가 다양하게 이루어졌다.

형태	내용
괘서(掛書)	폭로의 글을 많은 사람들이 볼 수 있는 곳에 붙이는 행위
투서(投書)	부정한 관리나 지주의 집에 요구 사항과 욕설을 담은 글을 살포하는 행위
와언(訛言)	관리나 지주의 비리를 폭로하고 나쁜 소문을 퍼뜨리는 행위
정소(呈訴)	관리나 지주의 비리를 폭로하기 위해 집단으로 상급 기관에 항의하는 행위
산호(山呼)	뒷산에 올라가 큰 소리로 수령과 아전들의 비리를 외치는 행위
거화(擧火)	밤에 횃불을 들고 산에 올라가 수탈에 항의하는 내용을 외치는 행위

참고 나주 괘서 사건(영조 31, 1755)

숙종 때 과거를 통해 관직에 오른 소론 윤지(尹志)는 영조 즉위년에 노론의 공격에 의해 나주로 유배되었다. 귀양살이를 하는 동안 나주 목사 이하징 등과 모의한 후, 민심을 동요시킬 목적으로 나라를 비방하는 글을 대자보에 써서 나주 객사에 붙였다가 발각되어 사형 당하였다.

2. 서학(천주교)

(1) 처음에는 학문으로서 수용

① 17세기 북경을 왕래하던 사신들에 의해 서학이라는 이름의 서양 문물로 소개되었다.

② 이수광이 『지봉유설』에서 천주교를 소개하는 과정에서 마테오 리치의 『천주실의』를 소개하였다.

③ 초기에는 천당, 지옥설을 불교의 교리와 유사하다고 이해하여 수용을 적극적으로 반대하였다.

깊이 Plus 서양 문물의 전래

1. 선조 36년(1603)에 이광정이 베이징에서 마테오리치의 곤여만국전도(우리나라에 전래된 최초의 세계지도)를 들여왔다.

2. 광해군 때 허균은 사신을 따라 베이징에 갔다가 천주교 서적을 가져왔다.

3. 이수광은 광해군 초에 베이징에 사신으로 갔다 와서 저술한 『지봉유설』(백과사전식 저술)에서 마테오 리치의 『천주실의』(한문으로 저술한 천주교 교과서)를 요약, 소개하면서 불교와의 차이점을 언급하였다.

4. 광해군 때 유몽인은 『어우야담』(우리나라 최초의 야담집)에서 천주교의 교리를 자세히 설명하고 유·불·도교와의 차이점을 논하였다.

5. 인조 때 명나라에 사신으로 갔던 정두원은 천주교 서적과 만국지도(마테오 리치), 화포, 자명종, 천리경 등을 가져왔다.

6. 인조 때 청나라에 볼모로 잡혀갔던 소현세자는 베이징에 와 있던 아담 샬(Adam Schall; 독일 예수회 신부로 중국에서 활약, 1591~1666)로부터 천주교 서적과 천주상, 과학 서적 등을 얻어왔다.

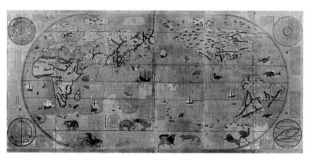

🔽 곤여만국전도

(2) 나중에는 신앙으로서 수용

① 18세기 후반, 남인 실학자들이 선구가 되어 신앙운동을 전개하였다(선교사로서의 전도가 아닌 학문적 연구와 자율적 구도활동에 의해 전파).

② 이승훈*이 베이징에서 세례를 받고 오면서 종교 활동이 나타나기 시작하였다.

③ 천주교의 내세사상과 영생 사상은 조선의 현실을 부정하는 것이었으나, 민중과 여성들에게는 널리 수용되었다.

＊이승훈
조선 후기 그라몽 신부에게 세례를 받아 한국교회 최초로 세례를 받은 천주교인이 된 그는 순조가 즉위한 1801년 신유박해로 이가환·정약종·홍낙민 등과 함께 체포되어 4월 8일 서대문 밖 형장에서 대역죄로 참수되었다.

(3) 정부의 탄압

① 정조 9년, 천주교의 교세가 확장되면서 사교(邪敎)로 규정하여 천주교를 금지하였으나 당시 정부는 유교사상을 크게 벗어나지 것을 제외하면 심하게 탄압하지는 않았다.

   ㉠ 처음에는 천주교를 사교로 규정하거나 천주교 금입령 정도로 제한하였다.

   ㉡ 1791년 윤지충이 모친상을 당하였을 때 신주를 불사르고 천주교식 장례를 치르자 윤지충, 권상연 등을 사형에 처하는 신해박해가 나타났다.

② 순조 즉위 이후 벽파가 득세하면서 탄압이 심해졌고, 천주교를 믿는다는 이유로 남인, 소론, 노론 시파를 탄압하였다.

   ㉠ 이승훈, 이가환, 정약종 등의 남인 학자와 청나라의 신부 주준모가 사형을 당하고 정약용, 정약전 등이 유배를 가는 신유박해가 일어났다(이 사건을 계기로 천주교 세력이 크게 약화).

   ㉡ 남인파 신자였던 황사영은 베이징의 서양인 주교에게 신유박해의 전말을 보고하고 열강을 통해 정부를 압박해 신앙의 자유를 얻게 해달라고 하였으나 발각당해 처형되었다(황사영 백서 사건).

   ㉢ 이후에도 정해박해, 기해박해, 병오박해 등 수많은 천주교 박해가 있었으며, 고종 3년에 나타난 병인박해는 병인양요의 원인이 되기도 하였다.

③ 이러한 종교적 탄압은 농민 항쟁에 대해 공포 정치적인 모습이 있기도 했다.

> **깊이 Plus** 천주교 박해

신해박해	정조 15년	• 사교(邪敎)로 인정, 비교적 관대함 • 윤지충, 권상연 등 순교
신유박해	순조 1년	• 노론 벽파에 의한 대대적 정치적 박해 • 정약종, 이승훈, 주문모 순교 / 정약용, 정약전 유배
기해박해	헌종 5년	샤스탕, 앙베르, 모오방 선교사(프랑스) 순교
병오박해	헌종 12년	김대건 신부* 순교
병인박해	고종 3년	• 최대 규모의 박해 • 9명의 프랑스 선교사와 8,000여 명 순교 • 병인양요의 원인

참고 『자산어보』
1814년(순조 14)에 정약전이 저술한 어보(漁譜)로, 귀양가 있던 흑산도 연해의 수족(水族)을 다루고 있다.

* 김대건 신부
한국 천주교 최초의 신부인 그는 각지를 순방하면서 비밀리에 신도들을 격려하고 전도하다가 1846년 병오박해 때 26세의 나이로 순교하였다.

사료 Plus

천주교에 대한 상반된 입장

• 천학(천주교)은 현실을 문제 삼지 않고 오로지 내세의 천당 지옥설을 믿어, 사람을 황당한 지경에 빠뜨리고 있다. 그러면서 아침저녁으로 지옥의 고통을 면하고자 자기 잘못을 빌고 용서를 구함이 무당이나 불가와 다를 바 없다. 또한 유가에서 불가와 묵가(墨家)를 배격하고 있음과 같이, 천주교의 망발됨을 가려 배격하지 않을 수 없다. 그리고 천학을 하는 자들이 조상제사를 비판하면서도 자신들은 천주상(天主像)을 걸어 놓고 기축(祈祝)하고 있음은, 결국 천학이 무부무군(無父無君)의 사학인 까닭이라고 결론지을 수 밖에 없다. 따라서 오직 유학만이 정학(正學)이다.　　　　　　　　　　　　　　　　　　　　　　－『천학문답』, 안용복

• 우리나라에서 천학을 금하시는 것은 드 뜻이 정녕 어디에 있습니까? 먼저 그 뜻과 이치가 어떠한지 물어보지도 않고 지극히 죄악이라는 말로 사교(邪敎)라 하여 반역의 법률로 다스려 신유년 앞뒤로 인명이 크게 손상하였으나 한 사람도 그 원인을 알아보지 않았습니다. …… 이 도는 천자로부터 서민에 이르기까지 날마다 사용하고 늘 실행해야 할 도리이니 가히 해가 되고 난(亂)으로 된다고 할 수 없습니다.　　　　　　　　　　　　－『상재전서』, 정하상

3. 동학

(1) 등장 배경

① 서양의 제국주의 침략 위협과 천주교의 유포 등 대외적인 위기감이 고조되었다.

② 세도 정치 하에서 농민을 위한 새로운 사상 체계가 요구되었다.

(2) 창시

① 철종 때 경주 지방의 몰락양반 출신인 최제우에 의해 창시되었다.

② 유교 사상을 극복하고 서학에 대항하고자 유·불·선과 천주교의 교리를 융합하였다.

(3) 내용

① 인내천 사상

　㉠ 인간은 하늘과 같아서 모든 인간은 군자가 될 수 있다고 보았다.

　㉡ 일체의 신분과 계급을 떠난 평등 사상이다.

② 후천개벽 사상 : 새로운 세상이 열린다고 보았다.

③ 구복적 사상 : 기존의 민간 신앙 등을 흡수하였다.

④ 서학에 반대하고, 서양의 침략적 접근에서 나라를 구하고 백성을 편안하게 한다는 보국안민 사상도 나타났다.

사료 Plus

인내천(人內天) 사상

동양 사상 속에 존재하고 있는 천인합일(天人合一) 사상이 종래 천(天)에 무게를 두어 인(人)이 매몰되던 것을, 이제는 인에 무게를 두어 천이 인에 매몰되게 역전시킴으로써 하느님을 사람의 마음속에 넣는 데 성공하였다. 또한 이 원리를 더욱 발전시켜 사람들의 마음속에 들어간 하느님이 모두 동일한 하느님임을 밝히어 사람들은 모두 평등하게 되는 원리를 정립하였다.

사료 Plus 🏛

동학의 구복적 성격 : 궁궁을을(弓弓乙乙)

> 서도(西道)로써 사람들을 가르쳐야 하겠는가 하니 아니다. ······ 영부의 모양은 태극의 그림과 같고 혹은 활 궁(弓)자를 겹쳐 놓은 것과 같다. 이 부적을 받아가지고 사람들의 병을 고치며 또 내 주문을 받아가지고 모든 사람으로 하여금 나를 위하게 하라. 그러면 너도 역시 오래 살아서 온 세상을 이롭게 할 것이다.

⇨ 당시 동학에서는 '궁궁을을(弓弓乙乙)'이라고 쓴 부적을 태워 마시면 병을 고치고 영원히 산다고 하는 구복적 성격의 미신이 존재했다. 또한 궁(弓)은 활이요, 을(乙)은 새로서, 활이 새를 제압하는 것인데, 동(東)은 궁(弓)을 상징하고 서(西)는 을(乙)을 상징하므로, 동학이 서학을 제압한다고 하였다.

(4) 동학에 대한 탄압 및 교세의 확장

① 정부에서는 교세가 번성하자 교조인 최제우를 혹세무민의 죄목으로 체포하여 처형하였다.

② 제2대 교주 최시형 때 교세가 더욱 확대되어, 삼남 지방까지 유행하였다(교단 조직을 갖춤 : 포접제*).

ㄱ 각지에 포(군 단위), 접(도 단위)의 조직을 만들고 포주와 접주, 대접주를 통해 교세를 확대하였다.

ㄴ 각 포 간의 원활한 사무를 위해 교장, 교수, 도집, 집강, 대정, 중정의 6개 직분을 두었다.

③ 경전 : 『동경대전』(한문), 『용담유사』(한글)를 통해 수덕문·안심가·논학문 등을 전파하였다.

> ✱ 포접제
> 동학이 확산되면서 교주를 중심으로 그 아래 조직을 이루는 제도로, 교주 아래에 몇 십 개의 포(包)를 두고, 각 포(包) 아래에는 수십 개의 접(接)을 두는 형태의 동학 교도 관리 조직이다. 접은 보통 30~70가구로 구성되었다.

한눈에 쏙 📍

조선 후기에 등장한 사상

사회 불안의 심화	• 소수 지배층의 경제적 수탈 • 왕실 외척이 주도하는 세도 정치 • 19세기 빈번한 질병, 재난 발생, 서양 이양선 출현 ⇨ 예언사상 대두(『정감록』) • 미륵신앙(미륵불 : 후천개벽 사상을 이룰 분) ⇨ 사회 불안 고조에 따른 민중들의 정신적 안식처
천주교	• 서학이라는 학문으로 유입 → 18세기 후반 종교로 자리매김, 남인을 중심으로 보급 • 평등 사상 → 신분제 사회에 혼란/유일신 사상 → 성리학적 질서를 해침 • 정부의 천주교 금지령 ⇨ 신유박해(1801)
동학	• 서학에 반대해 창시 ⇨ 민족적·민중적 성격 • 인내천(사람이 곧 하늘이다), 시천주(인간은 모두 평등하다) : 인간의 존엄과 평등 강조 ⇨ 민중적 성격 • 후천개벽(미래의 새로운 세상이 열린다) • 보국안민(나라를 도와 백성을 편안하게 하자) • 일반 민중에게 큰 호응, 삼남 지방에서 교세 확장 ⇨ 정부의 탄압
농민의 항거	• 소청과 벽서 운동 : 탐관오리의 비행 고발, 소극적 움직임 • 민란 : 지배층에 대한 정면 도전, 근대적 질서 확립, 자율적·적극적 개혁 • 홍경래의 난(1811), 임술 농민 봉기(1862)

▽ 조선 후기 농민 항거

＊홍경래
1798년(정조 22) 사마시에 낙방한 뒤 조정에서 평안도 출신의 배척과 안동 김씨 세도 정치의 심한 횡포로 시국을 개탄하고 과거 보기를 단념. 반란 혁명을 기도했다. 1811년(순조 11) 혹심한 흉년으로 인심이 흉흉한 틈을 타 병력 2천여 명을 동원, 각급 지휘관을 임명하고 스스로 평서대원수(平西大元帥)라 칭한 후 평안도 일대를 장악했다. 정주에서 장기전을 벌였으나 관군에게 패하여 전사했다.

06 조선 후기의 농민 봉기

1. 민란의 배경

① 세도 정치와 삼정의 문란으로 농민들의 삶이 극도로 어려워지면서 이에 대한 저항의 움직임이 나타났다.

② 학문의 대중화와 농민 의식의 성장으로 농민들이 다양한 방법으로 저항하다가(소청, 벽서, 괘서 등) 해결이 되지 않자 적극적인 농민 봉기로 이어졌다.

2. 대표적인 민란

(1) 홍경래의 난(1811)

① 원인 : 세도 정치 하에서 농민의 불만이 가중되었으며, 계속되는 가뭄과 평안도민에 대한 차별대우가 민란이 나타나는 계기가 되었다.

② 몰락 양반인 홍경래＊를 중심으로 농민, 광부, 품팔이꾼 등이 참여하였다.

③ 처음에는 가산에서 난을 일으켜 선천, 정주 등의 지역을 점거하며 청천강 이북의 여러 고을을 점령하였으나 관군에게 점차 진압당하고, 이후 정주성에서 끝까지 항거하다가 패배하였다.

④ 의의 : 농민들의 각성을 촉구하는 계기가 된 19세기 민란의 선구였다.

⑤ 한계 : 평안도 지역에 한정되었으며, 난을 이끄는 지도층이 농민들을 끌어들일 개혁안을 제시하지 못하였다.

> **사료 Plus**
>
> **홍경래의 난과 관련된 격문**
> 조정에서는 관서 땅을 버리는 것을 더러운 땅과 다름없이 한다. 심지어 권세 있는 집의 노비들도 관서의 인사를 보면 반드시 평안도 놈이라 한다. …… 지금 임금이 나이가 어려 김조순, 박종경 무리가 국가 권력을 제멋대로 하니 하늘이 재앙을 내리고, 이에 큰 흉년이 들어 부황 든 무리가 넘치고 ……

(2) 진주 농민 봉기(1862)

① 원인

ㄱ 단성민란 : 경상도 단성현에서 환곡의 폐단을 참지 못한 김령·김인섭 부자의 주도하에 농민 봉기가 나타났다.

ㄴ 그러한 과정에서 진주 우병사인 백낙신, 진주 목사 홍병원과 토호 지주에 대한 항거가 나타났다.

② 중심 세력 : 몰락 양반 출신인 유계춘 등이 중심이 되었다.

③ 진주 농민 봉기를 계기로 전국적으로 농민 봉기가 확산되었으며, 이러한 농민 봉기는 단순한 반발의 성격을 넘어서 당시의 사회 모순에 대해서 자각한 농민들의 자각운동이었다.

④ 한계 : 전국에서 일어났으나 전국적으로 규합되거나 근본적인 체제를 부정하는데까지 나아가지 못한 채 산발적인 농민 봉기에 그쳤다.

사료 Plus

진주 농민 봉기

임술년(1862) 2월 19일, 진주의 백성 수만 명이 머리에 흰 수건을 두르고, 손에는 몽둥이를 들고 무리를 지어 진주 읍내에 모여 관청의 관리들의 집에 불을 지르고 부수어 그 움직임이 결코 가볍지 않았다. 경상 우병사였던 백낙신이 이들을 해산시키기 위해 장시로 나가니 흰 수건을 두른 백성들이 그를 빙 둘러싸고 백성들의 재물을 횡령한 조목, 아전들이 세금을 강제로 징수한 일들을 면전에서 여러 번 문책하였는데, 조금도 이에 대한 거리낌이 없었다.

비교 Plus 홍경래의 난과 진주 농민 봉기

	홍경래의 난	진주 농민 봉기
원인	세도정치와 평안도민에 대한 차별 대우	삼정의 문란과 백낙신의 착취
중심인물	몰락 양반 홍경래	몰락 양반 유계춘
경과	청천강 이북 점령 ⇨ 정주성 싸움에서 진압	진주성 점령 ⇨ 진압
영향	농민들이 각성하는 계기	농민 봉기의 전국적 확산
의의	탐관오리의 횡포에 항거한 농민들의 자각 운동	

참고 진주 목사의 완문

완문
본읍에서 이번에 매긴 채금은 농민의 원에
따라 지금 혁파하니 이에 따라 영구히
실행함이 마땅하다.
목사(인)
이방 김윤두(인)
좌수 양(인)

진주 농민들은 부당한 조세 수탈 폐지를 약속하는 문서인 완문을 목사로부터 받아 냈다. 하지만 진주 봉기는 세금 제도 자체나 세금을 걷는 정부에 대한 저항으로까지 발전하지 못하였다.

조선 후기의 경제적 변화

01 농업

1. 농촌의 변화

(1) 농민 생활의 변화

① 양 난으로 전국의 농토가 극도로 황폐해지고 농민들이 생업의 기반을 상실하자 정부에서는 농경지 확충과 개간사업을 장려하였다.

② 지주 전호제의 확산으로 양반의 토지와 소작인 수가 증가하였다.

(2) 지주-전호 관계의 변화

① 지주의 신분을 이용하여 소작료 등 각종 부담을 강요하였다.

② 소작인의 저항이 극심해지면서 소작권을 인정하고, 소작료를 인하하였다.

③ 지주와 전호는 경제적인 관계로 변화하였다.

④ 논에서의 보리농사는 소작료의 수취대상이 되지 않았기 때문에 소작농들은 보리농사를 선호하였다.

2. 농업의 발달

(1) 농법 개량 및 이모작의 확대

① 황무지 개간, 수리시설 복구, 농기구 개량 및 다양한 철제 농기구가 등장하였다.

② 이앙법(모내기법)의 실시 결과

    ㉠ 단위 면적당 생산량이 증가하여 광작이 가능하게 되었다.

    ㉡ 이모작이 가능해졌으며, 이모작 작물로 보리농사가 확대되었다(수취 대상에서 제외).

③ 조선 전기에도 여러 거름이 있었으나 그 양이 부족하였는데 조선 후기에는 퇴비, 분뇨, 석회 등 거름의 종류와 양이 풍부해지고 거름 주는 방법이 개선되면서 토지의 비옥화가 유지되어 연속 경작이 가능하게 되었다.

(2) 상품 작물의 재배

① 농업 방식과 기술 혁신으로 곡물, 면화, 채소, 담배*, 약초 등을 상품으로 재배하고 상업적 농업이 발달하게 되었다.

② 곡물 중에서는 쌀의 상품화가 활발하여 장시에서 가장 많이 거래되었으며, 밭을 논으로 바꾸는 현상이 활발하게 나타났다.

③ 면화뿐 아니라 담배, 인삼 등을 재배하였다.

④ 상품 작물이 이전에 비해 다양화, 전문화되면서 농민들의 소득 향상에 기여하였다.

⑤ 구황 작물인 고구마와 감자가 전래, 보급되었다.

* 담배의 전래
담배는 17세기 초 일본을 통해 처음 전래되었다고 한다. 당시 담배는 신분에 관계없이 자유롭게 피울 수 있는 기호품이었다. 그러나 담뱃대의 길이가 신분의 높낮이를 보여준다는 말과 같이, 차츰 서민들이 담배 피우는 것을 제한하기도 했다. 한편, 담배 피우는 사람들이 많아지면서 담배는 조선 후기 중요한 상품작물로 등장하고, 담배 농사를 짓고 장사를 해서 부자가 되는 사람들이 생겨났다.

(3) 농서의 보급

15세기		17세기		18세기		19세기
『농사직설』(세종) 『사시찬요』(세조) 『양화소록』(세조) 『금양잡록』(성종)	⇒	『농가집성』(효종) 『색경』(숙종)	⇒	『산림경제』(숙종) 『해동농서』(정조) 『과농소초』(정조)	⇒	『임원경제지』(순조)

참고 조선 시대 농서
교재 301p 참고

(4) 지대의 변화

	타조법	도조법
시기	고려~조선 후기	조선 후기(소작쟁의 결과 일부지역)
원칙	정률지대(수확량의 1/2)	정액지대(보통 수확량의 1/3)
내용	작황에 따라 지주의 이익 좌우	풍흉・작황에 관계 없음
농민 권한	영농의 자유 제한(지주 간섭)	영농의 자유 보장
영향	지주권 강화	지주권 약화, 농민이 부 축적 가능

(5) 농민 계층의 분화

① 자신의 땅을 가지고 농사를 짓는 농민은 생산량에 따른 이익을 취하게 되면서 부농으로 성장할 수 있었다.

② 반면 자신의 땅을 갖지 못한 농민들은 소작농이나 임노동자로 전락하면서 도시에서 품팔이를 하거나 상공업에 종사하였다.

02 수공업

1. 관영 수공업

관영 수공업은 쇠퇴하였다.

2. 민영 수공업

(1) 수공업 제품 생산 증가

① 농업 생산력이 높아지면서 상업이 발달하기 시작하였다.

② 도시 인구가 급증하면서 제품의 수요가 늘어났다.

③ 대동법의 실시로 관에서 필요한 물품의 수요가 증가하였다.

(2) 민간 수공업의 발달

① 관영 수공업에서 벗어나 장인세를 납부하고 자유로운 생산 활동에 종사하게 되었다.

㉠ 16세기 이후 공장들이 등록을 기피하고 정부의 재정 상황이 좋지 않자 관영 수공업의 유지가 어려워졌다.

㉡ 17세기에 이르러 각 관청의 일반 작업장에서는 공장이 없어 민간의 기술자를 고용하여 물품을 제조하는 것이 일반화되었다(사상의 대두).

㉢ 도시 인구의 급증과 대동법의 실시로 제품 및 관수품의 수요가 늘어나자 민간 수공업자들의 활동이 활발해졌다.

㉣ 18세기에 장인의 등록제(공장안)를 폐지하고 나라에서도 사장(私匠)을 고용하였다.

㉤ 민간 수공업자들의 작업장을 점이라 하는데 이러한 점을 중심으로 한 민영 수공업이 발달하였다.

관장의 부역 노동 (조선 초기)	⇨	고용제 (17세기)	⇨	납포장 증가 (장인세 부담)	⇨	공장안 폐지 (정조)

② 도시를 중심으로 발전하다가 점차 농촌에서도 수공업이 발달하기 시작하였다.

㉠ 자급자족에서 소득 증대의 수단으로 변하였다.

㉡ 전문적인 생산을 하는 농가가 증가하였다.

③ 선대제 수공업

㉠ 상인, 공인들로부터 자금과 원료를 미리 받아 제품을 생산하였다.

㉡ 상업이나 자본의 지배를 받았으며, 독자적인 생산과 판매가 불가능하였다.

㉢ 종이, 화폐, 철물 제품 주종을 이루었다.

㉣ 이 경우, 대상인은 원료와 대금을 선대해 주고 생산된 물품을 사들였는데, 이들을 물주(物主)라고 불렀다.

④ 독립 수공업의 등장(18세기 후반)

㉠ 수공업자가 독자적으로 물품을 생산하고 판매하였다.

㉡ 놋그릇, 농기구, 모자, 장도가 주를 이루었다.

㉢ 안성 등지의 놋그릇 생산자들은 자기자본으로 임노농을 고용하여 분업에 기초한 협업으로 물품을 제조하였다.

⑤ 일부 공인들은 특정물품을 독점 취급하는 도고*로 성장하기도 하였다.

* 도고

조선 후기 상품을 매점매석해 가격 상승과 매매 조작을 노리던 상행위의 한 형태, 혹은 그러한 상행위를 하던 상인 또는 상인 조직을 일컫는 말이다.
• 독점권을 지닌 사상(인삼 독점권을 지닌 개성 송상)
• 대동법 실시 이후, 관수품을 독점 공급하는 공인
• 금난전권을 근거로 독점상행위를 하는 시전상인(육의전)

사료 Plus 📖

도고의 등장

허생은 안성의 한 주막에 자리 잡고서 밤, 대추, 감 귤 등의 과일을 모두 값을 배로 주고 사들였다. 그가 과일을 도고하자, 온 나라가 제사나 잔치를 치르지 못할 지경에 이르렀다. 따라서 과일값은 크게 폭등하였다. 그는 이에 10배의 값으로 과일을 되팔았다. 이어서 그는 그 돈으로 곧 호미, 삼베, 명주 등을 사 가지고 제주도로 들어가 말총을 모두 사들였다. 말총은 망건의 재료였다. 얼마 되지 않아 망건 값이 10배나 올랐다. 이렇게 하여 그는 50만 냥에 이르는 큰 돈을 벌었다.

－『허생전』, 박지원

03 광업

1. 민영 광산의 증가

⑴ 배경

① 상품 생산과 유통의 증가로 원료 생산을 위한 광산의 개발이 촉진되었다.

② 청과의 무역으로 은의 수요가 급증하였다.

⑵ 15세기의 광업

① 부역 노동으로 운영하는 관영 외의 나머지 개인 경영을 일체 허용하지 않았다.

② 광업 자체가 국가 재정과 직접적인 관련이 있기 때문에 호조에서 총괄적으로 관리하였다.

    ㉠ 수령에게 채굴량을 할당하면 수령은 부역을 징발하여 농민들을 통해 채굴하였다.

    ㉡ 이 과정에서 수령은 더 많은 이익을 얻고자 농민들을 부역에 동원하였기 때문에 농민의 토지 이탈이 심화되었다.

③ 이후 명의 지나친 금과 은의 요구로 광산의 문을 닫고 사채를 철저히 금지시켰다.

「기산풍속도첩」(김준근)

⑶ 16세기의 광업

① 농민들의 부역 기강이 해이해지면서 광산에 부역 동원이 어려워지자 국가는 사채를 허용하고 그 수익을 세금으로 징수하였다.

② 연산군 때 연은 분리법이 개발되면서 단천, 영흥을 중심으로 은광 개발이 촉진되었다.

③ 왜란과 호란 이후 정부는 농민을 군역 대신 광역에 동원하여 군수와 관련된 철과 유황, 아연 광산을 개발하였다.

⑷ 17~18세기의 광산 개발

① 왜란과 호란 이후 국가 재정의 어려움이 나타났고, 청나라의 은본위 제도로 인해 은의 수요가 증가하게 되었다.

② 17세기 중엽부터 정부는 재정 수입을 늘리고 생산을 촉진하기 위해 광산 시설을 설치하여 민간에 채굴을 허용하는 대신 호조에서 별장(別將)을 파견하여 광물의 수익에 대해서 세금을 거두는 설점수세제를 도입하였다.

    ㉠ 처음에는 별장수세제를 시행하였다.

    ㉡ 별장의 사리사욕으로 부정행위가 만연하자 18세기 영조 때 수령수세제로 바뀌었다.

③ 18세기 잠채의 성행

    ㉠ 18세기에 광산의 개발이 허용되면서 금광의 개발이 많아졌다.

    ㉡ 금광의 수가 급증하자 국가에서는 몇 개 지역 외에 다른 곳의 금광을 채굴하는 것을 금지했다. ⇨ 몰래 광산을 경영하는 잠채가 성행하였다.

    ㉢ 민영 수공업의 발달에 따라 은과 동의 수요가 급증하자 은광의 채굴과 잠채가 더욱 성행하였다.

      ⇨ 이 과정에서 토지에서 이탈한 농민들이 광산 노동자로 진출하면서 광산에서의 자본주의적 관계가 발생하였다.

④ 분업과 협업에 의한 광산의 운영 : 경영 전문가인 덕대나 혈주가 상인 물주에게 자본을 조달받아 채굴업자(혈주)와 채굴노동자, 제련노동자를 고용하여 광물을 채굴하고 제련하는 덕대제가 일반적이었다.

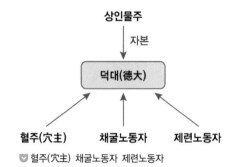

상인물주

↓ 자본

덕대(德大)

↑   ↑   ↑

혈주(穴主)   채굴노동자   제련노동자

🔽 혈주(穴主) 채굴노동자 제련노동자

사료 Plus 📖

조선 후기의 광업

평안도의 경우에는 설점 뒤에 간사한 백성들이 때를 타고 이익을 다투어 잠채하고 있다. 설점한 읍이 아니더라도 잠채하지 않는 곳이 없다. 묘지나 논밭을 가리지 않고 굴을 뚫고 땅을 파헤쳐서 마을이 쓸쓸해지고 곡식 값이 오르고 도둑질이 끊이지 않는다. 농사일을 집어치우고 이를 쫓아간다. 이 때문에 광산 부근이 버려져서 황폐해지는 곳이 한없이 많다. 변경의 법을 어기고 몰래 국경을 넘어가는 경우도 점점 많아지고 있다. 중앙과 지방의 각 관청마다 서로 금점을 설치하여 다투어 이익을 취하려 한다.　　　　　　－『순조실록』

한눈에 쏙

서민 경제의 발전

농촌 사회의 동요	양반	• 지주 전호제의 일반화 ⇨ 대지주 증가, 고리대로 부를 축적한 이들도 증가 • 경제적 변화에 적응하지 못해 몰락한 양반 속출 ⇨ 계층 분화
	농민	이앙법(모내기법) 확대 ⇨ 농민들의 소득 증대 ⇨ 광작(부농)
민영 수공업		대동법 실시 : 민영 수공업 발달(관수품 수요 증가), 선대제 ⇨ 상품 화폐 경제 진전(조선 후기)
민영 광산		• 부역 노동 → 설점수세제 → 잠채 → 자유채굴 • 광산 경영의 자본주의적 구조 : 덕대 ⇨ 채굴노동자, 제련노동자 고용

04 상업

1. 상업의 발달

(1) 배경

① 농업 생산력의 증대로 상품의 유통이 활발해졌다.

② 부세, 소작료 금납화에 의한 상품 화폐 경제의 발달을 촉진하였다.

③ 농민의 계층 분화로 인해 도시로 유입하는 인구가 증가하면서 상업 활동이 촉진되었다.

④ 대동법의 실시로 공인의 활동이 활발하였다.

　㉠ 공인은 관청에서 공가를 미리 받아 필요한 물품을 사서 납부하는 어용 상인이다.

　㉡ 서울의 시전뿐 아니라 지방의 장시를 중심으로 활동하면서, 특정 물품을 대량으로 취급하며 독점적 도매상인인 도고로 성장하였다.

　㉢ 이들은 관청별 또는 품목별로 공동 출자하여 계를 조직하고 상권을 독점하기도 하였으며, 납부할 물품을 수공업자에게 위탁하여 수공업의 성장을 뒷받침하였다.

(2) 사상의 활동 증가

① 서울(종루, 이현, 칠패 등)과 지방에서 왕성하게 활동하였다.

② 시전상인들이 가지고 있던 금난전권에 대항하면서 성장하였다.

③ 정조 때 육의전을 제외한 모든 금난전권이 폐지되었다(신해통공, 1791).

사료 Plus

신해통공의 배경

5~6년 전부터 서울 안에 놀고먹는 무리들 가운데 평시서(상행위 감독청)에 출연하여 시전을 새로 낸 자가 대단히 많다. 이들은 상품을 판매하는 일보다 난전 잡는 일을 일삼고 있다. 심지어 채소와 기름, 젓갈 같은 것도 전매권을 가진 시전이 새로 생겨 마음대로 사고 팔 수 없게 되었다. 때문에 지방민이 가져오는 조그만 물건을 사고팔아 입에 풀칠하는 서울 영세 상인들은 장차 거래가 끊어질 형편이다. …… 내 생각으로는 정부가 평시서의 전안(사전 목록)을 조사하여 십년 이내에 조직된 작은 시전은 금난전권을 모두 없애 영세민들을 구제하여야 한다.
　　　　　　　　　　　　　　　　　　　　　　　　　　　　　　－『비변사등록』

참고 금난전권(禁難廛權) 부여

17세기 초 육주비전을 비롯한 대규모 시전에 청나라에 보내는 진공품(進貢品)을 도달하는 국역을 부담시키는 대신 그에 상응한 특권으로 금난전권을 부여하였다.

▽ 조선 후기 도성의 상권

▼ 조선 후기의 상업과 무역 활동

(3) 지방 상단

① 각 지방의 장시를 연결하여 물화를 교역하였고, 각지에 지점을 설치하면서 상권을 확대하였다.

② 청, 일본과 대외 무역에 참여하여 부를 축적하였다.

③ 대표적인 지방 상인

　㉠ 송상(松商)

　　ⓐ 개성을 근거지로 하여 각지에 지점인 송방을 설치하고 인삼을 재배, 판매하였다.

　　ⓑ 대외 무역에 깊이 관여하고 만상과 내상 사이에서 중계무역을 하였다.

　㉡ 유상 : 평양을 근거지로 하여 북경에 파견된 사신을 수행하면서 중국과 교역하였다.

　㉢ 만상 : 의주를 근거지로 하여 청과 무역하였다.

　㉣ 내상 : 동래를 중심으로 일본과 무역하였다.

　㉤ 경강상인

　　ⓐ 한강 중심으로 상권을 확대하면서 운송업, 조선업에 종사하였다.

　　ⓑ 서해안과 남해안을 왕래하며 미곡, 소금, 어물 등을 운송, 판매하였다.

(4) 장시의 발달

① 18세기에 전국에 1천여 개 소가 개설되면서 보부상의 왕래가 활발해졌다.

② 인근 주민과 농산물이나 수산물을 교환하며, 보통 5일마다 열렸다.

③ 일부 장시는 상설시장으로 되어 지역적 시장권을 형성하기도 하였다.

④ 강경, 전주, 안성, 대구, 안동 등이 상업 도시로 성장하였다.

(5) 포구에서의 상업 활동

① 조선 후기에는 포구가 상업 중심지로 성장하였으며, 큰 규모의 상거래가 이루어졌다.

② 소작료 운송 지역이 상거래 지역으로 변하면서 강가의 포구에 시장이 형성되고 점차 작은 포구에까지 확장되었다.

③ 강경포, 칠성포, 원산포 등에서 선상, 객주와 여각이 활동하였다.

　㉠ 선상 : 선박을 이용해서 각 지방의 물품을 구입해 와 판매하였는데, 경강상인이 대표적이다.

　㉡ 객주와 여각 : 위탁 판매뿐만 아니라 창고, 운송, 숙박, 금융 등의 영업도 하였다.

⑹ **대외 무역**

① 청과의 무역

㉠ 17세기 중엽부터 국경지대를 중심으로 활발하게 이루어졌다.

㉡ 무역 형태

ⓐ 개시 무역 : 회령, 경원, 중강

ⓑ 후시 무역 : 중강, 책문

㉢ 교역품

ⓐ 수출 : 은, 가죽, 종이, 무명, 삼베, 인삼 등

ⓑ 수입 : 비단, 약재, 말, 문방구 등

② 일본과의 무역

㉠ 17세기 이후 일본과의 관계가 정상화되면서 왜관 개시와 후시가 이루어졌다(주로 동래 지역에서 나타남).

㉡ 교역품

ⓐ 수출 : 인삼, 쌀, 무명 등

ⓑ 수입 : 은, 구리 황, 후추 등

> **사료 Plus**
>
> **공무역과 사무역**
> • 선조 26년 국내의 기황(饑荒)으로 말미암아 재상 유성룡이 건의하여 요동에 공문을 보내어 압록강 중강에 시를 열어 교역하게 하니 이것이 중강개시의 시초였다. …… 그 뒤 폐지하였다. 인조 24년 청나라의 요청으로 …… 농우를 팔 것을 들어 주었으나 다만 관에서 판매하는 소와 소금을 규례에 따라 바꾸어 무역하게 할 뿐 사상이 따라가는 것을 전혀 허락하지 않았다. 그런데 나라의 법으로 금하는 것이 점점 해이해져서 사상들이 함부로 따라가서 저희 마음대로 교역했는데 이것을 중강후시라 했다.
> • 숙종 26년 청국 예부에 청하여 중강후시를 혁파하였으나 책문후시는 지금까지 행한다. …… 사행이 책문을 출입할 때는 의주상인과 개성상인 등이 은, 삼을 몰래 가지고 인부나 마필 속에서 섞여 들어 물종을 팔아 이익을 꾀하였다. 되돌아 올 때는 걸음을 일부러 늦추어 사신을 먼저 책문으로 나가게 하여 거리낄 것이 없게 한 뒤에 저희 마음대로 매매하고 돌아오는데 이것을 책문후시라 한다.   — 『만기요람』

참고 개시 무역과 후시 무역
개시무역은 정부와 정부 사이에 행하던 조공 형식의 공무역이다. 후시무역은 개시 다음 열리는 뒷장으로, 사상들에 의하 사무역이자 암암리에 이루어지던 밀무역이다.

PART 05

2. 화폐의 주조와 유통

깊이 Plus 조선 전기의 화폐 사용

1. 태종 때, 지폐인 저화를 발행하기 시작하였다(1401).
2. 『경국대전』에 의하면 관리의 녹봉은 쌀, 콩 등 곡식과 포 등의 옷감 뿐 아니라, 저화로도 지급되었다.
3. 세종 때, 조선통화를 주조하였으나 동(銅) 생산의 부족으로 계속 만들 수 없었다.
4. 이처럼 조선 전기는 화폐유통이 원활하지 못했다.

(1) 활발한 화폐 사용의 배경

① 상공업 발달은 유통경제의 확대를 가져왔다.

② 대동미 등 기타 세금을 점차 전(돈)으로 납부하는 경우가 많아졌으며, 지대 역시 돈으로 납부하였다.

(2) 상평통보 주조

① 1차 주조(인조, 1633) : 유통이 원활하지 못했다.

② 2차 주조(효종, 1649) : 김육의 주장(서울, 지방의 일부만 유통)

③ 3차 주조(숙종, 1678) : 허적의 주장(전국적 유통, 주전도감), 상평통보 전국적으로 통용되었다.

④ 18C 이후 : 1차 교환 수단, 여러 관청에서 주조되었다.

(3) 결과

① 상품 유통의 촉진으로 상업 발달에 기여하였다.

② 전황 유발 : 전화를 통한 세금 납부가 많아지게 되자, 전화를 쓰지 않은 채 축적만 하고 고리대 수단으로 이용하기 시작하면서 돈 부족 현상이 나타나자 여러 폐단이 발생하였다.

③ 전황이 나타나면서 폐전론(화폐 사용을 자체를 금지)과 용전론(화폐 사용에 대한 개선점 주장)이 나왔다.

상평통보

사료 Plus

전황과 관련된 내용
• 전화가 유통된 뒤부터 풍속이 날로 변하고 물가는 날로 오른다. 심지어 채소를 파는 늙은이나 소금을 파는 아이들까지도 모두 곡식을 버리고 돈을 찾는다. 농민들은 곡물을 가지고도 필요한 물품으로 바꿀 수 없어서 부득이 곡물을 헐하게 팔아서 돈을 가진다. ―『숙종실록』
• 박문수가 아뢰되 전권은 마땅히 국가에 있어야 하는데 지금은 그렇지 못합니다. 그 권한이 부자의 집에 있고 부자가 숨긴 엽전이 끝내 널리 이용되지 않는 것은 대개 그 귀함이 더욱 귀해지길 바란 뒤에 그 이익을 얻고자 하기 때문입니다. ―『비변사등록』

한눈에 쏙

상품 화폐 경제의 발전

사상의 대두	• 상품 유통 활발 • 상업 발달의 주역: 공인과 사상 • 송상(개성), 경강상인(운송업, 선박 건조 등)
중계 무역의 발달	17세기 중엽 이후 무역 활발 ⇨ 개시뿐만 아니라 후시 활성화
장시의 발달	• 15세기 말 장시의 등장 18세기 후반 전국에 1000여 개 소로 확대 • 보부상 증가, 송파장, 강경장, 원산장, 마산포장
포구의 상업 활동	• 조선 전기: 조운제(세곡이나 소작료의 운송) • 조선 후기: 선상의 활동(미곡, 소금, 어물의 주거래) • 경강상인의 성장, 선상·객주·여각의 등장
화폐 사용 증가	• 인조: 동전 주조, 효종: 널리 유통 • 18세기 후반: 세금과 소작료의 금납화 ⇨ 상평통보의 유통 확대(숙종) • 지주나 대상인들이 화폐를 고리대나 재산 축적의 수단으로 활용 ⇨ 화폐 부족 현상인 전황 발생

05 조선 후기의 조세 제도 변화

1. 전세 제도의 변화 – 영정법(1627)

(1) **배경**

① 조선 전기의 세금제도인 전분 6등과 연분 9등의 복잡함을 시정하기 위해 시행하였다.

② 실제적으로 전세의 운영이 연분 9등의 최하등급으로 이뤄지는 경우가 많았다.

(2) **변화**

풍흉에 관계없이 토지 1결당 4두의 세금을 징수하였다.

(3) **결과**

① 농민들은 전세 부담이 줄었으나 전세의 수수료, 운송비, 손실분까지 담당하였다.

② 훈련도감의 경비인 삼수미세도 농민의 책임이었다(결당 2.2두).

③ 제도적으로는 징수액이 줄었으나 각종 부가세가 추가되어 실제 납부액은 법정 수세액의 몇 배가 되었다.

사료 Plus

영정법 시행

인조 갑술 양전 뒤에 마침내 연분 9등법을 파하였다. 삼남 지방은 각 등급으로 결수를 정해 조안(조세대장)에 기록하였다. 영남은 上之下까지만 있게 하고 호남과 호서지방은 中之中까지만 있게 하였다. 나머지 5도는 모두 下之下로 정하여 세금을 징수하였다.
— 『만기요람』

2. 공납제의 변화 – 대동법(1608~1708)

(1) 배경

방납의 폐단을 시정하기 위해 조선 전기에 현물 대신 쌀로 납부하는 수미법을 모색하였다.

(2) 대동법의 실시

① 광해군 때 이원익의 건의로 선혜청을 설치하고, 경기도 지역에서 시험적으로 실시하였다.

② 그 후 점차 다른 지역으로 확대하여 실시하였다.

⇨ 전국적으로 시행되는 데 100년이 소요되었다(양반 지주의 반대로 인하여).

㉠ 토지 기준 세금 부과로 인해 양반지주가 반대하였다.

㉡ 관리기관 : 선혜청

(3) 변화

① 토지 1결당 12두의 대동미를 징수하였다.

② 지역의 특징에 따라 쌀 대신 포, 전 등으로 상납하였다.

③ 납부된 대동미를 선혜청에서 관리하고 이를 공인에게 주면 이들이 국가에 필요한 물품을 궁방과 관청에 보급하였다.

(4) 결과

① 조세의 금납화가 촉진되었다.

② 거둬들인 쌀 등을 공납 청부업자(공인)에게 주고 필요한 물건을 구입하였다.

⇨ 관청에 물품을 조달하는 공인이 등장하였다.

③ 상품 화폐 경제와 상공업이 발달하였다.

대동법의 시행

대동법 시행

대동법의 시행	
	1608년 실시
	1623년 실시
	1651년 실시
	1658년 실시
	1677년 실시
	1708년 실시

함경도
평안도
황해도 ○해주
경기도 강원도
○한성 ○원주
충청도
공주○ 경상도
전주○ ○대구
전라도
제주도

사료 Plus

대동법 시행

비록 자기 군현에서 생산되는 토산물이 있더라도, 백성들이 스스로 납부하지 못하게 하고 반드시 방납하는 사람이 있습니다. 이들은 권력자에 연줄을 대고서 대납권을 손에 넣어 원래 물품 가격의 몇 배를 징수합니다. …… (중략) …… 강원도에는 대동법을 싫어하는 이가 없는데 충청도, 전라도에는 좋아하는 이와 싫어하는 이가 있습니다. 왜 그렇겠습니까? 강원도에는 토호가 없으나 충청, 전라도에는 토호가 있기 때문입니다. 특히 전라도에 싫어하는 이가 더 많은데 이는 토호가 더 많은 까닭입니다. 이렇게 볼 때 토호들만 싫어할 뿐 백성들은 모두 대동법을 보고 기뻐합니다. ─『포저집』

3. 군역제의 변화 - 균역법(영조 26, 1750)

(1) 배경

양난 이후 5군영의 설립으로 모병제가 제도화되자 경비를 마련하기 위해 포를 거두는 것이 일반화 되었다. 그런데 군포 징수 과정에서 백골징포, 황구첨정, 족징, 인징 등 다양한 폐단이 발생하였다.

(2) 양역변통론의 대두

① 양인이 국가에 대하여 부담하는 양역의 폐단을 시정하자는 양역변통론이 대두되었다.

② 종류

　㉠ 군제변통론 : 군제 체제 변화

　㉡ 호포론 : 양반에게도 군포 부과

　㉢ 구전론 : 사람 수대로 군포 징수

　㉣ 결포론 : 토지에 군포 부과

③ 결국 감필론의 입장인 균역법이 시행되었다.

(3) 변화

① 농민은 1년에 군포 1필만 부담하면 되었다.

② 부족분 보충방안

　㉠ 어염선세, 은여결, 이획, 선무군관포, 결전 등으로 보충하였다.

　㉡ 노비종모법을 실시하여 세금 납부층인 양인을 늘리고자 했다.

(4) 결과

① 국가의 세원이 다양화되었다.

② 농민의 부담이 다소 가벼워졌다.

③ 군역이 어느 정도 평준화되었다.

④ 양반은 여전히 군포를 납부하지 않았다.

⑤ 결작이 부과되어 일시적으로 지주의 부담이 증가되었으나, 소작농에게 전가하는 등의 방법이 시행되면서 농민들의 삶은 더욱 다시 어려워졌다.

사료 Plus

균역법 시행

감면한 것을 계산하면 모두 50여만 필에 이른다. 돈으로 계산하면 1백여만 냥이다. 아문과 군대의 비용을 줄인 것이 50여만 냥이다. 줄어든 부분은 어세, 염세, 선세와 선무군관에게 받는 것, 은결에서 받아들이는 것을 모두 합하면 십수 만 냥이다. …… 평안도, 함경도를 제외한 지역의 토지 1결마다 쌀 2되씩이나 혹은 돈 5전씩을 거두기도 하였다. 이렇게 징수하면 대략 30여만 냥이 되는 이는 부족한 액수와 대략 서로 같다.

－ 홍계희 『균역사실』

⬇ 균역법

한눈에 쏙

조세 제도의 변화

참고 조선 후기 조세 제도 변화 순서
• 대동법 경기도 실시(광해군, 1608)
• 영정법 실시(인조, 1627)
• 대동법 전국적 실시(숙종, 1708)
• 균역법 실시(영조, 1750)

	전기	한계	후기	영향
전세	• 전분 6등법 : 토질에 따라 6등급 • 연분9등법 : 풍흉에 따라 9등급	• 제도의 복잡함 (현실 적용 어려움) • 관리의 부정	영정법 풍흉에 관계없이 1결당 4두 징수	부족분 보충 : 각종 부과세 징수
역	• 군역은 양인 정남이 담당(16~60세 남성) • 군적수포제 법제화 (1년에 군포 2필)	부담 가중 ⇨ 유민 증가	균역법(영조) 1년에 군포 1필	부족분 보충 • 결작(1결당 2두) • 어염선세 • 선무군관포
공납 (특산물)	해당 지역의 특산물(현물) 납부	방납의 폐단 발생	대동법 • 토지 1결당 12두 징수 (토지 기준 ⇨ 양반 반발) • 미·포·전으로 납부 • 관청에서는 공납 • 청부업자에게 필요한 물건을 구입	• 관청에 물품 조달하는 공인 등장 • 상품 화폐 경제 발달 • 상공업 발달 • 조세의 금납화 촉진

조선 후기의 사회 변화

01 조선 후기 사회 구조의 변동

1. 양반

(1) 계층의 분화

① 17세기 후반부터 조선 후기 붕당정치의 변질에 따라 양반 상호 간의 갈등이 심화되면서 양반층의 분화가 나타났다.

② 노론 중심의 일당 전제화로 인해 권력을 장악한 일부 양반을 제외한 다수의 양반이 몰락하였다.

③ 양반 중에서는 권력 다툼에서 밀려 지위를 겨우 유지하는 지방 양반인 향반과 더욱 몰락하여 생계를 유지하기 어려운 경우 농업이나 상공업에 종사하는 잔반이 되는 경우도 있었다.

    ㉠ 향촌 사족인 양반의 이익을 대변해주던 향회의 기능이 약화되었다.

    ㉡ 지방 사족의 영향력이 약화되고, 수령이 절대권을 갖는 지배체제하에서 관리들은 농민수탈을 일삼았다(수령의 권한도 높아짐).

④ 부를 축적한 농민이 자신의 지위를 높이고 역을 면제받기 위해 양반직을 사들여 양반 행세를 하기도 하였다.

⑤ 향전 : 18세기 향촌 사회의 주도권을 놓고 구향과 신향이 치열하게 대립하였다.

    ㉠ 새로이 등장한 부농층이 성장하여 관권과 결탁하였고, 신분제가 동요되었다.

    ㉡ 향임직이 요호부민에게 매매되기도 하였다.

(2) 지위 유지 노력

① 조선 시대의 양반은 4조(아버지, 할아버지, 증조부, 외할아버지) 내에 양반이 없으면 양반이 아닌 것으로 여겨 족보, 서원, 사우, 묘비 등을 통해 자신들의 조상을 드러 내고자 하였다.

    ㉠ 족보 작성 : 상민과 통혼하지 않는다.

    ㉡ 서원·사우 건립 : 족적 결합을 강화하고 동성마을을 형성한다.

② 청금록*과 향안* 작성 : 신분을 명확히 하고, 향촌사회의 주도권을 장악하고자 했다.

③ 동약* 실시 : 군현 단위 농민 지배가 어렵게 되자 촌란 단위로 동약을 실시하였다.

16~17세기
· 사족 중심 향촌 질서

↓

18~19세기
· 신향의 대두 · 관 주도의 향촌 질서 확립

 조선 후기 향촌 질서의 변화

＊청금록
조선 시대에 성균관·향교·서원 등에 있던 유생들의 명부이다.

＊향안
조선 시대 지방에 거주하던 사족의 명단이다.

＊동약
조선 시대 군현 단위의 향촌 자치 규약인 향약보다 규모가 작은 촌락 단위의 자치 규약이다.

깊이 Plus 양반 증가의 원인

1. 납속, 공명첩
2. 서원의 청금록에 등재되어 유생 사칭
3. 군포 부담을 면하려는 상민의 양반화
4. 족보의 매입, 위조
5. 양반과의 혼인 등

비교 Plus 조선 후기의 신분별 인구 변동(대구 지역)

숙종 16년(1690)		영조 5년(1729)		정조 7년(1783)		철종 9년(1858)
양반 9.2% 상민 53.7% 노비 37.1%	⇨	양반 18.7% 상민 54.7% 노비 26.6%	⇨	양반 37.5% 상민 57.5% 노비 5.0%	⇨	양반 70.3% 상민 28.2% 노비 1.5%

2. 서얼과 중인의 신분 상승 운동

(1) 서얼

① 배경

ㄱ 왜란 이후 서얼에 대한 차별 완화, 납속책 실시, 공명첩 발행 등으로 인해 서얼은 관직에 진출할 수 있었다.

ㄴ 특히 양반의 소생이나 양반의 대우를 받지 못한 서얼들이 신분 상승 운동을 전개하였다.

② 전개 : 영조와 정조 때 서얼이 다소 등용되자 이들은 적극적으로 신분 상승 운동을 펼쳤다.

③ 결과

ㄱ 정조 때 「서얼허통절목」이 시행되어 서얼이 규장각 검서관으로 등용되기도 하였다.

ㄴ 1851년 신해통공으로 서얼의 청요직 진출이 허용되었다.

(2) 중인

① 배경

ㄱ 중인들이 자신들의 신분에 대한 자각 및 역사를 기록하기 시작하였다(『연조귀감』, 『규사』 등).

ㄴ 경제력과 전문 지식을 바탕으로 신분 상승 운동을 전개하였으며, 지위가 상승하여 양반으로의 진출이 확산되었다.

ㄷ 서얼의 신분 상승 운동 성공에 자극을 받았다.

참고 홍길동전(허균)

우리나라 최초의 한글 소설로 조선 중기 광해군 때의 정치가이자 학자였던 허균이 지었다. 부패한 사회를 개혁해 새로운 세상을 이루고자 했던 허균의 혁명적인 사상이 고스란히 드러나 있는 이 소설은 당시 조선 사회의 모순을 비판한 최초의 사회 소설이라는 점에서 큰 의의를 지닌다. 이 책에서 서얼에 대한 차별이 지닌 모순을 비판하고 있다.

② 전개 : 기술직에 종사하며 축적한 재산과 탄탄한 실무 경력을 바탕으로 신분 상승을 추구하였다.

③ 결과

ㄱ 철종 때 대규모의 소청 운동을 일으켰으나 성공하지 못하였다.

ㄴ 조선 후기 중인과 서얼이 통합되어 중서층을 형성하였다.

서얼 허통	중인 통청
• 문반직 진출 제한으로, 문반직 진출(청요직) 요구 • 정조 : 서얼허통절목 • 규장각 검서관 기용 • 유득공, 박제가, 이덕무 • 철종 : 신해통공으로 납속 허용	• 납속 요구 실패 • 납속 요구의 소청 벽서 운동 • 중인은 전문직으로 부(富)의 축적에는 성공하였으며, 특히 역관들은 청나라를 통해서 한역된 서양 서적을 소개하기도 하였다.

사료 Plus

중인의 처지

아! 중인은 본시 모두 사대부였는데, 의(醫)에 들어가고 또는 역(譯)에 들어가 7 · 8대나 10여 대를 대대로 전하니 사람들이 중촌고족(中村古族)이라 일컫게 되었다. 문장과 덕은 비록 사대부에 비길 수 없으나, 명공 · 거실 외에 우리보다 나은 자는 없다. 비록 나라의 법으로 금한 바 없으나 청요직에 진출하지 못하여 수백 년 원한이 쌓여 있고, 이를 호소할 기약조차 없으니 이는 무슨 죄악이며 무슨 업보인가?   ─『상원과방』

3. 상민

(1) 농민층 분화

① 이앙법(모내기법)의 실시와 같은 농법의 개선으로 광작이 가능해지면서 농민 계층의 분화가 나타났다.

② 일부는 부농층으로 성장, 대다수 농민은 임노동자나 상공업자가 되었다.

(2) 상품 화폐 경제의 진전

상업 자본가나 독립 수공업자로 성장하는 이들이 늘어났다.

(3) 신분 상승 방법

① 합법적인 방법 : 군공, 납속책, 공명책

② 비합법적인 방법 : 양반족보 매입, 호적 · 족보 위조, 양반 사칭, 모칭유학*, 환부역조*, 홍패 위조

(4) 신분 상승 목적

① 사회적 지위 상승

② 군역세 등 조세 면세 목적

＊ **모칭유학**(冒稱幼學)
자신의 직업을 유학(유교를 공부하는 학생)이라고 속이는 것을 일컫는다.

＊ **환부역조**(換父易祖)
아버지와 할아버지를 바꾸어 자손이 없는 집의 대를 잇는 일을 일컫는 말로, 신분과 지위가 낮은 사람이 신분을 높이는 수단이었다.

4. 노비의 신분 해방

(1) 노비 제도의 변화

① 공노비를 입역노비에서 납공노비로 전환하였다.

② 영조 때 노비종모법을 실시하였다.

③ 정조 때 노비추쇄령(도망간 노비를 잡아서 본래 고향으로 돌려보내는 것)을 폐지하였다.

(2) 신분 상승 방법

합법적인 방법보다 불법적인 방법이 주를 이루며 노비의 이탈도 심화되었다.

(3) 공노비 해방 전개

① 노비비총제(영조 21) : 도망간 노비의 신공을 남아 있는 노비에게 부과하는 것은 노비의 도망을 가속화하는 결과를 낳았다.

② 노비추쇄 정책 전환 : 노비추쇄령을 내리고 추쇄도감(효종)을 설치했지만, 도망간 노비를 잡아오기가 어려워지자 노비추쇄관(영조)과 노비추쇄법(정조)을 폐지하였다.

③ 공노비 해방(1801, 순조 1) : 내시노비(내수사와 궁방 소속의 관노비)를 대상으로 하였다.

ㄱ 공노비의 노비안이 도망과 합법적인 신분 상승으로 이름만 있을 뿐 신공 징수가 불가능하게 되었다.

ㄴ 순조 때 중앙 관서의 노비 6만 6천여 명을 해방시켰다(1801).

> **참고 추노(推奴)**
>
> 노비가 거주지를 이탈·도망하여 다른 지역에 가서 살며 주인에 대한 의무를 하지 않았을 때, 이 노비를 찾아내는 것을 말한다. 노비 소유주는 찾아낸 노비나 그 후손들로부터 그 동안의 몸값을 징수하였기 때문에 노비들의 저항은 매우 심했으며, 그 과정에서 힘없는 양민들이 피해를 보기도 하였다. 이에 조선 후기에는 추노에 대한 금지 정책을 취하기도 하였다.

사료 Plus

공노비 해방

왕이 윤음을 내렸다. "우리나라의 내수사와 중앙 각 관청이 노비를 소유하고 전해 내려오는 것을 기자(箕子)에서 비롯되었다고 하나 나는 그렇게 보지 않는다. …… 임금이 백성을 볼 때는 귀천이 없고 남녀 구별 없이 하나같이 적자다. '노(奴)'다 '비(婢)'다 하여 구분하는 것이 어찌 일시동포(一視同胞)하는 뜻이겠는가. 내노비 36,974명과 사노비 29,093명을 양민이 되도록 허락하고 승정원에 명을 내려 노비문서를 모아 돈화문 밖에서 불태우도록 하라"
— 『순조실록』

깊이 Plus 노비 관련법의 변화

1. 천자수모법(賤子隨母法, 고려 정종) : 모(비)의 소유주에게 귀속 원칙적으로 양천 결혼 금지

2. 일천즉천(一賤則賤, 고려 충렬왕) = 종부종모법

3. 노비종부법(奴婢從父法, 조선 태종) : 노비의 양인화 확대 목적

4. **일천즉천(一賤則賤, 조선 세조) : 『경국대전』에 명시**

5. **노비종모법(奴婢從母法) : 현종~영조**

6. **공노비 해방(1801, 순조) : 공노비 완전 해방 아님**

7. 노비세습제 폐지(1886, 고종)

8. **공·사노비 해방(1894, 고종) : 갑오개혁, 법제적 신분제 폐지**

02 조선 후기의 사회 모습

1. 가족 제도의 변화

① 17세기 이후 성리학적 윤리의 영향으로 가족 제도가 변화하였다.

② 부계 중심의 가족 제도가 더욱 강화되었다.

③ 혼인 후에 곧바로 남자 집에서 생활하는 친영제가 정착되었다.

④ 제사는 반드시 큰아들이 지내야 한다는 의식이 확산되었고, 재산 상속에서도 큰아들이 우대받았다.

⑤ 아들이 없는 집안에서는 양자를 들이는 것이 일반화되었다.

⑥ 같은 성(姓)을 가진 사람끼리 모여 사는 동성 마을이 형성되었다.

▼ 「노상알현도」(김득신)

참고 가부장적 가족 질서
- 삼종지도(三從之道)
- 여필종부(女必從夫)
- 칠거지악(七去之惡)
- 출가외인(出嫁外人)

2. 혼인 형태

① 일부일처제가 원칙이었으나, 남자가 첩을 들일 수 있었다.

② 부인과 첩 사이에는 엄격한 구별이 있었다.

③ 서얼은 문과에 응시할 수 없었고, 제사나 재산 상속 등에서도 차별을 받았다.

④ 과부의 재가를 금지하였다.

비교 Plus 조선 시대 가족 제도의 변화

	조선 초기~중기	17세기 이후	조선 후기
혼인	혼인 후 여자 집에서 생활	친영 제도 정착	친영 제도
상속	자녀 균분 상속	큰아들 우대	큰아들 우대
제사	형제가 돌아가면서 모시거나 책임 분담	반드시 큰아들이 지내야 한다는 의식 확산	아들이 없는 경우 양자 입양이 일반화

PART **05**

조선 후기 문화 변화

01 성리학에 대한 도전과 실학의 등장

1. 성리학의 교조화

(1) 배경

서인은 성리학 질서에 의한 의리와 명분 강화를 주장하면서 주자 중심의 성리학을 절대화하였다.

(2) 성리학의 입장에 대한 논쟁

① 이황 학파의 영남 남인과 이이의 학문을 조선 성리학의 정통으로 만들려는 이이 학파의 노론 사이에 성리학의 이기론에 대한 논쟁이 치열하게 전개되었다.

  ㉠ 주리론 : 우주 만물의 궁극적 실재를 이(理)로 보는 이황의 학설을 계승한 영남학파의 철학이다.

  ㉡ 주기론 : 이념적 윤리보다 실천적 윤리를 중시하는 이 견해는 서경덕에서 비롯되어 이이에 의해 집대성되었으며, 송시열 등에게 계승되었다.

② 호락논쟁(인물성 동이론쟁) : 노론 중심

  ㉠ 호론 : 충청도 중심 학자들이 주장, '인성(人性)과 물성(物性)은 다르다.'는 인물성이론(異論)을 주장하였다.

  ㉡ 낙론 : 서울 중심 학자들이 주장, '인성(人性)과 물성(物性)은 같다.'는 인물성동론(同論)을 주장하였다.

참고 영남(嶺南) 지방과 기호(畿湖) 지방

- 영남 지방 : 경상북도 문경군과 충청북도 괴산군의 경계에 있는 조령(鳥嶺) 남쪽 지역으로, 현재의 경상도 지역을 가리킨다.
- 기호 지방 : 기전지방의 '기(畿)'자와 호서지방의 '호(湖)'자를 따서 함께 부르는 지명이다. 기전지방이란 왕실 주변에서 왕실의 통치를 받는 일정 범위를 일컫는 것으로, 현재의 경기도가 대체적인 범위에 포함된다. 호서지방은 충청북도 제천에 있는 의림지의 서쪽이므로 현재의 충청도에 해당한다. 즉, 기호지방은 현재의 경기도와 충청도 지역을 일컫는다.

한눈에 쏙

주요 성리학 이론 논쟁

	이기론쟁		심성론쟁		호락논쟁	
쟁점	이(理)와 기(氣)에 대한 논쟁		사단칠정론(四端七情論)		인물성동이론(人物性同異論)	
대립	주리론 (이황 학파)	주기론 (이이 학파)	이황 "사단은 이가 발현한 것이고, 칠정은 기가 발현한 것이다."	기대승 "사단은 칠정의 범위를 벗어나 따로 존재하는 것이 아니다."	호론 (인물성이론) ⇩ 위정척사사상	낙론 (인물성동론) ⇩ 개화사상

(3) 저항

성리학의 지나친 교조화로 주자 중심의 성리학을 상대화하고 6경과 제자백가 등의 원
시유학에서 모순 해결의 사상적 기반을 찾으려는 경향이 나타났다.

① 윤휴

　㉠ 주자의 학설과 사상을 비판하고 반성하는 독자적 학문 체제를 구축하였다.

　㉡ 숙종 즉위 때부터 경신대출척 전까지 많은 개혁안을 제시하려고 노력하였으나
　　 사문난적*으로 규탄을 받고 처형되었다.

② 박세당

　㉠ 성리학이 스승을 무비판적으로 답습하는 것이라 파악하고 자유로운 비판을 강
　　 조하였다.

　㉡ 일상적 일용 행사를 통한 인식의 타당성을 강조하면서 주자와 달리 인식의 상대
　　 성을 주장하였다.

　㉢ 인간의 도덕적 판단을 인정하고 능동적 실천행위와 주체적 사고행위를 강조하
　　 였다.

　㉣ 노자의 『도덕경』의 입장을 적극적으로 해석하고자 하였다.

　㉤ 『사변록』을 지어 성리학의 교조화와 경직성을 비판하였다.

사료 Plus

박세당

송나라 시대에 와서 정자와 주자 두 선생이 일어나서 …… 6경 본래의 뜻이 이제야 찬란하게 다시 세상에
밝아졌다. …… 그러나 경에 실린 말이 그 근본은 비록 하나이지만 그 단서는 천만 갈래이다. …… 확실치
못하고 넓게 보지 못한 식견을 대강 서술하여 모아서 책을 만들어 이름을 사변록이라 하였다. 혹시 선배 유학자
들이 세상을 깨우치고 백성을 도와주는 뜻에 조금이라도 도움이 되지 않을까 함이요, 결코 다투기를 좋아하는
마음에서 새롭게 학설을 세운 것은 아니다.　　　　　　　　　　　　　　　　　　－『사변록』

＊ 사문난적(斯文亂賊)
원래 유교 반대자를 비난하는 말이었
으나 조선 중엽 이후 당쟁이 격렬해지
면서부터 그 뜻이 매우 배타적이 되어
유교의 교리 자체를 반대하지 않더라
도 그 교리의 해석을 주자의 방법에
따르지 않는 사람들까지도 사문난적
으로 몰았는데 송시열이 윤휴를 사문
난적으로 몰았던 것이 대표적인 사례
이다. 이는 경전 원본보다 주자가 내
린 해석을 더욱 중시하고 맹목적으로
따랐던 경직된 당시의 사상을 보여
준다.

2. 양명학의 수용

(1) 전래

중종 때 유입되어 17세기 후반 소론 학자에 의해 본격적 수용되었다.

(2) 특징

① 성리학의 교조화와 형식화를 비판하면서 실천성을 강조하였다.

② 인간의 마음을 중시하는 심즉리(心卽理)*를 주장하였다(성리학의 성즉리에 반대).

③ 치양지설(致良知說)*과 지행합일(知行合一)*을 내세웠다.

(3) 강화학파 형성

① 18세기 정제두를 중심으로 양명학을 연구하고, 제자를 육성하였다.

② 일반민을 도덕 실천의 주체로 인식하고 양반신분제 폐지 및 만물일체설을 주장하였다.

③ 제자들이 정권에서 소외된 소론이었기 때문에 집안 후손들과 인척 중심의 가학의 형태를 보였다.

④ 역사, 국어, 서화, 문학 등의 분야에서 다양한 경지를 개척하였으며, 박은식, 정인보 등은 한말과 일제강점기에 양명학을 계승한 민족 운동을 전개하였다.

> **사료 Plus**
>
> **성리학과 양명학**
> 양명학과 주자학의 중요한 차이점은 먼저 주자학이 인간의 본성을 중시하였으나 性卽理, 양명학은 본래 타고난 인간의 마음 心을 중심으로 삼는다. 心卽理, 둘째 주자학이 이론적 탐구로서 지식을 넓혀 나갈 것을 주장하지만 양명학에서는 이미 마음에 良知가 있으므로 그럴 필요가 없다고 하였다 셋째 성리학에서는 먼저 알고 이어서 행하여야 한다고 하였는데 先知後行 양명학은 알고서 행하지 않는 경우는 없다면서 知行合一 알고서 행하지 않는다면 이는 앎이 아니라고 하였다.

3. 실학의 발달

(1) 배경

① 성리학의 현실 문제에 대한 해결 능력 저하로 성리학의 한계성을 자각하였다.

② 민생 안정과 부국강병을 목표로 하여 현실에 비판적이면서 실증적인 논리로 사회개혁론을 제시하였다.

③ 조선 후기에 경제가 발달하고 상품 화폐 경제가 활성화되었다.

④ 조선 후기의 신분 변동으로 양반의 계층 분화가 심화되면서 몰락한 양반층이 등장하였다(실학자들은 이러한 양반과 농민의 생존 문제에 주목함).

⑤ 서학의 전래로 서양 과학이 소개되면서 주자학의 결함과 허구성이 확인되었다.

⑥ 고증학이 유포되었으며, 영·정조 때 학문을 장려하는 분위기가 조성되었다.

＊심즉리(心卽理)
본래 타고난 인간의 마음(心)이 우주 자연의 이치(理)라는 양명학의 핵심 이론으로, 성리학의 성즉리(性卽理)와 대비된다.

＊치양지설(致良知說)
마음속에 내재한 양심인 양지(良知)를 실현하여 사물을 바로잡을 수 있다는 이론으로 사욕을 극복하고 순수한 본래성만을 유지하면 누구나 지선(至善)의 경지에 도달한다고 보았다.

＊지행합일설(知行合一說)
앎과 행함이 분리되거나 선후가 있는 것이 아니라 앎은 행함을 통해서 성립한다는 양명학의 실천적 이론이다.

참고 실사구시(實事求是)
눈으로 보고 귀로 듣고 손으로 만져 보는 것과 같은 실험과 연구를 거쳐 아무도 부정할 수 없는 객관적 사실을 통하여 정확한 판단과 해답을 얻고자 하는 학문적 경향이다.

(2) 실학의 선구자

① 이수광(1563~1628)

㉠ 선조~광해군 때 학자로, 세 차례나 베이징을 다녀오면서 학문적 시야가 넓어졌으며 서양 문물에 눈을 뜨게 되었다.

㉡ 『지봉유설』*에서 천문·지리·관제·곤충 및 『천주실의』 등을 소개하였다.

② 한백겸(1550~1613)

㉠ 선조~광해군 때 학자

㉡ 고증학적 연구를 통해 『동국지리지』를 남겨 삼한의 위치를 고증하였다.

③ 김육(1580~1658)

㉠ 인조~효종 때 학자로, 대동법 확대를 주장하여 충청도에서 실시하게 하였다.

㉡ 주전(鑄錢)의 필요성을 역설하였고, 수레와 수차 이용을 가져왔으며 아담 샬의 시헌력(時憲曆)을 채용하였다.

㉢ 효종 때, 주전을 건의하여 십전통보가 주조되었다.

㉣ 저서로는 『유원총보』, 『해동명신록』 등이 있다.

(3) 중농학파(경세치용 학파)

경기 지방 남인들이 주를 이뤘으며, 농민층 입장에서 토지·조세·군사·교육 제도의 개혁을 주장하였다.

① 유형원

㉠ 자영농 육성을 위한 토지 제도 개혁인 균전제(均田制)를 주장하였다.

㉡ 과거 제도와 노비 제도를 비판하였다.

㉢ 저서 : 『반계수록』

② 이익

㉠ 매매 가능한 영업전을 설정하고 그 이상의 토지는 매매할 수 없도록 한 한전제(限田制)를 주장하였다.

㉡ 나라를 좀먹는 6가지 병폐(노비·과거·문벌제도, 사치와 미신, 승려, 게으름)를 지적하는 육두론과, 화폐 폐지론을 주장하였다.

㉢ 사창제 실시를 주장하고, 자신을 중심으로 한 근기학파를 형성하였다.

㉣ 저서 : 『성호사설』

사료 Plus 🏛

이익의 '육두론'

사람 중에 간사하고 함부로 하는 자가 없다면 천하가 왜 다스려지지 않겠는가? 간사하고 함부로 하는 것은 재물이 모자라는 데에서 생기고 재불이 모자라는 것은 농사에 힘쓰지 않는 데에서 생긴다. 농사에 힘쓰지 않는 자 중에 그 좀이 여섯 종류가 있는데, 장사군은 그 중에 들어 있지 않다. 첫째가 노비(奴婢)요, 둘째가 과업(科業)이요, 셋째가 벌열(閥閱)이요, 넷째가 기교(技巧)요, 다섯째가 승니(僧尼)요, 여섯째가 게으름뱅이이다.

— 이익, 『성호사설』

---

*『지봉유설』(이수광)

1614년(광해군 6)에 이수광이 편찬한 한국 최초의 백과사전적인 저술로, 이수광의 호인 지봉(芝峰)을 따서 이름 지었다. 이 책은 그가 세 차례에 걸친 중국 사신에서 얻은 견문을 토대로 간행한 것으로 조선은 물론 중국·일본·안남(베트남)·유구(오키나와)·섬라(타이)·자바(인도네시아)·말라카(말레이시아) 등의 남양제국과 멀리 프랑크(프랑스)·잉글리시(영국) 같은 유럽의 일까지도 소개하였다. 아울러 천주교 교리를 소개한 『천주실의』도 담고 있다.

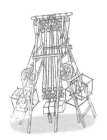

▼ 거중기

▼ 배다리

③ 정약용

    ㉠ 노동력에 따라 소득을 분배하는 공동 농장제인 여전제(閭田制)를 주장하였다.

    ㉡ 실용적인 과학기술에 눈을 떠 『기기도설』을 참고하여 거중기를 만들고, 한강에 주교(배다리)를 실계하였다.

    ㉢ 상공업 발달과 백성의 의사가 반영될 수 있는 정치 제도에 관심이 많았다.

    ㉣ 저서 : 『목민심서』, 『경세유표』, 『흠흠신서』, 『마과회통』 등

사료 Plus

정약용의 기예론

하늘이 금수(禽獸)에게는 발톱을 주고, 뿔과 단단한 발굽을 주고, 날카로운 이를 주고, 독을 주어서 …… 환난을 방어하도록 하였다. 그런데 사람에게는 벌거숭이로 태어나서 연약하여 살아나갈 수 없을 것처럼 만들었다. …… 사람에게는 지려(智慮)와 교사(巧思)가 있음으로써 그들로 하여금 기예(技藝)를 습득하여 스스로 자기의 생활을 영위하도록 한 것이다.

깊이 Plus 정약용의 주요 저서

『목민심서』	예로부터의 지방관(수령)의 사적을 수록하여 목민관의 치민에 관한 도리를 논한 책이다. '목(牧)은 민(民)을 위해 있는 것이며, 민(民)이 목(牧)을 위해 있는 것이 아니다.'라는 전제하에 관리의 계몽을 위해 저술하였다.
『경세유표』	중앙정치 제도의 폐해를 지적하고 그 개혁의 의견을 기술하였으며 여기서 정전제를 제시하였다.
『흠흠신서』	형옥(刑獄)에 관한 법률 정치서로, 특히 형옥의 임무를 맡는 관리들이 유의할 사항을 예로 들어 설명하였다. 조선의 법제 및 사회 연구에 귀중한 문헌이다.
『마과회통』	마진(痲疹, 홍역)에 관한 의서로 마진치료의 최고봉이라는 평을 들었다.
『탕론』 (역성혁명론)	은의 탕왕이 하의 걸왕을 무찌른 고사를 들어 민(民)이 국가의 근본임을 밝힌 논설이다. '천자(天子)는 천명(天命)의 대행자이며 천명(天命)은 민심에서 나온다.'고 보았다. 로크(Locke)의 사회계약론, 시민혁명론과 관련된다.
『원목』 (통치론)	백성을 다스리는 통치자(목민관)의 이상적인 상을 제시한 논설로, 통치자는 백성을 위해서 있다는 입장을 강조하고 있다.
『전론』 (토지 제도 개혁론)	주(周)의 정전법, 유형원의 균전론, 이익의 한전론을 비판하고 독특한 부락 단위의 여전제를 주장하였으며, 농업 협동 방법과 집단 방위 체제를 제시하였다.

깊이 Plus+ 정약용의 업적

현실 개혁안	• 대표적인 중농학자 : 노동력에 따라 소득을 분배하는 공동 농장제인 여전제(閭田制) 주장 • 『목민심서』 : 목민관(지방관)의 치민에 관한 도리를 논함 • 『경세유표』 : 중앙정치 제도의 폐해와 개혁안을 기술(정전제 제시) • 『흠흠신서』 : 법률 정치서로, 형옥의 임무를 맡는 관리들이 유의할 사항을 예로 들어 설명
과학	• 『기기도설』을 참고하여 거중기 제작 → 수원성 축조 • 한강에 주교(배다리)를 설계
의학	『마과회통』 : 마진(홍역)에 관한 의서
역사	『아방강역고』 : 우리나라 강역에 관한 역사지리서
기타	• 『여유당전서』 : 일제강점기 조선학운동을 추진한 정인보·안재홍 등이 다산 정약용의 1표 2서 에서 시문에 이르기까지의 저술을 총망라한 문집 • 신유박해 : 천주교 박해로 유배(노론의 정치적 박해)

사료 Plus 🏛

중농학파의 토지 제도론

• 옛날 정전법은 아주 이상적인 제도이다. 토지 경영이 바로잡히면 모든 일이 제대로 될 것이다. 백성은 일정한 직업을 갖게 되고 군사 행정에는 도피자를 찾는 폐단이 없어지지만 귀천상하라 모두 자기 직책을 갖게 될 것이므로 민심이 안정되고 풍속이 도타워질 것이다. …… 농부 한 사람이 토지 1경을 받아 법에 따라 조세를 낸다. 4경마다 군인 1인을 낸다. 사대부로서 처음 향교에 입학한 자는 2경을 받는다. 내사에 들어간 사람은 4경을 받고 병역의무를 면제한다. 현직 관료는 9품부터 7품까지 6경을 받는다. 정2품은 12경을 받는다. 9품에서 2품까지 조금씩 차등을 두어 지급한다. 모두 병역의무는 면제하며 현직에 근무할 때는 별도로 녹을 받는다. 퇴직하였을 때는 받은 토지로 생계를 유지한다. …… 토지를 받은 자가 죽으면 국가에 반납한다.
　　　　　　　　　　　　　　　　　　　　　　　　　　　　　　 — 『반계수록』, 유형원의 균전론

• 국가는 마땅히 한 집의 생활에 맞추어 재산을 계산해서 한전 몇 부를 1호의 영업전으로 하여 당나라의 제도처럼 한다. 그러나 땅이 많은 자는 빼앗아 줄이지 않고 미치지 못하는 자도 더 주지 않으며 돈이 있어 사고자 하는 자는 비록 천백결이라도 허락해 주고 땅이 많아서 팔고자 하는 자는 다만 영업전 몇 부 이외에는 허락하여 준다.
　　　　　　　　　　　　　　　　　　　　　　　　　　　　　　 — 『곽우록』, 이익의 한전론

• 토지를 겸병하는 자라고 해서 어찌 진정으로 빈민을 못살게 굴고 나라의 정치를 해치려고 했겠습니까? 근본을 다스리고자 하는 자라면 역시 부호를 심하게 책망할 것이 아니라 관련 법제가 세워지지 않은 것을 걱정해야 할 것입니다. … (중략) … 진실로 토지의 소유를 제한하는 법령을 세워, "어느 해 어느 달 이후로는 제한된 면적을 초과해 소유한 자는 더는 토지를 점하지 못한다. 이 법령이 시행되기 이전부터 소유한 것에 대해서는 아무리 광대한 면적이라 해도 불문에 부친다. 자손에게 분급해 주는 것은 허락한다. 만약에 사실대로 고하지 않고 숨기거나 법령을 공포한 이후에 제한을 넘어 더 점한 자는 백성이 적발하면 백성에게 주고, 관(官)에서 적발하면 몰수한다."라고 하면, 수십 년이 못 가서 전국의 토지 소유는 균등하게 될 것입니다.
　　　　　　　　　　　　　　　　　　　　　　　　　　　　　　 — 『연암집』, 박지원의 한전론

• 농사를 짓는 사람에게는 토지를 갖게 하고 농사를 짓지 않는 사람에게는 토지를 갖지 못하게 하려면 여전제를 실시하여야 한다. …… 1여에는 여장을 두며 무릇 1여의 토지는 1여의 인민이 공동으로 경작하도록 한다. 내 땅 네 땅의 구별을 없애고 여장의 명령에만 따른다. 여민들이 농경하는 경우 여장은 매일 개개인의 노동량을 장부에 기록해둔다. 가을이 되면 수확물은 모두 여장의 집으로 가져온 다음 분배한다. 이때 국가에 바치는 세와 여장의 봉급을 뺀다. 나머지를 가지고 장부에 적힌 노동량에 따라 여민에게 분배한다.
　　　　　　　　　　　　　　　　　　　　　　　　　　　　　　 — 『여유당전서』, 정약용의 여전론

⑷ **중상학파(이용후생 학파)**

서울 지역의 노론을 중심으로 상공업 진흥과 기술 혁신, 청의 발달된 문물을 수입할 것을 주장하였다(북학파).

① 유수원

    ㉠ 『우서』를 저술하여 상공업 진흥과 기술 혁신을 강조하였다.

    ㉡ 사농공상의 직업 평등과 전문화를 주장하였다.

    ㉢ 농업에서는 토지 제도의 개혁보다 농업의 상업적 경영과 기술 혁신을 통해 생산 성을 높이자고 하였다.

② 홍대용

    ㉠ 기술 혁신과 부국강병을 근본으로 성리학을 극복할 것을 강조하였다.

    ㉡ 문벌제도 철폐와 지전설(地轉說)을 주장하고, 중국 중심의 세계관을 비판하였다.

    ㉢ 자영농 육성을 위해 토지 분배를 하자는 균전론을 주장하였다.

    ㉣ 저서 : 『임하경륜』*, 『의산문답』* 등의 저술이 『담헌서』에 수록되어 있다.

③ 박지원

    ㉠ 상공업 진흥을 위해 수레와 선박의 이용과 화폐 유통을 강조하였다.

    ㉡ 양반 문벌제도의 모순을 비판하였다.

    ㉢ 영농 방법의 개선, 상업적 농업의 장려와 수리시설의 확충을 주장하였다.

    ㉣ 토지 소유의 상한을 정하자는 토지 개혁론인 한전론을 주장하였다.

    ㉤ 저서 : 『열하일기』, 『과농소초』, 『허생전』, 『양반전』, 『호질』 등

④ 박제가

    ㉠ 상공업의 발달을 위해 청과의 통상 강화, 수레나 선박 이용 확대, 소비를 권장하여 생산을 자극할 필요가 있다는 것 등을 주장했다.

    ㉡ 저서 : 『북학의』

★『임하경륜』(홍대용)
이 책에서 그는 무위도식하는 선비들의 생산 활동 종사를 역설하였고, 균전제를 통해 성인 남자들에게 2결의 토지를 지급할 것과 병농일치의 군대 조직을 만들 것을 제안하였다.

★『의산문답』(홍대용)
실옹과 허자의 문답 형식을 빌어 지금까지 믿어 온 고정관념을 상대주의 논법으로 비판하면서 인간이 다른 생명체보다 우월하지 않다고 주장한다. 아울러 지구자전설 등의 내용을 담고 있다.

사료 Plus

중상학파 - 상공업 개혁

• 지금 양반이 명분상으로 상공업에 종사하는 것을 부끄러워하지만 그들의 비루한 행동은 상공업자보다 심한 자가 많다. 학문이 없어도 세력만 있으면 부정하게 과거에 합격하고 그렇지 않으면 음직을 바라거나 공물 방납과 고리대를 하거나 노비를 빼앗기 위한 소송을 벌여 생활한다. …… 상공업을 두고 천한 직업이라 하지만 본래 부정하거나 비루한 일은 아니다. 그것은 스스로 재간 없고 덕망 없음을 안 사람이 관직에 나가지 않고 스스로의 노력으로 물품 교역에 종사하면서 남에게서 얻지 않고 자기 힘으로 먹고 사는 것이다. 어찌 천하거나 더러운 일이겠는가. ―『우서』

• 중국은 재산이 풍족할 뿐더러 한 곳에 지체되지 않고 골고루 유통함은 모두 수레를 사용한 까닭일 것이다. 이제 간단한 예를 들어보자. 우리 사신들이 모든 번거로움을 없애버리고 우리가 만든 수레에 올라타고 바로 연경에 닿을 텐데 무엇을 꺼려서 하지 않는단 말인가. 그리하여 영남 어린이들은 백하젓을 모르고 관동 백성들은 아가위를 절여서 장 대신 쓰고 서북 사람들은 감과 감자의 맛을 분간하지 못하며 바닷가 사람들은 새우나 정어리를 거름으로 밭에 내건만 서울에서는 한 움큼에 한 푼을 하니 이렇게 귀함은 무슨 까닭일까? …… 이는 오로지 운송할 힘이 없기 때문이다. 사방이 겨우 몇 천리밖에 안 되는 나라에 인민의 살림살이가 이다지 가난함은 한 말로 표현한다면 수레가 국내에 다니지 못한 까닭이라 하겠다. ―『열하일기』

• 우리나라는 면적이 좁고 백성은 가난하다. 이제 농사를 짓는 데 현명한 재사를 쓰고 상공을 통하도록 한 나라 안의 이익을 모조리 융통하게 하더라도 오히려 부족하고 걱정될 것이다. 반드시 먼 지역의 물자를 교통한 뒤에야 재화가 늘고 백 가지 일용품이 생겨날 것이다. …… 이제 배로 통상하려면 왜놈들은 간사하여 늘 이웃나라를 엿보아 좋지 않고 안남, 유구, 대만 등은 또 길이 멀고 험하여 통상할 수 없으니 중국만이 그 대상이 될 수 있을 것 같다. …… 다만 중국 배하고만 통상하고 해외의 여러 나라와 통상하지 않는 것은 일시적인 권의지책이요, 정론이 아니다. 국력이 강해지고 백성의 직업이 안정된 다음에 마땅히 통하여야 할 것이다. ―『북학의 외편』

• 대체로 재물은 비유하건대 샘과 같다 퍼내면 차고 버려두면 말라버린다. 그러므로 비단옷을 입지 않아서 나라에 비단 짜는 사람이 없게 되면 여공이 쇠퇴하고 쭈그러진 그릇을 싫어하지 않고 기교를 숭상하지 않아서 나라에 공장의 도야하는 일이 없게 되면 기예가 망하게 되며 농사가 황폐해져서 법을 잃게 되므로 사농공상의 사민이 모두 곤궁하여 서로 구제할 수 없게 된다. ―『북학의 내편』

비교 Plus 중농학파와 중상학파

	중농학파	중상학파
대상	농촌을 배경으로 제도 개혁	서울을 배경으로 상공업 진흥에 관심
개혁 방향	• 토지 제도에 관심 • 자영농 육성 통한 농민문제 해결	• 상공업 발달을 통한 사회의 번영 이룩 • 청의 발달된 문물 수용
개혁 내용	• 유형원: 농민에게 일정 면적의 토지를 지급 • 이익: 대대로 농사지을 토지를 주고 매매 금지 • 정약용: 농지의 공동 분배와 공동 생산 주장 ⇨ 토지 개혁 통한 자영농 육성	• 상공업 발달, 기술 개발 • 청 문물 수용 • 수레, 배 등의 발전을 통한 상품의 원활한 유통 강조 • 화폐사용
대표학자	유형원, 이익, 정약용	유수원, 홍대용, 박지원, 박제가

참고 **국학(國學)**

우리 역사와 국토, 언어 등을 연구하
는 학문이다. 조선 후기에 들어 우리
문화에 대한 관심이 높아지면서 우리
문화의 소중함을 알게 되고 우리 것을
알아가고자 하는 국학이 발달하게 되
었다.

4. 국학 연구 확대

(1) 배경

실학의 발달로 민족 전통과 현실에 대한 관심이 고조되었다.

(2) 17세기

민족적이고 실증적인 사관이 강화되었다.

① 『동사찬요』(오운) : 임진왜란 때 경상도에서 의병에 참여했던 경험을 살려 역대 명장의 활약을 기록하여 애국심을 고취

② 『동사보유』(조정) : 『삼국유사』의 신화와 전설 등을 수록하여 단군에서 고려 말에 이르는 우리 역사에 대한 자부심을 고취

③ 『휘찬려사』(홍여하) : 남인 홍여하가 기전체로 편찬한 사서로 남인의 입장에서 왕권 강화와 붕당 정치의 폐단을 지적

④ 『여사제강』(유계) : 서인 유계가 강목체로 고려사를 정리한 사서로 서인의 입장에서 북벌 운동을 지지하였고, 후에 노론에서 가장 추앙받는 사서가 됨

⑤ 『동사(東事)』(허목) : 남인 허목이 기전체로 편찬한 사서로 북벌과 붕당 정치를 비판

⑥ 『동국통감제강(동사제강)』(홍여하) : 홍여하가 『동국통감』을 주자의 강목법에 따라 편년체로 고쳐 쓴 사서로 철저한 반도 중심 사관을 바탕으로 고구려를 변방국으로 인식

(3) 18세기

① 이익

　㉠ 실증적이고 비판적인 역사 서술 방법을 제시하였다.

　㉡ 중국 중심의 역사관에서 탈피하여 민족에 대해 주체적으로 자각하였다.

　㉢ 삼한정통론 : 위만이 나라를 합당하게 계승하지 않고 찬탈하였으므로 그를 기자 조선 정통의 정당한 계승자로 볼 수 없고, 그 정통은 마한으로 이어진다는 주장으로, 그의 제자 안정복의 『동사강목』에 반영되었다.

② 안정복

　㉠ 이익의 역사의식을 계승하였다.

　㉡ 『동사강목』의 특징

　　ⓐ 1778년(정조 2) 완성한 고조선에서 고려 공양왕까지의 통사(通史)로 성리학적 명분론을 바탕으로 서술하였다.

　　ⓑ 광범위하게 자료를 수집하여 비교하는 고증학적 연구방법을 바탕으로 하였다.

　　ⓒ 기자 조선과 마한(馬韓)을 정통으로 보고 고대사를 재구성하였다.

　　ⓓ 신화나 설화 등의 내용 중 비현실적인 부분은 철저하게 배제하였다.

　　ⓔ 서술 형식 : 편년체이나 강목체 형식을 따라 강(綱)과 목(目)으로 나누어, 강에서는 기본이 되는 사실을, 목에서는 그 기본 사실의 내용을 서술하였다.

　㉢ 의의 : 한국사의 독자적인 정통론을 수립하고, 고증 사학을 체계화하였다.

③ 유득공(노론)

　　㉠ 『발해고』의 특징

　　　　ⓐ 단군 조선~고려의 역사를 다룬다.

　　　　ⓑ 발해를 우리 역사로 인식하였고, '남북국'이라는 용어를 사용하였다.

　　　　ⓒ 한국·중국·일본의 사서(史書) 24종을 참고하여 저술하였다.

　　　　ⓓ 서술 형식 : 기전체

　　㉡ 의의 : 발해사를 독립적으로 다룬 유일한 책으로, 자주적인 입장에서 발해사를 체계화시키고 발해를 우리 국사의 영역으로 끌어들여 발해 고토(故土)가 우리 영토라는 사료적 근거를 제공해 주었다

▼『발해고』(유득공)

④ 이긍익

　　㉠ 『연려실기술』의 특징

　　　　ⓐ 조선 시대의 정치와 문화를 정리하였다.

　　　　ⓑ 1776년(영조 52) 이전에 제작된 야사(野史)로 태조~숙종까지를 다루고 있다.

　　　　ⓒ 실증적이며 객관적인 역사 서술 : "이 책은 사람들의 귀나 눈에 익은 이야기들을 모아 분류하여 편집한 것이요, 하나도 나의 사견으로 논평한 것이 없다. 나는 사실에 의거하여 수록하기만 할 뿐 그 옳고 그름은 후세사람들의 판단에 미룬다."

　　　　ⓓ 서술 형식 : 기사본말체로 쓰여져 역사상의 사건전말을 밝히고 역사 전개의 진상을 보다 정확히 파악할 수 있게 하였다.

　　㉡ 의의 : 사건해명을 위주로 한 역사책이라는 점에서, 19세기 서양의 사가들이 사실지상주의를 내세운 것과 다를 바 없는 역사인식을 보여주고 있다.

⑷ 19세기

① 이종휘

　　㉠ 조선 후기 양명학자이다.

　　㉡ 『동사(東史)』의 특징

　　　　ⓐ 우리 고대의 문화와 영토에 대한 자부심을 바탕으로 고대사에 집중하였다.

　　　　ⓑ 우리 민족의 활동무대를 만주까지로 확장 : 부여·고구려·백제·예맥·옥저·비류 등을 모두 단군의 후예인 것으로 간주하고, 발해 또한 고구려의 후계자로 인정하였다.

　　　　ⓒ 고구려가 단군의 혈통, 세력과 기자의 문화를 동시에 계승하였음을 주장하였다.

　　　　ⓓ 서술 형식 : 한국사 서술에서 최초로 본기(本紀)·세가(世家)·열전(列傳)을 중심으로 하는 기전체의 형식을 완전히 갖추어 고대부터 고려까지 서술하였다(단군, 기자, 삼한, 위만을 본기로 구성되어 있음).

　　㉢ 의의 : 이종휘의 주체적인 역사관은 대종교의 역사 인식에 큰 영향을 끼쳤고, 신채호는 그를 조선 후기 역사가 중 가장 주체적인 인물로 평가하였다.

『해동역사』(한치윤)

② 한치윤

　㉠ 『해동역사』의 특징

　　ⓐ 조선의 『동국문헌비고』 등의 서적은 물론 중국의 사서 523종과 일본의 사서 22종 등 550여 종의 외국 서적에서 조신 관련 기사를 빌췌하여 편찬하였다.

　　ⓑ 기자 조선의 이동설을 제기하였고, 고조선을 기록하고 있다.

　　ⓒ 서술 형식 : 기전체 서술에 따라 세기(世紀)와 지(志) 및 전기(傳紀) 부분으로 나누어 편찬하였다.

　㉡ 의의 : 우리의 민족사 인식의 폭을 확대하여 한반도 중심의 역사관을 극복하고 고대사의 시야를 만주까지 확대하였으며, 동이 문화의 뿌리인 우리 문화의 우수성을 강조하였다.

 **비교 Plus** 역사 서술 형식 비교

구분	특징	기원	대표 사서
기전체 (인물중심)	'본기, 세가, 열전, 지, 표'로 구성	사마천의 『사기』	• 김부식의 『삼국사기』 • 정인지 등 『고려사』 • 유득공의 『발해고』 • 이종휘의 『동사』
편년체 (연대기)	연, 월, 일 별로 사건을 서술	사마광의 『자치통감』	• 『조선왕조실록』 • 김종서 등 『고려사절요』 • 서거정의 『동국통감』
기사본말체 (사건중심)	역사를 사건의 시말(始末)로 기록	원추의 『통감기사본말』	이긍익의 『연려실기술』
강목체 (정통성)	역사를 연·월·일순에 따라 강(綱)과 목(目)으로 기록	주희의 『자치통감강목』	안정복의 『동사강목』

5. 지리서와 지도 편찬

(1) 지리서

① 『동국지리지』

『동국지리지』(한백겸)

　㉠ 1615년(광해군 7)경에 한백겸이 우리 역사를 부족국가, 삼국 시대, 고려로 나누어 저술하였다.

　㉡ 부족국가에 대해서는 우리나라의 사서를 인용하지 않아 단군 조선에 대한 기록은 없다.

　㉢ 삼국 시대와 고려에 대한 부분도 사서의 인용 없이 서술되고 있다.

　㉣ 의의 : 우리나라 역사지리학의 창시라는 점에서 중요한 가치가 있을 뿐만 아니라 이후의 역사지리 연구에 많은 자극을 주었다.

② 『아방강역고』

    ㉠ 1811년(순조 11) 정약용이 우리나라의 강역을 문헌을 중심으로 살피고 고증해서 쓴 지리서이다.

    ㉡ 1936년에 민족주의 사학자인 정인보, 안재홍이 교열하여 『여유당전서』 제6집에 4권으로 수록하였다.

    ㉢ 고조선에서 발해에 이르기까지 우리나라 강역의 역사를 각종 문헌을 통해 고증하고, '용안(鏞案)'이라는 형식으로 자신의 견해를 첨부하였다.

    ㉣ 의의 : 고조선 이래의 강역과 수도, 하천 등의 위치를 새롭게 밝혀 잘못 기록된 지리서의 내용을 수정하였다.

③ 『택리지』*

    ㉠ 1751년(영조 27) 실학자 이중환이 현지 답사를 기초로 하여 지리와 인간에 대해 저술하였다.

    ㉡ 각도의 인심을 자연 환경과 결부시켜 설명함으로써 환경 결정론적 입장에서 인간과 자연 환경과의 관계를 기술하였다.

    ㉢ 우리나라 촌락 입지의 기본형인 배산 임수 촌락을 처음으로 과학적인 입장에서 해석하였다.

    ㉣ 자연 환경이나 생활 양식이 같은 지방들을 하나의 지역으로 묶어 지역의 특성을 기술함으로써 지역 구분을 시도하였다.

    ㉤ 의의 : 인간과 자연 환경 간의 상호 작용을 다룬 최초의 인문 지리서이다.

(2) **지도**

① 동국지도(정상기) : 최초로 축척을 사용하였다(100리 척).

② 대동여지도(김정호)

    ㉠ 산맥, 하천, 도로, 포구를 정밀하게 작성하였다.

    ㉡ 10리마다 눈금을 표시하여 실측이 가능하도록 하였다.

    ㉢ 대량 제작을 위해 목판으로 인쇄하였다.

    ㉣ 휴대하기 편하도록 분첩식으로 제작하였다.

＊『택리지』(이중환)

이중환이 지은 인문지리로, 이 안에는 가거지(可居地)라 하여 사람이 거주할 만한 지역에 대해 서술되어 있는데, 그 조건으로 지리(地理), 생리(生利), 산수(山水), 인심(人心) 등 네 가지가 제시되어 있다. 이는 사람이 살 만한 곳은 각각 풍수지리적으로 명당에 해당하고, 경제적 활동의 이로움이 있어야 하며, 자연 경관이 아름답고, 지역의 인심과 풍속이 좋아야 한다는 것을 의미한다. 이를 통해 이중환이 인간과 자연환경과의 관계를 고려하여 정주 환경의 조건을 고찰하였음을 알 수 있다.

PART **05**

🛡 대동여지도

6. 기타 편찬

(1) 언어 연구

① 『훈민정음운해』: 1750년(영조 26)에 신경준이 지은 국어 음운 연구서로, 1937년 〈한글지〉에 연재되었고, 1938년 조선어학회에 의하여 단행본으로 발간되었다.

② 『언문지』: 1824년(순조 24)에 유희가 지은 한글연구서로 친필 고본을 정인보가 소장하고 있었으며, 1938년 이래 여러 차례 활자본으로 간행되었다.

③ 『고금석림』: 조선 영·정조 때의 문신 이의봉이 역대의 우리말과 중국어를 비롯하여 흉노·토번·돌궐·거란·여진·청·일본·안남·섬라 등의 여러 언어를 모아 해설한 어휘집이다.

(2) 백과서적

① 『지봉유설』: 조선 중기 실학자 이수광이 편찬한 백과사전으로, 서양 문물에 대한 견문과 새로운 문화에 대한 그의 관심이 나타나 있다.

② 『성호사설』: 조선 후기 실학자 이익이 40세 전후부터 책을 읽다가 느낀 점, 문제의식, 제자들의 질문에 대한 답변 등을 정리한 책으로, 그의 현실 개혁의식이 나타나 있다.

③ 『청장관전서』: 조선 후기 학자 이덕무의 박물학적 지식과 다양한 분야에 대한 깊은 관심이 치밀한 고증에 의해 저술된 백과사전식 저서로, 조선 후기 영·정조대의 실학적 전통과 그 학문적 성과를 잘 보여주고 있다.

④ 『임원경제지』: 조선 후기 실학자 서유구가 서문에서 밝히듯 '전원생활을 하는 선비에게 필요한 지식과 기술, 기예와 취미를 기르는 백과전서'로, 농업정책과 자급자족의 경제론을 편 실학적 농촌경제 정책서이다.

⑤ 『오주연문장전산고』: 조선 후기 학자 이규경이 쓴 백과사전 형식의 책으로 『지봉유설』·『성호사설』·『청장관전서』 등의 흐름을 계승하고 있다.

⑥ 『자산어보』: 정약전이 유배지인 흑산도에서 만든 최초의 어류도감이다.

(3) 의학

① 『동의보감』(허준)✻ : 전통 한의학의 체계적인 정리가 이루어졌다.

② 『침구경험방』(허임): 침구술을 집대성하였다.

③ 『마과회통』(정약용): 마진(홍역)을 연구하였고, 제너의 종두법을 처음으로 소개하였다.

④ 『동의수세보원』(이제마): 사상의학을 확립하였다.

⑤ 『방약합편』(황필수): 고종 때의 저서로 산수유와 당귀 등 우리 약초를 소개하였다.

✻ 『동의보감』(허준)
1596년(선조)에 허준이 왕명을 받고 편찬을 시작하여 1610년(광해군)에 완성한 백과사전적 의서이다. 치료보다는 예방 의학에 역점을 두는 등 수련도교의 영향을 받았으며, 모든 향약명을 한글로 표기하는 등 의료 지식의 민간 보급에 기여하였다. 국보 제319호로 지정되었으며, 유네스코 세계 기록유산으로 등재되어 있다.

(4) 농서 편찬

① 『농가집성』(신속) : 벼농사 중심 농법과 상업적 농법을 소개하고, 이앙법(모내기법) 보급에 공헌하였다.

② 『색경』(박세당) : 이 책은 농사에 관한 경서라는 뜻으로 지방의 농경법을 연구하여 꾸민 농법기술서로, 성리학적 농서인 『농가집성』을 비판하였다.

③ 『산림경제』(홍만선) : 농예·의학을 중심으로 저술하여 농업 기술 발전에 이바지하였다.

④ 『해동농서』(서호수) : 우리의 농법을 바탕으로 중국 농법을 선별 수용하였다.

⑤ 『임원경제지』(서유구) : 농촌 생활 백과사전을 편찬하였다.

비교 Plus 조선 시대 농서

15세기	17세기	18세기	19세기
『농사직설』(세종) 『사시찬요』(세조) 『양화소록』(세조) 『금양잡록』(성종)	『농가집성』(효종) 『색경』(숙종)	『산림경제』(숙종) 『해동농서』(정조) 『과농소초』(정조)	『임원경제지』(순조)

조선 전기	조선 후기
• 우리 실정에 맞는 농서를 간행하여 보급 • 『농사직설』(세종) : 우리 농민의 실제 경험을 바탕으로 한 관찬서 • 『금양잡록』(성종) : 경기도 시흥지역의 농법을 소개한 사찬서, 강희맹 지음 • 『사시찬요』(세조) : 사계절 농법과 행사를 기록, 강희맹 지음 • 『양화소록』(세조) : 화초재배 방법을 소개, 강희안 지음	• 신속의 『농가집성』 : 벼농사 중심 농법과 상업적 농법을 소개하고, 이앙법(모내기법) 보급에 공헌(『농사직설』+『금양잡록』+『사시찬요초』 합본) • 박세당의 『색경』 : 이 책은 농사에 관한 경서라는 뜻으로 지방의 농경법을 연구하여 꾸민 농법기술서로, 성리학적 농서인 『농가집성』을 비판 • 홍만선의 『산림경제』 : 농예·의학을 중심으로 저술하여 농업 기술 발전에 이바지 • 서호수의 『해동농서』 : 우리의 농법을 바탕으로 중국 농법을 선별 수용 • 박지원의 『과농소초』 : 한전론 제시 • 서유구의 『임원경제지』 : 농촌 생활 백과사전

7. 과학 연구

(1) 역법 연구

① 대통력(大統曆) 사용 : 1653년(효종 4)부터 시헌력을 사용할 때까지 널리 사용되었다.

② 시헌력(時憲曆) 연구

　㉠ 김육 : 1644년(인조 22) 시헌력 채용을 상소하였으며, 직접 청나라에 가서 아담샬에게 시헌역법에 관한 서적을 구하여 돌아왔다.

　㉡ 김상범 : 1651년(효종 2) 청의 흠천감(欽天監)에 교섭하여 시헌역법을 배워왔다.

③ 1653년(효종 4)부터 시헌력을 사용하였다.

④ 1894년(고종 31) 서양의 태양력(太陽曆)을 사용하고 시헌력을 참고하게 하였다.

(2) 수학 연구

① 『기하원본』 도입 : 유클리드가 저술한 기하학서를 중국 관리 서광계 정리한 기하 원본이 도입되었다.

② 『주해수용』 : 조선 후기 실학자 홍대용이 지은 것으로, 곱하기와 나누기, 단위 사이의 관계와 비례상수, 면적에 관한 공식들이 실려 있다.

(3) 천문학 연구

① 박지원의 『열하일기』 가운데 〈곡정필담〉에서 자전에 대한 견해를 언급하였다.

　㉠ 김석문 : 태양·달·지구는 둥글며 공중에 떠 있다는 삼환공부설(三丸空浮說)을 주장하였다.

　㉡ 홍대용 : 지전설을 주장하였다.

② 홍대용의 『의산문답』

　㉠ 지전설 : 천체는 둥글며, 만약 천체가 돌지 않고 하늘에 매달려 있으면 섞여서 부서져버릴 것이라고 주장하였다(지구가 한 번 도는 것을 1일, 달이 지구를 한 번 도는 것을 1삭(朔), 태양이 지구를 한 번 도는 것을 1세(歲)로 표현).

　㉡ 지구의 공전에 대해서는 언급하고 있지 않다.

　㉢ 서양의 천문지식을 이용한 천문기기의 제작과 개발에 힘썼다(기계 '혼천의' 개량).

참고 천문학에 대한 홍대용의 관심과 소행성 홍대용

홍대용은 나경적과 함께 혼천의를 제작하고 자명종, 혼상의도 만들었다. 그가 만든 혼천의는 물을 사용해 움직이던 이전 혼천의와는 달리 기계시계를 톱니바퀴로 연결해 움직이게 한 것이다. 혼상의는 별의 위치와 별자리, 황도와 적도 등 천구의 표준 대원을 표면에 나타낸 일종의 천구의다. 더 나아가 사비를 털어 사설 관측소인 '농수각'(籠水閣)을 짓고 천체 관측 기구인 측관의, 구고의 등을 제작해 설치했다. 그는 이렇듯 우리나라 천문학의 선구자였다. 2005년 국제천문연맹 산하 소행성센터는 화성과 목성 사이에 돌고 있는 새로 발견된 소행성의 이름을 '홍대용'으로 명명했다.

깊이 Plus 홍대용의 천체관

서양 과학을 적극 수용해 지구와 우주의 구조에 대해 그 나름의 독창적인 지동설을 주장했다. 그는 우주를 무한한 공간으로 보고, 그 무한한 우주가 지구 둘레를 돈다는 것은 불가능하다고 생각했다. …… 지구는 둥글고, 빠른 속도로 자전을 하기 때문에 지구 중심으로 쏠리는 힘이 발생하게 되며, 이 힘이 둥근 지구위에서 사람들이 거꾸로 떨어지지 않고 살아갈 수 있도록 붙잡아 주는 것이라 생각했고, 이를 상하지세(上下之勢)라 명했는데 오늘날의 중력과 비슷한 개념이라 볼 수 있다. …… 지구를 넘어서 은하계의 존재에 대해서도 그는 인지하고 있었다. …… 그는 무한한 우주 속에 지구를 중심으로 한 세계 이외의 다른 세계가 존재할 수 있음을 인정했는데 바로 은하계의 존재이다. …… 지금의 우리가 태양계라고 부르는 것을 홍대용은 지계(地界)라고 부르며, 다른 항성 둘레에는 그것을 중심으로 한 행성계(行星界)가 있을 수 있다고 믿었고, 특히 다른 행성이나 달에도 그 조건에 맞는 생명체가 있을 것이라고 하며 우주인(宇宙人)의 존재도 인정하고 있었다. 　－『의산문답』

한눈에 쏙

실학의 발달

중농학파	유형원	• 『반계수록』: 균전제(관리, 선비, 농민 신분별로 토지를 차등화해 지급하고 조세와 군역도 나눠 맡자) 제안 • 관금전: 경자유전의 원칙에 의해 토지의 차등 지급 주장
	이익	• 한전론(일정한 규모의 토지를 법으로 사고 팔 수 없는 영업전으로 정해 농민에게 분배하고 영업전 이외의 토지에 대해서는 무제한 자유 매매를 허락하자) ⇨ 장기적으로 토지 소유의 균등 실현하고자 함 • 신분제 개혁 주장(양반과 상놈의 차별을 없애자)
	정약용	『목민심서』: 여전론(여[閭]를 설치하고 여 안에 거주하는 사람들은 여장의 지휘 아래 토지를 공동 소유해 농사를 짓되, 수확은 노동력에 따라 배분하자)
중상학파 (북학파)	유수원	『우서』: 상공업 진흥, 기술 혁신, 사농공상의 직업 평등과 전문화 주장
	홍대용	• 『의산문답』: 지전설, 무한우주관 주장 • 기술 혁신과 신분 제도 철폐, 성리학의 극복 역설
	박지원	• 『열하일기』: 수레와 선박의 이용, 화폐 유통의 필요성 등 강조 • 『허생전』: 생산물 유통의 중요성 강조
	박제가	• 『북학의』: 수레와 선박 사용 강조 • 소비론: "상업이 없으면 인생이 더 궁핍해질 것이다."
국학 연구	역사	• 민족적이고 실증적인 사관 강화 • 이익: 주자학적 역사관 정통론 비판, 삼한정통론 • 안정복의 『동사강목』: 고조선~고려 역사를 연대순으로 서술 • 이긍익의 『연려실기술』: 조선 시대 야사 모음 • 이종휘의 『동사』: 고구려 역사 연구 • 유득공의 『발해고』: 발해사 연구 • 한치윤의 『해동역사』: 외국의 사료까지 분석·인용해 단군 조선부터 고려 시대까지의 역사 서술
	지리서/ 지도	• 정상기의 동국지도, 김정호의 청구도·대동여지도 • 인문지리지: 이중환의 『택리지』 • 역사지리지: 한백겸의 『동국지리지』, 정약용의 『아방강역고』
	언어	• 신경준의 『훈민정음운해』 • 유희의 『언문지』 • 이의봉의 『고금석림』: 외국과 우리말을 정리한 어학사전
	백과서적	• 이수광의 『지봉유설』: 우리나라 최초의 백과사전 • 이익의 『성호사설』 • 서유구의 『임원경제지』 • 이덕무의 『청장관전서』 • 이규경의 『오주연문장전산고』

🔽 중인들의 시사 활동

＊ 탈춤
탈과 춤을 주요 매체로 하며 재담(대
사)을 통해 지배층의 위선이나 양반
사회를 비판·풍자하였다.

＊ 사설시조
평시조의 기본에서 두 구 이상 글자
수를 늘려 표현한 것으로, 서민들의
감정이나 비유를 통해 현실을 비판
하는 내용을 담고 있다.

02 새로운 문화와 예술의 등장

1. 서민 문화의 발달

(1) 참여층 확대

① 역관, 서리 등 중인층의 문예 활동이 활발해졌다.

② 중인계층에서 시사(詩社)를 형성하여 활동하기도 하였다.

③ 상민이나 광대들에 의한 판소리가 서민들에게 보급되기 시작하였다.

④ 탈춤＊, 산대놀이, 풍속화, 민화 등 서민 문화가 발달하기 시작하였다.

(2) 특징

① 양반에 대한 신랄한 풍자와 비판

② 현실사회의 부정과 비리에 대한 고발

③ 인간 감정의 적나라한 묘사

2. 문학

(1) 17세기

① 임난 이후 애국사상과 사회비판을 담은 문학 작품 대두

  ㉠ 애국문학 : 『선상탄』(박인로), 『임진록』, 『임경업전』 등

  ㉡ 사회소설 : 『홍길동전』(허균), 『전우치전』, 『사씨남정기』·『구운몽』(김만중) 등

② 한글소설과 사설시조＊가 등장하였다.

③ 야담, 잡기류 : 『오산집』(차천로), 『어유야담』(유몽인), 『대동야승』(작자 미상; 그 이전까지의 야사·야담류 57종을 모은 야사전집)

④ 설화문학 발달 : 중국의 설화집인 『태평광기』를 언해하였다.

(2) 18세기

① 창작의 주체가 양반에서 중인, 서얼, 상인층까지 확대되고, 문학의 형식도 다양해졌다.

② 국문소설이 널리 유행하고 중인 문학인 위항(委巷) 문학이 태동하였다.

③ 18세기 후반에 이르러 중인과 서얼층이 많은 재산을 모아 신분상승 추세를 반영하였다.

④ 민중의 시조집과 판소리도 등장하였다.

(3) 19세기

① 서민문학의 전성기

  ㉠ 판소리와 가곡 중심으로 발전하였다.

  ㉡ 풍자시인 정수동과 김병연(김삿갓)은 각자의 개성을 표출하였다.

  ㉢ 평민 사이에서 해학과 풍자성이 강한 잡가가 유행하였다.

⑷ 한문학의 쇠퇴

① 도문일치(道文一致)의 건실한 기풍을 상실하고 출세의 수단으로 전락하였다.

　㉠ 근기남인들은 고경(古經)에 입각한 고문 부활 운동을 전개하였다.

　㉡ 북학파는 신체문(新體文) 운동을 전개하였다.

② 정조는 신체문을 전통 사대부 문학에 대한 도전으로 인식하고, 그것을 경박·비속하다고 단죄하여 도문일치의 정신에 바탕을 둔 문체 반정 운동을 펼쳤다.

3. 회화

⑴ 17세기

산수화, 통신사 일행이었던 김명국의 달마도와 설중귀로도 등이 유명하다.

⑵ 18세기 전반 − 진경산수화

① 정선 : 진경산수화를 개척하였고 「인왕제색도」, 「금강전도」, 「압구정도」 등은 바위산이 많은 한국 자연을 흑색으로 사실감 있게 표현하였다.

② 심사정 : 정선의 제자이지만, 당시 유행하였던 남종 산수화에 심취하여 전통적 중국 문인화를 즐겨 그렸다.

③ 김홍도의 총석정도는 주변 풍경에 눈을 돌려 진경산수가 아닌 사경산수라는 형식을 창출하였다.

「인왕제색도」(정선)

「금강전도」(정선)

⑶ 18세기 후반 − 풍속화

① 김홍도 : 생활상과 활기찬 사회 모습을 소탈하고 익살스러운 필치로 표현하였다.

② 신윤복 : 양반과 부녀자의 생활과 유흥, 그리고 남녀 사이의 애정표현을 감각적, 해학적으로 그렸다.

③ 18세기 말 이후 : 원근법, 명암법 등 서양화법의 영향을 받았다(강세황, 김수철).

「서당도」(김홍도)

「무동」(김홍도)

「단오풍정」(신윤복)

「월하정인」(신윤복)

「영통골 입구도」(강세황)

⊗「세한도」(김정희)

＊민화

해, 달, 나무, 꽃, 동물, 물고기 등을 소재로 소원을 기원하고 생활공간을 장식하였다.

(4) 19세기

실학적 화풍 쇠퇴하고 복고적 화풍이 유행하였다.

① 김정희 : 「세한도」

② 이하응 : 「난초」

③ 장승업 : 「홍백매병」, 「군마도」, 「호취도」

(5) 민화＊의 발달

① 민중 의식의 성장과 더불어 경제적 부를 축적한 계층의 문화적 욕구를 충족하기 위해 널리 보급되었다.

② 서민의 생활양식과 밀착되어 발달하였으며, 한국적 정서를 잘 표현하였다.

③ 주로 해, 달, 나무, 꽃, 동물, 물고기, 농경, 무속 등을 그렸다.

비교 Plus 조선 시대 대표적 회화 작품

시기	조선 전기		조선 후기	
	15세기	16세기	18세기	19세기
대표 작품	• 「몽유도원도」(안견) • 「고사관수도」 (강희안)	• 「초충도」 등 (신사임당) • 사군자(사림)	• 「인왕제색도」, 「금강전도」 (정선의 진경산수화) • 「영통동구도」 (강세황, 서양화법) • 풍속화 (김홍도, 신윤복) • 민화	• 「세한도」(김정희) • 풍속화, 민화 등

4. 서예

(1) 김정희

① 금석문(金石文)의 대가 : 『금석과안록』에서 북한산 순수비가 신라 진흥왕에 의해 세워졌다는 사실을 처음으로 밝혀냈다.

② 옛 명필들의 필적을 연구·종합하여, 가장 개성적이고 독창적인 서체인 추사체(굵고 가는 선들의 대조가 뚜렷하며 매우 힘차고 격조 높은 느낌의 필체)를 창조해냈다.

⊗ 추사체

(2) 이광사

한호(石峯)의 서체와 중국의 여러 필법을 연구하여 독창적인 서체를 창조해냈다.

사료 Plus

추사 김정희를 기리는 글
무오년(戊午年) 2월 청명일에 방외(方外)의 친구 초의는 한 잔의 술을 올리고서 선생의 영전에 고하나이다. 슬프다! 선생은 천도(天道)와 인도(人道)를 닦아 여러 학문을 체득하시고, 글씨 또한 조화를 이루어 왕희지·왕현지의 필법을 능가하고, 시문에 뛰어나 세월의 영화를 휩쓸고, 금석에서는 작은 것과 큰 것을 모두 규명하여 중국에까지 이름을 떨치셨나이다.
－『초의선집』

5. 자기 및 생활 공예

(1) 자기공예

① 태토는 순백이며, 기벽과 유약이 두껍고 유약에 철분이 많아 푸른색을 띠는 청화백자가 유행하였다.

② 서민들은 옹기를 사용하였다.

(2) 생활공예

나무 재질을 살린 목공예와 소의 뿔을 이용하여 나무에 붙인 화각공예가 발달하였다.

🔻 분청사기

🔻 백자

🔻 청화백자

6. 건축

(1) 변화의 배경과 특징

① 배경 : 조선 후기, 양반과 함께 부농과 상공업 계층이 성장하면서, 불교가 신앙의 지위를 어느 정도 차지하게 되었고, 사원에 대한 지원이 늘어나게 되었다.

② 특징 : 화려하고 규모가 큰 사원 건축물들이 세워지게 되었다.

(2) 17세기

① 특징 : 규모가 큰 다층 건물로 내부가 하나로 통하는 구조를 가진 사원이 만들어졌다.

② 대표적 건축물 : 화엄사 각황전, 법주사 팔상전(유일한 5층 목탑), 금산사 미륵전

(3) 18세기

① 화려한 장식이 많은 사원과 서양식 건축 기술을 도입한 성곽이 만들어졌다.

② 대표적 사원 건축물 : 논산 쌍계사, 부안 개암사, 안성 석남사

③ 서양식 건축 기술을 도입한 성곽 : 수원 화성(정약용이 설계한 거중기를 사용함)

🔻 화엄사 각황전

🔻 법주사 팔상전

🔻 금산사 미륵전

🔻 논산 쌍계사

참고 **자기의 변천**

고려(10~11세기)	순청자
고려(12~13세기)	상감청자
고려 말~조선 초(15세기)	분청사기
조선(16세기)	백자
조선(17세기 이후)	청화백자

참고 **달항아리(순백자)**

몸체는 유려한 둥근 선을 그리고 굽은 주둥이보다 좁은 순백자를 말한다.

PART 05

PART **06**

근대 :
근대 국가를 향한
움직임

이 단원은

이 시기는 우리나라의 근대화가 시작되는 동시에 우리나라가 일제에 국권을 피탈당하는 때이기도 하다. 그러므로 연대기적으로 이 시기에 나타났던 사건을 파악하고 그것의 원인, 경과, 결과를 파악하는 과정이 매우 중요하다. 사건의 순서를 정확히 숙지한 상태에서 사건들의 인과 관계를 바르게 이해하고 각 시기별로 나타난 조약, 정강 등의 내용을 확실하게 알아둔다면 어렵지 않게 해당 내용을 정리할 수 있을 것이다.

본 편의 역사(연표)

1865.	경복궁 중건(~1872)
1866.	제너럴셔먼호 사건
	병인양요
1868.	흥선 대원군의 서원철폐
	오페르트 도굴 사건
1871.	신미양요, 척화비 세움
1876.	강화도 조약
1880.	『조선책략』 유포
1881.	신사유람단과 영선사 파견
	영남만인소
1882.	임오군란
1883.	한성순보 발간, 원산학사 설립
1884.	우정국 설치, 갑신정변
1885.	거문도 사건(~1887)
	최초의 서양식 병원인 광혜원 설립
1889.	방곡령 선포

1894.	동학 농민 운동, 청일 전쟁, 갑오개혁
1895.	을미사변, 을미의병
1896.	아관파천, 독립 협회 창립
1897.	대한제국 선포
1898.	만민공동회 개최, 독립 협회 해산
1899.	대한국 국제 반포, 경인선 개통
1900.	활빈당 활동
1904.	러일 전쟁, 한일의정서 체결
1905.	을사조약, 을사의병
1906.	대한 자강회 조직
1907.	한일신협약(정미7조약), 정미의병
	국채 보상 운동, 신민회 결성
1908.	동양 척식 주식 회사 설립
1909.	안중근, 이토 히로부미 사살
	일본의 남한 대토벌 작전
1910.	경술국치

기출문제를 통해 살펴본 **이 편의 학습 전략**

1 (가), (나) 조약 사이의 시기에 있었던 사실로 옳은 것은?

> (가) 제10관 일본국 인민이 조선국 지정의 각 항구에 머무는 동안에 죄를 범한 것이 조선국 인민에 관계되는 사건일 때에는 일본국 관원이 재판한다.
>
> (나) 제4관 중국 상인이 조선의 양화진 및 한성에 영업소를 개설할 경우를 제외하고, 각종 화물을 내륙으로 운반하여 상점을 차리고 파는 것을 허가하지 않는다. 단, 내륙행상이 필요한 경우 지방관의 허가서를 받아야 한다.

① 개항장에서는 일본 화폐가 통용되었다.
② 러시아가 압록강 유역의 산림 채벌권을 획득하였다.
③ 황국 중앙 총상회가 조직되어 상권 수호 운동을 전개하였다.
④ 함경도의 방곡령에 불복하여 일본 상인이 손해 배상을 요구하였다.

정답 ①
학습전략 여러 근대 조약의 내용과 시기를 명확히 파악한다. 근대 학습의 기본 방향이다.
사료분석 (가)는 일본의 영사재판권(치외법권)을 인정한 조일 수호 조규(강화도 조약)이다(1876). (나)는 청 상인의 일부 내륙진출(한성과 양화진에 점포 개설)을 인정한 조청 상민 수륙 무역 장정이다(1882).
보기분석 ① 조일 수호 조규(강화도 조약)의 부속 조약으로 체결된 조일 수호 조규 부록이다(1876).
② 아관파천 이후에 일어난 러시아의 이권침탈이다(1896).
③ 시전상인들이 조직한 황국 중앙 총상회의 활동이다(1898).
④ 함경도(1889)와 황해도(1890)에서의 방곡령에 대하여 일본 상인이 손해 배상을 요구하였다(1893).

2 밑줄 친 '그'에 대한 설명으로 옳은 것은?

> 고종이 즉위한 직후에 실권을 장악한 그는 러시아를 견제하기 위해 천주교 선교사를 통해 프랑스와 교섭하려 했다. 하지만 천주교를 금지해야 한다는 유생의 주장이 높아지자 다수의 천주교도와 선교사를 잡아들여 처형한 병인박해를 일으켰다. 이후 고종의 친정이 시작됨에 따라 물러난 그는 임오군란이 일어났을 때 잠시 권력을 장악했지만, 청군의 개입으로 곧 물러났다.

① 미국에 보빙사라는 사절단을 파견하였다.
② 전국 여러 곳에 척화비를 세우도록 했다.
③ 국경을 확정하고자 백두산정계비를 세웠다.
④ 통리기무아문을 설치하고 그 아래에 12사를 두었다.

정답 ②
학습전략 흥선 대원군은 왕이 아닌 고종의 부친이다. 즉, 고종 집권기를 두 시기로 구분하여 학습해야 한다. 한 시기는 고종(흥선 대원군 집권기)이고, 다른 한 시기는 고종(흥선 대원군 하야 이후, 고종의 친정)이다. 이 두 시기는 쇄국과 개항이라는 키워드로도 구분할 수 있다.
사료분석 흥선 대원군에 대한 설명이다(1863~1873년 집권, 이후 고종이 직접 통치).
보기분석 ② 흥선 대원군 집권기의 일이다(1871).
① 흥선 대원군 하야 이후, 고종 때의 일이고(1883).
③ 숙종 때의 일이다(1712).
④ 흥선 대원군 하야 이후, 고종 때의 일이다(1880).

정 답 ④

학습전략 전근대사는 왕의 순서와 세기 구분을 중심으로 시기를 파악했다면, 근대사부터는 주요 사건의 연도를 암기할 필요가 있다. 물론 이 문제가 연도암기를 해야지만 풀 수 있는 것은 아니다. 그러나 주요 사건의 연도 암기가 시기 구분 문제를 더욱 쉽고 명확하게 풀 수 있게 만들어 주기 때문에 주요 사건의 연도는 외워 두는 것이 좋다.

사료분석 (가)는 흥선 대원군 집권기에 일어난 신미양요(1871)와 흥선 대원군 하야 이후, 고종이 친정을 할 때 발생한 갑오개혁(1894) 사이이다(1871~1894).

보기분석 ④ 1882년의 일이다.
① 1905년의 일이다.
② 1907년의 일이다.
③ 1868년의 일이다.

Chapter 01

근대의 정치

01 흥선 대원군의 집권과 외세의 침입

1. 시대적 상황

(1) 대내적 배경

① 세도정치에 의한 국정의 혼란과 삼정의 문란에 의한 민생의 파탄으로 민란이 발생하였다.

② 왕권 강화책의 필요성이 증대되었다.

(2) 대외적 배경

① 서양 세력이 중국과 일본의 문호를 개방시키고 조선으로 몰려오는 상황에서 이양선의 출몰이 잦아지기 시작했다.

② 외세의 통상 수교 요구를 거부하였다.

2. 흥선 대원군의 개혁 정치

(1) 전제 왕권 강화책

① 안동 김씨 일족 축출 : 당파와 신분을 가리지 않고 능력에 따라 인재를 등용하였다.

② 정치 기구의 재정비 : 비변사의 기능을 축소 및 격하하고, 의정부와 삼군부의 기능을 부활하여 정치와 군사 업무를 분리하였다.

③ 법전 편찬 : 『대전회통』, 『육전조례』를 통해 통치 체제를 정비하였다.

④ 서원 정리와 만동묘* 철폐 : 국가 재정을 확충하고 양반과 유생들의 횡포를 막기 위한 획기적인 조치였다.

⑤ 경복궁 중건 : 이를 위해 실시한 정책은 경제적 혼란을 초래하여 양반과 백성들의 원성을 들었다.
- ㉠ 원납전(願納錢) 징수
- ㉡ 당백전(當百錢)* 발행 : 화폐가치를 떨어뜨려 화폐 유통 질서를 혼란스럽게 하고, 물가가 폭등하는 인플레이션이 발생하였다.
- ㉢ 양반의 묘지림 벌목
- ㉣ 백성들을 강제 노역에 동원

흥선 대원군

＊만동묘(萬東廟)
임진왜란 때 조선을 도와준 데 대한 보답으로 명나라 신종(神宗)을 제사지내기 위해, 1704년(숙종 30) 충북 괴산군 청천면(靑川面) 화양동(華陽洞)에 지은 사당이다. 이후, 노론(老論)의 소굴이 되어 상소와 비판을 일삼았고, 비용을 염출하기 위해 양민을 토색하는 등 민폐가 심하여, 대원군이 서원을 철폐할 때 헐어버리고 신주와 편액(扁額) 등은 서울 대보단(大報壇)의 경봉각(敬奉閣)으로 옮겼다.

＊당백전

상평통보의 100배 가치를 지니는 화폐이다. 명목가치는 상평포의 100배였지만, 실제 가치는 5~6배에 지나지 않았다. 6개월 만에 발행이 중단되었다.

PART 06

사료 Plus

흥선 대원군의 개혁 의지

백성들은 탐학한 아전들에게 시달렸는데 여기에 또 서원 유생에게 침탈을 당하니 모두 살아갈 수가 없었다. 그리하여 원망을 하고 이를 갈아도 하늘만 쳐다볼 뿐 어떻게 할 수 없었다. 대원군이 영을 내려 나라 안 서원을 죄다 허물고 서원 유생들을 쫓아버리도록 하였다. 감히 항거하는 자는 반드시 죽이라 하니, 사족이 매우 놀라서 온 나라 안이 물 끓듯 하였고 대궐 문간에 나아가 울부짖는 자도 수십만이나 되었다. 조정에서는 어떤 변이라도 있을까 하여 대원군에서 이렇게 간언하였다. "선현의 제사를 받드는 것은 선비의 기풍을 기르는 것이므로 이 명령만은 거두기를 청합니다." 대원군은 크게 노하여 이렇게 말하였다. "진실로 백성에게 해가 되는 것이 있으면 비록 공자가 다시 살아난다 하더라도 나는 용서하지 않겠다. 하물며 서원은 우리나라 선유를 제사하는 곳인데 지금에는 도둑의 소굴로 됨에 있어서라."

(2) 민생 안정책

① 전정(田政)의 개혁

　ㄱ 양전사업 실시

　ㄴ 지방관과 토호의 토지 겸병 금지

　ㄷ 은결 적발

② 군정(軍政)의 개혁 : 호포제 실시

　ㄱ 군포 징수의 폐단을 줄이기 위해 호(戶) 단위로 군포를 부과하는 호포제로 바꾸어 양반들도 군포를 내게 하였다.

　ㄴ 이는 평안도에서 마을 공동으로 포를 납부하던 이정법(里定法)을 삼남지방으로 확대하였던 철종 때의 동포법(洞布法)*을 전국적으로 시행한 것이다.

③ 환곡제를 사창제로 개혁 : 조실하고 부유한 자를 추천하여 사창을 관장하게 하고, 관의 간섭 없이 자율적으로 운영할 수 있게 하였다.

＊동포법
흥선 대원군은 마을마다 할당량을 정해 양반도 군포를 내게 하는 동포제를 실시하였다. 그러나 양반들이 여러 방법으로 빠져나가자 이를 곧 집집마다 내는 호포제로 고쳐 실시하였다.

한눈에 쏙

흥선 대원군의 개혁

민생 안정책	전정의 개혁	양전사업, 은결 색출, 지방관의 토지 겸병 금지
	군정의 개혁	호포제 실시(양반에게 군포 징수)
	환곡의 개혁	사창제 실시(민간에서 담당)
왕권 강화책	안동 김 씨를 정권에서 몰아냄, 당파 가리지 않고 인재 등용	
	비변사의 축소, 격하	의정부(정치)
		삼군부(군사)
	서원의 축소	• 전국에 47개만 남기고 모두 정리 • 국가 재정 확보 및 왕권 강화 도모
	경복궁 중건	• 공사비 마련하기 위해 원납전 징수, 당백전 발행 • 양반의 묘지림 벌목, 백성을 강제로 징발
	편찬 사업	『대전회통』, 『육전조례』

▽ 호포제 실시 전(1792)

▽ 호포제 실시 후(1872)

(3) 개혁의 의의

전통적인 통치 체제의 재정비를 통해 국가 기강을 확립하고, 백성에 대한 양반 지배층의 부당한 억압과 수탈을 금지시켜 민생을 안정시키는 데 기여하였다.

(4) 개혁의 한계

① 근대 사회를 지향한 개혁이라기보다는 왕조체제 유지와 전제왕권을 강화하여 정권을 유지하는 것이 목적이었다.

② 전통적인 성리학 질서에 위배되는 동학과 천주교를 박해하였다(특히 천주교에 대한 심한 박해).

③ 이러한 가운데 광양 란과 이필제의 난과 같은 변란이 나타났다.

  ㉠ 광양 란 : 광양출신 민회행 등이 시정을 바로잡는다는 명분하에 일으킨 변란이다.

  ㉡ 이필제의 난 : 향반 출신 동학 교도인 이필제가 동학 2대 교주인 최시형과 모의하여 백성들을 구한다는 명분 하에 영해에서 일으킨 사건이다.

3. 흥선 대원군의 대외 정책

(1) 대외 통상에 대한 거부 정책 실시

① 이양선*의 출몰과 중국이 서구 열강에 의해 침입을 당한다는 소식이 전해지면서 위기의식이 고조되었다.

② 천주교와 서양의 침입 및 문물이 들어오는 것을 엄금해야 한다는 여론이 조성되었다.

(2) 병인박해(1866. 2)

① 처음에 흥선 대원군은 천주교에 대해 비교적 관대한 편이었으며, 심지어 천주교도를 통하여 프랑스와 손을 잡고 러시아의 남하를 막고자 하였으나 프랑스의 거부로 실패하였다.

② 이에 분노한 대원군이 청에서의 천주교도 탄압 및 유생들의 의견을 수렴하여, 고종 3년에 대규모 천주교도 탄압을 자행하였으며(병인박해), 이 과정에서 프랑스 선교사 9명이 살해되었다.

＊이양선

조선 후기에 한반도 바닷가에 나타났던 서양의 배를 뜻한다. 당시 서양의 배는 그 모습이 조선의 배와 달랐기 때문에 '모양이 이상한 배'라는 뜻에서 이양선이라고 불렀다.

참고 최초의 통상 요구

1832년 영국의 암허스트호가 우리나라에 최초로 통상을 요구하다 치외법권 문제로 거절당하였다.

---

4. 외세의 침략

(1) 제너럴셔먼호 사건(1866. 8)

① 미국의 상선인 제너럴셔먼호가 대동강을 거슬러 올라와 주변 지역을 약탈하고 방화를 자행하였다.

② 이에 분노한 평양 군민들이 썰물인 틈을 이용하여 관군과 합세하여 배를 불태워 버렸다.

(2) 병인양요(1866. 10)

① 병인박해 때 살해된 프랑스 선교사에 대한 보복으로 프랑스의 로즈 제독이 7척의 함대를 이끌고 강화도에 침입하였다.

② 이들은 강화도에 침입하여 외규장각의 서적 등을 약탈해갔다.

③ 한성근이 문수산성에서, 양헌수가 정족산성에서 프랑스 군대와 맞서 싸워 결국 프랑스군이 퇴각하였다.

깊이 Plus 의궤

- 국가와 왕실의 각종 행사 절차를 기록한 일종의 보고서(왕이 보는 어람용)
- 정조(1752~1800년) 때 강화도 외규장각에 보관
- 1866년 병인양요 때 의궤 191종 297권을 포함한 도서 359점 약탈
- 1992년 대한민국 정부에서 프랑스 정부에 반환 요구
- 1993년 9월. 프랑스 미테랑 대통령이 고속철도부설권을 따내기 위한 의도로 『휘경원원소도감의궤』 1권을 가져와 외규장각 도서 반환 의지 보임
- 2000년 10월 양국 정상 회담에서 유일본 63권을 '대등한 문화재 교환 전시'의 형식으로 한국에 반환하기로 합의했으나 이행하지 않음
- 2010년 11월 12일 G20 정상회의에서 5년마다 외규장각 도서 계약을 갱신하는 임대방식의 조건으로 도서 반환에 합의
- 2011년 6월 1일 145년 만에 279권의 의궤가 모두 고국으로 돌아옴
- 현재 유네스코 세계 기록 문화유산에 등재

외규장각

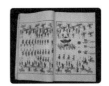
의궤

(3) 오페르트 도굴 사건(1868)

① 고종 5년, 독일 상인이었던 오페르트가 조선의 문호 개방을 요구하기 위해 대원군의 아버지인 남연군의 묘를 도굴하려다가 실패하였다.

② 결국 대원군의 분노를 사고, 대외 강경책을 강화시키는 결과를 낳았다.

(4) 신미양요(1871)

① 미국은 제너럴셔먼호 사건을 구실로 아시아 함대 사령관 로저스가 군함 5척을 이끌고 조선을 침입하였다.

② 미국의 침입을 막기 위해 광성진(어재현)과 갑곶 등에서 분전하였고, 미군은 퇴각하였다.

③ 광성진에서 분전한 어재연 장군을 상징하는 수(帥) 자기를 약탈해 갔다(미국해군사관학교 박물관에 있다가 2007년 10월 장기대여 형식으로 반환함).

어재연 장군 수자기

(5) 이후의 결과

① 강화도에 대한 수비를 더욱 강화하기 위해 특별세를 징수하였다(심도포량미).

② 신미양요 직후 전국 각지에 척화비*를 설립하여 통상수교 거부 의지를 대내외적으로 천명하였다(비문 : 洋夷侵犯 非戰則和 主和賣國).

***척화비**

- 신미양요 직후 흥선 대원군이 전국 주요 도시에 세움
- 양이침범 비전즉화 주화매국
- 서양 오랑캐가 침범함에도 싸우지 않음은 곧 화의하는 것이요, 화친을 주장하는 것은 나라를 파는 것이다.

참고 **흥선 대원군의 대외정책 순서**

러시아의 연해주 장악(1860)
▼
병인박해(1866)
▼
제너럴 셔먼호 사건(1866)
▼
병인양요(1866)
▼
오페르트 도굴사건(1868)
▼
신미양요(1871)

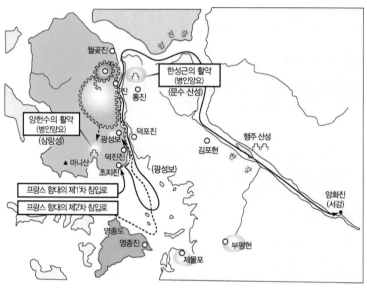

💧 **병인양요와 신미양요**

③ 이러한 통상거부 정책은 우리나라의 자주성을 수호하고, 국가를 지켜냈다는 점에서는 의의가 있으나, 결국 조선이 새로운 국제관계의 흐름에 동참하지 못하고 근대화를 지연시킨 한계를 가져왔다.

비교 **Plus** 병인양요와 신미양요

	병인양요(1866)	신미양요(1871)
원인	병인박해	제너럴셔먼호 사건
침략	프랑스의 로즈제독	미국의 아시아 함대 사령관 로저스
분전	문수산성(한성근), 정족산성(양헌수)	광성진(어재연)
약탈품	외규장각 도서(의궤)	해군을 상징하는 수(帥) 자기

02 개화파와 위정척사파의 대립

1. 강화도 조약(1876)

(1) 배경

① 흥선 대원군이 물러난 이후 고종의 친정 체제가 수립되면서 민씨 세력이 정권을 장악하였다.

⇨ 이 과정에서 개화에 대해 긍정적인 입장을 가진 관리들이 대거 활동하기 시작하였다.

② 박규수, 오경석, 유홍기 등의 통상 개화론자들이 주도가 되어 서양의 발달된 문물을 받아들이고 통상할 것을 주장하였다.

③ 운요호 사건(1875)

㉠ 1875년 8월 일본이 불법으로 강화해협을 침범하자 조선이 초지진에서 포격을 가하였고, 이에 운요호에서도 포격을 가해 초지진을 파괴하였다.

㉡ 일본은 운요호 사건의 책임을 묻기 위해 조선에 춘일호를 보내 위협하였다.

㉢ 결국 일본은 초지진에서의 선제공격이라며 혐의를 뒤집어씌웠고, 박규수가 일본과의 외교 관계가 필요하다고 주장하는 의견이 채택되면서 강화도 조약이 체결되었다.

(2) 강화도 조약의 주요 내용과 의미

① 제1관 : 조선은 자주국이며, 일본과 평등한 권리를 가진다.

⇨ 조선을 자주국가로 규정함으로써 청국과의 관계를 단절시키고자 하는 의도

② 제4관 : 조선은 부산 외에 2개의 항구를 추가로 개항하고 일본인들이 자유롭게 왕래하면서 통상할 수 있게 한다.

③ 제5관 : 경기, 충청, 전라, 경상, 함경 5도 연해 가운데 통상에 편리한 2개 항구를 개항한다.

⇨ 부산 외에 원산과 인천항을 개항하였다.

④ 제7관 : 조선 연해의 도서와 암초는 조사되지 않아 위험하므로 일본국 항해자가 자유로이 해안을 측량할 수 있도록 허가한다.

⇨ 해안 측량권 인정(불평등조약)

⑤ 제10관 : 조선이 지정한 각 항구에 일본 인민이 머무르는 동안 죄를 범한 것이 조선 인민에게 관계된 사건인 때는 모두 일본국 관원이 심판한다.

⇨ 치외법권의 인정(불평등조약)

▽ 강화도 조약

▽ 강화도 조약 체결

(3) 조·일 수호 조규 부록과 통상 장정 체결

조·일 수호 조규 부록	• 일본 외교관의 여행 자유 인정 • 개항장에서 일본인 거류지 설정(사방 10리) • 일본 화폐의 유동 허용
조·일 무역 규칙 (조·일 통상 장정)	• 양곡의 무제한 유출 허용 　⇨ 이후, 1889~1890년 사이에 시행한 방곡령에 대해 배상금 11만원을 청구 • 일본 수출입 상품에 대한 무관세 규정 　⇨ 자주 관세권을 박탈한 불평등 조약

2. 미국과의 수교

(1) 전개

① 원래 미국이 우리나라에 교역을 요구하는 과정에서 신미양요가 나타나게 되었다.

② 일본이 강화도 조약을 통해 우리나라와 교류하게 되자 미국이 일본에 알선을 요구하였으나 일본이 이를 거절하였다.

③ 『조선책략』의 유포(1880) : 이후 미국과의 수교의 필요성이 증대되었다.

　㉠ 1880년 2차 수신사 김홍집이 일본에서 황쭌셴과 교류 후, 가져온 소책자이다.

　㉡ 당시 중국은 러시아를 직접적인 적으로 인식했고, 이러한 의도가 반영된 책이었다.

　㉢ 국내에서 격렬한 논의가 이어졌다.

　　ⓐ 조정 : 개화파 관료에 의해 수용 움직임 ⇨ 이후, 미국과의 조약이 체결

　　ⓑ 유생들에 의해 위정 척사 운동이 발생 ⇨ 이만손, 홍재학 등의 상소

『조선책략』(황쭌셴)

사료 Plus

『조선책략』
조선 땅덩어리는 실로 아시아의 요충을 차지하고 있어 형세가 반드시 다투게 마련이며, 조선이 위태로우면 중동의 형세도 날로 위급해질 것이나. 따라서 러시아가 강토를 능략하려 할진대 반드시 조선으로부터 시작할 것이다. …… 그렇다면 오늘날 조선의 책략은 러시아를 막는 일보다 더 급한 것이 없을 것이다. 러시아를 막는 책략은 어떠한가? 중국과 친하고, 일본과 맺고, 미국과 이어짐으로써 자강을 도모할 따름이다.
　　　　　　　　　　　　　　　　　　　　　　　　　　　- 황쭌셴, 『조선책략』

사료 Plus

『조선책략』 유포 이후 미국과의 수교 거부 주장
황쭌셴의 조선책략을 보니 머리털이 쭈뼛쭈뼛해지고 쓸개가 떨리며 울음이 북받치고 눈물이 흐릅니다. …… 미국은 우리가 평소 잘 모르던 나라입니다. 저들의 권유를 받아 공연히 끌어들였다가 우리의 약함을 업신여겨 따르기 어려운 청을 강요하고, 과도한 비용을 떠맡긴다면 장차 어떻게 응할 수 있겠습니까.
　　　　　　　　　　　　　　　　　　　　　　　　　　　-『승정원일기』

④ 청의 알선으로 미국과 조·미 수호 통상 조약을 체결하였다(1882).

⑤ 미국과의 수교 이후 다른 나라들과의 교류가 활발하게 진행되었다.

조약	체결국	연도	조약	체결국	연도
강화도 조약	일본	1876	조·러 통상 조약	러시아	1884
조·미 수호 통상 조약	미국	1882	조·프 통상 조약	프랑스	1886
조·청 상민 수륙 무역 협정	청	1882	조·오 통상 조약	오스트리아	1892
조·영 통상 조약	영국	1883	조·벨 통상 조약	벨기에	1901
조·독 통상 조약	독일	1883	조·덴 통상 조약	덴마크	1902
조·이 통상 조약	이탈리아	1884			

⑵ **조·미 수호 통상 조약의 주요 내용과 의미**

① 제1조 : 양국 중 한 나라가 다른 나라의 핍박을 받을 경우 반드시 서로 돕고 분쟁을 원만히 해결하도록 주선한다.

   ⇨ 거중조정(居中調整)＊ : 고종의 의도, 하지만 미국은 관례상 1조로 제시한 것이 었다.

② 제4조 : 조선 백성이 미합중국 국민에게 범행을 하면 조선 당국이 조선 법률에 따라 처벌한다. 미합중국 국민이 조선 인민을 때리거나 재산을 훼손하면 미합중국 영사나 그 권한을 가진 관리만이 미합중국 법률에 따라 체포하고 처벌한다.

   ⇨ 치외법권 인정(불평등 조약)

③ 제5조 : 무역을 목적으로 조선국에 오는 미국 상인 및 상선은 모든 수출입 상품에 대하여 관세를 지불해야 한다.

   ⇨ 최초로 관세권을 인정한 조약이다.

④ 제14조 : 조약을 체결한 뒤에 통상 무역 상호 교류 등에서 본 조약에 부여되지 않은 어떠한 권리나 특혜를 다른 나라에 허가할 때에는 자동적으로 미국 관민에게도 똑 같이 주어진다.

   ⇨ 최혜국 대우 조약(불평등 조약)

＊ 거중조정
국제 분쟁을 제3국의 권고 또는 조언 에 의하여 평화적으로 해결하는 방법 이다. 제3국은 분쟁 당사국의 교섭 개 시를 권유하기도 하고, 분쟁 당사국의 직접 교섭 내용에 관하여 해결안을 제시하거나 양보를 권하기도 한다.

PART 06

3. 개화 사상의 전개

(1) 초기 개화 사상가

① 오경석, 유홍기 등이 김옥균, 박영효, 홍영식, 김윤식, 유길준 등에게 북학 사상과 서양 문물을 전하였고 여기에 김홍집, 어윤중 등이 참여하면서 개화파를 형성하였다.

 ㉠ 박규수 : 실학자 박지원의 손자로 청에 사신으로 다녀온 뒤, 서양의 발달된 문물을 수용하여야 한다고 주장하였다.

 ㉡ 오경석(역관) : 중인 역관으로 13차례 청을 오가며 새로운 학문에 관심을 가지게 되었다. 이후, 『해국도지』*, 『영환지략』* 등의 서적을 통해 세계 정세에 눈을 뜨게 되었고, 1876년 강화도 조약을 체결할 무렵 박규수와 함께 개국을 주장하였다.

 ㉢ 유홍기(의사) : 한의사였던 유홍기는 오경석과 교류하면서 양무서적을 접하게 되었고, 후에 박영효·김옥균 등의 개화사상에 영향을 주었다.

② 정치 및 경제 제도에 각종 개혁안을 구상하였으나, 토지 문제에 대해서는 적극적 해결방안을 제시하지 못하였다.

(2) 개화파의 구분

① 온건 개화파

 ㉠ 청나라 양무 운동을 본받아 전통적 유교사상을 지키며 서양 과학과 기술을 수용할 것을 주장하였다.

 ㉡ 개화의 여건이 성숙되지 않는다고 보아 천천히 개화를 추진해야 한다고 보았다.

 ㉢ 전통적 우호를 맺고 있던 청나라와의 관계를 중시하였다.

 ㉣ 동도서기론에 기반한 개화정책을 추구하였다.

사료 Plus

동도서기론

군신, 부자, 부부, 붕우, 장유의 윤리는 천(天)에서 얻은 것이고 인간의 본성에서 부여된 것으로 천지를 통하는 만고불변의 이(理)입니다. 그리고 위에 존재하는 것으로서 도(道)가 됩니다. 이에 대하여 수레, 선박, 군, 농기계가 백성을 편하게 하고 나라를 이롭게 하는 것은 외형적인 것으로서 기(氣)가 되는 것입니다. 신이 변혁을 꾀하고자 하는 것은 기(氣)이지 도(道)가 아닙니다.   — 윤선학의 상소

---

② 급진 개화파

 ㉠ 일본의 메이지유신을 본보기로 삼아 서양의 과학과 기술을 적극 수용할 것을 주장하였다.

 ㉡ 일본의 정치가 및 지식인들과 교류하여 관계를 두텁게 하고자 하였다.

 ㉢ 정부의 개혁이 너무 소극적이라고 비판하였다.

 ㉣ 문명개화론*에 기반한 개화정책을 추구하였다.

『해국도지』
청나라 위원이 1852년 100권으로 완선하여 간행한 세계 지리서이다. 세계 각국의 지세(地勢)·산업·인구·정치·종교 등을 다양하게 수록하였다.

『영환지략』
1850년 서계여가 간행한 세계 지리서이다.

* 문명개화론
일본의 근대 사상가인 후쿠자와 유키치의 문명 개화론은 서양의 기술뿐 아니라 발달된 정치·사상·문화의 수용까지 주장하였다.

사료 Plus

문명개화론

인류의 역사는 야만에서 문명으로 진보한다. 그 발전 단계는 야만(野蠻)·미개(未開)·반개화(半開化)·문명개화(文明開化) 등으로 구분할 수 있다. 현재 세계의 여러 나라 가운데 영국 등의 유럽 국가들과 미국은 문명개화국으로, 일본·중국 등을 반개화국(半開化國)으로 볼 수 있다. 일본이 독립과 자존을 이루려면 중화사상(中華思想)이나 유교사상에서 벗어나 서양의 지식과 정치·법·기계·의식주의 풍속 등을 적극적으로 받아들여야 한다.

– 후쿠자와 유키치

비교 Plus 온건 개화파 vs 급진 개화파

	온건 개화파	급진 개화파
기반 사상	동도서기론	문명개화론
개혁 모델	청의 양무 운동	일본의 메이지유신
내용	전통 질서 하에서 서양의 과학기술만 수용	서양의 제도와 과학 기술 모두 적극 수용
정치체제	전통적인 전제 군주제	개혁적인 입헌 군주제
영향	민씨 정권의 개화 정책 주도	갑신정변 주도
주요 인물	김윤식, 어윤중, 김홍집	김옥균, 박영효, 홍영식, 서광범

한눈에 쏙

개화사상의 흐름

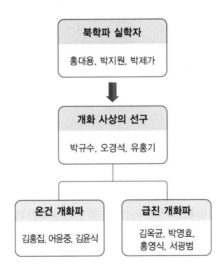

4. 1880년대 정부의 개화 정책 추진

(1) 해외 시찰단 파견

① 일본에 수신사 파견 : 김기수(1차, 1876), 김홍집(2차, 1880)

② 청에 영선사 파견 : 톈진에서 무기 제조법과 근대적 군사 훈련법을 학습하였다.
⇨ 기기창을 설치하였다.

③ 신사유람단(조사시찰단) 파견 : 일본의 발전상을 시찰하였다.

④ 미국에 보빙사* 파견 : 유길준이 『서유견문』을 작성하였다(1889년 완성, 1895년 출간).

(2) 정부 기구의 개편

① 대외관계를 담당하는 통리기무아문과 부국강병을 위한 실무기구인 12사를 설치하였다(1880).

② 5군영을 무위영·장어영의 2영으로 통합·개편하였다.

③ 신식군대인 별기군을 창설하여, 일본인을 교관으로 초빙하였다(1881).

*보빙사

1883년 민영익을 단장으로 하여 구성된 사절단이다. 미국 대통령을 만나고 박람회, 병원, 신문사, 육군사관학교 등 각종 근대 시설을 시찰하고 돌아왔다. 일행 중 유길준은 미국에 남아 유학하였다.

> **사료 Plus**
>
> **개화의 등급**
>
> 무릇 개화란 인간의 온갖 만물이 가장 아름다운 경지에 이르는 것을 일컫는데, 개화에는 인륜 개화, 학술 개화, 정치 개화, 법률 개화, 기계 개화, 물품 개화가 있다. 인륜 개화는 천하만국을 통하여 그 동일한 규모가 천만년을 지나도 장구함이 변하지 않는 것이다. 정치 이하의 여러 개화란 시대에 따라서 변개하기도 하고 지방에 따라 다르기도 하다. 그러므로 옛날에는 맞았지만 지금은 맞지 않으며, 저쪽에는 좋지만 이쪽에는 좋지 않은 것도 있어, 곧 고금의 형세를 살피고 피차 사정을 비교하여 장점을 취하고 단점을 버리는 것이 곧 개화의 큰 도(道)인 것이다.
>
> ─ 『서유견문』 제14편, 유길준

한눈에 쏙

강화도 조약 체결 이후, 사건의 흐름

강화도 조약 체결(1876) 이후 추진된 개화 정책(1880년대)
• 일본에 수신사 파견 : 김기수(1차), 김홍집(2차)
• 청에 영선사 파견 : 무기 제조법과 근대적 군사 훈련법 학습 → 기기창 설치
• 신사유람단(조사시찰단) 파견 : 일본의 발전상 시찰
• 미국에 보빙사 파견 : 유길준이 「서유견문」 작성(1889년 완성, 1895년 출간)
• 정부 기구 개편 : 통리기무아문(대외관계 담당)과 12사(부국강병 추진) 설치, 5군영을 2영(무위영, 장어영)으로 통합, 신식군대인 별기군 창설

⇩

강화도 조약 체결과 개화 정책에 대한 반발		
위정척사운동	임오군란(1882)	갑신정변(1884)
• 통상 반대, 척화주전론 • 개항불가, 왜양일체론 • 영남만인소	• 신식군인 별기군 차별에 대한 구식 군대의 반발 • 청군의 진압 ⇨ 조·청 상민 수륙 무역 장정, 제물포 조약	• 정부의 소극적 개화에 대한 반발 • 급진 개혁파가 우정국 개국 축하연에서 정변 • 청군의 진압 ⇨ 한성 조약, 톈진 조약

5. 위정척사 사상의 전개

(1) 위정척사의 의미

① '바른 것을 지키고(衛正) 사악한 것과 이단을 물리치자(斥邪)'는 입장으로 '바른 것'은 전통적인 성리학적 사회 질서, '사악한 것'은 서양 문물을 의미한다.

② 척사의 대상 : 청 → 서양 → 일본으로 확대되었다.

(2) 주도층

성리학을 신봉하는 보수적인 유생층에서 중심이 되었다.

(3) 특징

① 동도서기 부정 : 서양 과학기술의 선진성을 부정하고, 서양의 도전을 우리의 기술과 기예만으로도 충분히 물리칠 수 있다고 인식하였다.

② 경제적 · 문화적 파멸 인식 심화 : 서양과 일본과의 교섭은 조선을 경제적으로나 문화적으로 파멸에 이끌 것이라고 예견하였다.

③ 외교 정책 : 명과 중국 문화에 대해서는 사대적, 청에는 중립적 외교를 지지하였다.

사료 Plus

위정척사 사상

양적(洋賊)의 침입을 당하여 국론이 교(交)와 전(戰)으로 양분되어 있다. 그런데 양적을 공격해야 한다는 주장은 내 나라 사람의 것이고, 양적과 화친해야 한다는 주장은 적국 사람의 것이다. 전자를 따르면 조선 문화의 전통을 보전할 수 있지만, 후자를 따른다면 조선인은 금수의 지경으로 빠지고 말 것이다. - 『화서집』

(4) 1860년대 위정척사 운동

① 통상 반대 운동이었다.
⇨ 정부 정책을 뒷받침하였다.

② 배경 : 열강의 통상 요구, 병인양요와 신미양요

③ 주도 인물 : 이항로의 주전론, 기정진의 척사소
⇨ 개별 상소로 위정척사 운동을 전개하였다.

④ 내용
㉠ 척화주전론 : 서양의 무력 침략에 대항하여 대원군의 통상 수교 거부 정책을 뒷받침하였다.
㉡ 통상 반대 운동 : 쇄국양이(鎖國攘夷) 정책을 주장하였다.

기정진

🔻 최익현

참고 이만손과 홍재학

조선 말기의 유학자로, 김홍집에 반대해 '영남만인소'라는 상소를 고종에게 올렸다. 그 내용은 당시의 정책을 규탄하고 정부를 공격하는 것이었다. 이후 전국적인 유생들의 반대운동의 선구가 되었으며, 위정척사 사상에 근거한 민족자존의식의 표현이었다. 1881년 일어난 상소운동으로 이만손은 유배를 떠났고, 홍재학은 처형되었다.

(5) 1870년대 위정척사 운동

① 배경 : 강화도 조약 전후

② 주도 인물 : 최익현, 김평묵, 유중교 등

③ 내용 : 개항불가론, 왜양일체론, 경세적 침략을 상소하였다.

사료 Plus

왜양일체론

저들이 비록 왜인이라고 하나 실은 양적(洋賊)이옵니다. …… 강화가 이루어진 뒤에는 저들이 상륙하여 서로 왕래하고 또는 우리 지경 안에서 집을 짓고 살려고 할 것입니다. 우리가 이미 강화하였으므로 거절할 말이 없고 거절할 수 없어서 내버려두면 재물이나 비단과 부녀자를 빼앗는 일을 마음대로 할 것입니다. 이런 일이 벌어지면 도대체 누가 능히 막겠사옵니까? ― 「지부복궐소」 중 일부, 최익현

(6) 1880년대 위정척사 운동

① 개화 반대 운동과 신사척사 운동이었다.
⇨ 정부와 대립구도를 형성하였다.

② 배경 : 『조선책략』의 외교정책 비판, 민씨 정권과 개화파·고종 비판
⇨ 반정부운동으로 발전

③ 주도 인물 : 김평묵, 이만손, 홍재학, 유원식

④ 내용

㉠ 전개 : 정치적 성격 → 반정부적 성격 → 흥선 대원군 집권 시도

㉡ 영남 유생 이만손의 만인소(복합 상소) : 영남에서 시작하여 전국으로 확산되었으며, 김홍집을 탄핵하는 계기가 되었다.

㉢ 홍재학의 만언척사소 : 고종의 친정 아래 서양문물과 양학이 만연하여 종묘와 사직이 위기를 겪자, 통리기문아문 혁파와 5위제 부활을 주장하였다.

사료 Plus

개화반대 상소

수신사 김홍집이 가지고 와서 유포한 사사로운 책자를 보노라면 어느새 털끝이 일어서고 쓸개가 떨리며 울음이 북받치고 눈물이 흐릅니다. …… 중국은 우리가 신하로서 섬기는 바이며 해마다 옥과 비단을 보내는 수레가 요동과 계주를 이었습니다. 신의와 절도를 지키고 속방의 직분을 충실히 지킨 지 벌써 2백년이나 되었습니다. …… 미국은 우리가 본래 모르던 나라입니다. 잘 알지 못하는데 공연히 타인의 권유로 불러들였다가 그들이 재물을 요구하고 우리의 약점을 알아차려 어려운 청을 하거나 과도한 경우를 떠맡긴다면 장차 이에 어떻게 응할 것입니까? …… 일본은 우리에게 매어있던 나라입니다. …… 그들은 이미 우리 땅을 잘 알고 수륙 요충지대를 점거하고 있습니다. …… 그들이 우리의 허술함을 알고 함부로 쳐들어오면 장차 이를 어떻게 막겠습니까? …… 러시아는 본래 우리와 혐의가 없는 나라입니다. 공연히 남의 말만 듣고 틈이 생기게 된다면 우리의 위신이 손상될 뿐만 아니라 만약 이를 구실로 침략해 온다면 장차 이를 어떻게 막을 것입니까? ― 영남만인소 중에서

한눈에 쏙

위정척사 사상의 흐름

시기	계기	핵심	활동
1860년대	병인양요, 신미양요	통상 반대 운동 (척화주전론)	• 기정진, 이항로 • 1860년 서양의 통상 요구에 맞서 통상 반대 운동 전개
1870년대	강화도 조약	개항 반대 운동 (왜양일체론)	• 최익현 • 1876년 강화도 조약을 맺을 무렵 왜양일체론, 개항불가론을 내세워 개항 반대
1880년대	『조선책략』 유포	상소운동 (개화 정책 반대)	• 이만손, 홍재학 • 황쭌셴의 『조선책략』에 따라 서양과 통교하려 한다고 여겨 이를 반대하는 상소를 올림(영남만인소).
1890년대	을미사변	항일 의병 운동	을미의병(유인석, 기우만)

03 임오군란과 갑신정변

1. 임오군란(1882)

(1) 배경

① 수구파와 개화파의 대립으로 대변되는 흥선 대원군의 세력과 명성황후 세력의 대립이었다.

② 가장 직접적인 이유는 구식 군인에 대한 차별대우 및 별기군에 대한 우대 때문이었다.

(2) 경과

① 구식 군인들에게 밀린 급료의 일부를 지급하는 과정에서 겨와 모래가 섞인 쌀을 배급하자 이들이 분노하여 민겸호와 민태호의 집을 습격하고 별기군의 일본군 장교를 사살하였다.

② 정부의 개방·통상 정책으로 미곡이 일본으로 유출되어 쌀값이 폭등하였고, 서울 빈민들의 경제적 압박이 가중되었다. 결국, 군인들의 처지와 다를 바 없었던 이 지역 빈민들도 합세하였다.

③ 이러한 과정에서 일본 공사관을 습격하여 파괴하고 궁으로 들어가 민겸호를 죽이고, 명성황후 등을 축출하였다.

④ 흥선 대원군이 재집권하여 개화 이전의 상태로 관제 및 군제를 복구하였다.

⑤ 흥선 대원군에 밀려 충주 장호원으로 도망간 명성황후가 청에 구원을 요청하였으며, 일본이 개입할 것을 우려한 청이 조선에 군대를 파견하였다.

⑥ 청이 군대를 파견하여 군란을 진압하고, 흥선 대원군을 군란의 책임자라 하여 청으로 압송하였다.

별기군

✱ 묄렌도르프
독일인인 묄렌도르프는 임오군란 이후 우리나라 최초의 서양인 고문으로 부임하였다. 외교 고문이자 해관의 총세무사로 일한 그는 민씨 세력과 손잡고 점진적인 개혁을 추진하였는데, 급진적인 개혁을 도모하였던 김옥균 등과는 대립하였다. 특히 조선의 재정 확보책을 둘러싸고 묄렌도르프는 당오전 발행, 김옥균은 차관 도입을 주장하여 대립하였다.

▽ 조선의 내정과 외교에 간섭하는 청을 풍자하는 그림

(3) 결과

① 청나라가 군란을 진압한 점이 인정되어 조선에 대한 청의 내정 간섭이 심화되었다.

  ㉠ 청 군대가 조선에 주둔하였으며, 재정 고문(마젠창) 및 외교 고문(묄렌도르프✱)을 파견하였다.

  ㉡ 조·청 상민 수륙 무역 장정 : 청나라 상인의 통상특권을 허용하여 일본에 빼앗긴 상권을 다소 회복하였다.

② 민씨 일파의 재집권 : 정권을 잃었던 민씨 세력은 친청 정책을 고수하면서 청의 지원 하에 점진적으로 개화정책을 추진하였다.

③ 일본과 제물포 조약 체결 : 일본 공사관의 침입을 빌미로 군란 책임자 처벌, 조선 정부의 사죄와 배상금 지불을 요구하였으며, 일본 공사관의 경비병 주둔을 허용하였다.

④ 군란 이후, 박영효·김옥균 등은 일본이 입은 피해에 대한 배상을 논의하기 위해 일본에 갔다. 이들은 이곳에서 차관 교섭을 벌이고 구미 외교사절과 접촉하였다.

  ㉠ 일본으로 가던 박영효가 최초로 태극기를 사용하였다.

  ㉡ 김옥균은 외무대신 이노우에를 만나 조선 개혁 지원을 약속받았다(갑신정변을 계획).

사료 Plus

조·청 상민 수륙 무역 장정

이 수륙 무역 장정은 청이 속방을 우대하는 뜻에서 상정한 것이고, 각 대등 국가 간의 일체 동등한 혜택을 받는 예와는 다르다.

제1조 청의 북양 대신과 조선 국왕은 대등한 지위를 가진다.

제2조 조선에서 청의 상무위원의 치외법권을 인정한다.

제4조 베이징과 한성, 양화진에서 개잔 무역을 허락하되, 양국 상민의 내지 채판을 금한다. 다만, 내지 채판이 필요하면 지방관의 허가서를 받아야 한다.

제7조 청 선박의 운항 및 청 병선의 조선 연해 내왕과 정박을 허용한다.

사료 Plus

제물포 조약

제1조 범인체포는 20일로 한정하고 기한 내에 체포하지 못할 경우 일본측에서 맡아서 처리한다.

제2조 일본관리로서 조난을 당한 자를 후하게 장사지낸다.

제3조 일본인 조난자 및 그 유족에게 5만원의 보상금을 지급한다.

제4조 일본군의 출동비 및 손해에 대한 보상비로 50만원을 조선 측이 지불한다.

제5조 일본공사관에 군대를 상주시키고 병영의 설치·수선비용을 조선 측이 부담한다.

제6조 조선에서 대관(大官)을 특파하여 일본에 사과한다.

2. 갑신정변(1884)

(1) 배경

① 임오군란 이후 청의 내정 간섭이 심화되면서 민씨 정권 하의 개화정책에 대한 불만이 고조되었다.

② 임오군란 이후 급진 개화파에 대한 압박이 심해지면서 이들의 불만이 심화되었다.

③ 청프전쟁이 시작되면서 청나라가 조선에 주둔시킨 군대의 일부를 철수시키면서 급진 개화파는 일본 공사관의 약속을 믿고 정변을 계획하였다.

(2) 경과

① 우정국 개국 축하연을 기회로 정변을 일으키고, 권력을 장악하여 개화당 정부를 수립하여 14개조 정강 개혁 정강을 반포하였다.

② 그러나 3일 만에 청군이 다시 개입하게 되고 일본의 배신으로 3일 천하로 끝나고 말았다.

③ 주도 세력의 대부분은 일본으로 망명하거나 청군에 살해되었다.

(3) 갑신정변 14개조 정강의 내용과 의미

분야	14개조 정강	개화당의 목표
정치	1. 흥선 대원군을 빨리 귀국시키고 종래 청에 대해 행하던 조공의 허례를 폐지한다.	청에 대한 사대 외교관계 청산
	2. 문벌을 폐지하고 인민평등권을 제정하여 능력에 따라 관리를 임명한다.	양반 중심의 정치체제와 신분제 타파
	4. 내시부를 없애고 그중에서 우수한 인재를 등용한다.	국왕을 가까이에서 보좌하는 기관을 폐지하여 국왕의 권력 제한
	7. 규장각(외척 세도정치의 기반으로 변질)을 폐지한다.	
	13. 대신과 참찬은 의정부에 모여 정령을 의결하고 반포한다.	국왕의 전제정치와 외척의 국정 간섭을 막고, 내각 제도를 확립 ⇨ 입헌군주제 추구
	14. 의정부와 6조 외에 필요 없는 관청을 없앤다.	
경제	3. 지조법(地租法)을 개혁하여 관리의 부정을 막고 백성을 보호하며 재정을 넉넉히 한다.	삼정의 문란을 바로잡고 국가의 재정을 확보하기 위함
	6. 각 도의 환상(환곡)을 영구히 받지 않는다.	
	9. 혜상공국(보부상을 총괄하는 기관, 보부사의 특권을 보호하며 집권층의 손발 노릇)을 혁파한다.	보부상 등의 특권을 없애고 자유 상업을 발전시키기 위함
	12. 모든 재정은 호조에서 관할한다.	호조가 국가 재정 관할(재정일원화)
군사	11. 4영을 1영으로 합하되, 영 가운데에서 장정을 뽑아 근위대를 설치한다.	군의 통솔권 확립
기타	5. 탐관오리 중에서 그 죄가 심한 자는 처벌한다.	국가 기강 확립과 민생 안정
	8. 급히 순사를 두어 도둑을 방지한다.	근대적 경찰제도 도입
	10. 귀양살이하거나 옥에 갇혀 있는 자는 그 정상을 참작하여 적당히 형을 감한다.	민심을 얻기 위함

🔽 우정총국

참고 갑신정변 전개

- --- 첫 날 급진 개화파의 진로
- --- 급진 개화파와 일본군의 진로
- → 청군의 진로

첫째날	• 우정총국에서 정변 • 고종을 창덕궁에서 경우궁으로 옮김
둘째날	• 새로운 내각 발표 • 왕 창덕궁 환궁
셋째날	• 개혁 정강 발표 • 청군의 개입과 일본군의 후퇴 • 정변 세력이 일본 공사관으로 피신 • 군중들이 일본 공사관 습격

PART **06**

참고 **갑신정변 주요 인사들의 삶**

• 김옥균 : 갑신정변 주도
• 박영효
• 일본에 수신사로 가면서 태극기 제작
• 박문국 설립 주도 ⇨ 한성 순보 발간
• 서재필 : 독립 협회 창설
• 홍영식
• 우정총국의 우정총판에 임명
• 갑신정변 실패에 대한 책임으로 피살
• 이상 3인은 갑신정변 실패 후, 일본으로 망명

(4) 결과

① 일본과 한성 조약 체결 : 일본에 배상금을 지불하고 공사관 신축비를 부담하였다.

② 일본과 청 사이에 톈진 조약 체결 : 청·일 군대의 공동철병 및 군대 파병 시 사전 통보

③ 청의 세력이 더욱 강해졌다.

㉠ 민씨 일파의 사대당이 권력을 독점하여 보수 세력이 장기 집권하였다.

㉡ 개화 세력의 도태로 상당 기간 개화 운동의 흐름이 끊어졌다.

(5) 의의와 한계

① 의의 : 최초의 근대적 개혁 시도이다.

② 한계

㉠ 외세에 의존하였다.

㉡ 위로부터의 개혁이 추진되어 민중의 호응을 얻지 못했다.

사료 Plus

한성 조약(1884)

제1조 조선국은 국서를 보내 일본에 사의를 표명할 것

제2조 해를 입은 일본인 유족과 부상자에게 보상금을 지불하고, 또 상인의 재물이 훼손 약탈된 것을 변상하기 위해 조선국은 11만 원을 지불할 것

사료 Plus

톈진 조약(1885)

제1조 청국은 조선에 주둔한 군대를 철수한다. 일본국은 공사관 호위를 위해 조선에 주재한 병력을 철수한다.

제2조 양국은 함께 조선 국왕에게 권하여 병사를 교련하여 치안을 유지할 수 있게 한다. 제3국 무관 1명에서 수명을 선발 고용하여 군사 교련을 위임한다. 이 후 청, 일 양국은 사람을 파견하여 조선에 주재하면서 교련하는 일이 없도록 한다.

제3조 앞으로 만약 조선에 변란이나 중대 사건이 일어나 청, 일 두 나라나 어떤 한 국가가 파병을 하려고 할 때에는 마땅히 그에 앞서 쌍방이 문서로서 알려야 한다. 그 사건이 진정된 뒤에는 즉시병력을 전부 철수시키며 잔류시키지 못한다.

	임오군란(1882)	갑신정변(1884)
원인	• 표면적: 별기군에 대한 구식군대 차별대우에 대한 반발 • 근본적: 정부의 개화정책에 대한 반발	정부의 소극적 개화정책 추진에 대한 반발
전개	• 민겸호의 집 습격, 일본 공사관 습격 • 경제적 어려움을 겪고 있던 도시 빈민 참여 • 흥선 대원군 재집권 • 청군에 의해 진압, 흥선 대원군 청으로 압송	• 우정국 개국 축하연에서 정변 • 14개조 정강 발표 • 청국의 개입으로 3일 천하 • 민씨 일파 재집권

결과	• 조·청 상민 수륙 무역 장정: 청 상인의 내지 통상권 허용
	  ⇨ 이후 조선에서 청·일 양국 상인의 경쟁 치열
	• 제물포 조약: 일본에 배상금 지불, 공사관에 경비 주둔
		• 톈진 조약: 청일 공동 철병 및 파병시 사전 통보
		• 한성 조약: 일본에 배상금 지불
		  ⇨ 이후, 청의 영향력이 더욱 커짐

비교 Plus 임오군란과 갑신정변

04 이후의 정세

1. 조선을 둘러싼 열강의 침탈

(1) **청**

① 임오군란과 갑신정변 이후 정치적 영향력이 커졌다.

② 조·청 상민 수륙 무역 장정을 체결한 이후 조선에 대한 경제적 영향력을 확대하였다.

(2) **일본**

① 임오군란과 갑신정변 이후 청에 밀려 영향력이 쇠퇴하였다.

② 그러나 이전부터 경제적 침탈을 강화하고 있었으며 이를 바탕으로 조선에 영향력을 행사하였다.

(3) **러시아**

① 베이징 조약으로 연해주를 차지하고, 조선과의 접경에 위치한 블라디보스토크에 군항을 개설하였다.

② 1884년 조·러 통상 조약 체결 후, 청의 중재 없이 바로 수교하였다.

③ 1885년 고종은 청나라를 견제하기 위해 러시아와 비밀 협약을 벌이는 등 자주적인 외교정책을 추진하지만 청의 방해로 실패한다(조·러 비밀 협약*).

④ 1888년 조·러 육로 통상 장정 체결 후, 경흥을 무역지로 개방하고 두만강의 운항권을 차지하였다.

열강의 침탈

✱**조·러 비밀 협약**
러시아가 영흥만을 조차한다는 대가로 군사훈련을 담당할 군사 교관을 조선에 파견한다는 내용의 비밀협약으로, 청의 방해로 비밀 협약 체결은 실패로 돌아갔다.

(4) 영국

① 거문도 사건(1885~1887)✱ : 러시아의 남하 정책을 견제할 목적으로 불법적으로 조선의 거문도를 점령하였다.

② 청의 중재로 거문도에서 철수하였다(1887. 2.).

✱ 거문도 사건(1885~1887)

미국 1885년 3월 영국이 러시아의 남하를 저지한다는 빌미로 거문도를 불법적으로 점령한 사건이다. 영국은 4월이 되어서야 청을 통해 '거문도를 잠시 빌린다.'는 외교 문서를 조선에 전달하였으며, 정부는 즉각 철수를 요구하였다. 영국군은 러시아와의 대립이 완화되자 청의 중재로 2년 만에 철수하였다. 거문도 사건은 조선이 언제든지 열강의 각축장이 될 수 있다는 것을 보여주었으며, 이 사건은 조선의 중립화론이 대두하는 배경이 되었다.

2. 한반도 중립화론 대두(1885)

(1) 배경

① 러시아의 한반도 침투에 대항하여 영국이 거문도를 불법으로 점령하였다.

② 갑신정변의 실패로 인해 조선에 대한 청나라의 내정 간섭이 강화되고 청·일간에는 텐진 조약이 체결되었다.

(2) 주장

① 독일인 부들러 : 열강 간의 이해 조정의 주도권을 쥐고, 독립을 보전하는 형태로 열강 간의 국제조약을 통한 조선의 중립을 보장하자고 주장하였다.

② 유길준✱ : 우리나라에 관심이 있는 청·일·러와 구미 열강들의 침략 의도를 정확히 인식한 것을 전제로, '영구 중립'을 국제적으로 보장하는 조약의 체결을 청이 주도하고, 구미 열강의 합의를 거쳐 러·일 양국도 이에 따르도록 하자고 주장하였다.

✱ 유길준(1856~1914)

• 보빙사로 미국 시찰 → 이후, 미국 유학(우리나라 최초의 미국 유학생)
• 『서유견문』 집필(1895) : 서양 근대 문명 소개, 문명진보사관, 입헌군주제 도입 ⇨ 갑오개혁의 이론적 기초를 제공

> **사료 Plus**
>
> **유길준의 중립화론**
> 우리나라가 아시아의 인후에 처한 지리적 위치는 유럽의 벨기에와 같고 중국에 조공하던 처지는 터키에 조공하던 불가리아와 같다. 그런데 불가리아가 중립조약을 체결한 것은 유럽 여러 대국들이 러시아를 막으려는 계책에서 나온 것이고 벨기에가 중립조약을 체결한 것은 유럽의 여러 대국들이 자국을 보전하려는 계책에서 나온 것이다. 대저 우리나라가 아시아의 중립국이 된다면 러시아를 방어하는 큰 기틀이 될 것이고 또한 아시아의 여러 대국들이 서로 보전하는 정략도 될 것이다. 이것은 비단 우리나라만을 위한 것이 아니라 중국도 이익이 될 것이며, 여러 나라가 서로 보전하는 계책도 될 것이니 무엇이 괴로워서 하지 않겠는가?

3. 정부의 외교 정책 다변화

1887년 조선 정부는 갑신정변 이후 더욱 거세어진 청국의 압력을 견제하기 위해 박정양을 최초의 주미 전권공사로 임명하여 미국과의 관계를 강화하고자 하였다.

05 동학 농민 운동

1. 배경

(1) 농민에 대한 수탈 심화

① 삼정의 문란이 여전히 존속하는 가운데 외국에 대한 배상금 부담 책임을 농민에게 전가하였다.

② 일본과 청나라의 경제 침탈로 곡물 유출이 심각하게 나타났다.

(2) 동학의 교세 확장 과정과 교조 신원 운동

제2대 교주인 최시형의 노력으로 동학의 교세가 확장되었으며, 어지러운 시기에 인내천 사상과 외세배척 사상은 농민들에게 큰 호응을 얻게 되었다.

2. 전개

(1) 교조 신원 운동 전개

① 동학의 교조였던 최제우의 죽음이 억울하였음을 밝히고, 포교의 자유를 획득하고자 하였다.

② 삼례집회 → 한양 복합 상소 → 보은집회 순으로 전개되었다.

③ 삼례집회에서는 종교집회의 성격이 강하였으나, 보은집회에서는 탐관오리의 숙청과 일본 및 서양 세력의 축출을 주장하는 척왜양창의(斥倭洋倡義) 모습이 강하게 전개되었다.

(2) 고부 농민 봉기

① 1892년 4월, 조병갑이 고부 군수로 부임하여 학정을 저질렀고 농민을 동원하여 만석보 밑에 팔왕보라는 새 보를 쌓고 물세를 비싸게 받았다.

② 고을의 부유한 농민들에게는 불효, 음행, 잡기 등 갖은 죄목을 붙여 수탈하였다.

③ 전봉준과 고부 농민들은 이러한 폐해를 바로 잡아달라고 여러 차례 군수에게 호소하나 소용없었다.

④ 1894년 1월 10일, 전봉준은 1천여 명의 고부 농민과 함께 봉기를 일으켰다.

⑤ 고부 봉기 소식을 들은 조정에서는 조병갑을 불러올리고 박원명을 고부 군수로, 이용태를 안핵사로 임명하여 사태를 조사하게 하였다.

⑥ 안핵사 이용태는 역졸 800여 명을 거느리고 고부에 들어와 조병갑을 옹호하며, 모든 책임을 동학 탓으로 돌리고 봉기에 참여한 농민뿐 아니라 가족까지 잡아들여 학살하였다.

(3) 제1차 농민 봉기

① 이용태의 만행을 지켜본 전봉준이 손화중, 김개남 등과 함께 1894년 3월 전라도 무장에서 봉기하였다.

② 전봉준은 백산에 모여든 8천여 명의 농민들을 농민군 부대로 편성하고 지휘부인 호남창의대장소를 창설하였다. 또한, 백산에서 4대 행동 강령*을 발표하였다.

③ 다급해진 정부는 홍계훈을 양호초토사로 임명하여 농민군을 토벌하도록 지시하였다.

④ 동학 농민군은 황토현과 황룡촌 싸움에서 승리하고 4월 27일에 전주성을 점령하였다.

▽ 백산 봉기

＊**4대 행동 강령**
첫째, 사람을 함부로 죽이지 말고 가축을 잡아먹지 말라.
둘째, 충효를 다하여 세상을 구하고 백성을 편안케 하라.
셋째, 일본 오랑캐를 몰아내고 나라의 정치를 바로 잡는다.
넷째, 군사를 몰아 서울로 쳐들어가 권신귀족을 모두 제거한다.

참고 장태

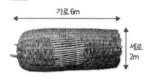

농민군이 사용한 총알 방어 도구로 황룡촌 전투에서 큰 성과를 보였다.

참고 사발통문

주모자가 누구인지 알 수 없도록 봉기에 동의한 사람들의 이름을 사발모양으로 둥글게 서명하여 사발통문이라 한다.

＊집강소
일종의 농민 자치 조직으로, 지방 행정과 치안을 담당하였다. 원래 집강소는 농민군이 점령지에 자체적으로 설립하였으나, 전주 화약 이후 전라 감사 김학진의 허용으로 공식 기구화되었다.

＊평량갓
평량립, 패랭이로도 불렸는데, 주로 천한 직업을 가진 사람들이 사용하였다. 평량갓을 없애자는 것은 신분과 직업의 차별을 없애자는 주장이라고 볼 수 있다.

⑷ 전주 화약기

① 전주성 함락으로 위기에 몰린 민씨 정권은 농민군의 진격을 멈추게 하기 위해서 김학진을 전라 감사로 임명하여 농민군을 회유하는 동시에 청에 군대를 파견해 줄 것을 요청하였다.

② 이에 따라 1894년 5월 5일 청군이 아산만에 상륙하였고, 일본군도 5월 6일 인천에 상륙하였다(톈진 조약에 근거).

③ 한편 5월 8일 전봉준은 농민군이 요구한 폐정개혁안을 중앙에 보고하여 시행할 것과 농민군의 신변을 보호한다는 조건으로 화약을 맺고 농민군은 진주성을 떠난다(전주 화약).

④ 전주성에서 철수한 농민군은 각 군으로 돌아가 정부의 폐정개혁을 요구하면서 여러 정책을 실시하였다.
⇨ 전봉준은 지방을 돌아다니면서 폐정개혁을 추진하였고, 손화중은 전라우도, 김개남은 전라좌도를 장악하였다.

⑤ 집강소＊의 설치
㉠ 전봉준과 김학진은 민족의 위기를 타개할 목적으로 7월 6일 전주에서 회담을 갖고 관민상화(官民相和)의 원칙에 따라 서로 협력하여 치안질서를 바로 잡고 각 고을에 집강소를 설치하여 농민군 주도하에 폐정개혁을 실시하기로 합의하였다.
㉡ 집강소는 지역 실정에 따라 민정기관, 자치기관, 치안기구로서의 역할을 하면서 폐정 개혁 활동을 주도하였다.

사료 Plus

폐정개혁안 12조(1894. 4)
1. 동학도는 정부와의 원한을 씻고 서정에 협력한다.
2. 탐관오리는 그 죄상을 조사하여 엄징한다.
3. 횡포한 부호(富豪)를 엄징한다.
4. 불량한 유림과 양반의 무리를 징벌한다.
5. 노비문서(奴婢文書)를 소각한다.
6. 7종의 천인 차별을 개선하고, 백정이 쓰는 평량갓(平凉笠)＊은 없앤다.
7. 청상과부(靑孀寡婦)의 개가를 허용한다.
8. 무명의 잡세는 일체 폐지한다.
9. 관리 채용에는 지벌(地閥)을 타파하고 인재를 등용한다.
10. 왜와 통하는 자는 엄징한다.
11. 공사채는 물론하고 기왕의 것을 무효로 한다.
12. 토지는 평균하여 분작(分作)한다.

(5) 제2차 농민 봉기

① 청을 물리친 일본은 조선에 대한 내정 간섭을 강화하였고, 일본군의 보호를 수용한 갑오정권은 농민군에 대한 회유의 자세를 버리고 일본에게 토벌을 요청하였다.

② 이에 농민군은 재봉기를 결의하고 북접과 연합을 도모하였다.
⇨ 처음에는 양반이나 종교 지도자들로 구성된 북접이 주로 농민들로 구성된 남접과의 연합을 거부했으나 정부의 동학에 대한 대대적인 탄압이 나타나자 연합에 찬성하였다(논산에서 합류).

③ 제2차 농민군은 일본군, 정부군, 봉건 유생층의 민보군과 전투를 벌였다.

④ 목천 세성산에서 관군 대 농민군의 싸움, 우금치에서 일본군과의 격돌, 김개남 부대의 청주 공격이 모두 실패로 끝났다.

⑤ 농민군은 후일을 기약하며 남쪽으로 후퇴했으나 계속되는 패배와 관군과 일본군의 추격, 양반 지배층의 보복으로 철저히 진압 당하였다.

⑥ 1894년 12월 1일 김개남이 태인에서, 12월 2일 전봉준이 순창에서, 1895년 1월 6일 손화중이 흥덕에서 체포되어 처형되면서 동학 농민 운동은 종결되었다.

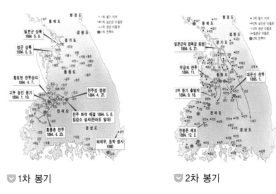

▽ 1차 봉기   ▽ 2차 봉기

3. 의의와 한계

(1) 의의

① 민중이 주체가 되어 일어난 반봉건·반침략 운동이다.

② 아래로부터의 개혁 시도였다.

③ 신분 타파 등의 개혁 의식이 분명하였다.

④ 최초의 농민군 주도 자치 권력 기구인 집강소를 설치하였다.

(2) 한계

근대 사회를 건설하기 위한 구체적인 개혁 방안을 제시하지 못하는 등 근대 의식이 결여되어 있었다.

(3) 영향

① 갑오개혁에 영향 : 신분 차별 철폐, 봉건 폐단 시정 등 동학 농민군의 요구사항이 반영되었다.

② 의병 운동의 주축 세력 : 동학 잔여 세력이 을미의병에 가담하였고, 일부는 고종의 해산 권고에도 해산하지 않은 채 활빈당을 조직하기도 했다.

③ 청일 전쟁 이후, 조선에 대한 주도권이 일본으로 넘어가게 되었다.

참고 남접과 북접

남접은 전라도 지방의 동학교도 조직으로 전봉준이 이끌었고, 북접은 충청도의 동학교도 조직으로 손병희가 이끌었다. 일종의 농민 자치 조직으로, 지방 행정과 치안을 담당하였다. 동학 농민 운동 이전 북접은 종교적 차원에서 교조 신원 운동을 주도한 반면, 남접은 정치적 개혁을 추구하였다는 점에서 차이점을 보인다.

▽ 잡혀가는 전봉준

▽ 김개남

한눈에 쏙

동학

동학의 창시/확산	• 1860년 동학 창시 : 교조 최제우 • 2대 교주 최시형의 노력으로 동학 확산 : 『용담유사』, 『동경대전』 저술
교조 신원 운동	보은 집회, 삼례집회
고부 농민 봉기	• 고부 군수 조병갑의 학정(만석보 사건) → 전봉준 등이 봉기 • 안핵사 이용태의 만행 → 재봉기
1차 농민 봉기 (반봉건)	• 백산 집회 : 전봉준, 손화중, 김개남 등 • 황토현 전투 → 전주성 점령 • 청군과 일본군 상륙
폐정개혁안 실천기	• 전주화약 : 폐정개혁 요구 • 집강소 설치 • 일본군의 경복궁 점령 → 명성황후 몰아내고 흥선 대원군 옹립
2차 농민 봉기 (반외세)	• 전봉준의 남접과 손병희의 북접 연합 • 공주 우금치 전투 패배
영향	• 위로는 갑오개혁의 추진력으로 작용 : 신분 철폐 등이 반영 • 아래로는 의병 운동과 농민 항쟁으로 계승

동학 농민 운동의 시기 구분

1기 (고부 민란의 시기)	• 만석보 사건 • 전봉준 등 1천여 명 농민이 고부관아 습격 후 정부에 대하여 외국 상인의 침투를 금지하라는 13개 요구사항을 제시 • 조병갑이 의금부로 압송됨과 동시에 중앙에서 이용태를 안핵사로 파견하였으나 이용태의 악랄한 만행으로 농민군이 재봉기함.
2기 (1차 농민 봉기 : 동학 운동의 절정기)	• 전봉준, 손화중, 김개남, 오지영 등이 사발통문을 돌려 8천여 명을 모집(1894. 4) • 제폭구민, 척왜양창의의 4대 행동 강령 선포 • 이때 북접의 최시형이 전봉준의 남접을 반대 • 백산 집결 후 호남창의대장소 설치(1894. 5. 8) • 황토현 전투(농민군이 전라 감영군 격파, 1984. 5. 11), 정읍, 고창, 무장, 영광, 함평 점령 후 북진 중에 중앙의 정부군과 교전 • 청군, 아산만 진주 • 일본군, 인천 상륙
3기 (폐정개혁안 실천기)	• 집강소(전라도 53개군에 설치한 역사상 최초의 민간행정 치안기구) 시대 시작 • 민보군, 수성군 조직(양반, 토호, 관리 등이 조직하여 농민군에 대항) • 조선 정부가 일본의 요구안을 거절하고 철병을 요구한 동시에 독자적 개혁기구인 교정청을 설치(1894. 7. 13) • 일본군의 경복궁 침입으로 민씨 정권 붕괴, 대원군 옹립
4기 (2차 농민 봉기 : 항일구국 전쟁)	• 남접삼례에 집결, 손병희의 북접군이 청산에 집결 후 논산에 합류 • 공주 우금치 전투(농민군은 일본군과 관군에 패배) • 전봉준 정부군에 체포(1894. 12. 30) • 전봉준, 손화중, 김덕명 처형당함(1895. 4. 21) • 위로는 갑오개혁의 추진력으로 작용하고, 아래로는 의병 운동과 대한제국기에 농민항쟁(동학당, 영학당, 남학당, 활빈당 등 광무농민 전쟁에 참가/반봉건·반외세 민중·민족 운동으로 발전함)

06 갑오개혁(1894)

1. 1차 갑오개혁

(1) 배경

① 청일 전쟁 이후 일본의 정치적 간섭과 경제적 침투가 심화되었다.

② 동학 농민 운동을 통해 농민들의 혁신적인 개혁의 요구를 확인할 수 있었다.

(2) 김홍집 내각의 성립

① 일본의 내정 개혁 강요 : 동학 농민 운동을 진압하기 전 일본은 자신들을 통해 내정개혁을 해야 한다는 핑계로 청과 공동출병하지 않고 조선에 남았다(톈진 조약 불이행).

② 이에 정부에서는 교정청을 설치하고 자체적인 개혁을 추진할 것을 주장하면서 일본의 철병을 요구하였다(동학 농민군의 1차 봉기 이후).

③ 일본은 무력으로 민씨 세력을 정부에서 몰아내고 대원군을 앞세워 김홍집을 내각의 중심에 세우고 초정부적인 존재인 군국기무처*를 설치하여 모든 개혁안을 의결하면서 개혁을 추진하였다(총재 : 김홍집, 부총재 : 박정양).

(3) 개혁의 주요 내용

① 정치적 개혁

  ㉠ 청나라와의 종주적 관계를 청산하고 개국 연호 사용 및 자주권 회복을 표방하였다.

  ㉡ 과거제를 폐지하고, 반상 및 문무의 구별 없이 인재를 등용하였다.

  ㉢ 내무아문 예하의 경찰업무를 담당하는 경무청이 신설되었다.

② 경제적 개혁

  ㉠ 탁지아문에서 모든 세금과 관련된 사항을 관장하면서 재정을 일원화하였다.

  ㉡ 은본위제를 채택하고 조세의 금납화를 실시하였으며 도량형을 개정하여 일본식으로 통일하였다.

③ 사회적 개혁

  ㉠ 신분제를 폐지하였다.

  ㉡ 과부의 재가 허용, 조혼 금지, 고문과 연좌제 폐지 등

▽ 김홍집

＊군국기무처

제1차 갑오개혁을 이끈 초정부적 회의 기구이다. 개혁에 관한 모든 사무를 관장하였는데, 군국기무처가 심의·통과시킨 의안은 국왕의 재가를 거쳐 국법으로 시행되었다.

참고 연호 변화

연호 변화	시기
개국 연호	갑오개혁
건양(建陽)	을미개혁
광무(光武)	대한제국(고종)
융희(隆熙)	대한제국(순종)

사료 Plus

제1차 갑오개혁 때의 법령(일부) – 군국기무처

1. 이후 국내외의 공사(公私) 문서에 개국 기원을 사용한다.

2. 문벌과 양반·상민 등의 계급을 타파하여 귀천에 구애됨이 없이 인재를 뽑아 쓴다.

4. 죄인 자신 이외의 일체의 연좌율(緣坐律)을 폐지한다.

6. 남녀 20세, 여자 16세 이하의 조혼을 금지한다.

7. 과부의 재혼은 귀천을 막론하고 자유에 맡긴다.

8. 공사 노비법을 혁파하고 인신매매를 금지한다.

18. 퇴직 관리의 상업 활동은 자유의사에 맡긴다.

20. 각 도의 각종 세금은 화폐로 내게 한다.

2. 2차 갑오개혁

(1) 김홍집·박영효 연립 내각의 성립

① 1차 갑오개혁을 주도하던 기구인 군국기무처를 폐지하였다.

② 국정개혁의 기본 강령인 홍범 14조 반포(洪範 : 모범이 되는 큰 규범)를 반포하였다.

사료 Plus

홍범 14조

1. 청에 의존하려는 생각을 버리고 자주독립의 기초를 세운다.
2. 왕실 전범을 제정하여 왕위 계승의 법칙과 종친과 외척과의 구별을 명확히 한다.
3. 임금은 각 대신과 의논하여 정사를 행하고, 종실·외척의 내정 간섭을 용납지 않는다.
4. 왕실사무와 국정사무를 나누어 서로 혼동하지 않는다.
5. 의정부 및 각 아문의 직무, 권한을 명백히 한다.
6. 납세는 법으로 정하고 함부로 세금을 걷지 않는다.
7. 조세의 징수와 경비 지출은 모두 탁지아문의 관할에 속한다.
8. 솔선하여 절약하고, 이로써 각 아문과 지방관의 모범이 되게 한다.
9. 왕실과 관부의 1년 회계를 예정하여 제정의 기초를 확립한다.
10. 지방 제도를 개정하여, 지방 관리의 직권을 제한한다.
11. 총명한 젊은이들을 파견하여, 외국의 학술·기예를 견습시킨다.
12. 장교를 교육하고 징병을 실시하여 군제의 근본을 확립한다.
13. 민법·형법을 제정하여 인민의 생활과 재산을 보전한다.
14. 문벌을 가리지 않고 인재 등용의 길을 넓힌다.

참고 갑신정변, 동학 농민 운동, 갑오개혁의 공통점

신분 질서 타파와 조세 제도 개혁을 주장하였다.

(2) 개혁의 주요 내용

① 정치적 개혁

㉠ 의정부를 내각으로 고치고 8아문 중 공무를 없애 7부로 개편하였다.

㉡ 지방 제도 개혁 : 지방 8도를 23부 337군으로 개편하고 각 부 아래 군을 설치하였다.

㉢ 사법권과 행정권을 분리하고 지방관의 권한을 축소하여 군사권을 빼앗고 행정권만 갖도록 하였다.

② 사회적 개혁

㉠ 교육입국조서* 반포

ⓐ 갑오개혁에 의해 학부아문이 설치되어 근대 교육 제도가 마련되었다.

ⓑ 지·덕·체를 아우르는 교육을 내세웠고, 전 인민을 대상으로 하였다.

ⓒ 정부는 근대 교육 제도 확립을 위해 초등 교과서인 국민소학독본을 제작하여 보급하였다.

㉡ 소학교, 중학교, 사범학교(한성사범학교), 외국어 학교 등 설립

＊교육입국조서
1895년 2월 고종이 조칙으로 발표한 교육에 관한 특별 조서. '국가의 부강은 지식의 개명에 달렸으니, 교육은 실로 국가를 보존하는 근본이라.'는 내용으로, 이에 따라 정부는 소학교, 사범학교, 외국어 학교 관제 등을 만들고 각종 관립 학교를 세웠다.

사료 Plus

교육입국조서 반포

세계의 형세를 두루 살펴보건대 투강하고 독립하여 웅시(雄視)하는 모든 나라는 모두 다 그 인민의 지식이 개명하였도다. 이 지식의 개명은 곧 교육의 선미(善美)로 이룩된 것이니, 교육은 실로 국가를 보존하는 근본이라 하리로다. 그러므로 짐은 군사(君師)의 자리에 있어 교육의 책임을 지노라. 또 교육은 그 길이 있는 것이니 헛된 이름과 실제 소용을 먼저 분별하여야 하리로다.   ─『**고종실록**』

3. 3차 갑오개혁(을미개혁, 1895)

(1) 배경

① 일본이 청일 전쟁에서 승리하면서 시모노세키 조약에 따라 청나라로부터 요동반도를 할양받기로 하였으나 삼국 간섭*으로 요동반도를 포기하였다(삼국 : 러시아, 프랑스, 독일).

② 이에 일본의 간섭에서 벗어날 수 있을 것을 기대한 민씨 세력을 중심으로 친러시아 정부가 수립되었다.

③ 이러한 과정에서 일본이 주도한 갑오개혁이 일시 중단되었다.

(2) 을미사변(명성황후 시해 사건)

① 조선 정부가 러시아와 가깝게 지내게 되면서 일본은 자신들의 세력을 유지하기 위해 비상 수단을 계획하였다.

② 이에 일본 공사였던 미우라가 중심이 되어 이러한 움직임을 주도한 명성황후를 제거하고자 하였다.

▽ **명성황후가 피살된 경복궁 건청궁 내에 있던 옥호루**

③ 이러한 과정에서 일본군은 군대와 낭인을 동원하여 궁중을 침범하고 명성황후를 시해하였다.

(3) 개혁의 주요 내용

① 을미사변에 대한 책임을 회피하고, 친일 세력을 만회하기 위해 개혁을 시도하였다.

② 정치적 개혁

  ㉠ 태양력을 사용하고 단발령을 시행하였다.

  ㉡ 독자적인 연호 사용 : 건양(建陽)이라는 연호를 사용하였다.

  ㉢ 군제 개편 : 친위대와 진위대를 두었다.

  ㉣ 내장원 설치 : 왕실의 재산을 관리하던 관청으로, 재정의 일원화를 되돌리기 위해 설치하였다.

③ 경제적 개혁

  ㉠ 근대적 우편업무 체계 마련 : 우편업무와 관련된 우체사를 전국에 설치하였다.

  ㉡ 종두법 실시 : 지석영의 주도하에 실시하였다.

참고 3차 갑오개혁(＝ 을미개혁)

갑오개혁의 연장선에서 추진된 개혁이지만 추진 연도가 갑오년(1894년)이 아닌 을미년(1895년)이기 때문에 을미개혁이라고도 칭한다.

＊삼국 간섭(1895)

청일 전쟁의 결과 청은 일본에 랴오둥 반도를 할양하였다. 이후 러시아·프랑스·독일 3국은 일본이 성장하는 것을 경계하여 랴오둥 반도의 반환을 요구하였다.

제1차 개혁	1894. 7.
제2차 개혁	1894. 12.
을미사변	1895. 8.
제3차 개혁	1895. 8.
아관 파천(개혁 중단)	1896. 2.

▽ 갑오개혁 추진 과정

▽ 단발령

한눈에 쏙

간오개혁의 흐름

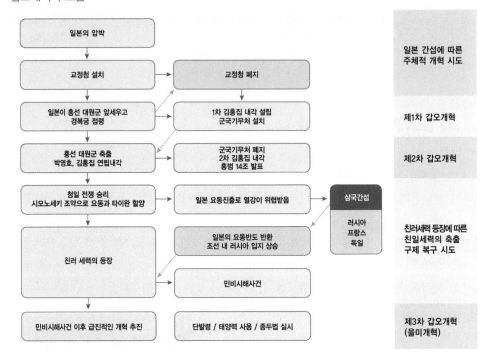

07 아관파천과 독립 협회

1. 아관파천*(1896)

(1) 배경

① 을미사변 이후, 일본의 강압이 심해졌고, 고종이 신변에 위협을 느꼈다.

② 친러파 이범진이 주한 러시아 공사 베베르와 공모하여 아관파천을 단행하였다.

(2) 결과

① 친러 내각이 수립되고 김홍집과 어윤중이 민중에게 살해되고 유길준은 일본으로 망명하였다.

　　⇨ 박정양, 이완용, 윤치호, 이범진 등을 중심으로 한 정동파 내각이 출범하였다.

② 일본의 세력이 약해지면서 일본이 러시아와 협상을 시도하였다.

③ 러시아를 비롯한 열강의 이권 침탈이 심해졌다.

④ 정책 변화 : 단발령의 중지, 잡세 탕감, 을미의병의 해산을 권고하였다.

⑤ 고종은 러시아 공사관에 머물면서 러시아 군대의 보호를 받게 되었고 그 결과 러시아의 내정 간섭이 심화되었다.

* 아관파천
명성황후가 시해된 을미사변 이후 일본군의 무자비한 공격에 신변에 위협을 느낀 고종과 왕세자가 1896년(건양 1) 2월 11일부터 약 1년간 조선의 왕궁을 떠나 러시아 공관(공사관)에 옮겨 거처한 사건이다.

사료 Plus 🏛

지난해 9월부터 반역도배(反逆徒輩)들이 집요하게 나를 압박해 오고 있다. 최근에는 단발령으로 일어난 전국적 시위의 혼란을 틈타 나와 내 아들을 살해할지 모른다는 두려움에 떨고 있다. 나는 내 아들과 함께 이러한 위급한 상황에서 벗어나 러시아 공관에서 보호받기를 바란다. 나를 구출할 수 있는 다른 수단이란 없다. 나는 두 공사가 나에게 피신처를 마련해 줄 것을 간곡히 당부하는 바이다. - **러시아 공사관 이동을 요청하는 고종의 친서**

2. 독립 협회

(1) 배경

1896년에 서재필*이 서구의 근대 사상과 개혁 사상을 가진 인사들과 함께 조직하였다.

(2) 구성원

① 서재필, 윤치호, 이상재 등 진보적 지식인과 개혁적인 유학자층

② 도시의 상인과 농민, 광산노동자, 여성이나 백정 등 해방된 천민

(3) 활동

① 자주 독립 운동

  ㉠ 과거 청나라 상인이 드나들던 영은문 자리에 독립문*을 건립하였다.

  ㉡ 독립신문을 편찬하였다.

  ㉢ 열강의 내정 간섭 및 러시아의 절영도 조차*와 일본의 석탄고 기지 반환 등 이권 요구를 저지하였다.

② 자강 혁신 운동

  ㉠ 전제군주제에 대해 반대하며 입헌군주제로의 개혁을 주장하였다.

  ㉡ 각급 학교 설립을 통한 신교육과 근대 산업의 개발을 주장하였다.

  ㉢ 외세의 침략으로부터 지켜나갈 수 있는 근대적인 국방력을 갖출 것을 주장하였다.

③ 자유 민권 운동

  ㉠ 국민의 기본권 확보를 위해 생존권과 재산권을 보호하려는 운동이다.

  ㉡ 국민 참정권 운동을 통한 국민의 자유와 평등 및 주권 확립을 추구하였다.

  ㉢ 의회 설립을 주장하고 중추원 개편을 추진하였다.

사료 Plus 🏛

구국 선언 상소문

신(臣) 등은 생각하건대 나라의 나라됨이 둘이 있으니, 가로되 자립하여 타국에 의뢰하지 않는 것이요, 가로되 자수(自修)하여 한 나라에 정치를 행하는 것입니다. 이 두 가지는 하느님께서 우리 폐하에게 주신 바의 하나의 대권입니다. 이 대권이 없은 즉 그 나라가 없습니다. 때문에 신 등은 독립문을 세우고 독립 협회를 설립하여 위로는 황상(皇上)의 지위를 높이고, 아래로는 인민의 뜻을 굳게 하여 억만 년 무강의 기초를 확립하려 합니다.
  - **독립신문, 1898년 2월 21일**

✽ 서재필

김옥균 등과 함께 갑신정변을 일으켰으나 실패하자 일본으로 망명하였다가 이후 미국에 건너가 유학하였다. 1895년 말 귀국한 그는 정부의 지원을 받아 1986년 독립신문을 창간하여 국민에게 자주 독립 사상과 근대적 민권 사상을 전파하였다.

✽ 독립문

독립 협회는 청의 사신을 맞이하던 영은문을 허물고 그 앞쪽에 독립문을 세웠으며, 청 사신의 영접 장소인 모화관을 독립관으로 고쳤다.

📃 **독립신문**

✽ 러시아의 절영도 조차 요구 사건

러시아가 숯이나 석탄을 저장하기 위하여 절영도(현재의 부산 영도)를 빌려서 일정 기간 동안 통치하게 해달라고 요구했던 사건이다(1898년).

＊ 만민공동회
독립 협회가 주도한 우리나라 최초의 근대적인 민중 집회로서 지식인, 학생, 상인, 천민 출신들까지 참석하여 정부의 외세 의존과 이권 양도를 비판하였다. 1898년 3월 10일 최초로 열린 이래 1898년 말까지 여러 차례 개최해 이에 참가한 사람들에게 근대적 민권 의식을 전파하였다.

⑷ 만민공동회＊

① 처음에는 관민공동회에서 시작하였다(1898, 광무 2년). 창립기 임원진 대부분이 정부 관료였고, 출범 초기, 광무 정권과 우호적인 관계를 유지하였다.

② 독립 협회와 독립신문이 정부의 외세의존성을 비판하자 관료들은 대부분 이탈하고, 민중을 기반으로 한 단체로 발전하였다.

③ 활동

　㉠ 러시아의 침략 정책을 규탄하였다.

　㉡ 외국의 내정 간섭과 이권 요구 및 토지조차 요구 등에 대항하였다.

　㉢ 국민의 신체, 재산권, 언론·출판·집회·결사의 자유 등을 확보하려는 운동을 전개하였다.

　㉣ 의회 설립에 의한 국민 참정 운동과 국정 개혁 운동을 전개하였다.

　㉤ 전국 각지에 지회를 설치 ⇨ 4천여 명의 회원이 있는 민중의 대표 기관으로 성장하였다.

사료 Plus

만민공동회 박성춘의 연설문

나는 대한의 가장 천한 사람이고 무지몰각합니다. 그러나 충군 애국의 뜻은 대강 알고 있습니다. 이에 이국편민의 길인즉, 관민이 합심한 연후에야 가하다고 생각합니다. 저 차일에 비유하건대, 한 개의 장대로 받친즉 역부족이나 많은 장대를 합한즉 그 힘이 공고합니다. 원컨대 관민이 합심하여 우리 황제의 성덕에 보답하고, 국운이 만만세 이어지게 합시다.

---

④ 결과

　㉠ 독립 협회는 봉건적 악법을 부활시키려는 보수파 대신들의 파면을 요구하는 운동을 전개하였다(학생과 시민 참여).

　㉡ 이러한 민중 운동을 통해 보수적 내각이 퇴진하고 박정양의 진보적 내각이 수립되었다.

　㉢ 정부의 고관들이 참여한 가운데 헌의 6조를 결의, 고종의 허가를 받았다.

⑤ 의의

　㉠ 근대적인 평등 사회, 근대적인 국민 국가를 지향할 수 있는 사회적 분위기가 마련되었다.

　㉡ 국정 개혁을 실현하기 위한 민중의 정치운동이자, 우리나라 최초의 근대적 민중 대회이다.

사료 Plus

헌의 6조

1. 외국인에게 의지하지 말고 관민이 합심하여 황제권을 공고히 할 것 ⇨ 국가 주권의 자주화

2. 외국과의 이권에 관한 계약과 조약은 해당 부처의 대신과 중추원 의장이 함께 날인하여 시행할 것
    ⇨ 입헌군주제 추구

3. 재정은 탁지부에서 전담하여 맡고, 예산과 결산을 국민에게 공포할 것 ⇨ 재정 일원화

4. 중대한 범죄는 공판하고, 피고의 인권을 존중할 것 ⇨ 피의자 인권 보장

5. 칙임관은 정부에 그 뜻을 물어 과반수가 동의하면 임명할 것 ⇨ 의회식 중추원 관제*(인사행정 공정화)

6. 정해진 규정을 실천할 것

＊중추원 관제 반포
중추원 의관을 관선과 민선 각각 25인으로 하되, 민선 의원을 독립 협회에서 선출하도록 하였다. 최초로 국민의 참정권을 공인하였다는 점에서 의미가 있다.

(5) 독립 협회

① 퇴진한 보수파들이 독립 협회가 공화정치를 기도한다고 무고하여 간부 17명을 구속하고 독립 협회에 해산 명령을 내렸다.

② 이에 독립 협회는 연일 만민공동회를 열어 정부의 조치에 강하게 항거하였다.

③ 정부는 보부상을 중심으로 한 궁중 수구파가 조직한 보수어용단체인 황국 협회와 충돌하게 한 후 독립 협회와 만민공동회를 강제로 해산시켰다.

한눈에 쏙

독립 협회의 활동과 시기 구분

	제1기 (1896. 7~1897. 8)	제2기 (1897. 8~1898. 2)	제1기 (1898. 2~1898. 9)	제1기 (1898. 9~1898. 12)
주도	고급 관료 주도기	민중 진출기	민중 주도기	민중 투쟁기
활동상황	• 독립문, 독립관 건립 • 독립 협회, 월보 간행	• 강연회, 토론회의 개최 • 신문, 잡지 등을 통한 계몽 운동 • 민중의 회원 가입 • 입헌군주제 지향 (개화파 계승) • 정부와 갈등 • 친미, 친일 관료 (친러 관료 탈퇴) • 반러 운동 시작	• 구국선언상소 • 최초의 만민공동회 개최 • 자유 국권 운동, 자유 민권 운동, 국민 참정 운동 • 지방지회 설치 • 이권수호운동 본격화 (러시아 부산 절영도, 러시아 교관 고문 철수, 한러 은행 폐쇄)	• 박정양 내각의 수립 • 관민공동회 개최(박정양 내각) ⇨ 헌의 6조 결의 • 의회식 중추원 관제 반포 • 독립 협회의 해산 • 만민공동회 해체 (박정양 내각 붕괴)

▽ 황구단과 황궁우

08 대한제국의 수립과 광무개혁

1. 대한제국

(1) 배경

① 외세의 간섭을 막고 자주독립의 근대 국가를 세우려는 국민적인 자각이 있었다.

② 고종의 환궁을 요구하는 여론이 고조되었다.

③ 조선에서 러시아의 독점 세력을 견제하려는 국제적인 여론이 뒷받침되었다.

(2) 대한제국의 성립(1897)

① 경운궁으로 환궁한 고종은 국호를 대한제국, 연호를 광무, 왕을 황제라 칭하고 자주 국가임을 내외에 선포하였다.

② 환구단(원구단)에서 황제 즉위식을 거행하였다.

2. 광무개혁

(1) 시정 방향

구본신참(舊本新參)*을 바탕으로 전개되었다.
⇨ 복고주의적 성격

(2) 정치

① 전제군주제 추구 : 복고적 정책을 마련하고, 의회 설립이나 입헌군주제의 정치적 요구는 탄압하였다.

② 교정소 설치 : 법률, 칙령의 개정안을 마련하기 위해 황제 직속의 특별 입법 기구인 교정소를 설치하였다.

③ 대한국 국제*의 발표를 통해 황제의 전제권이 무한함을 강조하며 전제군주제를 더욱 강화하였다(1899년 반포한 최초의 근대적 헌법).

④ 지방 23부를 13도로 개편하고, 황제권 자문기구로 중추원을 설치하였다.

⑤ 간도 지방에 이주한 교민을 보호하기 위해 이범윤을 간도관리사로 파견하여 간도를 함경도 영토로 편입시켰다(1902).

> **★ 구본신참**
> 옛 것을 근본으로 삼고, 새것을 참고한다는 복고적 성격의 개혁방향이다.

> **★ 대한국 국제**
> 대한 제국은 특별 입법 기구로 황제 직속의 교정소를 설치하고, 대한국 국제 9개조를 제정하여 공포하였다. 대한국 국제에서 전제 정치와 황제권의 무한함을 공식 규정하였다.

┃ 사료 Plus ┃

대한국 국제

제1조 대한국은 세계 만국에 공인되어온 바 자주 독립하온 제국이니라.

제2조 대한제국의 정치는 이전부터 오백년간 전래하시고 이후부터는 항만세(恒萬歲) 불변하오실 전제 정치이니라.

제3조 대한국 대황제께옵서는 무한하온 군권을 향유하옵시느니 공법(公法)에 이르는 바 자립 정체이니라.

제5조 대한국 대황제께옵서는 국내 육해군을 통솔하옵셔서 편제를 정하옵시고 계엄·해엄을 명령하옵시니라.

제6조 대한국 대황제께옵서는 법률을 제정하옵셔서 그 반포와 집행을 명령하옵시고 만국의 공공한 법률을 효방(效倣)하사 국내 법률로 개정하옵시고 대사·특사·감형·복권을 명령하옵시느니 공법에 이른바 정율례이니라.

(3) 경제

① 양지아문(1898)과 지계아문(1901)을 설치하고 근대적 토지 소유권을 인정한 지계*를 발급하였다.

　　㉠ 양지아문 : 토지의 측량 조사 담당(미국인 측량사 초빙)

　　㉡ 지계아문 : 강원도와 충청도 일부 지역에서 지계발급(러일 전쟁으로 발급 중단)

② 근대적 공장과 회사를 설립하고, 지방의 영세보부상을 지원하기 위해 상무사를 조직하였다.

　　㉠ 전차 운영 : 미국인 콜브란과 황실이 합작으로 만든 한성 전기 회사가 발전소를 설립하고 전차를 운영하였다(1899년 개통).

　　㉡ 서북철도국 : 경의선 철도를 건설하기 위해 궁내부에 설치한 기관(1900)

　　㉢ 동대문 전등 발전소 : 1898년 설립하여 한성에 380수의 전등을 밝혔다(1898~1900).

　　㉣ 상무사 : 상업과 국제 무역, 기타 상행위에 관한 업무를 관장하기 위해 설립되었던 기관으로, 전국 보부상단의 업무도 관장하였다(1899).

③ 화폐조례를 공포(1901)하여 금본위제를 시도하였다.

④ 실업 교육을 강조하고 외국에 유학생을 파견하였다.

⑤ 각종 실업학교와 기술 교육 기관을 설립하였다.

(4) 군사

① 1898년에 군대를 증설하고 지휘관 양성을 위해 무관 학교를 설립하였다.

② 군주의 통수권을 칙령으로 반포하고, 1899년에 원수부를 창설하였다.

③ 1903년에 징병제를 실시하고, 해군제를 도입하였다.

＊지계

근대적 토지 소유권이란 토지의 명분상 소유주와 실제 소유주를 일치시키고, 토지를 자유롭게 매매할 수 있도록 한 권한을 말한다.

`09` 일제의 국권 침탈

1. 우리나라를 둘러싼 러시아와 일본의 대립

(1) 러시아의 적극적인 남하 정책 추진

① 삼국간섭을 통해 청과 비밀협약을 맺어 시베리아 철도의 만주 통과와 여순과 대련 조차(租借)를 요구하였다(1896).

② 용암포를 불법으로 점거하고 조차를 요구하였다(1903).

(2) 제1차 영일 동맹

① 일본은 이를 견제할 목적으로 영국과 동맹을 체결하였다.

② 일본이 청에서의 영국의 이권을 인정하였으며, 영국은 일본의 한국에 대한 특수 권익을 승인하였다.

③ 일본, 영국, 미국 세 나라는 만주에서 철수할 것을 러시아에 요구하였다.

참고 용암포 사건(1903)

만주를 점령하고 있던 러시아는 1903년 4월 앞서 획득한 압록강 상류에서의 삼림벌채권과 그 종업원을 보호한다는 구실 아래 약 100명의 군대로 용암포를 점령하였다. 이어 5월에는 러시아인 40명을 거주하게 하였고, 안동에서 용암포에 이르는 지역에 1개 여단 병력을 배치한 다음 7월에는 러시아 삼림회사에 용암포를 조차하도록 강요하여 이를 획득하였다. 이를 계기로 한반도에서 각축을 벌이던 러시아와 일본의 대립은 더욱 첨예화하여 1904년의 러일 전쟁을 유발하게 되었다.

2. 러일 전쟁과 한일의정서

(1) 러일 전쟁(1904~1905)

① 한반도를 둘러싸고 러시아와 일본이 전쟁을 벌였으며, 당시 일본은 미국, 영국 등의 지원을 받았다.

② 대한제국 정부 반응 : 러시아와 일본 사이에 전운이 감돌자 국외 중립을 선언하였다.

(2) 한일의정서(1904. 2)

일본은 조선의 중립화 주장을 묵살하고 일본에 군사적·전략적으로 중요한 지역을 제공하고, 해당 조약의 내용에 반하는 제3국과의 조약을 맺을 수 없도록 하였다.

사료 Plus

한일의정서

제4조 제3국의 침해나 혹은 내란으로 인하여 대한제국의 황실안녕과 영토보전에 위험이 있을 경우에는 대일본제국 정부는 속히 임기응변의 필요한 조치를 행할 것이며, 그리고 대한제국 정부는 대일본제국 정부의 행동이 용이하도록 충분히 편의를 제공할 것. 대일본제국 정부는 전항(前項)의 목적을 성취하기 위하여 군략상 필요한 지점을 임기수용할 수 있을 것이다.

제5조 대한제국 정부와 대일본제국 정부는 상호의 승인을 거치지 않고는 본 협정의 취지에 위반되는 협약을 제3국과 체결할 수 없다.

---

3. 제1차 한일 협약과 제2차 한일 협약

(1) 제1차 한일 협약(1904. 8)

① 외교고문에 스티븐스, 재정고문에 메가타를 파견하여 우리나라의 내정을 간섭하였다.
   ⇨ 고문정치

② 메가타 : 화폐개혁을 통해 우리의 민족자본을 억압하고, 차관을 강제로 도입하였다.
   ⇨ 이러한 정책은 국채 보상 운동 전개의 원인이 된다.

③ 스티븐스 : 장인환, 전명운 의사가 오클랜드에서 사살하였다.

사료 Plus

제1차 한일 협약

제1조 대한제국 정부는 일본 정부가 추천하는 일본인 1명을 재정고문에 초빙하여 재무에 관한 사항은 모두 그의 의견을 들어 시행할 것

제2조 대한제국 정부는 일본정부가 추천하는 외국인 1명을 외교고문으로 초빙하여 외교에 관한 중요한 업무는 그의 의견을 들어 시행할 것

---

(2) 제2차 한일 협약(을사조약, 1905. 11)

① 배경

ㅤㅤ㉠ 제1차 한일 협약 이후 대한제국에 대한 일본의 우위를 확인하기 위해 가쓰라─태프트 밀약(1905)＊을 맺고, 제1차 영일 동맹의 내용을 갱신하였다(제2차 영일 동맹).

ㅤㅤㄴ 이후 러시아와의 전투에서 승리하면서 포츠머스 조약을 맺고 러시아에서 일본의 대한제국 지배를 인정받았다.

② 내용

ㅤㅤ㉠ 이토 히로부미가 한국 정부 대신과 고종을 협박하여 조약을 체결하였다.

ㅤㅤㄴ 을사조약을 통해 일본 정부가 한국의 대외교섭을 담당하게 되고(외교권 박탈), 대한제국이 일본의 보호국으로 전락하였다.

ㅤㅤㄷ 한성에 통감을 파견하고 통감부를 설치하였으며 각지에 일본 관리를 임명하여 내정을 간섭하였다. ⇨ 통감정치

> **사료 Plus** 🏛
>
> **제2차 한일 협약**
> 제2조 일본국 정부는 한국과 타국 간에 현존하는 조약의 실행을 완수하는 임무를 담당하고 한국 정부는 지금부터 일본 정부의 중개를 거치지 않고는 국제적 성격의 조약이나 약속을 맺을 수 없다.
> 제3조 일본국 정부는 그 대표자로 한국 황제 폐하 밑에 1명의 통감을 두되 통감은 오로지 외교에 관한 사항을 관리하기 위해 경성에 주재하고 친히 황제를 알현할 권리를 가진다.

③ 을사조약에 대한 우리의 저항

ㅤㅤ㉠ 고종은 조약의 무효를 선언하고 각국에 알렸다.

> **사료 Plus** 🏛
>
> **고종의 저항**
> 짐은 대덕국(독일)의 호의와 지원을 항상 기대하고 있습니다. 그러나 짐에게 파국이 닥쳐왔습니다. 이웃 강대국(일본)의 공격과 강압성이 날로 심해져 마침내 외교권을 박탈당했고 독립이 위협받고 있습니다. 우리는 하늘에 호소하고 있습니다. 짐은 폐하에게 고통을 호소하고 다른 강대국들과 함께 약자의 보호자로서 본국의 독립을 보장해 줄 수 있는 폐하의 우의를 기대합니다.   ─ **광무 10년 1월 경운궁에서**

＊ **가쓰라─태프트 밀약**
미국의 필리핀 지배와 일본의 한반도 지배를 상호 인정한 비밀 협약이다. 이는 미국이 1882년에 체결한 조·미 수호 통상 조약의 거중조정 조항을 위반한 것이다.

참고 **을사오적(乙巳五賊)**

조선 말기 일제의 조선 침략과정에서, 일제가 1905년 을사조약을 강제 체결할 당시, 한국측 대신 가운데 조약에 찬성하여 서명한 다섯 대신. 즉, 박제순(朴齊純, 외부대신), 이지용(李址鎔, 내부대신), 이근택(李根澤, 군부대신), 이완용(李完用, 학부대신), 권중현(權重顯, 농상부대신)을 일컫는다.

PART 06

✽헤이그 특사

을사늑약 이후, 고종이 네덜란드 헤이그에서 열리는 만국 평화 회의에 이준, 이상설, 이위종을 파견하였다.
• 이준: 헤이그 세계 평화 회의에 을사조약 무효를 선언하기 위한 특사로 파견되었다 순국하였다.
• 이상설: 헤이그 특사 이후, 구미 지역 순방, 연해주 블라디보스토크에 성명회, 권업회 등 항일 투쟁 단체 조직, 1914년 대한광복군 정부 조직하였다(통령 역임).
• 이위종: 주러시아 대사 이범진의 아들이다.

✽호머 헐버트
육영공원 영어강사로, 을사늑약 직후 고종의 친서를 미국 정부에 전달하였다.

✽시일야방성대곡(是日也放聲大哭)
'이 날, 목 놓아 통곡하노라'라는 뜻으로 1905년 11월 20일자 황성신문 사설란에 실린 장지연의 논설이다. 러일 전쟁에서 승리한 일본이 대한제국의 외교권을 박탈하기 위해 11월 17일 대신들을 압박해 강제로 체결한 을사조약의 부당성을 알리고, 조약 체결에 찬성하거나 이를 적극적으로 막지 못한 대신들을 비판하는 내용으로 구성되어 있다.

ⓛ 헤이그 특사✽ 파견(1907)
　　ⓐ 고종은 을사조약에 반발하여 헤이그 만국평화회의에 특사(이준, 이상설, 이위종)를 파견하였다.
　　ⓑ 하지만 이를 미리 간파한 일본의 방해로 성과를 거두지 못하고 이준은 헤이그에서 자결하였다.
　　ⓒ 헤이그 특사 파견을 계기로 일본은 고종에게 퇴위를 압박하여 고종이 강제로 물러나게 되었다(고종 재위: 1863~1907).
④ 워싱턴 특사 파견: 을사조약의 부당함을 알리기 위해 육영공원 강사인 미국인 헐버트✽를 미국에 파견하였다.
⑤ 항일 순국: 민영환, 조병세, 송병선 등 우국지사들은 자결로써 항거하였다.
⑥ 상소운동: 임병찬 등은 조약의 폐기를 요구하는 상소운동을 벌였다.
⑦ 을사5적 암살단 조직(권중현 이지용 암살 시도): 나철, 오기호
⑧ 장지연이 황성신문에 시일야방성대곡✽을 개재하였다.
⑨ 을사의병이 일어났다.

사료 Plus

을사늑약에 대한 저항
• 아! 나라의 수치와 백성의 욕됨이 이에 이르렀으니 우리 인민은 장차 생존경쟁에서 잔멸하리라. 다만 영환은 한번 죽음으로써 임금의 은혜에 보답하고 이천만 동포형제에게 사죄하노라. 영환은 죽어도 죽지 않고 구천 아래에서 여러분을 돕고자 하니 …… 일심협력하여 우리의 자유와 독립을 회복하면 죽은 몸도 저승에서 기뻐 웃으리라. 아! 실망하지 말라. 우리 대한제국 이천만 동포형제들에게 이별을 고하노라.　– 민영환의 유서
• 이 조약이 성립하지 않음은 상상건대 이토가 스스로 알 수 있을 바이거늘, 오호라 개, 돼지만도 못한 소위 우리 정부 대신이라는 작자들이 영리에 어둡고 위협에 떨어서 이를 따르고 굽실거려 나라를 팔아먹는 도적이 되기를 서슴지 않았으니, 4천년 강토와 5백년 종사를 남에게 바치고 2천만 국민을 남의 노예로 만들었으니 저들 개, 돼지만도 못한 외부대신 박제순 및 각 대신은 족히 책망할 것도 없으려니와 …….
　　　　　　　　　　　　　　　　　　　　　　　　　– 시일야방성대곡, 장지연

4. 한일 신협약(정미 7조약, 1907. 7)

(1) 내용

① 통감의 권한이 확대되고 각 행정부처의 대신 아래 일본인 차관을 임명하였다.
　　⇨ 차관정치
② 비밀각서로 대한제국의 군대를 해산하고 언론 탄압을 위해 신문지법과 집회결사를 금지하는 보안법(1907)을 제정하였다.

사료 Plus

한일 신협약
제1조 한국 정부 시정 개선에 관하여 통감의 지도를 받을 것
제2조 한국 정부의 법령 제정 및 중요한 행정상의 처분은 미래 통감의 승인을 거칠 것
제5조 한국 정부는 통감이 추천하는 일본인을 한국 관리에 임명할 것

(2) 한일 병합까지의 과정

① 기유각서(1909. 7) : 한국의 사법권과 감옥 사무를 일본 정부에 위탁하였다.

② 일진회가 한일합방을 건의하였다(1909).

③ 경찰권을 박탈당하였다(1910. 6).

④ 국권 피탈(1910. 8) : 총독부를 설치하고 대한제국의 국권을 일본에 양도하였다.

사료 Plus

한일 병합 조약＊
제1조 한국 황제 폐하는 한국 전부에 관한 모든 통치권을 완전히 또는 영구히 일본 황제 폐하에게 양여한다.
제2조 일본국 황제 폐하는 전조에 기재한 양여를 수락하고 완전히 한국을 일본 제국에 병합함을 승낙한다.

＊ **한일 병합 조약(1910)**
한국의 황제 폐하 및 일본국 황제 폐하는 양국 간의 특수히 친밀한 관계를 고(顧)하여 호상(互相) 행복을 추진하며 동양 평화를 영구히 확보하기 위하여 차(此) 목적을 달성코자 하면, 한국을 일본에 병합함에 불여(不如)할 자(者)로 확신하여 자(玆)에 양국 간에 병합 조약을 체결함으로 결정하니 위차(爲此) 한국 황제 폐하는 내각 총리 대신 이완용을, 일본국 황제 폐하는 통감 자작 데라우찌 마사다케를 각기 전권 위원에 임명하였다.

10 의병 운동과 애국 계몽 운동

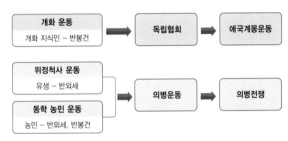
💧 **구한말 항일 운동의 두 가지 흐름**

1. 의병 운동

(1) 을미의병(1895)

① 원인 : 을미사변과 단발령

② 주도 세력 : 위정척사 사상을 가진 유생(유인석, 이소응, 허위 등)

　㉠ 척사파 유생이 존왕양이를 내세워 지도부를 형성하였다.

　㉡ 일반 농민과 동학농민군의 잔여 세력이 가담하였다.

③ 일본군과 일본인 거류지를 공격하였으며, 친일 수령을 처단하였다.

④ 아관파천 이후 단발령이 철회되고, 국왕의 권고 조치로 해산되었다.

⑤ 일부 농민은 활빈당＊을 조직하여 저항을 이어갔다.

사료 Plus

을미의병
원통함을 어찌하리. 국모의 원수를 생각하며 이를 갈았는데, 참혹함이 더욱 심해져 임금께서 또 머리를 깎으시는 지경에 이르렀다. …… 우리 부모에게 받은 몸을 금수로 만드니 무슨 일이며, 우리 부모에게 받은 머리카락을 풀 베듯이 베어버리니 이 무슨 변고란 말인가. …… 환난을 회피하기란 죽음보다 더 괴로우며 멸망을 앉아서 기다리기보다는 차라리 싸우는 편이 훨씬 낫다.　　　　　　　　　　　– 유인석의 창의문

＊ **활빈당**
1900년대 조선에서 주로 양반, 관료, 지주 등만 공격해 재물을 약탈한 뒤 빈민들에게 나눠주던 의적이다. 원래 활빈당은 허균의 『홍길동전』에 나오는 의적단의 이름인데, 동학 농민 운동 잔존세력과 을미의병 잔존세력이 결합하면서 본격화된 것으로 이해된다.

(2) 을사의병(1905)

① 원인 : 을사조약 체결 및 친일내각의 성립

② 주도 세력 : 민종식, 최익현, 신돌석

    ㉠ 최익현 : 전북 태안에서 제자 임병찬과 거병하여 순창으로 신출하였다.

    ㉡ 신돌석 : 평민 출신 의병장으로서 강원도 일대에서 활약하였다.

    ㉢ 민종식 : 1천여 의병으로 홍주성을 점령하였다.

③ 이전의 봉건적 척사 이념에서 벗어난 반침략 구국이념을 가졌다.

④ 평민 출신 의병장의 등장과 소작농민의 자발적인 참여가 나타나던 시기이다.

깊이 Plus⁺   최익현의 활동

- 「계유상소(癸酉上疏)」(1873) : 1871년 신미양요를 승리로 이끈 대원군이 그 위세를 몰아 만동묘(萬東廟)를 비롯한 서원의 철폐를 대거 단행하자 그 시정을 건의한 상소. 이 상소를 계기로 대원군의 10년 집권이 무너지고 고종의 친정이 시작되었다.
- 「병자지부복궐소(丙子持斧伏闕疏)」(1876) : 일본과 맺은 병자 수호 조약(강화도 조약)을 결사반대하였다. 이 상소로 흑산도로 유배되었으나 그 신념과 신조는 꺾이지 않았다.
- 「청토역복의제소(請討逆復衣制疏)」(1895) : 을미사변의 발발과 단발령의 단행을 계기로 폭발하여 상소를 올리고 항일 척사 운동에 앞장섰다.
- 「청토오적소(請討五賊疏)」(1905) : 을사조약이 체결되자 곧바로 소를 올려서 조약의 무효를 국내외에 선포하고 망국조약에 참여한 박제순(朴齊純) 등 오적을 처단할 것을 주장하였다.
- 을사의병 : 1906년 윤4월 전라북도 태인에서 궐기하였다. 74세의 고령으로 의병을 일으켜 최후의 진충보국하고자 했으나 뜻을 이루지 못하고 적지 대마도 옥사에서 순국하였다.

(3) 정미의병(1907)

① 원인 : 고종 황제의 강제 퇴위와 군대가 해산하였다.

② 시위대대장 박승환의 자결을 시발점으로 해산 군인들이 의병에 합류하면서 조직력이 강화되었다.

    ⇨ 의병 전쟁으로 발전되었다.

③ 전국 각지는 물론, 간도와 연해주까지 확대되었다.

④ 서울진공작전(1908) : 서울 진공을 위한 연합전선 형성, 13도 창의군(총대장 : 이인영, 참모장 : 허위)

    ㉠ 독립군을 자처하면서 서울 주재 각국 영사관에 의병을 국제법상의 교전단체로 승인해 줄 것을 요구하는 서신을 발송하였다.

    ㉡ 경기도 양주에 집결하여 서울 진공을 계획하였으나 일본군의 우세한 화력에 막혀 주춤하였다.

    ㉢ 총대장인 이인영이 부친상을 당하여 귀가하면서 창의군이 해산되었다.

    ㉣ 호남지방을 중심으로 의병활동을 전개하였다(유격전).

    ㉤ 이후의 의병 운동은 해산 군인과 평민층이 주도하는 것으로 전환되었다.

⑤ 국내 진공 작전 : 홍범도 · 이범윤의 지휘로 간도와 연해주 일대의 의병 부대이다.

▽ 시위대대장 박승환

참고   정미의병장

군수 · 면장 6
교사 · 학생 6
상인 6
장교 7
기타 19
유생 · 양반 63(명)
광부 12
포수 13
정미의병장
무직 · 화적 30
농업 49
사병 35
주사 · 서기 9

(박성수, "독립 운동사 연구")

정미의병에는 유생, 해산 군인, 농민, 상인, 포수 등 다양한 계층의 사람들이 참여하여 적극적인 의병활동을 전개함으로써 의병 전쟁으로 발전하였다.

⑷ 의병 전쟁의 위축

① 간도・연해주의 독립군이 국내 유격전을 전개하였다.

② 남한 대토벌 작전

   ㉠ 1909년 9월 1일부터 약 2개월간 호남 지방의 의병들에 대해 대대적으로 진압하였다.

   ㉡ 1907년부터 2년 동안 일본군에 의해 사망한 의병은 약 16만 7천 명이다.

   ㉢ 결국 일본군에 비해 열악한 환경과 을사조약 이후 외교권 박탈로 인해 국제적으로 고립된 의병들은 제대로 된 전쟁을 치르지 못하고 해산되었다.

③ 남한 대토벌 작전 이후, 만주・연해주 일대로 의병의 근거지를 이동하였다.

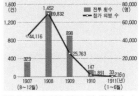
▼ 후기 의병의 전투 및 참가자 수

사료 Plus

남한 대토벌 작전

일본군이 길을 나누어 호남 지방의 의병을 수색하였다. 위로는 금산, 진산, 김제, 만경으로부터, 동쪽으로는 진주, 하동, 남쪽은 목포로부터 사방을 그물 치듯 포위하여 마을을 수색하고 집집마다 뒤져서 조금이라도 의심이 나면 모두 죽였다. 이 때문에 행인이 끊어지고 이웃의 왕래도 끊겼다. 의병들은 삼삼오오 도망하여 흩어졌으나 숨을 곳이 없었다. 굳센 자는 나와 싸우다 죽어 갔고, 약한 자는 도망가다가 칼을 맞았다.

                                                      – 황현, 『매천야록』

 의병 운동의 흐름

구분	을미의병(1895)	을사의병(1905)	정미의병(1907)
계기	을미사변과 을미개혁	을사조약	고종 강제퇴위, 군대해산
주도 세력	• 유인석, 이소응 • 농민, 동학 잔여 세력	• 민종식, 최익현 • 신돌석(평민 출신 의병장)	유생, 농민, 해산 군인, 노동자 등 여러 계층이 참여
특징	• 단발령 철회와 고종 해산 권고로 해산 • 일부 농민은 활빈당 조직	• 을사조약 폐지 요구 • 최익현 : 대마도에서 순국 • 신돌석 : 최초의 평민 출신 의병장 등장	• 해산 군인의 가담 ⇨ 의병 전쟁화 • 13도 창의군 결성 → 서울 진공 작전 → 총대장 이인영 부친상으로 위축 → 호남 의병 운동 → 일본의 남한 대토벌 작전 → 의병의 근거지가 국외(만주, 연해주)로 이동

2. 애국 계몽 단체의 활동

(1) 보안회(1904)

① 배경 : 러일 전쟁 중 일제가 산림과 황무지에 대한 개척권을 요구하였다.

② 활동 : 유생, 전직 관리, 기독교도 등이 주도하여 대중적인 반대 운동을 일으켜 일제의 요구를 철회하였다.

③ 해체 : 협동회(회장 이상설)로 발전하였으나 일제의 압력으로 해산하였다.

④ 결과 : 농광 회사를 설립하여 일제의 황무지 침탈을 저지하려 노력하였으나 일제는 친일 단체를 육성하였다(일진회 결성).

참고 헌정 연구회 강령

1. 제왕의 권위는 헌법에 정해진 바에 따라 존중할 것
2. 정부의 명령은 법률 규칙에 정해진 바에 따라 복종할 것
3. 국민의 권리는 법률에 정해진 바에 따라 자유로이 행사할 것

(2) 헌정 연구회(1905)

① 배경

㉠ 공진회 해산 이후 이준(회장)과 윤효정 등의 독립 협회 사람들은 보부상과의 관계를 단절하고, 지식인 중심으로 결성하였다.

㉡ 국민의 정치의식 고취와 입헌군주제의 수립을 목적으로 설립되어 일진회의 반민족적 행위 규탄하였다.

② 활동

㉠ 을사조약 반대 등의 반일 정치 활동과 대중 계몽 운동을 전개하였다.

㉡ 국권 상실 타개, 국민의 권리를 확대시키고 국가의 발전을 추구하였다.

㉢ 1905년 이후, 합법적인 정치 운동이 어려워지자 방향을 바꾸어 산업과 교육 보급을 주장하는 운동을 전개했다.

③ 해체 : 일진회에 대항하다가 통감부에 의해 해산되었다(대한 자강회로 계승됨).

(3) 대한 자강회(1906)

① 배경

㉠ 독립 협회 운동의 맥락을 이어 헌정 연구회를 모체로 하고, 사회 단체와 언론 기관을 주축으로 설립되었다.

㉡ 도시의 지식인과 봉건 관료층에서 벗어나 지방의 상공인·지주·유생층을 포괄하며, 교육과 산업을 진흥시켜 독립의 기초를 구축하려 하였다.

참고 대한 자강회 취지문

무릇 나라의 독립은 오로지 자강의 여하에 달린 것이다 … 그러나 자강의 방도를 강구하려 하려 할 것 같으면 다른 곳에 있지 않고 교육을 진작하고 산업을 일으키는데 있으니 …

⬇ 대한 자강회 월보

② 활동 : 월보(대한 자강회 월보)의 간행과 연설회의 개최 등을 통해 국권 회복을 위한 실력양성운동을 전개하였다.

③ 해체 : 고종 퇴위 반대운동과 한일신협약 반대 투쟁, 일진회와 그 기관지인 국민신보사 파괴 활동을 하다가 해산되었다.

④ 한계 : 아시아 연대론을 주장한 일본인 오가키 다케오를 고문으로 삼고, 그의 영향 아래 활동하였기에 배일성(排日性)이 약화되었다.

사료 Plus

대한 자강회 활동

무릇 우리나라의 독립은 오직 자강의 여하에 있을 따름이다. 우리 대한이 종전에 자강의 방법을 강구하지 않아 인민이 스스로 우매함에 묶여 있고 국력이 쇠퇴하여 마침내 오늘의 위기에 다다라 결국 외국인의 보호를 당하게 되었으니, 이는 모두 자강의 도에 뜻을 다하지 않았던 까닭이다.
— 대한 자강회 월보

(4) 대한 협회(1907)

① 계승 : 대한 자강회

② 강령 : 교육의 보급, 산업의 개발, 민권의 신장, 행정의 개선

③ 한계

    ㉠ 초기의 임원들은 항일의식에서 출발하였으나(남궁억 회장 체제), 후기에는 친일적 입장으로 전환(김가진 회장 체제)되는 이분화 현상을 나타내었다.

    ㉡ 지도부와 일진회가 연합하여 의병 운동을 소요로 규정하거나 일본인 고문 오가키 다케오 술책 등으로 그 성격이 크게 변하였다.

    ㉢ 일제의 한국 지배권이 더욱 강화됨에 따라 대한 협회의 국권 회복에 대한 의지는 크게 약화되었다.

(5) 신민회(1907)

① 구성

    ㉠ 안창호, 양기탁, 이동녕, 이동휘 등 사회 각계각층의 인사를 망라하여 조직된 비밀결사체이다.

    ㉡ 5개 비공식집단의 연합 세력, 서북 지방과 기독교 신자 및 교사, 학생들로 구성되었다.

② 활동

    ㉠ 국권의 회복과 공화정체의 국민국가 건설, 선 독립 후 실력양성, 실력양성과 무장투쟁 병행

    ㉡ 표면적으로는 문화적·경제적 실력 양성 운동을 전개하면서, 내면적으로는 독립군 기지의 건설에 의한 군사적 실력 양성을 기도하였다.

        ⓐ 민족교육 활동 : 대성 학교(평양), 오산 학교(정주) 설립

        ⓑ 경제자립 활동 : 태극서관(대구), 자기회사(평양) 운영

        ⓒ 무장 독립 운동 기지 마련 : 서간도 삼원보(이회영, 이시영), 밀산부 한흥동(이상설)

③ 결과

    ㉠ 105인 사건*으로 조직이 와해되었다(1911).

    ㉡ 신민회의 후신으로 로스앤젤레스에 안창호가 흥사단을 조직하였다(1913).

🔽 안창호

＊105인 사건

안명근이 황해도 일대에서 독립 운동 자금을 모집하다가 적발되자 일제는 이를 빌미로 데라우치 총독 암살 사건을 조작하였다. 이때 600여 명의 민족 지도자들이 검거되고, 그 중 105명이 기소되었는데, 대부분 신민회 회원이었다.

사료 Plus

• 무릇 우리 대한인은 내외를 막론하고 통일 연합으로써 그 진로를 정하고 독립 자유로써 그 목적을 세움이니, 이것이 신민회가 원하는 바이며 신민회가 품어 생각하는 것이다. 간단히 말하면 오직 신정신을 불러 깨우쳐서 신단체를 조직한 후에 신국가를 건설할 뿐이다.   － 신민회 설립 취지문(1907)

• "남만주로 집단 이주하려고 기도하고, 조선 본토에서 상당한 재력이 있는 사람들을 그 곳에 이주시켜 토지를 사들이고 촌락을 세워 새 영토로 삼고, 다수의 청년 동지들을 모집, 파견하여 한인 단체를 일으키고, 학교를 세워 민족 교육을 실시하고, 나아가 무관 학교를 설립하여 문무를 겸하는 교육을 실시하면서, 기회를 엿보아 독립전쟁을 일으켜 구한국의 국권을 회복하려고 하였다."   － 105인 사건 판결문(1911)

한눈에 쏙

애국 계몽 운동 단체

보안회(1904)	일본의 황무지 개간권 요구 반대 운동을 전개 ⇨ 일본에 의해 해산		
헌정 연구회(1905)	입헌 군주제를 통한 국민 민권의 확대 주장		
대한 자강회(1906)	각지에 지회 설치, 월보 간행, 고종 퇴위 반대운동 전개		
대한협회(1907)	대한 자강회 계승, 민권 시잔 위해 노력 ⇨ 친일화		
신민회(1907)	조직		안창호, 양기탁 등이 조직한 비밀 결사
	목적		국권 회복과 공화정체 추구
	특징		애국 계몽 운동 + 의병 운동 노선(독립 전쟁 준비론)
	활동	민족교육	대성 학교(평양), 오산 학교(정주) 설립
		경제자립	태극서관(대구), 자기회사(평양) 운영
		무장 독립 기지건설	• 서간도 삼원보(이시영) ⇨ 신흥강습소 • 밀산부 한흥동(이상설)
	해체		일본의 105인 사건 조작으로 실체가 드러나 조직 와해

11 간도와 독도

1. 간도

(1) 근대 이전의 간도 역사

조선과 청은 1712년 "서쪽으로는 압록강, 동쪽으로는 토문강을 국경으로 한다."는 내용의 백두산 정계비를 세웠다.

(2) 간도 이주민의 증가

19세기 후반 이후 간도로 이주하여 황무지를 개척하여 생활터전을 마련하는 이가 늘어났다.

(3) 간도 귀속 문제 발생

① 청이 간도 개간 사업을 시작하면서 간도에서 철수할 것을 요구하였다.

② 정부의 대응

    ㉠ 서북경략사 파견 : 어윤중을 서북경략사에 임명하였다(1883).

    ㉡ 토문감계사 파견 : 이중하를 토문감계사로 보내 백두산 정계비의 토문강이 송화강이라 하여 간도를 우리 영토라고 주장하였다(1885).

    ㉢ 간도관리사 파견 : 1900년 러시아가 간도를 점령하자 1902년 대한제국 정부는 간도관리사로 이범윤을 임명하는 한편, 이를 한국 주재 청국 공사에게 통고하고 간도의 소유권을 주장하였다. 이범윤은 현지에서 포병을 양성, 조세를 받고 간도를 함경도의 행정 구역으로 편입하였다.

(4) 을사조약 이후 일본의 간도 문제 처리

① 을사조약을 통해 우리나라의 외교권을 박탈한 일본이 간도 관리에 나서며 간도 용정촌에 파출소를 설치하였다.

② 일본이 1909년 만주 안봉선 철도 부설권을 획득한 대가로 간도를 청의 영토로 인정하는 간도협약을 체결하였다.

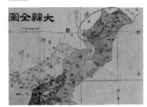

참고 대한전도에 표시된 간도

간도 협약이 체결되기 전 대한 제국 지도에는 두만강 건너 간도가 한국 땅으로 표시되어 있다.

사료 Plus

간도협약

제1조 일·청 두 나라 정부는 토문강을 청국과 한국의 국경으로 하고 강 원천지에 있는 정계비를 기점으로 하여 석을수(石乙水)를 두 나라의 경계로 한다.

제3조 청 정부는 이전과 같이 토문강 이북의 개간지에 한국 국민이 거주하는 것을 승인한다. 그 지역의 경계는 별도로 표시한다.

제5조 토문강 이북의 한국인과 청나라 사람들이 함께 살고 있는 구역 안에 있는 한국 국민 소유의 토지와 가옥은 청 청부가 청 국민들의 재산과 똑같이 보호하여야 한다.

제6조 청 정부는 앞으로 길장 철도를 연길 이남으로 연장하여 한국의 회령에서 한국의 철도와 연결할 수 있다.

― 『**순종실록**』

＊독도

독도는 우산도, 가지도 등 다양한 명칭으로 불리다가 1900년 대한 제국 칙령 제41호에는 '석도'로 표기되었다. 돌섬인 독도를 한자로 표기한 것이다. 울릉도 주민들은 독도를 '독섬'이라 불렀는데, 이는 돌을 뜻하는 우리말 '독'에서 유래한 것으로 석도와 같은 의미이다.

🔽 팔도총도에 표시된 독도

2. 독도

(1) 근대 이전의 독도＊ 역사

① 신라 지증왕 때, 울릉도가 이사부의 우산국 정벌로 인해 신라 영토로 편입된 이후, 독도도 고려·조선 말까지 우리나라 영토로 이어져 내려왔다.

② 『세종실록지리지』에 나타난 기록

   ㉠ 강원도 울진현 조(條)에서 "우산, 무릉 두 섬이 (울진)현 정동(正東) 바다 한가운데 있다."하여 독도를 강원도 울진현 소속으로 구분하고 있다.

   ㉡ 세종실록지리지에서는 울릉도와 별도로 독도(우산도)의 존재를 형제섬으로 기록하였다.

③ 『신증동국여지승람』에 나타난 기록

   ㉠ 독도는 울릉도와 함께 강원도 울진현에 소속되어 있다.

   ㉡ 『신증동국여지승람』 첫머리에 수록된 조선 전도인 팔도총도는 울릉도와 독도를 별개의 섬으로 하여 그림으로 그려놓은 최초의 지도이다.

④ 조선 숙종 때 안용복은 울릉도에 출몰하는 일본 어민을 쫓아내고 일본에 건너가 독도가 조선의 영토임을 확인받았다(일본 막부는 1699년 독도를 조선 영토로 인정하는 서계(書契)를 조선 조정에 넘김).

⑤ 19세기 말 조선 정부에서는 적극적으로 울릉도 경영에 나서 주민의 이주를 장려하였다.

⑥ 대한제국기에는 울릉도를 울도군으로 승격시키고 관할구역으로 석도(독도)를 함께 규정하였다.

⑦ 종전 후, 연합군 최고 사령부 훈령 677호에서 울릉도, 독도가 일본 영역에서 제외된다고 규정하였다(1946. 1).

(2) 근대의 독도 역사

① 일본인들의 울릉도 불법 침입과 산림벌채 문제가 발생하였다.

   ㉠ 1900년에 울릉도를 군으로 편입하고 독도까지 관리하였다.

      ⓐ 대한제국 정부는 우용정을 울릉도 시찰위원에 임명하고 실태조사를 실시하였다.

      ⓑ 이후, 울릉도를 군으로 승격하고, 독도 관할 칙령을 내렸다.

   ㉡ 1905년에 의정부 참정대신 박제순이 지령을 통해 독도가 대한제국의 영토임을 확인하였다.

② 1905년 2월, 일본은 러일 전쟁 중 불법적으로 독도를 강탈하여 자국의 영토로 편입하였다.

(3) 일본의 기록 및 주장

① 일본 막부는 1699년에 다케시마(당시 일본에서 울릉도를 일컫던 말)와 부속 도서를 조선 영토로 인정하는 문서를 조선 조정에 넘겼다.

② 『통항일람』은 19세기 중반에 일본에서 기록한 사서로, 안용복에게 독도가 조선의 땅임을 인정하는 사료가 기록되어 있다.

③ 일본은 러일 전쟁 중에 독도를 시마네 현에 편입시켰다.

④ 2005년 시마네현에서 2월 22일을 '다케시마의 날'로 제정하였다.

⑤ 2007년 7월 6일 일본 방위백서에서 3년 연속 독도를 '일본의 고유영토' 라고 기술하였다.

⑥ 2008년 7월 14일 문부 과학성에서 중등 교과서 학습 지도 요령 해설서에 독도 영유권 명기를 공식 발표하였다.

품의한 허지의 죽도(울릉도) 외 1도(독도)의 건에 대해 일본 은 관계가 없음을 명심할 것.

죽도(울릉도) 외 1도(독도) 지적 편찬에 대한 질품서

🔽 태정관 지령(1877)

📖 사료 Plus

• 우산(于山)과 무릉(武陵) 두 섬이 현의 정동(正東) 바다 가운데에 있다. 두 섬이 서로 거리가 멀지 아니하여, 날씨가 맑으면 가히 바라볼 수 있다. ─『**세종실록지리지**』

• 제1조 울릉도를 울도로 고쳐 강원도에 부속하고 도감(島監)을 군수(郡守)로 고친다.
제2조 군청 위치는 태하동으로 정하고 구역은 울릉 전도와 죽도(竹島), 석도(石島)를 관할한다. ─ **대한 제국 칙령 제41호(1900년 10월)**

• 울릉도 앞바다에서 동쪽으로 200리 거리에 섬이 하나 있다. 이 섬은 예로부터 우리 영토였으나 일본인들이 그들의 영토라고 주장하며 조사하고 돌아갔다. ─『**매천야록**』, 황현

PART 06

Chapter 02 근대의 경제

01 열강의 경제 침탈

1. 일본

(1) 일본의 특권

① 강화도 조약(1876, 조일 수호 조규)을 통해서 치외법권을 인정받아 일본인의 경제적 수탈을 합법화하였다.

② 조일 수호 조규 부록(1876)의 내용을 통해 일본의 화폐사용 허가 및 거류지 무역*을 인정하였다.

③ 조일 무역 규칙(1876, 조일 통상 장정)을 통해 일본 상품에 대한 무항세, 무관세 적용 및 양곡의 무제한 유출을 허용하였다.

(2) 개항 초기의 거류지 무역

① 개항 초기에는 일본 상인의 활동 범위가 개항장 사방 10리 이내로 제한되었다.

② 일본 상인들의 무역 활동이 제한되었기 때문에 조선 상인들은 전반적으로 손해를 보았으나 중개무역*을 관장하던 객주, 여각은 이익을 보았다.

③ 개항 이후 1880년대에 일본 상인들은 영국산 면직물을 판매하고 쌀이나 귀금속을 대량으로 수입하는 중개무역을 하였다.

④ 대규모로 면직물이 유입됨에 따라서 국내 면직물 산업이 몰락하였다(미면교환체제).

⑤ 조일 수호 조규 속약(1882. 7)을 통해 일본과 50리로 거류지를 확장 설정하였고, 1년 뒤 양화진(마포)에 상점을 열 수 있게 하였다.

⑥ 조청 상민 수륙 무역 장정(1882. 8)을 통해 청 상인의 내지통상권이 인정되었다(한성과 양화진에 점포 개설 가능).

⑦ 조일 통상 장정 개정(1883)을 통해 일본의 약탈무역이 강화되었다.

    ㉠ 조선의 이점 조약 : 관세 규정(단, 일본과 협정), 방곡령* 규정(단, 한 달 전 통보)

    ㉡ 일본의 이점 조약 : 최혜국 대우 → 이후, 내지통상권 인정 및 거류지 100리 확대

한눈에 쏙

미면교환체제

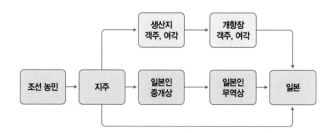

거류지 무역(간행이정 설정)
개항장 내 외국인 거류지(조계)를 중심으로 이루어진 무역 형태로, 개항 초기 외국인들은 개항장 10리 안에서만 활동할 수 있었다. 따라서 일본 상인들은 객주, 여각, 보부상 등 조선 상인들을 매개로 내륙 지방에 물건을 사고팔았다.

중개무역(= 중계무역)
일본 상인들이 일용품을 들여와 팔고 그 대신 싼값으로 곡물이나 귀금속 등을 반출해 가는 형태의 무역이다. 그들은 이러한 중개무역으로 막대한 이익을 취하였다. 이 과정에서 조선 상인들은 전반적으로 손해를 보았으나, 중개무역을 관장하던 이들은 이익을 보았다.

방곡령
특정 지역의 식량 부족 사태가 일어났을 경우 원활한 식량 공급을 위해서 타 지역으로 식량을 반출하는 행위를 금지하는 명령을 말한다. 방곡령을 선포할 권한은 해당 지역을 관할하는 지방관에게 있으며 그 행정 관할 구역 내에서 가뭄이나 수해, 민란이나 병란과 같은 각종 천재지변으로 인해 흉년이 닥쳤을 시 곡식의 가격이 폭등하는 것을 방지하는 데에 있다. 단, 일본은 조일 통상 장정 개정(1883)에서 방곡령 시행 한 달 전에 통보할 것을 조건으로 내걸었다.

(3) 방곡령의 실시(1889, 1890)

① 배경 : 일본의 지나친 미면교환체제로 인해 일본 상인의 농촌시장 침투와 곡식 반출로 곡물 가격이 폭등하였다.

② 내용 : 지나친 곡물 반출을 막기 위해 함경도(1889, 콩)와 황해도(1890, 쌀) 등의 지방관들이 방곡령을 실시하였다.

③ 배상금 지불 근거 : 일본은 조선의 방곡령에 대해 조일 통상장정의 내용 중 무역 상황이 변할 때 1개월 전 통보해야 한다는 내용을 위반하였다고 하여 이를 철회할 것을 요구, 조선 정부는 배상금으로 11만원을 지불하였다.

청·일의 경제 침투와 방곡령 선포

사료 Plus

방곡령에 대한 배상금 지불 근거

만약 조선국에 가뭄 수해 병란 등의 일이 있어 국내 식량 결핍을 우려하여 조선 정부가 잠정적으로 쌀의 수출을 금지하고자 할 때에는 반드시 먼저 1개월 전에 지방관이 일본 영사관에 통고해야 한다. 또한 그러한 때는 그 시기를 미리 항구의 일본 상인에게 두루 알려 그대로 지키게 해야 한다.

2. 청

(1) 청의 영향력 확대

① 임오군란 이후 조청 상민 수륙 무역 장정의 체결로 청의 정치적 영향력이 강화되면서 청나라 상인에게 개항장과 서울 진출을 허용하였으며, 이로 인해 시전상인 및 공인 등 조선 상인이 몰락하였다.

② 주로 홍삼, 인삼, 해산물 등을 청으로 수출하고 영국산 면제품, 중국산 비단, 약재 등을 수입하였다.

(단위 : %)

연도	수출		수입	
	청	일본	청	일본
1885	2	98	19	81
1886	3	97	18	82
1887	2	98	26	74
1888	9	91	28	72
1889	9	91	32	68
1890	2	98	35	65
1891	4	96	40	60
1892	6	94	45	55
1893	–	–	49.1	50.2
1895	–	–	26.2	72.2

(2) 청·일 상인 간의 치열한 경쟁

① 청의 영향력 확대에 따라 지금까지 경제적으로 조선을 장악하던 일본의 무역 독점이 종식되었다.

② 청의 조선에 내한 무역의 영향력이 늘어나게 되면서 일본의 위기의식이 고조되었다. ⇨ 청일 전쟁의 원인으로 작용

3. 시기별 열강의 경제 침탈 변화

(1) 청일 전쟁 이후

① 제국주의적 경제 침탈 단계

② 이권 탈취, 금융 지배, 차관 제공 등의 양상을 띠었다.

(2) 아관파천 이후

① 러시아와 일본을 중심으로 이권 침탈이 본격화되었다(철도부설권, 광산채굴권, 삼림 채벌권 등).

② 각 국가와 맺은 조약에 최혜국 대우와 관련된 내용이 포함되어 열강의 이권 침탈이 더욱 심해졌다.

(3) 러일 전쟁 이후

① 본격적인 토지 약탈이 시작되었다.

② 철도 부지와 군용지 확보를 구실로 약탈을 자행하였다.

③ 황무지 개간과 역둔토(驛屯土)를 수용하였다.

④ 일본인의 토지 소유가 확대되어 조선의 식민지화를 위한 기초 작업이 진행되었다.

⑤ 러일전쟁으로 인해 경부선(1905)과 경의선(1906)이 개통되면서 한반도를 가로지르는 철도가 완성되었고, 이는 한반도에 대한 수탈을 가속화하는 결과를 가져왔다.

⑥ 토지를 약탈하기 위해 동양 척식 주식 회사를 설립하였다(1908).

⑦ 일본은 간도협약을 통해 간도를 청에 넘기고 안봉선 철도부설권을 획득하였다(1909).

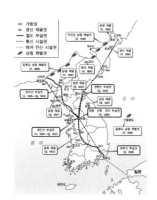

▽ 열강의 이권 침탈

참고 노다지

평안북도 운산 금광은 우리나라 최대의 금광으로서 조선의 금 생산량 중 총생산량의 1/4을 차지하던 대규모 광산이었다. 그런데 고종과 가깝게 지내던 미국인 앨런의 설득으로 고종은 운산 금광의 개발권을 미국인 자본가에게 넘겨주었다. 미국인 관리들은 조선인이 광산에 접근하면 금을 훔치려 한다고 하여 무차별 총질을 했으며, 이때 "No touch!" 하던 말이 변하여 '노다지'가 되었다고 한다.

4. 화폐 정리 사업(1905~1909) 및 재정 정리 사업

(1) 배경 및 전개

① 한국 화폐는 엽전 1천종, 백동화 16종 등이 유통되어 매우 혼란스러웠다.

② 일본은 식민지화에 큰 지장이 될 것을 우려하여 재정고문이었던 메가다를 통해 화폐 정리 사업을 단행하였다.

③ 백동화는 교환·공납·매수의 방법으로 정리하였다.

🔽 백동화

사료 Plus 📖

메가타의 화폐 정리 사업(1905. 7)

제1조 구 백동화 교환에 관한 사무는 금고로 처리케 하여 탁지부 대신이 이를 감독함

제3조 구 백동화의 품위(品位)·양목(量目)·인상(印象)·형체(形體)가 정화(正貨)에 준할 수 있는 것은 매 1개에 대하여 금 2전 5푼의 가격으로 새 화폐로 교환함이 가함

사료 Plus 📖

화폐 정리 사업의 추진(1905)

상태가 매우 좋은 갑종 백동화는 개 당 2전 5리의 가격으로 새 돈으로 바꾸어 주고, 상태가 좋지 않은 을종 백동화는 개 당 1전의 가격으로 정부에서 사들이며, 팔기를 원치 않는 자에 대해서는 정부가 절단하여 돌려준다. 단 모양과 질이 조잡하여 화폐로 인정키 어려운 병종 백동화는 사들이지 않는다.   － 탁지부령 제1호

---

(2) 결과

① 소액 교환을 거부하고 다액만을 교환하여 농민층이 손해를 보았다.

② 화폐 교환 기간이 매우 짧아 화폐정리 소식을 미리 접한 일본인만 큰 이익을 보았다.

③ 엽전의 경우 구리 값 상승으로 인해 교환가보다 수출가가 높아서 35%만 회수되었다.

④ 화폐정리 이후 제일은행권이 본위화폐가 되었다.

⑤ 조선 화폐는 하루아침에 폐기되었다.

    ㉠ 한국 상인이 도산하고 일본 자본주의의 원시적 축적이 이루어졌다.

    ㉡ 화폐 정리로 인하여 농촌 경제의 분해가 촉진되었다.

🔽 제일은행권

사료 Plus 📖

구 백동화 무효에 관한 고시

구 백동화는 지난 융희 2년 11월 말로써 일반 통용을 금지하고 다만 공납에 한하여 올해 12월 말까지 사용함을 허용하였으나, 내년 1월 1일부터는 결코 통용함을 금지할 터이니, 인민들은 그 가진 구 백동화를 올해 안으로 공납에만 사용하되 오히려 남은 것이 있거든 역시 본 기한내로 매수함을 청구하여 의외의 손해를 당하지 않도록 조심이 가함   － 융희 3년 11월 1일 고시

---

(3) 재정 정리 사업의 추진

    ① 1906년 호구조사를 통해 세금을 받을 수 있는 호구 수를 2배로 확대하였다.

    ② 1907년 토지에 대한 기초 조사 작업을 추진하여 토지세를 늘렸다.

    ③ 가옥세·연초세·주세 등 세금 종목을 증가시켰다.

02 열강의 경제 침탈에 대한 저항

1. 상권 수호 운동

외국 상인의 활동 범위가 개항 초기 개항장 밖 10리에서 1880년대 개항장 밖 100리까지 확대되면서 청국 상인과 일본 상인들이 서울 상권을 잠식하였다.

(1) 한성개잔(漢城開棧, 1885)

서울 상인들이 황국 중앙 총상회*를 조직하여 상권 수호 시위를 전개하였다.

사료 Plus

황국 중앙 총상회의 성명

근일 외국인이 내지의 각부 각군 요지에 점포 사옥을 사서 장사를 하고 또 전답을 구입한다고 하니 이는 외국과 통상에도 없는 것이요, 외국인들이 내지에 와서 점포를 열어 장사를 하고 전답을 사들이면 대한 인민의 상권이 외국인에게 모두 돌아가고 …… 우리나라 각부 각군 지방에 잡거하는 외국 상인을 모두 철거하게 하고 가옥과 점답 구매를 모두 엄금하여 대한 인민의 상업을 흥왕케 하여 달라.   – 독립신문, 1898. 10. 18

---

(2) 독립 협회의 이권 수호 운동(만민공동회)

    ① 러시아의 절영도 조차 요구를 저지하고, 한러 은행을 폐쇄하였다.

    ② 러시아가 군사기지 설치를 위해 요구한 목포, 증남포 부근의 도서(島嶼) 매도를 저지하였다.

    ③ 프랑스의 광산채굴권 요구를 저지하면서 미국, 독일 등의 철도, 광산, 삼림에 관한 이권 반대 운동을 전개하였다.

(3) 보안회 등의 황무지 개간권 반대 운동(1904)

일본의 황무지 개간권 요구에 대항하여 일부 민간 실업가와 관리들이 농광 회사를 설립하였다.

(4) 국채 보상 운동(1907)

    ① 일제의 차관 제공에 의한 경제 예속화 정책에 저항하기 위한 목적이 있었다.

    ② 서상돈의 발의로 대구에서 시작되어 전국적으로 확산되었으며, 국채 보상 기성회를 중심으로 애국 계몽 단체와 언론 기관들이 참여하였다(대한매일신보 주도).

    ③ 일진회와 통감부의 방해로 실패로 끝났다.

*황국 중앙 총상회
서울에서 창립된 시전상인 단체로, 1898년 독립 협회와 함께 외국 상인의 침투를 저지하는 상권 수호 운동을 전개하였다. 그러나 같은 해 12월에 독립협회와 함께 수구파 정부에 의해 탄압·해산당하여 상권 수호 운동은 중도에서 좌절하게 되었다.

서상돈

국채 보상 운동 기념문

사료 Plus 📖

국채 보상 국민 대회 취지문

지금은 우리들이 정신을 새로이 하고 충의를 떨칠 때이니, 국채 1,300만 원은 바로 우리 한(韓) 제국의 존망에 직결된 것이다. 그러나 이것을 갚으면 나라가 존재하고, 갚지 못하면 나라가 망할 것은 필연적인 사실이다. …… 그러므로 이 국채를 갚는 방법으로 2천만 인민들이 3개월 동안 흡연을 금하고, 그 대금으로 한 사람이 매달 20전씩 거둔다면 1,300만 원을 모을 수 있으며, 만일 그 액수가 미달할 때는 1환, 10환, 100환의 특별 모금을 해도 될 것이다.

사료 Plus 📖

국채 보상 운동 당시 반지빼기 모임 취지문

나랏빚 1300만 원이 얼마나 많은지는 모르나, 빚 갚을 방침이 우리 동포들 마음속에 있으니 기쁘기 한량없다. 우리 2천만 가운데 여자가 천만이요 그 가운데 반지 있는 이가 반은 넘을 터이니 한 쌍에 2원씩만 하면 1천만 원이 여인들 가운데 있다. 여보시오 여보시오 우리 여자 동포님들! 한 마음 한 뜻으로 때를 잃지 말고 반지 한번 벗게 되면 1천만 명이 손가락을 속박한 것 벗음으로 외국인의 수모를 씻어 내고 자유 국권 되찾아 독립 기초 이루리라!

2. 민족 자본의 성장 노력과 좌절

(1) 토착 상업 자본의 변모

① 근대적 공장 설립, 상회사 → 주식 회사

② 시전 상인 : 황국 중앙 총상회 → 상권 수호 운동, 근대적 공장 설립(종로 직조사)

③ 객주, 여각, 보부상 : 개항 초기에는 개항장과 내륙 시장을 연결하여 부를 축적 → 외국 상인들이 내륙 시장에 진출 → 상회사(대동 상회*)를 설립하여 대항 → 점차 근대적 주식 회사도 설립

④ 경강상인 : 운수업에 종사, 증기선 도입

(2) 대한 제국의 상공업 육성책(황실 중심으로 추진)

① 근대적 회사 설립 : 방직업 근대화 위해 농상 회사, 해운 회사, 철도 회사를 설립하였다.

② 근대 기술 도입 : 일본 유학생 파견 → 방직, 제지, 인쇄, 양잠 기술 등 도입을 위해 노력하였다.

(3) 민간 은행의 설립

① 최초의 민간 은행인 조선 은행이 설립되었다(1896~1901, 관료 자본 중심).

② 한성 은행과 천일 은행 등의 민간은행도 설립되었다.

③ 조선인이 세운 민간 은행들은 화폐 정리 사업을 계기로 일본 은행에 종속되었다.

(4) 한계

자본의 영세성, 기술 및 운영 방식의 미숙, 일제의 화폐 정리 사업(자본의 규모 축소), 일제의 정치적 간섭으로 인해 민족의 자본 성장이 좌절되었다.

* 대동 상회

평안도 상인 20여 명이 자본을 모아 설립한 유통 회사이다. 전국 곳곳에 직원을 파견하여 쌀이나 쇠가죽 등을 사고팔았으며 나중에는 해외무역에도 진출하였다.

참고 1890년대 후반에 설립된 회사

• 해운 회사 : 이운사, 대한 협동 우선 회사, 인천 윤선 주식회사
• 육운 회사 : 통운사
• 철도 회사 : 대한 철도 회사
• 광업 회사 : 철광 회사, 순안 금광 합자 회사

한눈에 쏙

열강의 이권 침탈과 경제적 구국 운동

	이권 침탈	경제적 구국 운동
러시아	아관 파천 이후, 경제 침탈 심화 ⇨ 열강의 이권 침탈 심화(광산, 금광, 산림, 철도)	• 모든 광산의 채굴권을 궁내부로 이관(1898) • 독립 협회 활동 　– 고종의 환궁 주장 　– 이권 수호 운동 : 러시아의 절영도 조차 요구 저지
일본	미면 교환 체제 ⇨ 국내 곡물가격 폭등(곡물 부족)	방곡령 실시 : 함경도(1889), 황해도(1890) ⇨ 일본에 배상금 지불(조일통상장정에 근거)
	일본의 황무지 개간권 요구	보안회(1904) : 일본의 요구 저지
	일본의 정치적·경제적 간섭 심화	• 국채 보상 운동 전개(1907) 　– 대구에서 서상돈이 주도 　– 대한매일신보의 후원 → 전국적 확대 • 회사 설립 운동 : 상회사 설립(대동 상회, 장통회사), 증기선 구입, 은행 설립(조선 은행, 한성 은행)

근대의 사회와 문화

01 근대 사회로의 변화

1. 사회 구조와 의식의 변화

(1) 신분 제도의 붕괴

① 순조 때, 공노비 6만 6천여 명이 해방되었다(1801).

② 서얼과 중인을 비롯한 모든 계층의 관직 진출이 허용되었다(1882).

③ 갑신정변에서 최초로 신분제 폐지를 주장하였다(1884).

④ 노비세습제가 철폐되었다(1886).

⑤ 1894년의 동학 농민 운동에서도 신분제를 철폐하고자 하는 욕구가 다시금 확인되어 1894년 갑오개혁 때 신분제가 철폐되고 호적에는 신분 대신 직업을 기재하였다.

(2) 새로운 사상의 등장

① 독립 협회를 통해 자유 민주주의 사상이 보급되었고, 만민공동회를 통해 평민의식이 확산되었다.

② 애국 계몽 운동이 시작되면서 평등 사상이 보편화되었다.

③ 신민회를 통해 민주 공화제에 대한 관심이 나타났다.

(3) 여권 운동

① 여성의 사회 진출 확대 : 근대적 민권 의식의 형성

② 여성에 대한 교육 기회 보장 : 소학교 관제 발표

③ 여성의 사회 활동 증가 : 국채 보상 운동에 참여(반지빼기 운동)

④ 여성 활동 주요 단체 : 찬양회(1898)

　　㉠ 우리나라 최초의 여권 운동 운동을 전개

　　㉡ 여성 계몽을 위한 정기적인 연설회와 토론회를 개최

　　㉢ 여권통문* 발표 : 여성의 참정권, 직업권, 교육권 주장

　　㉣ 순성여학교 설립

✳ 여권통문
1898년 서울 북촌의 양반 부인들이 황성신문에 발표한 것으로 여성도 남성과 평등한 권리를 갖는 온전한 인간이며, 여성이 경제적 능력을 가져야 하고, 여성도 남성과 동등한 교육을 받아야 한다고 주장하였다. 나아가 부인들은 여성 교육 단체인 찬양회를 조직하고, 1899년 우리나라 사람들이 세운 최초의 사립 여학교인 순성 여학교를 설립하였다.

▽ 정동교회(1885)

▽ 명동성당(1898)

▽ 덕수궁 석조전(1900~1910)

★육영공원
육영공원은 조·미 수호 통상 조약 체결 이후 민영익이 보빙사로 미국에 다녀오고서 영어를 본격적으로 가르칠 수 있는 근대적인 교육기관의 설립을 계획하여 1886년 헐버트, 길모어 등 미국인 교사를 초빙하여 설립되었다. 육영 공원은 좌원과 우원으로 나누어 좌원에는 젊은 현직 관리를 학생으로 받고, 우원에는 관직에 아직 나가지 않은 명문가 자제들을 입학시켰다. 영어를 위주로 세계사와 지리, 수학 등 신학문을 가르쳤다.

▽ 육영공원에서 쓰인 영어 교재

2. 개화기에 나타난 문화의 변화

(1) 복식
신분의 구별이 나타나지 않도록 복식 제도를 개혁하고, 서양식 복제를 도입하였다.

(2) 서양 문화 도입
① 커피 등의 서양 음식이 등장하여 인기를 끌었다.
② 가택의 규모, 형태, 소재의 제한이 없어졌으며 서양식 건물이 등장하였다(예 정동교회, 명동성당, 덕수궁 석조전, 국립 근대미술관, 각국 공사관 등).

(3) 사상
① 서양의 철학 사조와 사회진화론 등의 사상 등이 수용되었다.
② 각종 학회들이 잡지를 발행하여 사회과학·사회진화론 등의 지식을 제공하였다.
③ 중국과 일본을 통하여 간접적으로 수용되어 불리한 조건이었다.

3. 신식 교육기관의 설립

(1) 근대적 교육 기관
① 원산학사 : 1883년에 덕원부 민중들이 모금하여 설립한 사립 교육기관으로 근대 학문과 무술을 가르쳤다.
② 동문학 : 1883년, 정부에서 통역관을 양성하기 위하여 설립한 영어 강습 기관이다.
③ 육영공원* : 1886년, 정부에서 설립하여 상류층 자제와 젊은 관리들을 교육하였다.

(2) 근대적 교육 제도
① 갑오개혁 이후 학부아문이 설치, 교육입국조서를 반포하여 교육을 통한 국가 중흥을 표명하고 한성사범학교를 설립하였다(1895).
② 『국민 소학 독본』을 제작·보급하였다.
③ 민간 교육 운동이 관·공립 교육기관을 압도하였다.
　㉠ 흥화학교(민영환 설립, 1895)를 비롯하여 1909년에는 그 수가 2,250교에 이르렀다.
　㉡ 사립학교들은 대부분 초등교육기관이었다.
④ 선교사들이 학교를 설립하여 기독교 선교와 함께 근대적 학문과 지식을 보급하였다.
　㉠ 선교사 아펜젤러가 배재학당(1885), 스크랜튼이 이화학당(1886)을 설립하였다.
　㉡ 선교사 알렌이 국립의료기관 광혜원에 의학교를 부설 운영하였다(1886).
　㉢ 이 외에도 경신학교(언더우드, 1885), 숭실학교(베어드, 1897), 정신여학교(엘레스, 1887) 등이 설립되었다.

사료 Plus

교육입국조서
1. 교육은 국가 보존의 근본이며,
2. 신교육은 과학적 지식과 실용을 추구하며,
3. 교육의 3대 강령으로 덕육·지육·체육을 들고,
4. 교육입국의 정신을 들어 학교를 많이 설립하고 인재를 길러내는 것이 국가중흥과 국가보존에 직결된다.

4. 주요 근대 시설

각종 시설		연대	내용
인쇄	박문국	1883	최초의 근대적 인쇄소(한성순보 발행)
	광인사	1884	최초의 민간 출판사
통신	전신 (전보총국)	1884	일본~부산(일본)
		1885	서울~인천(청)
	전화	1898	덕수궁 내 → 민가로 확대 (1902년 한성 - 인천 시외전화 개통)
	우편	1895	갑신정변으로 중단 → 1895년 재개
		1900	만국 우편 연합 가입
화폐	전환국	1883	화폐 주조
무기	기기창	1883	근대식 무기 공장(영선사)
교통/ 전기	경인선	1896	최초의 철도(미국인 모스 1899년 완성 : 노량진~제물포)
	경부선	1905	경부선 개통(침략의 발판)
	경의선	1906	일본이 러일전쟁에 이용할 목적으로 개통
	전차	1898	• 콜브란(미국)과 황실이 합작한 한성 전기회사 • 서대문~청량리(정식 개통은 1899년)
	전등	1887	경복궁에 최초로 점등
의료기관	광혜원	1885	최초의 근대식 병원(알렌) ⇨ 제중원으로 개칭
	광제원	1899	국립병원, 종두법 시행
	자혜의원	1909	도립병원
	세브란스 병원	1904	미국인 에비슨 건립
	대한의원	1907	대한제국이 세운 의학교와 병원을 폐지하고 설립 (일본 주도 목적)
건축	독립문	1896	프랑스 개선문 모방
	정동교회	1897	고딕 양식의 붉은 벽돌 건축물(한국 최초의 개신교 교회)
	명동성당	1898	중세 고딕 양식(일명 뾰족집)
	덕수궁 석조전	1910	중세 르네상스 양식(해방 이후, 미소 공동 위원회 개최)

참고 아리랑 타령

아리랑 고개에 정거장 짓고 전기차 오기를 기다린다.
문전의 옥토는 어찌 되고 쪽박 신세가 웬 말인가
밭은 헐려서 신작로 되고 집은 헐려서 정거장되네.

⬇ 양반 칸과 상민 칸이 나뉜 전차

02 근대 문화의 발전

1. 종교계의 새 경향

(1) 동학

① 일본이 친일 공작을 전개하여 동학교단의 일부 세력을 이용구가 시천교*로 전환하였다.

② 3대 교주 손병희는 이에 맞서 천도교로 개칭하고, 근대적 교회조직으로 재편성하였다.

(2) 대종교

① 나철이 민족 시조인 단군에 대한 신앙을 기반으로 체계화하였다(1909).

② 반일 운동을 전개하고, 교단의 총본사를 간도 지방으로 옮겨 항쟁을 계속하였다.

(3) 불교

① 일본은 불교를 조선을 침략하는 도구로 이용하고자 하여 일본의 각 종파들이 조선에 진출하였다.

② 1906년, 통감부가 한국 사원 관리 규칙을 제정하였다.

③ 친일 승려 이회광을 사주하여 조선 불교의 친일화 정책을 펼쳤다.

④ 정호·만해 등은 임제종을 세워 조선 불교의 전통을 분명히 하여 이를 분쇄하였다.

⑤ 『조선 불교 유신론』: 한용운은 불교의 미신적 요소를 없애고, 자주성을 회복하고자 노력하였다.

⑥ 1911년 사찰령*을 발포하여 조선 불교에 대한 행정 통제를 강화하였다.

(4) 유교

① 유교는 위정척사 운동을 이끌면서 자주성을 보여주었지만 사회변화에 역행한다는 비판을 받아왔다.

② 개신 유학자들이 유교 개혁을 주장하였다(김택영, 박은식, 정인보).

　㉠ 박은식 : 『유교구신론』을 통해 유교가 민주적이고 평등한 종교로 거듭나야 한다고 주장하였다.

　㉡ 대동 사상 주장 : 실천을 강조하는 양명학과 사회 진화론을 조화시키고자 했으며, 이를 기반으로 민족 종교인 대동교를 창설하였다.

> **사료 Plus**
>
> **박은식의 『유교구신론』**
> 무릇 동양의 수천 년 교화계(敎化界)에서 바르고 순수하며 광대 정미하여 많은 성인이 뒤를 이어 전하고 많은 현인이 강명(講明)하는 유교가 끝내 인도의 불교와 서양의 기독교와 같이 세계에 대발전을 하지 못함을 어째서이며, 근세에 이르러 침체 부진이 극도에 달하여 거의 회복할 가망이 없는 것은 무슨 까닭이뇨. …… 그 원인을 탐구하여 말류(末流)를 추측하니 유교계에 3대 문제가 있는지라. 그 3대 문제에 대하여 개량(改良) 구신(求新)을 하지 않으면 우리 유교는 흥왕할 수가 없을 것이며 …… 여기에 감히 외람됨을 무릅쓰고 3대 문제를 들어서 개량 구신의 의견을 바치노라.　　－ 서북학회 월보 제1권

✱ 시천교
동학의 기반을 이용하여 일진회(一進會)를 조직하여 친일적인 정치활동을 하고 있던 이용구는, 1906년 손병희가 천도교 중앙총부를 설립하자, 친일적 성향의 시천교를 창립하였다. 출범 후 얼마 동안은 천도교를 능가할 정도로 교세가 확장되기도 하였으나, 한일합병에 앞장을 서는 등 친일적 행동으로 민중의 신망을 잃고 점차 교세가 약화되었는데, 이용구가 사망하자 유명무실화하였다.

✱ 사찰령(1911)
강점기 일제가 한국불교를 억압하고 민족정신을 말살하기 위해 제정·공포한 법령이다. 한국불교는 호국불교의 성격을 강하게 띠었기 때문에 국난기에는 구국의 대열에서 공헌한 바가 컸다. 이에 일제는 한국의 사찰을 억압하기 위해 총독부의 관할을 받도록 하는 이 법령을 서둘러 제정, 공포하였다.

(5) 천주교

① 1880년대 전반부터 정부가 천주교의 선교활동을 묵인하였다.

② 1899년, 조선 교구 책임자 뮈텔이 정부와 교민조약*을 체결하며 공인되기 시작하였다.

③ 고아원과 양로원을 설치·운영하고 교육기관의 설립에도 관심을 보였다.

(6) 개신교

① 백홍준을 비롯한 의주 상인들이 만주로 건너가서 세례를 받고 신자가 되었다.

② 미국 선교사 알렌, 언더우드, 아펜젤러가 입국하여 본격적인 선교 활동을 시작하였다.

③ 서북 지방의 자립적 중산층을 중심으로 수용되었다.

④ 조선인 교회의 자립적인 운영과 보급을 추진하고, 대중과 부녀자층을 대상으로 하는 선교 활동에 치중하였다.

✶ 교민조약(1899)
프랑스의 조선 교구장 뮈텔 주교와 조선 내무지방국장 정준시 사이에 체결된 약정이다. 1886년 조불 수호 통상 조약의 체결로 천주교 신앙의 자유가 보장된 이후 발생하는 교(敎), 민(民) 사이의 분쟁인 교안을 원만히 해결한다는 목적 아래 체결되었다. 정교분리(政敎分離)의 원칙에 따라 선교사는 행정에 관여할 수 없고, 지방 관리는 선교사의 활동에 관여할 수 없다는 것이었다. 또 교안이나 다른 분쟁 발생시에는 주교와 내무지방국장이 서로 협의하여 해결한다는 내용도 들어 있다.

한눈에 쏙

종교계의 새 경향

천주교	• 1860년대 신앙과 포교의 자유(조·불조약) • 고아원, 양로원 운영 등 사회사업에 관심
개신교	• 서양 의술과 근대 교육의 보급 • 한글 보급, 미신 타파, 평등사상 전파에 공헌
천도교	문호 개방 후 민족, 민중 종교로 성장 → 친일파 이용구의 이용 → 손병희가 천도교로 개칭
대종교	나철, 오기호 등이 단군에 대한 신앙을 발전시켜 창시 → 일제 강점기 항일 무장 투쟁 전개
유교	위정척사 운동의 중심체 → 개신 유학자들의 유교 개혁 주장 → 박은식의 『유교구신론』 ⇨ 실천적 유교 정신 강조(양명학의 영향)
불교	한용운의 『조선 불교 유신론』 ⇨ 불교의 자주성 회복과 근대화 운동 추진

2. 국학 운동

(1) 배경

실학이 근대적 민족주의로 발전하여 민족의식 고취를 위한 국학 운동으로 전개되었다.

(2) 국사 연구

① 신채호와 박은식 : 근대 계몽사학의 성립

　　㉠ 신채호 : 『독사신론』을 저술하여 민족주의 사학의 연구 방향을 제시하였다.

　　㉡ 박은식 : 최남선과 조선광문회를 조직하여 민족 고전을 정리·간행하였다.

② 현채 : 『유년필독』, 『동국사략』 등을 저술하여, 민족의 자주성과 애국심 함양을 강조하였다.

③ 황현 : 『매천야록』(고종 이후~1910년까지의 근대사)을 통해 일제 침략을 비판하고, 민족정신을 강조하였다. 이후 1910년 국권피탈을 개탄하며 절명시를 남기고 자결하였다.

④ 전쟁 영웅들의 전기 보급 : 『을지문덕전』, 『강감찬전』, 『이순신전』 등

⑤ 외국의 건국사와 망국사 등을 소개 : 『미국독립사』, 『이태리건국삼걸전』(신채호), 『월남망국사』(현채) 등

▼ 『을지문덕전』

▼ 『이태리건국삼걸전』

사료 Plus

민족주의 사학

역사의 붓을 쥔 자가 반드시 그 나라의 주인 되는 일 종족을 먼저 찾아서 드러내어 이것으로 주제를 지은 뒤에, 그 정치는 어떻게 번영하고 쇠퇴하였으며, 그 실업은 어떻게 융성하고 몰락하였으며, 그 무공은 어떻게 나아가고 물러갔으며, 외국과 어떻게 교섭하였는가를 서술하여야 그런 연후에 비로소 역사라 말할지니, 만일 그렇지 아니하면 이는 무정신의 역사라. 무정신의 역사는 무정신의 민족을 낳으며, 무정신의 국가를 만들리니 어찌 두려워하지 아니하리오.

　　　　　　　　　　　　　　　　　　　　　　　　　　　　－『독사신론』, 신채호

사료 Plus

목숨을 끊으면서

妖氣晻翳帝星移(요기엄예제성이) 요기가 가려서 나라가 망했으니

久闕沈沈晝漏遲(구궐침침주누지) 대궐은 침침해지고 시간도 더디구나.

詔勅從今無復有(조칙종금무부유) 조칙도 지금부터 다시는 없을 것이니

琳琅一紙淚千絲(림랑일지루천사) 옥 빛 조서에 눈물이 천 가닥 만 가닥

曾無支厦半樣功(증무지하반양공) 일찍이 나라 위한 공적 조금도 없으니

只是成仁不是忠(지시성인불시충) 다만 이 죽음 어진 마음이니 충성은 못 했다.

止竟僅能追尹穀(지경근능추윤곡) 끝맺음이 겨우 윤곡을 따르는 것뿐이니

當時愧不躡陳東(당시괴불섭진동) 당시에 진동을 따르지 못함이 부끄럽구나　　　－ 절명시(絶命詩), 황현

(3) 문학

① 시가 : 양반 사대부들에 의한 한문학이 퇴조하고, 학생, 종교인, 관리, 일반 서민들이 국문으로 애국시를 쓰기 시작했다.

    ㉠ 애국시가(우국가사) : 「괴뢰세계」(을사조약 이후의 대한제국 내각 회의 비판), 「국채보상가」(국채 보상 운동 격려)

    ㉡ 신체시 : 「해에게서 소년에게」(근대 시 형식 개척)

    ㉢ 외국 번역 작품 : 성경, 「천로역정」, 「이솝이야기」, 「로빈슨 크루소」, 「걸리버 여행기」 등

        ⇨ 전통 문화 의식 약화 및 외래 문화에 대한 막연한 동경심 유발

사료 Plus

최초의 신체시

처얼썩 처얼썩 척 쏴아아
때린다 부순다 무너 버린다.
태산 같은 높은 뫼 집체 같은 바윗돌이나
요것이 무어야 요게 무어야.
나의 큰 힘 아느냐 모르느냐 호통까지 하면서
때린다 부순다 무너 버린다.
처얼썩 처얼썩 척 튜르릉 꽉

                                    ─ 「해에게서 소년에게」, 최남선

---

② 한문시 : 전통적인 형식을 유지하면서 자유와 평등 및 민주주의를 노래하였다.

③ 신소설의 등장 : 신식 교육, 여권 신장, 계급 타파, 자유결혼, 자주 독립, 자아 각성 등을 주제로 하여 계몽문학을 이끌었다.

    ㉠ 언문일치의 문장 사용, 서술 구조 변화, 문명개화를 앞세우고 통속적 흥미에도 치중하였다.

    ㉡ 『혈의 누』, 『치악산』(이인직), 『자유종』(이해조), 『금수회의록*』(안국선), 『추월색』(최찬식) 등

(4) 음악

① 찬송가를 통해 서양의 근대 음악이 소개되었으며, 서양식 군가도 보급되었다.

② 20세기 초에 창가와 음악이 교과목으로 개설되었으며, 서구식 7음계가 도입되는 등 근대 음악이 보편화되었다.

③ 전통 음악 부문에서는 신재효가 동편제와 서편제를 융합하여 판소리가 민족적 예술로 성장하는 기반을 마련했으며, 산조(가야금, 거문고, 대금)가 유행하였다.

(5) 연극

① 민중들 사이에서 민속가면극이 흥행하였다.

② 최초의 서양식 극장인 원각사*가 건립되어 '은세계', '치악산' 등이 공연되었다.

③ 변사를 대동한 활동사진(영화)이 전국을 순회하여 상영되었다.

＊『금수회의록』

1908년 안국선이 발표한 신소설로 8마리 동물의 입을 빌려 당시의 인간사회에 대해 신랄하게 비판하였다. 치안을 방해하였다는 이유로 압수되어 우리나라 최초의 판매 금지 소설이 되었다.

＊원각사

처음 판소리를 주로 상연하다가 나중에 연극을 상연하는 장소로 고정되었다. 당시 신연극이라는 이름으로 상연된 은세계는 한국신극의 효시였다.

참고 「호취도」(장승업)

두 마리의 독수리를 호쾌한 필치로 생동감 있게 그리고 엷게 채색을 한 장승업의 화조화이다.

(6) 미술

① 서양 화풍이 소개되었으며, 학교 교육을 통해서 서양화가 보급되었다.

② 서민층에서는 민화가 유행하였다(전통 회화와 민화가 주종).

③ 장승업(입체적 음영법), 안중식과 고희동(서양기법 도입), 이도영(시사만평) 등

3. 근대 언론기관의 발달

(1) 근대 신문의 창간

신문 이름	발행기간	창간인	특징
한성순보	1883 ~1884	박영효	• 박문국 발행 • 우리나라 최초의 신문으로 관보의 성격 • 순 한문으로 간행. 열흘에 한 번씩 발행 ⇨ 1886년에 한성주보로 바뀜 : 최초의 상업 광고
독립신문	1896 ~1899	서재필	• 우리나라 최초의 민간신문으로 일간지 • 한글과 영문으로 발행 • 국민계몽과 자주정신을 고취시킴
매일신보	1898 ~1899	양홍옥	우리나라 최초의 일간지
황성신문	1898 ~1910	남궁억, 장지연 등	• 을사조약을 폭로하는 항일 논설인 장지연이 시일야방성대곡 게재 • 애국 논설로 민족의식과 항일정신을 고취시킴 • 신채호가 논설을 썼으며, 박은식이 주필로 활약 • 국한문 혼용체 사용
제국신문	1898 ~1910	이종면, 이종일	여성의 계몽을 위하여 한글로 간행
대한매일신보	1904 ~1910	양기탁, 베델	• 양기탁과 영국인 베델이 간행한 신문 • 통감정치 하에서 항일 논설과 애국 논설로 민족정신을 고취시킴 • 신채호, 박은식 선생이 주필로 민족의식을 불러일으키는 논설을 게재 • 고종 퇴위 반대 운동과 국채 보상 운동을 지원하고 의병의 소식을 전함
국민신보	1906 ~1910	이용구	일진회 기관지(친일 신문)
경향신문	1906 ~1910	–	천주교 계통의 기관지
만세보	1906 ~1910	–	• 천도교 계통의 기관지 • 신지식 계발과 신문화 보급을 위한 운동을 전개 • 창간 이듬해 인수하여 친일지로 개편
해조신문	1908 ~1908	최봉준	• 연해주 블라디보스토크에서 국문으로 발행 • 해외에서 우리말로 발행된 최초의 일간 신문 • 장지연이 주필로 항일애국 논설 집필

사료 Plus

독립신문 창간사

우리는 첫째 편벽되지 아니한 고로 무슨 당에도 상관이 없고 상하 귀천을 달리 대접 아니 하고 모두 조선 사람으로만 알고 조선만 위하여 공평히 인민에게 말할 터인데, …… 우리가 모두 언문으로 쓰기는 알아보기 쉽도록 함이라. 남녀 상하 귀천이 모두 보게 함이오. 또 한쪽에 영문으로 기록하기는 외국 인민이 조선 사정을 자세히 모르기 때문에 혹 편벽된 말만 듣고 조선을 잘못 생각할까 보아 실상 사정을 알게 하고자 하여 영문으로 조금 기록한다.

☟ 한성순보

☟ 독립신문

☟ 황성신문

☟ 제국신문

☟ 대한매일신보

☟ 만세보

(2) 신문지법의 제정과 언론 탄압

① 신문지법을 제정하여 언론 활동을 제약하였다(1907).

  ㉠ 반일 논조 억압하였다.

  ㉡ 대부분의 민족 신문 폐간되었다.

② 대한매일신보는 매일신보로 명칭을 바꾼 뒤 총독부 기관지로 전락하였다.

사료 Plus

신문지법

제10조 신문지는 매회 발행에 앞서 먼저 내부 및 그 관할 관청에 2부씩 납부해야 한다.

제11조 황실의 존엄을 모독하거나 국헌을 문란 혹은 국제교의를 저해하는 사항을 기재할 수 없다.

제21조 내무대신은 신문지로서 안녕질서를 방해하거나 풍속을 혼란하게 한다고 인정될 때는 그 발매 반포를 금지하고 이를 압수하여 그 발행을 정지, 금지할 수 있다.

PART **07**

민족 독립 운동기 : 일제 강점기 우리의 저항

이 단원은

이 시기를 이해하는 가장 올바른 학습 방법은 일제강점기에 나타난 일본의 통치정책과 우리나라의 독립 운동을 시기별로 비교하는 것이다. 즉 1910년대부터 1940년대까지 나타난 일제의 통치정책을 확인하고 이에 대항한 우리 민족의 독립 운동에는 어떤 것이 있는지 파악해 봄으로써 당시의 일제의 수탈 정책과 우리의 독립 운동을 체계적으로 정리할 수 있다. 학습 후 해당 내용을 도표화하면 쉽게 이해할 수 있을 것이다. 또한 일제강점기 독립 운동가나 친일파 등과 관련된 인물사 부분이 출제될 수 있으므로 기출문제에 나온 인물과 함께 관련된 인물들을 정리하는 것도 바람직하다.

본 편의 역사(연표)

1910.	경술국치(국권 피탈)
1912.	임병찬, 대한 독립 의군부 조직
	토지 조사 사업 시작(~1918)
1914.	박용만, 하와이에서 대조선 국민 군단 조직
1915.	대한 광복회 조직
1919.	3·1 운동, 대한민국 임시 정부 수립
	의열단 조직
1920.	봉오동 전투, 청산리 전투
	조선일보·동아일보 창간
1922.	민립 대학 설립 운동
	이광수, 『민족 개조론』 발표
1923.	암태도 소작 쟁의, 관동 대학살
1924.	조선 청년 동맹, 조선 노농 총동맹
1925.	조선 공산당 결성
1926.	6·10만세 운동, 나석주 의거
1927.	신간회 결성, 라디오 방송 시작
1929.	원산 노동자 총파업
	광주 학생 항일 운동
1931.	만주 사변, 신간회 해소, 브나로드 운동
1932.	이봉창·윤봉길 의거, 한·중 연합작전
1933.	한글 맞춤법 통일안 제정
1936.	손기정, 베를린 올림픽 마라톤 우승
	동아일보 일장기 삭제 사건
1937.	중일 전쟁
1938.	조선 의용대 조직, 한글 교육 금지
1939.	국민 강제 징용(해방 전까지 45만 명)
1940.	한국 광복군 창설, 신문 폐간
1941.	임시 정부
	건국 강령 발표 및 대일 선전포고
1942.	조선 의용군 결성
	조선어학회 사건
1943.	징병제·학병제 실시
1944.	여자 정신대 근무령 시행
	여운형, 건국 동맹 결성
1945.	해방, 건국 준비 위원회 발족

2023년도 국가직

1 (가) 시기에 볼 수 있었던 모습으로 옳지 않은 것은?

① 소학교에 등교하는 조선인 학생
② 황국 신민 서사를 암송하는 청년
③ 『제국신문』기사를 작성하는 기자
④ 쌍성보에서 항전하는 한국 독립당 군인

정답 ③
학습전략 세부 시기 구분보다는 일제 통치 방식 변화에 맞춘 1910년대, 1920년대, 1930~40년대의 사건을 구분해야 한다. 그리고 1930~40년대는 1937년 중일 전쟁을 기점으로 하여 두 시기로 구분하면 된다.
사료분석 (가)는 만주사변(1931)과 태평양전쟁(1941) 사이 시기이다.
보기분석 ③ 대한 제국 시기인 1898년 발행된 민족 신문으로, 1910년 일본의 강점과 함께 폐간되었다.
① 제3차 조선교육령(1938) 결과 보통학교의 명칭이 소학교로 바뀌었다(소학교(1895) → 보통학교(1906) → 소학교(1938) → 국민학교(1941) → 초등학교(1996)).
② 일제의 민족 말살 정책 추진 시기의 일이다(1937년 이후).
④ 지청천이 이끈 한국 독립당의 활동이다(1932).

2022년도 국가직

2 (가) 시기에 있었던 사실로 옳은 것은?

> 한국을 식민지로 삼은 일제는 헌병에게 경찰 업무를 부여한 헌병 경찰제를 시행했다. 헌병 경찰은 정식 재판 없이 한국인에게 벌금 등의 처벌을 가하거나 태형에 처할 수도 있었다. 한국인은 이처럼 강압적인 지배에 저항해 3·1 운동을 일으켰으며, 일제는 이를 계기로 지배 정책을 전환했다. 일제가 한국을 병합한 직후부터 3·1 운동이 벌어진 때까지를 　(가)　 시기라고 부른다.

① 토지 조사령이 공포되었다.
② 창씨개명 조치가 시행되었다.
③ 초등 교육 기관의 명칭이 국민학교로 변경되었다.
④ 전쟁 물자 동원을 내용으로 한 국가총동원법이 적용되었다.

정답 ①
학습전략 세부 시기 구분보다는 일제 통치 방식 변화에 맞춘 1910년대, 1920년대, 1930~40년대의 사건을 구분해야 한다. 그리고 1930~40년대는 1937년 중일 전쟁을 기점으로 하여 두 시기로 구분하면 된다.
사료분석 (가)는 강압적인 무단 통치 이다(1910~1919).
보기분석 ① 무단 통치기의 사실이다(1912년 공포).
② 민족 말살 통치기의 사실이다(1939년 명령, 1940년 창씨개명 시행).
③ 민족 말살 통치기의 사실이다(1941년).
④ 민족 말살 통치기의 사실이다(1938년).

2022년도 지방직

3 다음과 관련된 운동에 대한 설명으로 옳은 것은?

① 가뭄과 홍수로 인해 중단되었다.
② 조선총독부의 회사령에 맞서기 위해 전개되었다.
③ 일부 사회주의자는 자본가 계급을 위한 운동이라고 비판하였다.
④ 조선에 사는 일본인이 일본 자본에 대항하기 위해 일으켰다.

정답 ③

학습전략 이 문제와 같이 사진 자료나 지도가 출제될 가능성도 존재한다. 제시된 포스터의 문구만 알아도 문제를 충분히 풀 수 있지만, 핵심 사진 자료나 문화재 및 지도에 대해 익숙해 질 필요가 있다.

사료분석 문화 통치기 때인 1920년대 추진한 물산 장려 운동 관련 포스터이다.

보기분석 ③ 물산 장려 운동에 대한 설명이다.
① 민립 대학 설립 운동에 대한 설명이다.
② 허가제로 진행되던 회사령이 철폐된 1920년대에 일본 기업의 한반도 진출이 강화되었다. 이러한 상황 속에서 국내 민족 기업을 지키기 위한 움직임이 물산 장려 운동이다.
④ 물산 장려 운동은 조선인이 일본 자본에 대항하기 위해 일으킨 운동이다.

2022년도 지방직

4 밑줄 친 '나'에 대한 설명으로 옳은 것만을 모두 고르면?

> 오늘날 사람은 모두 법에 의하여 생활하고 있는데 실제로 사람을 죽인 자가 벌을 받지 않고 생존할 도리는 없는 것이다. … (중략) … 나는 한국의 의병이며 지금 적군의 포로가 되어 와 있으므로 마땅히 만국공법에 의해 처단되어야 할 것으로 생각한다.

> ㄱ. 일본에서 순국하였다.
> ㄴ. 한인 애국단 소속이었다.
> ㄷ. 『동양평화론』을 집필하였다.
> ㄹ. 연해주에서 의병 투쟁을 전개하였다.

① ㄱ, ㄴ   ② ㄱ, ㄹ
③ ㄴ, ㄷ   ④ ㄷ, ㄹ

정답 ④

학습전략 일제 강점기 문제 중 난이도가 높은 문제 형태는 세부 시기 구분과 인물사이다. 최근 출제 경향이 세부 시기 구분보다는 일제 통치 방식 변화에 맞춘 10년 단위의 구분을 묻고 있기 때문에 시기 구분 문제의 난이도가 낮아졌다. 그래서 인물사 학습을 통해 심화 문제를 대비해야 한다.

사료분석 의거를 통해 투옥되었고, 스스로 한국의 의병임을 밝혔으며, 만국공법에 의해 처벌받을 것을 밝힌 인물은 안중근이다. 그는 연해주에서 이범윤의 대한의군 소속으로 의병투쟁을 전개하였다. 또한 의열 비밀 단체인 단지동맹 소속으로, 을사늑약 체결의 주범이자 초대 통감을 지낸 이토 히로부미를 하얼빈에서 저격하였고, 옥중에서 『동양평화론』을 집필하였으며, 이후, 뤼순감옥에서 순국하였다.

보기분석 ㄱ, ㄴ 이봉창과 윤봉길에 대한 설명이다.
ㄷ, ㄹ 안중근에 대한 설명이다.

일제의 식민 통치 정책

01 1910년대 무단 통치

1. 무단 통치 시기

(1) 정책

① 천황의 통제만 받는 최고 식민 통치자 총독이 주축이 되어 조선총독부*를 두고 식민지 통치기구를 세웠다.

② 행정기관, 경찰기구, 재판소 등을 통해 조선민을 압박하였다.

③ 지방행정을 군에서 면 중심으로 개편하고 면을 지방통치의 기초행정단위로 설정하여 기층사회의 전통적 조직을 분해하여 조선인의 저항을 막으려 하였다.

④ 각 기구에 조선인 관리를 일부 두고 중앙의 중추원*(자문기구)에 조선인들을 참여시켰으나 실제 결정권은 없었다.

    ㉠ 의장은 일본인 정무총감이었고, 소속의원도 전원이 이완용 등 친일파였다.

    ㉡ 일부 친일파들이 식민지 민중 통제의 수단으로 말단 통치기구에 임명되기도 하였다.

(2) 헌병 경찰 제도

① 중앙에 경무총감부를 두고, 지방마다 경무부를 분산·배치하여 행정, 사법, 정치, 경제, 일상생활에 이르러 광범위하게 억압하였다.

② 민중의 저항을 억압하고, 산업시설 경비와 대륙 침탈을 위해 군대를 증강하였다.

③ 구류, 태형 등에 대한 즉결처분을 인정하고(조선 태형령), 정치적 자유는 물론 인간의 기본권마저 억압하였다.

사료 Plus

조선 태형령(1912)

• 3월 이하의 징역 또는 구류에 처할 자는 그 정상에 의하여 태형에 처할 수 있다.

• 태 30대 이하이면 이를 1회에 집행하고, 매 30대를 초과할 때마다 1회씩 가한다. 태형의 집행은 1일에 1회를 초과할 수 없다.

• 본령은 조선인에 한하여 이를 적용한다.

＊조선총독부

• 1910~1926년 : 남산에 위치
• 1926~1945년 : 경복궁 근정전 앞에 위치
• 1945년 해방 이후 : 미군정청에 인계
• 1948년 대한민국 정부 수립 후 : 대통령 관저, 정부청사, 박물관 등으로 활용
• 1995년 김영삼 대통령 재임시 : 광복 50주년을 기념하여 철거

＊중추원

• 고려 : 군사 기밀과 왕명 출납을 담당하는 중요 정치 기구
• 대한 제국 : 관민공동회의 건의로 의회식 중추원 관제 반포
• 일제 강점기 : 총독부 자문 기구, 실제로는 친일파 우대를 위한 기구

🔻 태형

사료 Plus

경찰범 처벌 규칙(1912)

제1조 다음 각 호에 해당하는 자는 구류 또는 벌금에 처한다.

19. 함부로 대중을 모아 관공서에 청원 또는 진정을 한 자

30. 이유 없이 관공서의 소환에 응하지 아니한 자

32. 경찰 관서에서 특별히 지시 또는 명령한 사항을 위반한 자

49. 전선에 근접하여 연을 날리는 자

50. 돌 던지기 등 위험한 놀이를 하거나 시키는 자, 또는 길거리에서 공기총류나 활을 갖고 놀거나 놀게 시키는 자

참고 1910년대 사회상
(염상섭의 『만세전』)

정거장에 도착할 때마다 드나드는 순사와 헌병 보조원은 차례로 한 번씩 휘돌아 나갔다.
소학교 선생님이 긴 칼을 차고 교단에 오르는 나라가 있는 것을 보셨습니까? 나는 그런 나라의 백성이외다.

(3) 교육

① 조선의 식민 지배를 합리화하고 민족의식을 말살하고자 하였다.

② 사립학교 탄압

  ㉠ 사립학교 규칙(1911) : 설립·교원 채용·교과 과정·수업 내용을 통제·감독하였다.

  ㉡ 서당 규칙(1918) : 민간 교육 기관(강습소와 야학)을 탄압하였다.

③ 제1차 조선교육령(1911)

  ㉠ 식민지 공업화에 필요한 노동력을 양성하기 위해 조선인의 교육을 보통·실업·전문 교육으로 한정했다(민족 교육의 원천적 봉쇄, 조선인의 대학 교육 금지).

  ㉡ 초급의 실업교육을 강화하였다.

  ㉢ 황국신민화를 위한 기술자를 양성하였다.

④ 민족소설, 교과서, 교양도서를 불태우거나 판금 조치를 내리고, 식민사관에 따라 역사를 왜곡·날조하였다.

1910년대 칼을 찬 교원

PART 07

▽ 토지 조사 사업

2. 경제 수탈 제도

(I) 토지 조사 사업(1912~1918)

① 목적

    ㉠ 임시 토지조사국을 설치(1910)하여 농촌의 토지 소유관계를 제도적으로 확립하였다(수조권이 아니라 소유권을 명백히 한다는 목적에서 시행함).

    ㉡ 지세를 안정적으로 확보하려고 하였다.

    ㉢ 근본 목적은 우리 소유의 토지를 강탈하여 경제적 수탈의 기반을 마련하기 위함이었다.

② 내용

    ㉠ 토지 소유권, 토지 가격, 지형·지모로 나눠 조사를 실시하였다.

    ㉡ 기한부 신고제의 원칙하에 신고하지 않는 토지는 국가의 소유로 하였다.

    ㉢ 미신고지 외에도 이전의 국가 소유의 토지는 모두 총독부가 차지하였다.

    ㉣ 명의상의 주인을 내세우기 어려운 문중·동중 토지의 상당부분이 편입되었다.

    ㉤ 농민의 처지가 악화되면서 농민들이 일본이나 만주 등으로 이주하는 일이 많아졌다.

    ㉥ 지주의 소유권이 강화·확대되어 식민지 지주제가 확립되었다.

사료 Plus

토지조사령(1912)

제1조 토지의 조사 및 측량은 본령에 의한다.

제4조 토지의 소유자는 조선 총독이 정하는 기간 내에 주소, 씨명, 명칭 및 소유지의 소재, 지목, 지번호, 사표, 등급, 지적, 결수를 임시 토지 조사 국장에게 신고해야 한다. 단 국유지는 보관 관청이 임시 토지조사 국장에게 통지해야 한다.

제6조 토지의 조사 및 측량을 할 때 조사 및 측량 지역 내의 2인 이상의 지주로 총대를 선정하고, 조사 및 측량에 관한 사무에 종사하게 할 수 있다.

---

③ 결과

    ㉠ 왕실 소유지(궁장토), 관유지(역둔토), 미개간지, 개간지, 간석지, 산림이 총독부 소유의 국유지로 편입되었다.

    ㉡ 동양 척식 주식 회사를 통해 국유지로 편입된 토지를 일본인 지주에게 헐값으로 불하하였다.

    ㉢ 조선총독부의 지세수입이 증가하고, 농민의 경작권과 도지권을 무시하면서 지주의 영향력이 강화되었다.

▽ 동양 척식 주식 회사

(2) 회사령(1910)

① 목적 : 조선인 자본의 성장을 막고 일본인 자본의 활동을 지원하였다.

② 결과 : 한국인이 회사를 설립하는 것이 철저하게 통제되면서 민족 자본의 성장이 억제되었다.

사료 Plus

회사령(1910)

제1조 회사의 설립은 조선 총독의 허가를 받아야 한다.

제2조 조선 외에서 설립한 회사가 조선에 본점이나 또는 지점을 설립하고자 할 때는 조선 총독의 허가를 받아야 한다.

제5조 회사가 본령이나 본령에 의거하여 발하는 명령이나 허가 조건을 위반하거나 또는 공공질서와 선량한 풍속에 반하는 행위를 할 때 조선 총독은 사업의 정지, 지점의 폐쇄, 회사의 해산을 명할 수 있다.

---

(3) 지세령(1914)

지세대상과 납세자를 확인해 지세수입 늘려 식민지 지배의 재정적 뒷받침을 마련하려 하였다.

(4) 기타

① 조선의 경제자원과 이권을 수탈하기 위한 여러 명령을 공포하였다.

② 삼림령 공포(1911) : 임야 조사를 벌여 전 삼림의 50% 이상을 총독부와 일본인이 강점하였다.

③ 어업령 공포(1911) : 일본 어부들이 한국에 이주하여 어장을 독점하였으며, 일본인 중심으로 어업권을 재편성하였다.

④ 광업령 공포(1915) : 한국인의 광산 경영을 억제하였다.

참고 조선 식산 은행(1918)

조선식산은행령에 의해 설립된 특수 은행이다. 산업개발을 목적으로 종래의 농공 은행을 통합하여 동양 척식 주식 회사의 실질적인 지배를 받으며 성장했다. 일본의 경제적 침략에 큰 역할을 수행한 조선 식산 은행은 8·15 해방 후 우리 정부가 설립한 산업 은행에 흡수되었다.

PART 07

02 1920년대 문화 통치

1. 문화 통치 시기

(1) 배경

3·1 운동 이후 강압적인 무단 통치의 한계를 인식하고 나타났다.

(2) 정책

① 헌병 경찰제를 보통 경찰제로 전환하여 경찰 업무와 군사 업무를 분리하였다.

⇨ 이전에 비해 경찰 수가 3배 증가하였으며, 반일 운동을 효과적으로 탄압하기 위해 경찰과 군대를 더욱 강화하였다.

② 치안유지법*을 제정하였다(1925).

> **사료 Plus**
>
> **치안유지법(1925)**
>
> 제1조 국체(國體)를 변혁하거나 사유 재산 제도를 부인하는 것을 목적으로 결사를 조직하거나, 또는 사정을 알고 이에 가입한 자는 10년 이하의 징역 또는 금고에 처한다. 전 항의 미수죄(未遂罪)는 처벌한다.

③ 언론·출판·집회·결사의 자유가 일부 허용되어 동아일보, 조선일보 등의 조선인 신문이 발간되고, 여러 사회단체가 결성되었다.

⇨ 사회단체의 결성을 허용하되 일제의 식민지 지배를 인정한 위에서만 가능하였고, 신문의 경우 검열이 더욱 강화되었다.

④ 지방자치제 실시로 어느 정도의 자치를 허용하였다.

⇨ 지방자치를 허용했으나 의결권은 없었고, 극히 일부의 친일인사에게만 기회가 부여되었다.

(3) 교육

① 한국인에 대한 교육 기회가 확대되었으나, 보통교육과 실업교육에만 치중하였다.

② 제2차 조선교육령 발표(1922)

㉠ 3·1 운동 이후 격화된 반일감정 무마 의도로 시행하였다.

㉡ 학교 설립을 인가했으나 전문교육과 고등교육을 기피했다.

③ 민립 대학 설립 운동을 무마하기 위한 목적으로 경성 제국 대학을 설립하였다.

＊치안유지법

1925년 일제가 반정부·반체제 운동을 누르기 위해 제정한 법률로, 무정부주의·공산주의 운동을 비롯한 일체의 사회 운동을 조직하거나 선전하는 자에게 중벌을 가하도록 한 사회 운동취체법이다. 1923년 관동 대지진 직후 공포되었던 치안유지법을 기본으로 하여 1925년 제정한 이 치안유지법은 식민지 조선에도 그대로 적용되어, 일제의 식민지 지배에 저항하는 민족 해방 운동을 탄압하는 데 적극 활용되었다.

참고 1920년대 문화 통치기 신문 검열

나석주 의사 의거를 보도한 조선일보 신문 기사이다.

사료 Plus

제2차 조선교육령(1922)

제2조 국어를 상용하는 자의 보통 교육은 소학교령, 중학교령 및 고등여학교령에 의함

제3조 국어를 상용치 아니하는 자에 보통 교육을 하는 학교는 보통학교, 고등보통학교, 여자고등보통학교로 함

제5조 보통학교의 수업 연한은 6년으로 함. 보통학교에 입학하는 자는 연령 6년 이상의 자로 함

제7조 고등보통학교의 수업 연한은 5년으로 함. 고등보통학교에 입학하는 자는 수업 연한 6년의 보통학교를 졸업한 자 또는 조선 총독이 정하는 바에 의하여 이와 동등 이상의 학력이 있다고 인정된 자로 함

(4) 친일파 육성 정책

① 조선 민족이 열등하다고 교육·선전하여, 패배주의와 허무주의를 강요하였다.

② 친일파 육성 방침 6가지를 내세워 부르주아 민족주의 상층부를 식민지 지배 체제 안으로 끌어들여 민족을 분열시키려 하였다.

③ 조선 독립 불가론을 내세워 식민지 지배를 인정한 위에서 조선인이 실력을 기르면 먼 훗날 독립할 수 있다고 주장하였다.

④ 부르주아 민족주의 상층부는 1920년대 문화 정치에 호응, 식민지 경제 정책에 적극 참여하여 민족 개량주의 운동을 벌였다.

사료 Plus

조선 민족 운동에 대한 대책(1920)

1. 핵심적인 친일 인물을 골라 그로 하여금 귀족, 양반, 유생, 부호, 교육가, 종교가에 침투하여 사정을 참작하여 각종 친일 단체를 조직하게 한다.

2. 각종 종교단체도 중앙집권화해서 그 최고 지도자에 친일파를 앉히고 고문을 붙여 어용화시킨다.

3. 조선 문제 해결의 성공 여부는 친일 인물을 많이 얻는 데에 있으므로 친일 민간인에게 편의와 원조를 주어 수재 교육의 이름 아래 많은 친일 지식인을 긴 안목으로 키운다.

4. 양반 유생 가운데 직업이 없는 자에게 생활방도를 주는 대가로 이들을 온갖 선전과 민정 염탐에 이용한다.

5. 농민들을 통제 조정하기 위해 민간 유지가 이끄는 친일단체인 교풍회, 진흥회를 두게 하고 이들에게 국유림의 일부를 불하해주고 입회권을 주어 회유·이용한다.

한눈에 쏙

문화 통치의 허구성

문화 통치기 일제의 정책	실체
문관 총독 임명	해방 전까지 전원 군인 총독
헌병 경찰제 → 보통 경찰제	경찰관과 경찰 수 세배 증가
언론, 집회, 결사의 자유 인정	사전 검열 강화
경성 제국 대학 설립	고등 교육 기회 제한

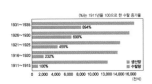

▼ 산미 증식 계획의 허구성

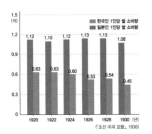

▼ 산미 증식 계획 결과

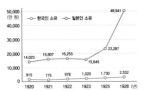

▼ 회사령 철폐 결과

2. 경제 수탈 제도

(1) 산미 증식 계획과 식민지 자본주의

① 일제가 독점 자본주의 체제를 확립하는 과정에서 농업과 공업이 불균등하게 발전하였고, 늘어난 노동자는 식량이 부족하여 마침내 대규모의 쌀 소농을 일으킴에 따라 부족한 쌀을 조선에서 빼내어 노동자의 저임금을 유지하였다.

② 조선 산미 증식 계획 요령에 따라 제1차(1920~1925)와 제2차(1926~1934)에 걸쳐 실시하였으나 목표치에 도달하지 못했다.

③ 토지 개량 사업 및 농법 개량, 농업에 대한 투자는 주로 식산 은행, 금융조합을 통해 이루어졌다.

④ 수리조합비, 비료 대금 부담의 증가로 농민들의 가계 사정은 산미증식 이전보다 악화되었다.

⑤ 영향

   ㉠ 조선 농민을 일본 자본 아래 놓이게 하였다.

   ㉡ 일본 독점자본의 농촌 침투는 농민의 몰락을 부채질하였다.

   ㉢ 식민지 지주제가 강화되었다.

   ㉣ 농산물과 공산물의 가격 차이가 커져서 농민을 토지에서 유리시켰다.

(2) 회사령 철폐와 일본 자본 진출

① 1차 대전 이후 이전에 비해 자본의 규모가 증가한 일본은 1920년 4월에 회사령과 조선과 일본 사이의 관세를 철폐하였다.

② 이에 따라 1920년대 정미업 중심의 식료품 공업과 방직 공업이 성장할 수 있었다.

③ 하지만 1920년대에 일본인의 자본은 70% 이상인 반면, 조선인의 것은 10%에도 미치지 못하였다.

④ 결국 회사령을 신고제로 변경한 이유는 일본인의 진출을 용이하게 하기 위해서였다.

⑤ 1920년대 일본의 본격적 자본 진출의 영향

   ㉠ 조선에 식민지 자본주의의 기초를 마련하였다.

   ㉡ 자본과 임노동 관계를 둘러싼 모순이 심화되어 노동 운동이 성장하게 되었다.

한눈에 쏙

1910~1920년대 일제의 식민지 지배 정책

	무단 통치기(1910년대)	문화 통치기(1920년대)	
정치	• 조선총독부 ① 총독(일본 군인 중 임명) ② 정무총감(행정), 경무총감(군사) ③ 중추원: 조선인 자문기구(친일파) • 헌병 경찰제(강압적인 군인 경찰) • 즉결처분권, 조선인 태형령 • 교원이 칼과 제복을 착용	정책 ⇨ 실상	
		문관 총독 임명	해방까지 ×
		보통경찰제	경찰수 3배 증가, 치안유지법 제정
		언론·출판 허용 (조선일보, 동아일보 창간)	검열, 삭제, 정간
		도 평의회와 부·면 협 의회 설치(지방행정에 조 선인 참여)	친일파 육성 (지주나 자본가만 참여)
경제	• 토지 조사 사업(1912~1918) ① 기한부 신고제 ② 소유권 조사: 약탈 목적 ③ 근대적 토지 소유권 확립 목적 　(but 소작농의 경작권 인정 ×) ④ 동양 척식 주식 회사에서 토지 관리 ⑤ 회사령(허가제, 민족기업 설립 억제), 산림령, 　어업령, 광업령(허가제) 　⇨ 산업 기반을 억제함 • 전매제: 인삼·담배·소금 전매	• 산미 증식 계획(1920~1934) ① 배경: 일본 국내 쌀 값 상승 ② 방법: 토지·비료 개량, 수리조합조직 ③ 결과: 증산량보다 수탈량이 더욱 많음 　⇨ 곡가 폭등, 만주에서 잡곡 수입 • 회사령 철폐(1920) 　⇨ 신고제로 변동(일본 기업 진출을 돕기 위한 　목적)	

03 1930~1940년대 일제의 통치

1. 민족 말살 통치기

(1) 정책

① 내선일체와 일선동조를 주장하였다.

② 황국 신민 서사를 낭송하게 하고, 신사참배를 강요하였다.

③ 조선어 사용 금지, 창씨개명, 역사왜곡 등을 통해 민족정신을 말살하려 하였다.

④ 제3차 조선교육령(1938년)을 통해 황국 신민화 정책을 강화하였다.

🔽 내선일체

🔽 황국 신민 서사 암송 강요

🔽 신사참배

사료 Plus

황국 신민 서사(아동용)

• 우리들은 대일본제국의 신민(臣民)입니다.

• 우리들은 마음을 합하여 천황 폐하에게 충의를 다합니다.

• 우리들은 인고 단련(忍苦鍛鍊)하여 훌륭하고 강한 국민이 되겠습니다.

사료 Plus

일본식 성명 강요를 위한 방침

1. 창씨를 안 한 자들의 자녀에 대해서는 각급 학교의 입학과 진학을 거부한다.

2. 창씨를 안 한 어린이들은 일본인 교사들이 구타·질책하여 부모들에게 호소하여 창씨를 하게 한다.

3. 창씨를 안 한 자는 공사 간 그들의 기관에 일체 채용하지 않고 현직자도 점차 해임 조치한다.

4. 창씨를 안 한 자는 행정 기관에서 처리하는 모든 사무를 취급해 주지 않는다.

사료 Plus

제3차 조선교육령

제1조 소학교는 국민 도덕의 함양과 보통의 지능을 갖게 함으로써 충량한 황국신민을 육성하는 데 있다.

제2조 심상소학교 교과목은 수신, 국어(일어), 산술, 국사, 지리, 이과, 직업, 도화이다. 조선어는 수의(隨意 선택) 과목으로 한다.

(2) 국가 총동원법(1938)

① 배경 : 중일 전쟁(1937) 이후, 전쟁의 규모가 확대된 것이 계기가 되었다.

② 일시 중단되었던 산미 증식 계획을 재개하였다.

③ 소비 규제를 목적으로 조선인들에게 식량 배급을 실시하였다.

④ 1940년부터는 농가당 공출량을 할당하여 잡곡을 포함해서 전체 생산량의 절반 정도를 공출로 수탈하였다.

⑤ 가축 증식 계획 : 군수품 충당을 위해 가축도 수탈의 대상이 되었다.

⑥ 태평양 전쟁(1941) 후에는 금속 그릇, 절이나 교회의 종 등을 강제로 공출하였다.

사료 Plus📖

국가 총동원법

제1조 국가 총동원이란 전시(전시에 준할 경우도 포함)에 국방 목적을 달성하기 위해 국가의 전력을 가장 유효하게 발휘하도록 인적 및 물적 자원을 운용하는 것이다.

제4조 정부는 전시에 국가 총동원상 필요할 때에는 칙령이 정하는 바에 따라 제국 신민을 징용하여 총동원 업무에 종사하게 할 수 있다. 단, 병역법의 적용을 방해하지 않는다.

제8조 정부는 전시에 국가 총동원상 필요할 때에는 칙령이 정하는 바에 따라 물자의 생산·수리·배급양도 및 기타의 처분, 사용 소비·소지 및 이동에 관하여 필요한 명령을 내릴 수 있다.

---

(3) 결과

① 농민의 이농화(離農化) : 절대적 빈곤으로 인해 만주, 일본 등지로 이주하였다.

② 산업 간 불균형 : 지역별 차이, 농업과 공업 및 경공업과 중공업의 불균형이 심화되었다.

③ 친일 기업의 성장 : 일제와 결탁한 일부 한국인 기업은 발전할 수 있었다.

2. 경제 수탈 제도

(1) 배경

① 1929년 경제공황에 따라 일본도 경제적으로 심각한 어려움에 직면하게 되었다.

② 일본의 실업자 수가 증가하고 정부에 대한 비난이 가중되면서 사회주의·공산주의 세력이 활발해진 가운데 군부 중심의 우익 세력이 급성장하였다.

③ 군부는 정변으로 실권을 장악하면서 만주 사변(1931)*과 중일 전쟁(1937)을 일으켜 국제적으로 비난을 받고 국제연맹을 탈퇴하게 되었다.

참고 신고산 타령

신고산이 우루루 화물차 가는 소리에
지원병 보낸 어머니 가슴만 쥐어뜯고요
어랑어랑 어허야
양곡 배급 적어서 콩깻묵만 먹고 사누나
신고산이 우루루 화물차 가는 소리에
정신대 보낸 어머니 딸이 가엾어 울고요
어랑어랑 어허야
풀만 씹는 어미 소 배가 고파 우누나
신고산이 우루루 화물차 가는 소리에
금붙이 쇠붙이 밥그릇마저 모조리 긁어 갔고요
어랑어랑 어허야
이름 석자 잃고서 족보만 들고 우누나

▼ 금속공출

참고 만주국

일본 관동군은 1931년 9월 만주 일대를 점령한 뒤 다음 해에 만주국을 세웠다. 만주국의 실권은 관동군 사령관이 장악하였고, 중국인인 국무총리 및 대신은 허수아비에 지나지 않았다.

＊만주 사변

일제가 1931년 9월 18일 류타오거우 사건(만철 폭파 사건)을 조작해 일본 관동군이 만주를 중국 침략 전쟁의 병참기지로 만들고 식민지화하기 위해 벌인 침략 전쟁을 말한다.

▽ 학도병

▽ 정신대 근로령

참고 위안부

일제 시기 일본군 위안부로 끌려간
한국인 여성들은 모두 20여 만 명으
로 추정된다. 현재 이들 중에서 대다
수는 사망했으며 1992년부터 한국 정
부에 신고하기 시작한 일본군 '위안부'
출신 할머니들은 모두 234명이다.

(2) 정책

① 병참기지화 정책(1931~1945)

    ㉠ 일본은 전쟁을 일으키기 위해 경공업 정책에서 군수공업 체제로 전환하였다.

    ㉡ 일본 재벌기업의 진출로 발전소 및 철도 건설이 촉진되었다.

② 남면북양(南綿北羊) 정책(1930년대)

    ㉠ 산미 증식 계획을 중단하고 공업원료 증산 정책으로 전환하였다.

    ㉡ 남부 지방은 면화 재배, 북부 지방에서는 면양 사육을 강요하여 값싼 원료 공급
지로 삼았다.

③ 광업 · 중화학 공업 육성

    ㉠ 대륙침략을 위해 일본은 정공업(精工業) 지대, 한국은 경공업 지대, 만주는 농업
지대로 하는 분업관계를 설정하여 식민지 경제 체제를 마련하였다.

    ㉡ 한국과 일본의 경제를 통합하여 한국의 노동력과 자원을 수탈하였다.

    ㉢ 일본의 공장법을 적용하지 않고 저임금으로 노동력을 수탈하였다.

    ㉣ 공업의 파행적 발전과 지역적 편중성 : 공업 부분의 연관성을 갖지 못하고, 주로
북쪽 지역에 집중되었다.

④ 농촌 진흥 운동(1932~1940)

    ㉠ 배경 : 일제의 수탈로 궁핍화된 농민들의 소작쟁의가 극심해지고, 사회주의 세
력이 농촌으로 더욱 확산되었다.

    ㉡ 명분 : 농민에게 식량을 지급하고 농촌의 경제적 향상을 도모한다는 명목으로
1932년 경부터 추진되었다.

    ㉢ 농촌이 피폐해진 원인을 농민 자신의 게으름, 낭비벽, 무식함에 있는 것처럼 돌
렸다.

    ㉣ 자작 농지 설정 사업, 조선 소작 조정령, 조선 농지령 등 개량적인 토지정책을
추진하였다.

    ㉤ 결과 : 농민들의 반발을 무마함으로써 농촌 통제를 강화하기 위해 내놓은 미봉
책에 불과했다.

조선 소작령	1932년	사법기관의 조정으로 소작쟁의를 방지하기 위해 발표함
조선 농지령	1934년	지주의 고율의 소작료 수탈을 어느 정도 통제하기 위함
자작 농지 창설 유치 사업	1932년	총독부와 금융조합을 통해 농민들에게 자작농지 구입자금 대여함

(3) 강제 동원에 의한 인적 수탈

① 지원병제, 징병제 및 학도병제를 실시하여 전쟁에 동원하였다.

② 모집 · 알선 · 징용 등의 명목으로 탄광, 군수 공장, 철도 공사장 등에서 혹사하였다.

③ 정신대 근로령을 만들어 여성들을 위안부(慰安婦)가 되게 하였다.

한눈에 쏙

일제의 인적 · 물적 수탈

육군 특별 지원병령	1938. 2	중일 전쟁 직후의 조선청년 동원
국가 총동원법	1938. 2	국가 총동원법의 조선 내 적용 시작
국민 정신 총동원 조선 연맹	1938. 7	인적, 물적 자원을 침략전쟁에 동원하기 위해 〈지방연맹〉, 〈직장연맹〉 조직
국민 징용령	1939	1939년부터 '모집' 형식으로, 1940년부터 '알선' 형식으로 1백만 명 이상을 끌고 감
학도 지원병제	1943	조선인 전문학교 · 대학교 학생을 전쟁터로 내몲
징병제	1944	종전까지 약 20여만 명 징병
정신대 근로령	1944.8	12~40세 여자 수십만 명을 강제 동원, 이 중 5~7만 명이 위안부로 성적 노리개 역할

1930~1940년대 일제의 식민지 지배 정책

	민족 말살 통치기(1930~40년대)	
	목적 : 내선일체, 일선동조	
정치	• 민족 말살 정책 　① 3차 조선 교육령(1938) : 조선어, 조선역사 　　과목 사실상 폐지 　② 창씨개명 강요(일본식으로 이름 개명)	• 황국신민화 　① 신사참배, 궁성요배 　② 황국 신민 서사 암송 　③ 소학교 → 국민학교(1941)
	• 한인 애국반 • 조선일보, 동아일보 폐간(1940) • 조선 사상범 예방 구금령* : 독립 운동가를 구금할 법적 근거 • 조선어 학회 사건(1942) : 조선어 학회 해산	
	중일 전쟁(1937) 이후, 수탈 심화	
경제	• 병참기지화 정책 : 군수공업 중심, 중화학공업 　중심, 북부지방 중심 발전 　⇨ 문제 : 산업간 불균형, 지역간 불균형 • 남면북양 : 면직물 산업과 모직물 산업의 재료를 　수탈하기 위한 정책	• 국가총동원령(1938) 　① 인적자원 : 징용, 징병, 정신대 　② 물적자원 : 공출, 배급

▽ 궁성요배

＊ **조선 사상범 예방 구금령**(1941)
일제가 태평양 전쟁을 몇 개월 앞둔 1941년 3월에 공포한 법령으로, 이를 통해 지도급 인사를 언제라도 감금할 수 있게 되었다.

▽ 일본어 사용 강조

민족 독립 운동의 전개

01 1910년대 독립 운동

1. 1910년대 독립 운동의 방향

(1) 국내외의 독립 전쟁론

① 국내 : 항일 비밀 결사 활동

② 국외 : 독립 운동 기지 건설

(2) 이념

공화주의 이념이 점차 확대되었다.

➾ 국민 주권의 민주 공화국 수립이 목표가 되었다.

2. 국내의 독립 운동

참고 국내 비밀 결사 단체

• 의병 전통 계승 : 독립의군부, 풍기 광복단
• 애국 계몽 운동 계승 : 조선 국권 회복단
• 의병과 애국 계몽 운동 계승 : 대한 광복회, 조선 국민회

(1) 항일 비밀 결사 단체

① 독립의군부(1912) : 최익현의 의병 부대에 참여했던 유림 세력(임병찬)이 주도하였다.

 ㉠ 복벽주의를 견지하고 군대식 조직을 갖추고 있었다.

 ㉡ 조선총독부와 일본에 국권반환 요구서를 송달했다.

② 조선 국권 회복단(1915) : 경북 유생이 중심이 되어, 만주와 연계를 시도하였고, 군자금을 모금했다. 이후 풍기 광복단과 함께 대한광복회를 조직하였다.

③ 대한광복회(1915) : 공화주의를 표방하며 박상진, 김좌진 등이 군대식으로 조직하였다.

 ㉠ 독립군 양성을 위해 군자금 모금, 무기 구입, 친일부호 습격·처단하는 등의 활동을 하였다.

 ㉡ 풍기광복단과 대종교를 바탕으로 하는 대구의 조선 국권 회복단이 합류했다.

 ㉢ 경주 우편차 탈취 작전을 실행하고, 친일파 장승원과 박용하를 처단하였다.

④ 송죽회(1916) : 숭의 여학교 교사와 학생이 중심이 되어, 독립 운동을 후원하고 군자금을 모금했다.

⑤ 소규모 의병 투쟁 : 채응언 의병 부대는 1915년까지 서북 지방을 무대로 활약하였다.

(2) 한계

비밀결사라는 특수성 때문에 대중과 함께 독립을 꾀하지 못하고 대부분 한말 의병 운동과 문화계몽의 두 흐름에서 벗어나지 못하였다.

깊이 Plus 국내 독립 운동 단체

단체명	활동
독립의군부	• 1912년, 임병찬이 고종의 밀서를 받아 조직을 시작하였다. • 1913년, 의병잔존 세력과 유생들을 호남지방에서 규합 조직하였고, 1914년에 조직을 전국적으로 확대하였다. • 일본의 총리대신과 조선총독 등에게 국권반환요구서를 제출하는 등 일본 통치에 항거하며 국권 회복 운동을 전개하였다. • 1914년 5월, 일본 경찰에 적발되어 국권 회복 운동이 실패하고 임병찬은 거문도에서 순국하였다.
대한광복군 (광복회)	• 1913년, 채기중 등이 경북 풍기에서 조직하였고(대한광복단), 1915년 대한광복회로 개칭되었다. • 총사령 박상진, 부사령 이석대(후에 김좌진), 지휘장에 권영만을 두었다. • 군대식 조직, 각 동에 지부장을 두고 만주지부도 결성하였다. • 경주 우편차 탈취 작전을 실행하고, 친일파 장승원과 박용하를 처단하였다. • 군자금 모집과 친일파 암살 등에서 활약하다 1918년 이종국의 밀고로 활동이 중지되었다.
조선 국권 회복단 중앙 총부	• 1915년, 윤상태, 송상일, 이시영 등 경북지방 유생이 중심이 되어 조직하여 유생토론회를 가장하였다. • 단군을 받들고 국권 회복 운동과 국외 독립 운동을 전개하였다. • 3 · 1 운동 때 적극 참여하여 만세 운동을 주도하였고, 대한민국 임시 정부의 군자금을 모집하였다. • 파리 만국 평화 회의에서 제출할 독립청원서를 작성하였으나 일경에 발각되어 활동이 끝났다.
조선국민회	• 1915년, 장일환 등 숭실 학교 학생과 기독교 청년이 중심이 되어 조직하였다. • 애국 계몽과 민족의 실력양성을 목적으로 하였다. • 주권회복 투쟁을 계획, 간도, 중국과 연결해 무기를 수입하였다. • 1918년까지 활동하였다.
조선산직장려회	• 1914년, 서울에서 교사들을 중심으로 조직되었다. • 경제 자립을 통한 국권 회복을 도모하며 1917년까지 활동하였다.
자립단	• 1915년, 함남 단천에서 조직되었다. • 단원의 입회비와 회비를 모아 실업을 경영하고 청년교육을 하며 1916년까지 활동하였다.
송죽회	• 1913년, 숭의여학교 여교사들을 중심으로 조직되었다. • 해외 독립운동기금 마련과 여성 계몽 운동을 전개하였다. • 일제 말까지 계속 활동하고 해외로까지 조직이 확대되었다.
기타	민단조합(1915), 선명단(1915), 자진회(1918) 등 많은 비밀결사들이 활동하였다.

3. 국외의 독립 운동

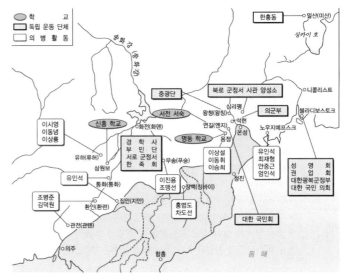

▼ 국외 무장 독립 운동 기지

(1) 간도

① 서간도(삼원보)

㉠ 독립전쟁론을 주장하던 신민회의 독립군 기지 건설 계획에 따라 양기탁, 이회영, 이상룡 등 신민회 간부들은 서간도 삼원보 주변의 토지를 매입하여 독립 운동 기지를 건설하고 경학사와 신흥 강습소를 설립하였다(1911).

㉡ 경학사 : 농업 개발과 군사 교육(부민단(1912) → 한족회(1919)로 계승됨)

ⓐ 한족회에서 군정부를 조직하였는데, 이 군정부는 임시 정부 측의 제의로 서로 군정서로 개칭하였다(1919).

ⓑ 서로 군정서는 신흥 강습소를 개편하여 신흥 무관 학교*를 만들어 독립군을 양성했다(1919).

㉢ 신흥 강습소 : 교육을 담당한 경학사의 부설기관

② 북간도

㉠ 중광단(1911) : 서일 등 대종교 지도자들이 북간도에 본부를 두고 옛 의병들이 규합하여 무장 활동을 벌였다.

㉡ 북로 군정서(1919) : 3 · 1 운동 이후, 중광단은 다른 독립 운동 세력과 합작하여 대한 정의단을 설립하였고, 이후 대한군정부를 조직하였다. 이들은 곧 대한 군정서로 명칭을 변경하였다가 서로 군정서와의 구별을 위해 북로 군정서로 불리게 되었다(중광단 → 대한 정의단 → 대한군정부 → 대한 군정서 → 북로 군정서).

㉢ 대한 국민회(간도 국민회, 1919) : 기독교계 지도자들이 결성하였다. 대한 국민회는 직할부대로 안무의 국민회군, 최진동의 군무도독부, 홍범도의 대한독립군을 두었다. 이 세 부대는 이후, 연합하여 봉오동 전투를 승리로 이끌었다.

㉣ 교육기관 : 대종교 세력이 만든 학교와 포교당, 서전 서숙*(1906), 명동 학교*(1908) 등에서 교육을 통해 민족의식을 고취하였다.

✱신흥 무관 학교
신흥 강습소로 출발하여 신흥 중학교, 신흥 무관 학교로 바뀌면서 폐교될 때까지 3000명 이상의 졸업생을 배출하였는데, 이들은 무장 독립 전쟁에 중추적인 역할을 하였다. 후에 한국 광복군 총사령관이 되는 지청천이 이곳에서 교관으로 활약하였다.

✱서전 서숙(1906)
북간도 용정에 설립된 한국 최초의 신문학 민족교육기관으로 이상설 · 이동녕 등이 설립하였다.

✱명동 학교(1908)
폐교된 서전 서숙의 민족교육정신을 계승하여 김약연 등이 북간도 명동촌에 설립하였다.

(2) 연해주(신한촌*)

① 성명회(1910) : 이상설 등이 조직하여 일제의 강제 합병에 저항하였다.

② 권업회(1911) : 초대회장에 최재형, 부회장에 홍범도를 선임하였다. 이들은 러시아 내 한인 사회의 경제적 이익을 증진, 계몽 교육, 항일 독립 운동을 전개하였고, 대한 광복군 정부를 수립하였다.

③ 대한 광복군 정부(1914, 최초의 망명 정부) : 이상설, 이동휘를 정·부통령으로 하여 독립 전쟁을 준비하였다.

④ 대한 국민 의회(1919) : 3·1 운동 이후 결성된 임시 정부 성격의 단체로, 손병희가 대통령이었다.

⑤ 해조신문 : 1908년 블라디보스토크에서 창간되었던 일간 신문으로, 해외에서 우리말로 발행된 최초의 일간 신문이다.

(3) 상하이

① 동제사(1912) : 신규식, 박은식, 김규식, 신채호 등이 상하이에서 조직하였다.

② 신한청년당(1918) : 여운형, 신채호, 김규식 등이 중심이 되어 조직한 단체로, 임시 정부 수립의 기반을 조성하였고, 파리 강화 회의에 김규식을 파견하였다.

(4) 미국

① 배경 : 1908년 장인환, 전명운 의사가 오클랜드에서 친일 미국인 스티븐스를 사살하면서 미주 지역의 항일 운동이 고조되었다.

② 샌프란시스코

㉠ 대한인 국민회(1909) : 민주 공화국 수립 주장하였고, 만주와 연해주에 지부 설치를 하여 독립군자금을 전달하였다.
⇨ 독립 전쟁 지향(박용만), 실력 양성 세력(안창호), 외교 통한 독립 정권(이승만)으로 대한인 국민회는 분열되었다.

㉡ 흥사단(1913) : 유길준이 설립한 민족 교육 단체를 안창호가 재결성하였다.

③ 하와이

㉠ 한인소년병학교 : 1909년 미국 네브라스카에 박용만이 세운 학교이다.

㉡ 대조선국민군단(1914) : 한인소년병학교의 군사 운동 정신을 계승하여 박용만이 1914년 하와이의 아후이마누(Ahuimanu)농장에서 독립군사관을 양성할 목적으로 만든 군사 교육 단체이다.

(5) 기타 지역

① 밀산부 : 이상설 등이 소련과 만주 접경인 밀산에 집단 한인촌인 한흥동을 건설하였다.

② 멕시코 : 숭무 학교(1910)를 설립하여 무장 투쟁을 준비하였다.

③ 일본 : 동아동맹회, 학우회(합법적 친목단체, 기관지『학지광』발간), 조선학회(정치적인 계몽사업) 등의 단체가 결성되었다.

---

* 신한촌
일제 강점기에 러시아 블라디보스토크에 있는 한인 집단 거주지이다.

PART 07

▽ 흥사단(김태진, 안창호, 송종익 선생)

(6) 의의와 한계

① 의의 : 독립 운동의 공간을 나라 밖으로 확대시키고 독립전쟁론과 실력양성론을 결합하여 독립을 준비하였다.

② 한계 : 대한제국의 회복을 지향하는 복벽주의나 보황주의에서 완전히 탈피하지 못하였으며, 계몽파와 무장파의 결합에도 불안한 요소가 있었다.

한눈에 쏙

국외 독립 운동 단체

지역	기지	단체	학교
북간도	용정, 명동촌을 중심으로 거의 전지역이 독립 운동 기지	• 간민회동 • 중광단(대종교) → 북로군정서	• 서전 서숙(이상설) • 명동 학교(김약언)
남만주	삼원보(길림성 유하현)	경학사 → 부민단 → 한족회	신흥 학교 ⇨ 신흥 무관 학교
연해주	신한촌(블라디보스토크)	• 성명회(유인석, 이상설) • 권업회 : 대한 광복군 정부 수립(이상설, 이동휘를 중심으로 한 독립군 조직) • 대한 국민 의회(1919년, 임시 정부)	
기타	밀산부	한흥동(이상설, 이승희) : 소련과 만주 접경인 밀산에 집단 한인촌 건설	
	상하이	신한청년당(신규식) : 파리 강화 회의에 대표(김규식) 파견, 임시 정부 수립 기반 조성	
	미주	• 대한인국민회(안창호, 박용만, 이승만) : 미주일대 한인 단체를 통합하여 건설, 군자금 모금, 만주에 지회 설치 • 대조선국민군단(하와이, 박용만) : 군사훈련	
	멕시코	숭무 학교(무장투쟁 준비)	

02 3 · 1 운동과 대한민국 임시 정부

1. 3 · 1 운동(1919)

(1) 3 · 1 운동의 배경

① 새로운 국제 질서의 형성 : 1914년 1차 세계 대전과 1917년 러시아 사회주의 혁명(볼셰비키 정권), 윌슨의 민족 자결주의＊는 강대국의 도움으로 곧 독립을 이룰 수 있다는 믿음을 심어주고 3 · 1 운동을 촉발시키는 중요한 외적 요인이 되었다.

⇨ 하지만 연합국의 일원으로 참전한 일본은 파리 강화 회의에서 청도를 중심으로 하는 산동성 일대의 구 독일 이권을 확보하는데 성공했다. 또한 시베리아에 출명하여 러시아 영토 일부를 점령하는 등 막강한 세력을 갖추었다.

> ＊ 윌슨의 민족 자결주의
> 윌슨은 1차 대전이 끝나고 평화원칙 14개조를 발표했고, 이 중 그 민족의 운명은 스스로 결정해야 한다는 민족 자결의 원칙을 제창하였다. 하지만 윌슨의 민족 자결주의의 대상은 전승국이 지배하는 식민지가 아닌 패전국의 식민지, 전쟁에 기여한 일부 약소 민족에게만 국한된 것으로 우리와는 무관한 것이었다.

사료 Plus

새로운 국세 질서

윌슨의 민족 자결주의
• 윌슨은 1차 대전이 끝나고 평화원칙 14개조를 발표했고, 이 중 그 민족의 운명은 스스로 결정해야 한다는 민족자결의 원칙을 제창하였다.
• 하지만 윌슨의 민족 자결주의의 대상은 전승국이 지배하는 식민지가 아닌 패전국의 식민지, 또 전쟁에 기여한 일부 약소 민족에게만 국한된 것으로 우리와는 무관한 것이었다.

레닌의 민족 자결주의
독립국가를 수립하는 것을 포함한 모든 민족의 자유로운 자결권 선고 및 약소민족에 대한 독립 운동 지원을 약속하였다.

② 국외에서의 독립 선언

㉠ 신한청년당 : 김규식 등을 파리 강화 회의에 대표로 파견하여 독립의 정당성을 알리고 국제적 협조를 요청하였다(1919).

㉡ 대한인국민회 : 파리에 대표를 파견하였다.

㉢ 대동 단결 선언(1917) : 상하이에서 신규식, 박은식, 신채호, 조소앙 등 14명이 발기하여 작성한 대동 단결 선언을 통해 공화주의를 표방한 임시 정부 수립을 제시하였다.

㉣ 대한 독립 선언서(무오 독립 선언, 1918) : 만주 길림에서 외교독립론이 아닌 전쟁으로 독립을 쟁취하고자 하였다.

⇨ 만주의 군소 독립 단체를 단합시켜 무장 항일 투쟁에 영향을 미쳤다.

㉤ 2 · 8 독립 선언서(1919) : 도쿄의 한국인 유학생들이 조직한 조선독립청년단의 이름으로 독립 선언서와 결의문을 발표하고 시위를 벌였다.

> **사료 Plus**
>
> **대한 독립 선언서(무오 독립 선언, 1918)**
>
> 우리 대한 동족 남매와 온 세계 우방 동포여, 우리 대한은 완전한 자주독립과 우리들의 평등복리를 우리 자손 여민(黎民)에게 대대로 진하게 하기 위하여 여기 이민족 전제의 학대와 입박을 벗어나서 대한 민주의 자립을 선포하노라. …… 십년 무단의 작폐가 여기서 극단에 이르므로 하늘이 그들의 예덕을 꺼리어 우리에게 좋은 기회를 주실세, 하늘에 순종하고 인도에 응하여 대한독립을 선포하는 동시에 그가 우리나라를 강제로 병탄한 죄악을 선포하고 징계하노라.

> **사료 Plus**
>
> **2·8 독립 선언서**
>
> 1. 본 단체는 한일합병이 우리 민족의 자유의사에서 나온 것이 아니며 우리 민족의 생존·발전을 위협하고 동양의 평화를 어지럽히는 원인이 된다는 이유로서 독립을 주장함
> 2. 본 단체는 일본의 의회와 정부에 조선민족대회를 소집하여 대회의 결의로 우리 민족의 운명을 결정할 기회 주기를 요구함
> 3. 본 단체는 만국평화회의의 민족 자결주의를 우리 민족에게 적용하기를 요구함
> 4. 앞의 모든 항목의 요구가 실패할 때에는 우리 민족은 일본에 대해 영원히 혈전을 선언함. 이것으로써 발생하는 참화는 우리 민족이 그 책임을 지지 아니함

(2) 3·1 운동의 전개

① 1단계

㉠ 천도교·기독교·불교계와 학생 대표들은 2월 27일에 독립 선언서를 곳곳에 배포하고, 3월 1일에 탑골 공원에서 독립선언식을 갖기로 하였다.

㉡ 민중의 독립 열망과 투쟁 역량을 모아 목적을 끝까지 관철시키는 것을 스스로 포기하고 지도력을 잃어버린 민족대표 33인은 그들만이 참가한 가운데 탑골 공원에서 기미 독립 선언서를 낭독하였다.

▽3·1 운동 발생 지역

> **사료 Plus**
>
> **기미 독립 선언서**
>
> 오등(吾等)은 이에 아(我) 조선의 독립국임과 조선인의 자유민임을 선언하노라 …… 금일 우리의 이 거사는 정의·인도·생존·존영을 위하는 민족적 요구이니 오직 자유적 정신을 발휘하는 것이요 …… 최후의 일인까지 최후의 시간까지 민족의 정당한 의사를 시원하게 발표하라.

② 2단계 : 청년과 학생들을 중심으로 전국 도시로 확산되어 상인과 노동자들까지 참여하게 되었다.

③ 3단계(농촌 및 산간벽지로 확대)

    ㉠ 토지 조사 사업으로 피해를 입은 농민들이 곡괭이와 쇠스랑 등을 갖고 면사무소·헌병 주재소·친일 지주 등을 공격하는 무력투쟁을 전개하였다.

    ㉡ 원래 내세웠던 비폭력주의의 원칙이 무너지고 무력적인 저항 운동으로 변모하였다.

④ 이후 국내뿐 아니라 만주, 연해주, 미주, 일본 등 국외에서까지 3·1 운동이 널리 확산되었다.

사료 Plus

3·1 운동이 아시아의 민족 운동에 끼친 영향

• 파리 강화 회의가 열렸을 때, 정의·인도·공정이 세계에 널리 퍼지는 것이 우리의 희망이며 바라던 바가 아니었던가? …… 그러나 힘 앞에 정의가 무너져 장차 5대국이 우리 영토를 마음대로 하게 될 것이다. …… 조선인들은 독립 운동을 하면서 부르짖었다. "독립을 하지 못하면 죽음이 있을 뿐이다."라고.

— 톈안먼 대회 선언문

• 상쾌한 아침의 나라라는 뜻을 지닌 조선은 일본의 총칼 아래 민족정신을 무참히 유린당했다. 일본은 처음 얼마 동안 근대적인 개혁을 실시했으나, 곧이어 마각을 드러냈고, 조선 민족은 독립 항쟁을 줄기차게 계속했다. 그중에서도 중요한 것은 3·1 운동이었다. 조선의 청년들은 맨주먹으로 적에 항거하여 용감히 투쟁했다. 조선에서 학생의 신분으로 곧장 대학을 나온 젊은 여성과 소녀가 투쟁에 중요한 역할을 했다는 것을 듣는다면 너도 틀림없이 깊은 감동을 받을 것이다.

—『세계사 편력』, 네루

---

(3) 일제의 탄압

① 강력한 무력 진압 : 만세시위 군중에 무차별 사격을 가하였다.

② 민간인 무차별 학살 : 경기 화성의 제암리 학살 사건

사료 Plus

일제의 만행

만세시위가 확산되자, 일제는 헌병 경찰은 물론이고 군인까지 긴급 출동시켜 시위군중을 무차별 살상하였다. 정주, 사천, 맹산, 수안, 남원, 합천 등지에서는 일본 군경의 총격으로 수십 명의 사상자를 냈으며, 화성 제암리에서는 전 주민을 교회에 집합, 감금하고 불을 질러 학살하였다.

—『한국독립운동지혈사』, 박은식

🔽 화성 제암리 학살 사건

참고 선교사 스코필드(1889~1970)

1916년 개신교 선교사로 식민지하 우리나라에 와서 세브란스 의학 전문학교 세균학 교수로서 의사를 양성하는데 기여 했다. 이후 1919년 3·1 운동과 더불어 교수직을 포기하고, 이에 협력하며 일제의 포악함을 촬영하여 외국에 소개하였다. 일제의 추악한 제암리 학살사건도 스코필드에 의해 알려지게 되었다. 그는 3·1 운동의 34번째 민족 대표라 불리며 외국인으로 최초로 국립 묘지 애국자 묘역에 묻혔다.

(4) 3·1 운동의 의의와 영향

① 독립 운동의 수준 향상 : 민족의 힘으로 독립을 이루겠다는 생각과 자신감을 갖게 되었다.

② 독립 운동의 참여 폭 확대

　　㉠ 지식인·학생 중심에서 노동자·농민의 참여가 더해졌다.

　　㉡ 1920년대 노동 운동·농민 운동 전개의 기초가 되었다.

③ 대한민국 임시 정부 수립 : 독립 운동을 더 조직적·체계적으로 발전시켰다.

④ 일제의 식민 통치 방식 변화 : 무단 통치에서 문화 통치를 실시하게 되었다.

⑤ 세계 민족 해방 운동사에 기여

　　㉠ 중국 : 1919년 5·4 운동

　　㉡ 인도 : 간디의 비폭력·불복종 운동

　　㉢ 베트남, 필리핀, 이집트 등지의 민족 해방 운동에도 영향을 미쳤다.

한눈에 쏙

3·1 운동

유관순

서울에서 3·1 운동에 참여하였던 유관순은 병천으로 내려와 아버지 유중권에게 소식을 전하였고 이들은 아우내 장날을 기하여 만세 시위를 전개하기로 하였다. 이후, 아우내 장터에 모인 3000여 명의 군중이 독립만세를 외치며 시장을 행진하였는데, 이는 호서 지방에서 전개된 최대 규모의 독립만세 운동이었다. 유중권 등 10여 명이 현장에서 순국하고, 유관순은 복역 중 옥중에서 순국하였다.

배경	• 파리 강화 회의(1919) : 윌슨의 민족 자결주의 채택 • 만주 : 39명의 지도자 명의로 대한 독립 선언서 발표 • 일본 : 도쿄에서 유학생들이 2·8 독립 선언서 발표	
준비	• 연합 전선 형성 : 천도교, 기독교, 불교 대표와 학생 연합 • 기본 원칙 : 대중화, 비폭력 원칙, 대외적으로 독립 청원 • 독립 선언서 : 최남선 기초, 태화관에서 낭독	
전개	• 1단계 : 시위 점화 – 독립 선언서 배포, 비폭력 • 2단계 : 도시 확산 – 학생·상인·노동자 참가 • 3단계 : 농촌 확산 – 농민 주도, 무력 저항	
	시작	• 3월 1일 민족 대표는 태화관에서 독립 선언 • 탑골 공원에서 학생과 시민의 주도로 만세 시위 전개 → 서울 확산
	확산	• 대도시에서 중소 도시, 농촌으로 확산 • 학생, 시민층 주도에서 농민, 노동자 주도, 시위의 조직화
	탄압	• 일제의 만세 시위 무력 탄압, 제암리 학살 사건 • 일제의 탄압에 대항해 시위가 점차 무력 저항으로 변화
확산	간도, 연해주, 일본, 미주 등지로 만세 시위 확산	
탄압	헌병 경찰과 군대를 동원하여 총칼로 진압, 민간인 학살(화성 제암리 사건), 유관순의 희생(천안 아우네 장터 시위 참가 후, 투옥)	

2. 대한민국 임시 정부의 등장과 변화

(1) 임시 정부의 수립

① 배경 : 3·1 운동 이후 독립 운동의 조직과 총괄의 필요성을 느끼게 되었다.

② 임정 통합 논의 : 임시 정부의 위치에 대한 논의가 나타났다.

(2) 임시 정부

명칭	설립일	소재지	중심 인물
대한 국민 의회	1919년 2월	블라디보스토크	• 손병희, 박영효 • 전로한족중앙총회의 개편
대한민국 임시 정부	1919년 4월 13일	상하이	이승만, 안창호, 이동휘 체제의 정부
한성 정부	1919년 4월 23일	국내	이승만, 이동휘

⌄ 임시 정부의 통합

① 연해주와 상하이 측이 합의하여 상하이 정부가 한성 정부 법통을 계승하는 것을 원칙으로 하여 대통령 중심제와 3권 분립에 입각한 민주공화제 정부를 수립하였다.

② 구성

　㉠ 임시의정원 : 입법 기관

　㉡ 국무원 : 행정 기관

　㉢ 법원 : 사법 기관

③ 초대 대통령은 이승만, 국무총리는 이동휘가 맡았다.

사료 Plus

상하이 대한민국 임시 정부의 헌장

'신인일치(神人一致)로 중외협응(中外協應)하야 한성(漢城)에서 의(義)를 일으킨 이래 30여 일간에 평화적 독립을 3백여 주에 선언하고, 국민의 신의로써 완전히 조직한 임시 정부는 항구히 자주 독립의 복리를 아(我) 자손여민(子孫黎民)에게 세전하기 위해 임시의정원의 결의로서 임시헌장을 선포하노라'

---

(3) 임시 정부의 활동

① 연통제와 교통국을 바탕으로 국내와 긴밀한 연락을 취하였다.

② 애국공채와 의연금을 통해 독립자금을 충당하고, 만주의 이륭양행과 부산의 백산상회 및 연통제·교통국 조직 등을 통해 독립자금을 정부에 전달하였다.

③ 독립신문을 발행하였다.

④ 사료 편찬부에서 박은식의 『한국독립운동지혈사』를 간행하였다.

⑤ 외교 독립 운동 : 주파리위원부(김규식을 외교총장에 임명, 파리에서 활동), 구미위원부(이승만)

⑥ 군무부를 설치하여 군사 업무를 관장하였다.

⌄ 애국공채

한눈에 쏙

임시 정부 기구 및 초기 활동

분야	활동	세부 내용
3권 분립	임시 의정원	입법 기관
	국무원	행정 기관
	법원	사법 기관
행정	비밀 연락 조직망	• 연통제 : 국내 비밀 행정 조직 • 교통국 : 통신 기관
	독립 운동 자금 모집	이륭양행, 백산 상회를 통해 전달
외교	파리 강화 회의 참가	김규식을 대표로 파견
	구미 위원부 설치	국제 연맹 등 국제 사회에 독립 열망 전달(이승만)
문화	독립 신문 발간	임시 정부 기관지(이광수 주필)
	사료 편찬소 설치	『한・일 관계 사료집』 간행
군사	군무부 설치	군사 업무 관장, 광복군 총영 설치
	군사력 배양	육군 무관 학교 설립(상하이)
	독립군 편성	육군 주만 참의부 편성(1923)

(4) 1920년대 임시 정부의 침체

① 일제의 집요한 감시와 탄압으로 연통제 및 교통국 조직이 파괴되었다.

② 국내로부터의 지원이 감소하여 자금난 및 인력난이 가중되었다.

③ 민족주의와 사회주의 진영 간에 이념이 대립되었다.

④ 이승만이 위임 통치 청원서를 미국에 제출하면서 서북파와 기호파 사이에 분쟁이 발생하였으며, 1925년에 이승만이 하야하고 2대 대통령으로 박은식이 취임하였다.

사료 Plus

이승만의 청원서(1919. 2. 25)
미국 대통령 각하(윌슨), 대한인 국민회 위원회는 본 청원서에 서명한 대표자로 하여금 다음과 같이 공식 청원서를 각하에게 제출합니다. …… 우리는 자유를 사랑하는 2천만의 이름으로 각하에게 청원합니다. 각하도 평화 회의에서 우리의 자유를 강력하게 주장하여 참석한 열강들과 함께 먼저 한국을 일본의 학정으로부터 벗어나게 하여 주십시오. 장래 완전한 독립을 보증하고 당분간은 한국을 국제 연맹 통치 밑에 두게 할 것을 바랍니다.

사료 Plus

이승만 불신임안(1925. 3. 11)
임시 대통령 이승만을 면직시킴. …… 현임 임시 대통령 이승만이 대미 외교 사업을 빙자하고, 미주에서 동포가 정부에 상납하는 재정을 모아서 마음대로 사용하였고, 정부 행정을 돌아보지 않았으며, 국제 연맹과 열강 회의를 대상으로 하던 구미 외교 사무가 중단됨에도 불구하고, 헛된 선전으로 동포를 유혹하며 외교비 모집을 계속하여서 그 재정으로 자기의 지지자를 매수하고 있다.

---

⑤ 국민 대표 회의 결렬 : 임시 정부의 활동과 독립 운동의 방향을 바꾸자는 회의였는데, 개조파와 창조파로 분열되면서 회의가 결렬되었다.

⑦ 개조파 : 임시 정부를 인정하는 상태에서 개혁을 통해 개선하자는 입장이었다 (안창호, 이승만).

⑥ 창조파 : 임시 정부의 절대성을 부인하고 국민 대표 회의를 통해 최고 기관을 조직하자는 입장으로, 외교독립론을 비판하고 무장투쟁론을 주장하였다(신채호, 박용만).

⑥ 옹호파(현상유지파) : 임시 정부 유지를 주장하면서 국민 대표 회의 자체를 반대했다(김구, 이시영).

⑥ 국민 대표 회의 결렬 이후 임시 정부는 여러 독립 운동 단체 중 하나로 전락하였다.

사료 Plus

국민 대표 회의에서 각 세력의 주장
• 신채호 : 미국 정부에서 일본 대신 국제 연맹이 우리나라를 위임통치해 줄 것을 청원한 이승만은 대통령 자격이 없다. 항일 무장 투쟁을 보다 효율적으로 하기 위해서는 만주나 연해주로 가서 임시 정부를 대체할 새로운 조직을 만들어 투쟁해야 한다.
• 안창호 : 3·1 운동에서 나타난 민족적 열망을 바탕으로 출범한 임시 정부는 민족의 대표 기관이다. 조직과 체제를 개선해서 임시 정부를 활성화시키는 것이 좋겠다.
• 김구 : 국민 대표 회의는 임시 정부의 분열만 일으키므로 애초부터 불필요하였다. 서로의 갈등만 증폭시키고 있는 국민 대표 회의를 즉각 해산해야 한다.

★ 상하이 사변(1932. 1. 28)
만주 침략과 만주국의 수립을 비판하
는 국제 여론이 거세어지자, 1932년
일제가 세계의 이목을 돌리기 위해 상
하이를 무력으로 침략한 사건이다.

▼ 임시 정부의 이동

★ 한국 독립당
임시 정부가 충칭에 정착하고 나서 한
국 광복 운동 단체 연합회 산하의 민
족주의 세력(우익 계열)은 한국 독립
당, 한국 국민당, 조선 혁명당을 각각
해산하고 한국 독립당(위원장 김구)
을 결성하였다.

★ 대한민국 건국 강령
• 정치적 균등 : 보통 선거에 의한
  민주 공화국 수립
• 경제적 균등 : 토지와 생산 기관의
  국유화
• 교육적 균등 : 의무 교육

★ 삼균주의
임시 정부의 국무 위원인 조소앙이
좌우 대립을 해소하고 해방 후 통일
국가 수립을 위한 기본 정책으로 주
장한 사상. 정치적 균등(보통 선거),
경제적 균부(생산 기관 국유제), 교육
적 평등(국가 의무 교육)을 실현하고,
개인과 개인, 민족과 민족, 국가와 국
가 사이의 균등을 이룩하여, 세계가
한 가족이 되는 이상 사회를 실현하
자는 내용이다.

⑸ 임시 정부의 어려움 극복

① 분열 후 김구·이시영·이동녕 등 소수 독립 운동가가 주도하여 대통령 중심제에서 국무위원 중심의 집단 체제로 변화하였다(1927).

② 김구가 항일 무력단체인 한인애국단을 결성하였다.

ㄱ 이봉창 의거(1932) : 일본 도쿄에서 일왕의 마차에 폭탄 투척(실패)

ㄴ 윤봉길 의거(1932) : 중국 상하이에서 일제의 천황 탄생 축하 및 상하이 사변★ 기념식에서 폭탄을 던졌다.

➡ 대한민국 임시 정부는 이 의거에 감명받은 장제스의 중국 국민당 정부로부터 지원을 받게 되었다. 또한 이후, 1940년 충칭에서 한국광복군을 형성하는 기초가 되었다.

⑹ 임시 정부의 이동

① 배경

ㄱ 윤봉길의 홍커우 공원 의거로 일제의 탄압이 심해졌다.

ㄴ 일제의 중국 침략과 상하이 점령으로 이동이 불가피하였다(중일 전쟁 임박).

② 지역 : 상하이 → 항저우 → 난징 → 류저우 → 구이양 → 치장 → 충칭

③ 충칭(중경) 시기의 임시 정부(1940)

ㄱ 정부 체제 강화 : 중국 정부의 지원으로 충칭에 청사를 마련하였다.

ㄴ 집행력의 강화 : 주석 중심제로 개헌하고, 김구 주석 중심의 단일 지도체제

ㄷ 한국 독립당★ 조직(1940)

ⓐ 한국 국민당(김구), 한국 독립당(조소앙), 조선 혁명당(지청천) 통합

ⓑ 민족주의 계열의 통합을 통해 이루어진 한국 광복 운동 단체 연합회(1937)가 기반이다.

ⓒ 이들이 충칭에서 한국 독립당을 조직하였다.

ⓓ 우익 세력의 통합으로 임시 정부의 세력기반이 확대되었다.

ㄹ 한국광복군 조직(1940)

ㅁ 대한민국 건국 강령★ 발표(1941)

ⓐ 조국 광복을 염두에 두고, 이념과 독립 전쟁 준비 태세를 천명하였다.

ⓑ 건국 구상 : 정치, 경제, 교육의 균등을 실현하는 조소앙의 삼균주의★를 바탕에 두었다.

ⓒ 건국 단계 : 부국 단계(국토탈환 과정)

➡ 해방된 조국에 민주공화국을 건설하고자 하였다.

ㅂ 김원봉의 조선 혁명당과 조선 의용대 일부가 합류하여 민족 통일 전선을 형성하였다(1942).

사료 Plus

대한민국 건국 강령

제3장 건국

2절 정치와 경제와 교육의 민주적 시설로 실제상 균형을 도모하며, 전국의 토지와 대생산 기관의 국유가 완성되고, 전국 학령 아동의 전수(全數)가 고급 교육의 면비 수학이 완성되고, 보통 선거 제도가 구속없이 완전히 실시되어 …… 극빈 계급의 물질과 정신상 생활 정도와 문화 수준이 제고 보장되는 과정을 건국의 제2기라 한다.

사료 Plus

조소앙의 삼균주의

이른바 보통선거 제도를 실시하여 정권(政權)을 균히 하고, 국유 제도를 채용하여 이권(利權)을 균등하게 하고 공비교육으로써 학권(學權)을 균히 하며, 국내외에 대하여 민족자결의 권리를 보장하여서 민족과 국가의 불평등을 고쳐버릴 것이니 ……

깊이 Plus

시기	위치	정부 형태	지도자
1919. 9	상하이	대통령제, 3권 분립	이승만
1925. 4		국무령 중심의 내각 책임제	김구
1927. 3	항저우	국무 위원 중심의 집단 지도 체제	국무 위원
1940. 10	충칭	주석 중심의 단일 지도 체제	김구
1944. 4		주석·부주석제 채택	김구·김규식

참고 주석제

처음의 주석제는 국무위원집단지도체제로서 정부에 수반이 없고 국무위원으로 조직된 국무회의 결의로써 국무를 자행시켰으며, 국무위원 중에서 국무위원의 선출로 주석 1인을 선정하되, 주석은 특권이 없고 의정원을 주재하는 정도였다. 이때의 주석은 양기탁과 이동녕이 역임하였다. 그러나 1940년 10월 임시약헌을 만들어 주석의 권한을 대폭 강화, 대외적으로는 임시 정부를 대표하며 대내적으로는 국군을 통감하고 국무위원회를 소집, 필요시에는 부의 명령권을 정지시키고 국무위원회의 의결로 긴급명령을 발할 수 있는 권한을 가졌다. 이때부터 김구가 주석을 맡았다.

PART 07

한눈에 쏙

대한민국 임시 정부의 시기별 활동

시기	활동
1920년대 (침체기)	• 외교독립론 ① 김규식(신한청년당, 임시 정부 전권대사) : 파리 강화 회의에 독립청원서 제출 ② 이승만(구미위원부 설치) : 워싱턴 회의에 '독립요구서' 제출(1921) ③ 이동휘, 김규식 : 모스크바 극동 인민 대표 대회 참석 ⇨ 소련의 지원 약속(1922) • 이승만의 위임 통치 청원서 제출(1919) 이후, 국민 대표 회의 소집 : 신채호, 박용만 • 국민 대표 회의(1923, 상하이) ① 창조파 vs 개조파 vs 고수파 ⇨ 대립으로 회의 결렬 ② 이후, 이승만 탄핵 파면 → 2대 대통령 박은식 : 대통령제 → 내각 중심의 국무령제
1930년대 (도약기)	• 한인애국단 활동 : 김구가 조직 ① 이봉창 의거(1932) : 일왕 마차에 폭탄 투척 ② 윤봉길 의거(1932) : 천장절 및 상하이 사변 승전 기념식에 폭탄 투척 ⇨ 이후, 중국 국민당 정부의 지원 약속 • 항저우로 이동 : 한국 국민당 조직(1935, 김구) • 난징 : 민족혁명당 결성(1935, 김원봉) ① 의열단 중심 + 한국 독립당 + 조선 혁명당 : 민족주의와 사회주의 계열이 협력 ② 중국 관내 최대 규모의 정당 → 이후, 노선 차이로 일부 탈당(김구 참여 ×)
1940년대 (독립전쟁기)	• 충칭으로 중심지 이동 • 한국광복군 창설(1940) ① 총사령관 : 지청천, 참모장 : 이범석, 5개 지대 → 3개 지대로 개편 ② 대일・대독 선전포고(1941) ③ 조선 의용대 일부가 편입(1942, 좌우 연합 실현) ④ 영국과 함께 인도・미얀마 전선 참여(1943) : 포로 심문, 전단 살포 등 ⑤ 미 전략정보처(OSS)와 합동 훈련 후, 국내 진공 작전 계획(실행 ×) • 주석제(김구 중심, 단일 지도 체제) • 대한민국 건국 강령(1941) : 조소앙의 삼균주의(정치・경제・교육의 균등) • 조선 독립 동맹과의 연합을 위해 옌안으로 책임자 파견 → 실현 ×

🔽 말년의 김구

03 1920년대 무장 독립 운동

1. 만주 지역의 항일 독립군

(1) 활동 배경

3 · 1 운동 이후 이주 동포 사회를 기반으로 성장한 서북간도와 노령의 수많은 민족주의 독립 단체는 국내 진공을 목적으로 한 독립 전쟁을 시작하였다.

(2) 단체

① 동북만주 : 김좌진의 북로 군정서, 홍범도의 대한 독립군, 대한정의군정사, 광복단, 의군부
② 남만주 : 서로 군정서, 한말 의병장 중심의 대한 독립단, 신민회의 독립군 기지 건설 운동의 성과를 바탕으로 하였다.

▼ 1920년대 무장 독립 운동 단체

참고 **1920년대 독립군 교전**

3 · 1 운동 이후 무장 독립 투쟁은 주로 만주, 연해주 지역에서 전개되었으나, 국내에서도 천마산대 · 보합단(평안북도), 구월산대(황해도) 등의 독립군 부대가 조직되어 일제 군경과 치열한 투쟁을 벌였다.

2. 봉오동 전투와 청산리 전투

(1) 봉오동 전투(1920)

① 참가부대 : 대한 독립군(홍범도), 군무도독부군(최진동), 국민회군(안무)
② 삼둔자 전투
　　㉠ 독립군의 활동으로 국경 일대의 식민 통치가 마비되고 일본 정규군이 독립군에 연패를 당하자 독립군을 추격하였다.
　　㉡ 일본군은 독립군 근거지를 소탕하기 위한 작전을 전개하였지만 독립군이 격퇴하였다.
③ 봉오동 전투
　　㉠ 일본군은 월강추격 대대를 편성하여 두만강을 건너 독립군의 본거지인 봉오동을 공격하였다.
　　㉡ 홍범도의 대한 독립군은 최진동의 군무도독부군, 안무의 국민회군, 신민단군과 협의하여 연합부대를 결성하고 일본군의 추격에 대비하였다.
　　㉢ 연합 부대는 봉오동에 매복하여 수백 명의 일본군을 살상하였다.
④ 훈춘사건
　　㉠ 1920년 일본은 3 · 1 운동을 계기로 활발해진 한만(韓滿) 국경 부근의 독립군을 토벌하려고 군대를 파견하였지만 봉오동전투 등에서 패배를 거듭하였다.
　　㉡ 그러자 일본은 대대적인 한국 독립군 토벌 계획을 세웠고 이를 위해 창장하오라는 중국 마적 두목과 내통, 훈춘의 일본영사관을 고의로 공격할 것을 사주하였고, 이에 따라 그해 10월 2일 400여 명의 마적단이 훈춘성을 공격하여 살인과 약탈을 자행, 중국인 70여 명, 조선인 7명, 수명의 일본인을 살해하고 비어 있던 일본공사관을 불태웠다.
　　㉢ 일본은 이 조작된 사건을 구실로 3개 사단을 출동시켜 심문없이 무조건 잡아 일렬로 세운 후 총살하고 불태우는 등 대학살을 저질렀다.

▼ 봉오동 전투와 청산리 전투

PART 07

깊이 Plus 홍범도(1868~1943)

- 국내에서 의병 활동을 하다가 1910년 간도로 건너갔다.
- 1920년 봉오동 전투와 청산리 전투에서 일본군을 격파하였다.
- 자유시 참변의 화를 모면하고 다른 녹립군 대원늘과 함께 이르쿠츠크로 가서 적군에 편입되었다.
- 레닌으로부터 직접 훈장과 총을 받기도 하였으나, 1937년 스탈린에 의해 연해주의 동포들과 함께 중앙아시아로 강제 이주당하였다.

(2) 청산리 전투(1920)

① 참가부대 : 북로 군정서(김좌진), 대한 독립군(홍범도), 국민회군(안무)

② 독립군은 일본군의 만주 출병을 피해 장백산으로 이동하였으며, 일본군은 훈춘사건을 날조하여 대규모의 군을 만주에 투입하였다.

③ 일본군의 대병력의 공격을 피해 간도 지방의 독립군은 백두산으로 이동하였고 북로 군정서, 국민회군, 대한신민당 등은 본거지를 떠나 화룡현 삼도구에 집결하였다.

④ 김좌진이 인솔하는 북로 군정서군을 비롯한 여러 독립군 부대는 일본군 대부대를 맞아 청산리 일대에서 10여 차례 전투에서 대승을 거두었다(백운평 전투 → 완루구 전투 → 어랑촌 전투 → 천보산 전투 → 고동하 전투).

⑤ 간도참변(1920) : 일본군은 봉오동과 청산리 전투에서의 패배에 대한 보복으로 간도의 민간인 학살을 자행하여 독립 운동 기지와 한인촌을 파괴하였다.

사료 Plus

간도참변을 목격한 선교사 마틴의 증언

용정촌에서 40리가량 떨어져 있는 한 마을은 왜군이 야간에 습격하여 청년을 모조리 죽였으니 밤마다 죽는 사람이 2, 3명씩 되었다. 이는 1920년 10월의 일이다. 당시의 참사를 현지에 있던 미국인 선교사 마틴은 다음과 같이 기록하고 있다. "10월 31일, 연기가 자욱하게 낀 찬랍파위 마을에 가 보았다. 사흘 전 새벽에 무장한 일개 대대가 이 기독교 마을을 포위하고 남자라면 늙은이, 어린이를 막론하고 끌어내어 때려죽이고 …….

－『한국 민족운동사』, 조지훈

3. 독립군의 시련과 투쟁

(1) 독립군의 이동과 시련

① 일본군의 추격이 없는 안전지대에서 독립군 부대의 재정비 및 일제에 의한 한인동포 학살 방지를 위해서 이동하였다.

② 소련, 만주 국경 지대의 밀산부에 4,000여 명이 집결하여 서일을 총재로 대한 독립 군단을 편성하였다.

③ 대한 독립 군단은 소련령 자유시로 이동하여 소련의 적색군과 손잡고 내전에 참가하기도 하였다.

④ 자유시참변(1921. 6) : 소련은 독립군에 대한 무장해제를 요구하였으나 이를 거절하자 독립군을 강제로 무장해제하였다.

⑤ 관동 대학살(1923) : 1923년 9월 1일 일본 관동 지방에서 일어난 대지진 이후, 일본 정부는 국민의 불만을 다른 데로 돌리기 위해 한국인과 사회주의자들이 폭동을 일으키려 한다는 소문을 조직적으로 퍼뜨렸다. 이에 격분한 일본인들이 자경단(自警團)을 조직하여 관헌들과 함께 조선인을 무조건 체포·구타·학살한 사건이다(한국인 수천명이 학살됨).

⑥ 미쓰야 협정(1925)

　㉠ 목적 : 만주에 거주한 한국인 단속에 대한 교섭을 위해 체결하였다.

　㉡ 내용 : 만주에서 한국인 독립 운동가를 체포해 일본 영사관에 넘기면 그 대가로 상금을 지불하기로 하였다.

　㉢ 결과 : 만주 관리들은 독립군 적발에 혈안이 되었으며 일반 한국인 농민들까지 많은 피해를 입었고, 이로 인해 독립군 활동이 위축되었다.

▽ 독립군의 이동

사료 Plus

미쓰야 협정(1925)

1. 한국인의 무기 휴대와 한국 내 침입을 엄금하며, 위반자는 검거하여 일제 경찰에 인도한다.

3. 일제가 지명하는 독립 운동 지도자를 체포하여 일제 경찰에 인도한다.

4. 한국인 단속의 실황을 상호 통보한다.

▼ 3부의 위치

★ 3부 통합 운동
국내에서 신간회를 결성하고 있는 동안 만주 지역의 독립 운동가들도 민족 유일당 운동을 전개하였다. 1927년 지린 성에서 만주 지역의 민족 운동 단체 대표들이 참가한 회의가 열렸다. 그러나 이 때 기존 단체의 연합기관으로 유일당을 조직하자는 단체 본위의 조직론과, 기존의 모든 단체는 해체하고 개인을 기초로 하는 개인 본위 조직론이 서로 대립하였다. 결국 개인 본위 조직론자들은 1928년 12월 혁신의회를, 단체 본위 조직론자들은 1929년 국민부를 조직하였다.

(2) 독립군의 재정비

① 3부

　㉠ 육군 주만(駐滿) 참의부(1923) : 대한민국 임시 정부 직할부대로 압록강 연안 지역에 위치하였으나.

　㉡ 정의부(1925) : 길림과 봉천을 중심으로 한 남만주 일대에서 결성되었다.

　㉢ 신민부(1925) : 북만주 지역, 소련에서 탈출한 독립군을 중심으로 결성되었다.

② 군정부체제 마련

　㉠ 각기 관할지역 동포들의 자치행정을 맡은 민주적 민정 기관이었다.

　㉡ 입헌정치 조직을 구축하였다.

③ 독립군 활동

　㉠ 독립군의 훈련과 작전을 맡은 군정기관을 설치하였다.

　㉡ 자체 독립군 편성으로 한·만 국경지대에서 일본군과 전투를 벌였다.

④ 3부는 개별적으로 독립적인 미정 기관과 군정 기관을 두고 활동하였다.
　⇨ 이후 민족 유일당 운동의 일환으로 3부 통합 운동을 전개하였다.

(3) 3부의 통합 운동★

① 정의부의 주도 아래 여러 차례 통합 회의를 개최하였다 (1928).

② 통합 회의 결렬 : 의견 차이로 참의부·정의부·신민부 3부의 완전 통합에 실패하였다.

③ 남만주 지역 : 국민부를 결성하였다(1929).

　㉠ 정의부 주력파와 참의부·신민부 일부 인사가 국민부를 결성하였다.

　㉡ 국민부는 남만주 지역의 한인 자치기관의 업무를 수행하고 조선 혁명당을 조직하였다.

　㉢ 조선 혁명당에서 조선 혁명군을 결성하여 국민부 지역의 항일 무장투쟁을 주도하였다(1929).

④ 북만주 지역 : 혁신의회를 조직하였다(1928).

　㉠ 신민부의 군정파와 정의부·참의부의 일부 인사가 혁신의회를 조직하였다.

　㉡ 혁신의회는 한국 독립당으로 개편하고, 무장 조직으로 한국 독립군을 결성하였다 (1930).

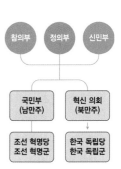

▼ 3부의 통합

한눈에 쏙

1920년대 국외 무장 독립 투쟁과 시련

[저항(무장 독립 투쟁)] ⟺	[시련]

봉오동 전투
대한 독립군(홍범도) + 군무도독부(최진동)
+ 국민회군(안무)

훈춘사건
마적 매수 조작극

청산리 대첩
• 북로 군정서(김좌진) + 대한 독립군(홍범도) 등
• 백운평 전투, 청산리 전투 등 10여 회 전투

간도참변(1920~1921)
민간인 학살

• 대한 독립 군단 결성(총재 : 서일)
• 소련령 자유시(스보보드니)로 이동

자유시 참변(1921)
• 독립군 부대 지휘권 다툼
• 적색군이 독립군을 무장해제

3부 결성
• 참의부(1923) : 임시 정부 소속, 지안 중심
• 정의부(1924) : 남만주 북부 지역(지린)
• 신민부(1925) : 북간도와 북만주

미쓰야 협정(1925)
만주 군벌과의 독립군 인도 협정

3부 통합 운동
• 남만주 : 국민부(1929) → 조선 혁명당, 조선 혁명군
• 북만주 : 혁신의회(1929) → 한족총연합회, 한족자치
　연합회 → 한국 독립당, 한국 독립군
• 사회주의계 : 중국 공산당 입당, 조선 공산당 재건운동

PART 07

04 의열 활동

1. 의열단(1919)

(1) 조직

① 배경 : 독립을 위한 강력한 무장 조직의 필요성을 느꼈다.

② 결성

㉠ 김원봉*이 만주 길림에서 결성하였다.

㉡ 무정부주의(아나키스트) 정치적 성향을 가지고 있다.

③ 신채호의 「조선 혁명 선언」*(1923) : 김원봉의 부탁으로 작성하였고, 무장 독립 투쟁의 필요성을 지적하였다.

사료 Plus

의열단 공약 10조

2. 조선의 독립과 세계의 평등을 위하여 몸과 목숨을 희생하기로 한다.

3. 충의(忠毅)의 기백과 희생의 정신이 확고한 자라야 단원으로 한다.

5. 의백(義伯: 올바른 성품을 가진 지도자) 한 사람을 선출하여 단체를 대표하게 한다.

8. 죽지 않고 살아있어 단의 뜻을 이루도록 한다.

9. 한 사람은 다수를 위하여, 다수는 한 사람을 위하여 헌신한다.

10. 단의 뜻에 배반한 자는 척살한다.

---

(2) 활동

① 소수 인원으로 일제 요인 암살 및 기관 파괴 활동을 하였다.

② 박재혁 의거(1920) : 부산 경찰서에 폭탄 투척

③ 최수봉 의거(1920) : 밀양 경찰서에 폭탄 투척

④ 김익상 의거 : 조선총독부에 폭탄 투척(1921), 상하이 황포탄에서 일본 육군 대장 다나카 암살 기도(1922)

⑤ 김상옥 의거(1923) : 종로 경찰서에 폭탄 투척

⑥ 김지섭 의거(1923) : 도쿄 황궁에 들어가는 이중교에 폭탄 투척

⑦ 나석주 의거(1926) : 동양 척식 주식 회사 및 식산은행에 폭탄 투척, 시가지 총격전

⑧ 윤세주 : 식민 통치 기관 폭파를 시도했으나 투옥되었다가 이후 김원봉과 함께 조선 의용대를 편성하여 항일 전투 전개

★ 김원봉

김원봉은 경상도 밀양 출생으로 1919년 만주 길림에서 다른 12명의 동지와 함께 의열단을 결성하였다. 곧 의열단은 국내에 대규모로 폭탄을 들여와 일본 관공서를 폭파하려고 하였으며, 침략에 앞장선 일본 군인들에 대한 저격에 나섰다. 해방 후, 남한 단독정부 수립에 반대하여 월북한 후 요직을 맡았다가 연안파로 몰려 숙청을 당하였다.

★ 「조선 혁명 선언」

신채호가 1923년 의열단의 요청에 따라 쓴 글로 '의열단 선언'이라고도 부른다. 이승만, 이광수, 안창호 등이 주장한 외교론, 자치론, 준비론, 문화 운동론 등을 비판하였다.

참고 기타 의열 활동

• 강우규 : 대한노인동맹단 소속으로, 제3대 총독으로 부임하는 사이토 마코토의 마차에 폭탄을 투척하였대(현재의 서울역 위치, 1919). 총독을 암살하지는 못하였지만 무라다 육군소장과 혼마치 경찰서장 등 핵심인물들이 중경상을 입었다.

• 조명하 : 일왕의 장인이자 일본 육군특명검열사로 타이완을 방문한 일본 왕족 구니노미야를 독검으로 찔러 사망케하였다(타이중 의거, 1928).

(3) 발전

① 계기 : 개별적 투쟁의 한계를 인식하였다.

⇨ 조직적 무장 투쟁 전개, 중국 혁명 세력과 항일 투쟁 연대

② 군대를 육성하기 위해 단원을 황포 군관 학교*에 파견하여 군사 교육을 실시하였다.

③ 조선 혁명 간부 학교 설립(1932~1935) : 단장 김원봉이 중국 장개석(蔣介石)의 지원으로 독립 운동 군사간부를 양성하기 위하여 난징 교외 선사묘(善祠廟)에 설립하였다.

   ㉠ 목표 : 한국의 절대 독립과 만주국의 탈환

   ㉡ 구성 : 6개대로 편성되어 제5대까지는 중국인들이 수용되었고 한인은 제6대에 소속되어 교육을 받았으며, 학교의 임원도 교장 김원봉 이하 간부들은 한중 양 국인이다.

   ㉢ 교육 : 정치 과목・군사 과목・실습 과목으로 나누어져 있었으며, 주요한 비중을 차지하고 있는 과목은 파괴・기습・유격전 등 특무공작에 필요한 과목이다.

   ㉣ 활동 : 일만요인 암살, 재만 항일 단체와의 제휴, 선만 노동・농민층에 대한 혁명적 준비공작, 위조지폐 남발을 통한 만주국의 경제교란, 특무활동에 의한 물자획득 등을 계획

④ 대중투쟁을 위한 독립 운동 단체의 통합을 위해 노력하였다.

⇨ 조선 민족 혁명당 결성(1937) → 조선 의용대 편성(1938)

> ＊황포 군관 학교
> 1924년 중국의 쑨원이 군 지휘관 양성을 목적으로 세운 학교로, 김원봉을 비롯한 한국인 청년들이 다수 이 곳에서 훈련을 받았다.

2. 한인애국단(1932)

(1) 조직

① 배경

   ㉠ 국민 대표 회의 후 임시 정부가 침체되었다.

   ㉡ 만주에서의 독립 운동 약화로 위한 민족사기가 저하되었다.

② 결성 : 김구가 독립 운동 활성화를 위하여 임시 정부 산하에 항일 무력 단체를 결성하였다.

(2) 활동

① 이봉창 의거(1932년) : 일본 도쿄에서 일왕의 마차에 폭탄을 투척하였으나 실패했다.

② 윤봉길 의거(1932년) : 상하이에서 일제의 천황 탄생 축하 및 상하이 사변 기념식에서 폭탄을 투척하여 파견군 사령관 시라카와 등 수십 명의 일본 고관을 사상케하였다.

(3) 의의 및 영향

① 국제적으로 이슈가 되었으며 장제스 등 중국 국민에게 큰 감명을 주었다.

② 장제스의 대한민국 임시 정부 지원 및 한국광복군 탄생의 계기가 되었다.

🔽 이봉창

🔽 윤봉길

사료 Plus

윤봉길 의거

• 나는 적성(赤誠)으로서 조국의 독립과 자유를 회복하기 위하여 한인애국단의 일원이 되어 중국을 침략하는 적의 장교를 도륙(屠戮)하기로 맹세하나이다. — 한인애국단 선서, 윤봉길

• "자! 폭탄 두 개를 주니 한 개로는 적장을 거꾸러뜨리고 또 한 개로는 그대의 목숨을 끊으라!" …… 나는 또 다시 말을 이어 "군이여! 군과 나는 지하에서나 만나세!" 이에 두 사람은 악수를 마치고 서로 갈리니 뜨거운 눈물이 하염없이 쏟아질 뿐이었다. …… 그는 뜻한 바를 기어이 성공하려고 4월 27일에 식장인 공원으로 가서 모든 것을 세밀하게 또 신중히 배치 수배하고 다시 홍구로 가서 백천 대장의 사진을 얻고 일본 국기 한 장을 사서 가슴 속에 품고 있다가 …… — 『도왜실기』, 김구

비교 Plus 의열단과 한인애국단 활동

	의열단	한인애국단
활동시기	1920년대	1930년대
창설	김원봉	김구
성향	무정부주의(아나키스트)	대한민국 임시 정부 산하기관
주요활동	• 박재혁 의거(1920): 부산 경찰서에 폭탄 투척 • 최수봉 의거(1920): 밀양 경찰서에 폭탄 투척 • 김익상 의거(1921): 조선총독부에 폭탄 투척 • 김상옥 의거(1923): 종로 경찰서에 폭탄 투척 • 김지섭 의거(1924): 도쿄 황궁에 들어가는 이중교에 폭탄 투척 • 나석주 의거(1926): 동양 척식 주식 회사 및 식산 은행에 폭탄 투척, 시가지 총격전	• 이봉창 의거(1932): 천황 마차에 폭탄 투척 • 윤봉길 의거(1932): 상하이 사변 전승 축하 연장인 홍커우 공원에서 폭탄 투척 ⇨ 중국 국민당 정부의 지원약속
계승	조선 민족 혁명당 ↓ 조선 의용대 ↙ 한국광복군 ↘ 조선 의용군	한국광복군 창설의 계기가 됨

05 1930년대 무장 독립 운동

1. 1930년대 초반의 한·중 연합 작전

(1) 1930년대 무장 독립 운동의 특징

① 통일 전선 운동과 무장 투쟁 노선을 강조하였다.

② 일제의 본격적인 대륙침략으로 인하여 민족 해방 운동의 중심이 만주 지역에서 중국 관내(산해관 이남) 지역으로 이동하였으며, 독립 세력은 중국 국민당 정권의 지원을 받았다.

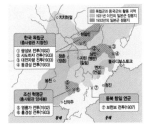

▽ 1930년대 한·중 연합 작전

> **사료 Plus** 🏛
>
> **한국 독립군과 항일 중국군의 합의 내용(1931)**
> 1. 한·중 양군은 최악의 상황이 오는 경우에도 장기간 항전할 것을 맹세한다.
> 2. 중동 철도를 경계선으로 서부 전선은 중국이 맡고, 동부 전선은 한국이 맡는다.
> 3. 전시의 후방 전투 훈련은 한국 장교가 맡고, 한국군에 필요한 군수품 등은 중국군이 공급한다.
>
> **조선 혁명군과 항일 중국군의 합의 내용(1932)**
> 중국과 한국 양국의 군민은 한마음 한뜻으로 일제에 대항하여 싸우고, 인력과 물자는 서로 나누어 쓰며, 합작의 원칙하에 국적에 관계없이 그 능력에 따라 항일 공작을 나누어 맡는다.

(2) 조선 혁명군과 한국 독립군의 활동

① 배경

  ㉠ 일제의 만주 침략(1931, 만주사변)과 괴뢰 정권인 만주국 수립(1932)이 계기가 되었다.

  ㉡ 중국 내 항일 감정이 고조되었다.

  ㉢ 한·중 연합에 의한 대일 항전이 추진되었다.

② 조선 혁명군

  ㉠ 양세봉 주도

  ㉡ 중국 의용군과 함께 영릉가 전투(1932), 흥경성 전투(1933)에서 승리하면서 한·중 연합 작전이 더욱 활발하게 전개되었다.

  ㉢ 양세봉 피살 이후 조선 혁명군 정부(김호석)를 조직하여 동북 항일 연군*의 유격 대와 공동 전선을 형성하면서 조선 혁명군 정부(1934)를 수립하였다.

    ⇨ 조선 혁명군 대부분 공산주의자로 변신

참고 양세봉 장군 흉상

기단에 '항일 명장 양서봉'이라고 씌어 있다(양세봉은 서봉이라는 이름도 썼다.) 양세봉이 전사한 뒤에 일제 경찰은 김도선이라는 우리 동포에게 장군의 목을 자르라고 협박했는데, 그는 민족의 영웅인 양세봉의 목을 자를 수 없다고 거부하다가 죽임을 당했다고 한다.

＊동북 항일 연군
중국 공산당이 중심이 되어 일제 타도를 위해 만주 지역의 모든 단체가 이념, 노선, 계층, 민족, 국적 등과 관계없이 연합하여 결성한 부대이다.

> **사료 Plus** 🏛
>
> **조선 혁명군의 선언문**
> 종래 우리는 혁명과 자치를 혼합 병행하는 정치 체제를 가졌기 때문에 혁명적 역할을 일사불란하게 수행할 수 없었다. 이에 국민부를 순전한 주민 자치 단체로 바꾸고, 우리는 엄연 분립하여 군사적 역할을 전적인 임무로 삼아 강력한 투쟁을 전개하고자 한다.   **– 총사령 이진탁, 부사령 양세봉**

PART 07

✽ 대전자령 전투
1933년 지청천이 이끄는 한국 독립
군이 중국군과 연합하여 일본군에게
대승을 거둔 전투이다. 4시간의 격전
끝에 연합군은 일본군의 군복 3000
벌, 군수품 200여 마차, 대포 3문, 격
포 10문, 소총 1500정, 담요 300장 등
을 전리품으로 얻게 되었다. 그러나
이를 분배하는 과정에서 중국군과 불
화가 생기기도 하였다.

③ 한국 독립군

　㉠ 지청천(이청천) 주도

　㉡ 중국 호로군과 연합하여 쌍성보 전투(1932), 사도하자·동경성·대전자령 전투✽ (1933)에서 승리하였나.

　㉢ 일제의 대륙 침략으로 한국 독립군은 중국군에게 무장해제 되었다.
　　⇨ 잔여부대는 산림지대에서 유격전을 진행했다.

　㉣ 정치조직인 한국 독립당 및 한국 독립군의 지도자들은 중국 본토로 이동해 신한 독립당 결성하였다(한국 혁명당 합당).
　　⇨ 후에 민족 혁명당이 통합되어 신한 독립당 해체되었다.

⑶ 한·중 연합 작전의 위축

일본군의 대토벌 작전, 중국군의 사기 저하, 한·중 양군의 의견 대립 등으로 인해 연합 작전이 위축되었고, 임시 정부에서 만주 독립군에 대해 이동 요청하여 중국 본토로 이동하게 되었다.

2. 1930년대 중·후반의 항일 유격 투쟁

⑴ 만주

① 동북 인민 혁명군(1933) : 중국 공산당 주도로 조직된 무장 부대로, 다수의 한국인이 가담하여 항일 무장 투쟁을 전개하였다.
　⇨ 동북 항일 연군으로 개편하여 조직하였다(1936).

② 조국 광복회(1936) : 한국인들의 통일 전선으로 결성되었다.

✽ 보천보 전투
1937년 6월 동북 항일 연군 대원에
의해 발생하였으며, 국내 조직의 도
움을 받아 일제의 행정 관청을 불태
우고 압록강을 건너다 추격하는 일
본군에 상당한 피해를 입혔다. 이 사
건으로 일제는 조국 광복회의 국내
조직 색출과 만주 지역의 독립군에
공세를 펼쳤다.

✽ 중국 관내
당시 장제스의 국민당 정부가 관할
하고 있던 황허 남쪽 지역이다.

③ 보천보 전투✽ 승리(1937) : 동북 항일 연군에 소속된 한인 부대가 조국 광복회 국내 조직의 도움을 받아 국내 진입 작전을 전개하였다. 그 대표적인 전투가 김일성이 이끈 보천보 전투이다.

④ 결과 : 1930년대 후반 일본군의 공세로 약화되었고, 1940년경 연해주로 이동하였다.

⑵ 중국 관내✽

① 민족 혁명당(1935)

　㉠ 의열단(김원봉), 한국 독립당(조소앙), 조선 혁명당(지청천) 등이 연합 전선을 형성하여 중국 난징에서 민족 혁명당을 결성하였다(민족 연합 전선 형성을 위해 노력함).

　㉡ 김구는 이에 대응하여 한국 국민당을 창당하였다(1935).

　㉢ 조선 민족 혁명당으로 개편(1937)

　　ⓐ 민족 혁명당의 최초 창당 취지는 좌우 합작의 민족 유일당을 건설하는 것이 었으나, 좌익 성향을 지닌 김원봉파의 독단으로 인하여 조소앙과 지청천 세력이 탈퇴하면서 민족 혁명당이 약화되었다.

　　ⓑ 민족 혁명당은 김원봉이 중심이 되어 조선 민족 혁명당으로 개편하였다.

　　ⓒ 이후, 좌익계열의 항일 민족 연합 전선 단체인 조선 민족 전선 연맹이 결성되었다(1937).

② 조선 의용대(1938)

　　㉠ 1937년 중일 전쟁이 일어나자 김원봉이 주축이 된 조선 민족 혁명당과 조선 민족 전선 연맹은 중국 정부의 협조로 조선 의용대를 편성하였다.

　　㉡ 조선 의용대는 중국 관내에서 결성된 최초의 한인 무장 부대였다.

　　㉢ 총대장은 황포 군관 학교 제4기 출신인 진국빈이 맡았고, 대일 선전 공격과 대알 유격전을 수행함을 목적으로 하였다.

　　㉣ 조선 의용대 화북지대 결성(1941)

　　　　ⓐ 조선 의용대의 다수가 타이항상(화북＊ 지역)으로 이동하여 활동하였다.

　　　　ⓑ 호가장 전투, 반소탕전 등에 참가하여 활약하였다.

　　　　ⓒ 이후, 조선 독립 동맹 산하의 조선 의용군으로 재편성(1942) 되어 중국 공산당 군대와 항일 전쟁을 전개하였다.

　　㉤ 화북으로 이동하지 않은 조선 의용대 일부와 김원봉은 한국광복군에 합류하였다 (1942).

🔽 조선 의용대

＊ 화북 지방
당시 마오쩌둥의 공산당이 활동하던 황허 이북 지역이다.

사료 Plus 📖

조선 의용대 전당 대회 결정서

본 당의 군대 조직에 관하여 …… 최대 임무는 먼저 동·북만주로 진출하여 거주 조선 민중을 무장시키고 조선에 있는 일본 제국주의를 격멸하는 데 있는 것을 확인하고 …… 별동대 조선 모대(某隊)라는 명칭을 조선 민족 혁명당군의 명칭으로 개정할 것이다.　　　　　　－ 제3차 전당 대회 결정서

PART 07

06 1940년대 독립 운동

1. 한국광복군

(1) 한국광복군의 창설(1940)

① 총대장 지청천(이청천), 참모장 이범석을 중심으로 주요 간부 30여 명으로 창설하였다.

② 조선 의용대 일부를 편입하였다(1942).

> **사료 Plus**
>
> **한국광복군 선언문**
> 대한민국 임시 정부는 …… 일본이 우리 조국을 병합 통치하는 동안 우리 민족의 확고한 독립정신은 불명예스러운 노예생활을 벗어나기 위하여 무자비한 압박자에 대한 영웅적 항전을 계속해왔다. …… 우리는 큰 희망을 가지고 우리 조국의 독립을 위하여 우리의 전투력을 강화할 때가 왔다고 확신한다. — 김구

한국 광복군 창설

(2) 한국광복군의 활동

① 중국 국민당 정부와 군사 협정을 맺었다.

② 한국광복군 행동준승 9개항

    ㉠ 중국 군사위원회의 지휘·감독을 받았다.

    ㉡ 추후 독자성을 확보하였다.

> **사료 Plus**
>
> **한국광복군의 행동준승 9개항**
> 1. 광복군은 우리 중국의 항일 작전 기간에 본회에 직할 예속하여 참모총장이 장악·운영한다.
> ……
> 7. 광복군의 지휘·명령이나 혹은 관항과 군계를 조회하는 등의 일은 본회에서 지정한 관공청 군사처에서 책임지고 접수한다.
> ……
> 9. 중일 전쟁이 끝나고도 한국 임시 정부가 여전히 한국 지경으로 정진하지 못하였을 경우 광복군을 이후에 어떻게 운영할 것인지는 본회의 일관된 정책에 기본을 두고 당시의 정황에 비추어 책임지고 처리한다.

③ 국내 대국민 방송

    ㉠ 세계 대전의 추이와 한국광복군의 활동 상황을 방송하였다.

    ㉡ 항일 투쟁 의식 고취, 독립에 대한 자신감과 희망을 부여하였다.

④ 한인 동포의 미군 입대 권고

    ㉠ 재미동포의 미군 입대를 권고하였다.

    ㉡ 태평양 전쟁에 참전하여 조국 독립에 기여하였다.

⑤ 태평양 전쟁 직후 일본·독일에 선전포고를 하였으며(1941), 비정규전에 참가하였다.

⇨ 일본에 선전포고를 함으로써 전후 연합국의 지위를 획득하고자 하였다.

사료 Plus

대한민국 임시 정부의 대일 선전 포고문

우리들은 3천만 한인 정부를 대표하여 삼가 중국, 영국, 미국, 소련, 캐나다, 호주 및 기타 제국의 대일 선전을 축하한다. 일본을 쳐서 무찌르고 동아시아를 재건하게 하는 가장 유효한 수단인 까닭이다. 이에 우리는 다음과 같이 성명한다.

1. 한국 전 인민은 이미 반침략 전선에 참가하여 한 개의 전투 단위로서 추축국(樞軸國)에 대하여 전쟁을 선포한다.

......

⑥ 영국군과 연합(1943) : 인도·미얀마 전선(임팔전선 참여)에서 일본군을 상대로 대적 방송, 문서 번역, 정보 수집, 포로 심문 등의 임무를 수행하였다.

⑦ 국내 진공 작전 계획

㉠ 미국과의 연합 : 미군전략정보처(OSS)에서 특수훈련을 받은 한국광복군을 국내에 침투시킬 계획이었으나 예상보다 빠른 일본의 패망으로 계획이 무산되었다(국제적 발언권이 약화됨).

㉡ 조선 의용군, 연해주의 한인 부대(88특별여단)와 연계하여 압록강에 집결하여 국내 진공 작전을 계획하였다.

(3) 통일 전선 형성

① 필요성 : 태평양 전쟁 발발 이후 일본의 패전과 한국 독립에 대한 확신이 생겼다. 이에 따라 임시 정부를 중심으로 통일 전선을 형성하기 위해 노력하였다.

② 좌익 계열의 김원봉이 이끄는 조선 혁명당과 조선 의용대 일부 병력이 한국광복군에 합류하였다(1942).

③ 한국 독립당과 조선 민족 혁명당의 세력을 통합하여 국무위원을 선출함으로써, 민족주의 계열과 사회주의 계열이 통합된 임시 정부가 수립되었다(1944).

④ 미주 동포 사회와의 협력을 강화하였다.

⑤ 조선 독립 동맹과 통일 전선 교섭을 하였으나 일제의 항복으로 중단되었다.

참고 국내 정진군

국내 진공 작전을 위해 한국광복군 내에서 편성된 부대이다. 조국 광복의 자주적 쟁취라는 광복군의 의도와 대일 전쟁의 첩보 활동에 한국인을 이용하려는 미국 측의 이해 관계가 맞물려 편성될 수 있었다.

2. 조선 독립 동맹

(1) 조선 독립 동맹의 창설(1942)

① 조선 의용대 화북 지대를 흡수하여 무장력을 강화하였다.

② 항일 조·중 연합과 조선의 독립 해방을 목적으로 하였다.

③ 사회주의계인 김두봉을 중심으로 조직·확대되었다.

④ 산하부대로 조선 의용군이 있었다.

(2) 조선 독립 동맹의 활동

① 조선 의용대 화북 지대를 조선 의용군으로 개편하고, 중국 공산당의 팔로군과 연합하여 항일 전쟁에 참가하였다.

② 건국 구상 : 보통 선거에 의한 민주정권, 일제의 자산과 토지 몰수, 8시간 노동제, 의무·무상 교육

③ 일제 패망 후, 중국 국공 내전에 참여하였고, 북한 인민군에 편입되었다(1949).

한눈에 쏙

국외 민족 운동의 전개

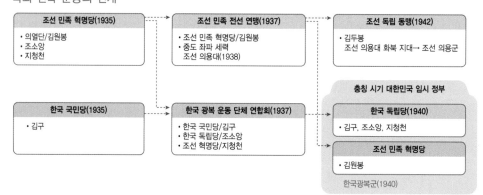

07 건국 준비 활동

1. 대한민국 임시 정부

(1) **건국 구상**

조소앙의 삼균주의를 기초로 한 대한민국 임시 정부의 건국 강령(1941)＊을 기반으로 하였다.

(2) **단체**

한국 독립당 중심으로 조선 독립 동맹과 통합을 시도하였다(일제의 항복으로 결렬됨).

🔽 1940년대 국내외 주요 독립 운동 단체

＊ 대한민국 임시 정부의 건국 강령
- 정치적 균등: 보통 선거에 의한 민주 공화국 수립
- 경제적 균등: 토지와 생산 기관의 국유화
- 교육적 균등: 의무 교육

2. 조선 독립 동맹(1942)

(1) **결성**

중국 화북 지방의 사회주의계 인사들을 중심으로 결성하였고, 산하부대로 조선 의용군이 있었다.

(2) **건국 구상**

보통 선거에 의한 민주정권, 일제의 자산과 토지 몰수, 8시간 노동제, 의무·무상 교육

3. 조선 건국 동맹(1944)

(1) **결성**

여운형 등이 국내에서 조직하였다(해방 이후, 조선 건국 준비 위원회로 계승됨).

(2) **건국 구상**

일제 타도, 민주주의 원칙에 의거, 노동자·농민 해방

PART 07

사회적 · 경제적 구국 운동

참고 사회주의 사상의 유입과 영향

• 1919년 3·1 운동을 기점으로 사회주의 유입
• 1920년대 이후, 여러 사회 운동(특히 노동, 농민 운동)에 영향
• 1925년 일제가 제정한 치안유지법에 의해 탄압
• 1926년 6·10 만세 운동 이후 민족유일당 운동 결과 신간회 탄생

＊서울 청년회
1921년 국내에서 청년과 지식인들을 중심으로 결성된 최초의 사회주의 단체이다.

＊조선 공산당
1925년에 설립되어 조선 노동 총동맹과 조선 농민 총동맹을 기반으로 노동·농민 운동을 하였으나 일제가 1925년 제정한 치안유지법의 탄압을 받고 1928년 해체되었다.

01 사회주의 계열의 민족 운동

1. 사회주의 사상의 유입

(1) 수용

3·1 운동 이후 청년·지식층을 중심으로 확산되어 수용되었다.

(2) 사회주의 단체

서울 청년회(1921)＊, 조선 공산당(1925)＊ 등

(3) 영향

농민 운동, 노동 운동, 여러 사회적 민족 운동을 주도하였다.

비교 Plus 민족 운동의 분화

구분	민족주의 운동	사회주의 운동
목표	민족의 독립	• 민족 해방, 계급 해방 • 일본 제국주의 타도 → 지주, 자본가 계급 타도
방향	실력 양성, 농촌 계몽	대중 운동(청년·학생 운동, 농민·노동)
주체	지식인, 지주, 자본가	지식인, 농민, 노동자

2. 소작 쟁의

(1) 배경

① 토지 조사 사업과 산미 증식 계획 등으로 농민 몰락하였다.

② 농민의 경작권이 상실되었고, 지주의 권한이 강화되었다(식민지 지주제).

③ 고율의 소작료, 기타 종자·비료 대금 등의 비용 부담이 늘었다.

④ 학생들의 농촌 계몽 운동, 사회주의 사상의 보급에 따른 영향 및 농민의 각성 등이 배경이 되었다.

(2) 1920년대 농민 운동

① 전개 및 결과

　㉠ 토지 조사 사업 과정에서부터 조사원 습격, 측량 방해, 납세 거부 투쟁 등의 방식을 전개하였다.

　㉡ 자위책으로 소작인 조합, 농민 조합, 농우회 등의 농민 단체를 결성하였다.

　㉢ 전국적 조직으로 조선 농민 총동맹을 조직하였다(1927).

　　⇨ 조직적인 소작 쟁의를 전개하였다.

　㉣ 고율의 소작료 및 소작권 이전 반대 운동 등 경제적 권익 투쟁을 전개하였다.

　　⇨ 암태도 소작 쟁의* 결과, 소작료를 40%로 낮추는 데 성공하였다.

② 영향

　㉠ 1920년대 후반기 농민 운동의 방향이 세분화 되었다.

　　⇨ 조선 노농 총동맹 결성(1924) → 조선 노동 총동맹과 조선 농민 총동맹*으로 분리(1927)

　㉡ 1920년 후반에는 자연발생적인 경제투쟁에서 발전하여 일제의 통치기관을 습격하는 등 식민 정책 자체를 반대하는 정치적 색채를 띠었다.

사료 Plus

조선 노농 총동맹의 선언문
- 우리는 노농(勞農)계급을 해방하여 완전한 신사회의 실현을 목적으로 한다.
- 우리는 단결의 위력으로서 최후의 승리를 얻을 때까지 철저히 자본가 계급과 투쟁한다.
- 우리는 노농 계급의 현 생활에 비추어 복리증진 및 경제적 향상을 도모한다.

---

(3) 1930년대 농민 운동

① 배경 및 전개

　㉠ 경제공황 여파로 농산물 가격 폭락하는 등 농민 생활이 궁핍해졌다.

　㉡ 농촌 진흥 운동*은 소작농을 보호한다는 명분이었지만 실제로는 지주, 자본가, 금융가에게 소작쟁의를 조정하여 지주에게 유리한 방향으로 정책을 운영하였다.

　㉢ 이에 반발하여 1930년대의 농민 운동은 항일 민족 운동의 성격으로 발전하였다.

　㉣ 식민지 지주제 타파를 요구하였다.

　㉤ 나중에는 일본 제국주의 타도와 농민의 토지 소유도 도모하였다.

② 영향 : 농민 조합, 소작인 조합 결성 등 정치적 투쟁 중심으로 발전되었다.

＊암태도 소작 쟁의

암태도 소작 농민들은 소작인회를 중심으로 지주에 맞서 7할 내외의 소작료를 4할로 인하할 것을 요구하며 1년 이상 투쟁을 계속하여 이를 관철시켰다.

＊조선 농민 총동맹

농민 단체는 노동 단체와 함께 1924년 조선 노농 총동맹을 결성하였다. 이후 1927년 9월 6일 조선 노농 총동맹이 농민 동맹과 노동 동맹으로 분립함으로써 조선 농민 총동맹이 결성되었다.

＊농촌 진흥 운동

조선총독부가 주도하여 1932년~1940년 사이에 전개된 관제 농민 운동이다.

PART 07

사료 Plus

1930년대 농민 운동 양상

종래 조선의 농민 운동이 치열하였다고는 하나 무리한 소작권 이동과 높은 소작료 반대 등이 주요 원인이었다. 그러나 1930년 경부터 쟁의 형태가 점차 전투적으로 변해가다. 이 시기에는 단순히 경작권 확보를 위해서가 아니라 '토지를 농민에게'와 같은 구호를 내걸고 농민 야학, 강습소 등을 개설하여 계급적 교육을 하였다. 또한 농민 조합의 조직도 크게 달라져 청년부, 부인부, 유년부 같은 부문 단체를 조직하여 지주에 대한 투쟁이 정치 투쟁화 하는 경향이 생겼다.   － 조선총독부 경무국 비밀 보고서

⑷ 1940년대 이후 농민 운동

식량과 노동력 동원인 공출과 징용에 대한 저항이 이어졌다.

한눈에 쏙

농민 운동

1920년대	배경	• 토지 조사 사업, 산미 증식 계획의 실시 ⇨ 식민지 지주제 강화 • 과중한 소작료, 수리 조합비, 종자·비료·농약 등의 비용, 곡물 운반비, 지세 등 ⇨ 소작료가 전체 수확물의 60~80% • 농촌 계몽 운동 및 사회주의 사상의 보급
	특징	• 3·1 운동 이후 정치적으로 각성한 농민들의 저항: 소작인 조합 중심 → 농민 조합 (소작인 조합 + 자작농) → 조선 농민 총동맹 결성(1927) → 농민 조합의 전국적 확산 • 생존권적 투쟁: 소작권 이전 반대, 고율 소작료 반대 등 • 암태도 소작 쟁의(1923), 불이흥업 농장의 소작 쟁의(1929) 등
1930년대	배경	대공황의 여파로 농촌 경제 파탄: 일제의 농촌 진흥 운동, 자작농 창설 계획과 조선 농지령 발표 → 미봉책
	특징	사회주의와의 연계, 비합법 조직인 혁명적 농민 조합을 중심: 항일 민족 운동으로 발전 → 1930년대 후반 이후부터 일제의 탄압으로 침체

3. 노동 쟁의

(1) 배경

① 식민지 공업화 추진 및 회사령 폐지에 따라 일본 및 조선인 기업이 증가하였다.

② 토지를 상실한 농민이 산업 노동자로 변신하였다.

③ 열악한 노동 환경에 따른 노동자의 불만이 고조되었다.

(2) 노동 단체의 결성

① 생존권을 지키기 위해 노동 조합 및 노동 단체를 결성하였다.

② 사회주의자들은 계급 해방을 위한 노동자 단결을 강조하였다.

(3) 1920년대 노동 운동

① 임금 인상, 노동 시간 및 환경 개선 등을 요구하였다.

② 원산 노동자 총파업(1929)＊

　㉠ 발단 : 일본인 감독의 조선인 노동자 폭행이 발단이 되었다.

　㉡ 신간회의 지원이 있었다.

　㉢ 결과 : 4개월 동안의 장기 파업이 이어졌고, 외국의 노동단체들까지 격려와 지지를 보내왔다.

③ 부산 부두 노동자 총파업과 원산 노동자 총파업은 반제・반일투쟁의 대표적 사례이다.

④ 조선 노동 총동맹 결성(1927) : 전국적 노동 운동 조직이 구축되었다.

(4) 1930년대의 노동 운동

① 일본 자본 침투의 본격화되었다.

　㉠ 대륙침략으로 인한 군수공업 시설이 확충되었다.

　㉡ 노동자 수의 급증으로 노동자의 생활이 악화되었다.

② 총독부는 일본 자본가의 이윤 보장을 위해 노동 운동을 탄압하였다.

③ 사회주의자들과 연결된 비합법적 조직인 혁명적 노동 조합의 형태로 전개되었다.

한눈에 쏙

노동 운동

1920년대	배경	• 식민지 공업화 추진 : 노동자의 증가, 저임금, 열악한 노동 조건 • 계급투쟁을 강조하는 사회주의의 대두로 노동자의 각성과 단결 강화
	특징	• 합법 투쟁 전개 • 조선 노동 공제회, 조선 노농 총동맹(1924), 조선 노동 총동맹(1927) 결성 • 생존권적 투쟁 : 임금 인상, 노동 시간 단축, 작업 환경과 개선 • 원산 노동자 총파업(1929)
1930년대	배경	병참 기지화 정책으로 일본 자본의 침투 본격화 ⇨ 일본 자본의 이윤 확보를 위해 노동 조건이 더욱 가혹해짐
	특징	• 비합법적 투쟁 전개 : 일제의 탄압에 맞서 노동 조합의 지하 조직화 • 반제 항일 민족 운동 : 노동 계급 해방, 일본 제국주의 타도

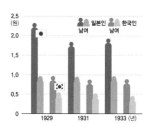
🔽 한・일 노동자 임금 비교

＊ 원산 노동자 총파업

4개월이나 지속된 이 파업은 노동자들이 민족 운동의 주요 세력으로 등장하였음을 보여주었다. 파업은 실패하였으나 그 규모나 강도를 볼 때 1920년대 노동 운동의 백미라 할 수 있다.

참고 강주룡

1931년 3월, 평양 평원 고무 공장 노동자 강주룡(1901~1931)은 평원 고무농장 쟁의 당시 을밀대에 올라가 하룻밤을 새고 검거된 후, 옥중에서 3일간 80여 시간을 물 한 모금 먹지 않고 단식한 것으로 세상에 알려졌다.

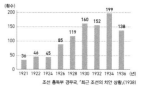
🔽 노동 쟁의의 발생 횟수

4. 여러 사회 운동

1920년대 사회주의 사상의 영향으로 노동·농민·학생 운동을 지원하였다.

(1) 청년 운동

① 서울 청년회(1921) : 서울에서 조직된 사회주의 청년 단체이다.

② 조선 청년 총동맹(1924) : 일제의 식민 교육에 반대하였다.

(2) 여성 운동

① 배경 : 신교육을 받은 여성이 증가하고 여성의 사회 의식이 고조되면서 여성의 역할이 요구되었다.

② 전개 : 양성 평등, 구습 타파, 문맹 퇴치, 생활 개선 등 여성 계몽과 지위 향상을 위한 노력이 이루어졌다.

③ 주요 단체 : 조선 여자 교육회, 조선 여자 청년회, 조선 여자 기독교 청년회

④ 근우회 활동 : 신간회의 자매 단체인 근우회가 강연회와 토론회, 야학 등을 실시하였다(1927).

▼ 근우회

참고 근우회 행동 강령
1. 여성에 대한 사회·경제적 일체 차별 철폐
2. 일체의 봉건적 인습과 미신 타파
3. 조혼 폐지 및 결혼의 자유
4. 인신매매 및 공창 폐지
5. 농촌 여성의 경제 이익 옹호
6. 여성 노동의 임금 차별 철폐 및 산전 산후 임금 지불
7. 여성 및 소년공의 위험 및 야업 폐지

사료 Plus

근우회 선언문
인류 사회는 많은 불합리를 생산하는 동시에, 그 해결을 우리에게 요구해 마지않는다. 여성 문제는 그 중의 하나이다. 세계는 이 요구에 응하여 분연하게 활동하고 있다. 세계 자매는 수천년래의 악몽에서 깨어나 우리 앞에 가로막고 있는 모든 질곡을 분쇄하기 위하여 싸워 온 지 이미 오래이다. …… 우리는 운동상 실천에서 배운 것이 있으니, 우리가 실지로 우리 자체를 위하여 우리 사회를 위하여 분투하려면, 우선 조선 자매 전체의 역량을 공고히 단결하여 운동을 전반적으로 전개하지 아니하면 아니 된다.
일어나라! 오너라! 단결하자! 분투하자! 조선 자매들아! 미래는 우리의 것이다.

(3) 형평 운동*

① 배경 : 법률적으로는 신분제가 폐지되었으나 호적과 입학 원서에 신분을 기재하는 등 사회적 편견과 차별이 존재했다.

② 전개 : 조선 형평사를 창립하여 저울처럼 공평한 사회 건설을 목적으로 백정의 사회적 차별 철폐 운동을 전개했다(1923).

③ 영향 : 백정들의 신분 해방과 인권 운동인 동시에 다른 사회 운동과 관계를 맺으면서 민족 해방 운동 성격까지 내포하게 되었다.

＊ 형평 운동

형평은 저울처럼 평등하다는 뜻이다.

사료 Plus

조선 형평사 취지서
공평은 사회의 근본이고 사랑은 인간의 본성이다. 고로 우리는 계급을 타파하고 모욕적인 칭호를 폐지하여 교육을 장려하고 우리도 참다운 인간으로 되고자 함이 본사(本社)의 주지이다. 지금까지 우리는 어떠한 지위와 압박을 받아왔던가? 과거를 회상하면 종일 통곡하고도 피눈물을 금할 수 없다. …… 하늘에서 내린 인류의 권리는 모두 똑같은데, 가축 고기를 먹는 사람들은 존귀한 대우를 받으면서, 가축을 잡아 고기로 제공해 주는 사람들은 비천한 대우를 받으니 얼마나 잘못된 일인가. 이를 알리기 위해 조선 형평사의 취지가 성공해야 할 것이다.
— 동아일보, 1923년 5월 3일자 사설

(4) 소년 운동

① 어린이를 바르게 키우는 것이 독립 운동이라 생각하며 방정환이 소년 운동을 전개하였다.

② 1922년 천도교 소년회가 창립되어 어린이날을 제정하고 잡지 『어린이』를 발간하였다.

③ 1925년 소년 운동 단체 수가 200여 개에 이르렀고, 1927년 조선 소년 연합회를 결성하였다.

🔽 잡지 『어린이』

사료 Plus📖

소년 운동 선언

본 소년 운동 협회는 이 어린이날 첫 기념되는 5월 1일 오늘에 있어 고요히 생각하고 구지 결심한 나머지 아래와 같은 세 조건의 표방을 소리쳐 전하며 이에 대한 천하 형제의 심심한 주의와 공명과 또는 협동 실행이 일기를 바라는 바이다.

첫째, 어린이를 재래의 압박으로부터 해방하여 그들에 대한 완전한 인격적 대우를 하라.

둘째, 어린이를 재래의 경제적 압박으로부터 해방하여 만 14세 이하의 그들에 대한 무상, 유상의 노동을 폐지하게 하라.

---

02 민족주의 계열의 실력 양성 운동

(1) 배경

① 3·1 운동 이후 일부 지식인은 즉각적인 독립의 어려움을 인식하였다.

② 일제의 문화 통치와 회사령의 철폐 등이 계기가 되었다.

③ 사회진화론에 입각한 개량주의를 수용하였다.

⇨ 물산 장려 운동과 교육 진흥 운동을 전개하였다.

④ 활동 : 신교육의 보급과 민족 자본의 육성, 전근대적 의식과 관습의 타파(선실력 후 독립)

(2) 민족 기업의 성장

① 배경 : 회사령의 폐지(허가제 → 신고제), 민족 기업 육성을 통한 경제 자립 운동이 대두되었다.

② 경성 방직 주식 회사, 부산 백산역 주식 회사(백산 상회*, 지주 출신), 평양 메리야스 공장, 고무신 공장(서민 출신) 등을 설립하였다.

✳ **백산 상회**
1914년 안희제가 독립 운동 자금을 지원할 목적으로 부산에 설립한 대표적 민족 기업이다. 서울, 대구, 원산, 만주의 봉천 등지에 지점을 두기도 했으며, 이 회사를 막대한 자금이 국내외 독립 운동 단체의 지원금으로 나갔다. 일제의 감시와 탄압으로 1927년 해산되었다.

🔻물산 장려 운동 포스터

(3) 물산 장려 운동(1920년대)

① 배경

  ㉠ 자본과 경영 능력이 우위에 있는 일본 기업과 경쟁하였다(조선총독부에 조선인 중심의 산업 정책을 건의했으나 거절당함).

  ㉡ 일본 상품 관세 면제 정책에 대항할 필요성을 느꼈다(면직업과 주류 제외).

② 전개

  ㉠ 조만식 등 평양 물산 장려회를 시초로 서울에서 조직된 조선 물산 장려회를 중심으로 일본 상품 배격, 국산품 애용 등을 추진하였다.

  ㉡ 전국적으로 점차 확산되었다.

사료 Plus

조선 물산 장려회 궐기문

"우리에게 먹을 것이 없고 의지하여 살 것이 없으면 우리의 생활은 파괴가 될 것이다. …… 우리는 이와 같은 견지에 서서 우리 조선의 물산을 장려하기 위하여 조선 사람은 조선 사람이 지은 것을 쓰고, 둘째 조선 사람은 단결하여 그 쓰는 물건을 스스로 제작해 공급하기를 목적하노라."

---

③ 활동

  ㉠ 국산품 장려와 근검절약을 통해 민족 산업을 육성하였다.

    ▷ 민족 경제의 자립을 목표로 하였다.

  ㉡ 자작회(학생), 토산애용부인회, 청년회 등 참여하여 소비 절약 운동, 금주·단연 운동을 추진하였다.

사료 Plus

조선 물산 장려회 취지서

1. 의복은 우선 남자는 두루마기, 여자는 치마를 음력 계해(癸亥, 1923년) 정월 1일로부터 조선인 상품 또는 가공품을 염색하여 착용할 것

2. 음식물은 소금, 설탕, 과자, 청량음료 등을 제외하고는 모두 조선인 물산을 사용할 것

3. 일용품은 조선인 제품으로 대용하기 가능한 것은 이를 사용할 것

---

④ 결과

　　㉠ 생산 시설 및 생산력의 부족으로 생산물가가 상승하였고, 상인과 자본가들에 의해 토산물 가격이 상승하였다.

　　㉡ 사회주의 계열 및 민중들이 상인이나 자본가 계급만을 위한 것이라고 비난하였다.

　　㉢ 박영호, 유성준 등 친일 세력의 관여로 일제와 타협하면서 이상재와 같은 민족 주의자와 민중들도 외면하였다.

　　㉣ 일제와 타협하는 것에 반발하여 일부 세력이 조선민흥회를 결성하였다.

사료 Plus

물산 장려 운동에 대한 사회주의자의 비판

이 운동의 사상적 도화수가 된 것은 누구인가? 저들의 사회적 지위로 보나 계급적 의식으로 보나 결국 중산 계급임을 벗어나지 못하였으며, 적어도 중산 계급의 이익에 충실한 대변인인 지식 계급 아닌가. …… 실상을 말하면 노동자에게는 …… 말할 필요가 없는 것이다. …… 그네는 자본가 중산 계급이 양복이나 비단 옷을 입는 대신 무명과 베옷을 입었고, 저들 자본가가 위스키나 브랜디나 정종을 마시는 대신 소주나 막걸리를 먹지 않았는가? …… 이리하여 저들은 민족적, 애국적 하는 감상적 미사로써 눈물을 흘리면서 저들과 이해가 전연 상반한 노동 계급의 후원을 갈구하는 것이다.　　　　**－ 동아일보, 이성태**

⑷ **민립 대학 설립 운동**

① 배경 : 3·1 운동 이후 교육열 고조, 민족주의자들이 초등 교육 확대와 대학 설립을 추구하였다.

② 전개

　　㉠ 조선 교육회*를 중심으로 이상재, 이승훈 등이 조선 민립 대학 기성 준비회를 결성하여(1923) 대대적인 모금 활동을 전개하였다(국외 동포사회까지 확대됨).

　　㉡ '한민족 1천만이 한 사람이 1원씩'이란 구호를 걸고 모금 활동을 전개하였다.

③ 결과 : 일제의 탄압과 경성 제국 대학 설립(소수의 한국인 학생 입학 수용), 대홍수와 한발 등으로 모금 운동에 어려움을 겪었다.

🔻 민립 대학 기성회 창립 총회(1923)

＊조선 교육회
1920년에 이상재 등이 '한민족의 교육은 한민족의 손으로 이루어야 한다.'라는 취지로 결성한 교육 운동 단체이다. 조선 교육 협회라고도 한다.

사료 Plus

민립 대학 설립 기성회 발기 취지서

정치와 외교도 교육을 기다려서 비로소 그 효능을 다할 것이요. 산업도 교육을 기다려서 비로서 그 작흥(作興)을 기할 것이니, 교육은 우리들의 진로를 개척함에 있어서 유일한 방편이요, 수단임이 명료하다. 그런데 교육에도 단계와 종류가 있어서 …… 사회 최고의 비판을 구하며, 유위유능(有爲有能)의 인물을 양성하려면 최고 학부의 존재가 가장 필요하도다.

☑ 문자 보급 운동

☑ 브나로드 운동

(5) **문맹 퇴치 운동**

① 한글 보급 운동 : 민족 정신 고양

② 야학 설립

　㉠ 노동, 농민, 아동, 여성 야학 등 다양한 형태로 운영하여 자주 의식과 항일 의식을 고취하였다.

　㉡ 개량서당 : 재래서당을 개편하여 농촌 아동에게 근대적 초등교육을 실시하였다.

　㉢ 일제는 1면 1교주의를 표방하면서 공립 학교 외 설립을 금지하였다.

③ 문자 보급 운동(1926) : 조선일보의 한글 원본 교재를 사용하였다.

④ 브나로드 운동(1931~1935)

　㉠ 동아일보는 학생들의 도움을 얻어 생활 계몽 운동을 전개하였다.

　㉡ 미신 타파, 구습 제거, 근검절약 등의 계몽 운동에서 머물지 않고 민족의식 각성을 촉구하였다.

⑤ 일제의 탄압 : 총독부는 1935년 민족의식 고취 등을 이유로 이를 금지하였다.

03 좌우 합작 운동과 신간회의 설립

1. 배경

(1) **이념 대립과 통합 운동**

① 국내 : 민족주의 계열과 사회주의 계열의 이념 대립

② 국외 : 중국의 국공합작, 한국 독립 유일당 북경 촉성회 설립 및 3부 통합 운동

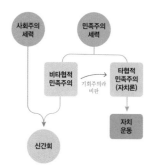

☑ 독립 운동 세력의 분화

(2) **자치운동론(민족개량주의) 대두**

① 김성수의 동아일보 계열, 이광수, 최남선, 최린(천도교 신파) 등이 민족 개량주의의 대표적 인물이다.

② 조선총독부의 문화정치를 수용하고, 사회주의 운동 등과 대립하였다.

③ 일제의 허용범위 안에서 경제적 실력, 민족성 개조, 정치적 자치권 획득을 주장하였다.
　⇨ 민족독립을 포기한 친일의 타협노선으로, 일제의 식민 통치에 기여하였다.

④ 타협적 민족주의자(민족개량주의자)와 비타협적 민족주의자 간의 분열이 일어났다.

⑤ 민중의 반발 : 이광수의 『민족적 경륜』을 실은 동아일보 불매 운동이 일어났다.

사료 Plus 🏛

일본이 허용하는 범위 안에서 자치를 하자

조선 민족은 지금 정치적 생활이 없다. 왜 지금의 조선 민족에게는 정치적 생활이 없나? 그 대답은 간단하다. 일본이 한국을 병합한 이래로 조선인에게는 모든 정치적 활동을 금지한 것이 제1의 원인이요, 병합 이래로 조선인은 일본의 통치권을 승인하는 조건 밑에서 하는 모든 정치적 활동, 즉 참정권·자치권 운동 같은 것은 물론, 일본 정부를 상대로 하는 독립 운동조차도 원치 아니하는 극렬한 절개 의식이 있었던 것이 제2의 원인이다. 그러나 우리는 무슨 방법으로나 조선 내에서 전 민족적인 정치운동을 하도록 신생면을 타개할 필요가 있다. 우리는 조선 내에서 허하는 범위 내에서 일대 정치적 결사를 조직하여야 한다는 것이 우리의 주장이다.

— 이광수의 『민족적 경륜』, 동아일보(1923)

(3) 사회주의 계열의 위기

치안 유지법(1925) 등을 통한 일제의 탄압과 조선 공산당 내부의 분열로 인해 합법적 활동 공간의 필요가 제기되었다.

2. 신간회

(1) 창립

조선 민흥회(1926)*를 모태로 하고, 정우회 선언(1926)*을 계기로 창립되었다(1927).

사료 Plus 🏛

정우회 선언

민족주의적 세력의 대두로 인하여 전개되는 정치적 운동의 경향에 대하여는 그것이 필요적 과정의 한 형세인 이상 우리는 냉연히 강 건너 불구경 하듯이 할 수 없다. …… 민족주의적 세력에 대하여는 그 부르주아 민주주의적 성질을 명백하게 인식하는 동시에 또 과정적 동맹자적 성질도 충분히 승인하여 그것이 타락하는 형태로 출현되지 아니하는 것에 한하여 적극적으로 제휴하여 대중의 개량적 이익을 위해서도 종래의 소극적 태도를 버리고 분연히 싸워야 할 것이다.

---

(2) 활동

① 합법적인 전국 조직으로 발전하였고, 일본 및 만주까지 조직이 확대되었다.
　⇨ 일제하 최대 규모의 합법적인 항일 단체이다.

② 중심인물 : 이상재(회장), 홍명희(부회장) 등

③ 강령 : 정치적·경제적 각성의 촉구, 민족의 단결, 기회주의 배격
　⇨ 자치운동 반대

④ 활동 : 순회 강연회, 노동 야학 참여, 민중 계몽 활동 전개, 노동·농민 운동 관여, 민중의 이익 대변, 원산 노동자 총파업 지원, 광주 학생 항일 운동에 진상조사단 파견 등 많은 활동을 하였다.

⑤ 자매단체 : 근우회(여성 민족 유일당 운동 단체)

---

* 조선 민흥회

조선 민흥회는 물산 장려 운동을 전개하던 민족주의자와 서울 청년회의 일부 사회주의자들이 연합하여 결성한 민족 협동 단체였다.

* 정우회 선언

1926년 11월 합법적인 사회주의 사상 단체인 정우회가 사회주의 운동의 새로운 방향을 밝힌 것으로, '비타협적인 민족주의 세력과의 협동 전선 구축'을 선언하였다. 이 선언은 신간회 결성의 중요한 기폭제가 되었다.

참고 천도교 신파

천도교는 손병희 사후, 분열이 일어났다. 최린으로 대표되는 신파는 일제에 타협적인 노선을 걸은 반면, 구파는 일제에 대한 비타협 노선을 걸으면서 사회주의 세력과의 협동 전선을 추구하였으며, 신간회 결성에 참여하였다.

참고 광주 학생 항일 운동 진상 조사단 파견의 영향

광주 학생 항일 운동이 일어나자, 신간회는 진상 보고를 위한 민중 대회를 개최하려 하였다. 그러나 일제는 허헌, 홍명희 등 간부들을 검거하여 모두 구속해버렸다. 이 민중 대회 사건으로 신간회는 큰 타격을 입었다.

참고 신간회 투쟁 목표

1. 언론, 집회, 출판, 결사의 자유
2. 단결권, 파업권, 단체 계약권의 확립
3. 조선 민족을 억압하는 모든 법령 철폐
4. 경작권의 확립
5. 일본인의 조선 이민 반대
6. 8시간 노동제 실시
7. 부당한 납세 반대
8. 최저 임금, 최저 봉급제 실시
9. 산업 정책을 조선인 본위로
10. 모든 학교 교육을 조선인 본위로

(3) 신간회 해소

① 코민테른의 노선 변화와 민중대회 후의 국내 정세 변화에 영향을 끼쳤다.

② 해소론자들은 신간회의 타협성을 비판하였다.

③ 1931년 5월 16일 전제 대회에서 해소안이 가결되었다.

(4) 의의

① 향후 일제에 대항할 수 있는 유일한 합법적 공간을 상실하였다.

② 20연대의 사회주의 세력과 비타협적 민족주의의 세력을 결집한 최초의 반제민족통일전선이었다.

한눈에 쏙

좌우 합작 운동의 성립

민족 유일당 운동

배경	• 국내: 민족주의 계열과 사회주의 계열의 이념 대립 • 국외: 국·공 합작 → 한국 독립 유일당 북경 촉성회 설립, 만주 지역의 3부 통합	
	민족주의 계열의 분화	사회주의 계열의 위기
	1920년대 중반 자치 운동론 대두(이광수·최린) ⇨ 타협적 민족주의자와 비타협적 민족주의자 간의 분열	치안 유지법(1925) 등을 통한 일제의 탄압, 조선 공산당 내부의 분열 ⇨ 합법적 공간의 필요 제기
창립	• 전개: 조선 민흥회(1926) → 정우회 선언(1926) → 신간회 창립(1927) • 합법적인 전국 조직으로 발전, 일본 및 만주까지 조직 확대 • 중심인물: 이상재(회장), 홍명희(부회장) 등	
강령	민족의 단결, 정치·경제적 각성 촉구, 기회주의자 배격	
활동	• 전국 순회 강연: 민족 의식 고취, 일제의 잔학상 규탄 • 농민·노동 운동에 관여, 노동 야학 참여, 교양 강좌 등 민중 계몽 활동, 수재민 구호 운동(1928년 대홍수) • 광주 학생 항일 운동 진상 조사단 파견	
해체	• 광주 학생 항일 운동 때의 민중 대회 사건과 일제의 탄압, 신간회 새 집행부가 일부 타협적 합법 운동 강조 ⇨ 각 지회의 반발 • 계급성을 강조하는 코민테른의 노선 변화 → 1930년 부산 지회(해소 결의) → 1931년 해소	
의의	• 최초의 민족 협동 단체 • 일제하 최대 규모의 항일 사회 운동 단체	

04 학생 운동

1. 6 · 10 만세 운동(1926)

(1) **배경**

① 민족주의와 사회주의 진영 간의 노선 대립으로 인한 진로를 모색하였다.

② 순종의 승하(독살설)

③ 3 · 1 운동 이후 학생이 독립 운동에서 주도적 역할을 수행하였다.

④ 일제의 수탈 정책과 식민지 교육에 대한 저항 의지를 보였다.

(2) **전개**

① 순종의 인산일에 사회주의 세력(조선 공산당)과 학생들을 중심으로 만세 시위가 전개되었다(사회주의 + 민족주의 + 학생).

② 천도교도 양재식 등이 10만 전단을 인쇄하고 태극기를 준비하였다.

③ 중앙고보 학생이 전단을 살포하였고, 전국으로 확산되었다.

(3) **결과**

상하이에 있던 사회주의계 여운형과 연락하여 확산시키고자 하였으나 사전에 발각되어 체포되었다.

사료 Plus

6 · 10 만세 운동 격문

조선 민중아! 우리의 철천지원수는 자본 · 제국주의 일본이다.
이천만 동포야! 죽음을 각오하고 싸우자! 만세 만세 조선 독립 만세!

• 일본 제국주의 타도
• 토지는 농민에게
• 8시간 노동제 채택
• 우리의 교육은 우리들 손에

---

(4) **영향 및 의의**

① 3 · 1 운동만큼 전국적이지는 못했으나 독립을 쟁취하기 위한 우리 민족의 열의를 보여주었다.

② 학생들이 독립 운동의 주체로 부상하였다.

③ 비밀결사 형태의 운동을 전개하였다.

④ 민족 유일당 운동의 계기가 되었다.

참고 순종 승하와 유언(1926. 4. 25)

일명을 겨우 보존한 짐은 병합 인준의 사건을 파기하기 위하여 조칙 하노니 지난날의 병합 인준은 강린(일본)이 역신의 무리(이완용 등)와 더불어 제멋대로 만들어 선포한 것이요, 다 나의 한 바가 아니라. 오직 나를 유폐하고 나를 협제하여 나로 하여금 명백히 말을 할 수 없게 한 것으로 내가 한 것이 아니니 고금에 어찌 이런 도리가 있으리오. 나 구차히 살며 죽지 않은 지가 지금에 17년이라. 종사의 죄인이 되고 2천만 생민의 죄인이 되었으니, 한 목숨이 꺼지지 않는 한 잠시도 잊을 수 없는지라, 유인에 곤하여 말할 자유가 없이 금일에까지 이르렀으니….

2. 광주 학생 항일 운동(1929)

(1) 배경

① 성진회*, 독서회 등 학생들의 항일결사를 조직하였다(식민지 차별 교육에 대한 불만).

② 학생층이 민족독립 투쟁의 중심이라는 인식 확대되었다.

(2) 전개

① 일본 남학생이 한국 여학생을 희롱한 사건으로, 양국 학생이 충돌하였다.

② 동맹 휴학으로 빈발하며 학내 문제의 해결과 일본인 교원의 배척 요구하였다.

③ 전국적으로 확산되었고, 만주 및 일본의 학생들도 동조하였다.

④ 민족 유일당 운동으로 신간회가 결성되었고 개입하였다.

> **사료 Plus**
>
> **박준채의 회고**
> 나는 피가 머리로 거꾸로 치솟는 듯한 분노를 느꼈다. 가뜩이나 그놈들과는 한 차로 통학하면서도 민족 감정 때문에 서로를 멸시하고 혐오하며 지내 온 터인데, 그자들이 우리 여학생을 희롱하였으니 나로서는 대응할 수밖에 없었다. 더구나 박기옥은 내 사촌누님이었으니 나의 분노는 더하였다.…후쿠다를 개찰구 밖 역전 광장에 세우고 우선 점잖게 따졌다. "후쿠다, 너는 명색이 중학생이 녀석이 야비하게 여학생을 희롱해?" 그러자 후쿠다는 "뭐라고 센진 놈이 까불어!" 이 '센진'이란 말이 후쿠다의 입에서 떨어지기가 무섭게 내 주먹은 그자의 얼굴에 날아가 작렬하였다.

> **사료 Plus**
>
> **광주 학생 항일 운동 격문**
> 학생 · 대중이여 궐기하라!
> 검거된 학생은 우리 손으로 탈환하자.
> 사회 과학 연구의 자유를 획득하자.
> 식민지적 노예 교육 제도를 철폐하라!

(3) 영향 및 의의

① 학생 운동이 소극적 동맹 휴학에서 가두시위 형태로 발전하였다.

② 신간회가 진상 조사단 파견하는 등 민족 투쟁으로 발전하였다.

③ 식민지 교육은 물론 식민 통치에 대한 반발이었다.

④ 3 · 1 운동 이후에 일어난 최대의 민족 운동이었다.

⑤ 학생층이 독립 투쟁의 주역으로 부상하였다.

＊성진회

1926년 전라남도 광주에서 조직되었던 학생 항일 운동 단체이다. 이후 독서회로 확대·개편 되었다.

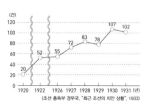

▽ 1920년대 동맹 휴교 발생 건수
(총 404건)

▽ 광주고보2학년 박준채와 사촌누이 박기옥(오른쪽)

참고 광주 학생 항일 운동에 참여한 학생 수

194개 학교에 5만 4,000여 명이 참가했고, 그중 퇴학 582명, 무기정학 2,330명, 구속 1,642명이나 되었다. 당시 중학교 이상의 조선 학생 수는 전국에 약 9만 명이었다.

비교 Plus 3 · 1 운동 vs 6 · 10 만세 운동 vs 광주 학생 항일 운동

구분	3 · 1 운동(1919)	6 · 10 만세 운동(1926)	광주 학생 항일 운동(1929)
주도	종교계 + 학생	학생 + 사회주의 세력	학생 + 신간회 지원
배경	• 강압적인 무단 통치 • 윌슨의 민족 자결주의 • 2 · 8 독립 선언	일제수탈과 식민지 차별 교육	식민지 차별교육과 학생의식 성장
발단	고종의 인산일	순종의 인산일	일본 학생의 박기옥 희롱
확산	국내외 확산	3 · 1 운동 만큼은 아니었으나 전국 확산	• 전국적 • 만주와 일본까지 확산

영향	• 식민지 독립 운동에 영향
	  (중국 5 · 4 운동, 인도 비폭력
	  운동)
	• 국내외 독립 운동 자극
	• 임시 정부 수립
	• 3 · 1 운동 이후 사회주의 유입
		• 민족 유일당 운동 계기
		• 신간회 결성
			• 3 · 1 운동 이후 최대 규모의
			  민족 운동
			• 이후 학생이 민족 운동의 주축

Chapter 04

민족 문화 수호 운동

01 일제의 식민지 문화 정책

1. 교육 및 언론 정책

황국 신민화 정책에 따른 우민화 교육을 실시했다.

(1) 제1차 조선교육령(1911)

① 식민지 공업화에 필요한 노동력을 양성하기 위해 조선인의 교육을 보통·실업·전문 교육으로 한정했다(민족 교육의 원천적 봉쇄, 조선인의 대학 교육 금지).

② 보통학교의 교육 기간은 4년이다.

③ 사립학교 규칙(1911) : 사립학교 설립 및 교원의 임용 등을 총독부 허가 사항으로 한다.

④ 서당 규칙(1918) : 개량 서당*을 중심으로 일제의 제도 교육에 반발하자, 서당 설립을 인가제에서 허가제로 바꾸어 반일적인 서당 설립 및 서당 교육 활동을 억압했다.

> **★ 개량 서당**
> 20세기 초 신교육 실시에 따라 재래의 서당을 시대에 맞는 교육기관으로 개조한 서당이다. 개량서당은 근대교육의 교과를 사용하고 교원도 신교육을 받은 사람을 채용하여, 정규 학교를 대신해 신교육을 실시하는 한편 민족의식을 고취시키는 민족교육의 장으로서의 구실을 담당하였다. 이에 일제는 1918년에 서당규칙을 제정하여 서당에 대한 지금까지의 방침을 바꾸어 통제를 가하기 시작하였다.

사료 Plus 🏛

제1차 조선교육령(1911)

제2조 교육은 교육에 관한 칙어에 입각하여 충량한 국민을 육성하는 것을 본의로 한다.

제5조 보통 교육은 보통의 지식 기능을 부여하고, 특히 국민된 성격을 함양하며, 국어(일본어)를 보급함을 목적으로 한다.

제6조 실업 교육은 농업, 상업, 공업 등에 관한 지식과 기능을 가르치는 것을 목적으로 한다.

(2) 제2차 조선교육령(1922)

① 문화 통치 시기에 실시된 유화정책이었다(한국인과 일본인의 동등한 교육 기회 표방).

② 수업 연한이 4년에서 6년으로 연장되었다.

③ 보통학교와 고등보통학교에 조선어를 필수 과목으로 포함시켰고, 조선 역사와 지리 수업을 실시했다.

④ 경성 제국 대학* 및 사범학교를 설립했다.

⑤ 일본어 중심의 교육을 실시하였고, 고등 교육의 기회를 제한하는 등의 기만정책이었다.

> **★ 경성 제국 대학(1924)**
> 민립 대학 설립 운동이 추진되자, 일제가 한국인의 고등교육기관을 봉쇄할 목적으로 설립한 관립 종합 대학이다. 이 학교에는 조선 사람의 독립의식을 고양시킬 수 있는 정치·경제·이공 등의 학부는 설치되지 않았고, 교수와 학생의 구성에서도 차별을 받았다. 1926년 개교 당시 조선인 교수는 전체 57명 중 5명, 학생은 150명 중 47명에 불과했다.

사료 Plus

제2차 조선교육령(1922)

제2조 국어(일본어)를 상용하는 자의 보통 교육은 소학교령, 중학교령 및 고등여학교령에 의한다.

제3조 국어를 상용치 아니하는 자에 보통 교육을 하는 학교는 보통학교, 고등보통학교 및 여자 고등보통학교로 한다.

제5조 보통학교의 수업 연한은 6년으로 함. 보통학교에 입학하는 자는 연령 6년 이상의 자로 한다.

제7조 고등보통학교의 수업 연한은 5년으로 함. 고등보통학교에 입학하는 자는 수업 연한 6년의 보통학교를 졸업한 자 또는 조선 총독이 정하는 바에 의하여 이와 동등 이상의 학력이 있다고 인정된 자로 한다.

(3) **제3차 조선교육령(1938)**

① 황국 신민화 교육을 강화했다(황국 신민 서사 암송 강요).

② 조선어는 수의(선택) 과목으로 하였다.

⇨ 우리말과 우리 역사 교육을 제한하였다.

③ 교명을 일본과 동일하게 조정하였다.

⇨ 보통학교를 소학교(심상소학교)로, 고등보통학교를 중학교로 개칭하였다.

사료 Plus

제3차 조선교육령(1938)

제1조 소학교는 국민 도덕의 함양과 보통의 지능을 갖게 함으로써 충량한 황국 신민을 육성하는 데 있다.

제13조 소학교의 교과목은 수신, 국어(일어), 산술, 국사, 지리, 이과, 직업, 도화, 수공, 창가, 체조이다. 조선어는 수의(隨意) 과목으로 한다.

(4) **제4차 조선교육령(1943)**

① 내선 일체를 강조하고, 조선어 및 조선사 교육을 금지했다.

② 소학교를 초등학교로 개칭하였다.

⇨ 보통학교 → 소학교(제3차 조선교육령) → 국민학교(제4차 조선교육령)

(5) **언론 정책**

① 1910년대 : 총독부 기관지인 매일신보를 제외한 모든 신문을 강제로 폐간했다.

② 1920년대 : 조선일보, 동아일보, 시사 신문과 일부 잡지 발행을 허용했다.

⇨ 하지만 검열, 정간, 폐간 등 감시와 탄압은 지속되었다.

③ 1927년 라디오 방송을 최초로 시작하였다.

④ 1940년대 : 조선일보, 동아일보를 폐간했다.

참고 일장기 말소 사건

1936년 열린 제11회 베를린 올림픽 마라톤 대회에서 손기정이 1위를 차지하면서 일제 강점 아래 고통받던 한국인들에게 희망을 선사하였다. 그런데 조선중앙일보와 동아일보가 월계관을 쓰고 시상대에 오른 손기정의 사진을 보도하면서 가슴에 있던 일장기를 지워 손기정이 일본인이 아닌 한국인이라는 점을 부각하려 하였다. 일제는 해당 기자들을 구속하고 두 신문을 무기 정간하였다.

한눈에 쏙

일제의 교육 정책

구한말	사립 학교령(1908)
1차 조선교육령(1911)	보통학교 4년, 전문·실업교육, 사립 학교규칙(1911), 서당 규칙(1918)
2차 조선교육령(1922)	• 보통학교 4년 → 6년 • 고등 교육 제한 → 민립 대학 설립 운동, 조선어 필수
3차 조선교육령(1938)	• 보통학교 → (심상)소학교 / 고등보통학교 → 중학교 • 황국 신민 서사, 조선어 수의(선택)과목, 수신·체육 강조
4차 조선교육령(1943)	수업 연한 단축(군사 교육 강화), 조선어 과목 폐지

2. 한국사 왜곡 정책

(1) 목적

한국 민족사의 근원을 부정하고, 식민 통치의 합리화를 위해 실시하였다.

(2) 식민주의 사관

우리 역사의 타율성, 정체성, 당파성을 강조했다.

① 정체성론 : 한국 사회가 사회·경제적 구조에서 전근대 단계(일본의 고대 국가 수준)에 머물러 있다는 주장하였다(봉건사회 결여론).

② 타율성론 : 한국사는 반도라는 지형적 특성 때문에 외세의 간섭을 받으며 타율적으로 전개되었다는 주장하였다(임나일본부설, 반도성론).

③ 당파성론 : 한국인은 분열이 강한 민족성을 가져 오랜 당파 싸움을 벌였고, 이로 인해 조선이 멸망했다는 주장하였다.

(3) 연구 단체

① 조선사편수회(1916)✻ : 1938년에 『조선사』를 완간하여 한국사를 왜곡하였다.

② 청구학회✻ : 식민 사관에 기초하여 한국사를 왜곡하였다.

참고 **임나일본부설**

일본 야마토정권이 4세기 후반 한반도 남부 지역에 진출하여 가야에 일본부라는 기관을 두고 지배했다는 주장으로, 일본의 한국사 왜곡 사례 중 하나이다. 이에 대해 2010년 3월 한·일 역사공동연구위원회에서 사실이 아니며, 용어 자체를 폐기하기로 합의하였다.

✻ **조선사편수회**

일제가 한국역사를 그들의 통치목적에 부합되도록 편찬하기 위해 설치한 한국사 연구기관으로, 1932~1938년 식민사관에 바탕한 『조선사』(37책) 등을 간행하였다. 특히 단군 조선을 신화로 왜곡하고 한국사의 역사를 축소하는 등, 한국사를 왜곡·말살하기 위한 역할을 했다.

✻ **청구학회**

일제 강점기에 경성 제국 대학과 조선총독부가 중심이 되어 활동한 학술단체로, 식민사관에 입각한 역사 왜곡을 지속했다.

02 우리 민족의 저항

1. 국어 연구

(1) 조선어 연구회(1921)

  ① 주시경, 지석영 등이 설립한 국문연구소(1907)를 계승하였다.

  ② 한글 연구와 강습회를 통해 한글 보급에 노력했다.

  ③ 활동 : 한글 기념일인 '가갸날'을 제정(1926)하였고, 잡지 『한글』을 발행했다.

(2) 조선어 학회(1931)

  ① 조선어 연구회를 계승한 단체이다.

  ② 오늘날 한글 학회의 전신으로 이윤재, 김윤경, 최현배, 이극로 등이 활동하였다.

  ③ 활동

    ㉠ 한글 맞춤법 통일안을 마련하고(1933), 표준어를 제정했으며(1936), 외래어 표기법을 발표하였다(1940).

    ㉡ 『우리말 큰 사전』 편찬을 시도했으나 실패하였다.

    ㉢ 한글 강습 교재를 제작하여 문맹 퇴치 운동에 참여하였다.

  ④ 해산 : 일제의 조선어 학회 사건(1942)*으로 강제 해산되었다.

2. 한국사 연구

(1) 민족주의 사학

민족 독립 운동 차원에서 우리 역사를 연구했다.

  ① 박은식

    ㉠ 역사 인식 : 만주를 우리 민족의 활동무대로 인식하고, 국혼(國魂)과 국백(國魄)을 강조하였다.

    ㉡ 저서 : 최초의 한국 근대사로 평가되는 『한국통사』*와 항일 독립 투쟁을 다룬 『한국독립운동지혈사』*를 저술하였다.

    ㉢ 위인전 편찬 : 『연개소문전』, 『안중근전』 등을 편찬하여 민족 정신을 고취하고자 하였다.

    ㉣ 기타 활동 : 일제 강점기를 앞두고 유교구신론을 주장하였고, 상하이 임시 정부의 2대 대통령으로 활동하였다.

사료 Plus

박은식의 역사인식

대개 국교(國敎)·국학(國學)·국어(國語)·국문(國文)·국사(國史)는 혼(魂)에 속하는 것이요, 전곡(錢穀)·군대·성지(城池)·함선·기계는 백(魄)에 속하는 것이다. 그런데 혼의 됨됨은 백에 따라서 죽고 사는 것이 아니다. 그러므로 국교 국사가 망하지 않으면 그 나라는 망하지 않는다. 오호라, 한국의 백은 이미 죽었으나 이른바 혼은 살아 있는가 없는가. …… 옛 사람들이 말하기를 나라는 멸망할 수 있지만 역사는 멸망할 수 없다고 하였으니, 나라는 형(形)이고 역사는 신(神)이기 때문이다. 지금 한국의 형은 허물어졌으나 신만이 홀로 남을 수는 없는 것인가.   －『한국통사』 서문

참고 주시경 선생의 유고

나라를 빼앗는 자는 그 나라의 말과 글을 없애고 자기 나라의 말과 글을 전파하며, 자기 나라를 성하게 하고자 하거나 나라를 보존하고자 하는 자는 자국의 글과 말을 먼저 닦고 백성의 지혜로움을 발달하게 하고 단합을 공고하게 한다.

✔ 조선어 학회

* 조선어 학회 사건

일제가 조선어 학회를 독립 운동 단체로 몰아 치안 유지법의 내란죄를 적용하여 회원 및 관련 인물을 체포·투옥하였다. 이로 인해 조선어 학회는 강제 해산되었으며, 이윤재는 심한 고문으로 옥사하였다.

* 『한국통사(韓國痛史)』

간행 직후 중국·노령·미주의 한국인 동포들은 물론이고, 국내에서도 비밀리에 대량 보급되어 민족적 자부심을 높여주고, 독립 투쟁 정신을 크게 고취하였다. 일제는 이에 매우 당황하여 1916년 조선반도 편찬위원회를 설치하고 『조선사(朝鮮史)』 37책을 편찬하였다.

* 『한국독립운동지혈사』

1884년 갑신정변부터 3·1 운동이 일어난 다음해인 1920년까지의 사실을 다룬 항일 독립 운동사이다. 상편에서는 일제의 침략 정책과 이에 대한 민족의 항거, 그리고 조선총독부를 중심으로 한 일제의 학정 등을 다루고, 하편에서는 3·1 운동의 태동과 발발, 전개 과정, 이에 대한 이제의 탄압과 만행 실태, 그리고 3·1 운동 이후의 독립 운동 상황 등 3·1 운동사를 중심으로 서술하였다.

② 신채호

    ㉠ 역사 인식 : 역사를 '아(我)와 비아(非我)의 투쟁'으로 인식하고, 화랑도의 낭가 사상을 중시하였다.

    ㉡ 저서 : 고대사 연구를 중시하여 『조선상고사』와 『조선사 연구초』를 저술하였다.

    ㉢ 위인전 편찬 : 『을지문덕전』, 『최도통전』 등을 저술하여 민족 의식을 고취하고자 하였다.

    ㉣ 기타 활동 : 1910년대에는 대종교도가 되어 환인지방에 있는 동창 학교에 참여하였고, 1923년 무정부주의적 색채가 강하게 나타나 있는 「조선혁명선언」을 지었다.

사료 Plus

신채호의 역사인식

• 역사란 무엇이뇨. 인류 사회의 아(我)와 비아(非我)의 투쟁이 시간에서 발전하여 공간까지 확대하는 심적 활동의 기록이니, 세계사라 하면 세계 인류의 그리되어 온 상태의 기록이며, 조선사라 하면 조선 민족이 그리되어 온 상태의 기록이니라.　　　　　　　　　　　　　　　　　　　　　　　　　 －『조선상고사』

• 내가 지금 각 학교 교과용의 역사를 보건대, 가치가 있는 역사는 거의 없다. 제1장을 펴보면 우리 민족이 중국 민족의 일부분인 듯하며, 제2장을 펴보면 우리 민족이 선비족의 일부인 듯하며, 제2장을 펴보면 우리 민족이 선비족의 일부인 듯하며, 끝까지 전편을 다 읽어보면 때로는 말갈족의 일부분인 듯하고, 때로는 몽골족의 일부분인 듯하고, 때로는 여진족의 일부분인 듯하고, 때로는 일본족의 일부분인 듯하다. 오호라, 과연 이 같을진대 우리 수만 리의 토지가 이들 남만북적의 수라장이며 우리 4천여 년의 산업이 이들 조량모초의 경매물이라 할지니, 어찌 그렇다고 할 것인가. 즉 고대의 불완전한 역사라도 이를 상세히 살피면, 동국 주족 단군 후예의 발달한 실제 자취가 뚜렷하거늘 무슨 까닭으로 우리 선조들을 헐뜯음이 이에 이르렀는가.　　　　　　　　　　　　　　　　　　　　　　　　　 －『독사신론』

③ 정인보

    ㉠ 역사 인식 : 역사의 본질이 민족 '얼'이라 보았고, 우리 역사에 나타난 얼로 단군, 세종, 이순신의 정신을 들었다.

    ㉡ 저서 : 5천 년간 조선의 얼을 수록한 『조선사연구』를 통해 일제의 식민 사관에 저항하였다.

    ㉢ 기타 활동 : 문일평, 안재홍 등과 함께 다산 정약용을 중심으로 한 조선학 운동을 전개하였다.

사료 Plus

정인보의 역사 인식

조선의 시조는 단군이시니 단군은 신이 아니요 사람이시라. 백두의 높은 산과 송화의 장강을 터전으로 하여 조선을 만드시매 조선 민족은 단군으로부터 생기고, 조선의 정교(正敎)도 단국으로부터 열리었다. 무릇 우리 선민으로서 어떠한 일이든지 스스로 큰 흔적을 남긴 것이 있다면 다 단군으로부터 비롯된 것이다. …… 얼은 남이 빼앗아 가지 못한다. 얼을 잃었다면 스스로 자실(自失)한 것이지 누가 가져간 것이 아니다.　　　　　　　　　　　　　　　　　　　　　　　　　 －『조선사연구』

④ 문일평

ㄱ 역사인식 : 세종으로 대표되는 '조선심(朝鮮心)'을 강조하였다.

ㄴ 저서 : 『한미 50년사』, 『호암 전집』 등을 저술하였다.

> **사료 Plus**
>
> **문일평의 역사 인식**
>
> 조선글은 조선심(朝鮮心)에서 생겨난 결정인 동시에 조선학을 길러 주는 비료라 하려니와 조선글이 된 이래 9세기 동안에 조선의 사상계는 자는 듯 조는 듯 조선학의 수립에 대하여 각별한 진전을 보지 못하였다. 그러나 오늘날 차차 구사상에서 벗어나 신사상의 자극을 받게 된 조선인은 조선을 재인식할 때가 왔다. 한편으로 신문화를 받아들임과 동시에 한편으로 조선학을 잘 만들어 세계 문화에 기여가 있어야할 것이니 이는 문화 민족으로서 조선인에게 부과된 대사명인가 한다.

⑤ 조선학 운동

ㄱ 과거 민족주의 사학의 국수적인 측면을 비판하고 실학의 자주적이고 주체적인 특성을 찾고자 하였다.

ㄴ 정인보, 문일평, 안재홍 등이 정약용 서거 99주기를 맞아 1934년 『여유당전서』를 간행하였다.

⑥ 최남선 : 불함문화론을 통해 백두산 중심의 우리 문화가 동양 문화의 원천임을 주장하였고, '붉' 사상을 강조하였다.

(2) 사회 경제 사학

① 내용 : 사적 유물 사관*에 입각하여 우리 민족의 역사 발전 과정이 세계사의 발전 과정과 일치함을 입증하면서 정체성론을 반박했다.

② 활동 : 1930년대 백남운이 주장하였다. (『조선사회경제사』, 『조선봉건사회경제사』 등을 저술)

③ 한계 : 우리 역사의 특수성을 덜 중시하였고, 계급 의식을 지나치게 강조하였다는 비판을 받았다.

***유물 사관**
마르크스가 주장한 것으로 역사 발전의 원동력을 물적 토대에서 찾는 역사관이다. 역사는 생산 관계에 따라 원시 공산제에서 고대 노예제, 중세 봉건제, 근대 자본주의를 거쳐 공산주의로 발전한고 주장하였다.

> **사료 Plus**
>
> **백남운의 『조선봉건사회경제사』**
>
> 우리 조선의 역사적 발전의 과정은 가령 지리적 조건, 인종학적 골상, 문화 형태의 외형적 특징 등 다소의 차이는 인정되더라도, 외관적인 소위 특수성은 다른 문화 민족의 역사적 발전 법칙과 구별되어야 하는 독자적인 것이 아니며, 세계사적·일원론적 역사 법칙에 의해 다른 민족과 거의 같은 궤도로 발전 과정을 거쳐 온 것이다. 그 발전 과정의 빠름과 느림, 각 문화의 특수한 모습의 짙고 옅음은 결코 본질적인 특수성이 아니다.

백남운(사회 경제 사학)

🔻진단 학보

(3) 실증주의 사학

① 내용 : 개별적인 사실을 객관적으로 밝히려는 순수 학술 활동을 목적으로 한다.

② 활동 : 이병도, 손진태, 이상백 등이 중심이 되어 진단학회를 조직하고, 진단 학보를 발행하였다(1934).

③ 한계 : 순수 학술 활동을 목적으로 하는 실증 사학은 일제 강점기라는 시대적 한계 속에서 역사학의 소임을 다하지 못했다는 비판을 받는다.

사료 Plus

이상백의 실증주의 사학

개개가 전체에 관련하는 것은 그 개개를 조금도 변개함이 없이 전체에 관련할 수가 있다. 일개의 사건이 그 시간과 장소의 제약을 받으면서 넓게 그 시대 전체에 관련하고, 또 국민·민족의 전반에 관련하여 이해되고, 다시 인간 전체의 관련에 있어서 고찰할 수 있는 것은 이 때문이다. …… 또 실증주의적인 사건의 개개의 정밀한 탐구라는 것도 시간, 장소, 인물에 대한 개별적인 탐색으로서 역사의 사실이 명백하게 되는 것은 그대로 전체 관련에서 보는 데 조금도 지장될 바가 아니다. 오히려 인간 생활 전체의 이해에 있어서는 개개의 인간의 행위가 정밀하게 정확하게 알려질 것이 필요하다.   — 이상백, 조선 문화사 연구 논고

한눈에 쏙

한국사 연구

학자	특징	저서	민족 정신
박은식	일제의 한국 침략과 독립 운동사 정리	『한국통사』, 『한국독립운동지혈사』	국혼, 정신
신채호	• 주체적으로 한국사 정리함 • 역사는 '아(我)'와 '비아(非我)'의 투쟁	『조선상고사』, 『조선사연구초』	낭가 사상
정인보	신채호를 계승하여 고대사 연구	『5천년간 조선의 얼』, 『조선사 연구』	얼
문일평	민족 문화의 자주성과 독창성 강조	『조선사화』	조선심
백남운	정체성론 반박	『조선사회경제사』, 『조선 봉건 사회 경제사』	−

3. 민족 교육 진흥 운동과 종교 활동

(1) 민족 교육 진흥 운동

① 조선교육회(1920) : 교육 계몽 활동과 민립 대학 설립 운동을 지원하였다.

② 조선여자교육회(1920) : 여성 교육과 사회 활동의 중요성을 강조하고, 남녀 평등을 주창하였다.

③ 사립학교 및 개량 서당 건립 : 근대적 민족 교육 활동을 전개하였다.

④ 야학 : 조선어, 역사, 지리 등을 통해 민족 의식을 고취하였다.

(2) 과학 대중화 운동

① 발명 학회 창립(1924) : 김용관의 주도로 과학 잡지인 『과학 조선』을 간행하였고, '과학의 날'을 제정하였다.

② 발명 학회에서 과학 지식 보급회를 조직하였다(1934).

③ 안창남*의 고국 방문 비행(1922)

(3) 종교 활동

① 천도교 : 잡지 『개벽』, 『어린이』, 『신여성』 발간, 기관지 『만세보』 간행, 제2의 3・1 운동 추진, 어린이날 제정

② 대종교 : 나철 창시, 민족 교육 운동, 항일 무장 투쟁(중광단, 북로군정서군)

③ 기독교 : 신사 참배 거부, 의료 활동, 교육 활동, YMCA과 YWCA 창설

④ 천주교 : 고아원・양로원등 사회사업 실시, 항일 무장 투쟁(의민단), 민중계몽을 위해 잡지 『경향』 발간

⑤ 불교 : 조선불교유신회(한용운)의 불교계 정화 운동 및 항일 운동으로 왜색 불교에 저항

⑥ 원불교 : 박중빈 창시(1916), 저축・금연・금주 등 근검정약을 강조한 새생활 운동 전개

＊ 안창남(1901~1930)

1921년 5월 일본 항공국에서 최초로 실시한 비행사 시험에서 1등으로 합격했고, 일본 제국비행협회가 주최한 도쿄・오사카 간 비행에 성공하면서 도쿄・오사카의 우편 비행기 조종사가 됐다. 이로 인해 국내 언론의 주목을 받았고, 이 밖에도 여러 다른 비행대회에서 최우수상을 차지하여 '안창남(安昌男)'이라는 이름을 떨치기 시작했다. 1922년 12월 10일에는 동아일보가 모금을 주도하여 성사된 '안창남의 고국 방문 비행'으로 온 국민의 대환영을 받았다.

◆ 나철

4. 문학과 예술 활동

(1) 문학

① 1910년대 : 계몽주의적 성격의 문학이 주를 이루었다.

　㉠ 『무정』(이광수) : 최초의 근대 소설

　㉡ 「해에게서 소년에게」(최남선) : 새로운 형태의 신체시를 발표하여 근대시 발전에 공헌

② 1920년대

　㉠ 순수 문학 : 계몽주의를 비판하며 등장, 『창조』, 『백조』 등의 동인지 중심이었다.

　㉡ 신경향파 문학 : 사회주의 경향의 새로운 문학파로 식민지 현실을 고발하고 계급 의식을 고취하였다.

　㉢ 카프*(KAPF, 조선 프롤레타리아 예술가 동맹) 결성(1925) : 계급의식을 강조하였다.

③ 1930년대

　㉠ 저항 문학(이육사, 윤동주)

　㉡ 순수시 운동 전개(김영랑, 박용철, 정지용)

　㉢ 친일 문학(최남선)

참고 3 · 1 운동 이후 발행된 잡지

잡지명	발행 연도	특징
『창조』	1919년	최초의 동인지
『폐허』	1920년	퇴폐주의
『개벽』	1920년	천도교 계통 종합 잡지
『백조』	1922년	낭만주의
『신생활』	1922년	최초의 사회주의 잡지

*카프(KAPF)
조선 프롤레탈리아 예술가 동맹의 줄임말로, 1925년에 결성된 사회주의 문학 단체이다. 계급 의식에 입각한 조직적인 프롤레타리아 문학과 계급 혁명 운동을 목적으로 하였다.

사료 Plus

저항 문학

광야(廣野)
－ 이육사

까마득한 날에
하늘이 처음 열리고
어데 닭 우는 소리 들렸으랴.
모든 산맥(山脈)들이
바다를 연모(戀慕)해 휘달릴 때도
차마 이곳을 범(犯)하던 못 하였으리라.
　　……
다시 천고(千古)의 뒤에
백마(白馬) 타고 오는 초인(超人)이 있어
이 광야(曠野)에서 목놓아 부르게 하리라

서시
－ 윤동주

죽는 날까지 하늘을 우러러
한 점 부끄럼이 없기를
잎새에 이는 바람에도
나는 괴로워했다.
별을 노래하는 마음으로
모든 죽어 가는 것을 사랑해야지.
그리고 나한테 주어진 길을
걸어가야겠다.
오늘 밤에도 별이 바람에 스치운다.

빼앗긴 들에도 봄은 오는가
－ 이상화

지금은 남의 땅
빼앗긴 들에도 봄은 오는가
나는 온 몸에 햇살을 받고
푸른 하늘 푸른 들이 맞붙은 곳으로
가르마 같은 논길을 따라
　　……
그러나 지금은 들을 빼앗겨 봄조차 빼앗기겠네

그 날이 오면
－ 심훈

그 날이 오면, 그 날이 오면은
삼각산이 일어나 더덩실 춤이라도 추고,
한강(漢江) 물이 뒤집혀 용솟음칠 그 날이
이 목숨이 끊기기 전에 와 주기만 하량이면
나는 밤하늘에 날으는 까마귀와 같이
종로의 인경을 머리로 들이받아 울리오리다.
두개골은 깨어져 산산조각이 나도
기뻐서 죽사오매 오히려 무슨 한이 남으오리까.
　　……

(2) 예술 활동

① 음악

　㉠ 1920년대 : 홍난파의 「봉선화」

　㉡ 1930년대 이후 : 안익태의 「한국환상곡」, 현제명·홍난파 등의 친일 협력

② 미술 : 전통 회화와 서양식 유화의 발전

　㉠ 이중섭 : 야수파의 영향, 한국 서구 근대화의 화풍도입

　㉡ 안중식 : 동양화에 정통, 한국의 전통 회화를 발전

③ 연극

　㉠ 극예술 협회(1921년) : 민중 계몽을 목적으로 동경 유학생들이 조직

　㉡ 토월회(1923년) : 신극 운동 추진

　㉢ 극예술 연구회(1931년) : 유치진의 「토막」 등을 통해 항일 독립 운동을 고취하였다.

④ 영화

　㉠ 나운규는 『아리랑』(1926)＊ 등 여러 작품을 통해 민족의 애환을 다루었다.

　㉡ 조선 키마네 주식 회사＊가 설립되어 『춘향전』 등의 영화 작품을 제작하였다 (1924).

　㉢ 일제는 조선 영화령을 발표하여 영화 산업을 탄압하였다(1940).

＊『아리랑』

우리 고유의 정서를 바탕으로 식민지 현실의 슬픔을 표현하였다. 나운규가 각색, 감독, 그리고 주연을 맡았다. 항일 민족 정신과 우리의 전통 민요인 「아리랑」을 접목시킴으로써 민족의 혼을 살리고자 하였다.

＊조선 키마네 주식 회사

1924년 설립된 영화 제작사로, 1920년대 들어 영화 제작사와 프로덕션이 속출하면서 초기 영화 산업이 형성될 무렵인 1924년 설립됐으며 순수 영화 제작사의 효시로 일컬어지는 회사로 춘향전 등 네 편의 작품을 제작했다.

한눈에 쏙

일제 강점기 민족 문화 수호 운동

구분	활동
문학	• 1910년대 : 최초의 근대 소설 『무정』(이광수), 신체시 「해에게서 소년에게」(최남선) • 1920년대 : 신경향파(초 사회주의 경향의 새로운 문학파로 계급의식의 문학을 주창), 조선 프롤레타리아 예술가 동맹 결성(KAPF) 이후 문학의 경지화로 인한 비판 • 1930년대 : 저항 문학(이육사, 윤동주, 심훈, 이상화, 한용운), 순수시 운동 전개(김영랑, 박용철, 정지용), 친일 문학(이광수, 최남선)
음악	• 1920년대 : 홍난파의 「봉선화」 • 1930년대 이후 : 안익태의 「애국가」(1936), 「한국환상곡」, 현제명·홍난파 등의 친일 협력
미술	• 전통 회화와 서양식 유화의 발전 • 안중식 : 동양화에 정통, 한국의 전통 회화를 발전 • 이중섭 : 야수파의 영향, 한국 서구 근대화의 화풍도입
연극	• 극예술 협회(1921년) : 민중 계몽을 목적으로 동경 유학생들이 조직 • 토월회(1923년) : 신극 운동 추진 • 극예술 연구회(1931년) : 유치진의 「토막」 등을 통해 항일 독립 운동을 고취
영화	• 나운규는 『아리랑』(1926) : 민족의 애환 • 1920년대 영화, 라디오, 대중가요 보급 → 1930년대 본격 유행
스포츠	조선 체육회 설립(1920) ⇨ 경평 축구 시합, 황성 기독교 청년회 야구단 조직 등

PART 07

PART **08**

현대 :
대한민국의
등장과 발전

이 단원은

대한민국의 현재와 관련된 부분으로, 가장 익숙하면서도 많은 자료가 남아 있기 때문에 한 사건에 대한 다양한 시각과 접근방법이 요구된다. 특히 1945년부터 1950년 이전까지 나타난 좌우 대립과 합작의 움직임을 정확하게 정리하는 것이 매우 중요하며, 그 과정 속에서 나타난 열강의 대립을 동시에 이해해야 한다. 6·25 전쟁 이후부터는 각 정권에서 나타난 특징적인 정치적 행보나 민중의 투쟁 과정을 확인해 봄으로써 대한민국이 민주주의 국가로서 어떤 과정을 통해 오늘에 이르렀는지를 이해하는 데 많은 도움을 받을 수 있을 것이다.

본 편의 역사(연표)

1945.	해방, 건국 준비 위원회 발족
1946.	북조선 임시 인민 위원회 발족
	북한의 토지 개혁 실시
	제1차 미·소 공동 위원회
	좌우 합작 위원회 출범
1947.	제2차 미·소 공동 위원회
	여운형 피살
1948.	남북 협상 추진
	제주 4·3 항쟁, 여·순 사건
	국가보안법 제정
	유엔 감시하에 남한만의 총선
	대한민국 정부 수립
	조선 민주주의 인민 공화국 수립
1949.	농지 개혁법 공포
	김구 피살
1950.	6·25 전쟁 발발
	인천상륙작전, 중공군 개입
1952.	부산 정치 파동, 발췌 개헌안 통과
1953.	휴전 협정
1954.	사사 오입 개헌
1956.	제3대 정·부통령 선거(이승만, 장면)
	북한 천리마 운동 시작
1958.	진보당 사건, 조봉암 사법 살인
1960.	3·15 부정 선거, 4·19 혁명
1961.	5·16 군사 쿠데타
1962.	제1차 경제 개발 5개년 계획 시작

1964.	한일 회담에 반대하는 6·3 항쟁
	베트남 파병 시작(~1973)
1965.	한일협정 체결로 한일 국교 정상화
1968.	푸에블로호 사건
1969.	3선 개헌 국민 투표 법안 변칙 통과
1970.	와우아파트 붕괴사건
	경부 고속 도로 개통, 새마을 운동
	전태일 분신
1972.	7·4 남북 공동 성명 발표
	남(유신 체제), 북(주석제)
1975.	긴급 조치 9호 발표
1979.	부마 민주 항쟁, 10·26 박정희 피격
	12·12 신군부 군사 쿠데타
1980.	광주 민주화 운동
1985.	남북한 이산가족 상봉
1986.	아시안 게임 개최
1987.	6월 민주항쟁, 6·29 선언
1988.	노태우 대통령 당선, 88 올림픽 개최
1990.	소련과 국교 수립
1991.	남북한 유엔 동시 가입
1993.	금융실명제 실시
1994.	김일성 사망
1995.	지방자치제 전면 시행
1997.	IMF 긴급 구제 금융 신청
2000.	남북 정상 회담 개최(평양)
2002.	한·일 공동 월드컵 개최

기출문제를 통해 살펴본 **이 편의 학습 전략**

1 다음과 같은 결의문에 근거하여 시행된 조치로 옳은 것은?

> 소총회는 … (중략) … 한국 인민의 대표가 국회를 구성하여 중앙정부를 수립할 수 있도록 선거를 시행함이 긴요하다고 여기며, 총회의 의결에 따라 국제연합 한국 임시위원단이 접근할 수 있는 지역에서 결의문 제2호에 기술된 계획을 시행함이 동 위원단에 부과된 임무임을 결의한다.

① 미 군정청이 설치되었다.
② 5 · 10 총선거가 실시되었다.
③ 좌우 합작 위원회가 구성되었다.
④ 미소 공동 위원회가 개최되었다.

정답 ②

학습전략 빈출 사료 학습을 통해 사료를 해석하는 능력을 길러야 한다. 그 능력은 사료에 제시된 핵심 키워드를 통해 내용과 시기를 파악하는 것이다. 이 문제는 '소총회'와 '국제 연합 한국 임시 위원단'이 키워드이다. 이와 관련된 역사는 남한만의 단독선거 결정이고, 그 결과 5 · 10 총선거가 실시되었다.

사료분석 유엔 소총회 결과 선거가 가능한 남한에서 우리나라 최초의 보통선거인 5 · 10 총선거가 실시되었다(1948).

보기분석 ② 우리나라 최초의 민주적 보통선거이다(1948. 5. 10).
① 해방 이후, 남한에 미 군정청이 설치되었다(1945. 9).
③ 1차 미소 공동 위원회 결렬 이후에 구성되었다(1946. 7).
④ 모스크바 3국 외상 회의 이후에 개최되었다(1946. 3).

2 밑줄 친 '그'에 대한 설명으로 옳은 것은?

> 한국 국민당을 이끌던 그는 독립운동 세력을 통합하고자 한국 독립당을 결성해 항일 운동을 주도하였다. 광복 직후 귀국한 그는 정부 수립을 위한 활동을 이어나갔으며, 남한 단독 선거가 결정되자 김규식과 더불어 남북 협상을 위해 평양을 방문하기도 하였다.

① 좌우 합작 위원회를 구성해 좌우 합작 7원칙을 발표하였다.
② 광복 직후 안재홍 등과 함께 조선 건국 준비 위원회를 만들었다.
③ 무장 항일투쟁을 위해 하와이로 건너가 대조선국민군단을 결성하였다.
④ 모스크바 3국 외상 회의의 결정 사항이 알려지자 신탁 통치 반대 운동을 펼쳤다.

정답 ④

학습전략 한국 현대사에 등장한 주요 인물을 비교하여 학습한다. 아울러 해방이후 활동한 인물들은 일제 강점기에도 주요한 활약을 했던 인물이므로 시기를 구분하여 활동을 정리할 필요가 있다(일제 강점기 김구: 임시 정부 활동, 한인애국단 / 해방 이후 김구: 반탁 운동, 남북협상).

사료분석 김구에 대한 설명이다.

보기분석 ④ 임시 정부를 중심으로 한 우익 세력이 반탁 운동을 전개하였다(김구, 이승만, 한국 민주당의 송진우 등).
① 여운형과 김규식이 주도하였다.
② 여운형에 대한 설명이다.
③ 박용만에 대한 설명이다.

정답 ②

학습전략 대한민국 헌법 개정의 역사는 한국 현대사 그 자체이자 민주주의의의 발전 과정이다. 따라서 헌법 개정의 배경과 주요 내용 및 시기를 구분하는 것은 현대사 학습의 기본 과제이다.

사료분석 통일 주체 국민 회의에서 간선제로 대통령을 선출한 헌법은 7차 개헌 헌법(1972, 유신 헌법)이다.

보기분석 ①, ③, ④ 7차 개헌 헌법(유신 헌법)에 대한 내용이다.
② 8차 개헌 헌법에 대한 내용이다(유신헌법의 임기는 6년이며, 종신제가 가능했음).

2022년도 지방직

3 다음과 같은 대통령 선출 방식이 포함된 헌법의 내용으로 옳지 않은 것은?

> 제39조 ① 대통령은 통일 주체 국민 회의에서 토론없이 무기명투표로 선거한다.
> ② 통일 주체 국민 회의에서 재적 대의원 과반수의 찬성을 얻은 자를 대통령당선자로 한다.

① 대통령은 국회를 해산할 수 있다.
② 대통령의 임기는 7년으로 하며, 중임할 수 없다.
③ 대법원장은 대통령이 국회의 동의를 얻어 임명한다.
④ 대통령은 국정 전반에 걸쳐 필요한 긴급조치를 할 수 있다.

정답 ①

학습전략 민주주의의 시련과 발전 과정을 학습하는 것은 현대사 학습의 기본 과제이다. 독재에 저항했던 민주화 운동을 정리한다.

사료분석 3 · 15 부정 선거에 대한 반발로 일어난 마산 시위, 전국적인 시위, 대학 교수단의 시국선언 등이 나타나 있다. 따라서 해당 사건은 4 · 19 혁명(1960)이다.

보기분석 ① 3 · 15 부정 선거에 대한 저항(1960)
② 신군부 등장에 대한 저항(1980)
③ 한일 협정 체결에 대한 저항(1964)
④ 6월 민주화 운동 이후 일어난 민주화 선언(1987)

2022년도 지방직

4 다음 글은 어떤 사건이 일어났을 때 발표되었는가?

> 1. 마산, 서울 기타 각지의 데모는 주권을 빼앗긴 국민의 울분을 대신하여 궐기한 학생들의 순수한 정의감의 발로이며 부정과 불의에는 언제나 항거하는 민족정기의 표현이다.
> … (중략) …
> 3. 합법적이고 평화적인 데모 학생에게 총탄과 폭력을 거리낌 없이 남용하여 참극을 빚어낸 경찰은 자유와 민주를 기본으로 한 대한민국의 국립 경찰이 아니라 불법과 폭력으로 권력을 유지하려는 일부 정부 집단의 사병이다.
> — 「대학 교수단 4 · 25 선언문」

① 4 · 19 혁명　　　　② 5 · 18 민주화 운동
③ 6 · 3 시위　　　　④ 6 · 29 민주화 선언

대한민국의 수립

01 광복과 대한민국 건국

1. 광복 이전의 열강의 한반도 문제에 대한 논의

(1) 카이로 회담(1943. 11)

① 참가국 : 미국(루스벨트), 영국(처칠), 중국(장제스)

② 내용 : 한국 독립에 대한 최초의 약속, 일본의 무조건 항복과 전쟁 뒤의 일본 점령지 반환, 대만의 중국 귀속

사료 Plus

카이로 선언 합의 사항

• 일본이 무조건 항복할 때까지 공격을 멈추지 않는다.

• 일본이 제1차 세계 대전 후 탈취·점령·도취한 모든 지역은 반환되어야 한다.

• 한국인의 노예 상태에 유의하여 적당한 시기에(in due course) 자유 독립할 것을 결의한다.

---

(2) 얄타 회담(1945. 2)

① 참가국 : 미국(루스벨트), 영국(처칠), 소련(스탈린)

② 내용 : 소련군의 대일전 참전 결의, 잠정적으로 38도선 분할 논의(남한은 미국, 북한은 소련), 신탁 통치* 구두 동의

(3) 포츠담 선언(1945. 7)

① 참가국 : 미국(트루먼), 영국(처칠), 중국(장제스), 소련(스탈린)

   ⇨ 미·영·소가 참여한 포츠담 회의 결과에 미·영·중이 먼저 서명하고, 이어 소련이 서명하였다.

② 내용 : 일본에 대한 항복 권고, 카이로 선언에 대한 재확인(한국 독립 재확인)

③ 항복 조건

   ㉠ 제국주의적 지도 세력의 완전한 제거

   ㉡ 전쟁 범죄인의 처벌 및 연합국에 의한 점령

   ㉢ 일본 영토의 제한과 철저한 민주화 등

*신탁 통치
국제 연합의 위임을 받은 나라가, 자치 능력이 부족해 정치적 혼란이 우려되는 지역을 위임통치하여 안정적인 정치 질서 수립에 기여하는 것이 목적이다. 1949년 당시 아시아·아프리카 11개 지역이 신탁 통치를 받았으나 자치 능력을 갖게 됨에 따라 잇따라 독립하였다.

2. 조선 건국 준비 위원회

(1) 배경 및 전개

① 광복 직전 조선 건국 동맹(여운형)과 조선총독부가 교섭하여 협상안을 도출하였다.

② 조선 건국 동맹은 일본의 패전을 예상한 여운형(사회주의계 우파), 안재홍(민족주의계 좌파)을 중심으로 결성된 비밀결사였다(1944. 8).

③ 좌우 합작의 형태로 결성된 조선 건국 동맹을 조선 건국 준비 위원회로 개편하였다(1945. 8).

(2) 활동

① 건국 구상 : 일제 타도, 민주주의 원칙에 의거, 노동자·농민 해방

② 치안 확보를 위해 치안대를 설치하고, 전국 각지에 지부를 조직하였다.

③ 건준 지도부는 미군 진주가 예상되자 9월 6일 인민대표자회에서 조선 인민 공화국을 선포하고, 각 지부는 인민위원회로 전환하였다.

④ 이 밖에도 치안유지를 주 목적으로 평남 건국 준비 위원회(조만식), 평남 자치 위원회, 황남 건국 준비 위원회 등 좌우 협의체의 성격을 띠는 단체가 결성되어 자치 활동을 전개하였다.

▽ 여운형

> **참고** 한국 민주당
>
> 송진우, 김성수 등을 중심으로 하고 지주와 기업가들이 참여하여 결성된 정당이다. 이들은 조선 인민 공화국에 참여하지 않았으며, 주로 지주 계급의 이익을 대변하였다. 이승만의 단독 정부 수립 노선을 지지하였으나 이승만 정부 수립 후 이승만과의 갈등으로 야당으로 변하였다.

📜 사료 Plus

여운형이 조선총독부에 요구한 일본인 안전보장 조건(1945. 8. 15)

1. 전국적으로 정치범·경제범을 즉시 석방할 것

2. 서울의 3개월분 식량을 확보할 것

3. 치안 유지와 건국 운동을 위한 정치 운동에 대하여 간섭하지 말 것

4. 학생과 청년을 조직, 훈련하는 데 대하여 간섭하지 말 것

5. 노동자와 농민을 건국 사업에 동원하는 데 대하여 절대로 간섭하지 말 것

PART 08

＊미군정
군정은 전쟁이나 사변 때에 점령지에서 군대가 행하는 임시 행정이며, 미군정은 1945년 일본의 항복으로 38도선 이남 지역에 미군이 진주한 9월 8일부터 1948년 8월 15일 남한 단독 정부가 수립되기까지 3년 동안 실시한 군사 통치시기를 말한다.

🔻 옛 총독부에 진주하여 일장기를 끌어내리는 미군

3. 군정의 실시

(1) 미군정＊

① 1945년 9월 8일 인천에 상륙한 남한 주둔 미군 사령관 하지(J. R. Hodge)는 남한에 미군정을 선포하였다.

② 미 점령군 상륙 시 국내의 정치 상황

　㉠ 식민지 시기 친일활동을 했던 우익보다는 주로 좌익 세력이 정국을 주도하였다.

　㉡ 좌익 세력은 민중의 지지를 받으며 건국 준비 위원회를 조선 인민 공화국으로 바꾸고 적극적으로 활동하였다.

③ 아놀드 군정장관의 성명 발표(1945. 10. 10)

　㉠ 남한에는 미군정이라는 '단 하나의 정부'가 있을 뿐이라고 하여 조선 인민 공화국을 완전히 부정하였다.

　㉡ 미국에 우호적 정권을 세우려 한 미군정은 조선 인민 공화국뿐 아니라 임시 정부까지 인정하지 않았다.

　　⇨ 전국의 인민 위원회와 치안대, 여러 대중 자치 기구를 강제로 해산하였다(일제의 기존조직 활용 정책).

④ 경제 정책

　㉠ 쌀 공출제를 폐지하여 곡물의 자유시장제를 실시하고, 소작료를 1/3으로 낮추었다.

　㉡ 일부 지주의 매점매석으로 물가가 불안정해졌으며 이에 따라 쌀 수매제를 실시하였다.

　㉢ 신한공사(新韓公社)를 설치하였다(1946. 3).

　　⇨ 동양 척식 주식 회사와 조선총독부 등 일본 법인 소유 재산을 군정청의 소유로 하였다.

　㉣ 농지에 대한 유상분배를 실시하였다(1948. 3).

⑤ 미국의 38도선 분할 점령 제안 : 소련의 한반도 단독 점령을 막고, 일본군의 무장 해제를 목적으로 제안하였다.

(2) 소련의 군정

① 소련의 대일전 참전 : 1945년 8월 초 일본에 선전 포고를 하고, 북한 지역을 재빨리 점령하였다.

② 북한에 들어온 소련은 미군정과는 달리 인민위원회의 민중적 성격에 주목하고 곳곳의 인민 위원회에 행정권 이양하기 시작하였고, 북한의 인민 위원회는 소련군 사령부 안의 민정부와 협력하면서 통치력을 유지할 수 있었고, 친일 잔재도 빠르게 청산하였다.

![한눈에 쏙]

조선 건국 준비 위원회		• 여운형, 안재홍 등이 조선 건국 동맹을 바탕으로 조직(광복 이후 최초의 정치 단체) • 치안대 조직(자주적 질서 유지 활동) ⇨ 조선 인민 공화국 선포(1945.9)
남북한의 정세	남한	• 미군정의 직접 통치(맥아더 포고령) ① 건준과 인민공화국 부정 ② 충칭 임시 정부 부정 • 총독부 체제를 그대로 유지(친일파 등용, 한민당 지원)
	북한	• 소련군 사령부 설치, 인민 위원회 인정

4. 모스크바 3국 외상 회의과 미소 공동 위원회

(1) 모스크바 3국 외상 회의(1945. 12)

① 미국(번즈 국무상), 영국(베번 외상), 소련(모토로프 외상)은 1945년 12월 16일에 전후 처리를 논의하기 위해 모스크바에서 외상 회의를 개최하였다.

  ㉠ 미국은 미국·영국·중국·소련 4개국이 사법·입법·행정 등을 행사하는 신탁 통치 실시를 제안하였으나, 소련은 미소가 단지 조선의 독립과 발전을 도와주는 자리에 머물러야 하며, 신탁 통치 기간도 협력과 원조의 형태로 5년을 넘어서는 안 된다고 주장하였다.

  ㉡ 1945년 12월 27일, 미국과 소련은 두 안을 절충·수정하여 모스크바 결정안을 확정하였다.

② 3국 외상 회의가 모스크바에서 진행되는 동안 한민당의 기관지 동아일보는 '소련은 신탁 통치 주장 – 소련의 명분은 38선 분할 점령, 미국은 즉시 독립 주장'이라는 사실과 반대되는 내용의 기사를 게재하면서 반탁·반공 분위기를 조성하였다.

③ 국내에서의 반응

☑ 신탁 통치 반대 시위

우익 진영	이승만, 김구, 한국 민주당은 신탁 통치 결정에 반대하며 반탁 운동을 전개하였다.
좌익 진영	박헌영 등 조선 공산당은 초기에는 신탁 통치에 반대하다가 회의 결정의 본질이 임시 정부 수립에 있음에 주목하여 모스크바 3국 외상 회의의 결정 사안을 수용하였다.
중도 진영	여운형, 김규식 등은 임시 정부 수립에 대해서는 찬성하였으나 신탁 통치는 반대하였다.

사료 Plus

모스크바 3국 외상 회의
1. 조선을 독립시키고 민주주의 국가로 발전시키는 동시에, 가혹한 일본의 조선 통치 잔재를 빨리 청산하기 위해 소선에 임시 민주주의 정부를 수립한다.
2. 조선 임시 정부 구성을 위해 남조선 미합중국 관할구와 북조선 소련 관할구의 대표자들로 공동 위원회를 설치한다.
3. 공동 위원회의 역할은 조선인의 정치적·경제적·사회적 진보와 민주주의 발전 및 조선 독립 국가 수립을 도와 줄 방안을 만드는 것이다. 또한, 조선 임시 정부 및 조선민주주의 단체를 참여시키도록 한다. 공동 위원회는 미·영·소·중 4국 정부가 최고 5년 기간의 4개국 통치 협약을 작성하는 데 공동으로 참작할 수 있는 제안을 조선 임시 정부와 협의하여 제출해야 한다.

사료 Plus

반탁(우익)과 찬탁(좌익)
신탁 통치 반대 국민 총동원 위원회 선언문
카이로, 포츠담 선언과 국제 헌장으로 세계에 공약한 한국의 독립 여부는 금번 모스크바에서 개최한 3상 회의의 신탁 관리 결의로써 수포로 돌아갔으니, 다시 우리 3천만은 영예로운 피로써 자주 독립을 획득치 않으면 아니 될 단계에 이르렀다. 동포여 … 3천만의 총역량을 발휘하여 신탁 관리제를 배격하는 국민운동을 전개하여 자주 독립을 완전히 획득하기까지 3천만 전 민족의 최후의 피 한방울까지라도 흘려서 싸우는 항쟁 개시를 선언한다.

조선 공산당 중앙 위원회의 모스크바 3상 회담지지 선언문
모스크바 3상 회담의 결정은 조선을 위하여 가장 정당한 것이라고 인정한다. 문제의 5년 기한은 그 책임이 3국 회의에 있는 것이 아니라 사실은 우리 민족 자체의 결정, 장구한 일본 지배의 해독과 민족적 분열에 있다고 우리는 반성하지 않으면 안 된다. … 카이로 회담에서 적당한 시기에 조선을 독립시켜 준다고 하였다. 그런데 이 적당한 시기라는 것이 이번 회의에서 5년 이내로 규정되었는데, 이것은 우리가 5년 이내에 통일되고 우리의 발전이 상당히 이루어질 때는 단축될 수 있으니 우리의 역량 발전에 달려 있다.

깊이 Plus 광복 후 여러 정치 세력

계열	단체	인물	특징
우익 세력	한국 민주당	송진우, 김성수	미군정과 긴밀한 관계 유지, 임정 지지
	독립 촉성 중앙 협의회	이승만	한국 민주당과 우호적 관계
	한국 독립당	김구	대한민국 임시 정부의 핵심 정당
중도 우파	국민당	안재홍	신민주주의, 신민족주의 표방
중도 좌파	조선 인민당	여운형	조선 인민 공화국 와해 후 창당
좌익 세력	남조선 노동당	박헌영	조선 공산당에서 개편, 미군정의 탄압

(2) 미소 공동 위원회(1차 : 1946. 3, 2차 : 1947. 5)

① 1차 미소 공동 위원회 결렬

　　㉠ 1946년 3월 20일에 서울에서 1차 미소 공동 위원회를 개최하였으나 임시 정부 참여 단체를 놓고 대립하였다.

　　㉡ 소련은 모스크바 결정안에 반대하는 정당이나 단체와는 협의할 수 없다고 주장하였다.

　　㉢ 미국은 표현의 자유를 이유로 소련에 반대하였다.

② 1차 미소 공동 위원회 결렬 이후, 국내 지도자들의 반응

　　㉠ 정읍발언 : 이승만이 정읍에서 남한만의 단독 정부 수립을 제창하였다.

　　㉡ 좌우 합작 운동 : 중도파인 김규식·여운형·안재홍 등이 좌우 합작 운동을 추진하였다.

③ 2차 미소 공동 위원회 결렬

　　㉠ 1947년 5월 21일에 개최된 2차 미소 공동 위원회도 협의 대상을 좌·우익의 비율문제를 두고 대립하였다.

　　㉡ 트루먼 독트린(1947. 3)＊ 이후, 냉전이 심화되면서 완전 결렬되었다.

　　　　⇨ 한반도 분단이 고착화되었다.

사료 Plus

이승만의 정읍발언(1946. 6)

이제 우리는 무기 휴회된 미소 공동 위원회가 재개될 기색도 보이지 않으며, 통일정부를 고대하나 여의케 되지 않으니, 우리는 남방만이라도 임시 정부 혹은 위원회 같은 것을 조직하여 38도선 이북에서 소련이 철퇴하도록 재계 공론에 호소하여야 될 것이니 여러분도 결심하여야 될 것이다.

▽ 정읍발언을 실은 신문기사

▽ 소련이 협의대상으로 인정한 단체 수

▽ 미소 공동 위원회

＊**트루먼 독트린**
1947년 3월 미국 대통령 H.S. 트루먼이 의회에서 선언한 미국외교정책에 관한 원칙이다. 그 요지는 공산주의 세력의 확대를 저지하기 위하여 자유와 독립의 유지에 노력하며, 소수자의 정부지배를 거부하는 의사를 가진 여러 나라에 대하여 군사적·경제적 원조를 제공한다는 것이었다.

5. 좌우 합작 운동(1946. 7~1947. 12)

(1) 배경

① 좌우 대립이 지속되는 상황에서 미군정은 좌우 합작을 추진하였다.

② 조선 공산당에서 중도좌파를 분리시키고, 중도좌파를 중도우파와 결합하였다.

③ 국내 정치 세력도 이미 좌우 합작의 필요성을 인식하였다.

(2) 좌우 합작 위원회 구성

▼ 김규식

① 중도좌파인 여운형과 중도우파인 김규식이 주도하였다.

② 1946년 7월 초 좌익 5명과 우익 5명으로 좌우 합작 위원회를 구성하고 미소 공동 위원회를 다시 열어 친일민족반역자를 배제하자는 데 의견을 일치하였다.

⇨ 하지만 좌우는 친일파처리 문제에 대하여 일치를 보지 못하여 향후 조직될 입법 기구에서 처리하게 하였다.

③ 과정

㉠ 좌우 합작 1차 회담 : 1946년 7월 25일 덕수궁에서 좌우 합작 1차 회담을 개최하였다.

⇨ 좌익 : 좌우 합작 5원칙 발표, 우익 : 좌우 합작 8원칙 발표

㉡ 좌우 합작 7원칙 발표 : 1946년 10월 7일 좌우 합작 위원회는 좌우 합작 7원칙을 발표했으나 끝내 결렬되었다.

㉢ 이후, 미소 공동 위원회의 속개를 요청하였다.

④ 남조선 과도입법의원 개원(1946. 12) : 제헌국회 성립 이전까지 유지되었던 입법기관 이었으나, 미군정의 자문기구 역할에 그쳤다(의장 : 김규식).

⑤ 한계

㉠ 미군정은 해방정국의 실세로 조선 공산당, 이승만, 김구 세력을 제외시키고 명 망가 중심의 중도 계열만을 대상으로 좌우 합작 운동을 추진하여 한계성을 드러 내었다.

㉡ 여운형 암살(1947. 7. 19) : 서울 혜화동 로터리에서 차량으로 이동 도중, 해방정 국의 우익 테러 단체인 백의사의 집행부장 김영철이 선정한 한지근(본명 이필형) 외 5명의 저격을 받고 암살되었다.

사료 Plus

좌우 합작 7원칙

조선의 좌우 합작은 민족 독립의 단계요, 남북통일의 관건인 점에 있어서 3천만 민족의 지상 명령이며 국제 민주화의 필연적 요청이었음에도 불구하고 저간의 복잡다단한 내외 정세로 오랫동안 파란곡절을 거듭해오던 바, 10월 4일 좌·우 대표가 회담한 결과 좌측의 5원칙과 우측의 8원칙을 절충하여 7원칙을 결정하였다. 우리는 다음과 같은 합작 원칙과 입법 기구에 대한 요망을 작성하여 발표한다.

1. 조선의 민주독립을 보장한 3상회의 결정에 의해 남북을 통한 좌우합작으로 민주주의 임시 정부를 수립할 것

2. 미소 공동 위원회 속개를 요청하는 공동 성명을 발표할 것

3. 토지개혁에 있어 몰수, 유조건(유상) 몰수, 체감 매상 등으로 토지를 농민에게 무상으로 분여하며, 시가지의 기지 및 대건물을 적정 처리하여, 중요 산업을 국유화하며, 사회노동법령 및 정치적 자유를 기본으로 지방 자치제의 확립을 속히 실시하며, 통화 및 민생문제 등을 급속히 처리하며, 민주주의 건국 과업 완수에 매진할 것

4. 친일파 민족반역자를 처리할 조례를 본 합작위원회에서 입법기구에 제안하여 입법기구로 하여금 심리 결정하게 해서 실시하게 할 것

5. 남한과 북한을 통해 현 정권하에 검거된 정치운동자의 석방에 노력하고, 아울러서 남북 좌우의 테러적 행동을 일체 즉시로 제지하도록 노력할 것

6. 입법기구에 있어서는 일체 그 권능과 구성방법, 운영 등에 관한 대안을 본 합작위원회에서 작성하여 적극적으로 실행을 기도할 것

7. 전국적으로 언론, 집회, 결사, 투표, 출판, 교통 등의 자유를 절대 보장하도록 노력할 것

한눈에 쏙

모스크바 3국 외상 회의와 미소 공동 위원회

모스크바 3국 외상 회의 (1945. 12)	임시 민주 정부 수립, 미소 공동 위원회 설치, 최고 5년간 신탁 통치 결정
좌우 대립의 심화	• 우익(김구, 이승만, 한민당)은 신탁 통치 반대(제2의 식민 통치) • 좌익(공산당)은 협정 지지
미소 공동 위원회	• 1차 회의(1946. 3) : 미국(모든 정치 세력)과 소련(협정 지지 세력)의 입장 차이로 휴회 • 정읍발언(이승만) → 좌우 합작 운동(김규식, 여운형, 안재홍) • 2차 회의(1947. 5) : 트루먼 독트린 이후 냉전이 심화되며 완전 결렬

6. 대한민국의 수립

(1) 한국 문제 UN 상정

★ UN 한국 임시 위원단
1947년 11월 유엔 제2차 총회에서의 남북한 총선거 결의에 따라 선거 감독과 민주 정부 수립을 돕기 위해 파견되었다. 미군정의 환대를 받은 이들은 인도, 오스트레일리아, 캐나다, 중국, 프랑스 등의 대표로 구성되었다.

① 미국이 한국 문제를 UN에 상정 : 인구 비례에 의한 남북한 총선거를 통해 통일 정부를 수립하는 것을 모색하였다.

② 소련의 거부 : 소련은 UN 한국 임시 위원단★의 입북을 거부하였다.

③ UN 소총회의 남한 단독 정부 수립 결정(1948. 2) : UN 소총회에서 선거가 가능한 지역만이라도 총선을 실시할 것을 결정하여 남한만의 단독 정부 수립을 결정하였다.

(2) 단독 정부 수립 반대 운동

① 남북한 지도자 연석회의 추진

참고 남북 협상 공동 성명서(1948. 4)
1. 외국 군대 즉시 철수
2. 내전이 발생할 수 없다는 점 확인
3. 전조선 정치 회의 소집을 통한 임시 정부 수립과 전국 총선에 의한 통일 국가 수립
4. 남조선 단독 선거 절대 반대

　　㉠ 김구, 김규식 주도로 단독 정부 수립을 반대하고 북한에 정치 지도자와의 회담을 제안하였다.

　　㉡ 평양에서 남북 제정당 사회단체 대표자 연석회의를 개최하여 단독정부 수립 반대와 미소 양군 철수를 요구하는 성명을 발표하였다.

★ 김구 암살 사건
1949년 6월 26일 남북협상 이후 통일의 상징으로 떠오른 김구가 포병 소위 안두희의 흉탄에 의해 쓰러졌다. 암살 사건의 직접 배후는 신성모 국방부장관으로 말해지고 있으나, 여러 가지로 분석해볼 때 이승만 대통령이 어떠한 형태로든 관여되었을 것이라는 의심을 떨치기 어렵다. 안두희는 민족의 지도자로 존경받던 김구 암살범이 아무런 제재도 받지 않고 백주대로를 활보하는 데 의문을 느낀 여러 사람들에게 계속 피습 위협을 받아오다가 1996년 10월 23일 버스 운전기사인 박기서(朴琦緒)에게 살해되었다.

　　㉢ 이후 김구, 김규식 일행은 귀국 후 총선에 불참하였고 남북 정부 수립 후에도 연석회의는 계속되었으나 실효를 거두지 못하였으며 김구의 암살(1949. 6)★로 좌절되었다.

> **사료 Plus**
>
> **삼천만 동포에게 읍고함(1948. 2. 10)★**
> 삼천만 동포 자매형제여, 지금 나의 하나뿐인 염원은 삼천만 동포와 손잡고 통일정부를 세우는 일에 공동 분투하는 일이다. 조국이 원한다면 당장에라도 이 한 목숨 통일제단에 바치겠노라. 나는 통일정부를 세우려다가 38선을 베고 쓰러질지언정 일신의 구차한 안위를 위해서 단독 정부를 세우는 일에는 가담하지 않겠노라.
> — 김구

★ 남북 지도자 연석회의에서 연설하는 김구

김구는 남북 협상을 위해 평양에 가기 전에 「3천만 동포에게 읍고함」이라는 글을 발표하여 통일 정부 수립의 필요성을 역설하였다.

② 제주 4·3 사건

　　㉠ 제주에서 1947년 3·1절 기념 시가행진 때 경찰이 발포하자 주민 총파업이 나타났고 이를 미군정이 경찰과 우익 청년 단체를 동원하여 무력으로 탄압하였다.

　　㉡ 제주의 좌익 세력이 단독 정부 수립에 반대하며 무장 봉기하자, 군경의 초토화 작전으로 제주 양민이 희생되었다.

③ 여수 · 순천 10 · 19 사건

　　㉠ 제주 4 · 3 사건을 진압하러 간 여수 주둔 군대가 4 · 3 사건 진압 명령을 거부하고 반란을 일으켰다.

　　㉡ 이러한 상황에서 국가보안법*이 만들어져 극우반공주의를 확산시키는 유력한 무기로 이용되었다.

(3) 5 · 10 총선거와 대한민국 정부 수립

① 1948년 5월 10일 : 민주적 보통선거에 의해 임기 2년의 제헌 국회의원을 선출하였다.

② 1948년 7월 17일 : 제헌 국회에서 만든 헌법이 공포되었고, 국회에서 정 · 부통령 선거를 실시하여 대통령으로 이승만, 부통령으로 이시영을 선출하였다.

③ 1948년 8월 15일 : 대한민국 정부 수립

④ 1948년 12월 : UN에서는 대한민국을 정식 정부로 인정하였다.

한눈에 쏙

제주 4 · 3 사건

배경	3 · 1절 기념 대회 시가행진(1947) → 경찰의 발포 → 주민 총파업 → 미군정청이 경찰, 우익 단체를 동원하여 무력 탄압
경과	제주도의 좌익 세력이 단독 정부 수립에 반대하면서 무장봉기 → 일부 지역에서 5 · 10 총선거 무산(3개 중 2개 선거구) → 좌익 세력의 유격전 전개
결과	군경의 초토화 작전으로 수만 명의 제주도민이 희생됨

5 · 10 총선거

의미	우리나라 역사상 최초의 민주적 보통 선거
결과	제헌 국회의원 선출(임기 2년) → 국호를 대한민국으로 결정, 헌법 제정
한계	김구, 김규식의 남북 협상파는 선거에 불참하고 좌익 세력은 총선 반대 투쟁을 전개

***국가보안법**
1925년 일본에서 제정된 치안유지법은 조선총독부에서 일본의 국체(國體)를 보호하고 조선의 독립 운동을 탄압하기 위한 악법으로 이용되었다. 이승만 정권은 좌익과 반대파를 탄압하기 위해 치안유지법의 악법 조항을 그대로 답습하여 국가보안법을 제정했다. 국가보안법은 제정 당시 검찰총장이 "가벼운 매로 대할 사안을 도끼로 대응하는 것 같아 너무 무겁다."고 우려했을 정도로 태생적으로 문제가 많은 비민주 악법이었다.

PART 08

▽ 제헌 국회 구성

반민 특위의 실적	
취급 건수	682 건
영장 발부	408 건
기소	221 건
재판 종결	38 건
• 사형	1 건
• 징역	6 건
• 집행 유예	5 건
• 공민권 정지	18 건
• 무죄	6 건
• 형 면제	2 건

▽ 반민 특위의 실적

＊ 국회 프락치 사건
1949년 3월 제헌국회 내 민족 자결주의의 이름 아래 외국군대철수안 · 남북통일협상안 등 공산당의 주장과 일맥상통하는 주장을 한 당시 국회부의장 김약수 등 13명을 1949년 4월 말~8월 중순까지 3차에 걸쳐 검거한 사건으로 반민 특위 활동을 방해하려는 이승만의 의도가 반영되었다.

7. 제헌 국회 활동

(1) 반민족 행위 처벌법

① 배경 : 미군정이 반민족행위자, 부일협력자를 처벌하라는 민중의 여론에도 불구하고 이들을 동반자로 삼아 이승만 정권을 등장시키자 정부 수립 뒤 이들에 대한 문제는 반민족 행위 처벌법 제정을 둘러싸고 다시 나타났다.

② 반민족 행위 처벌법 제정

   ㉠ 1948년 8월 제헌 국회의 소장파 의원이 반민법 제정에 착수하였다.

   ㉡ 기존 기득권층이나 이승만은 이에 대해 반대했으나 친일파를 처단하라는 국민적 압력으로 9월 22일 반민법을 공포하였다.

③ 반민 특위

   ㉠ 조직 : 국회에서는 반민족행위특별조사위원회를 조직하고, 특경대를 설치하였으며, 화신산업 사장 박흥식을 1호로 최린, 이광수, 노덕술, 김태석 등을 조사 · 체포하였다.

   ㉡ 방해

      ⓐ 반민 특위 활동이 1949년 1월부터 활발해지자 이승만은 친일파들을 적극 옹호하며 반민 특위 활동을 비난하고 방해하였다.

      ⓑ 국회 프락치 사건＊ : 이승만은 반민 특위에 적극 참가한 소장파 의원들을 5월 국회 프락치 사건으로 탄압하였다.

   ㉢ 해체 : 6월 6일 친일경찰 출신 내무부차관 장경근의 지시로 경찰이 반민 특위를 습격하여 특경대원과 직원들을 무장해제하고 연행하여 반민 특위 활동은 종료되었다.

사료 Plus

반민족 행위 처벌법

제1조 일본 정부와 통모하여 한 · 일 합병에 적극 협력한 자, 한국의 주권을 침해하는 조약 또는 문서에 조인한 자 및 모의한 자는 사형 또는 무기 징역에 처하고 그 재산과 유산의 전부 혹은 2분지 1 이상을 몰수한다.

제2조 일본 정부로부터 작위를 받은 자, 또는 일본 제국 의회의 의원이 되었던 자는 무기 또는 5년 이상의 징역에 처하고 그 재산과 유산의 전부 혹은 2분지 1 이상을 몰수한다.

제3조 일본 치하 독립 운동자나 그 가족을 악의로 살상 · 박해한 자, 도는 이를 지휘한 자는 사형 · 무기 또는 5년 이상의 징역에 처하고 그 재산의 전부 혹은 일부를 몰수한다.

(2) 농지 개혁

① 배경

  ㉠ 광복 당시 대다수의 농민은 소작농이었기에 자신의 토지를 갖고자 하는 열망이 강했다.

  ㉡ 북한의 토지개혁에 자극을 받아, 미군정 산하에서 이미 신한공사*를 통한 토지 유상 분배를 실시하였다.

  ㉢ 농가경제의 자립과 자영농 확보를 목적으로 시행하였다.

② 과정

  ㉠ 농지개혁법을 공포하고 1950년부터 개혁을 실시하였다.

  ㉡ 1968년 농지개혁사업 정리에 관한 특별조치법을 공포하여 농지대가 상환이 마무리 되었다.

③ 원칙

  ㉠ 유상매입 : 생산량의 150% 가격으로 매입하였다.

  ㉡ 유상분배 : 지가를 해당연도 생산의 30%로 5년 동안 갚게 하였다.

  ㉢ 최대 3정보로 소유를 제한하였다.

  ㉣ 경자유전의 원칙하에 소작농에게 토지를 분배하였다.

  ㉤ 임야 등 비경지는 대상에서 제외되었다.

④ 의의

  ㉠ 경자유전의 원칙하에 소작농에게 토지를 분배하여 지주제가 폐지되었고, 농민 생활에 기여하였다.

  ㉡ 지주 중심이 아닌 농민 중심의 토지 소유가 실현되었으며, 토지 소유자가 자본가로 변화 가능하였다.

⑤ 한계

  ㉠ 매입 과정에서 지가 증권을 주어 현금으로 바꾸는 데 어려움이 있었으며, 실시 시기가 지연되어 지주가 미리 땅을 처분하기도 하였다.

  ㉡ 전시 인플레이션으로 지가증권의 가치가 절반으로 떨어져 중소지주의 몰락을 초래하였다.

＊ 신한공사(新韓公社)
1946년 2월 21일 미 군정 법령 제52호로 설립된 미 군정청의 토지관리회사로 동양 척식 회사가 소유했던 재산 및 군정청 소유가 된 모든 토지를 관리했다.

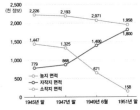

농지개혁 이후, 소작 면적 변화

비교 Plus 남한의 농지개혁 vs 북한의 토지개혁

구분	남한(농지개혁법)	북한(토지개혁법)
시행 시기	1949년 6월 → 개정 → 1968년 완료	1946년 3월
개혁 범위	농지만 개혁(임야 제외)	전 토지 개혁(임야 포함)
목적	경자유전의 원칙 확립	공산주의 경제 실천
원칙	유상 매입, 유상 분배	무상 몰수, 무상 분배
토지상한	최대 3정보	최대 5정보
결과	토지자본 → 산업자본	지주층의 월남, 농민의 국가 소작농화

＊ 귀속재산

귀속재산이라 함은 1948년 9월 11일 대한민국 정부와 미합중국 정부간에 체결된 '재정 및 재산에 관한 최초협정' 제5조에 의하여 대한민국 정부에 양도된 대한민국 영토 안에 있는 일체의 일본인 소유의 재산을 말한다.

(3) 귀속재산＊ 처리법

일본인 소유 재산을 민간인에게 불하하였고, 이들은 훗날 한국 자본주의의 주요 세력으로 성장하였다.

한눈에 쏙

친일파 청산 시도	반민족 행위 처벌법	반민족 행위 특별 조사 위원회(반민 특위) 설치
	반민 특위의 활동	• 이승만 정부는 반공주의를 내세워 친일파 청산에 소극적 • 친일 세력은 반민 특위 활동 방해(국회 프락치 사건, 반민 특위 습격 사건)
농지 개혁		• 방식: 3정보 이상의 토지는 유상 매입·유상 분배, 5년간 수확량의 30%씩 상환 • 의의: 지주제 폐지, 자영농 증가 • 한계: 농지 개혁이 지연됨에 따라 지주들이 토지를 미리 처분
귀속재산의 처분		휴전 직후 민간인 연고자에 매각 ⇨ 한국 자본주의 주요 세력으로 성장

02 6 · 25 전쟁(1950. 6. 25~1953. 7. 27)

1. 배경 및 전개

(1) 배경

① 중국의 공산화 및 소련과 미국의 대립이 격화되었다.

② 애치슨 라인* 설정(1945.1) : 미국의 국무장관이 한반도와 타이완을 미국의 태평양 방위선에서 제외하였다.

③ 남북한의 대립이 심화되고, 북한이 소련과 중국을 통해 전쟁을 준비하였다.

(2) 전개

① 북한은 1950년 6월 25일에 남한을 침입하여 3일 만에 서울을 함락시키고 7월 하순 경상남북도를 제외한 나머지 지역을 모두 차지하였다.

② 국군은 낙동강까지 후퇴하여 최후 저지선을 삼았으며 UN에서는 UN군 파병을 결정하였다.

③ 대구와 부산을 근거지로 하여 반격전을 벌이던 UN군은 9월 15일 인천 상륙을 감행하였다.

④ 9월 28일 서울을 수복한 맥아더는 중국의 계속되는 북진 중지 경고도 무시하고 10월 7일 38도선을 넘어 평양을 점령한 뒤 계속 진격하여 한중 국경선 근처까지 진격하였다.

⑤ 이후 압록강까지 진격하였으나 중공군의 개입(10. 25)으로 다시 철수하여 서울을 재함락하였다(1951. 1. 4).

⑥ 이후 다시 국군과 UN군이 총 공세를 통해 서울을 재수복한 후 38선 부근에서 교착 상태를 나타냈다.

⑦ 1951년부터 정전 협정이 있었으나 포로 송환 문제로 난항을 겪다가 1953년 7월 27일에 휴전에 들어갔다.

　㉠ 소련이 UN을 통해 휴전 회담을 제의하였다.

　㉡ 휴전협정에 서명한 나라는 유엔(미국), 북한, 중국이다.

　㉢ UN측은 포로의 자유송환을, 공산군측은 제네바 협정*을 들어 강제 송환을 주장하였다.

　㉣ 휴전협정 체결 후, 같은 해 한미 상호 방위 조약이 체결되었다.

　㉤ 스웨덴, 스위스, 폴란드, 체코슬로바키아 4개국으로 구성된 중립국 감시위원회를 설치하는 데 합의하였다.

＊ 애치슨 라인

미국의 극동 방위선은 알류산 열도, 일본 본토를 거쳐 류큐(오키나와 섬)로 이어진다. 방위선은 류큐에서 필리핀으로 연결된다. 이 방위선 밖에 위치한 나라의 안보에 대해서는 군사적 공격에 대하여 아무도 보장할 수 없다. 만약 공격이 있을 때에는 … 제1차 조치는 공격을 받은 국민이 이에 저항하는 것이다.

🔻 6 · 25 전쟁의 전개 과정

＊ 제네바 협정

1954년 4월 한반도 문제를 해결하기 위해 열린 국제 회담으로, 협정 조인 후 3개월 내에 정치 회담을 개최하여 한국 문제를 평화적으로 해결할 것을 권고한 후 휴전 협정에 따라 소집되었다.

2. 결과

(1) 인명 피해

① 전쟁으로 남북한 인구 3천만 명 가운데 500만 명이 피해를 입었다.

② 전쟁 동안 거창 · 함양 등지에서 일어난 양민 학살 사건은 그 참혹함을 드러내었다.

(2) 경제적 손실

① 남한

㉠ 제조업 48%, 농업 14.3%, 광업 3.2%가 파괴되었으며 그 피해액은 30억 3,200만 달러였다.

㉡ 1945~1961년까지 미국과 UN의 한국 원조 총액 31억 3,900만 달러에 버금가는 금액이었다.

㉢ 전쟁 전(1949. 4. 1~1950. 3. 31) 총국민소득의 2배가 넘는 규모의 손실이 있었다.

② 북한

㉠ 전쟁 초기는 물론이고 휴전 협정을 할 때에도 큰 피해를 입었다.

㉡ 공업 64%, 농업 24% 감소

㉢ 총 피해액은 4천 2백억 원으로 1949년 북한 총국민소득의 6배에 이르는 규모였다.

(3) 이데올로기 강화

① 남북한 정권 모두 체제 이데올로기를 강화하는 계기가 되었다.

② 남한 : 반공 이데올로기로 진보 세력과 정치적 반대 세력을 제거하고, 국민의 기본권을 억압하였으며, 이승만 정권이 유지되고 미국에 더욱 종속하게 되었다.

③ 북한 : 남로당 계열을 비롯한 경쟁 세력이 숙청되고, 김일성에게 권력이 집중되었다.

사료 Plus

6 · 25 전쟁 관련 노래

이별의 부산 정거장

보슬비가 소리도 없이
이별 슬픈 부산 정거장
잘가세요 잘있어요
눈물의 기적이 운다
한많은 피난살이 설움도 많아
그래도 잊지 못 할 판자집이여.
경상도 사투리에 아가씨가 슬피우네
이별의 부산 정거장

굳세어라 금순아

눈보라가 휘날리는 바람찬 흥남부두에
목을 놓아 불러 보았다 찾아를보았다
금순아 어데로가고 길을 잃고 헤매였드냐
피눈물을 흘리면서 1.4 이후 나홀로왔다
일가친척 없는몸이 지금은 무엇을하나
이내몸은 국제시장 장사치이다
금순아 보고싶구나 고향꿈도 그리워진다
영도다리 난간위에 초생달만 외로이떴다

깊이 Plus 6 · 25 전쟁 중 일어난 비극

- 보도연맹 사건 : 국민보도연맹은 1949년 10월 좌익전향자들을 중심으로 만든 조직으로서, 좌익세력에 대한 통제와 회유를 목적으로 했다. 한국전쟁이 발발하자, 정부 · 경찰은 초기 후퇴과정에서 이들 보도연맹원에 대한 무차별 검속 · 즉결처분을 단행했다. 이 같은 일은 한국전쟁 중 벌어진 최초의 집단적인 민간인 학살이었다. 이는 또한 북한 인민군 점령지역에서 일어났던 좌익세력에 의한 보복학살의 주된 원인이 되었다.
- 국민방위군 사건 : 1951년 1월 후퇴작전 때, 제2국민병으로 편성된 국민방위군(1950. 12. 11. 설치법 공포)의 고급장교들이 국고금과 군수물자를 부정처분하여 착복함으로써 아사자(餓死者) · 동사자(凍死者)가 속출하였는데, 사망자 수만도 90,000여 명에 이르렀다. 이 참상은 국회에서 폭로되어 진상조사단이 구성되었다.
- 노근리 학살 사건 : 6 · 25 전쟁 발발 직후인 1950년 7월 노근리의 철교 밑 터널 속칭 쌍굴다리 속에 피신하고 있던 인근 마을 주민 수백 명을 향하여 미군들이 무차별 사격을 가하여 300여 명이 살해된 사건이다.
- 거창 · 함양 양민 학살 사건 : 1951년 육군 제11사단 9연대가 '견벽청야(말썽의 소지가 있는 곳은 초토화시킨다) 작전'에 따라 공비와 내통했다는 이유로 경남 거창군 신원면 지역 양민 700여 명을 모두 모아 마을 뒤 산골짜기에서 학살한 사건이다.
- 반공 포로 석방 사건 : 1953년 6월 18일 새벽 0시를 기하여 대통령 이승만(李承晩)이 남한에 수용 중인 북한 및 남한 출신의 반공포로를 석방한 사건으로 이는 북진통일을 주장한 이승만이 휴전협정 체결에 반대하여 일으킨 것이었다.

한눈에 쏙

6 · 25 전쟁 과정

일시	주요 내용	일시	주요 내용
1949년 6월 30일	주한 미군 철수	1951년 1월 4일	서울 재함락 → 1 · 4 후퇴
1950년 1월 10일	애치슨 미 국무장관, 애치슨라인 발표	2월 11일	거창 양민 학살 사건
6월 25일	한국전쟁 발발	6월 30일	UN군 총사령관, 북한 측에 정전회담 제의
6월 28일	북한군 서울 점령, 한강인도교 폭파	7월 10일	휴전 회담 본회의가 개성에서 시작
7월 1일	UN 지상군 부산 상륙	1952년 5월 7일	거제도 공산 포로 폭동 발생
7월 16일	한국 작전지휘권, UN군 총사령관에 위임	7월 4일	1차 개헌(발췌개헌)
9월 15일	UN군 인천 상륙 작전 감행	8월 5일	2대 대통령선거 ⇨ 이승만 당선
9월 28일	서울 수복	1953년 1월	미 대통령 선거 아이젠하워 당선
10월 1일	국군, 38도선 돌파	3월	스탈린 사망
10월 19일	국군, 평양 탈환	6월 8일	포로 교환 협정 조인
10월 25일	중국 인민지원국 한국 전쟁에 개입	6월 18일	반공포로 석방사건(정부 반공 포로 2만 5천 명 석방)
12월 15~24일	흥남 철수 작전	7월 27일	판문점에서 휴전 협정 조인

민주주의의 시련과 발전

01 이승만 독재 정권과 4 · 19 혁명

1. 이승만 정부의 독재화

(1) 반공위주의 정책

① 북진 통일을 주장하였다.

② 휴전 협정에 대한 반발로 반공포로를 석방하였다(1953. 6. 18).

③ 자유 우방 국가와의 국교를 수립하였다.

④ 반공을 통치 이념화했다.

(2) 국민들의 외면

① 6 · 25 전쟁 직전에 치러진 2대 총선(1950. 5. 30)에서 무소속 후보들이 대거 당선되었다.

② 전쟁 중 발생한 거창 양민 학살 사건이나 국민 방위군 사건으로 이승만 정부에 대한 지지기반이 약화되었다.

(3) 이승만 정부의 대응

① 자유당 창당(1951) : 이범석의 민족청년단을 중심으로 자유당을 창당하였다.

② 발췌개헌(1952. 7)

ㄱ 폭력 조직을 이용해 관제 데모를 했고, 야당 의원 47명을 연행하는 부산 정치 파동*을 일으켰다.

ㄴ 대통령 선출 방식을 간선제에서 직선제로 개헌하였다.

민주 국민당
24석(11.4%)

이승만 계열
30석(14.3%)

전체 의석
210석

기타
39석(14.3%)

무소속
126석(60%)

💬 2대 국회 구성

✽ 부산 정치 파동
이승만 대통령이 자신의 재선을 확실히 하고, 독재정권 기반을 굳히기 위해 6 · 25 전쟁 중에 임시수도인 부산에서 폭력을 동원하여 강제로 국회의원을 연행하고 구속한, 일련의 정치적 파행이다. 이 사건으로 부통령 김성수는 '민주주의를 유린한 행위'라고 반발하여 부통령직 사표를 냈다.

사료 Plus 🏛

1차 개헌(발췌개헌, 1952. 7)

제31조 입법권은 국회가 행한다. 국회는 민의원과 참의원으로써 구성한다.

제53조 대통령과 부통령은 국민의 보통, 평등, 직접, 비밀 투표에 의하여 각각 선거한다.

부 칙 이 헌법은 공포한 날로부터 시행한다. 단, 참의원에 관한 규정과 참의원의 존재를 전제로 한 규정은 참의원이 구성된 날로부터 시행한다.

― 헌법 제2호

2. 이승만 정부의 장기 집권 도모

(1) 장기 집권을 위한 준비

① 1952년 8월 5일 열린 제2대 대통령 직선제 선거에서 이승만이 당선되었고, 그는 이기붕을 중용하였다.

② 3대 민의원 선거에 관권 개입으로 자유당이 압승하였고, 참의원 선거는 전쟁 직후의 국내 정세를 이유로 연기하였다.

③ 그러나 1952년 8·5 정부통령 선거에서 대통령후보였던 조봉암 후보가 2위를 차지하였다(부통령에는 무소속 함태영이 당선됨).

(2) 사사오입 개헌(1954년)

① 초대 대통령 3선 제한 철폐 헌법개정안을 국회에 제출하였다.

② 개헌 통과선에 1표 부족으로 부결되었으나, 부결 이틀 만에 사사오입 논리로 통과시켰다.

사료 Plus

2차 개헌(사사오입 개헌, 1954)

제55조 대통령과 부통령의 임기는 4년으로 한다. 단, 재선에 의하여 1차 중임할 수 있다. 대통령이 궐위된 때에는 부통령이 대통령이 되고 전임 기간 중 재임한다.

부 칙 이 헌법 공포 당시의 대통령에 대하여는 제55조 제1항 단서의 제한을 적용하지 아니한다.

― 헌법 제3호

한눈에 쏙

사사오입 개헌 과정

이틀 뒤

재적 203명에 202명이 표결에 참여하여 135명이 찬성하였지만, 2/3에 미치지 않으므로 부결되었음을 선포합니다.

203명의 2/3는 135.333…입니다. 사사오입하면 135명이므로 헌법개정안이 가결되었음을 정정하여 선포합니다.

▼ 제3대 대통령 선거

▼ 진보당 사건

(3) 장기 집권에 대한 저항

① 민주당이 창당되고, 1956년 정·부통령 선거에서 민주당 신익희 후보가 정권 교체 바람을 일으켰다.

② 신익희가 선거유세를 위해 대구로 가는 기차에서 돌연사하면서 정권 교체의 열망이 좌절되었다.

③ 제3대 대통령에 이승만이 당선되었으나, 조봉암이 선전했고, 부통령에는 민주당 장면이 자유당의 이기붕을 꺾고 당선되었다.

④ 진보당 사건(1958)

　㉠ 조봉암을 중심으로 창당된 진보당은 조선 평화 통일론을 내세우며 지지층을 확대해 나갔다.

　㉡ 이승만은 대통령 선거 결과에 대한 불안으로 조봉암을 간첩으로 몰아 사형에 처하고, 국가보안법을 개정하여 여당 의원의 동의만으로 통과시켰다.

　㉢ 이후, 반공을 무기로 야당과 언론에 대한 통제를 강화하였다.

⑤ 언론 탄압 : 민주화를 강조하였던 경향신문을 폐간하였다.

사료 Plus

진보당 선언문

• 3대 정강 : 책임 있는 혁신 정치, 수탈 없는 계획 경제, 민주적 평화통일

• 유엔 감시하 남북한 총선거안을 내용으로 하는 평화통일론을 주장

---

3. 3·15 부정 선거와 4·19 혁명

(1) 3·15 부정 선거의 배경

① 미국의 경제 원조 감소로 인한 경기가 침체되었고, 실업자가 증가하였다.

    ㉠ 무상원조에서 유상원조로 전환되었다.

    ㉡ 원조 액수의 감소로 경기침체와 실업자가 증가하였다.

② 이승만과 자유당 독재 체제의 강화 : 발췌개헌(1952)과 사사오입 개헌(1954), 진보당 탄압(조봉암 처형), 신국가 보안법 제정, 경향신문 폐간 등

(2) 3·15 부정 선거 실시(1960)

① 3인조·7인조 투표

② 4할 사전투표

③ 선거에 공권력 투입(관권 선거 자행)

(3) 4·19 혁명의 전개

① 대구 경북고 학생 시위(2월 28일)

② 부정선거에 대한 마산 시위(3월 15일)

③ 김주열의 시신 발견(4월 11일)

    ⇨ 전국으로 시위 확대

④ 경찰의 발포로 100여 명 사망(4월 19일)

    ⇨ 전국 대도시에 계엄령* 선포

⑤ 서울 지역 교수들의 시위 참여(4월 25일)

⑥ 이승만 하야 후, 하와이 망명(4월 26일)

📖 **사료 Plus**

4월 혁명 선언문(혁명 당시 서울대 문리대 학생회가 발표한 선언문)

상아의 진리탑을 박차고 거리에 나선 우리는 질풍과 깊은 역사의 조류에 자신을 참여시킴으로써 이성과 진리, 그리고 자유의 대학 정신을 현실의 참담한 박토(薄土)에 뿌리려 하는 바이다. …… 보라! 현실을 뒷골목에서 용기 없는 자학을 되씹는 자까지 우리의 대열을 따른다. 나가자! 자유의 비밀은 용기일 뿐이다. 우리의 대열은 이성과 양심과 평화, 그리고 자유에의 열렬한 사랑의 대열이다. 모든 법은 우리를 보장한다.

📖 **사료 Plus**

대학 교수단 시국 선언문

1. 마산, 서울, 기타 각지의 학생 데모는 주권을 빼앗긴 국민의 울분을 대신하여 궐기한 학생들의 순진한 정의감의 발로이며, 부정과 불의에 항거하는 민족정기의 표현이다.

4. 누적된 부패와 부정과 횡포로써 민권을 유린하고 민족적 참극과 국제적 수치를 초래케 한 현 정부와 집권당은 그 책임을 지고 속히 물러가라.

5. 3·15 선거는 불법선거이다. 공명선거에 의하여 정·부통령 선거를 다시 실시하라.

＊ 계엄령

국가 비상사태 때 대통령(최고 통치권자)이 법률에 따라 선포하는 것으로, 계엄령이 선포되면 일정한 지역의 행정권과 사법권의 전부 또는 일부를 군이 맡아 다스리게 되어있다.

🔻 4·19 혁명

참고 이영도의 진달래

눈이 부시네 저기 난만히 멧등마다 그 날 쓰러져 간 젊음 같은 꽃 사태가 맺혔던 한이 터지듯 여울여울 붉었네. 그렇듯 너희는 지고 욕처럼 남은 목숨 지친 가슴 위엔 하늘이 무거운데 연련히 꿈도 설워라, 물이 드는 이 산하.

✱ 과도정부(過渡政府)
한 정치 체제에서 다른 정치 체제로 넘어 가는 과정에서 임시로 구성된 정부를 말한다. 우리나라에서는 4·19 혁명 후, 사태 수습을 위하여 외무부 장관으로 임명된 허정이 수석 국무 위원이 되어 내각 수반으로 하는 과도 정부가 구성된 바 있다.

✱ 내각책임제
실질적인 행정권을 담당하는 내각이 의회 다수당의 신임에 따라 존속하는 의회중심주의의 권력융합형태로, '의원내각제'라고도 한다. 입법부와 행정부의 연대가 이루어짐으로써 다수당의 당수가 내각의 수반이 되며 내각이 의회에 대하여 책임을 짐으로써 책임 정치를 실현할 수 있다.

(4) 4·19 혁명의 결과

① 허정의 과도정부✱ 수립

㉠ 구미위원부 출신으로 친미적인 성향을 가지고 있고, 이승만의 안위를 걱정하였다.

㉡ 3차 개헌(1960.6)

ⓐ 내각책임제(의원내각제)✱ 정부

ⓑ 참의원과 민의원으로 구성된 양원제 국회

ⓒ 대통령 간선제

사료 Plus

3차 개헌(1960. 6)
제32조 양원은 국민의 보통, 평등, 직접, 비밀 투표에 의하여 선거된 의원으로써 조직한다.
제53조 대통령은 양원 합동 회의에서 선거하고 재적 국회의원 3분의 2 이상의 투표를 얻어 당선된다.
제71조 국무원은 민의원에서 국무원에 대한 불신임 경의안을 가결한 때에는 10일 이내에 민의원 해산을 결의하지 않는 한 총사직하여야 한다.

② 장면 내각의 수립(제2공화국)

㉠ 1960년 7월에 열린 총선거에서 민주당이 승리하면서 4대 대통령에 윤보선, 국무총리에 장면이 선출되었다.

㉡ 4차 개헌(1960. 11) ⇨ 소급입법개헌

ⓐ 3·15 부정 선거 관련자 및 부정축재자들을 소급하여 처벌할 수 있도록 개정하였다.

ⓑ 처벌이 미흡했으며, 1956년 발생한 5·16 군사 정변으로 소기의 목적을 이루지 못했다.

(5) 4·19 혁명의 의의

학생의 주도 및 시민이 적극적으로 참여하여 우리나라 민주주의 발전에 중요한 토대가 되었다.

사료 Plus

4·19 혁명 때 희생된 당시 한성 여자 중학교 학생 진영숙(16세)의 마지막 편지
어머님께
시간이 없는 관계로 어머님 뵙지 못하고 떠납니다 …… 어머님 데모에 나간 저를 책하지 마십시오. 우리들이 아니면 누가 데모를 하겠습니까. 저는 아직 철없는 줄 압니다. 그러나 조국과 민족을 위하는 길이 어떻다는 걸 알고 있습니다 …… 저는 생명을 바쳐 싸우려 합니다. 데모하다 죽어도 원이 없습니다. 어머님, 저를 사랑하시는 마음으로 무척 비통하게 생각하시겠지만 온 겨레의 앞날과 민족의 해방을 위해 기뻐해 주세요. 부디 몸 건강히 계세요. 거듭 말씀드리지만 저의 목숨은 이미 바치려고 결심하였습니다.

4. 정면 내각(제2공화국)의 한계

(1) 상황

① 4·19 혁명 이후 각계각층의 민주화 움직임이 활발해졌으며 혁신 세력과 학생들의 통일운동도 활기를 띠었다.

② 국가 안보 체제 확립과 평화통일을 위하여 국력을 신장시켜야 한다는 과제를 안고 있었다.

③ 경제제일주의를 표방하면서 국토 개발 사업에 착수하였으며 경제 개발 5개년 계획을 마련하였다.

(2) 결과

경제 개발 5개년 계획을 수립하여 정치적·사회적 안정을 추구하고자 하였으나 5·16 군사정변에 의해 붕괴되었다.

(3) 한계

① 민주당 내 구파(윤보선)와 신파(장면)로 분당되면서 강력한 추진력을 갖기 어려워졌다.

② 3·15 부정선거 책임자 및 부정 축재자에 대한 처벌에 소극적이었으며, 통일 문제에 있어서 진보세력들이 주장한 중립화 통일론에 대해 부정적인 입장이었다.

③ 민간 차원의 통일 논의와 통일 운동이 활발하였음에도 불구하고, 장면 내각은 통일 운동에 부정적 입장을 보였다. 장면 정부가 제시한 통일 정책은 UN 감시하의 남북한 총선거 실시와 북진통일론 폐기였다.

▽ 윤보선

(4) 의의

① 5·16 군사 정변 세력이 혁명으로 장면 내각의 부패와 무능을 주장한 이후, 무능하다는 평가가 지배적이었다.

② 하지만 박정희 정부에서 실시한 경제 개발 5개년 계획과 국토 건설 계획을 수립하였고, 다양한 주장들이 요구되는 등 경제와 민주주의를 모두 표방했다는 긍정적인 평가도 받고 있다.

▽ 장면

사료 Plus 🏛️

장면 내각의 시정 방침(1960. 8)

1. 일본과의 국교 정상화 및 유엔 감시하의 남북한 자유 선거에 의한 통일 달성
2. 관료 제도의 합리화와 공무원 재산 등록 및 경찰 중립화를 통한 민주주의 구현
3. 부정 선거의 원흉과 발포 책임자, 부정·불법 축재자 처벌
4. 외자 도입과 경제 원조 확대를 통한 경제 개발 계획 추진
5. 군비 축소와 군의 정예화 추진을 통한 국방력 강화 및 군의 정치적 중립 확보

PART **08**

02 5·16 군사 정변과 박정희 정부(제3공화국)

1. 5·16 군사 정변(1961)

(1) **배경**

① 4·19 혁명 이후 나타난 사회 혼란과 무질서 상태를 해결한다는 명목으로 군인들이 5·16 계엄령을 선포하고 군정을 실시하였다.

② 그 과정에서 국가 재건 최고 회의를 만들고 박정희를 의장으로 한 군인 정치를 시작하였다.

5·16 군사 정변

(2) **활동**

① 정치 : 반공체제 강화, 혁신 세력 및 구 정치인의 활동 금지

② 경제 : 농어촌의 고리채 정리, 경제 개발 5개년 계획 실시, 화폐개혁 단행(1962)

③ 사회 : 정치 불량배 소탕, 국민 재건 운동 전개

이정재 등 정치깡패의 시가행렬

(3) **결과**

① 처음 정치에 나설 때 발표한 사회 혼란 수습 후 민정으로 이양한다는 원칙을 뒤집고, 박정희가 군대에서 예편하고 정권에 뛰어들어 민주공화당을 창당(1963)하였다.

② 제5차 개헌(1962. 12) : 대통령 직선제, 대통령 중심제, 단원제 국회를 주요 내용으로 하는 헌법 개정안을 국민 투표를 통하여 확정하고 공포하였다.

③ 제5대 대통령 선거(1963. 12) : 민주공화당 후보 박정희가 당선됨으로써 박정희 정부가 출범하였다(제3공화국).

사료 Plus

5·16 군사 정변 이후 발표된 혁명 공약

• 반공을 국시의 제일로 삼고 지금까지 형식적이고 구호에만 그친 반공체제를 재정비하고 강화한다.

• 유엔헌장을 준수하고 국제협약을 충실히 이행할 것이며 미국을 위시한 자유우방과의 유대를 더욱 공고히 한다.

• 절망과 기아선상에서 허덕이는 민생고를 시급히 해결하고 국가 자주 경제 재건에 총력을 경주한다.

---

2. 박정희 정부(제3공화국)

(1) 활동

① 정책의 기본 방향 : 경제 성장 제일주의를 기본으로 하며 반공을 국시로 하면서 민주주의를 억압하였다.

② 경제 개발 5개년 계획 추진(1962~) : 1962년 제1차 경제 개발 5개년 계획을 시작으로 조국 근대화의 실현이라는 국정 목표를 내걸고 공업화를 중심으로 하는 정책을 추진하였다.

③ 한일 협정을 통한 한일 국교 정상화(1965)

ㄱ 아시아 지역의 공산화를 막기 위해 일본, 한국과 연대하여 자신들의 부담을 줄이기 위한 목적으로 미국이 수교를 요구하였다.

ㄴ 우리나라의 경제 개발에 필요한 자본 확보가 시급하였다.

ㄷ 한일 회담이 개최하였고(1961), 중앙정보부장 김종필이 도쿄에서 일본 외무장관 오히라와 회담하여 메모를 교환하였다(김종필·오히라 회담, 1962).

   ⓐ 일본이 자금을 제공하는 것은 경제 협력 자금과 정부 차관 및 상업 차관의 명목이었다.

   ⓑ 6·3 시위(6·3 항쟁) : 해당 내용을 확인한 국민들은 굴욕적인 한일 회담에 대하여 반대 운동을 벌였다(1964).

   ⓒ 그러나 1년 후 한일 협정 비준안은 국회를 통과하였다(1965. 6).

④ 결과

ㄱ 한·미·일 공동안보체제가 형성되었다.

ㄴ 일본군 위안부, 강제 징용자 등에 대한 배상문제는 소홀히 하게 되었다

사료 Plus

6·3 항쟁 - 민족적 민주주의를 장례한다(한일 굴욕회담 반대 학생총연합회, 1964)

국제협력이라는 미명 아래 우리 민족의 치떨리는 원수 일본 제국주의를 수입, 대미 의존적 반신불수인 한국경제를 2중 예속의 철쇄로 속박하는 것이 조국의 근대화로 가는 첩경이라고 기만하는 반민족적 음모를 획책하고 있다. 우리는 외세 의존의 모든 사상과 제도의 근본적 개혁 없이는, …… 민족자립으로 가는 어떠한 길도 폐색되어 있음을 분명히 인식한다. 굴욕적 한일회담의 즉시 중단을 엄숙히 요구한다.

사료 Plus

한일 협정 반대를 위한 재경대학교수단의 성명서

우리 교수 일동은 협정의 내용을 신중히 분석·검토한 끝에 다음과 같은 이유로 그것이 우리의 민족적 자주성과 국가적 이익에 막대한 손실을 가져올뿐더러 장차 심히 우려할 사태가 전개될 것이 예견되므로 이에 그 비준의 반대를 선언한다. …… 청구권은 당당히 요구할 수 있는 재산상의 피해를 보상하는 것이 못되고 무상제공 또는 경제협정이라는 미명아래 경제적 시혜로 가식하였으며, 일본 자본의 경제적 지배를 위한 소지를 마련해 주었다.

참고 김종필·오히라 메모(1962)

1962년 당시 김종필(金鍾泌) 중앙정보부장은 오히라 마사요시[大平正芳] 일본 외상과 두 차례 단독회담을 하고 청구권 문제의 최종적인 합의를 끌어내고자 하였다. 주요 내용은 무상 3억 달러, 유상 2억 달러 외에 수출입은행 차관 1억 달러 도합 6억 달러로 합의하고 이를 양국 수뇌에게 건의한다는 내용이었다. 이러한 내용을 토대로 한둘 사이의 메모가 작성되었는데, 일본이 제공할 청구권 액수와 방식만 명기되었을뿐이며 자금 명목에 대한 언급은 전혀 없었다. 따라서 일본에서는 독립축하금으로 해석하고 한국에서는 청구권 자금으로 해석할 수 있는 여지를 남겨둔 셈이었다. 1965년 한일 협상 타결은 실제로 이 메모와 거의 차이가 없는 내용으로 이루어졌음으로 보아 김종필과 오히라 간의 이 회담이 한일협상의 실질적 타결이라 할 수 있었다.

(2) 베트남 파병(1964~1973)

① 배경 : 베트남 전쟁에 참여한 미국이 국내외적인 비난을 받게 되면서 미국이 한국에 파병을 요구하였다.

② 의료 부대(비둘기 부대)와 전투 부대(청룡·백마 부대)를 파병하였다.

③ 브라운 각서(1966) : 파병을 대가로 한국군의 현대화 및 경제 지원(기술 및 차관 제공)을 받게 되었다.

④ 이전에 비해 건설업체의 해외 진출 및 인력 수출이 활발해지면서 수출이 증가하게 되었다.

사료 Plus

브라운 각서(1966)

군사 원조

1. 한국에 있는 한국군의 현대화 계획을 위해 앞으로 수년 동안에 걸쳐 상당량의 장비를 제공한다.

2. 월남에 파견되는 추가 증파 병력에 필요한 장비를 제공하는 한편, 증파에 따른 모든 추가적 '원'화 경비를 부담한다.

경제 원조

3. 주월 한국군에 소요되는 보급 물자, 용역 및 장비를 실시할 수 있는 한도까지 한국에서 구매하며, 주월 미군과 월남군을 위한 물자 가운데 선정된 구매 품목을 한국에서 발주한다.

4. 수출을 진흥시키기 위한 모든 분야에서 한국에 대한 기술 원조를 강화한다.

---

(3) 장기 집권에 대한 모색

① 제6대 대통령 선거(1967) : 박정희가 윤보선을 누르고 재선하였다.

② 대통령 3선 개헌을 목표로 1967년 8월 총선에서 부정 선거를 자행하였다.

③ 동백림 사건(1967)* : 정부는 부정 선거에 대해 반발하는 여론을 무마하기 위해 동백림 간첩단 사건을 조작하였다.

④ 1968년 북의 도발이 이어졌고, 이는 반공체제와 박정희 정권을 강화시키는데 기여하였다.

㉠ 북한은 무장 공비 침투 사건(1969)*과 푸에블로호 납북 사건(1968)*을 일으켰다.

㉡ 이에 대한 대응으로 향토예비군이 편성되었고, 주민등록증이 발급되었으며, 학교에서 군사교육을 하는 교련 과목이 신설되었다.

㉢ 박정희 정부는 이후, 유신체제 내내 북의 도발과 안보의 필요성을 적절히 이용하였다.

⑤ 제6차 개헌(1969) : 박정희 정부는 여당 의원들만 참석한 가운데 3선 개헌안을 변칙 통과시켰고, 이를 통해 박정희는 7대 대통령 선거에 출마할 수 있게 되었다.

⑥ 제7대 대통령 선거(1971)

㉠ 박정희가 출마하여 대통령에 당선되었으나 이전과 달리 박정희의 연임에 반대하는 세력이 늘어나게 되었다.

㉡ 40대 기수론 : 야당인 신민당 내 40대 대선 후보들이 경쟁하였다(김영삼, 김대중, 이철승).

㉢ 신민당 대통령 후보로 결정된 김대중이 대선에서 선전하였다.

＊ 동백림 사건

1967년 작곡가 고 윤이상씨, 이응로 화백 등 예술인과 대학교수, 공무원등 194명이 옛 동독의 베를린인 동백림을 거점으로 대남적화 공작을 벌였다며 처벌한 사건이다.

＊ 무장 공비 침투 사건

울진·삼척 지역에 무장 공비가 침투하여 안보 위기의식이 확산된 사건이다.

＊ 푸에블로호 납북 사건

1968년 1월 23일 미해군 정보수집함 푸에블로호(Pueblo號)가 북한 원산항 앞 공해상에서 북한으로 납치된 사건이다.

(4) 남북 대화 전개

① 남북 적십자 회담을 개최하였다(1971).

② 7 · 4 남북 공동 성명을 발표하였다(1972).

③ 결과 : '유신을 위한 멍석 깔기', 즉 유신의 사전 준비 작업이었을 뿐, 실제 성과는 없었다.

03 유신 정권의 수립과 몰락

1. 유신 정권의 등장(제4공화국)

(1) 배경

① 야당의 성장 : 1971년 대선 과정에서 김대중이 박정희에게 90만 표 차이로 패하여, 야당의 성장에 따른 집권 연장의 어려움을 인식하였다.

② 경제 정책의 위기 : 정부 주도형, 외국 자본 의존형 경제 성장에 따른 정경유착과 차관 경제의 부실함이 가시화되었다.

③ 전태일* 분신(1970. 11. 13) : 선성장 후분배 정책에 따른 노동자에 대한 열악한 근무 환경으로 인해 노동자들의 생존권 요구가 확대되었다.

④ 새마을 운동(1970년대) : 저곡가 정책에 따른 농촌의 황폐화에 대해 정부에서는 새마을운동을 실시하였다.

⑤ 미국이 닉슨 독트린(1969)*을 발표하고 주한미군의 일부를 철수시키자 반공주의를 내세워 정권을 유지해왔던 박정희 정부의 기반이 약화되었다.

(2) 성립

① 1972년 10월 17일, 한국적 민주주의(지도받는 민주주의)를 내세우며 유신헌법을 발표하면서 비상계엄령 선포, 국회 해산, 모든 정치 활동을 금지하였다.

② 명분 : 경제 성장(10월 유신, 100억불 수출, 1000불 소득)과 민족 분열 방지

③ 내용

㉠ 대통령 선출방식을 직선제에서 간선제(통일 주체 국민 회의에 의한 투표)로 바꾸고, 임기를 6년 연임제로 변경하였다.

㉡ 대통령은 국회의원의 1/3을 추천할 수 있었으며(유신정우회에서 선출), 국회 해산권을 가졌다.

㉢ 법관 임명권 장악, 군사 재판부 설치, 지방자치제 유보 등 정권 유지를 위한 여러 악법을 만들었다.

㉣ 긴급조치(1호~9호)를 통해 유신 체제에 반대하는 민주화 운동을 탄압하였다.

㉤ 국민의 일상 통제 : 장발 단속, 풍기문란 단속, 12시 통금, 신문검열, 노래 · 책 검열

참고 **신금단 선수 부녀 상봉**

1964년 도쿄 올림픽 대회에 참가한 북의 세계적인 육상선수 신금단은 한국전쟁 때 헤어진 아버지와 14년 만에 도쿄에서 극적으로 상봉하여 세계적인 화제가 되었다. 이때, 여야 의원들이 이산가족 상봉면회소설치결의안을 제출했지만, 박정권은 거부했다.

＊전태일

서울 청계천 평화 시장에서 재단사로 일하던 전태일은 "근로 기준법을 준수하라.", "우리는 기계가 아니다." 등의 구호를 외치며 자기 몸을 불살라 암울한 노동 현실을 고발했다.

＊닉슨 독트린

베트남 전쟁 중이던 1969년 미국 대통령 닉슨이 발표한 새로운 대아시아 정책으로, 아시아의 안보를 아시아에 맡긴다는 내용의 선언이다. 이는 냉전 완화의 계기가 되었다.

참고 **유신과 긴급조치의 시대**

전 국토의 감옥화(교도소 증설 풍자), 전 국민의 죄수화(긴급조치 9호 위반자의 급증에 따른 풍자), 전 여성의 창녀화(기생관광정책의 풍자), 전 경제의 매판화(차관 급증의 풍자)와 같은 당시의 유행어는 박정희 정권에 대한 국민들의 불신과 민주주의의 부재를 잘 보여주고 있다.

🔻 장발 단속

🔻 금지곡이 된 양희은의 아침이슬

🔻 동아일보 백지 광고

★ 장준하

개헌 청원 100만인 서명 운동을 전개한 박정희에 대항한 장준하는 유신헌법 개헌을 위한 100만인 서명 운동을 전개하다 긴급조치 1호 위반으로 구속되었다. 그는 1975년 8월 17일 등산 도중에 의문의 죽음을 당했다. 사진은 2012년 공개된 유골로 타살임을 증명하는 함몰자국이 명백히 나타난다.

★ 민청학련 사건(민주 청년 학생 연맹)
1974년 4월 대한민국에서 발생한 시국 사건으로 전국 민주 청년 학생 총연맹(이하 민청학련)의 관련자 180여 명이 불온세력의 조종을 받아 국가를 전복시키고 공산정권 수립을 추진했다는 혐의로 구속·기소된 사건이다. 2009년 9월 재판부는 민청학련 사건에 대하여 무죄를 선고하였다.

사료 Plus

유신헌법

제39조 대통령은 통일 주체 국민회의에서 토론 없이 무기명 투표로 선거한다.

제40조 통일 주체 국민회의는 국회의원 정수의 3분의 1에 해당하는 수의 국회의원을 선거한다.

제53조 대통령은 천재지변 또는 중대한 재정 경제상의 위기에 처하거나, 국가의 안전 보장 또는 공공의 안녕 질서가 중대한 위협을 받거나 받을 우려가 있다, 신속한 조치를 할 필요가 있다고 판단할 때에는 내정·외교·국방·경제·재정·사법 등 국정 전반에 걸쳐 필요한 긴급 조치를 할 수 있다.

제59조 대통령은 국회를 해산할 수 있다.

사료 Plus

긴급조치

1. 대한민국 헌법을 부정·반대·왜곡 또는 비방하는 일체의 행위를 금한다.

2. 대한민국 헌법의 개정 또는 폐지를 주장·발의·제안 또는 청원하는 일체의 행위를 금한다.

3. 유언비어를 날조, 유포하는 일체의 해위를 금한다.

5. 이 조치를 위반한 자와 이 조치를 비방한 자는 법관의 영장 없이 체포·구속·압수 수색하여 15년 이하의 징역에 처한다.

---

(3) 유신 정권에 대한 반발

① 김대중 납치 사건(1973. 8) : 박정희의 강력한 라이벌이던 김대중을 제거하기 위해 일본에 체류 중이던 김대중을 납치하여 파문을 일으켰다.

② 개헌 청원 100만인 서명 운동(1973. 12) : 장준하*, 백기완 등을 중심으로 한 재야 인사들이 유신 반대 운동을 전개하였다.

③ 민청학련 사건(1974) : 박정희 정부가 주장하는 '한국적 민주주의'에 반대하는 학생들이 민청학련(민주 청년 학생 연맹)*을 조직하였으나, 박정희 정부는 긴급조치를 통해 탄압하였다.

④ 3·1 민주 구국 선언(1976) : 문익환 등의 재야 인사들이 중심이 되어 반유신 운동을 전개하였다.

⑤ 야당인 신민당의 대여 투쟁 등 정치인들의 반발이 거세게 나타났다.

사료 Plus

유신에 반대하는 민주 구국 선언(1976. 3. 1)
우리는 …… 이 나라의 먼 앞날을 내다보면서 민주 구국 선언을 선포하는 바이다.

1. 이 나라는 민주주의의 기반 위에 서야 한다.

2. 경제 입국의 구상과 자세가 근본적으로 검토되어야 한다.

3. 민족 통일은 오늘 이 겨레가 짊어진 최대의 과업이다.

---

2. 유신 정권의 붕괴

(1) 원인

① 정치적 불안정 : 1978년 국회의원 선거에서 야당인 신민당이 득표율에서 우위를 보였다.

② 경제 불황 : 중화학공업에 대한 과잉 중복투자로 부실기업 등장, 제2차 석유파동 발생(1978년) 등으로 인해 수출이 부진했다.

③ 사회적 불안정

㉠ YH 무역 사건(1979. 8) : YH 무역이 부당한 폐업을 공고 → 회사 노동조합원들이 회사 정상화와 노동자의 생존권 보장을 요구하며 신민당 당사에서 농성 → 과잉 진압, 신민당 총재인 김영삼 제명

㉡ 부마 민주 항쟁(1979. 10) : 부산과 마산에서 유신정권에 대한 반대 투쟁이 연일 이어졌다. 이후, 10월 26일 대통령 피살로 시위는 진정되었으나, 유신 체제의 종말을 앞당긴 계기가 되었던 사건이다.

참고 끌려가는 YH 노동자

경찰이 농성을 강제 해산하는 과정에서 노동자 김경숙이 사망하였다.

사료 Plus

YH 무역 여성 노동자들의 호소문

수출 실적이 높으면 나라도 더욱 발전할 수 있고 선진국 대열에 서게 된다는 초등학교 시절의 배운 것을 더듬으며 우리는 더욱 더 잘 사는 나라를 기대하며 열심히 일해 왔습니다만 뜻하지 않은 폐업 공고에 놀라지 않을 수 없습니다. …… 오갈 데 없는 저희들은 무엇을 먹고 어디서 살란 말입니까? 동생들의 학비와 부모님들의 비싼 약값은 어떻게 해야 된단 말입니까?

☑ 부마 민주 항쟁

(2) 결과

① 10·26 사태(1979년) : 당시 중앙정보부장이었던 김재규가 박정희를 살해함으로써 유신 체제가 붕괴되었다.

② 비상계엄령이 선포되고, 통일 주체 국민 회의를 통해 최규하가 대통령에 올랐다.

PART 08

한눈에 쏙

유신 체제하의 주요 사건

10월 유신(1972. 10. 17) → 유신 헌법 공포(1972. 12) → 제8대 대통령 박정희 선출(통일주체국민회의, 1972. 12. 27) → 김대중 납치 사건(1973. 8. 8) → 긴급조치 1·2·3호 선포 → 민청학련 사건(1974. 4) → 육영수 여사 저격 사건(1974. 8) → 3·1 구국 선언(1976. 3. 1) → 제9대 대통령 박정희(통일 주체 국민 회의, 1978. 12. 21) → YH 사건(1979. 8) → 김영삼 의원 제명(1979. 10) → 부마 민주 항쟁(1979. 10) → 10·26 사건(김재규의 박정희 저격) → 제10대 대통령 최규하(1979. 12) → 12·12 사건(1979. 12)

04 신군부의 등장과 민주 항쟁

1. 정치적 격변

(1) 신군부*의 등장

① 박정희 사후 비상계엄령이 선포되었고, 통일 주체 국민 회의를 통해 최규하가 10대 대통령에 선출되었다.

② 12·12 사태(쿠데타) : 1979년 12월 12일 신군부에서 군사반란을 일으켜 군부 내 온건파 세력을 제거하고, 1980년 5월 17일 비상계엄을 확대하면서 신군부가 정부를 장악하였다.

③ 서울의 봄(1980. 5) : 유신 체제가 무너지면서 민주화의 열기가 분출되기 시작하였다. 1980년 5월 15일에는 10만여 명이 서울역 앞에 모여 민주화를 요구하기에 이르렀다.

④ 신군부의 탄압과 민주화의 좌절 : 신군부는 1980년 5월 17일 계엄령을 전국으로 확대하고, 일체의 정치 활동을 중지시켰다. 또한, 무장 군인들을 대학에 진주시켜 학생들의 민주화 운동을 감시·탄압하였다.

(2) 5·18 민주화 운동(1980)

① 1980년 5월 18일에서 27일까지 전라남도 및 광주의 학생과 시민들이 계엄령 철폐와 신군부 퇴진, 김대중 석방 등을 요구하며 민주화 운동을 추진하였다.

② 광주 지역 대학생들의 시위를 계엄군이 무자비하게 탄압하자 학생과 시민들이 무장하여 시민군을 조직하였다.

③ 정부에서는 광주를 고립하고 광주에서 일어나고 있는 모든 사태를 공산당의 소행으로 왜곡하였다.

④ 이후 계엄군을 동원하여 시민군을 무자비하게 진압하였다.

> **사료 Plus**
>
> **광주 시민의 궐기문**
> 우리는 왜 총을 들 수밖에 없었는가? 그 대답은 너무나 간단합니다. 너무나 무자비한 만행을 더 이상 보고 있을 수만 없어서 너도 나도 총을 들고 나섰던 것입니다. …… 아! 이럴 수가 있단 말입니까 계엄 당국은 18일 오후부터 공수부대를 대량 투입하여 시내 곳곳에서 학생, 젊은이들에게 무차별 살상을 자행하였으니! …… 너무나 경악스런 또 하나의 사실은 20일 밤부터 계엄 당국은 발포 명령을 내려 무차별 발포를 시작했다는 것입니다.

＊신군부
4년제 정규 육사 출신들로, 유신 체제 하에서 박정희의 보호를 받으며 성장한 전두환, 노태우, 정호용 등의 군인 세력을 지칭한다. 이들은 대부분 군부 내 비밀 사조직인 하나회 회원이었다.

☑ 피로 얼룩진 5·18 광주 민주화 운동(1980)

참고 임을 위한 행진곡(백기완)

사랑도 명예도 / 이름도 남김 없이 / 한평생 나가자던 뜨거운 맹세 동지는 간 데 없고 깃발만 나부껴 / 새날이 올 때까지 흔들리지 말자 앞서서 나가니 / 산 자여 따르라

➡ 윤상원 열사는 5·18 민주화 운동 당시 계엄군에 사망하였다. 이후 5·18 민주화 운동을 추모하고 열사의 영혼을 기리기 위해 만들어진 '임을 위한 행진곡'은 민주화 운동을 상징하는 곡이 되었다.

2. 전두환 정부(제5공화국)

(1) 활동

① 국정기구로서 국가 보위 비상 대책 위원회를 설치하여 국가 통치권을 장악하였다 (1980. 5).

② 제11대 대통령 선거(1980. 8) : 통일 주체 국민 회의의 간접선거로 전두환이 당선되었다.

③ 제8차 개헌(1980. 10) : 유신 헌법의 내용을 일부 수정하여 대통령 간선제(대통령 선거인단이 간접 선출), 7년 단임제로 헌법을 개정하였다.

④ 제12대 대통령 선거(1981. 2) : 대통령 선거인단의 간접선거로 전두환이 당선되었다.

⑤ 언론 통폐합 및 언론인을 대거 해고하였으며, 삼청교육대를 운영하여 폭력배 및 신군부의 반대 세력들을 수감하였다.

⑥ 대중 우민화 정책으로 국풍 81(1981)*을 개최하고, 3S 정책*을 실시하였다.

⑦ 통행금지 해제, 해외여행 자유화, 학생 복장 및 두발의 자유화, 대학 내 학생회 부활 등이 이루어졌다.

⑧ 대학입시 본고사 폐지, 대학 졸업 정원제, 과외 금지 등의 교육 정책을 실시하였다.

(2) 6월 민주 항쟁(1987)

① 대통령 직선제 개헌 요구 : 1985년 총선에서 야당인 신민당이 돌풍을 일으키면서 대통령 직선제 개헌에 대한 요구가 확대되었다.

② 박종철 고문 치사 사건(1987. 1) : 학생 운동이 활발해지면서 대학에서의 민주화 요구가 고조되던 과정에서 1987년 박종철 학생 고문치사 사건이 발생하였다.

③ 4·13 호헌조치(1987. 4) : 전두환은 4·13 호헌조치를 통해 대통령 간선제를 유지하겠다는 입장을 고수하였다.

④ 이한열 사망(1987. 6) : 민주화 시위 중에 최루탄을 맞아 중상을 입었던 이한열이 끝내 사망하였다.

⑤ 6월 민주 항쟁(1987. 6) : 4·13 호헌조치 철폐와 직선제 개헌을 요구하는 대규모의 전국 시위가 나타났다.

사료 Plus 🏛

6·10 국민 대회 선언문

오늘 우리는 전 세계 이목이 주시하는 가운데 40년 독재 정치를 청산하고 희망찬 민주국가를 건설하기 위한 거보를 전 국민과 함께 내딛는다. 국가의 미래요, 소망인 꽃다운 젊은이를 야만적인 고문으로 죽여 놓고 그것도 모자라 뻔뻔스럽게 국민을 속이려 했던 현 정권에게 국민의 분노가 무엇인지를 분명히 보여주고, 국민적 여망인 개헌을 일방적으로 파기한 4·13 호헌 조치를 철회시키기 위해 민주 장정을 시작한다.

참고 땡전뉴스

전두환 정부 당시, 뉴스 시보를 알리는 9시 종이 '땡'하고 울리자마자 직후에 '전두환 대통령은~' 으로 시작되는 헤드라인 '뉴스'를 내보냈기 때문에 '땡전뉴스'라고 이름 붙여졌다. 이는 전두환 정부 당시의 언론 통제를 보여준다.

✱ **국풍 81**
전두환 정부가 민족 문화의 계승과 대학생들의 국학에 대한 관심 고취라는 명분아래 서울 여의도 광장에서 주최한 관제적 성격의 문화축제이다.

✱ **3S 정책**
전두환 정부에서 추진한 스크린, 스포츠, 섹스에 의한 우민정책이다.

참고 박종철 추모 시위

정부는 '책상을 탁 치니 억하고 죽었다.'라는 식으로 고문 사실을 은폐하려고 하였다.

💙 이한열

참고 4·19 혁명과 6월 민주 항쟁의 공통점

• 학생과 시민이 주도
• 헌법 개정을 초래

⑥ 6 · 29 민주화 선언 : 전두환 이후 노태우가 대통령에 당선되면서 6 · 29 민주화 선언을 발표하였다.

　　㉠ 대통령 직선제 실시, 5년 단임제

　　㉡ 민주화 요구 수용, 국민의 기본권 회복

　　㉢ 노동조합의 자유로운 설립

사료 Plus 🏛

6 · 29 민주화 선언

• 대통령 직선제 개헌을 통한 평화적 정부 이양 보장
• 대통령 선거법 개정을 통한 공정한 경쟁 보장
• 김대중 사면 복권과 시국 관련 사범 석방
• 지방 자치 및 교육 자치 실시
• 정당의 건전한 활동 보장

---

05 제6공화국과 정부

1. 노태우 정부(제6공화국, 1988~1993)

(1) 정책

김종필
(신민주 공화당)
8.1%

기타 0.3%

김대중
(평화 민주당)
27.0%

노태우
(민주 정의당)
36.6%

김영삼
(통일 민주당)
28%

💿 제13대 대통령 선거 결과

① 여소야대의 정국으로 출발하였으나 1990년 3당 합당으로 민정당(노태우), 민주당(김영삼), 공화당(김종필)에 의한 민주자유당이 결성되었다.

② 지방 자치 제도를 부분적으로 실시하고, 북방 외교를 추진하여 동유럽 국가들과 수교를 맺었다.

③ 북방외교 : 헝가리(1989), 폴란드(1989), 소련(1990), 중국(1992) 등 사회주의 국가와의 국교를 수립하였다.

④ 1988년 제24회 서울올림픽을 성공적으로 개최하였다(종합성적 4위).

(2) 북한과의 관계

남북한 UN 동시 가입(1991년, 1민족 2체제 2정부 인정), 남북기본합의서 채택(1991), 한반도 비핵화에 대한 공동 선언 발표 등의 정책을 펼쳤다.

2. 김영삼 정부(문민정부, 1994~1997)

(1) 정책

① 3당 합당을 통해 창당된 민주 자유당 김영삼이 김대중을 꺾고 제14대 대통령에 당선되었다.

② 초기 : 과감한 개혁 정치를 추진하였다.

    ㉠ 하나회 소속 군인들 숙정, 안전기획부 개혁

    ㉡ 공직자 재산등록 의무화, 금융실명제 실시, 부동산실명제

    ㉢ 전교조 교사 1,000여 명 복직(1994. 3)

    ㉣ 지방 자치제를 전면 시행(1995), 부동산실명제

    ㉤ 역사 바로 세우기 : 12·12 및 5·18 사건 판결로 전두환은 무기징역에 추징금 2,205억 원을, 노태우는 징역 17년에 추징금 2,268억 원을 선고하였다.

③ 후기 : 갈수록 거듭된 실정이 계속되었다.

    ㉠ 아들 김현철이 월권행위로 여러 의혹사건에 개입되어 구속되었다.

    ㉡ IMF 사태(1997) : 기업인·정치권·금융계가 얽혀 저질러진 한보 철강 부도 사태를 비롯해 12개의 대기업이 부도로 문을 닫는 등 부실한 경제구조로 인해 경제 위기를 맞았다.

제14대 김영삼 대통령

법정에 선 전두환·노태우

> **참고** 전두환·노태우 항소심 판결 요지
>
> 피고인들이 취한 비상계엄 전국 확대, 국회 봉쇄, 정치인 체포, 광주 민주화 운동 유혈 진압 등의 조치는 국헌 문란의 목적 하에 행해진 행태다. 결국, 국민이 헌법 수호를 위해 결집한다면 이 결집은 헌법 기관으로 볼 수 있고, 이 결집을 병력을 동원해 강제 진압한 것은 명백한 헌법 기관 침해다. 5·18 당시 피고인들이 비상계엄 전국 확대, 정치인 체포 등의 조치로 국헌을 문란하게 한 데 대해 광주 시민이 대규모로 시위를 벌인 것은 헌법 수호를 위해 결집한 것이고, 병력을 동원, 이를 강제 진압해 그 역할을 수행하지 못하게 했다면 이는 국헌 문란 행위에 해당한다.

사료 Plus

3당 통합 선언

민주정의당과 통일민주당 그리고 신민주 공화당은 여야의 다른 위치에서 그동안 이 나라를 위해 나름대로 최선의 노력을 기울여 왔습니다. 그러나 오늘 우리의 현실은 보다 더 굳건한 정치주도세력과 국민적 역량의 결집을 요구하고 있습니다. 우리사회 모든 민족 민주 세력은 이제 뭉쳐야 합니다. 이 같은 시대적 요청에 부응하기 위해 우리는 중도민주 세력의 대단합으로 큰 국민정당을 탄생시켜 정치적 안정 위에서 새로운 정치 질서를 확립해 나가기로 했습니다. …… 국민 여러분 우리 역사상 처음으로 이제 여야 정당이 합당하여 새로운 국민 정당이 탄생됩니다.

---

(2) 북한과의 관계

김일성의 죽음 이후, 방북조문단 불허방침을 밝혀 남북 관계는 얼어붙었다.

▼ 제15대 김대중 대통령

3. 김대중 정부(국민의 정부, 1998~2002)

(1) 정책

① 최초의 여야 간 평화적 정권 교체가 이루어졌다.

② IMF 관리 체제를 탈피(2001) : 경제 구조 조정, 외국 자본 유치, 부실 기업 정리, 금 모으기 운동 등의 노력을 통해 IMF로부터 빌린 구제 금융을 조기에 상환할 수 있었다.

③ 민주적 개혁 실시 : 국민 기초 생활 보장법을 제정하여 사회적 약자에 대한 지원을 강화하였고, 여성부 신설 및 남녀 차별 금지법 제정 등 여러 민주적 개혁을 실시하였다.

④ 2000년 시드니 올림픽에서 태권도가 정식 종목으로 채택되고, 2002년 한일 월드컵과 부산 아시안 게임을 개최하는 등 스포츠 강국의 면모를 보여주었다.

(2) 북한과의 관계

① 적극적인 대북 정책(햇볕정책)을 실시하였다.

② 금강산 관광 사업이 시작되었다(1998).

③ 남북 정상 회담(2000)과 6·15 남북 공동 선언이 이루어 졌다.

⇨ 이러한 공로를 인정받아 김대중 대통령이 노벨 평화상을 수상하였다.

▼ 제16대 노무현 대통령

4. 노무현 정부(참여정부, 2003~2007)

(1) 정책

① 국민과 함께하는 민주주의 정부를 표방했다.

② 한류열풍 : 1980년대 이후 민중 문화 활동의 대중화와 영화산업의 성장으로 한류 열풍이 일어나는 등 문화 강국의 면모를 보여주었다.

③ 국제 사회와의 교류와 기여 : 한미 FTA 체결, 자이툰 부대의 이라크 파병 등

④ 대통령 탄핵 기각되었다(2004).

(2) 북한과의 관계

제2차 남북 정상 회담을 개최(2007)하고, 남북 관계 발전과 평화 번영을 위한 선언(10·4 남북 정상 선언)이 발표되었다.

5. 이명박 정부(2008~2012)와 박근혜 정부(2013~2017)

(1) 이명박 정부

① 다시 한 번 여야 간 평화적 정권 교체가 이루어졌다.

② 경제 성장 정책 추진 : 자유 무역 협정 체결 확대, 기업 활동 규제 완화, 친환경 녹색 성장 정책, 4대강 정비 사업 실시

③ 대북 긴장 고조 : 대청해전, 천안함 폭침, 연평도 포격 사건

④ 특정죄 가중처벌 등에 관한 법률 위반(뇌물) 등의 혐의로 2018년 구속

(2) 박근혜 정부

① 이명박 정권에 이어 정권이 연장되었다.

② 대북 긴장 고조 : 고고도 미사일 방어체계인 사드(THAAD) 도입, 개성공단 폐쇄(2016)

③ 대통령 탄핵(2017) : 대한민국 헌정사 최초의 현직 대통령 파면되었다.

한눈에 쏙

대한민국의 개헌

구분	개헌	계기	내용
이승만 정부 (제1공화국)	제헌헌법(1948)	국회에서 간접 선거	대통령 간선제, 단원제 국회
	1차 개헌(1952)	발췌 개헌	대통령 직선제, 양원제 국회
	2차 개헌(1954)	사사오입 개헌	초대 대통령 중임 제한 철폐
장면 내각 (제2공화국)	3차 개헌(1960. 6)	3·15 부정선거 4·19 혁명	의원내각제, 양원제 국회
	4차 개헌(1960. 11)		3·15 부정 선거자 및 반민족행위자 처벌
박정희 정부 (제3공화국)	5차 개헌(1962)	5·16 쿠데타	대통령 직선제, 단원제 국회
	6차 개헌(1969)	장기집권야욕	대통령 3선 연임 허용
박정희 정부 (제4공화국)	7차 개헌(1972)	10월 유신	• 대통령 간선제 • 대통령 권한 강화(긴급조치, 국회해산권)
전두환 정부 (제5공화국)	8차 개헌(1980)	10·26 사태	대통령 간선제, 7년 단임제
노태우 정부 (제6공화국)	9차 개헌(1987)	6월 민주항쟁	대통령 직선제, 5년 단임제

대한민국의 경제 발전

01 경제 정책

1. 광복 직후

(1) 경제 혼란

① 광복 후 일본인의 철수로 남한과 북한의 경제적 차이가 심각하게 나타났다.

　　㉠ 남한 : 농업과 경공업 중심

　　㉡ 북한 : 공업원료와 지하자원의 매장에 따른 중화학 공업 중심

② 해방 전후 인구 급증 및 물가 폭등으로 인해 경제적 어려움이 가중되었으며 북한에서는 전력 공급이 중단되기도 하였다.

(2) 미군정의 자본주의 정책

① 미곡 자유화 정책으로 일부 상인과 지주들이 쌀을 매점매석하여 쌀값이 폭등하자 미곡수집령을 시행하였다(1946).

② 미곡수집령에 대한 민중의 반발이 확대되면서 철도 총파업 및 대구 폭동이 발생하였다.

③ 미군정에서는 신한공사*를 수립하고 일부 귀속재산을 매각하였다.

> **✳ 신한공사**
> 미군정 법령에 의해 설립된 일제 귀속재산을 소유·관리한 회사이다. 신한공사는 식민지시기 동양 척식 주식회사의 소유였던 토지와 여타 일본인(회사·개인)의 소유였던 토지를 관할하여 그 보전과 이용 및 회계 등을 담당하였다.

2. 정부별 경제 정책

(1) 이승만 정부

① 1949년 유상매입, 유상분배를 원칙으로 하는 농지개혁법의 실시로 농민의 토지 소유가 실현되었다.

② 한국 전쟁 이후 이전에 남한 내 일본인 재산을 귀속재산으로 접수한 것을 처리하면서 많은 민간 기업이 출현하게 되었으며 국가 재정수입이 증대되었다.

③ 전후 복구사업을 위해 사회기간시설 보수, 수력·화력 발전소 건립하였다.

④ 삼백산업 육성 : 면, 방직, 밀가루

⑤ 긴급 통화 조치령(1953) : 화폐남발로 인한 혼란을 수습하기 위해 화폐개혁을 실시하였다.

> **사료 Plus**
>
> **긴급 통화 조치령**
> 정부는 2월 15일 대통령 긴급명령 13호를 통해 전쟁으로 인한 생산력 저하와 전쟁 비용 증대로 인한 통화 팽창을 억제하기 위하여 긴급 통화 조치령을 발표하였다. 그때까지 써오던 원 단위의 화폐 유통을 중지하고, 환 단위의 새 화폐로 바꾸었는데, 128,000원이었던 쌀 한 말 값이 1,280환이 되었다.

⑥ 미국의 경제 원조

   ⊙ 미국 내 잉여 농산물의 처리와 한국을 반공기지로 구축하고자 하는 미국의 정치적 입장이 반영되었다.

   ⓒ 생필품이나 설탕, 밀가루와 같은 소비재에 집중된 원조로 식량난을 해소하는 것이 가능하였다.

   ⓒ 필요 이상의 농산물이 수입되면서 곡물 가격이 폭락하였으며 값싼 밀과 면화의 도입으로 밀과 면화 가격 또한 크게 떨어졌다.

   ⓔ 한국 정부는 원조 물자를 처리하는 데 있어서 미국의 통제를 받았으며, 이를 통해 얻은 자금(대충자금)은 미국에서 무기를 사들이는 등 주로 친미반공정권을 유지하는 데 사용하였다.

   ⓜ 1950년대 한국 경제는 원조 경제를 통해 철저히 미국에 종속되었다.

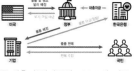

▼ 대충자금(미공법 480조에 따른 대충자금의 처리)

사료 Plus

미국의 잉여 농산물 도입 현황

구분	1955	1956	1957	1958	1959
도입 실적 (백만 달러)	28.3	51.7	48.2	39.7	27.0
도입 품목	원사, 연초	쌀, 소맥, 대맥, 원사, 낙농품	쌀, 소맥, 대맥	소맥, 대맥, 수수, 당밀, 옥수수	소맥, 원사, 옥수수

---

(2) 박정희 정부(1960년대)

① 1·2차 경제 개발 5개년 계획

   ⊙ 정부 주도의 지도를 받는 민주주의의 원칙에 따라 경제 개발을 추진하였다.

   ⓒ 자본이 부족했던 관계로 경공업을 중심으로 한 수출 주도형 경제 개발과 기간산업 및 사회간접자본 확충에 주력하였다.

② 화폐개혁(1962) : 경제 개발 자금 마련을 위해 화폐개혁을 실시했으나 실패하였다.

③ 한일 국교 정상화와 베트남 파병의 대가로 받은 자본을 통해 경제 개발 자금을 마련하였다.

④ 주요 기반 시설 : 울산 정유공장(1964), 마산 수출 자유 지역(1969)

⑤ 성과 : 베트남 특수로 기업의 해외 진출 및 상품 수출이 활성화되었으며, 국가의 경제 기반을 구축하고 기간산업을 성장시켰다.

참고 주요 기반 시설
- 울산 정유공장(1964)
- 마산 수출자유지역(1969)
- 경부 고속 도로(1970)
- 포항제철(1973)
- 고속전철(2004)

PART 08

▼ 서독 파견 광부(1963년 최초 파견)

▼ 서독 파견 간호사(1966년 최초 파견)

참고 새마을 운동 노래

새벽종이 울렸네 새아침이 밝았네
너도나도 일어나 새마을을 가꾸세
살기 좋은 내 마을 우리 힘으로 만드세

★ 와우 아파트 붕괴 사고

무분별한 도시화와 인구 집중에 대한 부실 행정 및 부실 시공으로 인해 발생한 붕괴 참사이다.

★ 광주 대단지 사건

1968년 서울시는 도시 환경을 정비하고 서울로 집중된 인구를 분산시킨다는 명분하에 무허가 판잣집을 정리하면서 철거민들을 경기도 광주 대단지 (현 성남시)로 집단 이주시켰다. 그러나 철거민의 처지를 고려하지 않은 무리한 사업의 추진으로 주민들의 생활고는 심각하였으며, 결국 이주민들이 서울시에 집단으로 항의하는 사건이 일어났다.

★ 함평 고구마 피해 보상 운동

고구마 수매를 둘러싼 전남 함평 농민들의 피해 보상 투쟁이다. 고구마 수매를 약속한 농협이 이를 제대로 지키지 않아 농민들이 큰 피해를 입자, 정부의 탄압에도 수백 명의 농민들이 투쟁에 참여하여 피해 보상 약속받았다.

(3) 박정희 정부(1970년대)

① 3·4차 경제 개발 5개년 계획

　　㉠ 경제 및 산업 구조의 고도화에 따른 수출 주도형 중화학 공업을 육성하였다.

　　㉡ 제1차 석유파동(1973년 중동 전쟁으로 발생)의 위기를 극복하고 중동을 중심으로 한 건설업의 해외진출이 나타났다.

　　㉢ 철강, 비철, 금속, 조선, 기계, 자동차, 전자, 석유화학 산업을 집중 육성하면서 수출 100억 달러를 달성하였다.

② 사회 간접 시설 확충 : 경부 고속 국도(1970), 전력·운수·항만 시설 등 건설

③ 새마을 운동 : 1970년 초, 대한민국 농촌의 현대화를 위해 새마을 운동이 시행되어 농·어촌 근대화와 소득 증대에 기여하였다.

④ 1970년대의 경제적 폐단

　　㉠ 전태일 분신(1970. 11. 13) : 노동인권과 노동기본권 보장을 외치면서 분신하였다.

　　㉡ 8·3 조치(1972) : 사채를 동결시킨 긴급 재정 명령으로 대기업이 혜택을 받고, 중소재산가들은 몰락하여 재벌중심경제가 편성되었다.

　　㉢ 경제 개발에 필요한 기계, 기술, 자본 등을 일본에서 도입하면서 미국뿐 아니라 일본에도 경제적으로 예속되었다.

　　㉣ 중화학 공업에 대한 중복 과잉 투자, 제2차 석유파동(1979년 이란 혁명으로 발생)으로 인한 무역 수지 악화, 물가 상승의 문제가 나타났다.

　　㉤ 노동자와 농민이 경제의 주체이자 분배의 대상이 아니라 소모품으로 인식되었고, 이러한 인식하에 여러 사건·사고가 발생하였다.

　　　⇨ 와우 아파트 붕괴 사고(1970)*, 광주 대단지 사건(1971)*, 함평 고구마 피해 보상 운동(1976~1978)*

한눈에 쏙

경제 개발 5개년 계획

구분	특징	성과
제1·2차 개발 계획 (1962~1971)	외국 차관과 값싼 노동력 결합 → 경공업 육성, 수출 중심	• 베트남 특수에 힘입어 고도성장 • 경부 고속 국도 개통(1970)
제3·4차 개발 계획 (1972~1981)	중화학 공업 중심으로 전환 → 포항 광양 제철소 건설, 울산·거제 조선소 건설	• 중화학 공업 생산액이 경공업 생산액보다 증가 • 수출 100억불 달성(1977)

(4) 전두환 정부

① 경제 안정화 정책 및 5차 경제 사회 발전 5개년 계획

  ㉠ 중화학 공업에 대한 과잉투자 및 제2차 석유파동에 따른 경제 위기를 극복하기 위해 실시하였다.

  ㉡ 중화학 공업에 대한 과잉 투자를 조절하고 부실기업을 정리하였다.

  ㉢ 국가 주도의 성장 전략을 수정하고 시장경제의 자율성 도모하였다.

  ㉣ 자본 자유화 정책에 따라 자본과 금융시장의 개방화 추진하였다.

② 3저 호황에 따른 경제 성장

  ㉠ 원유 가격, 달러 가치, 금리 하락의 호재를 업고 경제 성장, 물가 안정, 수출 증대

  ㉡ 그러나 1980년대 초반 구조 조정의 실패로 재벌의 국민 경제에 대한 비중이 확대되었다.

(5) 노태우 정부

외국 자본의 국내 시장 개방 압력이 높아지고 3저 호황의 국면이 소멸되면서 수출이 부진하였다.

(6) 김영삼 정부

① 금융·부동산실명제 실시, 우루과이 라운드* 타결, WTO* 체제 출범으로 시장 개방, OECD 가입 등 많은 정책을 실시하였다.

② 신경제 5개년 계획을 추진하여 행정 규제 완화, 재벌개혁, 공기업 민영화 등 실시하였다.

③ 무역 적자 및 대규모 외국 자본 이탈로 외환위기, 대기업의 부도 및 금융권이 부실해지며 IMF* 금융 지원을 받았다.

(7) 김대중 정부

① IMF 관리체제 내에서 기업 구조조정 및 공적 자금 투입으로 IMF 관리체제를 극복하기 위해 노력하였다.

② IMF 경제 위기 이후 1998년 대통령 자문기구로 노사정 위원회*가 발족하였다.

③ 금 모으기 운동 등 국민적인 관심과 노력이 지속적으로 이루어졌다.

④ 계층 간 소득 격차 심화, 비정규직의 증가 및 고용 불안, 외국 자본에 의한 국내 시장 점유율 증가 등 경제 문제가 발생하였다.

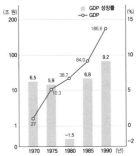

🔽 금 모으기 운동

참고 경제 규모의 성장

1980년대 중반 이후 우리 경제는 저 유가로 상품 생산 비용이 줄었고, 저 달러 현상으로 가격 경쟁력이 강화되어 수출에 유리하였다. 한편, 저금리로 이자 비용이 낮아져 기업들이 적극적으로 투자를 늘리며 우리 경제는 크게 성장하였다.

* 우루과이 라운드

선진 자본주의 국가들이 후발 자본주의 국가들의 보호 무역 장벽을 완화해 자국의 이익을 극대화하려는 의도가 포함된 것이다.

* 세계 무역 기구(WTO)

세계 무역 체제의 개방을 지향하면서 우루과이 라운드의 실천을 감시하고 분쟁을 조정하기 위해 설립된 국제기구이다.

* 국제 통화 기금(IMF)

1947년 설립된 국제기구로 가맹국의 돈을 모아 공동 기금을 만들어 원활한 외환 자금을 조달, 외환 시세의 안정, 세계 각국의 경제 번영을 도모하고 있다.

* 노사정 위원회

외환 위기를 계기로 설립된 대통령 자문 기구로서 노동 정책 및 현안 노동 문제에 대한 노동자·사용자·정부 간의 사회적 대화와 합의 도출을 목적으로 활동하였다.

한눈에 쏙

정권별 경제 정책

정권	경제 정책
이승만 정부 (1950년대)	• 6 · 25 전쟁 이전 : 농지 개혁, 귀속재산 처리법 • 화폐개혁(1953) : 화폐 남발 혼란 수습 목적(100원 → 1환) • 미국의 원조 → 삼백산업 발달(제분 · 제당 · 면방직 등 소비재) ⇨ 무상원조 → 유상차관 → 국내 경기 불황, 실업률 상승
장면 내각	• 경제 제일주의 • 경제 개발 5개년 계획 수립
박정희 정부 (1960년대)	• 1 · 2차 경제 개발 5개년 계획 : 경공업 중심, 수출주도형 • 한일 협정 → 경제 개발 자금 마련 목적(민간 배상 ×) • 베트남 파병 → 베트남 특수, 브라운 각서(차관, 기술 제공)
박정희 정부 (1970년대)	• 3 · 4차 경제 개발 5개년 계획 : 중화학공업 중심, 수출주도형 • 제1차 석유파동(1973) 극복, 제2차 석유파동(1979) → 위기 • 경부 고속 국도, 새마을 운동, 수출 100억불 달성(1977) • 전태일 분신, Y · H 무역사건, 8 · 3 동결 조치(대기업 중심)
전두환 정부 (1980년대)	• 3저 호황 : 저유가, 저금리, 저달러 • 이중 곡가제 폐지, 농산물 수입 급증
노태우 정부 (1988~1992)	3저 호황 국면 소멸
김영삼 정부 (1993~1997)	• 세계시장확대 : WTO체제(1995), UR 타결, OECD가입(1996) • 국민소득 1만달러(1995), 신경제 개발 5개년 계획 • IMF 구제 금융(1997)
김대중 정부 (1998~2002)	IMF 금융 위기 극복(금 모으기 운동 등) → 노사정 위원회 출범 → 이후, 비정규직 문제 등 사회문제 심화
노무현 정부 (2000년대)	• 한류열풍 / 수출입무역액 1조 달러 달성(2011, 이명박 정부) • KTX 개통(2004)

02 경제 성장에 따른 사회의 질적 향상

1. 교육의 확대

(1) 시기별 교육 정책 변화

① 미군정기 : 민주 시민 양성을 목표로 했고, 6-3-3 학제를 도입하였다.

② 1950~60년대

    ㉠ 의무교육 완성 6개년 계획에 따라 초등학교 의무 교육이 시작되었다(1954~1959).

    ㉡ 5·16 군사정변 이후, 교육 관계 특례법 제정으로 교육 자치제를 폐지하였다.

    ㉢ 박정희 정부는 반공을 국시로 내걸고 반공교육을 강조하였다.

    ㉣ 1968년 국민 교육 헌장*이 선포되었고, 1969년 교련이 정식 교과로 채택되었다.

    ㉤ 1969년 중학교 무시험 추첨제가 도입되었다.

③ 1970년대

    ㉠ 유신 체제 수립 이후, 국사 교육을 강조하였다.

    ㉡ 1973년 대도시 지역부터 고등학교 연합고사와 고교 평준화가 실시되었다.

④ 1980년대

    ㉠ 대학교와 전문대학이 증가하면서 교육의 양적 확대가 이루어졌고, 사교육에 대한 투자 증가로 공교육이 위축되었다.

    ㉡ 대학입시 본고사 폐지(1980), 대학 졸업 정원제와 과외 전면 금지(1981) 등 입시 과외의 문제를 줄이기 위한 교육정책을 실시하였다.

    ㉢ 1989년 전국 교직원 노동조합이 결성되었다.

⑤ 1990년대 이후

    ㉠ 급속한 세계화와 정보화 속에서 다양한 교육 개혁이 추진되고 있다.

    ㉡ 김영삼 정부 출범 이후, 전교조 교사 1,000여 명이 복직되었다(1994. 3).

    ㉢ 중학교 의무 교육이 시작되었다.

(2) 한국의 의무 교육

① 1948년 헌법과 교육법으로 제정되었다.

② 실질적인 초등학교 의무교육 : 1954~59년 '의무교육 완성 6개년 계획'에 따라 처음으로 실시하였다.

③ 중학교 의무교육

    ㉠ 1985년 제정된 '중학교 의무교육 실시에 관한 규정'에 의해 도서·벽지 중학교 1학년부터 시작되었다.

    ㉡ 1992년 이 규정의 개정으로 92~94년에 읍·면지역 전 학년까지 혜택을 주었다.

    ㉢ 2002학년도 신입생부터 3년에 걸쳐 단계적으로 실시하여, 2004년에 중학교 3학년까지 확대하였다.

④ 북한 : 이미 수십 년 전부터 유치원 1년, 인민학교 4년, 고등중학교 6년 등 11년간 의무교육 시행하였다.

* 국민 교육 헌장
1968년 11월 26일 국회 만장일치의 동의에 따라 12월 5일 발표한 헌장으로, 이후 각 학교 교과서의 첫 머리에 인쇄되는 등 새마을 운동과 함께 20여 년간 적극적으로 보급되었으나, 1994년에 폐기되었다. 메이지 시대에 제정한 군국주의적, 국수주의적인 교육 칙어와 이념이 매우 유사하다는 주장도 있다.

참고 다른 나라의 의무교육 현황
2001년 기준 OECD국가들의 의무교육 연한은 독일(12년), 영국(11년), 미국(10년), 프랑스(10년), 일본(9년) 등 9~12년이 보통이다.

PART 08

2. 사회 보장 제도의 변화

(1) 의료보험

① 1977년 처음 시행되었다(박정희 정부).

② 1989년 7월 도시지역까지 확대 실시되면서 전 국민 의료 보험 지원이 달성되었다.

(2) 국민연금

① 1988년 처음 시행되었다(노태우 정부).

② 1999년 도시지역 자영업자까지 확대되어 모든 국민이 가입하였다.

(3) 국민 기초 생활 보장 제도(1999)

빈곤층을 대상으로 국민의 최저생활을 보장해주었다(김대중 정부).

(4) 사회 보장 제도의 발전 과정

의료 보험법(1977) → 도시 자영업자까지 확대(1989) → 국민 건강 보험으로 통합(2000) → 국민 연금 제도(1988) → 고용 보험제도(1995) → 사회 보장 기본법(1995), 기초 생활 보장법(1999)

(5) 여성의 지위 향상

① 남녀 차별 금지법 제정 및 여성부를 출범하였다(김대중 정부).

② 호주제 폐지 및 남녀 고용 평등과 일·가정 양립 지원에 관한 법을 제정하였다(노무현 정부).

3. 대중문화의 성장

(1) 미군정기와 1950년대

미국 대중문화의 보급으로 팝 등이 유행하였다.

(2) 1960년대

경제 발전으로 대중 매체의 보급이 확산되면서 대중문화가 성장하기 시작하였다.

(3) 1970년대

① 유신체제하에서 언론·방송·노래 등에 대한 검열이 강화되어 많은 금지곡이 쏟아졌다.

② 그럼에도 불구하고, 대중문화는 사회의 분위기와 열망을 반영하면서 성장하였다.

③ 텔레비전을 통한 가요·드라마·오락 프로가 대중문화의 중심이 되었다.

(4) 1980년대

신군부 등장 이후, 민주화와 사회·경제적 평등을 주창하는 민중문화가 대중문화를 이끌었다.

(5) 1990년대 이후

　① 영화·드라마·음악 등 다양한 장르에서 세계적인 각광을 받고 있다.

　② 특히, 2000년대 이후 '한류'라는 이름으로 한국 문화가 아시아 전역을 넘어 세계적으로 선풍적인 인기를 끌고 있으며, 이는 경제적 측면에서도 큰 도움이 되고 있다.

4. 스포츠 강국으로 성장

(1) 국제적 성과

　① 1947년 제51회 보스턴 마라톤 대회 우승 : 서윤복

　② 1960년대 태릉선수촌 건립 ⇨ 체육활동 뒷받침이 되었다.

　③ 1976년 몬트리올 올림픽 레슬링 우승 : 양정모(대한민국 최초의 올림픽 우승)

　④ 1988년 서울 올림픽 : 종합 순위 4위

　⑤ 2000년 시드니 올림픽에서 태권도가 정식정목으로 채택

　⑥ 2002년 한·일 월드컵 : 4강

(2) 국제 대회 개최

　① 1986년 서울 아시안 게임, 2002년 부산 아시안 게임, 2014년 인천 아시안 게임 개최

　② 1988년 서울 올림픽 개최

　③ 2002년 한·일 월드컵 공동 개최

(3) 남북 교류

　① 1991년 지바 세계 탁구 선수권 대회에서 남북 단일팀을 구성하여 단체전에서 우승하였다.

　② 2000년 시드니 올림픽 대회에서 남북한이 한반도기를 들고 공동 입장하였다.

🔽 2002년 한·일 월드컵 길거리 응원 문화

🔽 지바 세계 탁구 선구권 대회 남북 단일팀

🔽 시드니 올림픽 공동입장

PART 08

통일 정책과 통일을 향한 움직임

01 냉전체제하에서의 통일 정책

1. 1950년대 통일 정책

(1) 이승만 정부

① 6·25 전쟁 이후 무력에 의한 북진통일론을 주장하였다.

② 제네바 회담 이후 UN 감시하에 남북한 총선거에 의한 통일 추진을 정책기조로 삼았다.

③ 평화 통일론*을 주장한 진보당을 탄압하였다.

(2) 장면 내각

① 정부 : UN 감시하의 남북 자유선거에 의한 통일을 주장하였다.

② 학생과 진보 세력

ㄱ 중립화 통일론을 주장하였다.

ㄴ 4·19 이후 학생회담이 추진되고, 진보세력과 학생들을 중심으로 중립화 통일론이 주장되었으나 장면 내각은 북한 정부와의 대화에 소극적이었다.

ㄷ 남북 학생회담(1961) : "가자 북으로! 오라 남으로!"라는 구호 아래 남북 학생 회담을 추진하여 평화적 통일을 이루고자 하였다.

③ 5·16 군사 정변 이후 : 중립화 통일론이나 남북 학생회담 등의 논의가 사라졌다.

2. 1960년대 통일 정책

(1) 박정희 정부(1960년대)

① '선 건설 후 통일론*'을 내세우면서, 강력 반공을 주장하였다.

② 승공통일론을 주장하였다.

(2) 통일 정책 변화

① 1970년대 닉슨 독트린 발표에 따른 긴장 완화와 평화 공존의 국제 정세가 조성되었다.

② 남북한 경제난이 심해졌다.

＊평화 통일론
우리는 오직 피 흘리지 않는 통일을 원한다. 조국의 평화적인 통일을 파괴한 책임은 6·25 전쟁을 범한 북한 공산당에 있다. …… 평화적 통일에의 길은 오직 하나 남북한에서 평화 통일을 저해하고 있는 요소를 제거하고 민주주의적 진보 세력이 주도권을 장악하는 것뿐이다. ……민주주의의 승리에 의한 조국의 평화 통일, 이것만이 우리의 유일한 길이다.

＊선 건설, 후 통일론
박정희 정부는 먼저 남한의 경제 건설에 주력하고, 나중에 남한의 국력이 북한을 압도하게 되었을 때 통일을 논의하자고 주장하였다.

02 냉전 완화 이후의 통일 정책

1. 1970년대 통일 정책

(I) 8 · 15 선언(1970)과 남북 적십자 회담 개최(1971. 9)

이로 인해 평화 협상의 길이 처음으로 열리게 되었다.

> **사료 Plus**
>
> **8 · 15 선언(1970)**
> 1. 긴장 상태의 완화 없이는 평화적 통일이 불가능하다.
> 2. 전쟁 도발 행위의 중지 및 무력에 의한 적화 통일 야욕을 포기해야 한다.
> 3. 북한은 선의의 경쟁에 나서야 한다.
> 4. 북한이 UN의 권위와 권능을 수락한다면 유엔에서의 한국 문제 토의에 북한이 참석하는 것을 반대하지 않는다.
> 5. 이러한 요구를 북한이 수락 · 실천한다면 인도적 견지와 통일 기반 조성에 기여할 수 있는 인위적 장벽을 단계적으로 제거해 나갈 수 있는 방안을 제시할 용의가 있다.

(2) 7 · 4 남북 공동 성명(1972. 7. 4)

① 자주 · 평화 · 민족적 대단결의 3대 통일 원칙을 마련하였다.

② 남북 조절 위원회 설치 : 7 · 4 남북 공동 성명의 합의사항을 추진하고 남북 관계를 개선 · 발전시키며 통일 문제를 해결하기 위해 설립된 남북한 당국 간의 정치적 협의기구이다.

③ 남북한 당국은 모두 7 · 4 남북 공동 성명을 정치적으로 이용하여 독재 체제를 구축하였다.

    ㉠ 박정희 정권 : 유신을 위한 명석 깔기일 뿐, 실제로 교류 · 협력 · 성과는 부족했다.

    ㉡ 김일성 정권 : 주석제를 신설하고, 주석에게 권력을 몰아주는 사회주의 헌법을 마련하였다.

🔽 7 · 4 남북 공동 성명을 시청하고 있는 시민들

> **사료 Plus**
>
> **7 · 4 남북 공동 성명**
> 첫째, 통일은 외세에 의존하거나 외세에 간섭을 받음이 없이 자주적으로 해결하여야 한다.
> 둘째, 통일은 서로 상대방을 반대하는 무력행사에 의거하지 않고 평화적 방법으로 실현하여야 한다.
> 셋째, 사상과 이념, 제도의 차이를 초월하여 우선 하나의 민족으로서 민족적 대단결을 도모하여야 한다.
>
> 1. 남북한은 자주적 · 평화적 · 민족적 대단결 통일의 원칙에 합의한다.
> 2. 서로 상대방을 중상 · 비방하지 않고 무장 도발을 하지 않는다.
> 3. 다방면적인 제반 교류를 실시한다.
> 4. 남북 적십자 회담에 적극 협조한다.
> 5. 서울과 평양 사이에 상설 직통 전화를 가설한다.
> 6. 남북 조절 위원회를 구성하여 운영한다.
> 7. 이상의 합의 사항을 성실히 이행할 것을 민족 앞에 약속한다.

PART 08

(3) 6 · 23 평화 통일 외교 정책 선언(1973. 6. 23)

① 남북한 UN 동시 가입을 제안하고, 모든 국가에 문호를 개방하였다.

② 내용 : 내정불간섭, 남북대화, 북한의 국제기구 참여 인정

③ 북한은 6 · 23 선언이 7 · 4 남북 공동 성명을 위배한다고 하면서 남북 대화 중단을 선언하였다.

(4) 평화통일 3대 원칙(1974. 1)

① 평화정착

② 상호 신뢰 회복

③ 인구 비례에 의한 남북한 총선거 실시를 통한 통일

2. 1980~1890년대 통일 정책

(1) 전두환 정부

① 민족 화합 민주 통일 방안(1982. 1) : '남북 대표로 민족 통일 협의회 구성, 통일 헌법 기초 마련 → 국민 투표로 확정 후 남북한 총선거 실시 → 통일 정부 · 국회 구성'의 단계를 거친다.

② 다양한 교류 활동

　㉠ 북한에 수재물자를 제공한 것(1984)을 계기로 남북 경제 회담과 적십자 회담 등을 개최하였다.

　㉡ 남북한 이산가족 고향 방문(1985) 및 예술 공연단 교환 방문 등 교류가 이어졌지만, 여전히 정치, 군사적 갈등은 지속되었다.

(2) 노태우 정부

① 7 · 7 선언(1988) : 남북한 관계를 함께 번영해야 할 민족 공동체관계로 규정하였다.

② 한민족 공동체 통일 방안(1989)

　㉠ 원칙 : 자주 · 평화 · 민주

　㉡ 단계 : 남북 연합 구성 → 헌법 제정 → 총선거 실시 → 통일 민주 공화국 구성

③ 남북 고위급 회담 시작(1990)

④ 남북한 UN 동시 가입(1991. 9)

⑤ 남북 기본 합의서 채택(1991. 12) : 남북한 상호 화해와 불가침 선언, 교류 · 협력, 한반도 비핵화에 관한 공동 선언

⑥ 한반도 비핵화에 관한 공동 선언(1992)

참고 KBS 특별 생방송 '이산가족을 찾습니다.'기록물(2015년 유네스코 기록유산 등재)

KBS가 1983년 6월 30일 밤 10시 15분부터 11월 14일 새벽 4시까지 생방송을 한 비디오 녹화원본 테이프 463개와 담당 프로듀서의 업무 수첩, 이산가족이 직접 작성한 신청서, 기념음반, 사진 등의 기록물을 총칭한다. 이는 TV가 탄생한 이후 최대 규모의 대중 참여와 접근을 보장한 기록이라는 데 역사적 의의가 있다. 또한, 혈육들이 재회하여 얼싸안고 울부짖는 장면은 이산가족의 아픔을 치유해 주었고, 남북이산가족 최초상봉(1985. 9)의 촉매제 역할을 하며 한반도 긴장 완화에 기여했다.

사료 Plus

남북 기본 합의서

제1장 남북화해

제1조 남과 북은 서로 상대방의 체제를 인정하고 존중한다.

제2조 남과 북은 상대방의 내부문제에 간섭하지 아니한다.

제3조 남과 북은 상대방에 대한 비방, 중상을 하지 아니한다.

제4조 남과 북은 상대방을 파괴, 전복하려는 일체 행위를 하지 아니한다.

제2장 남북불가침

제9조 남과 북은 상대방에 대하여 무력을 사용하지 않으며 상대방을 무력으로 침략하지 아니한다.

제10조 남과 북은 의견대립과 분쟁문제들을 대화와 협상을 통하여 평화적으로 해결한다.

제3장 남북교류, 협력

제15조 남과 북은 민족경제의 통일적이며 균형적인 발전과 민족전체의 복리향상을 도모하기 위하여 자원의 공동개발, 민족 내부 교류로서의 물자교류, 합작투자 등 경제교류와 협력을 실시한다.

제16조 남과 북은 과학, 기술, 교육, 문화, 예술, 보건, 체육, 환경과 신문, 라디오, 텔레비전 및 출판물을 비롯한 출판, 보도 등 여러 분야에서 교류와 협력을 실시한다.

제18조 남과 북은 흩어진 가족, 친척들의 자유로운 서신거래와 왕래와 상봉 및 방문을 실시하고 자유의사에 의한 재결합을 실현하며, 기타 인도적으로 해결할 문제에 대한 대책을 강구한다.

(3) 김영삼 정부

① 3단계 3대 기조 통일 정책(1993)

　　㉠ 3단계 통일 방안 : 화해·협력 → 남북 연합 → 통일 국가

　　㉡ 3대 기조 : 민주적 국민 합의, 공존공영, 민족 복리

② 민족 공동체 통일 방안(1994)

　　㉠ 의미 : 한민족 공동체 통일 방안과 3단계 3대 기조 통일 정책을 수렴한 방안

　　㉡ 원칙 : 자주·평화·민주

　　㉢ 단계 : 화해·협력, 남북 연합, 통일 국가 완성의 3단계 통일 방안

PART 08

3. 2000년대 통일 정책

(1) 김대중 정부

① 대북 정책 3원칙 제시

　ㄱ 평화를 파괴하는 일체의 무력 도발 불용

　ㄴ 흡수 통일 배제

　ㄷ 화해·협력의 적극 추진(햇볕정책)

② 금강산 관광 사업(1998. 11~)

　ㄱ 2000년 말까지 37만여 명 참가하여 남북 교류의 전기가 마련되었다.

　ㄴ 2008년 관광객 피살 사건 이후, 잠정 중단되었다.

③ 6·15 남북 공동 선언(2000. 6. 15)

　ㄱ 김대중 대통령이 평양을 방문하여 남북 정상 회담이 성사되었다.

　ㄴ 남북 화해와 협력의 새 시대를 여는 출발점이 되었다.

　ㄷ 2000년 8월 15일 이산가족 상봉 이후 여러 번 실시되었다.

　ㄹ 경의선 복구 사업, 개성 공단 설치 등 다방면의 남북 교류와 협력이 활성화되었다.

6·15 남북 정상 회담

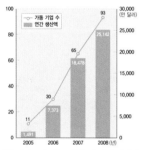
개성공단 입주 기업 및 연간 생산액 변화

사료 Plus

6·15 남북 공동 선언문

1. 남과 북은 나라의 통일 문제를 그 주인인 우리 민족끼리 서로 힘을 합쳐 자주적으로 해결해 나가기로 하였다.

2. 남과 북은 나라의 통일을 위한 남측의 연합제안과 북측의 낮은 단계의 연방제안이 서로 공통성이 있다고 인정하고, 앞으로 이 방향에서 통일을 지향시켜 나가기로 하였다.

3. 남과 북은 올해 8·15에 즈음하여 흩어진 가족, 친척 방문단을 교환하며 비전향 장기수 문제를 해결하는 등 인도적 문제를 조속히 풀어 나가기로 하였다.

4. 남과 북은 경제 협력을 통하여 민족 경제를 균형적으로 발전시키고 사회·문화·체육·보건·환경 등 제반 분야의 협력과 교류를 활성화하여 서로의 신뢰를 다져 나가기로 하였다.

5. 남과 북은 이상과 같은 합의 사항을 조속히 실천에 옮기기 위하여 이른 시일 안에 당국 사이의 대화를 개최하기로 하였다.

---

(2) 노무현 정부

① 평화 번영 정책 : 김대중 정부의 대북 포용정책인 햇볕정책 정신을 계승·발전하여 한반도 평화증진과 남북한 공동번영을 추구하였다.

② 2007년 남북 정상 회담 개최 : 남북 관계 발전과 평화번영을 위한 선언(제2차 남북 공동 선언, 10·4 남북 공동 선언)이 이루어졌다.

제2차 남북 정상 회담(2007)

사료 Plus 🏛

남북 관계 발전과 평화번영을 위한 선언

1. 6·15 공동 선언 적극 구현
2. 상호 존중과 신뢰의 남북관계로 전환
3. 군사적 긴장 완화와 신뢰 구축
4. 6자 회담*의 9·19 공동 성명과 2·13 합의이행 노력
5. 경제협력 사업 활성화
6. 백두산 관광 실시 등 사회문화 분야의 교류와 협력 발전
7. 이산가족 상봉 등 인도주의 협력사업 적극 추진
8. 국제무대에서 민족의 이익과 해외 동포들의 권리와 이익을 위한 협력 강화

* 6자 회담

북핵 문제 해결을 위한 한반도 주변 6개국(한국, 북한, 미국, 러시아, 중국, 일본)의 회담이다.

한눈에 쏙

제1공화국 (이승만 정부)	• 김일성 정권의 해체와 UN 감시 하의 북한 지역만의 자유선거에 의한 통일 • 6·25 전쟁 전 북진통일론 • 조봉암 중심의 진보당이 남북한 총선거에 의한 평화통일론을 제안했으나, 조봉암을 간첩 혐의로 처형
제2공화국 (장면 정부)	UN 감시 하의 인구비례에 남북 자유총선거(중립화 통일론) ⇨ 북진통일론 폐기
제3공화국 (박정희 정부)	• 남북 적십자 회담 제의(1971. 8) : 평화협상의 길이 열림 • 7·4 남북 공동 성명(1972. 7. 4) : 자주통일, 평화통일, 민족적 대단결의 원칙, 남북조절위원회 설치
제4공화국 (박정희 정부)	• 6·23 평화 통일 선언(1973) : 남북한 UN 동시 가입과 호혜평등의 원칙 아래 모든 국가의 문호개방 선언 • 남북한 상호불가침협정 체결 제의(1974. 1. 19) • 평화통일 3개 기본원칙 천명(1974. 8. 15)
제5공화국 (전두환 정부)	• 민족 화합 민주 통일 방안(1982. 1. 12) : 민족자결의 원칙 아래 민주적 절차와 평화적 방법으로의 통일(국민투표 → 통일헌법 → 남북총선거 → 통일 민주 공화국)
제6공화국 (노태우 정부)	• 한민족 공동체 통일 방안(1989. 9) : 자주, 평화, 민주의 통일원칙(공동체 형성 → 남북연합 → 통일국가) • 남북 기본 합의서(남북 사이의 화해와 불가침 및 교류협력에 관한 합의서) • 한반도 비핵화 공동 선언
문민정부 (김영삼 정부)	• 민족 공동체 통일 방안(1994. 8. 15) : 화해 협력단계에서의 교류협력 → 남북연합단계(2체제 2정부)에서의 법적·제도적 장치 마련 → 통일 완성 단계에서의 1민족 1국가 1체제 1정부
국민의 정부 (김대중 정부)	• 6·15 남북 공동 선언(2000. 6. 15) : 최초의 남북 정상 회담 • 한반도의 자주적 통일과 민족적 화해와 단합, 남북한 교류, 협력, 남북대화 등에 대한 역사적 합의 도출. 남측의 연합 제안과 북측의 낮은 단계의 연방 제안이 서로 공통점이 있다고 인정
참여정부 (노무현 정부)	남북관계 발전과 평화번영을 위한 선언 : 6·15 공동 선언 고수, 남북한 상호존중, 남과 북의 적대적인 관계 종식 및 긴장완화와 평화를 보장하기 위해 긴밀히 협력, 인도주의 협력사업 적극 추진, 사회문화 분야의 교류와 협력을 발전시킴.

PART 09
기타 : 역사학 입문, 북한사, 동아시아의 역사 왜곡

본 편의 역사(연표)

1945.8	평남 건준위 결성	1968.1	푸에블로호 나포
1945.8	소련군 평양 사령부 설치	1969	주체사상의 유일사상화
1945.11	소련파 숙청	1972.5	이후락 정보부장 김일성 면담
1946.2	북조선 임시 인민 위원회 발족	1972.4	남북 공동 성명
1946.3	토지개혁	1972.12	국가주석제 신설
1946.8	중요 산업 국유화	1980.10	온 사회의 주체사상화
1946.8	북한 노동당 창당	1980.10	김정일 후계자 공인
1948.2	인민군 창군	1985.	핵확산금지조약(NPT) 가입
1948.9	조선 민주주의 인민 공화국 수립	1984.	합영법 제정
1948.9	소련군 철수	1988.1	서울 올림픽 불참 발표
1950.6	6·25 전쟁	1989.3	김일성-문익환 목사 면담
1955.12	박헌영 숙청	1992.	한반도 비핵화에 관한 공동 선언
1956.8	8월 종파 사건	1992.	합작법
1957.3	천리마 운동	1993.4	김정일 국방 위원장 추대
1957.5	김두봉 축출	1994.7	김일성 사망
1960.8	『조선말 사전』 출전	1997.10	김정일 승계 공식 선언
1962.12	4대 군사 노선 채택	2011.12	김정일 사망
1967.3	남로당파, 갑산파 숙청	2012.4	김정은 정권 공식 출범

역사학 입문

01 역사란 무엇이고, 왜 배우는가?

1. 역사의 의미

(1) 서양의 인식

사실로서의 역사(Geschichte)	기록으로서의 역사(history)
• 객관적 의미의 역사 • 과거에 일어났던 사실 그 자체	• 주관적 의미의 역사 • 사실로서의 역사를 토대로 역사가가 주관적으로 재구성한 역사

(2) 동양의 인식

역(歷)	사(史)
긴 시간의 흐름 속에서 변화하는 모습	역사적 사실을 기록하는 사람 혹은 그 기록한 내용

2. 역사 학습의 목적

(1) 역사 학습의 두 측면

역사를 학습	역사로서 학습
과거 사실의 지적인 이해 ⇨ 옛 삶을 올바로 이해, 역사적 사고력과 문제 해결력 신장	역사 학습을 통한 현재의 인간적 성숙 뒷받침(교훈) ⇨ 자아 정체성 발견, 과거 사실을 통해 현재를 발견

(2) 의의

① 인과성, 법칙성, 보편성을 파악하여 미래를 대비할 수 있다.

② '인간의, 인간에 의한, 인간을 위한' 학문인 역사 학습을 통해 인간 중심주의 학습을 할 수 있다.

사료 Plus 📖

역사는 현재를 비추는 거울이다

동양에서는 역사학이 정책의 입안을 위한 이론적 근거와 참고 자료를 마련하기 위하여 연구되었다. 동양에서는 역사학의 제 1차적 목적을 귀감에서 찾는다. 그러기에 대부분의 역사책은 거울 감(鑑)자를 쓴다. 우리나라에서는 서거정의 동국통감, 중국에서는 사마광의 자치통감, 원추의 통감 기사본말 등이 그 대표적인 예이다. 실제로 중국의 역사를 보면 주대의 봉건적 지방 분권체제가 춘추 전국 시대라는 혼란기를 초래하였다는 것을 귀감으로 삼아 진의 시황제는 중앙집권적인 군현제를 실시하였고, 송태조는 당의 멸망 원인이 절도사의 난립에 있었음을 귀감으로 삼아 철저한 문치주의를 표방하였다.

깊이 Plus ⁺

역사학의 시작(기원전 5C부터)
- 헤르도투스의 『히스토리아』: 페르시아 전쟁사, 역사에 대한 기록(설화적 역사) + 정황기록
- 투키디데스의 『필로폰네소스 전쟁사』: 교훈적 역사, 인간의 심리적 동기 추정, 인과관계 개념 형성, 사료비판의 초보적 형태

사료(史料)

역사를 구성하는 재료로 역사 인식을 얻기 위한 소재이다. 광의로는 인간의 역사적 과거를 밝힐 수 있는 재료 일체를 가리키는 것으로 자연경관, 동식물계까지도 어느 면에서는 사료라고 할 수 있다. 우리가 일반적으로 이야기하는 사료는 대체적으로 ① 구비(전설, 가요, 이야기 등), ② 문자, 회화에 의한 전승(금석문, 계도, 연대기, 회화 등), ③ 유물과 유적(인골, 금석기, 거주지 등)등으로 포괄할 수 있다. 이러한 사료 가운데에 문자에 의한 기록문서가 가장 우위를 차지하고 있다.

02 역사관(歷史觀)

1. 역사관의 정의

역사사가 과거의 사실을 볼 때 역사가 자신의 고유한 입장, 과거의 사실 가운데서 어떤 사실을 선택 할 때의 기준, 그것을 해석 할 때의 해석 원리, 그 사실에 어떤 가치를 부여하는 가치관 등 이 모든 것을 포함하는 것이 역사관이다.

2. 서양의 대표적 사관(史觀)

(1) 랑케와 크로체

랑케	크로체
• 과거 사실 > 해석 • 자료의 객관성 강조(사료를 중시)	• 과거 사실 < 해석 • 역사가의 주관 강조(사관을 중시)

(2) E.H.카

사실로서의 역사와 기록된 사실로서의 역사 사이의 절충을 시도하였다.

사료 Plus 🏛

랑케와 크로체, 카의 역사관

• 우리는 역사학이 과거를 재판하고 장래에 유익하도록 인류를 선도한다는 따위의 기능에 기대하여 왔다. 나는 그런 허황된 기능을 시도하는 것이 아니라 단지 그것이 원래 어떻게 있었는가를 보이려 할뿐이다. …… 아무리 제약이 많고 아름답지 못한 사실이라도 그것을 정확히 제시한다는 일이 최상의 원리임은 의심할 바가 없는 것이다. …… 역사가는 자기 자신을 숨기고 과거가 본래 어떠한 상태에 있었는가를 밝히는 것을 그의 자상한 과제로 삼아야 하며 이때 오직 과거의 역사적 사실로 하여금 이야기하게 해야 한다.　　　－ 랑케

• 모든 역사는 본질적으로 당대의 역사라 할 수 있다　　　－ 크로체

• 역사가와 역사상의 사실은 서로를 필요로 한다. 사실을 갖지 못한 역사가는 뿌리가 없는 존재로 열매를 맺지 못한다. 역사가가 없는 사실은 생명이 없는 무의미한 존재다. 이리하여 역사란 무엇인가? 라는 물음에 대한 나의 답은 결국 다음과 같은 것이 되겠다. 역사란 역사가와 사실 사이의 부단한 상호 작용의 과정이며 현재와 과거 사이의 끊임없는 대화이다.　　　－ E.H.카

3. 우리나라의 사관

(1) 식민사관

일제 관학자들이 일제에 의한 한반도의 식민 통치를 학문적으로 합리화시키기 위한 의도를 강하게 반영시켜 역사 사실을 선택하고 해석·평가하는 한국사 연구의 틀로서, 식민지 지배의 정당화로 귀결되었다.

① 타율성 이론 : 만선 사관, 반도적 성격론, 사대주의론

② 정체성 이론 : 전근대적 단계에서 정체

③ 당파성 이론 : 조선인의 정파성과 분파성을 부각시켜 조선 망국의 필연성 강조

(2) 민족주의 사관

민족이 그 구성원의 안전과 복리 증진을 보장해주는 최대·최선의 단위라는 믿음을 바탕으로, 대외적으로는 통일된 민족 국가의 건설과 발전을 추구하며, 대내적으로는 민족 구성원이 적어도 원론상으로는 등질적인 자격을 지니는 사회의 건설을 추구하는 이념이다(민족의 자주성과 주체성을 강조함).

① 박은식

ⓐ 만주를 우리 민족의 활동무대로 인식하였다.

ⓑ '국혼'이 담긴 민족사를 중시하였다.

ⓒ 『한국통사』와 「한국독립운동지혈사」를 저술하였다.

② 신채호

ⓐ 민족정신으로 화랑도의 낭가사상을 중시하였다.

ⓑ 『조선상고사』, 『조선사연구초』, 『이태리 건국 삼걸전』, 『월남망국사』, 『성웅 이순신』, 『을지문덕전』 등을 저술하였다.

③ 정인보 : 역사의 본질을 민족정신인 '얼'로 파악하였다(단군, 세종, 이순신 등을 중시함).

④ 문일평 : 민족 문화의 근본을 '조선심'으로 파악하였다(세종의 정신과 한글을 강조함).

(3) **실증주의 사학**

  ① 이병도와 손진태

  ② 개별적인 사실을 객관적으로 밝히려는 순수 학술활동을 하였다.

  ③ 진단학회를 조직하여 진단학보를 발행하였다.

(4) **사회 경제 사학**

  ① 백남운

  ② 사적 유물론에 입각하여 우리 민족의 역사 발전 과정이 세계사의 발전 과정과 일치
     함을 입증하면서 정체성론을 반박하였다.

03 한국사와 세계사

1. 한국사의 보편성과 특수성

(1) **보편성과 특수성**

  ① 보편성 : 국가와 민족을 초월한 전 세계 인류의 공통점

  ② 특수성 : 특정 지역, 역사에 존재하는 고유한 특성

(2) **한국사의 보편성**

  ① 자유와 평등을 추구하였다.

  ② 민주와 평화를 추구한 민족이다.

(3) **우리 민족의 특수성**

  ① 반만년의 유구한 역사를 가지고 있다.

  ② 단일 민족 국가로서의 전통을 이룩하였다.

  ③ 충, 효 정신을 강조한다.

  ④ 두레. 계, 향도 등의 공동체 조직이 발달하였다.

(4) **올바른 역사 인식**

  ① 모든 민족의 역사에 보편성과 특수성이 함께 존재한다는 점을 바탕으로 한다.

  ② 보편성과 특수성을 균형 있게 파악해야 한다.

  ③ 민족의 주체성을 바탕으로 하면서도, 개방적이고 진취적인 의식을 갖는다.

  ④ 역사를 통해 현대사회의 여러 문제를 올바로 인식하고 인류 공동의 가치를 추구하
     고자 노력해야 한다.

  ⑤ 세계화 시대에 한국사를 올바르게 이해하는 방법은 우리 역사고유의 특수성을 중심
     으로 세계사적인 보편성을 고려하는 것이다.

PART **09**

2. 민족 문화의 이해

(1) 우리 민족 문화의 특징

① 유구한 역사 속에 강한 특수성 지닌 문화이다.

② 보편적 가치를 추구한 문화이다.

(2) 각 시대별 문화성격

① 선사 시대 : 아시아의 북방 문화와 연계되는 문화를 이룩하였다.

② 고대 문화 : 중국 문화와 깊은 연관이 있다(한자, 유학, 불교, 율령 체제).

③ 고려 시대 : 불교를 정신적 이념으로 채택하였다.

④ 조선 시대 : 유교적 가치를 중시하는 문화 활동을 전개하였다.

(3) 민족 문화의 발전

① 선진적 외래문화를 주체적으로 수용하여 새로운 문화를 창조하였다.

② 민족의 특수성을 유지하면서도 세계사적 보편성을 추구하였다.

(4) 세계화 시대의 역사의식

① 안으로는 민족 주체성을 견지하였다.

② 밖으로는 외부 세계의 변화에 적극적으로 대응하였다.

③ 개방적 민족주의에 기반 하여 인류 사회의 평화와 복리 증진에 적극 기여하였다.

깊이 Plus 보편성과 특수성

우리나라 유교와 불교의 특수성

한국 불교는 현세 구복적이고 호국적인 성향이 남달리 강하며 한국 유교는 삼강오륜의 덕목 중에서도 충, 효, 의가 강조되었다. 이는 우리 조상이 가족 질서에 대한 헌신과 국가 수호, 그리고 사회 정의 실현에 특이한 애정을 지녔음을 보여 주는 것이며 조선 시대 유학자들이 비타협적이고 배타적 경향이 큰 이유도 여기에 있다. 이는 중국의 유학이 인을 중심 개념으로 설정하고 사회적 관용을 존중하는 것과 대비되는 것이다.

한국사의 세계사적 보편성을 보여주는 사례

• 선사 시대는 구석기, 신석기, 청동기 시대 순으로 발전하였다.

• 전근대 사회에서 신분제 사회가 형성되어 있었다.

• 강화도에 고인돌 유적이 다량으로 분포되어 있다.

튼튼한 전통 문화의 기반 위에 선진적 외래문화를 주체적으로 수용한 사례

• 석굴암 : 불교문화를 수용하여 우리 문화의 비례와 균형미의 절정을 탄생시킴

• 칠정산 : 중국의 수시력과 아라비아의 회회력 참고하여 우리나라를 기준으로 만든 역법

• 칠성각, 산신각 : 우리나라 고유의 전통신앙과 불교의 만남

• 진경산수화 : 중국 남종화법과 북종화법을 고루 수용하여 우리의 고유한 자연과 풍속에 맞춘 새로운 화법을 창안

Chapter 02 북한사

01 북한 정치 체제의 형성

1. 해방 이후

(1) 다양한 정파들의 각축

① 국내파 : 조만식(우익 민족주의계), 박헌영(좌익 공산주의계)

② 해외파 : 허가이(소련파), 김두봉(친 중국 연안파)

③ 김일성파

⇨ 소련의 후원으로 김일성파가 부상하였다.

(2) 북한 정권의 형성

① 1945년 10월 : 북조선 5도 인민 위원회 설립, 조선공산당 북조선분국을 결성하였다.

② 1946년 : 중앙행정기관의 모태가 되는 북조선임시인민위원회를 조직하였다.

③ 1947년 : 북조선인민회의가 정권수립을 위한 제반 준비 작업을 진행하였다.

④ 1948년 9월 : 헌법 최종 채택, 조선 민주주의 인민 공화국 발족되었다.

2. 1950년대~1960년대(김일성 독재 체제 구축)

(1) 각 계파의 숙청작업

① 소련파, 연안파 일부 숙청(1950) : 허가이 제거(6·25 전쟁 중 당 조직 정비 책임)

② 남로당계 제거(1952) : 박헌영 제거(미 제국주의의 스파이라는 혐의)

③ 8월 종파사건(1956)

㉠ 연안파 윤공흠 주도로 일인 독재자 김일성을 축출하려는 시도가 사전에 누설하였다.

㉡ 김일성은 이를 계기로 연안파(김두봉)와 소련파를 대대적으로 숙청하였다.

㉢ 이후, 김일성은 당권을 완전히 장악하여 독재 권력의 기반을 공고히 하였다.

(2) 사회주의 체제 구축 작업 진행

① 농업 협동화, 상공업과 수공업 분야의 협동화 동시 진행하였다.

② 1950년대 말까지 생산수단의 완전 국유화를 추진하였다.

(3) 군중동원의 정치 노선 활성화

① 6·25 전쟁 이후의 노동력 부족현상을 극복과 전후 경제 건설을 위한 방안이다.

② 인민대중이 사회주의의 주인이라는 논리로 군중의 자발적 참여를 독려하였다.

③ 천리마 운동(1956) : 하루에 천리를 달리는 천리마처럼 빠른 속도로 사회주의 경제를 건설하기 위해 주민들의 증산의욕을 고취하려는 노동 경쟁운동이자 사상 개조 운동이다.

④ 사상 검토 작업(1958~1959)

(4) 1960년대 정세

① 4대 군사 노선 추진(1962) : 전 인민의 무장화, 전 국토의 요새화, 전 군의 간부화, 전 군의 현대화

② 주체사상이 등장하였다(1967).

3. 1970년대~1980년대(김일성, 김정일 독재 체제의 확립)

(1) 사회주의 헌법 제정(1972년)

주석에게 권력이 집중되어 독재권력 강화되었고, 중앙집권적 계획경제 및 감시체제를 보유한 사회주의 독재체제를 구축하였다.

(2) 수령론

김일성 유일체제와 김정일 후계 체제를 정당화하는 이론이다.

(3) 김정일 체제 확립

① 3대 혁명 소조 운동으로 당을 장악(1973)하여 사상·기술·문화 혁명의 3대 과업을 추진하였다.

② 제6차 조선 노동당대회에서 세습을 공식화하였다(1980).

③ 20년에 걸친 권력 승계 작업으로 김정일 체제 확립하였다(1994).

4. 1990년대 이후(3대 세습 권력 승계)

(1) 김정일 통치 체제의 특징

① 일인지배체제 : 당 총비서, 국방위원장으로서 당과 군을 장악하였다.

② 선군정치 : 군사를 제일 국사로 내세우고 군력 강화에 총력을 기울이는 정치이다.

③ 강성대국론

⊙ 1990년대 중반의 고난의 행군을 극복하기 위한 목적으로 추진

ⓛ 사상과 정치, 군사, 경제 강국을 실현하여 강성대국을 완성했다고 선전하였다 (2012).

(2) 김정일 권력 승계 과정

① 권력 핵심 요직에 진출하면서 후계체계 공식화하였다(1980).

② 인민군 최고 사령관에 취임(1991), 2년 뒤 국방위원장에 취임하였다(1993).

③ 김일성 사망 후, 유훈통치 전개하였다(1994).

④ 헌법 개정을 통해 국방위원회 중심으로 권력 개편하고 국방위원장에 취임하였다 (1998).

(3) 김정은 체제의 형성

① 김정은 후계체제 구축과 우상화 작업 시작하였다(2010).

② 2011년 김정일 사망 후, 당 제1비서, 당 중앙군사위원회 위원장, 국방위원회 제1위 원장 등 김정일의 직책을 모두 승계하였다(2012).

③ 2012년 이후, 당의 유일지도사상으로 주체사상 대신 '김일성−김정일 주의' 표방하 였다.

02 북한의 통치 이데올로기

1. 주체사상

(1) 형성 배경

북한의 일인독재지배체제 옹호를 위해 만들어졌다.

(2) 특징

① 사상에서의 주체(1955)

② 경제에서의 자립(1956)

③ 정치(내정)에서의 자주(1957)

④ 국방에서의 자위(1962)

⑤ 정치(외교)에서의 자주(1966)

(3) 한계

일인지배체제 강화와 우상화를 위한 도구로 활용되었다.

2. 우리식 사회주의와 조선민족제일주의

(1) 형성 배경

1980년대 후반 동구권 사회주의 국가와 소련의 연속적 붕괴로 인한 체제 위협이 커졌다.

(2) 특징

① 붕괴한 동구권 사회주의와의 차별화 및 북한식 사회주의의 우월성 강조한다.

② 주체사상에 토대를 둔 우리식 사회주의를 강조하고, 이를 뒷받침하는 조선민족제일
주의를 주장하였다.

3. 선군정치

(1) 형성 배경

김일성 사후 지속되는 경제난 속에서 군에 의존하여 위기를 극복하고 정권의 정통성을
만회하기 위한 시도이다.

(2) 특징

① 인민군대 강화에 최대의 힘을 넣고 인민군대의 위력에 의거하여 혁명과 건설의 전반
사업을 힘있게 밀고 나가는 북한 특유의 정치이다.

② 1995년 초 내부적으로 논의되기 시작되어 1998년 북한의 핵심 통치 기치로 정착되
었고, 2009년 개정 헌법에 북한의 지도이념으로 명시되었다.

(3) 한계

경제적 위기, 외교적 고립 속에서 정권을 유지하기 위한 마지막 수단에 불과했다.

03 북한의 경제 정책 및 인권

1. 경제 정책

(1) **기본 경제 정책 기조**

① 사회주의적 소유제도 : 모든 부의 형태와 생산된 재화들은 국가의 소유이다.

② 자립적 민족경제 발전 노선

㉠ 생산의 인적, 물적 요소들을 자체로 보장할 뿐만 아니라 민족국가 내부에서 생산, 소비적 연계가 완결되어 독자적 재생산을 실현해나가는 체계이다.

㉡ 1990년대 사회주의권 붕괴로 자기완결적 자력갱생정책으로 수정하였다.

㉢ 2000년대 들어오면서부터 국제 분업 질서를 인정하는 개방형 자력갱생정책을 추진하였다.

③ 중공업 우선 발전 정책 : 중공업과 국방공업을 우선시하는 불균형 성장전략을 택하였다.

(2) **개혁·개방 정책**

① 합영법 제정(1984년)

㉠ 부분적 경제 개방을 통해 외국인 투자 유치를 시도하였다.

㉡ 효과를 거두지 못하고 심각한 외채 문제를 안게 되었다.

② 7·1 경제관리 개선·개조 조치(2002)

㉠ 시장 기능의 부분 활용을 의도하였다.

㉡ 군수산업(계획경제로 국가 관리), 민수생산(분권화·시장기능 도입)

㉢ 계획경제 부문조차 시장에 의존하는 시장화 현상 확대 초래, 대외 의존도가 심화되었다.

㉣ 2009년 화폐개혁으로 경제의 양극화 극심, 민생 경제가 악화되었다.

㉤ 2010년 중앙집권적 계획 시스템을 강화하는 방향으로 인민 경제 계획법을 개정하였다.

③ 나진·선봉 자유무역지대, 황금평 경제 특구 지정(2010년) : 중국과 북한의 수요

2. 북한의 인권

(1) 시민, 정치적 권리 침해

① 대표적인 북한의 인권 침해 사례 : 공개처형, 정치범 수용소, 언론의 자유와 정치 참여에 대한 억압, 거주와 여행의 사유에 대한 제한, 성분 분류에 따른 인민들의 차별 등

② 북한의 주장 : '우리식 인권'을 내세우며 개인의 자유보다 전체조직을 위한 공민의 의무를 강조하고, 물질적 보장이 인권의 가치로서 더 중요하다고 주장하였다.

(2) 경제, 사회, 문화적 권리 침해

① 생존권 침해

　㉠ 식량난이 지속되었다(1980년대부터 2000년대까지).

　㉡ 당 간부, 국가안전보위부, 군대, 군수산업 등 특정 집단에 식량이 우선적으로 공급되었다.

　㉢ 2000년 7·1조치로 배급제도 사실상 폐기, 국영상점에서 식품 구매

② 직업 선택의 권리 제한

　㉠ 직업 선택권 : 당의 인력 수급 계획에 따라 진행되었다.

　㉡ 직장 배치 시 선발 기준 : 출신 성분과 당성이 우선이다.

　㉢ 무리배치 : 당의 지시에 따라 집단적으로 배치되었다.

(3) 기타

① 노동당이 모든 출판물을 직접 검열, 통제한다.

② 사회 보장 제도는 일부 선택 받은 계층에게만 적용된다.

(4) 국제사회의 대응

① 유엔

　㉠ 2014년 3월 유엔인권이사회 전체회의에서 대북인권결의안 채택하여 북한 인권 탄압 중단 촉구하였고, 모든 유엔 회원국이 탈북자 강제송환 금지 원칙 준수할 것을 요구하였다.

　㉡ 북한, 중국, 러시아는 결의안 통과에 반대하였다.

② 미국

　㉠ 2004년 북한 인권법을 발표하였다.

　㉡ 북한 주민의 인권 신장, 북한 주민의 인도적 지원, 탈북자 보호 등을 포함하였다.

③ 한국

　㉠ 2005년 북한 인권 법안을 발의하였으나 17대 국회의 임기 만료로 폐기되었다.

　㉡ 2008년 18대 국회에서 재발의, 법사위 전체 회의에 계류되었다가 자동 폐기하였다.

④ 일본

　㉠ 2006년 북한 인권법을 공포하였다.

　㉡ 북한 주민의 인권 침해 상황 개선을 목표로 필요한 제재 조치를 취하도록 규정하였다.

04 북한의 대남 도발 사례

1950년대	민간항공기 납치사건 (1958. 2. 16)	부산에서 서울로 향하던 대한항공기가 6명의 무장괴한에 의해 납치된 사건

⇩

1960~ 1970년대 (박정희 정부)	청와대 기습 사건 (1968. 1. 21)	박정희 대통령 암살목표, 124부대 무장 공비 31명 침투

⇩

	푸에블로호 납치사건 (1968. 1. 23)	북한 원산항 공해상에서 미 해군 푸에블로호 납치

⇩

	울진·삼척 공비침투사건 (1968. 10. 30)	게릴라 활동 탐색을 위해 무장공비 120명 침투

⇩

	판문점 도끼 만행 사건 (1976. 8. 18)	판문점 공동경비구역에서 나뭇가지 치기 작업을 하던 UN군 소속 미군 장교 2명을 도끼로 살해

⇩

1980년대 (전두환 정부)	아웅산 묘역 테러 사건 (1983. 10. 9)	전두환 대통령 암살을 목적으로 원격조종폭탄 폭발시켜 부총리 등 17명 순국

⇩

	대한항공(KAL)기 폭파 사건 (1987. 11. 28)	88서울올림픽 개최방해를 위해 한국인 115명이 탑승한 KAL858기가 북한 공작원에 김현희, 김승일에 의해 공중 폭발

⇩

1990년대 (김영삼 정부)	강릉 무장공비 침투사건 (1996. 9. 18)	전국체전 참석 주요 인사 암살 목적으로 특수부대원을 잠수함 으로 침투

⇩

1990년대 (김대중 정부)	제1차 연평해전 (1999. 6. 15)	북한 경비정 6척이 연평도 서방에서 북방한계선(NLL)을 넘어 선제사격을 가하여 남북 함정 간 포격전 발생

⇩

	제2차 연평해전 (2002. 6. 29)	북한 경비정의 선제 기습 포격으로 발생한 남북 해군 함정 간 교전으로 해군 6명 전사

⇩

2000년대 (이명박 정부)	대청해전 (2009. 11. 10)	대청도 인근 북방한계선 부근 해상에서 북한 경비정의 조준사 격에 대해 우리 고속정이 대응 사격을 실시하여 북한 경비정 1척이 손상

⇩

	천안함 침몰사건 (2010. 3. 26)	백령도 해상에서 천안함이 북한 어뢰 공격으로 침몰하여 46명이 사망

⇩

	연평도 포격사건 (2010. 11. 23)	북한이 연평도의 민가와 대한민국의 군사시설에 포격을 감행 하여 군인 2명, 민간인 2명 사망

한눈에 쏙

광복 이후 북한 정권 수립 과정

소련 군정(1945)
• 인민위원회를 인정하는 간잡 통치 방식 채택 • 모스크바 3국 외상 회의 결정에 반대하던 조만식을 연금 후 제거 • 김일성 중심 : 북조선 임시 인민 위원회 위원장 선출(1946)

⇩

북한 : 토지 개혁법(1946)		남한 : 농지개혁법(1949)
• 원칙 : 무상몰수 무상분배 • 토지 소유 최대 5정보 제한	↔	• 원칙 : 유상매입 유상분배 • 토지 소유 최대 3정보 제한

⇩

북조선 인민 회의 : 정권 수립 준비	→	북한 헌법 채택	→	북한 인민군 창설 (1948. 2)	→	조선 민주주의 인민공화국 수립 (1948. 9)

김일성 독재 체제 성립과 강화

각 계파의 숙청 : 1950년대
• 소련파 허가이 제거 • 남로당계 박헌영 제거 : 미 제국주의의 스파이라는 혐의 • 8월 종파 사건 : 김일성 중심의 체제에 반발하며 각 종파 활동의 자유 보장을 요구한 사건으로 김일성은 이를   빌미로 김두봉 등이 숙청된 사건

김일성 중심 체제 수립 (1950년대~60년대)	김일성, 김정일 독재 체제 (1970년대~80년대)	김정일, 김정은 3대 세습 (1990년대 이후)

• 천리마운동(1956)
• 4대 군사 노선 추진
• 주체사상 등장 : 김일성 우상 숭배
  조장
	• 사회주의 헌법(김일성 주석 선출)
	• 수령론 : 김일성 유일 체제 + 김정일
	  후계 체제 정당화
	• 3대 혁명 소조 운동으로 당 장악
	  이후, 세습 공식화
		• 김정일이 국방위원장에 취임 : 김일성
		  사망 후 권력 승계
		• 선군정치 명문화, 강성대국론
		• 김정일 사망 후 김정은이 권력 승계 :
		  3대 세습 공식화

북한의 통치 이데올로기

	주체사상	우리식 사회주의	선군정치
배경	북한의 일인독재지배체제 옹호	1980년대 후반 동구 사회주의권과 1990년 소련의 연속적 붕괴에 따른 체제위협	김일성 사후 지속되는 경제난 속 에서 당보다는 군에 의존
특징	주체사상을 독자적 통치이념으로 정착	• 북한식 사회주의의 우월성 강조 • 동구권 사회주의와 차별화	군사력 강화를 최우선 목표로 함

북한의 경제 개방 정책

• 1980년대 합영법(합작회사 경영법) 제정(1984) : 외국인 투자 유치 시도 및 부분적 개방 • 2002년 7 · 1 경제관리 개선 · 개조 조치 : 군수산업-계획경제, 민수생산-시장기능 도입 • 2010년 나진-선봉 자유무역지대와 황금평을 경제 특구로 지정하여 개발

동아시아의 역사 왜곡

01 중국의 역사 왜곡

1. 동북공정(東北工程)

(1) 정의

'동북변강역사여현상계열연구공정'의 줄임말로서, 중국 국경 안에서 전개된 모든 역사를 중국 역사로 만들기 위해 2002년부터 2007년까지 중국 정부의 지원을 받아 추진한 동북 변경지역의 역사와 현상에 관한 연구 프로젝트이다.

(2) 배경

① 2001년 한국 국회에서 재중 동포의 법적 지위에 대한 특별법을 상정하였다.

② 2001년 북한에서 고구려 고분군 유네스코 세계문화유산 등록을 신청하였다.

③ 중국 정부가 조선족 문제와 한반도 통일과 관련된 문제 등에 대해 국가 차원의 대책을 세우기 시작하였다.

2. 고조선사 왜곡

(1) 고조선에 대한 기본적인 이해

단군신화 기록	『삼국유사』, 『제왕운기』
세력 범위	요령 지방과 한반도 북부(비파형동검, 북방식 고인돌, 미송리식 토기 분포 지역과 일치)
기자동래설	중국 은(殷) 나라 출신 기자가 고조선을 세우고 초대 왕이 되었다는 설
위만조선	B.C. 194년 중국 연(燕) 나라 망명자 위만이 준왕을 축출하고 집권한 후 멸망할 때까지의 조선. 중계무역으로 번성했으나 한 무제에 의해 멸망함

(2) 고조선를 둘러싼 중국의 왜곡과 우리의 반론

중국의 왜곡	우리의 반론
단군 조선을 둘러싼 논쟁	
단군은 신화적인 존재였고, 단군 조선은 실재하지 않음	• 신화가 지닌 신이한 특성을 이해하고, 단군 신화의 역사성을 인정해야 함 • 단군 조선은 독자적인 청동기문화를 바탕으로 세워진 실존하는 한국 최초의 국가임
기자동래설을 둘러싼 논쟁	
은나라의 왕족 기자가 고조선을 건국한 후 주(周) 왕실의 조회에 참석하여 제후국이 되었기 때문에 고조선은 중국사의 일부임	• 기자동래설을 입증하는 『상서대전』의 신뢰성 문제 • 기자의 이주를 입증할 수 있는 고고학적 사료 부족
위만조선을 둘러싼 논쟁	
중국 왕조인 연나라 출신이 고조선을 지배했으므로 고조선은 중국사의 일부임	지배층 일부가 교체되었을 뿐, '조선'의 국호 등 국가 정체성 유지

3. 부여사 왜곡

중국의 왜곡 ⇨ 부여는 고대 중국의 소수민족 정권	우리의 반론 ⇨ 한민족의 원류인 예맥족이 세운 고대 국가
• 부여인은 중국식 묘지 이용 • 부여 유적에서 중국계통 철기, 토기 발견됨 • 멸망 후, 중국에 흡수됨	• 중국 사서 『삼국지』의 기록 : 부여는 예맥의 땅에 있었음(예맥족의 한 갈래) • 고구려, 백제인이 부여의 후계임을 주장함

4. 고구려사 왜곡

고구려는 중국 땅에 세워졌다?	
중국의 왜곡 ⇨ 중국의 영토에서 진행된 중국사	우리의 반론 ⇨ 중국의 주장은 영토 패권주의에 불과
• 고구려는 한(漢)나라의 영역인 현도군에서 건국됨 • 427년에 한의 낙랑군 평양으로 천도함	• 고구려는 명백한 우리 역사인 고조선·부여를 계승함 • 현재의 영토와 한 민족의 역사는 일치하지 않을 수 있음

고구려는 중국의 지방 정권이었다?	
중국의 왜곡 ⇨ 고구려는 중국의 한 지방 민족 정권	우리의 반론 ⇨ 고구려는 명백한 독자 국가
• 고구려현은 이미 한의 현도군 소속으로, 고구려는 한(漢) 왕조의 신하임 • 고구려는 3세기~7세기까지 중국왕조의 책봉을 받고 조공을 함	• 조공·책봉은 전근대시기 동아시아의 국제 외교형식이자 무역활동에 불과함 • 고구려는 황제국가(독자적 연호 사용, 광개토왕릉비의 천하관)

고구려 민족은 중국 고대의 한 민족이다?	
중국의 왜곡 ⇨ 고구려 민족은 한민족의 선조가 아님	우리의 반론 ⇨ 설득력 없는 억지 주장에 불과
• 고구려 멸망 후 고구려의 후예들 가운데 대부분이 당나라로 이동 후 동화 • 고구려인 극소수만 신라에 흡수	• 고대 중국은 고구려를 동이(東夷)로 칭함 • 당 이동 : 대부분 강제 　신라 이동 : 동류의식을 바탕으로 선택

수·당과 고구려의 전쟁은 중국 국내 전쟁이었다?	
중국의 왜곡 ⇨ 같은 민족의 통일 전쟁	우리의 반론 ⇨ 국가 대 국가의 전쟁
• 고구려는 중국의 지방 정권임 • 지방정권의 반란을 진압한 국내 통일 전쟁임	• 고구려는 명백한 우리 역사인 고조선·부여를 계승됨 • 현재의 영토와 한 민족의 역사는 일치하지 않을 수 있음

고려는 고구려를 계승한 국가가 아니다?	
중국의 왜곡 ⇨ 고려는 신라를 계승	우리의 반론 ⇨ 고려는 고구려를 계승
• 고려는 대동강 이남만 차지 • 수도 개성은 신라의 옛 땅	• '고려' 국호 사용 • 고구려 수도 서경을 중시, 북진정책 추진함

5. 발해사를 둘러싼 역사 분쟁

(1) 발해사에 대한 기본적인 이해

건국	698년 고구려 유민 대조영이 고구려 유민을 중심으로 건국됨
성장	말갈 등 주변의 부족을 복속시킨 후, 만주·러시아·한반도 북부 장악
멸망	926년 거란의 습격에 의해 멸망 후 발해 유민 대거 고려로 이주

(2) 주변국의 발해사 왜곡

중국의 왜곡 ⇨ 발해는 말갈족이 세운 당의 지방정권	우리의 반론 ⇨ 발해는 고구려를 계승한 명백한 독립 국가
• 발해 건국 주체는 말갈족 • 발해는 당에 의해 책봉된 지방 정권	• 제2대 무왕이 일본에 보낸 국서: "이 나라는 고구려의 옛 땅을 회복하여 계승하고 부여의 유속을 지킨다." • 제3대 문왕이 일본에 보낸 국서에서 스스로를 '고구려 국왕'이라 칭함 • 고구려 유민 집단이 지배층 형성함 • 시호 및 연호 사용, 황제국 표방함 • 당이 발해를 책봉한 것은 발해의 건국과 실체를 인정한 것에 불과함
러시아의 왜곡 ⇨ 말갈이 중심인 연해주 최초 중세국가	
일본의 왜곡 ⇨ 발해는 일본의 조공국	

02 일본의 역사 왜곡

1. 독도에 대한 기본적인 이해

위치	• 대한민국의 동쪽 끝에 위치(동도, 서도와 그 외 89개의 부속도서로 구성) • 지리적으로 울릉도에 가장 가까이 위치(울릉도에서 87.4km) • 일본 오키섬으로부터는 157.5km에 위치
면적	총 면적 187,554m²
생태적 가치	60여종의 식물, 129종의 곤충, 160여종의 조류와 다양한 해양생물의 서식지, 동해안에 날아드는 철새들의 중간 기착지(대한민국 천연기념물 제336호)

2. 한국 영토로서의 독도

(1) 전근대의 독도에 대한 기록

① 조선 초기 관찬서인 『세종실록지리지』(1454)

㉠ 울릉도(무릉)와 독도(우산)가 강원도 울진현에 속한 두 섬이라고 기록되어있다.

㉡ 두 섬이 6세기 초엽(512년) 신라가 복속한 우산국의 영토라고 기록되어있다.

㉢ '우산(독도) · 무릉(울릉도) … 두 섬은 서로 멀리 떨어져 있지 않아 날씨가 맑으면 바라볼 수 있다.'고 기록되어있다.

② 조선 시대 관찬문서인 『만기요람』(1808) : '독도가 울릉도와 함께 우산국의 영토였다.'는 내용이 기록되어있다.

③ 『동국문헌비고』(1770) : '울릉(울릉도)과 우산(독도)은 모두 우산국의 땅이며, 우산(독도)은 일본이 말하는 송도(松島)'라고 기술되어 있다.

④ 『신증동국여지승람』(1531), 『증보문헌비고』(1908) 등 다른 관찬문헌에서도 일관되게 기술되어 있다.

(2) 대한제국의 독도 정책

① 「대한제국 칙령 제41호」(1900. 10. 25) : 황제의 재가를 받아 울릉도를 울도로 개칭하고 도감을 군수로 승격한다.

② 「칙령 제41호」 이후, 울릉(울릉도) 군수가 독도를 관할하면서 영토주권을 행사하였다.

③ 의정부의 「지령 제3호」(1906. 5. 10) : 독도가 일본 영토가 되었다는 주장을 부인하는 지령을 내렸다.

(3) 대한민국 정부의 독도에 대한 기본 입장

① 독도에 대한 영유권 분쟁은 존재하지 않으며, 독도는 외교 교섭이나 사법적 해결의 대상이 될 수 없다.

② 우리 정부는 독도에 대한 확고한 영토주권을 행사 중이다.

③ 우리 정부는 독도에 대한 어떠한 도발에도 단호하고 엄중하게 대응하고 있으며 앞으로도 독도에 대한 우리 주권을 수호할 것이다.

3. 일본의 독도 영유권 인식과 편입 시도

(1) 도쿠가와 막부의 입장

「돗토리번 답변서」(1695년 12월 25일)
• '울릉도와 독도 모두 돗토리번에 속하지 않는다.'는 사실을 확인함 • 1696년 1월 28일 일본인들의 울릉도 방명의 도해를 금지하도록 지시함

(2) 일본 메이지 정부의 독도 영유권 인식

러일 전쟁 이전 ⇨ 독도가 조선 영토임을 인정		러일 전쟁 중 ⇨ 독도를 자국 영토로 침탈(1905년 1월)
• 조선국교제시말내탐서(1870년) • 「태정관지령」(1877년) : 최고 행정기관인 태정관은 17세기 말 도쿠가와 막부의 울릉도 도해금지 사실을 근거로 '울릉도 외 1도, 즉 독도는 일본과 관계없다는 사실을 명심할 것'이라 말함	⇨	• 1905년 일본의 독도 편입 시도는 오랜 시간에 걸쳐 확고히 확립된 우리 영토 주권을 침해한 불법행위로서 국제법상 무효라고 주장함 • 일본은 무주지 선점이라고 했다가 후에는 독도에 대한 영유의사를 재확인하는 조치라며 입장을 변경함

4. 현대의 독도 영유권과 동북아시아의 미래

(1) 해방과 독도 영유권 회복

카이로 선언(1943년)	전후 연합국 조치에 따라 독도는 한국 영토로 회복
연합국총사령부 훈령 제677호	독도를 일본의 통치적, 행정적 범위에서 제외
샌프란시스코 강화조약 (1951년)	일본은 한국의 독립을 인정하고, 제주도, 거문도 및 울릉도를 포함한 한국에 대한 모든 권리, 권원 및 청구를 포기한다.

(2) 일본의 독도 영유권 주장

일본의 주장(왜곡)	우리의 주장(사실)
독도는 일본이 1905년 무주지 선점으로 자국으로 편입한 지역으로 해방이후 한국에 이를 반환할 의무가 없음	독도는 고대 이래로 우리의 영토였으며, 1905년 일본이 불법적으로 침탈할 당시 일본 역시 독도가 조선 영토임을 인지했음
샌프란시스코 강화조약에서는 거문도, 제주도, 울릉도를 명시하고 있을 뿐 독도는 제외되어 있으므로 연합국에서도 독도에 대한 일본의 권리를 인정한 것	• 3000여개의 도서 중 대표적인 3개의 섬을 예시적으로 명시하고 있는 것이며 • 연합국총사령부훈령 제677호에서도 일본영역에서 독도를 제외한 것을 알 수 있음
일본은 독도문제를 평화적으로 해결하기 위해 국제사법재판소에 회부할 것을 제안하였으나 한국이 이를 거부하였음	독도는 명백한 대한민국의 영토로 분쟁의 대상이 될 수 없음

(3) 현재의 독도

① 일본의 기만 행위

　㉠ 2005년 일본 시마네현은 독도에 대한 여론 조성을 위해 2월 20일을 '죽도의 날'로 지정하였다.

　㉡ 2008년 일본 문부과학성은 중학교를 대상으로 독도에 관한 교육을 심화

　㉢ 일본 '후소샤 역사 교과서' 논란 : 고대사 왜곡, 식민지근대화론, 위안부 은폐, 독도 왜곡하였다.

② 현재의 독도

　㉠ 행정구역 : 경상북도 울릉군 울릉읍 독도리 1~96번지

　㉡ 1981년 10월 14일 최종덕씨가 주소지로 등재한 이후, 현재 경찰, 주민 등 40여 명 거주하고 있다.

　㉢ 현재 독도경비대가 경비임무 수행 : 독도의용수비대로 계승되었다.

　㉣ 매년 10만 명이 넘는 국·내외 관광객 관람한다.

독도의용수비대 (1953년 4월~1956년 12월)	독도경비대 (1956년 12월~현재)
6·25 전쟁 중 다시금 상륙하기 시작한 일본인을 몰아내기 위해 수비대장 홍순칠 등이 조직	독도의용수비대 계승

🔽 동아시아의 주요 영토 분쟁 지역

5. 일본군 위안부 피해자 문제

일본 정부의 입장	우리의 입장
1965년 한·일 청구권 협정에 의해 이미 해결됨	2011년 8월 30일 '대한민국과 일본국간의 재산 및 청구권에 관한 문제의 해결과 경제협력에 관한 협정 제3조 부작위 위헌확인'이라는 한국 헌법재판소 판결 이후, 한국은 정부차원의 적극적인 대응방안을 모색하기 시작함(일본의 법적 책임 존재)
1993년 8월 4일 '고노담화'등을 통해 사죄와 반성의 뜻 표명함	현재 일본 정부의 고노담화 계승 의지 부족과 우경화 경향은 사죄와 반성으로 볼 수 없음
1995년 일본정부는 민간주도의 '아시아여성기금'을 설립하여 피해자들에게 개별적으로 1인당 500만엔(한화 약 4,300만원)을 지원함	• 기금 설립의 본질은 일본 정부의 법적책임을 회피하고자 하는 것임 • 피해배상이 아닌 인도적 자선사업으로 인식하는 것이 큰 문제임

MEMO

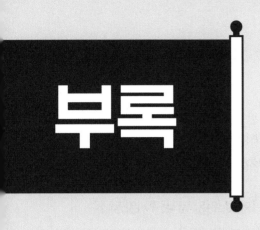

부록

지역사

01 서울, 경기

① **경복궁** : 조선의 정궁, 임난 때 소실 → 흥선 대원군이 중건(당백전 발행, 원납전 징수)

② **창덕궁** : 임난 때 소실, 유네스코 세계 문화유산 등재

③ **창경궁** : 임난 때 소실, 일제 강점기, 일제가 동물원과 식물원 설치(창경원)

④ **덕수궁(경운궁)** : 아관파천 이후, 고종이 경운궁으로 환궁한 뒤, 덕수궁으로 개칭(만수 무강 기원), 중명전에서 을사늑약 체결(1905), 제1차 미소 공동 위원회 개최

⑤ **종묘*** : 조선 시대 역대의 왕과 왕비 및 추존된 왕과 왕비의 신주를 모신 왕가의 사당

⑥ **사직단** : 토지신인 국사신과 곡물신인 국직신에게 제사를 드리던 제단

⑦ **선농단** : 국왕이 농사의 신인 신농과 곡식의 신인 후직에게 풍년을 기원하던 제단(사직 단과 선농단은 조선사회가 농본사회임을 보여줌)

⑧ **명동성당** : 서양식 건축물(고딕양식), 민주화의 성지(6월 민주화 운동 당시 시위대가 점거)

⑨ **인천** : 비류가 남하하여 나라를 세웠던 미추홀, 강화도 조약 개항지, 제물포조약, 인천 상륙작전

＊ 종묘는 유네스코 세계문화유산에 등재, 그리고 종묘에서 행하는 제향의 식인 종묘제례와 제례 때 연주되는 음악인 종묘제례악은 유네스코 무형문화유산에 등재되었다.

02 충청도

① **공주** : 석장리(구석기 유적지), 웅진(백제 수도, 장수왕의 남진으로 쫓겨옴), 무령왕릉 소재, 무신정권기 공주 명학소에서 망이－망소이의 난, 2차 동학 농민 전쟁 때 우금치 전투 패배

② **부여** : 사비(성왕 때 천도한 백제 수도), 정림사지5층탑, 부소산성, 낙화암, 궁남지 등

③ **청주** : 신라 5소경 중 하나, 신라 민정문서가 서원경 일대의 세금 장부, 흥덕사에서 직지 간행

④ **충주** : 충주 중원 고구려비(고구려의 남진을 뒷받침), 중원경(통일 신라의 5소경 중 하나), 탄금대(임진왜란 때, 신립 장군이 탄금대 전투에서 전사)

⑤ **논산** : 황산벌 전투 － 신라에 의해 패배한 백제는 사비성이 함락되어 멸망(660), 개태사 (고려 태조), 관촉사 미륵보살 입상(고려 광종), 유네스코 세계 문화유산으로 등재된 한국의 서원 중 돈암 서원, 제2차 동학 농민 전쟁 당시 북접과 남접이 집결한 지역

03 전라도

① 전주 : 견훤이 세운 후백제의 수도인 완산정, 임난 때 전주 사고 제외 실록 모두 소실, 1차 동학 농민 전쟁으로 전주성 점령, 전주화약

② 삼례 : 동학 농민 운동의 교조 신원운동이 일어났던 삼례 집회

③ 익산 : 백제 무왕이 미륵사 창건, 미륵사지 석탑, 고구려 왕족 안승이 보덕국을 세우고 왕이 됨

④ 순천 : 송광사(지눌의 수선사 결사, 승보사찰), 선암사(유네스코 문화유산 : 산사, 산지 승원)

⑤ 강진 : 백련사(요세의 백련사 결사), 고려 청자 생산지, 신유박해로 인한 정약용의 유배지

04 경상도

① 경주 : 신라 수도, 유네스코 문화유산(경주 역사 유적 지구, 석굴암과 불국사, 양동마을)

② 안동 : 고려 공민왕의 피난지, 안동 소주, 봉정사 극락전(우리나라 최고의 목조건축물, 유네스코 유산인 산사－산지 승원 중 하나), 하회마을(유네스코 문화유산), 도산서원 (이황 기림)

③ 영주 : 부석사(신라 의상이 건립, 고려 시대 무량수전), 소수서원(백운동 서원이 사액됨)

④ 진주 : 김시민의 진주대첩, 논개의 고장, 진주 농민 봉기(1862년 임술 농민 봉기), 조선 형평사 조직

⑤ 대구 : 왕건이 후백제에게 패했던 공산전투, 국채 보상 운동 시작(서상돈), 태극서관(신민회)

⑥ 부산 : 조선 시대 왜관이 설치되어 일본과 교역, 임진왜란 때 동래성과 부산진에서 싸웠으나 패배, 강화도 조약으로 개항된 지역(부산, 인천, 원산), 러시아가 조차를 요구했던 절영도(독립 협회의 저지), 6·25 전쟁 때의 임시수도, 1952년 부산 정치 파동 이후 발췌개헌이 일어남

⑦ 김해 : 금관가야 중심지

⑧ 고령 : 대가야 중심지

05 북한 지역

① 평양 : 고구려 장수왕의 천도, 묘청의 서경 천도 운동, 조선 후기 사상인 유상, 제너럴 셔먼호 사건, 자기회사, 대성 학교(신민회, 안창호), 1920년대 물산 장려 운동(조만식, 조선 물산 장려회 조직)

② 개성 : 후고구려와 고려의 수도, 조선 후기 사상인 송상 활동, 6·15 공동 선언 이후 개성공단

③ 원산 : 강화도 조약 개항지, 원산학사(최초의 근대적 사립 교육 기관), 원산노동자 총파업

④ 의주 : 임진왜란 때 선조의 피란지, 조선 후기 사상인 만상(대청무역)

06 주요 섬

① 제주도 : 몽골 항쟁기 때 삼별초의 저항지, 원 간섭기 탐라총관부 설치, 하멜 표류기, 제주 4 · 3 사건(1948)

② 강화도 : 무신 정권의 수도 천도, 마니산 초제(도교), 병인양요, 운요호 사건, 신미양요

③ 진도 : 고려, 몽골 항쟁기 때 삼별초의 저항지

④ 거문도 : 영국의 불법 점령(1885~1887), 샌프란시스코 강화조약 때 명시된 섬(제주도, 울릉도, 거문도)

⑤ 독도 : 조선 숙종 때 안용복의 도일, 대한제국 칙령 제41호, 연합국 총사령부 훈령 677호, 일제가 러일 전쟁 중에 불법으로 자국으로 편입(시마네현 고시)

⑥ 완도 : 장보고가 청해진을 설치하여 해상 무역 장악

⑦ 영도 : 러시아의 절영도 조차 요구(독립 협회에서 개최한 만민공동회에서 저지시킴)

07 국외

① 미국 : 하와이 최초 이민(1903년), 장인환－전명운의 스티븐스 저격 의거, 대한인 국민회 조직, 안창호가 흥사단 조직, 하와이에서 항일군사단체인 대조선국민군단 조직(박용만), 임시 정부에서 구미위원부 설치, 임시 정부 초대 대통령인 이승만의 외교 활동(독립 청원서 제출, 위임 통치 청원서 제출)

② 일본 : 도쿄 유학생들의 2 · 8 독립선언, 김지섭 의거, 이봉창 의거, 관동대지진 때 조선인 학살(1923년)

③ 멕시코 : 애니깽 농장 이민(1905년), 독립군 양성을 위한 숭무학교 설립

④ 간도 : 백두산 정계비(조선 후기 숙종), 간도협약(1909), 간도 참변(1920)

08 주요 무역항(전 근대 국제무역항)

① 신라 : 당항성(경기도 화성), 통일 신라 : 울산항

② 고려 : 벽란도(예성강 하구) ⇨ 아라비아 상인과 교류(서방세계에 COREA가 알려짐)

③ 통일 신라 : 장보고가 완도에 해상기지인 청해진을 설치하고, 해상무역을 장악 하여 법화원 설립

④ 강화도 조약의 개항지 : 부산, 인천, 원산

Chapter 02 인물사

01 전근대의 역사적 인물

1. 주요 승려

신라	원광	화랑도의 규율인 세속오계를 제시함
	자장	선덕여왕에게 황룡사9층 목탑 건립을 건의함
	원효	해골물 일화, 일심사상과 화쟁 사상, 아미타신앙과 무애가를 지어 불교를 대중화 함, 『대승기신론소』와 『금강삼매경론』 저술
	의상	당나라 유학, 화엄종 개창, 아미타 신앙과 관음 신앙, 부석사와 낙산사 건립, 『화엄일승법계도』 저술
	혜초	인도를 다녀와 『왕오천축국전』 저술(현재 프랑스 파리국립박물관 소재)
	도선	신라 말, 풍수지리설을 전래(왕건의 고려 건국을 예언)
고려	묘청	금국정벌 주장, 서경 천도 운동, 묘청의 난(김부식에 의해 진압)
	신돈	공민왕 때, 전민변정도감을 주도
	김윤후	몽골 침입시 저항 : 처인성 전투에서 살리타이 사살, 충주성 전투
	의천	천태종 창시(교종을 중심으로 선종 통합), 교관겸수, 교장도감 설치
	지눌	조계종 창시(선종을 중심으로 교종 통합), 정혜쌍수와 돈오점수, 수선사 결사운동
	요세	백련사 결사 운동(법화신앙)
	혜심	유불일치설(성리학 수용의 토대 마련)
	균여	향가인 「보현십원가」를 지음, 귀법사 창건
	일연	『삼국유사』 저술
	각훈	『해동고승전』 저술
조선	휴정	서산대사, 임진왜란 때 의병으로 활약(묘향산)
	유정	사명대사, 임진왜란 때 의병으로 활약(금강산), 임난 종결 후 일본으로 가서 포로를 데리고 돌아옴
근대	한용운	조선불교유신론, 3·1 운동 민족대표33인(기미독립선언서 공약3장 작성), 저항시 「님의 침묵」 등 발표

▼ 원효

▼ 의상

▼ 의천

▼ 지눌

2. 주요 유학자

▽ 안향

▽ 용인 심곡서원(조광조를 배향)

▽ 논산 돈암서원(김장생, 송시열 배향, 유네스코 세계 문화유산)

신라	설총	원효의 아들, 군주의 자세를 꽃에 비유한 『화왕계』 저술
고려	최승로	성종에게 유교정치를 강조한 시무 28조 제시
	김부식	묘청의 난 진압, 『삼국사기』 저술
	안향	원나라로부터 성리학을 도입, 백운동서원(소수서원)에 배향
	이제현	만권당을 통해 성리학 연구, 『사략』과 『역옹패설』(패관문학) 저술
	정몽주	온건파 급진사대부(고려 내에서의 개혁), 「단심가」, 선죽교에서 사망
	정도전	급진파 급진사대부(조선 건국 세력), 『불씨잡변』(불교 비판), 『조선경국전』(재상정치 추구), 요동정벌 추진, 이방원(태종)에 의해 사망
조선	김종직	세조의 왕위 찬탈을 비판한 「조의제문」 작성, 무오사화의 발단
	조광조	사림, 현량과, 소학과 향약을 보급, 위훈삭제 사건, 기묘사화로 사망
	이황	동인과 남인의 스승, 주리론, 『성학십도』 저술, 도산서원에 배향
	기대승	이황과 사단칠정 논쟁을 벌임
	이이	서인의 스승, 주기론, 십만양병설, 『성학집요』, 『격몽요결』 저술
	조식	북인의 스승, 경상우도의 대표적 학자(경상좌도는 이황)
	송시열	조선 후기 서인과 노론의 영수, 효종 때 북벌 주장, 기사환국으로 사망
	윤휴 · 박세당	성리학의 방법론과 무비판적 수용을 지적 ⇨ 사문난적으로 몰려 처형
	정제두	소론, 양명학 수용, 강화학파 형성
	실학자와 국학연구자 등 조선 시대의 학자들은 모두 유학자	

02 근현대의 역사적 인물

1. 근대의 역사적 인물

▽ 흥선 대원군

흥선 대원군		• 비변사 혁파, 안동 김씨를 비롯한 세도 가문 축출, 『대전회통』과 『육전조례』 등의 법전 간행, 경복궁 중건(당백전 발행, 원납전 및 문세전 징수), 서원 정리 • 민생 안정책(삼정의 문란 시정책) : 양전 사업, 호포제 실시, 사창제 운영 • 대외 정책 : 병인박해 → 병인양요 → 신미양요 → 척화비
온건 개화파	김홍집	2차 수신사(『조선책략』 유포), 1 · 2차 갑오개혁 책임자(김홍집 내각, 연립내각)
	김옥균	1884년 갑신정변을 주도 → 3일 천하 → 일본으로 망명
	홍영식	갑신정변 실패 후, 망명가지 않고 국왕을 호위하다 살해됨
	박영효	• 수신사로 일본으로 가는 중, 태극팔괘의 도안을 기초로 처음으로 태극기를 사용함 • 1883년 창간된 한성순보 창간 주도함 • 갑신정변 주도 → 실패 후, 일본으로 망명 → 2차 갑오개혁 때, 김홍집과 연립내각
	서재필	갑신정변에 참가 → 일본 망명 후, 다시 미국으로 망명하여 그곳에서 유 · 귀국 후, 독립신문 창간 → 독립 협회 창설 → 독립문 건립

▽ 김옥균

개화사상가	박규수	• 통상개화론자(역관 오경석, 의관 유홍기와 함께 함) : 중상학파인 박지원의 손자 • 866년 제너럴셔먼호 사건 : 당시 평양감사로 제너럴 셔먼호를 소각시킴
	유길준	• 보빙사로 미국 시찰 → 이후, 미국 유학(우리나라 최초의 미국 유학생 • 『서유견문』 집필(1895년 출판)
	박정양	초대 주미대사(1887년 서양 중 최초로 미국에 상주 공사관 설치), 독립 협회와 함께 의회 설립 운동 및 관제 개편 추진
	이상재	보안회(일본의 황무지 개간권 요구 반대), 민립 대학 설립 운동 전개
	이항로	위정척사론과 의병항쟁의 사상적 기초 마련, 흥선에게 척화론 건의
	기정진	위정척사파의 정신적 지주
위정척사론자	최익현	• 1876년 강화도 조약에 반대하는 지부소를 올림 → 흑산도 유배 • 1895년 을미사변과 단발령에 반발하여 을미의병 운동 전개 • 1905년 을사늑약 체결에 반발하여 을사5적 처단을 주장한 척토오적소를 올림 → 이후, 임병찬과 함께 의병투쟁(을미의병) → 대마도 유배 이후, 단식투쟁 끝에 순국
	이만손	김홍집이 유포한 『조선책략』에 반발하여 영남만인소를 올림 → 강진 유배
	홍재학	신사척사운동을 추진(신사척사소를 올림) → 참형
	유인석	을미의병, 이후 연해주로 망명
동학 농민 운동	최시형	동학의 2대 교주, 동학의 경전인 『동경대전』과 『용담유사』 저술, 교조 신원 운동
	전봉준	부농민 봉기, 백산 봉기(김개남, 손화중 합세), 황토현 전투 → 전주성 점령, 공주 우금치 전투 패배 → 교수형
	손병희	• 전봉준의 남접과 연합하여 공주 전투 패배, 동학 3대 교주, 동학을 천도교로 개칭 • 1919년 3월 1일. 3·1 운동 천도교 대표로 참가, 독립선언서 낭독 → 검거
스티븐스 사살	장인환	친일성명을 발표한 통감부 외무고문 스티븐스 저격 → 복역 10년 만에 가석방
	전명운	스티븐스 저격 시도 → 장인환의 거사 → 재판서 무죄를 받은 후, 연해주 이동
헤이그 특사	이준	헤이그 세계 평화 회의에 을사조약 무효를 선언하기 위한 특사로 파견되었다 순국
	이상설	• 헤이그 특사 → 이후, 구미지역 순방 • 연해주 블라디보스토크에 성명회, 권업회 등 항일 투쟁 단체 조직 • 1914년 대한 광복군 정부 조직, 통령 역임
	이위종	주러시아 대사 이범진의 아들, 헤이그 특사로 파견
을사늑약과 국권피탈에 대한 반발	이재명	을사늑약을 주도한 친일 매국노 이완용 저격 시도
	장지연	을사늑약 체결 이후, 황성신문에 시일야방성대곡 개재
	신돌석	을미의병, 을사의병(최초의 평민출신 의병장)
	나철(나인영)	자신회(을사오적 암살단) 조직, 단군교(대종교) 창시
	안중근	단지동맹 결성, 북만주 하얼빈에서 이토 히로부미 처단, 『동양평화론』 저술
	황현	『매천야록』 저술, 1910년 한일 합병 조약 이후, 절명시를 남기고 자결

▽ 유길준

▽ 최익현

▽ 이재명

▽ 나철

▽ 안중근

▽ 양기탁

▽ 이동휘

국채 보상 운동	서상돈, 김광제	국채 보상 운동 주도(대구) → 대한매일신보 등이 호응 → 전국적 운동
신민회	안창호	비밀 결사인 신민회 조직, 미국으로 망명 → 흥사단 조직, 국민대표회 개조파
	양기탁	대한매일신보 빌행, 신민회 조직, 105인 사건으로 두옥
	이동휘	신민회, 한인사회당 조직, 대한민국 임시 정부의 초대 국무총리
	이동녕	신민회, 경학사, 신흥학교, 대한 독립 선언서 작성, 대한민국 임시 의정원 초대 의장
	이회영	신민회 조직, 서전서숙 설립, 삼원보 건설
국외 활동	이범윤	간도관리사, 성명회 조직, 권업회 총재
	안용복	두 차례 일본으로 건너가 독도가 조선 땅이라는 사실을 확인
	최재형	연해주에서 활동, 동의회(안중근 의거 지원), 권업회, 전로한족 대표 회의 명예회장

2. 일제 강점기에 활동한 역사적 인물

▽ 김규식

▽ 신채호

▽ 박은식

	이승만	• 워싱턴에 구미위원부 설치, 대한민국 임시 정부 초대 대통령 → 1925년 탄핵 • 해방 이후, 귀국하여 독립 촉성 중앙 협의회 조직(회장으로 추대) • 모스크바 3국 외상 회의 결정인 신탁 통치에 대한 반대 입장(반탁 운동) • 정읍발언 : 남쪽만의 임시 정부 수립 필요 • 1948년 5·10 총선 출마 → 당선, 국회의장 선출 → 대한민국 초대 대통령에 선출 • 독재를 위한 움직임 : 발췌개헌, 사사오입 개헌, 3·15 부정선거 → 4·19 혁명으로 하야
대한민국 임시 정부 활동	김규식	파리 강화 회의에 한국대표로 참석, 신한청년단, 좌우 합작 운동, 남북 협상
	신채호	• 의열단 강령인 「조선 혁명 선언」 집필 • 국민 대 표회의 : 창조파로 활동 • 주요 저서 : 『독사신론』(민족주의 사학의 토대 마련), 『조선상고사』, 『조선사연구초』, 위인전(『을지문덕전』, 『이순신전』, 『강감찬전』, 『최도통전』), 번역서(『이태리건국삼걸전』) 등 • "역사는 아(我)와 비아(非我)의 투쟁", "묘청의 서경 천도 운동은 일천년 래제일대사건"
	박용만	대한인 국민회 활동, 하와이에서 대조선국민군단 조직, 국민 대표 회의 창조파
	박은식	• 유학자(양명학자) : 유교구신론(유교 개혁론) • 1925년 이승만 탄핵이후, 대한민국 임시 정부의 2대 대통령 • 주요 저서 : 『한국통사』(일제침략사 중심), 『한국독립운동지혈사』(민족 투쟁사) • 민족주의 사학자 : "국혼(國魂), 혼(魂), 정신" 강조
	이상룡	삼원보에 경학사 설립, 대한민국 임시 정부 초대 국무령
	조소앙	삼균주의 제창(정치, 경제, 교육의 균등) → 대한민국 건국 강령으로 채택

	김구	• 을미사변 이후, 치하포 사건으로 인해 사형 선고 → 고종 특사로 풀려남 • 임시 정부 활동 : 국민 대표 회의(현상유지파), 한인 애국단 조직, 한국 광복군 창설, 주석 • UN 소총회(남한 단독선거 결정)에 반발 → "삼천만 동포에게 읍고함", 남북협상 • 1949년 친일 잔당과 일부 권력추구배들이 고용한 안두희에게 암살
무장 독립 투쟁 및 국외 투쟁	임병찬	국권피탈 이후, 고종의 밀명하에 독립의군부(복벽주의)
	박상진	대한광복회 활동(공화주의, 친일부호 처단, 우편마차 탈취사건)
	신규식	동제사 조직, 신한청년당 조직
	홍범도	봉오동 전투, 청산리 전투, 스탈린에 의해 중앙아시아로 강제 이주
	김좌진	청산리 전투, 대한독립군단 조직(서일, 김좌진, 지청천)
	양세봉	조선 혁명군 결성, 1932년 한중 연합 작전(영릉성 전투, 홍경성 전투)
	지청천	한국 독립군 총사령관(쌍성보, 사도하자, 대전자령 전투), 한국광복군 총사령관
	이범석	한국광복군 참모장, 대한민국 초대 국방부장관
의열 활동	김원봉	• 3·1 운동 이후, 의열단 조직(무정부주의 단체) • 황포 군관 학교 입소 → 투쟁노선 변경 : 연합투쟁 및 조직투쟁 • 민족 혁명당 조직(조선 민족 혁명당) • 조선 의용대 편성 • 한국광복군 창설 이후, 화북지대로 이동하지 않은 조선 의용대 일부와 함께 합류
	이봉창	한인 애국단, 일왕의 마차에 폭탄 투척 → 이후, 처형
	윤봉길	상하이 홍커우 공원 의거 → 중국의 지원 약속 → 한국광복군 창설 계기
실력 양성 운동	조만식	조선 물산 장려회 조직(물산 장려 운동), 민립 대학 기성회 조직(민립 대학 설립 운동)
	이승훈	신민회 활동(오산 학교 설립), 3·1 운동 기미독립선언서에 서명(개신교 대표)
사회 운동	방정환	천도교 소년회 조직 → 소년 운동 전개(어린이날 제정, 잡지 『어린이』 창간)
여성 독립 운동가	남자현	서로 군정서, 간도에서 여자 권학회 등 여성 교육회 조직, 조선 총독 사이토 마코토 암살 계획, 일본 장교 무토 노부요시 살해 계획
	오광심	조선 혁명당에 가입, 조선 민족 혁명당 활동, 한국광복군에 여군으로 참여
	강주룡	평원 고무 공장 여공으로 동맹파업을 벌인 항일 운동가, 을밀대에서 고공 파업
우리 민족을 도운 외국인	헐버트	육영공원 영어강사, 을사늑약 직후 고종의 친서를 미국 정부에 전달함
	조지 루이스 쇼	이륭양행을 운영하며 임시 정부를 후원, 김구 후원
	스코필드	3·1 운동 당시, 화성 제암리 학살 사건을 취재하여 국제 사회에 알림
	알렌	최초의 근대식 병원인 광혜원 설립(부설 의학교 운영)
	개신교 선교사	스크랜턴(이화학당), 아펜젤러(배제학당), 베어드(숭실학교) 등

🔽 신규식

🔽 지청천

🔽 이범석

🔽 남자현

🔽 오광심

3. 현대의 역사적 인물

▽ 여운형

▽ 안재홍

▽ 조봉암

▽ 김주열

▽ 전태일

▽ 윤상원

▽ 박종철

해방정국	여운형	• 조선 건국 동맹 결성 • 총독부와 5개조 합의 후, 조선 건국 준비 위원회 조직 → 조선 인민 공화국 선포 • 김규식과 함께 좌우 합작 운동 주도(좌우 합작 위원회) • 1947년 7월 19일 서울 혜화동 로터리에서 청년 극우 집단인 백의사에 의해 사망
	안재홍	• 민족주의 사학 → 조선학 운동 전개(정약용 전서인 『여유당전서』 간행) • 조선 건국 준비 위원회 부위원장, 좌우 합작운동 추진(여운형, 김규식과 함께)
	이시영	신민회, 대한민국 초대 부통령
현대사 초창기 정치인	조봉암	제3대 대선 출마(낙마) → 1957년 진보당 창당 → 진보당 사건 이후, 사형
	허정	4·19 혁명 → 이승만 하야 → 과도 정부 수반 → 3차 개헌, 4·19 정신 계승 미비
	윤보선	4·19 혁명 이후 제4대 대통령 선출 → 민주당 구파와 신파의 대립
	장면	4·19 혁명 → 의원내각제 → 제2공화국 국무총리 역임 → 이후, 민주당 분열
	장준하	• 미 전략정보국(OSS)이 주관하는 국내 진공 작전에 참여했으나 일본의 항복으로 무산 • 광복 이후, 잡지 『사상계』를 간행 • 유신 체제 반대 100만인 서명 운동 → 1975년 등산 사고로 인한 사망
민주화 운동	김주열	3·15 부정선거 → 마산 시위에서 사망 ⇨ 4·19 혁명의 도화선
	전태일	• 1969년 평화시장 최초의 노동 운동 조직인 '바보회' 조직 → '삼동친목회(삼동회)' • 1970년 11월 13일 분신 : "근로기준법을 지켜라! 우리는 기계가 아니다."
	윤상원	노동 운동가(들불야학 1기), 5·18 광주 민주화 운동 참여(계엄군 총격으로 사망)
	박종철	• 1987년 1월 14일 남영동 분실 509호 조사실에서 사망(물고문과 전기고문 → 질식사) • 1987년 4월 13일 전두환 정부의 4·13 호헌 조치 : 간선제 수호 의지 피력 • 1987년 6월 9일(6·10 국민 대회 하루 전) : 연대생 이한열의 죽음(최루탄 사격) • 1987년 6월 민주 항쟁(박종철 고문살인 은폐조작 규탄 및 호헌철폐 국민 대회) → 6·29 선언 → 9차 개헌(대통령 직선제, 5년 단임제 개헌)

유네스코 세계 문화유산

01 유네스코 세계 유산(2023년 기준 총15개 등재)

한국의 서원 (2019)	• 16세기 중반부터 17세기 중반에까지 향촌 지식인인 사림에 의해 건립된 조선 시대 성리학 교육 기관 • 총 9개의 서원이 등재 : 경상북도 영주시(소수서원), 경상남도 함양군(남계서원), 경상북도 경주시(옥산서원), 경상북도 안동시(도산서원), 전라남도 장성군(필암서원), 대구광역시 달성군(도동서원), 경상북도 안동시(병산서원), 전라북도 정읍시(무성서원), 충청남도 논산시(돈암서원)
산사, 한국의 산지 승원 (2018)	• 종합적인 불교 승원으로서의 특징을 잘 보존하고 있는 사찰들(승가 공동체의 신앙, 수행, 일상의 중심지) • 총 7개 사찰이 등재 : 양산 통도사, 영주 부석사, 안동 봉정사, 보은 법주사, 공주 마곡사, 순천 선암사, 해남 대흥사
백제 역사 유적 지구 (2015)	• 백제의 도읍지였던 충남 공주, 부여, 전북 익산의 문화유산 • 공주 송산리 고분군, 공산성, 부여 능산리 고분군, 정림사지, 부소산성, 익산 미륵사지, 왕궁리 유적 등
남한산성 (2014)	• 17세기 축성 기술 발전을 보여주는 방어용 산성 • 병자호란 때 인조의 피난지(임시 수도)
한국의 역사 마을 (2010)	• 조선 시대 유교적 양반 문화를 보여주는 동족 마을 • 안동 하회마을과 경주 양동마을
조선 왕릉 (2009)	• 조선 왕조의 27대 왕과 왕비, 추존된 왕과 왕비의 무덤들 • 총 42기 중 북한의 2기를 제외한 40기가 등재
경주 역사 유적 지구 (2000)	• 신라 도읍지인 경주에 위치한 유산 • 월성 지구, 대릉원 지구, 황룡사 지구, 남산 지구, 산성지구로 구성
고창, 화순, 강화의 고인돌 유적 (2000)	청동기 시대의 거석 기념물 → 수백기 이상의 고인돌이 집중 분포
수원 화성 (1997)	정조 때 만든 조선 시대의 성곽이자 신도시(경기도 수원)
창덕궁 (1997)	• 광해군 때부터 경복궁이 중건된 고종 때까지의 정궁(최장기 정궁) • 후원을 비롯하여 다른 부속건물이 비교적 원형으로 남아있어 조선 시대 궁궐의 모습을 알아 볼 수 있는 중요한 문화유산 • 후원인 금원의 주합루에는 정조가 설치한 규장각이 위치
석굴암과 불국사 (1995)	• 통일 신라 시대 대표적인 사찰 건축 → 불국사, 석굴암, 토함산 일대 • 불국사의 다보탑, 불국사 3층 석탑(석가탑) 포함 • 석굴암 : 과학적 건축 기법을 이용해 만든 인공 석굴
종묘 (1995)	조선 시대 역대 왕과 왕비의 신위를 모시고 제사를 지내던 사당

☑ 한국의 서원

☑ 산사, 한국의 산지 승원

☑ 백제 역사 유적 지구

☑ 남한산성

☑ 한국의 역사 마을

☑ 조선 왕릉

☑ 경주 역사 유적 지구

☑ 고창, 화순, 강화의 고인돌 유적

☑ 수원 화성

▽ 창덕궁

▽ 석굴암과 불국사

▽ 종묘

▽ 해인사 장경판전

▽ 제주 화산섬과 용암동굴

▽ 갯벌, 한국의 조간대

▽ 조선 왕실 어보와 어책

▽ 조선 통신사에 관한 기록

▽ 국채 보상 운동 기록물

▽ 한국의 유교책판

▽ KBS 특별 생방송 '이산가족을 찾습니다'

해인사 장경판전 (1995)	• 팔만대장경 보관을 위해 합천 해인사에 만들어진 조선 초 건축물 • 통풍, 온도와 습도 조절이 가능하도록 과학적으로 건축
제주 화산섬과 용암동굴 (2007)	• 한라산, 성산일출봉, 거문오름 용암동굴계 등 3개가 지정 • 여러 기생화산과 세계적인 규모의 용암동굴, 다양한 희귀생물 및 멸종위기종의 서식지가 분포하고 있어 지구의 화산 생성과정 연구와 생태계 연구의 중요한 학술적 가치가 있으며, 한라산 천연보호구역의 아름다운 경관과 생물 지질 등은 세계적인 자연유산으로서 가치를 지님
갯벌, 한국의 조간대 (2021)	• 대한민국 황해의 동부 연안과 서남해안에 있는 이 유산은 서천갯벌, 고창갯벌, 신안갯벌, 보성-순천갯벌 등 4개의 구성요소로 이루어져 있다. • 이 유산은 전 세계적으로 멸종위기종이나 위협종 22종을 포함하여 2,150종의 동식물이 보고된 생물다양성 수준이 매우 높은 곳임

02 유네스코 세계 기록유산(2023년 기준 총 16개 등재)

조선 왕실 어보와 어책 (1997)	왕의 정통성과 권위를 나타내는 어보(금, 은, 옥에 명칭을 새김), 비단에 글을 쓴 교명, 옥책, 죽책, 금책 ⇨ 왕조의 지속성을 상징하는 어보와 그것을 주석한 어책은 왕에게 정통성과 신성성을 부여함
조선 통신사에 관한 기록 (2017)	임난 이후인 17~19세기의 한·일 간 평화 구축과 문화 교류의 산물
국채 보상 운동 기록물 (2017)	국민이 나라 빚을 갚기 위해 자발적으로 벌인 국채 보상 운동의 전 과정을 보여 주는 기록물(1907~1910까지의 기록)
한국의 유교책판 (2015)	조선 시대에 718종의 책을 펴내기 위해 새긴 책판(총 64,226장)
KBS 특별 생방송 '이산가족을 찾습니다' 기록물 (2015)	1983년 방송된 KBS 특별 생방송 '이산가족을 찾습니다'와 관련된 문서, 사진, 영상 등의 기록물 ⇨ 가장 많은 사람들이 대중매체를 통해 의견을 주고 받았다는 의미
새마을 운동 기록물 (2013)	1970년부터 1979년까지의 새마을 운동에 관한 문서, 사진, 영상 등의 기록물
난중일기 (2013)	임진왜란 중 이순신이 기록한 친필 일기
5·18 광주 민주화 운동 기록물 (2011)	1980년 인권 기록 유산 5·18 광주 민주화 운동 기록물(5·18 광주 민주화 운동과 관련된 기록물) ⇨ 시민 항쟁, 가해자 처벌, 보상 등에 관한 문서, 사진, 영상 등 포함
『일성록』 (2011)	1760년(인조 36년)부터 1910년까지 국왕이 자신의 하루 일을 성찰하고, 향후 국정 운영에 참고하기 위해 기록한 일기
『동의보감』 (2009)	조선 광해군 때(1610) 허준이 정리·완성한 의학 백과사전
고려대장경판 및 제경판 (2007)	부처의 힘으로 몽골의 침략을 막기 위해 만들어진 고려의 대장경판(팔만대장경), 총 81,258판의 목판이 합천 해인사 장경판전에 보관

조선왕조의궤 (2007)	조선 왕조의 중요한 의식이나 행사 등을 글과 그림으로 기록한 책들 ⇨ 병인양요 때 프랑스에게 약탈당했다가 2011년 반환
직지심체요절 (2001)	1377년 청주 흥덕사에서 인쇄된 금속 활자본 ⇨ 현존하는 가장 오래된 금속 활자본(프랑스 국립 도서관에 보존)
승정원일기 (2001)	조선 시대 국왕의 비서 기관인 승정원에서 국왕의 일상과 행정 사무에 관한 내용을 기록한 책
조선왕조실록 (1997)	조선 태조에서 철종까지 25대 472년 간의 역사를 기록한 책
훈민정음(해례본) (1997)	훈민정음의 창제 목적과 글자를 만든 원리 등을 기록한 책

03 유네스코 무형 문화유산(2021년 기준 총 21개 등재)

씨름, 한국의 전통 레슬링(2018), 제주해녀문화(2016), 줄다리기(2015), 농악(2014), 김장, 김치를 담그고 나누는 문화(2013), 아리랑, 한국의 서정민요(2012), 택견, 한국의 전통 무술 (2011), 한산 모시짜기(2011), 줄타기(2011), 가곡, 국악 관현반주로 부르는 서정적 노래(2010), 대목장, 한국의 전통 목조 건축(2010), 매사냥, 살아있는 인류 유산(2010), 처용무(2009), 남사당 놀이(2009), 영산재(2009), 강강술래(2009), 제주 칠머리당 영등굿(2009), 판소리 (서편제, 동편제, 중고제)(2005), 강릉단오제(2005), 종묘제례 및 종묘제례악(2001), 연등회 (2020)

새마을 운동 기록물

난중일기

5·18 광주 민주화 운동 기록물

『일성록』

『동의보감』

고려대장경판 및 제경판

조선왕조의궤

직지심체요절

승정원일기

조선왕조실록

훈민정음(해례본)

독자적 연호

01 독자적 연호의 사용

한국에서 독자적 연호를 사용한 것은 고구려 광개토대왕이 즉위한 391년부터 사용한 '영락(永樂)'이 문헌상 최초이다. 신라에서는 536년(법흥왕 23)에 건원(建元)을 최초의 연호로 사용하였는데, 이는 독자적인 것이 아니라 한나라 무제가 사용한 것이었다. 그 후 진흥왕·진평왕·선덕여왕·진덕여왕 때까지는 신라의 독자적인 연호를 사용하였으나 649년(진덕여왕 3) 당나라 태종이 신라에서 연호를 따로 사용함은 부당하다고 하여, 650년부터는 당나라의 연호 영휘(永徽)를 사용하였다. 발해는 대조영(大祚榮)이 건국한 699년에 진(震)이라는 국호와 함께 천통(天統)이란 독자적인 연호를 사용하였고, 국호를 발해(渤海)로 고친 뒤 2대 무왕(武王) 이후에는 대대로 독자적인 연호를 사용하였다. 태봉국(泰封國)을 세운 궁예(弓裔)는 처음부터 독자적인 연호를 사용하여 궁예 스스로 4차례 개원하였다. 고려를 세운 왕건(王建)은 등극하여 천수(天授)라는 독자적인 연호를 사용했고, 4대 광종(光宗)은 광덕(光德)·준풍(峻豊)이라는 독자적인 연호를 사용하였으나, 이후 말기까지는 중국의 연호를 썼다.

조선왕조는 처음부터 명(明)나라의 제후국을 자인하였기 때문에 독자적인 연호를 쓰지 않다가 청나라가 청일 전쟁에 패배하여 종주국 행세를 못하게 되자 음력으로 1895년 11월 17일을 양력으로 고쳐 개국 505년 1월 1일로 쓰면서 독자적으로 건양(建陽)을 연호로 사용하였다. 이듬해 8월에는 국호를 대한제국으로 고치면서 동한(東漢 : 後漢)을 중흥시킨 광무제(光武帝)에 연유하여 연호를 광무라 하였는데, 1910년(융희 4) 국권피탈과 함께 연호도 사라졌다.

02 주요 독자적 연호

국가	왕	연호
고구려	광개토대왕	영락(永樂)
신라	법흥왕	건원(建元)
	진흥왕	개국(開國), 대창(大昌), 홍제(鴻濟)
발해	고왕	천통(天統)
	무왕	인안(仁安)
	문왕	대흥(大興)
	선왕	건흥(建興)
후고구려(마진)	궁예	무태(武泰), 성책(聖冊)
후고구려(태봉)		수덕만세(水德萬歲), 정개(政開)
고려	왕건	천수(天授)
	광종	광덕(光德), 준풍(峻豊)
대위	묘청	천개(天開)
조선	고종(갑오개혁)	개국(開國)
	고종(을미개혁)	건양(建陽)
대한제국	고종(광무개혁)	광무(光武)
	순종	융희(隆熙)

제도사

01 우리나라의 중앙 정치 제도 변화

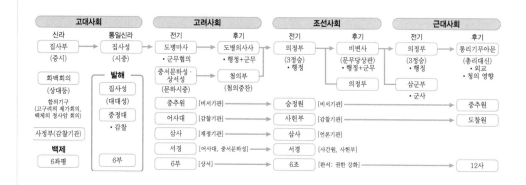

1. 발해의 정치 제도

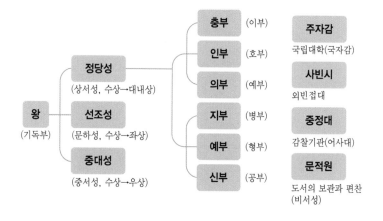

2. 고려의 정치 제도

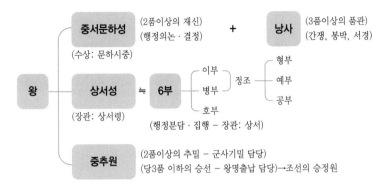

3. 조선의 정치 제도

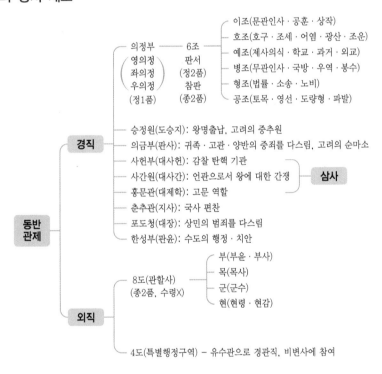

02 우리나라의 지방 행정 제도 변화

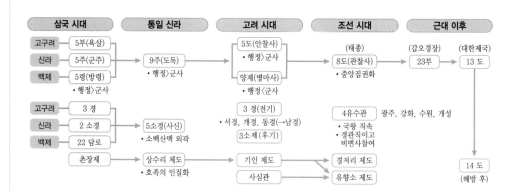

1. 고려의 지방 행정 제도

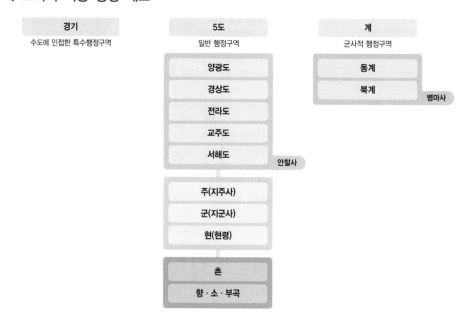

2. 조선의 지방 행정 제도

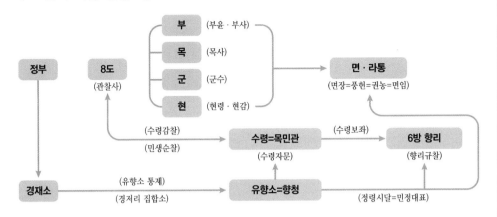

비교 Plus — 고려와 조선의 지방 행정 제도의 차이점

	고려	조선
제도	5도·양계 － 주·현 － 촌	8도 － 부·목·군·현 － 면
지방관 파견	속군·속현이 많음	모든 군·현에 파견
행정구역의 개편	그 지방출신 호족의 신분적 서열	인구·토지의 비례를 기준
수령	권한 약화	권한 강화
수령견제책	임기제·상피제의 적용 ×	임기제·상피제 철저히 적용
향리	세력 강화(외역전 지급, 수취권 장악)	세력 축소(무보수, 징세권 없음)
지방세족	사심관 제도	경재소, 유향소
천민집단	향·소·부곡이 존재(무신집권 이후 감소)	폐지(태종 때 군현으로 승격, 국가재정 확보 목적)
지방통치	호족의 자치 인정	중앙집권 강화

비교 Plus — 고려와 조선의 향리의 공통점과 차이점

	고려	조선
공통점	① 세습(신분, 향직), ② 지방의 행정실무 담당, ③ 중간 계층	
차이점	• 권한이 강함 • 보수가 있음(외역전 : 세습 가능) • 군사지휘권의 행사(일품군) • 농민을 사적으로 지배할 수 있음 • 과거를 통해 중앙관리로 진출 • 자기의 권한과 책임하에 행정 실무를 담당 (속현, 촌, 향, 소, 부곡)	• 권한이 약함 • 보수가 없음 • 군사지휘권이 없음 • 향리와 토호의 사적인 농민 지배를 금지 • 과거 응시의 제한 • 수령을 보좌하고 그 지시에 따라 실무를 담당 (6방에 소속)

03 우리나라의 군사 제도

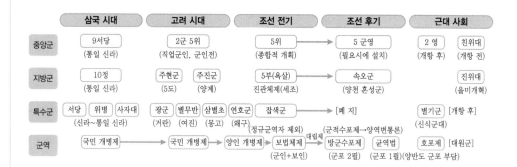

	삼국 시대	고려 시대		조선 전기	조선 후기	근대 사회	
중앙군	9서당 (통일 신라)	2군 5위 (직업군인, 군인전)		5위 (종합적 개혁) →	5 군영 (필요시에 설치)	2 영 (개항 후)	친위대 (개항 전)
지방군	10정 (통일 신라)	주현군 (5도)	주진군 (양계)	5부(욕살) → 진관체제(세조)	속오군 (양천 혼성군)		진위대 (을미개혁)
특수군	서당 위병 사자대 (신라~통일 신라)	광군 별무반 삼별초 연호군 (거란) (여진) (몽고) (왜구)		잡색군 (정규군역자 제외)	[폐 지]	별기군 [개항 후] (신식군대)	
군역	국민 개병제 →	국민 개병제 →	양인 개병제 →	보법체제 (군인+보인)	대립제 방군수포제 균역법 (군포 2필) (군포 1필)(양반도 군포 부담) (군적수포제→양역변통론)	호포제 [대원군]	

04 우리나라의 교육 제도

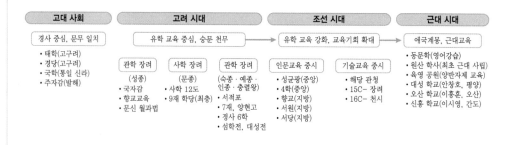

고대 사회	고려 시대			조선 시대		근대 시대
경사 중심, 문무 일치	유학 교육 중심, 숭문 천무 →			유학 교육 강화, 교육기회 확대 →		애국계몽, 근대교육
• 태학(고구려) • 경당(고구려) • 국학(통일 신라) • 주자감(발해)	관학 장려 (성종) • 국자감 • 향교교육 • 문신 월과법	사학 장려 (문종) • 사학 12도 • 9재 학당(최충)	관학 장려 (숙종 · 예종 · 인종 · 충렬왕) • 서적포 • 7재, 양현고 • 경사 6학 • 섬학전, 대성전	인문교육 중시 • 성균관(중앙) • 4학(중앙) • 향교(지방) • 서원(지방) • 서당(지방)	기술교육 중시 • 해당 관청 • 15C- 장려 • 16C- 천시	• 동문학(영어강습) • 원산 학사(최초 근대 사립) • 육영 공원(양반자제 교육) • 대성 학교(안창호, 평양) • 오산 학교(이흥훈, 오산) • 신흥 학교(이시영, 간도)

05 우리나라의 조세 제도

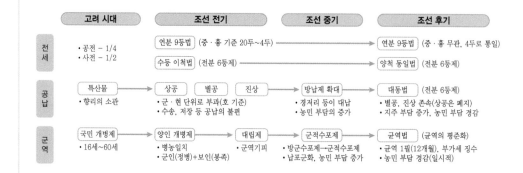

	고려 시대	조선 전기	조선 중기	조선 후기
전세	• 공전 – 1/4 • 사전 – 1/2	연분 9등법 (중 · 흉 기준 20두~4두) → 수등 이척법 (전분 6등제) →		연분 9등법 (중 · 흉 무관, 4두로 통일) 양척 동일법 (전분 6등제)
공납	특산물 → • 향리의 소관	상공 별공 진상 → • 군 · 현 단위로 부과(호 기준) • 수송, 저장 등 공납의 불편	방납제 확대 → • 경저리 등이 대납 • 농민 부담의 증가	대동법 (전분 6등제) • 별공, 진상 존속(상공은 폐지) • 지주 부담 증가, 농민 부담 경감
군역	국민 개병제 → • 16세~60세	양인 개병제 → • 병농일치 • 군인(정병)+보인(봉족)	대립제 → 군적수포제 → • 군역기피 • 방군수포제→군적수포제 • 납포군화, 농민 부담 증가	균역법 (균역의 평준화) • 균역 1필(12개월), 부가세 징수 • 농민 부담 경감(일시적)

비교 Plus 조선 전기와 후기의 조세 제도 비교

	조선 전기의 특징		조선 후기의 특징
전세	• 토질과 풍흉에 따라 구분 • 전분 6등법: 토질에 따라 6등급 • 연분 9등법: 풍흉에 따라 9등급으로 구분	영정법	• 조선 전기 세제의 복잡함 시정 • 풍흉에 관계없이 1결당 4두 징수 • 훈련도감 운영비인 삼수미세도 전세로 부과
공납	• 해당 지역의 특산물, 현물 납부 • 방납의 폐단	대동법	• 방납의 폐단 시정 목적으로 실시 • 현물 대신 1결당 12두의 쌀로 징수 • 지역의 사정에 따라 쌀 외에 삼베, 무명, 동전 등으로 납부 • 거둬들인 쌀 등을 공납 청부업자(공인)에게 주고 필요한 물건 구입 ⇨ 결과: 관청에 물품을 조달하는 공인 등장, 상품화폐경제 발달, 상공업 발달
역	• 군역은 양인 정남이 담당(16~60세 남성) • 방군수포제의 유행에 따라 군적수포제 법제화(1년에 군포 2필 납부)	균역법	• 군포를 2필에서 1필로 감필 • 부족한 부분은 결작(1결당 2두), 어염선세, 선무군관포 등을 통해 보충

06 신분 제도의 변화

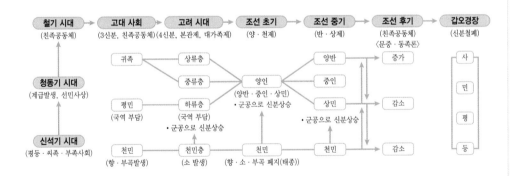

비교 Plus 시대별 신분 제도의 특징

1. 초기 국가

상호	······ 지배층을 지칭
호민	······ 지배층으로 전쟁에 참가
하호	······ 생산을 담당하였으나 전쟁을 수행하지는 못하고 노비가 아니다.
노비	······ 전쟁·부채(진대법)·형벌노비

2. 삼국 시대

① 3계층의 신분 구조
② 중인층이 없고 신분의 상하 이동이 불가능하다(단, 강등은 가능).
③ 친족의 신분이 우선한 골품 중심 사회로 개인의 능력보다 친족등위로 개인의 위치가 결정된다.

3. 고려 시대

귀족
중인
양인
천민

① 사회계층을 구분하는 기본 요소는 신분과 가문이었으며, 중국식 성과 본관을 사용하기 시작하였다.
② 신분세습제였지만 시대 상황에 따라 계층 간 신분이동이 가능하였다.
③ 처음으로 문무양반제도와 전문직인 중인 계층이 성립하였다.
④ 양인은 법제적으로 자유로운 공민이었으나 출세나 양인 내부에서 계층에 따라 차등이 있었다.
⑤ 본관제가 시행된 대가족 중심 사회로서 평민은 성씨 사용이 일반적이었으나 천민 성씨는 아직 나타나지 않았다(조선에서 나타남).

4. 조선 시대

(1) 15C : 양천제

양인
천민

① 양인 : 자유민 = 거주 이전이 가능
② 천민 : 부자유민 = 거주 이전이 불가능

(2) 16C : 반상제

양반
중인
상민
천민

① 상급지배신분 = 특권계층
② 하급지배신분
③ 피지배신분 = 의무계층
④ 피지배신분 = 천민계층

(3) 17~18C

양반
중인
상민
노비

Chapter 06

국가별 왕위 계보도

01 고구려

동명성왕 B.C.19~A.D.18 — ❷ 유리왕 B.C.19~A.D.18 — ❸ 대무신왕 18~44 — ❺ 모본왕 48~53
└ ❹ 민중왕 44~48
└ 재사 — ❻ 태조왕 53~146
  ❼ 차대왕 146~165
  ❽ 신대왕 165~179

❾ 고국천왕 179~197
❿ 산상왕 197~227 — ⓫ 동천왕 227~248 — ⓬ 중천왕 248~270 — ⓭ 서천왕 270~292

⓮ 봉상왕 292~300
돌고 — ⓯ 미천왕 300~331 — ⓰ 고국원왕 331~371 — ⓱ 소수림왕 371~348
  ⓲ 고국양왕 384~392

⓳ 광개토대왕 392~413 — ⓴ 장수왕 413~491 — 조다 — ㉑ 문자(명)왕 492~519

㉒ 안장왕 519~531
㉓ 안원왕 531~545 — ㉔ 양원왕 545~559 — ㉕ 평원왕 559~590 — ㉖ 영양왕 590~618
  ㉗ 영류왕 618~642
  태양

㉘ 보장왕 642~668

02 신라

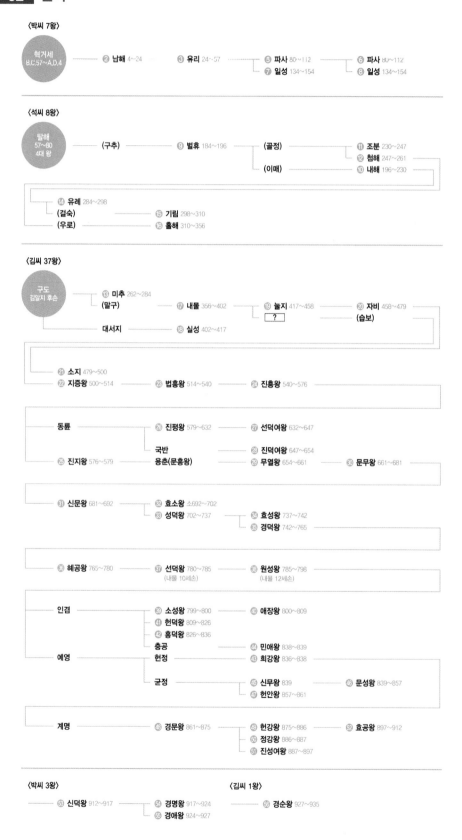

〈박씨 7왕〉

혁거세 B.C.57~A.D.4 ── ② 남해 4~24 ── ③ 유리 24~57 ┈┈ ⑤ 파사 80~112 ── ⑤ 파사 80~112
⑦ 일성 134~154 ── ⑧ 일성 134~154

〈석씨 8왕〉

탈해 57~80 4대 왕 ── (구추) ── ⑨ 벌휴 184~196 ── (골정) ── ⑪ 조분 230~247
⑫ 첨해 247~261
(이매) ── ⑩ 내해 196~230

⑭ 유례 284~298
(걸숙) ── ⑮ 기림 298~310
(우로) ── ⑯ 흘해 310~356

〈김씨 37왕〉

구도 김알지 후손 ── ⑬ 미추 262~284
(말구) ── ⑰ 내물 356~402 ── ⑲ 눌지 417~458 ── ⑳ 자비 458~479
[?] ── (습보)
대서지 ── ⑱ 실성 402~417

㉑ 소지 479~500
㉒ 지증왕 500~514 ── ㉓ 법흥왕 514~540 ── ㉔ 진흥왕 540~576

동륜 ── ㉖ 진평왕 579~632 ── ㉗ 선덕여왕 632~647
국반 ── ㉘ 진덕여왕 647~654
㉕ 진지왕 576~579 용춘(문흥왕) ── ㉙ 무열왕 654~661 ── ㉚ 문무왕 661~681

㉛ 신문왕 681~692 ── ㉜ 효소왕 소692~702
㉝ 성덕왕 702~737 ── ㉞ 효성왕 737~742
㉟ 경덕왕 742~765

㊱ 혜공왕 765~780 ── ㊲ 선덕왕 780~785 ── ㊳ 원성왕 785~798
(내물 10세손) (내물 12세손)

인겸 ── ㊴ 소성왕 799~800 ── ㊵ 애장왕 800~809
㊶ 헌덕왕 809~826
㊷ 흥덕왕 826~836
충공 ── ㊹ 민애왕 838~839
예영 헌정 ── ㊸ 희강왕 836~838
균정 ── ㊺ 신무왕 839 ── ㊻ 문성왕 839~857
㊼ 헌안왕 857~861

계명 ── ㊽ 경문왕 861~875 ── ㊾ 헌강왕 875~886 ── ㊿ 효공왕 897~912
51 정강왕 886~887
52 진성여왕 887~897

〈박씨 3왕〉   〈김씨 1왕〉

── 53 신덕왕 912~917 ── 54 경명왕 917~924   ── 57 경순왕 927~935
55 경애왕 924~927

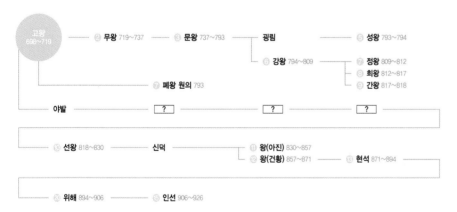

03 백제

온조왕 B.C.18~A.D.28 —— ② **도루왕** 28~77 —— ③ **기루왕** 77~128 —— ④ **개루왕** 128~166 —— ⑤ **초고왕** 166~214 / ⑥ **고이왕** 234~286

⑥ **구수왕** 214~234 —— ⑦ **사반왕** 234 / ⑪ **비류왕** 304~344 —— ⑬ **근초고왕** 346~375 —— ⑭ **근구수왕** 375~384
⑨ **책계왕** 286~298 —— ⑩ **분서왕** 298~304 —— ⑫ **계왕** 344~346

⑮ **침류왕** 384~385 / ⑯ **진사왕** 385~392 —— ⑰ **아신왕** 392~405 —— ⑱ **전지왕** 405~420 —— ⑲ **구이신왕** 420~427

⑳ **비유왕** 427~455 —— ㉑ **개로왕** 455~475 —— ㉒ **문주왕** 475~477 —— ㉓ **삼근왕** 477~479 / **곤지** —— ㉔ **동성왕** 479~501

㉕ **무령왕** 501~523 —— ㉖ **성왕** 523~554 —— ㉗ **위덕왕** 554~598 / ㉘ **혜왕** 598~599 —— ㉙ **법왕** 599~600

㉚ **무왕** 600~641 —— ㉛ **의자왕** 641~660

04 발해

고왕 698~719 —— ② **무왕** 719~737 —— ③ **문왕** 737~793 —— **굉림** —— ⑤ **성왕** 793~794
⑥ **강왕** 794~809 —— ⑦ **정왕** 809~812 / ⑧ **희왕** 812~817 / ⑨ **간왕** 817~818
④ **폐왕 원의** 793

야발 —— ? —— ? —— ?

⑩ **선왕** 818~830 —— **신덕** —— ⑪ **왕(아진)** 830~857 / ⑫ **왕(건황)** 857~871 —— ⑬ **현석** 871~894

⑭ **위해** 894~906 —— ⑮ **인선** 906~926

05 고려

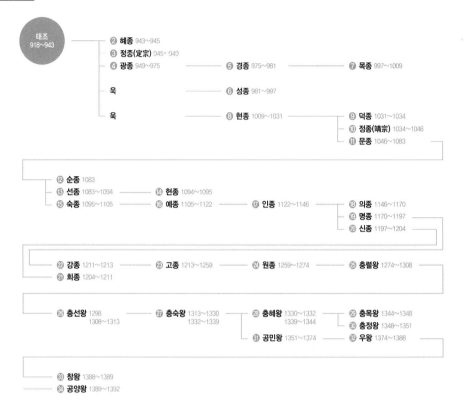

태조
918~943

❷ 혜종 943~945
❸ 정종(定宗) 945~949
❹ 광종 949~975 ————— ❺ 경종 975~981 ————— ❼ 목종 997~1009

욱 ————— ❻ 성종 981~997

욱 ————— ❽ 현종 1009~1031 ————— ❾ 덕종 1031~1034
❿ 정종(靖宗) 1034~1046
⓫ 문종 1046~1083

⓬ 순종 1083
⓭ 선종 1083~1094 ————— ⓮ 헌종 1094~1095
⓯ 숙종 1095~1105 ————— ⓰ 예종 1105~1122 ————— ⓱ 인종 1122~1146 ————— ⓲ 의종 1146~1170
⓳ 명종 1170~1197
⓴ 신종 1197~1204

㉒ 강종 1211~1213 ————— ㉓ 고종 1213~1259 ————— ㉔ 원종 1259~1274 ————— ㉕ 충렬왕 1274~1308
㉑ 희종 1204~1211

㉖ 충선왕 1298
1308~1313 ————— ㉗ 충숙왕 1313~1330
1332~1339 ————— ㉘ 충혜왕 1330~1332
1339~1344 ————— ㉙ 충목왕 1344~1348
㉚ 충정왕 1348~1351
㉛ 공민왕 1351~1374 ————— ㉜ 우왕 1374~1388

㉝ 창왕 1388~1389
㉞ 공양왕 1389~1392

06 조선

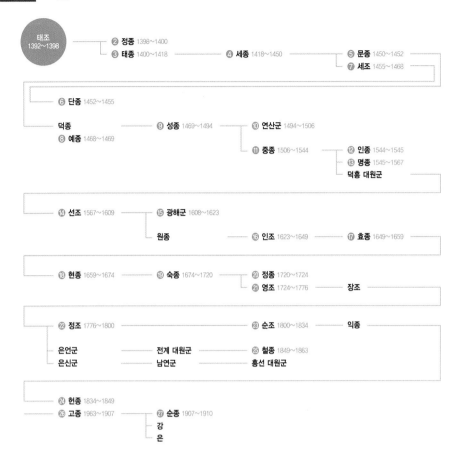

태조
1392~1398

❷ **정종** 1398~1400
❸ **태종** 1400~1418 —— ❹ **세종** 1418~1450 —— ❺ **문종** 1450~1452
❼ **세조** 1455~1468

❻ **단종** 1452~1455

덕종 —— ❾ **성종** 1469~1494 —— ❿ **연산군** 1494~1506
❽ **예종** 1468~1469
⓫ **중종** 1506~1544 —— ⓬ **인종** 1544~1545
⓭ **명종** 1545~1567
덕흥 대원군

⓮ **선조** 1567~1609 —— ⓯ **광해군** 1608~1623
원종 —— ⓰ **인조** 1623~1649 —— ⓱ **효종** 1649~1659

⓲ **현종** 1659~1674 —— ⓳ **숙종** 1674~1720 —— ⓴ **경종** 1720~1724
㉑ **영조** 1724~1776 —— 장조

㉒ **정조** 1776~1800 —— ㉓ **순조** 1800~1834 —— 익종
은언군 —— 전계 대원군 —— ㉕ **철종** 1849~1863
은신군 —— 남연군 —— 흥선 대원군

㉔ **헌종** 1834~1849
㉖ **고종** 1963~1907 —— ㉗ **순종** 1907~1910
강
은

시대	연도	사건
선사	약 70만 년 전	구석기 문화
	B.C. 8000년 경	신석기 문화
청동기 ~초기 철기	B.C. 2333	고조선 건국
	B.C. 1000년 경	고조선의 발전
	B.C. 283	진개의 공격으로 2,000여 리를 빼앗김
	B.C. 194	위만, 고조선의 왕이 됨
	B.C. 108	고조선 멸망
고대	B.C. 57	신라 건국
	B.C. 37	고구려 건국
	B.C. 18	백제 건국
	194	고구려, 진대법 실시
	260	백제, 16관등과 공복 제정
	313	고구려, 낙랑군 멸망시킴
	372	• 고구려, 불교 전래 • 고구려, 태학 설치 • 백제, 동진에 사절 보냄
	384	백제, 불교 전래
	405	백제, 일본에 한학을 전함
	427	고구려, 평양 천도
	433	나제 동맹 성립
	502	신라, 우경 실시
	503	신라, 국호와 왕호 정함
	509	신라, 동시전 설치
	520	• 신라, 율령 반포 • 백관의 공복 제정
	527	신라, 불교를 공인
	536	신라, 연호 사용
	538	백제, 사비성 천도
	545	신라, 국사 편찬
	552	백제, 일본에 불교 전함

	612	고구려, 살수 대첩
	624	고구려, 당에서 도교 전래
	645	고구려, 안시성 싸움 승리
	660	백제 멸망
	668	고구려 멸망
고대	676	신라, 삼국 통일
	682	국학 설치
	685	9주5소경 설치
	698	발해 건국
	722	신라, 정전 지급
	751	불국사와 석굴암 중창 시작
	771	성덕 대왕 신종 주조
	788	독서삼품과 설치
	828	장보고, 청해진 설치
	834	백관의 복색 제도 공포
	888	신라, 삼대목 편찬
	900	견훤, 후백제 건국
	901	궁예, 후고구려 건국
	918	왕건, 고려 건국
	926	발해 멸망
	935	신라 멸망
중세	936	고려, 후삼국 통일
	956	노비안검법 실시
	958	과거 제도 실시
	976	시정 전시과 실시
	983	전국에 12목 설치
	992	국자감 설치
	996	건원중보(철전) 주조
	1009	강조의 정변
	1019	귀주 대첩
	1076	• 개정 정시과 • 관제 개혁
	1086	의천, 교장도감을 두고 교장을 조판
	1097	주전도감 설치
	1102	해동통보 주조
	1107	윤관, 여진 정벌
	1126	이자겸의 난
	1135	묘청의 서경 천도 운동

	연도	내용
중세	1145	김부식, 삼국사기 편찬
	1170	무신정변
	1179	경대승, 도방 정치
	1196	최충헌 집권
	1198	만적의 봉기
	1219	몽골과 통교
	1231	몽골의 제1차 침입
	1232	강화 천도
	1234	금속활자로 상정고금예문 간행
	1236	팔만 대장경 새김(~1251)
	1270	• 개경으로 환도 • 삼별초의 대몽 항쟁
	1274	여·몽 연합군의 제1차 일본 원정
	1278	녹과전 지급
	1285	일연, 삼국유사 편찬
	1304	안향의 주장으로 국학에 대성전 세움
	1309	소금 전매제 시행
	1314	만권당 설치
	1359	홍건적의 침입(~1361)
	1363	문익점, 원에서 목화씨 가져옴.
	1377	• 화통도감 설치 • 직지심체요절 인쇄
	1388	위화도 회군
	1389	박위, 쓰시마 정벌
	1391	과전법 제정
근세 (조선)	1392	고려 멸망, 조선 건국
	1394	한양 천도
	1403	주자소 설치
	1411	한양에 5부 학당 설치
	1412	시전 설치
	1413	• 지방 행정 조직(8도) 완성 • 태조실록 편찬
	1416	4군 설치(1443년 완성)
	1420	집현전 확장
	1434	6진 설치(1449년 완성)
	1441	측우기 제작
	1443	훈민정음 창제
	1446	훈민정음 반포

	1466	직전법 실시
	1485	경국대전 완성
	1510	3포 왜란
	1543	백운동 서원 세움
	1555	을묘왜변
	1592	• 임진왜란(~1598) • 한산도 대첩
	1593	행주 대첩
	1608	경기도에 대동법 실시
	1609	일본과 기유약조 체결
	1610	동의보감 완성
	1623	인조반정
	1624	이괄의 난
	1627	정묘호란
	1628	벨테브레, 제주도 표착
	1631	정두원, 천리경, 자명종, 화포 등 전래
	1636	병자호란
	1645	소현세자, 과학과 천주교 등 서양 서적 전래
근세 (조선)	1653	• 하멜, 제주도 표착 • 시헌력 채택
	1658	제2차 나선 정벌
	1659	호서 지방에 대동법 실시
	1662	제언사 설치
	1678	상평통보 주조
	1696	안용복, 독도에서 일인을 쫓아 냄
	1708	대동법, 전국 확대 시행
	1712	백두산 정계비 건립
	1725	탕평책 실시
	1750	균역법 실시
	1763	고구마 전래
	1776	규장각 설치
	1785	대전통편 완성
	1786	서학을 금함
	1801	• 신유박해 • 황사영 백서 사건
	1811	홍경래의 난
	1823	비변사, 서얼 허통을 건의
	1831	천주교 조선 교구 설치

	1832	영국 상선 암허스트호, 통상 요구
근세 (조선)	1833	한성의 쌀값 폭등으로 도시 빈민의 쌀 폭동
	1836	금광과 의광의 잠채를 금함
	1839	기해박해
	1848	이양선, 함경도 등에 출몰
	1860	최제우, 동학 창시
	1861	김정호, 대동여지도 제작
	1862	• 임술 농민 봉기 • 삼정이정청 설치
	1863	고종 즉위, 흥선 대원군 집권
	1864	동학 교조 최제우 처형
	1865	경복궁 중건(~1872)
	1866	• 병인박해 • 제너럴 셔먼호 사건 • 병인양요
	1867	육전조례 간행 및 반포
	1868	오페르트 도굴사건
	1869	흥인지문(동대문), 개축 완료
	1871	• 신미양요 • 흥선 대원군, 척화비를 세움
	1873	고종 친정 선포(흥선 대원군 실각)
	1875	운요호 사건
근대 (조선, 개항 이후)	1876	강화도 조약 체결
	1878	일본 제일 은행, 부산에 지점 설치
	1879	지석영, 종두법 실시
	1880	수신사 김홍집 일행, 일본에 파견
	1881	• 이만손 등, 영남만인소 • 조사시찰단을 일본에 파견 • 영선사를 청에 파견 • 별기군 창설(무위영에 속하게 함) • 최시형, 용담유사 간행
	1882	• 조미 수호 통상 조약 • 조영 수호 통상 조약 • 조독 수호 통상 조약 • 임오군란 • 일본인의 울릉도 잠입과 벌목 행위를 항의 • 조청 상민 수륙 무역 장정 체결
	1883	• 한성 순보 발간(박문국) • 전환국 설치 • 기기창 설치 • 원산 학사 설립 • 동문학 설립

근대 (조선, 개항 이후)	1884	• 우정국 설치 • 갑신정변 • 궁중에 발전기 신설, 최초로 전등 사용
	1885	• 거문도 사건(~1887) • 서울과 인천 간 전신 개통 • 광혜원 설립
	1886	• 노비 세습제 폐지 • 육영공원 설립
	1887	• 조선 전보 총국 설치 • 상공 회의소 설립
	1889	• 함경도에 방곡령 실시 • 부산에 기선 회사 설립
	1890	함경도 방곡령 철회
	1892	명동 성당 착공
	1893	• 동학 교도 2만여 명, 보은 집결 • 최초로 전화기 도입
	1894	• 동학 교도와 농민군, 백산 봉기 • 교정청 설치 • 군국기무처 설치(갑오개혁 시작) • 제1차 김홍집 내각 성립 • 제2차 김홍집 내각 성립 • 홍범14조, 독립 서고문 반포
	1895	• 을미개혁 • 삼국간섭 • 제3차 김홍집 내각 성립 • 을미사변
	1896	• 태양력 사용 • 아관파천 • 독립신문 발간 • 독립 협회 설립
근대 (대한제국)	1897	• 고종, 러시아 공사관에서 경운궁으로 환궁 • 대한 제국 성립
	1898	• 만민공동회 개최 • 동학 제2대 교주 최시형 처형 • 독립 협회, 관민 공동회를 개최 • 헌의6조 • 독립 협회 해산
	1899	• 대한국 국제 반포 • 전차 개통(서대문~청량리) • 경인선 개통
	1900	만국 우편 연합 가입
	1901	금 본위제 채택

근대 (대한제국)	1902	• 서울−인천 간 전화 개통 • 경의선 철도 기공식 거행 • 하와이 이민 100여 명 출발
	1903	YMCA발족
	1904	• 한일 의정서 맺음 • 보안회, 황무지 개간권 요구에 반대 • 베델, 양기탁, 대한 매일 신보 창간 • 제1차 한일 협약
	1905	• 화폐 정리 사업 실시 • 경부선 개통 • 헌정 연구회 조직 • 을사늑약 • 손병희, 동학을 천도교로 개칭
	1906	• 이상설, 간도에 서전서숙 설립 • 통감부 설치 • 민종식, 최익현 등 의병 활동
	1907	• 서상돈, 국채 보상 운동 시작 • 헤이그 특사 파견 • 학부에 국문 연구소 설치 • 고종 황제 퇴위 • 한일 신협약(정미7조약) 조인 • 신문지법 공포 시행 • 군대 해산 조칙 발표 • 간도 용정에 통감부 출장소 개설 • 순종 황제 즉위
	1908	• 의병, 서울 진공 작전 • 삼림법 공포 • 장인환, 전명운, 샌프란시스코에서 스티븐스 사살 • 최남선, 종합 월간지 소년 창간 • 일본, 동양 척식 주식 회사 설립
	1909	• 나철, 대종교 창시 • 박은식, 유교 구신론 발표 • 일본, 청과 간도 협약 맺음 • 안중근, 이토 히로부미 사살
근대 (일제 강점기)	1910	• 안중근, 뤼순 감옥에서 순국 • 이시영 등, 남만주 삼원보에 • 경학사와 신흥 강습소 설치 • 유인석 등, 블라디보스토크에서 13도 의군 결성 • 국권 피탈 • 조선총독부 설치 • 회사령 공포, 토지 조사 사업(~1918)
	1911	105인 사건(신민회 : 1907~1911)
	1912	• 조선태형령 시행 • 경찰범 처벌 규칙 시행 • 임병찬, 독립 의군부 조직

근대 (일제 강점기)	1913	• 하와이에서 대한인 부인회 조직 • 안창호, 미국에서 흥사단 조직 • 왕십리선 전차 운행 개시
	1914	• 이상설, 대한 광복군 정부 수립 • 박용만, 대조선국민군단 조직 • 경원선(용산~원산) 개통
	1915	한일 은행 개점
	1916	• 박중빈, 원불교 창시 • 세브란스 의학 전문 학교 개교
	1917	한강 인도교 준공
	1918	• 서당 규칙 공포 시행 • 상하이에서 신한청년단(당) 조직
	1919	• 최초 문예 동인지 창조 창간 • 2·8 독립 선언 • 3·1 운동 • 대한민국 임시 정부 수립 • 화성 제암리 학살 사건 • 강우규, 사이토 총독에게 폭탄 투척 • 대한 애국 부인회 조직
	1920	• 조선일보, 동아일보 창간 • 봉오동전투, 청산리대첩 • 종합 월간지 개벽 창간 • 조선 물산 장려회 창립 총회 • 간도 참변 • 대한 독립 군단 조직
	1921	• 김익상, 조선총독부에 폭탄 투척 • 조선어 연구회 창립
	1922	• 조선 민립 대학 기성회 조직 • 안창남, 모국 방문 기념 비행 • 어린이날 제정
	1923	• 상하이에서 국민 대표 회의 개최 • 김상옥, 종로 경찰서에 폭탄 투척 • 신채호, 조선 혁명 선언 작성 • 조선 물산 장려회 창립 총회 • 형평사 창립 • 한규설 등, 조선 교육회 설립 • 참의부 조직
	1924	정의부 조직
	1925	• 신민부 조직 • 총독부, 조선사 편수회 설치
	1926	• 경성 제국 대학 개설 • 6·10 만세 운동 • 나석주, 식산은행·동양 척식 주식 회사에 폭탄 투척
	1927	신간회 조직(근우회 조직)

	1929	• 원산 노동자 총파업 • 국민부 조직 • 조선일보, 문자 보급 운동 시작 • 광주 학생 항일 운동
근대 (일제 강점기)	1931	• 조선어 연구회가 조선어 학회로 개칭 • 신간회 해소 • 동아일보, 브나로드 운동 전개 • 만보산 사건 • 김구, 한인애국단 조직
	1932	• 이봉창, 일왕에 폭탄 투척 • 윤봉길, 상하이 훙커우 공원에 폭탄 투척 • 한국 독립군, 쌍성보 전투 승리 • 조선 혁명군, 영릉가 전투 승리
	1933	한글 맞춤법 통일안 제정
	1934	• 진단학회 조직 • 과학 지식 보급회 조직
	1935	• 민족 혁명당 조직 • 한국 국민당 조직
	1936	• 손기정, 베를린 올림픽 대회 마라톤 우승 • 동아일보, 일장기 삭제 사건 • 안익태, 한국 환상곡 완성
	1937	• 최현배, 우리 말본 간행 • 총독부, 황국 신민 서사 제정
	1938	• 조선 의용대 조직 • 한글 교육 금지(3차 조선교육령) • 국가 총동원법 공포 • 근로 보국대 조직
	1939	국민 징용령 공포
	1940	• 총독부, 일본식 성명 강요 • 조선어학회, 외래어 표기법 통일안 발표 • 조선일보, 동아일보 강제 폐간 • 한국광복군 창설
	1941	• 대한민국 임시 정부, 건국 강령 발표 • 대한민국 임시 정부, 대일 선전 포고
	1942	• 금속류 강제 공출 시작 • 대한민국 임시 정부, 김원봉의 조선 의용대를 편입 • 조선어학회 사건
	1943	• 총독부, 징병제 공포 • 진단학회 해산
	1944	• 미곡 강제 공출제 실시 • 여자 정신대 근무령 공포 • 여운형, 조선 건국 동맹 조직

현대	미 군정기	1945	• 대한민국 임시 정부, 독일에 선전포고 • 8·15 광복 • 여운형, 조선 건국 준비 위원회 발족 • 독립 촉성 중앙 협의회 결성 • 일본인 재산, 미군정청에 귀속 • 모스크바 3국 외상 회의 개최
		1946	• 제1차 미소 공동 위원회 개최 • 이승만, 정읍발언 • 김규식, 여운형 등, 좌우 합작 회담 시작
		1947	• 제2차 미소 공동 위원회 개최 • 유엔 한국 임시 위원단 구성 • 김구, 남한 단독 정부 수립 반대 성명 발표
	이승만 정부 / 장면 내각	1948	• 김구, 남북 협상 제의 • 제주 4·3 사건 • 5·10 총선거 실시 • 대한민국 헌법 공포(7. 17) • 대한민국 정부 수립(8. 15) • 반민족 행위 처벌법 제정 • 북한 정권 수립 • 여수·순천 10·19사건 • 유엔 총회, 한국 정부를 유일 합법 정부로 승인
		1949	• 반민족 행위 특별조사위원회 발족 • 농지개혁법 제정 • 김구 피살
		1950	• 농지개혁법 공포 및 농지개혁 실시 • 제2대 국회 의원 선거에서 여당 패배 • 6·25 전쟁(~1953) • 유엔군, 인천 상륙 작전 성공 • 9·28 서울 수복 • 중국군, 6·25 전쟁에 개입
		1951	• 1·4 후퇴 • 반민족 행위 처벌법 폐지에 관한 법률 공포 • 자유당 창당
		1952	• 제1차 개헌(발췌개헌) • 정·부통령 선거(2대 대통령, 3대 부통령 선출)
		1953	• 반공 포로 석방 • 휴전협정 조인 • 정부, 서울 복귀 • 한미 상호 방위 조약 조인
		1954	• 제3대 민의원 총선거 • 제2차 개헌(사사오입 개헌)
		1956	• 제3대 대통령 선거 • 조봉암이 진보당 창당
		1957	한글학회, 우리말큰사전 완간

현대		1958	• 제4대 민의원 총선거 • 진보당 사건
		1959	• 경향 신문 강제 폐간 • 진보당 사건으로 조봉암 사형 집행
		1960	• 3 · 15 부정 선거(제4대 대통령, 제5대 부통령 선거) • 4 · 19 혁명 • 이승만, 하와이로 망명 • 제3차 개헌(내각 책임제 개헌) • 제5대 총선거(민의원, 참의원) • 제4대 대통령 선거(윤보선 취임) • 장면 내각 수립, 경무대를 청와대로 개칭 • 제4차 개헌(소급입법개헌)
	박정희 정부	1961	5 · 16 군사 정변
		1962	• 제1차 경제 개발 5개년 계획 시작 • 제5차 개헌(대통령 직선제, 단원제 개헌)
		1963	• 박정희, 민주 공화당 창당 • 제5대 대통령 선거(박정희 정부 수립) • 제6대 국회 의원 총선거 실시
		1964	• 6 · 3 시위 • 베트남 파병(1964~1973)
		1965	한일 협정 조인
		1967	• 제6대 대통령 선거(박정희 당선) • 제7대 국회의원 선거 • 제2차 경제 개발 5개년 계획
		1968	• 1 · 21 사태, 북한의 푸에블로호 납치 사건 • 박정희 정부, 향토예비군 창설 및 국민교육헌장 선포
		1969	제6차 개헌(3선 개헌)
		1970	• 새마을 운동 제창 • 경부 고속도로 개통 • 전태일 분신 • 와우아파트 붕괴
		1971	• 제7대 대통령 선거(박정희 당선) • 제8대 국회의원 선거
		1972	• 제3차 경제 개발 5개년 계획 • 제1차 남북 적십자 회담 • 7 · 4 남북 공동 성명 발표 • 10월 유신(제7차 개헌 : 유신헌법) • 통일 주체 국민 회의, 제8대 대통령 선출(박정희) • 북한, 사회주의 헌법 채택
		1973	• 6 · 23 평화 통일 선언 • 제1차 석유 파동
		1974	긴급 조치 선포
		1977	• 제4차 경제 개발 5개년 계획 • 수출 100억 달러 달성

		1978	• 통일 주체 국민 회의, 제9대 대통령 선출(박정희) • 제10대 국회 의원 선거
현대		1979	• YH 무역 사건 • 부마 민주 항쟁 • 10 · 26 사태(박정희 서거) • 통일 주체 국민 회의, 제10대 대통령 선출(최규하) • 12 · 12 사태(전두환 쿠데타)
	최규하 / 전두환 정부	1980	• 5 · 18 민주화 운동 • 통일 주체 국민 회의, 제11대 대통령 선출(전두환) • 제8차 개헌(선거인단에 의한 간선제, 7년 단임제)
		1981	• 전두환 정부 출범 • 대통령 선거인단, 제12대 대통령 선출(전두환)
		1982	야간 통행 금지 해제
		1983	KBS, 이산 가족 찾기 시작
		1985	남북 이산가족 고향 방문
		1986	서울 아시안 게임 개최(종합 2위, 메달수 1위)
		1987	• 박종철 고문 치사 사건 • 4 · 13 호헌 조치 선언 • 6월 민주 항쟁 • 제9차 개헌(대통령 직선제, 5년 단임제 개헌) • 제13대 대통령 선거(직선제로 노태우 당선)
	노태우 정부	1988	• 노태우 정부 출범 • 제24회 서울 올림픽 개최(종합 4위)
		1990	• 3당 합당(민주정의당 + 통일민주당 + 신민주공화당) • 소련과 국교 수립
		1991	• 남북한 UN 동시 가입 • 국제 노동 기구 가입 • 소련 해체(독립국가 연합 탄생)
		1992	• 제14대 국회 의원 선거 • 중국과 국교 수립 • 제14대 대통령 선거(김영삼 당선)
	김영삼 정부	1993	• 김영삼 정부 출범 • 금융실명제 실시
		1994	북한, 김일성 사망
		1995	• 지방 자치제 전면 시행 • 한국, UN안보리 비상임 이사국 선출
		1996	경제 협력 개발 기구(OECD) 가입
		1997	• IMF 구제 금융 요청 • 제15대 대통령 선거(김대중 당선)

현대	김대중 정부	1998	• 김대중 정부 출범 • 노사정 위원회 출범
		2000	• 최초의 남북 정상 회담(김대중-김정일) • 6·15 남북 공동 선언
		2002	• 2002 한일 월드컵(4강 신화) • 제16대 대통령 선거 실시(노무현 당선)
	노무현 정부	2003	노무현 정부 출범
		2004	KTX(고속 철도) 개통
		2005	아시아·태평양 경제 협력체(APEC) 정상 회의 개최
		2006	수출 3000억 달러 돌파
	이명박 정부	2007	• 2차 남북 정상 회담(노무현-김정일) • 제17대 대통령 선거 실시(이명박 당선)
		2008	이명박 정부 출범
		2012	제18대 대통령 선거 실시(박근혜 당선)
	박근혜 정부	2013	박근혜 정부 출범
		2016	개성 공단 폐쇄
		2017	• 박근혜 대통령 탄핵 • 제19대 대통령 선거(문재인 당선)
	문재인 정부	2018	• 문재인 정부 출범 • 이명박 대통령 구속

임준수

주요 약력

현 박문각 공무원 한국사 온/오프라인 강사
현 박문각 한국사능력검정시험 온/오프라인 강사
전 대방고시학원 EBS 소방공무원 온/오프라인 강사
전 imbc캠퍼스 한국사 온라인 강사
전 KT EDU 한국사 온라인 강사
전 국민대 교육대학원, 군산대, 광주여대 한국사 강사

주요 저서

9급 공무원 한국사 기본서(박문각)
EBS 기출완성 소방 공무원(하이앤북)
EBS 공무원 한국사 필기노트(하이앤북)
실전 한국사능력검정시험(심화)(박문각)
imbc캠퍼스 한국사능력검정시험(지식과 미래)
7급 국정원 한국사 논술(잡플랫)

임준수 한국사
기본 이론서

초판인쇄 | 2023. 7. 14.   **초판발행** | 2023. 7. 20.   **편저자** | 임준수
발행인 | 박 용   **발행처** | (주) 박문각출판   **등록** | 2015년 4월 29일 제2015-000104호
주소 | 06654 서울특별시 서초구 효령로 283 서경 B/D 4층   **팩스** | (02) 584-2927
전화 | 교재 주문·내용 문의 (02) 6466-7202

저자와의
협의하에
인지생략

이 책의 무단 전재 또는 복제 행위를 금합니다.

정가 40,000원   ISBN 979-11-6987-360-4